萬里無雲萬里天

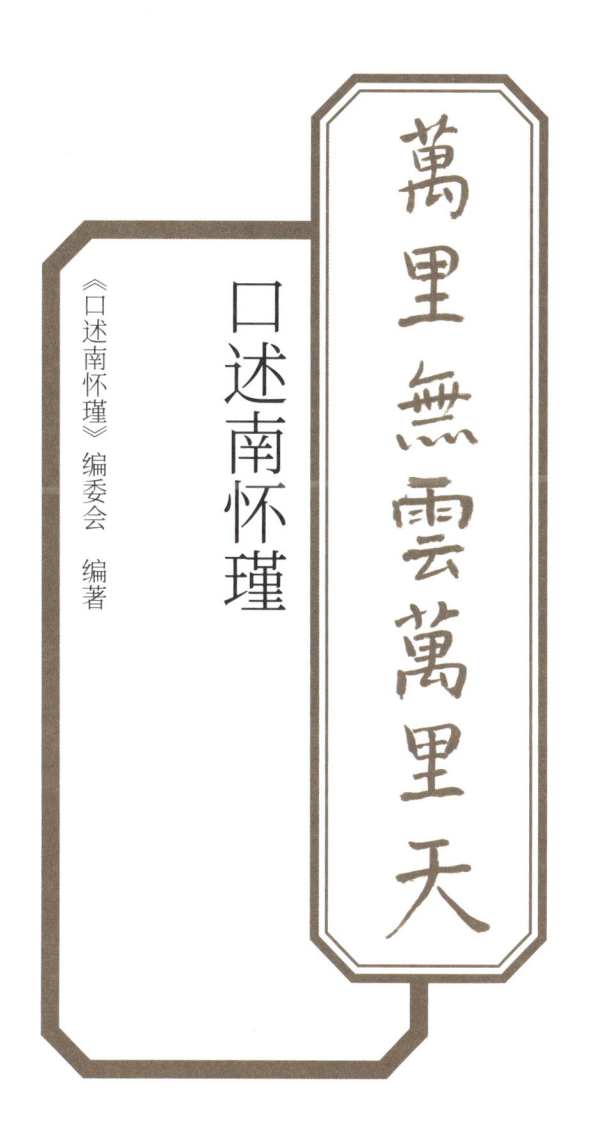

口述南怀瑾

《口述南怀瑾》编委会 编著

人民东方出版传媒
People's Oriental Publishing & Media

东方出版社
The Oriental Press

温州市文艺精品扶持项目

《万里无云万里天——口述南怀瑾》
编辑委员会

主　　任： 陈建克　吴　东
副 主 任： 黄益友　张华许　林　宇
委　　员： 周丽峰　方韶毅　金丹霞　戴江泓　林　娜　张金炜

封面题字： 楼宇烈

主 撰 稿： 戴江泓
撰　　稿： 潘振恺　金丹霞　周　红　薛样洋　丁宝荣　蔡维雅
　　　　　　王伊琳　赵爽子　姜磊珏　韩丽蓉　王　亮　高寒潇
　　　　　　欧阳潇　陈　怡　徐斌斐　周蓓蓓　林　娜　张泊芸
　　　　　　李　庭　王乐乐
摄　　影： 张啸龙　魏一晓
特约编辑： 姚晓昕　薛　虎　马　可　张金炜

序言

温州南怀瑾书院的几位年轻人找到我,要我为《万里无云万里天——口述南怀瑾》一书写序,踌躇之余,虽感意外,亦更觉任务之重大。是日,端坐案前却久久未能落笔,当年与南怀瑾先生交往、受教的情景,如同一张张泛黄的相片映在眼前。

2005年9月28日,我率全国工商联的同事赴上海聆听南怀瑾先生关于中国传统文化的讲座,这是我第一次见到先生。随后几年,我又数次到太湖大学堂拜访先生、求教问道。令我仰慕的不仅仅是先生以其90岁高龄却依然精神矍铄、思维敏捷,也不仅仅是他的仙风道骨,更让我折服的是先生的博学、睿智,是他洞察一切的敏锐和对未来的战略思考。

先生除了少年时期读过几年私塾,几乎没有受过正规、系统的现代教育,但他对中国文化的把握,对西方哲学思想、政治制度和世界科学技术的理解,完全达到了出入百家,自由来往的境界。先生讲课,不带只字片纸而口若悬河,古诗文、历史典故等信手拈来,挥洒自如,让人真有天马行空之感!一本不到一万两千字的《论语》,先生"别裁"了五十六万字,其中随口引用的古诗词达四百多首,历史故事、儒释道经典更是难计其数。先生说:"孔子的思想,几千年以来,始终成为国家民族文化的中心,的确是有它千古不灭的价值的。我们要了解传统文化,首先必须要了解儒家的学术思想。要讲儒家的思想,首先便要研究孔孟的学术。要讲孔子的思想学术,必须先要了解《论语》。"——我认为这就是先生治学、育才、树人的精神指引。

记得有一次先生给我们讲《尚书·大禹谟》,说:"中国文化的重点,也是生命科学、认知科学的中心,十六个字——人心惟危,道心惟微,惟精惟一,允执厥中。

这是中国文化的中心。你们讲儒家也好，什么也好，就是这里开始的。所以孔孟思想、老庄思想统统从上古这里开始来的。"这中华十六字"心诀"是比孔孟、老庄还早的上古思想。南先生给予我从未有过的知识。我理解此"心诀"是说：从尧舜到禹的历史时期，社会和人心是动荡的，治国者必须明道守中，执行一条不偏不倚的施政方针。《尚书》虽古，但它的历史断代和今人是一样的。南先生已逝久矣，我此番理解不知确否。

接着先生又讲："你们现在工商业做得好，很发财，或者官做得很大，但这不是事业，而是职业。中国文化，什么叫作'事业'？出在《周易·系辞》里的一句话，叫作：'举而措之天下之民，谓之事业'。一个人活一辈子，做一件事情，对社会、大众做了贡献，对国家民族，对整个的社会，有贡献了。譬如大禹治水，他为中华民族奠定了农业社会的基础，功在万代，这叫事业。真正的事业精神在这里。"这番话让我想起 1971 年"九一三"事件后，我与父亲的一次交谈，当时我的思想、思维方式并不能完全解决心中很多疑问。我向父亲请教：怎么理解毛泽东思想和林彪作为毛主席接班人的问题。他平静地回答：当然要高举毛泽东思想的旗帜了，但是第一位的问题是什么呢？新中国成立后，毛泽东确立了要把中国建设成为一个强大的社会主义工业国的目标，这一伟大事业应该放在第一位，伟大的事业，离不开思想的武装。毛泽东在 1956 年纪念孙中山先生的讲话中提道："现代中国人，除了一小撮反动分子外，都是孙先生革命事业的继承者"；"中国应当对于人类有较大的贡献。"父亲说，你们不是都热爱毛主席吗？这都是他老人家最重要的话呀！至于说到接班人的问题，他依然平静地说：这个问题当然也重要，接班人也要服从中国共产党的伟大事业，伟大的事业必然会产生新一代领导人，"革命自有后来人嘛！"可见对于今天一切追求社会进步和人民幸福的政治、文化人士来说，他们的思想源头都有共同性，那就是中华文化。

2005 年，中国刚加入世贸组织不久，国内经济迅猛发展，中美正在构建战略伙伴关系，世界经济亦处在良好的态势中。在上海的四季酒店，南先生说："现在，美国人已经由凯恩斯的经济思想，提倡走最新的经济思想——新自由主义。这个新自由主义你仔细去研究一下，完全站在自己一个国家的立场，拿经济武器统治全世界，变成帝国主义，变成经济军阀、国际军阀，拿钱来控制全世界的人。这是什么文化？我们要深思！"那个时候听着这话似乎不以为然，而今天回想起来，先生对世界政治、经济格局的洞察之深刻，对世界未来发展趋势判断之深邃，无疑为我们提供了现实中难得的思想坐标!

  时光如白驹过隙,一转眼,先生离开我们已整整十年了。大师远去,大师难觅,但先生留给世人的精神财富却伴随时光越来越闪烁出当代一位杰出智者的思想光辉。温州南怀瑾人文公益基金会、温州南怀瑾书院和温州晚报社抓住这个契机,追忆、记录我们晚辈与先生交往,受先生教诲的点点滴滴,很有意义。三十多位口述者或是我的师友,或未曾谋面,但他们的叙述,他们的感恩,他们对先生的思念,却如我一般深沉,一样如故,如同苏东坡的千古名句:"坏壁题诗已五年,故人风物两依然"……

胡海平

2022 年 8 月 25 日于北京

目录

001　强文义：南先生身上有一种吸引力
013　王伟国：南怀瑾先生在内地的事务代表
030　周瑞金：南老师称我"南书房行走"
055　陈佐洱：最忆"谈笑间，强虏灰飞烟灭"
074　蒋章元：心近南怀瑾，就会交好运
091　刘锡荣：南老天下为公，修建通往人心之大道
114　胡方松：南先生是温州的一面文化旗帜
130　孙海麟：南老师支持我办教育
145　张仲武夫妇：书信中称他为"南师叔"
162　朱清时：汲取南师精神，复兴传统文化
175　杜忠诰：南师，书法，我
189　徐永光：期待"希望之钟"传唱南师千古铭文
210　李青原：静坐修道采众长，青草南园绿荫荫
227　古国治：他让我重新认识人生的意义
251　魏承思：南老师是中华传统文化的当代弘扬者
269　林德深："教我如何不想他"

289　夏大慰：先生之风影响深远

303　郑宇民：他是一个"点灯"的人

313　仇保兴：南师是中华文化基因的修补者

318　彭嘉恒、马有慧夫妇：他教我要"高高山顶立，深深海底行"

342　赵乐强：先生望不见家乡，我却是他的"乡愁"

354　李慈雄：建造恒南书院，留下永恒纪念

380　叶旭艳："我家乡的小老弟"

397　李　丹：给不听话的学生的"最后一课"

417　南存辉：更好的修行是回馈社会

429　刘宇瑞：从读《论语别裁》到一路追随

459　纪雅云：南怀瑾先生帮我打开中国文化大门

474　查旭东："说不尽的南怀瑾"，未完待续……

494　南品仁：南老师留给家族最大的财富是"坚持"和"无私"

516　陈　晴：南园练"心法"，小女子干大事

530　马宏达：在南怀瑾先生身边的日子

550　孙　涵：一份尊重赢得信任和托付

强文义：南先生身上有一种吸引力

强 文义

1937年11月出生，江苏省无锡县（今无锡市）人。1955年考入哈尔滨工业大学电机系。1959年加入中国共产党。1962年调至自动控制专业任教。1983年起，历任哈工大科研处副处长、处长，哈尔滨工业大学副校长，兼任哈尔滨工业大学威海分校首任校长。曾任中国宇航学会理事、中国核学会理事、国家教委科技委委员、总装备部科技委兼职委员。

访谈时间：2021 年 9 月 17 日
访谈地点：哈尔滨工业大学威海校区
访谈记者：薛样洋
摄影摄像：张啸龙

    1991 年，时任哈尔滨工业大学副校长强文义和南怀瑾因为光华科技基金结缘。两人第一次见面聊天，南怀瑾便决定资助哈工大 50 万元，用于对苏联人才和技术的引进。之后，强文义因被聘为香港航天科技集团顾问，多次前往香港，与南怀瑾有了进一步的交流。

    在强文义著的回忆性传记《感恩与怀念》一书中，他特意花了两个篇章来写南怀瑾，一则是《相识南怀瑾先生》，一则是《深切怀念南怀瑾先生》，文章讲述两个人相识、相知的过程，把对南师的感恩和怀念尽述笔尖。

    在采访前，我们了解到强校长今年已有 84 岁高龄，本担心在言语沟通上会有压力，不料，强校长给了我们一个大大的惊喜。虽八十有余，他却是精神矍铄、身板硬朗，接触起来更是亲切无比。强校长是理工科出身，但身上却带有一种文人的儒雅。在聊起与南先生三十年前相识的故事时，他能不间断地同我们娓娓道来，条理清晰，让人心生敬佩。

因光华科技基金结缘

记：强校长您好，能否给我们讲讲您和南怀瑾先生初相识的经历？

强：我和南先生结缘是因为光华科技基金。这个基金会是 1991 年 10 月国防科工委主任丁衡高、副主任聂力和台湾润泰集团董事长在北京组建的。南先生任理事长，主要奖励为国防事业建设作出突出贡献的科技工作者。1991 年第一届评选时，哈工大有 32 人获奖，占奖励总数的一半，而且刘永坦教授获特等奖。在 10 月召开的理事会和奖励大会上，我代表获奖数量最多的单位在大会上发言，感谢基金会对我校科技人员的厚爱，同时我们准备了由我校研制的仿金材料制作的天坛大佛像，托尹先生代交给南理事长，并向他表示敬意。

此外，在这次理事会上，我认识了副理事长贾亦斌先生，他时任民革中央副主席，也是南先生的好友，正是因为他的牵线，我第一次见到了南先生。

和南先生的见面是在 1991 年 12 月 15 日，我去香港参加第二届国际制造技术会议，当时南先生也在香港。由于贾亦斌先生事先知道我要去香港开会，因此在我们还没到香港前，贾老就事先电话告知南先生，并说我有意去拜访他。后来，在我们到达香港刚住下，还没参加会议，南先生就通过新华社香港分社打听到我们的住处，并约我们去他家见面。

和我同去的有蔡鹤皋和王仲仁，当晚六点我们到了坚尼地道 36B 四楼他的住处，南先生非常热情地接待了我们。我们在他家共进晚餐，谈了四个小时，一见如故，相见恨晚。

记：南怀瑾先生当时给您留下的第一印象是什么样的？

强： 他给我的印象就是面目清秀慈祥，十分和蔼可亲，他谈问题时站的角度高，剖析问题非常之深刻。蔡鹤皋和王仲仁当时开玩笑说南怀瑾先生是"高人"。

记：您和他聊了四个多小时，想必是聊了很多，你们主要谈论什么话题呢？

强： 我们主要谈了对国内外形势和许多问题的看法。他还跟我说，我们学校能培养出孙运璇先生、王兆国先生这样的人才，在这次光华科技奖颁奖仪式上又一次评上这么多人，确实是不简单的学校。

当然，在交谈中我印象最深刻的是三个大问题，第一个是弘扬中华文化。南先生说，中国历史上国家有存亡，朝代有更替，但中华传统文化传承一脉相通，没有丢失，才有今天中华民族的繁荣富强。现在要大力弘扬中华文化，在现代教育里，中华文化的教育正在削弱和流失，特别是年青一代，如果中华优秀文化得不到传承，中华民族以后就没有希望了，因此南先生不遗余力地强调要从娃娃抓起，大力弘扬中华优秀文化。

第二个问题是促进台湾和大陆文化交流和统一。他曾致力于促进"汪辜会谈"的实现。南先生对两岸统一的看法是，不能太急，要有一个过程，大陆要先把经济搞上去，因为台湾的年轻人对祖国的认同感不强，又认为台湾的经济很不错，统一后会使他们的生活水平掉下来，对此存有疑虑。

第三个问题是引水归源。他的观点是希望台湾的企业家引水归源，促进大陆的经济发展。我曾在南先生的住处看到不少台湾的企业家在大陆投资，投资环境并不好，遇到不少困难，他们到南先生处诉苦，有的甚至想撤资，都受到南先生严厉指责和批评。

记：您提到当时国内的投资环境并不好，具体是哪些地方跟不上？

强：主要还是服务跟不上。20 世纪 90 年代，那时候正值改革开放初期，水、电、路等都不完善，可能在签约时答应的条件不能马上满足，建设就跟不上。但是，每次他们一诉苦，就被南先生打断批评，所以也没有就这个问题深谈下去。

资助的 50 万元风波始末

记：在您和他的这次见面中，南怀瑾先生还资助了哈工大 50 万元，能否请您给我们讲讲其中的故事？

强：事情是这样的，当时在和南先生分析国内外形势时，我们特别谈到了苏联，那时候苏联刚解体不久。南先生说，现在苏联比较乱，是我们引进苏联技术和专家的最好时机，如今英美等许多国家都在设法引进苏联的技术和人才，还有两三年好时机。

谈到苏联，我跟他讲哈工大和苏联有悠久的合作历史。我们和苏联关系非常好，哈工大就是按照苏联鲍曼技术大学建的，是国内最早的两所向苏联学习的样板之一，也是全国高校学习苏联教育经验的窗口。哈工大的老师很多也是留苏回来的，他们

强文义接受采访

俄语好，哈工大和苏联的交流不用翻译，所以这些年人员交流往来特别密切，也引进了不少高新技术。

讲到这儿，南先生特别高兴，他希望我们一定抓紧时机，加大引进力度。当时我还讲到，我校去年自筹经费 50 多万元，派了 200 多人与苏联进行互访交流。南先生很痛快地说："你们去年花的 50 万我给你们出了，你们还要加强交流，现在美国、英国、新加坡都在虎视眈眈盯着这块儿。你回校后马上告诉我账号，我给你们汇去，记住一定要组织更多教师引进苏联的新技术，聘请苏联的优秀人才。以后引进的费用我可以帮你们筹措，但时间要抓紧。"

南老师说这话的时候，旁边的人都很惊讶，因为大陆很多学校领导来访南老师希望得到他经济上支持，他都要多次考察才确定，但是我才刚跟他认识两个多小时他就愿意资助我们 50 万元。

后来我回校后，南先生还给我写了很长的一封信，我把这件事情跟哈工大杨士勤校长作了汇报，大家都非常感谢南老师的支持，表示一定要很好地利用这一渠道

005

把对苏技术和人才引进工作做好。我又找了哈工大外事处处长赵敏，告诉她南老师支持我校对苏交流经费之事，她也很高兴。后来她说最近对苏交流时对方提出要支付美元，能否和南先生商量提供美元。于是我又和南先生联系，南先生很爽快答应改为提供 8 万美元资助。

记：当时您的身份就是哈工大副校长吗？

强：是的。

记：后来这 8 万美元运用得是否顺利？

强：最初，这笔钱出了点风波。在我正积极和南老师协商并申请中国银行外汇账号时，突然一天学校书记和校长找我谈话，说有关部门知道了我和南老师交流的事，觉得这钱和台湾有关系，应该放弃这笔经费支持。我告诉他们，很多高校，北大、清华、上交大等都和南老师有密切联系，也得到过南老师的支持，这是完全没有问题的。但他们还是很坚持，搞得我很为难。一边是组织不同意，另一边，南老师已经多次催我让我快点把银行账号发过去，我只能找借口推托说我在出差，没时间去办理账号，我也不好和他讲实情。

后来，我辗转找到国台办，当他们得知南先生支持经费开展对苏技术交流时，说南先生是最爱国的人士，是我们和台湾政界和企业界联系的桥梁，为国家和两岸合作交流做了很多好事，当即联系相关部门不要干涉。

拖了好长时间，南老师又是办事宜早不宜迟的作风，看我拖拖拉拉的，他也有所察觉，于是派了金温铁路筹建处的李景山先生来哈尔滨。李景山先生曾在牡丹江外事工作过，来到哈尔滨后并没有先来找我，而是直接去黑龙江省人民政府外事办公室了解情况，最后才和我见面。因此他已经知道了我迟迟没有发账号的原因，也将这件事跟南先生汇报了。

记：南怀瑾先生知道这件事后有没有很生气？

强：南先生知道后特别生气，他觉得黑龙江省和哈工大的事不好搞，连他的一片诚意都怀疑。但他之前已经答应了我，而且当时我把账号都建好了，也打电话告诉了南先生，最后他还是信守承诺把 8 万美元打到了账上。后来我再和南先生见面，我也知道我这件事做得不好，他有意见，但我也没法解释。

记：8 万美元到账后，学校的规划是怎么样的？

强： 这笔 8 万美元的经费我后来拿给了哈尔滨工业大学外事处，他们用来聘请苏联专家以及本校教师去苏联访问等，也引进了苏联的很多先进技术。

记：这场风波过后，您后来去香港也多次拜访了南怀瑾先生，您和他之间还有这个心结吗？

强： 基本是没有了。在我被聘任为香港航天科技集团顾问时，我就有比较多的时间到香港去，首先我就去了南先生住处看他。他告诉我误会已经过去了，有些事不能怪我，但他也很直率地说："黑龙江省和哈工大这件事做得不好，我是有意见的，我把哈工大对苏引进技术这件事看得很重，因为这件事对我们国家很有利。其实在我们两个人谈完后，我给你准备了很多钱，希望你能把对苏技术引进工作做大。"

南先生还提道，前段时间中国台湾一个代表团去苏联访问之后说，苏联人很穷但很实在，就资助了苏联一大笔钱。南先生知道后对他们说，"以后不要随便给钱，把这钱攒着我有用"，他说他首先给我准备了 500 万美元，准备用来引进苏联的技术和人才，如果我有本事引进苏联重大装备，再多的钱他也会帮我筹集。但现在不行了，他开玩笑说，"现在就跟谈恋爱一样，当时热恋时什么都愿意给，现在失恋了就没有那个热情和劲头了。"

那时候，我还跟南先生提出说我们哈工大要在威海办校，遇到了很大的困难，希望他能支持一些经费。但南先生说，哈工大的事我是不想过问了，但如果你将来退休后想办个私立学校，我会全力支持。

记：哈哈，那您后来办这个私立学校了吗？

强： 没有，我后来就一直投身于哈工大威海校区的建设。

记：听说您邀请过南怀瑾先生担任哈工大的顾问，因为什么原因没有实现呢？

强： 当时我跟南先生提出这个想法的时候，他跟我说，他要留在香港，他在香港是"留半步"，便于做两岸的工作，他现在在香港可以对两岸提不同的看法，说话能引起两岸领导的重视，他经常给两岸的领导提不同的意见。包括"汪辜会谈"，南先生也起了关键作用。他给两岸领导人写信，促进了"九二共识"的达成。他在香港的住处，也能真正成为两岸交流的场所，因为每天晚上都会有两岸和香港的知名人士聚集在这里交流不同的看法，聆听南先生教诲和讲学。南先生也是两岸沟通的桥梁。

再后来，南先生回到内地，我也代表学校多次邀请他做我们学校的顾问和访问我校，但那时他的重心在建设太湖大学堂上，没能来哈工大访问，这是特别遗憾的事。

记：南怀瑾先生与哈工大还有其他方面的联系吗？

强： 南先生发起的光华教育基金会在全国高校设立奖学金，哈工大就是其中一所。光华基金会创立于1989年，由台湾润泰集团出资。在基金会创立两年后，哈工大被列为其设立奖学金的高校之一。

记：您与南怀瑾先生曾因为光华科技基金结缘。在您看来，南先生为什么要设立科技和教育这两个基金会呢？

强： 因为南先生很重视国防和教育这两块儿，他关心国家的科技进步和教学事业。他看得很远，认为首先应当要鼓励国防战线，因为这是对国家最重要的战线。同样，在教育方面，像光华教育基金已面向34所高校，覆盖面广。他认为现在应当大力弘扬中华文化，就如我刚才讲到的，在现代教育里，中华文化的教育正在削弱和流失，特别是在年青一代身上，如果中华优秀文化得不到传承，中华民族以后就没有希望了。

先生身上有一种吸引力

记：1992年，您被聘为香港航天科技集团顾问后，您提到只要到香港，一有机会就会去拜访南怀瑾先生，您主要会跟他聊什么呢？

强：我后来是经常去香港，我们关系非常好。我基本每次去香港，有空都会去他那里坐坐，我们聊得很投机，我经常把对苏交流中取得的成就、学校发展中取得的成绩以及我在威海和深圳办学的情况向他禀告。我每次去，他都非常高兴，并热情款待。

南先生那里是"人民公社"，晚上六七点钟就开饭，到了饭点，香港很多知名人士就在那里边吃饭边闲扯，到了八九点钟听他讲学，香港特别行政区政界和企业界一些著名人士亦都是常客。

记：您在南怀瑾先生处有遇到过他们吗？

强：我没有遇到过，我是有一次在拜访南先生时，偶然有人在饭桌上提到说他们来过。我一般在讲学前就离开了，我学习的是工科，我就在饭点时和南先生聊聊，我特别愿意听他分析国内外的形势，然后对一些事情再征求他的意见，等他开始讲佛学，我听不大懂就先回去了。

记：您在南怀瑾先生的住处有没有遇到过其他的名人？

强：老实讲，南先生的住处每天晚上都有很多人，但我们都不熟悉，我们在那边比较拘束，很少与人寒暄。

记：在您的印象中，和南怀瑾先生的沟通是怎样的？

强：南先生身上有一种吸引力。你第一面见到他会有种肃然起敬的心理，但马上你会变得很平和。他很愿意听你讲话，你也愿意把许多事情都跟他交流。

南先生也是一个知识面非常广的人，他在跟你讲学时特别喜欢用古典诗词来引入话题，用故事来给你讲道理。南先生这个人真的是了不得，他对古典诗词是信手拈来。他在四川峨眉山通读了《大藏经》，他的记忆力特别强，很长的诗词，他很快就能背出来。

南先生讲道理不是一本正经地讲，但他讲的问题又很深入，他习惯把很深的东西很浅显地讲出来，不知不觉地就把你引入进去，因此，他的讲学是非常有趣的，而且，他在讲的过程中时不时还会穿插一两个笑话，比如调侃自己是"调皮的老头"等，感觉随随便便就把你关心的问题解决了。

曾经有一次我在他家碰到有位女士来找他，那位女士还没开口，南先生一看她面相就知道她有什么困难，该怎么解决。我在旁边非常惊讶——你根本隐瞒不了他，他能一眼看穿你。像南先生这么有才华、读过这么多书且高深的人真的很少，我能认识他并且和他有接触，这对我来说是件非常荣幸的事情。

参观太湖大学堂

记：您是在江苏出生的，南怀瑾先生的太湖大学堂也建在江苏，南怀瑾先生是否有跟您聊过关于大学堂的事情？

强：有一次，南先生打电话问我，东北的房屋建筑要怎样才能保暖，我就告诉他墙要厚，用双层窗，屋顶加保温材料。他知道我是江苏人。又有一次，他打电话问我跟苏州当地政府打交道有没有熟悉的关系，当时办事太困难了，我因为长期远离故乡，与社会接触少，没能给南先生提供帮助。

南先生还在建设太湖大学堂时，他的办事处设在上海，我曾去上海拜访过他。那是2004年，刚好我去上海交大出差，和他约在徐家汇他的办公室见面，我们一起吃了饭。席间，南先生跟我讲起太湖大学堂建设的情况，他说太湖大学堂建设遇到的困难比想象的要多得多，包括筹款、向农民征地、建设等，这耗费了他整个的精力，但他还是决心把它建好。

因为南先生是想把这里作为弘扬中华文化的一个基地，特别是他认为弘扬中华文化要从娃娃抓起，所以大学堂招收了很多小孩子。当然，南老师也给年轻人开设了很多短期培训班，像朱清时校长也曾把中国科学技术大学的研究生带来听南老师讲课，还有海航公司的短期培训班也曾在这里开设过。

记：您后来去太湖大学堂参观过吗？

强：2008年我去过一趟，由于去得很匆忙没见到南先生。那次是我出差去宜兴，事情办完后，我和王涛、王若维一起去了大学堂。当时南先生的秘书马宏达先生换了号码，我没有联系上，只能盲闯。到了大学堂后，我们发现门卫十分严格，因为南先生在这里教学，很多人从五湖四海慕名赶来想见他一面，但一般没有预约是进不去的，我们在门口也被拦下了，他们说南先生和马宏达外出没回来。

幸好我们在门口碰到了在香港时认识的谢先生，他让我们开车进学堂，通报后出来迎接我们的是宏忍师，大家一见面都很高兴，她告诉我自己一直在这里负责筹建工作，责怪我没有事先联系。

宏忍师非常热情非常认真地带我们参观了所有的场所，包括讲学堂、图书馆、办公室、食堂、宿舍等。我参观后，感觉很震撼，每个地方都非常精致、高雅，看得出南先生是费了很多心思的。

回去之后，我托侄儿给大学堂寄了些家乡的特产——阳山水蜜桃和阳山大麦饼。南老师很高兴，把这些东西分给了正在学习的小朋友，并给我发来一感谢函。

与先生的最后一次见面

记：您还记得最后一次和南怀瑾先生见面是在哪里、什么时候吗？

强：最后一次见面就是2004年在上海徐家汇那次，那时候南先生身体还很健康，谈笑依旧风趣幽默。

记：那次见面有没有印象特别深刻的事情？

强：要说印象特别深刻的事情，他跟我谈了创办太湖大学堂建设的艰辛。另外就是认识了南先生的秘书马宏达先生，还碰到了一位老朋友。其实，那次见面我们没有聊很久，因为去拜访的人较多。大概一个小时我就离开了。

记：您后来是从何处得知南怀瑾先生去世的消息的？

强： 2012年9月30日下午，我上网时看到凤凰网上公布南先生去世的消息，当下十分震惊。下午3点多钟，我给马宏达先生发去信息致哀。10月1日上午，我给马先生发去唁电，请马先生代转"南怀瑾治丧委员会"并代敬献花圈、挽联——"一代宗师驾鹤去，无量国髓润人间。"

11月25日，我去太湖大学堂，向南先生遗像敬献了鲜花，叩拜了我敬仰的老师！

爱读先生的著作

记：在您和南怀瑾先生交往的过程中，南怀瑾先生经常会送您一些他的新作，您也会购买南怀瑾先生的书赠送别人，您主要会和别人分享南老师哪些著作呢？

强： 我很喜欢读南先生的书，出差的时候也会带着，每次去他家他也会送我他的新作，我第一次和他见面他就送了我差不多十本书，有时候我去书店也会买一些他出版的书。主要和大家分享的还是南先生的《历史的经验》。

在这本书中，有很多金句，比如我印象最深的是里面提到在历史上，每个朝代的兴旺主要在于用人，而用人的关键在于用好几个人。用人的根本就是两点，一种是要礼贤下士，对于有知识、高尚的人要以礼相待；一种是赏，重赏之下必有勇士，而且这个赏一定要说到做到。看完这些话我想了一下的确是这样，对于有志向的人以礼相待，那么就会有古时候说的"士为知己者死"。

现在，我经常怀念南先生，有时候空下来，我就翻翻他的书，希望从书中得到一些做人做事方面的启发，也感恩他给国人留下无量的润世杰作，感恩他用宽广的胸怀鼓舞我们去实现宏伟的强国理想。

王伟国：南怀瑾先生在内地的事务代表

王 伟国

1937年出生于温州市乐清县地团王村，1950年迁居温州城区。1957年考入上海市华东化工学院有机系，1962年大学毕业后进入化工部上海化工研究院工作，从事液体火箭燃料研究。在专业领域颇有建树，曾任上海市政协委员。其姑母系南怀瑾先生原配夫人，因此深得南怀瑾先生信任，1989年被聘为香港联盈兴业公司驻上海办事处代表，帮助南怀瑾先生打理内地事务。

访谈时间：2021年3月8日8点半至11点、8月24日9点半至11点

访谈地点：上海市普陀区澳门路288弄23号1101室、上海市北京西路1397号兴业银行后门5楼会议室

访谈记者：周红、金丹霞、丁宝荣

王伟国是南怀瑾先生的内侄，深得南先生的信任。1988年9月14日，王伟国前往香港第一次拜见南怀瑾先生。不久后，南先生就委托他为自己在内地的事务代表，直到2000年，南怀瑾先生终止了这些业务。王伟国与南怀瑾先生一直保持着亲密的关系，每年多次探望南先生，聆听教诲。南怀瑾先生离世后，王伟国一直努力收集关于南怀瑾先生各方面的资料，汇编南先生在大陆25年的事迹。

老师和我父亲关系密切

记：王先生，能否简要介绍一下您自己的经历？

王： 我1937年出生于温州市乐清县地团王村，当地没有学校，小学就读于乐清文博学校（今为柳市第一小学），和翁心华（温州乐清人，上海华山医院感染科名医、教授）是同学，我俩还有亲戚关系。1950年初迁居温州，在温州商业学校读初中，1954年考入温州一中（高中），与翁心华、周瑞金（温州平阳人，著名媒体人，曾任《人民日报》副总编辑、《解放日报》党委书记兼副总编辑）同届。1957年，我考上上海市华东化工学院有机系（该校1956年成立，由上海交通大学、同济大学、震旦大学和吴江大学的化工系合并而成，即现在的华东理工大学。当时是纯化工的院校，研究抗生素等，后来逐渐发展成综合性大学）。在大学里，我是

王伟国与南怀瑾先生合影

一个蛮活跃的人。

1962年大学毕业，我进入化工部上海化工研究院化原一室工作。1968年，研究室计划内迁，我所在的专题组准备内迁到青海省西宁市郊外。此时正值"文化大革命"初期，工宣队进驻研究院，因我姑丈（南怀瑾）在台湾，舅舅郑亦同又是国民党中央委员、驻外大使，怀疑我里通外国，我被留院审查。当时，审查的5个人中有4个人要参与斗私批修。我认为自己没有什么好准备的，工宣队队长看我没有批斗，就让我发言，我说了三分钟，仍然坚持不批不斗。结果让我在毛主席像前站了一天。后来院里组织有"问题"的人集中学习，我又不够资格，就在所里上了学习班，学了一个星期。院里还是保护我的，让我出来了。后来，我参加上海金山石化公司和山东齐鲁石化公司的引进工作。1976年起，参加引进技术消化工作。1980年，化工部拨款200万元，建立一套生产聚乙烯，包括超高分子量聚乙烯的装置，我研究有关技术问题，其中生产500万分子的技术，获得上海市科技三等奖。

1989年，我开始参与南老师团队工作，加入了他在香港的公司，同时在上海成立办事处。

记：您是南怀瑾先生在内地的唯一代表，南先生在内地的亲戚有很多，他为什么选择您？

王：我第一次给南老师写信，称他为姨父，他用红笔改为姑丈。后来我请教父母才清楚，原来我父亲王世鹤的妹妹是他夫人，虽然还有其他亲戚关系，但这层关系最重要。

南老师不到6岁，就开始接受私塾教育，在家自修了几年，读了《三国演义》、《史记》、四书五经、唐诗宋词、郑板桥和张船山等名家作品。1935年夏天，他和我父亲一起到杭州，我父亲去亲友公司工作（任会计师）；他去杭州之江大学旁听现代科学有关课程，又到浙江武术馆学习武术，并获得武术教官证书。

1937年夏天，南老师从杭州出发，经九江、汉口、重庆，最后到达成都，在中央军校教导队担任政治指导员兼武术教官。军校生活比较自由，他在川结识了不少志同道合的朋友，其中包括禅宗大师袁焕仙大居士。不久，他离开军校去峨眉山大坪寺闭关潜修，遍阅了《大藏经》，后又到五通桥多宝寺闭关，阅读经史名著。抗日战争胜利后，1947年，南老师回老家看望父母、妻子和两个儿子。1949年2月28日（温州解放两个月前），南老师单身一人，离开上海去了台湾。

老师让我做代表，原因就是他和我父亲的关系非常亲密。

离开乐清到杭州那段时间，我家里还是有点钱的。我父亲毕业于温州一中，没有读大学，而是去了杭州做财务会计。南老师去杭州，虽然带了一点钱，但远远不够，经常到我家吃饭，问我父亲要一点儿小钱。

老师去台湾的时候没有钱，我父亲就把自己的西装给他，又另为他做了一套，老师自己还有一套，父亲还给了他一些黄金制品。这些事老师几十年都没有忘记，一直关心着我父亲。老师性情淡泊，几十年来很少到别人家里看望。但是，1995年8月3日，因我父亲生病，老师特意从香港来上海探病。次日，老师还会见了上海市原市长汪道涵。1995年11月9日，我父亲病逝。

记：在南小舜《人生漫漫路》一书中，写到您父亲王世鹤曾经资助

过南怀瑾先生在大陆的家人。20 世纪 50 年代，大家的经济都不宽裕，您父亲是出于怎样的缘由，做出这番义举？

王：老师去了台湾后，他在家乡的儿子南小舜家里曾被划为地主，老师的父亲坐过牢，并在牢里过世。他们家里经济是很困难的。我姑妈虽然是一位女性，但非常坚韧，不但把家打理得很好，有的时候还打点小工赚钱贴补家用。而家里最能干的是南小舜，他在翁垟开了一家小药店，同温州的表叔联系。表婶是温州附二医院的妇产科医生。小舜就从温州解放路一家中西医药店拿一些药到翁垟卖，赚了一点钱。听我在翁垟教书的妹妹讲，我父亲当时也对南小舜一家有资助，但对他家的家庭收入来讲，这并不是主要的。我父亲也没有同我讲起这个事情。

我被聘为南老师在内地的代表

记：您和南先生是怎么联系上的？

王：1985 年，南老师离开中国台湾到美国华盛顿，接触到很多国内去的学生、商人和参观考察团。那时候，国内改革开放，老师认为国内很有发展前途，要在五十年内赶上美国。他也想在这个时机出一份力。

1987 年，老师派学生朱文光博士到上海找我。朱文光是南老师的台湾学生，台大化肥专业博士，文化修养也很高，是多才多艺的一个人。当时他住在上海青年宾馆，第二天就到化工部上海化工研究院，拜访郭熙宁院长，参观研究所和实验工厂。朱博士是化肥专家，院长曾邀请他来院演讲，但因他来自美国，需要上报批准。另外，由于朱博士还要去温州看望南老师家人，没有时间在上海多停留。郭院长对我的评价很高，我当时是所长，院长介绍我是副院长。朱文光带回去的评价好，他对我的研究项目也有兴趣。1987 年 6 月，老师又派宏忍师（比丘尼）来上海，并在我家里住了 9 天。当时我住的条件不好，宏忍师向老师反映了情况。

记：您第一次见到南怀瑾先生是什么时候？

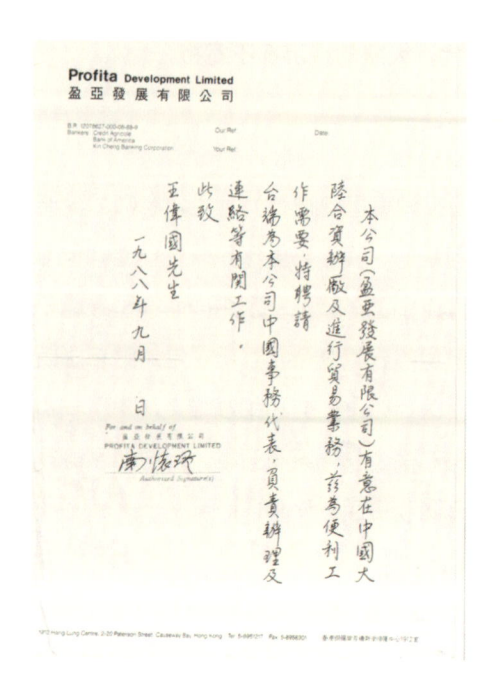

1988年9月，王伟国被聘请为盈亚发展有限公司内地事务代表

王： 我和老师第一次见面，是1988年的9月14日。老师邀请上海化工研究院院长郭熙宁、办公室主任金企中和我到香港，商讨投资合作等事宜。老师同院长讲：伟国家里房子不好，想办法给他买一个房子吧。不久，经院长的努力，给我在上海市江宁路购买了一处83平方米的住房。

当时，老师还托人给我办了长期来往香港的通行证，10年以后可以移民。但是我没有用上。

这一次香港之行前后十来天，上海化工研究院同南老师签了一个协议，确定了十个项目，后来能够真正投入合作的是一个。另外有几个项目化工部没有同意，有些是我做的，但牵涉其他问题，没有批下来。

记： 南怀瑾先生请您做代表是什么时候的事情？

王： 那是1989年9月14日，南老师聘请我为香港联盈兴业公司驻上海办事处代表，并亲自执笔写了三封信。一封给当时的民革中央副主席、全国政协常委贾亦斌，请他同中央的有关部门打招呼。一封写给化工部上海市化工研究院，也就是我的单位，因为当时老师和院里的合作已经开始了，我也是他在这项合作中的代表。另外一封是写给有关部门的。老师是很仔细，也是很小心的一个人，他在信中特别写明，王伟国是他的代表，最后的决定还是他自己来做。

记：肩负南怀瑾先生代表的职责，您具体做了哪些事情？

王： 首先成立了香港公司的上海办事处，并借调上海化工研究院员工 5 名、市某区干部 2 人。然后拜访贾亦斌及上海民革干部。在市委统战部的支持下，我被推荐为市政协委员，并认识了不少有关部门人员。

抗日战争时期，贾亦斌在重庆国民党办的军校里任教官，他是蒋经国手下的青年军的师长，但其实他的身份是共产党员。因为国共合作，他去培养军官。老师当年也在这所军校教文化、教武术，和贾亦斌有关系，但不是太密切。不过两个年轻人在一起，很快就熟悉了。老师去重庆，既想学佛，又想为抗日出点力。重庆军校，是老师离开政界的地方。

老师的理想很远大，所以到成都峨眉山修行。他上知天文下知地理的文化水平就是在峨眉山成就的。可以说，老师的基础成于杭州，攀上高峰在成都。

1988 年 1 月，老师由美国到了中国香港，第一个找他的，就是贾亦斌。我和南老师都很诧异，南老师到香港的第二天，贾亦斌就来电话了。没过几天，两人就会面了。贾亦斌表示全力支持老师的想法，并要求他为两岸统一方面的事情出一份力。

1995 年初，台海形势紧急，汪道涵受托请南老师去北京，并欢迎老师到清华、北大讲学。

汪道涵让我去请南先生。老师说："那么大的事情，你来说，就可以解决吗？"我就同汪道涵反映了这个情况。汪道涵便让他在上海的秘书去请。老师说："你来比伟国来好，但不能仅凭一句话，总要有一个邀请函。"

汪道涵也认同需要有一个正式的邀请，但鉴于各种原因，并未出具。

同年 8 月 3 日，因我父亲有病在家，南老师内地事务总顾问许鸣真（国防科工委）病重住院，老师速来上海探望。第二天与汪道涵见面，就台海问题，讲了一

1995年8月,南怀瑾先生应邀在上海与汪道涵先生见面

天,他认为当前不能以武力解决问题,要发展经济,协商统一。

北京希望老师去讲课,老师说:课就不去上了,我要写本书给大家。1998年,南老师的新书《原本大学微言》出版,深受欢迎。老师是很认真的,这本《原本大学微言》他花了3年时间写成。

记:据您所知,就台海关系,南怀瑾先生还起到了什么作用?

王: 贾亦斌开了个头,后来有两个人接过去,一个是许鸣真,一个是杨斯德(杨尚昆的办公室主任),加上南老师,三个人同台湾方面接触。初期,我方对李登辉不完全了解,觉得是可以争取的对象,而李登辉也觉得可以合作。他派出三个人,一个是台湾润泰集团总裁,一个是"总统府"秘书室主任苏志诚(此人是李登辉儿子的同学,李登辉儿子去世后,成为李登辉的干儿子),还有一个是中视董事长郑淑敏。这三个人都是台大的,是李登辉的学生。他们也都是南老师的学生,是课后来南老师这里听课的。

就双方的年纪问题，南老师说了一个笑话，南老师他们三个年纪加起来有200多岁，台湾方面三个人的平均年龄40多岁，他说我们吃亏了。

南老师最初的想法，是从经济入手。台湾当时是"亚洲四小龙"之一，而且还是"四小龙"之首，台湾的经济发展得比我们好，老师提出争取让他们来我们这里投资。他想在温州的南部，福州的北部，搞一个开发区，让王永庆（当时台湾最大的老板，涉及石油、化工）的女婿杨先生来做。杨先生虽有两个博士头衔，却是个书呆子。杨先生来南老师这里，南老师说：你要来，你给我扫地、洗碗、洗马桶。结果他还真的做了一个多礼拜，后来老师让他回去。

那时候，金温铁路已经开始建设了，南老师还想建温州通往福州的铁路，那样就可以加强同台湾的联系。这样，经济合作不再只是沿海，还可深入到内地。

老师提出了求同存异的观点，意见相同的就一起做，不同的就以后慢慢说。老师说得很清楚，老大要打老二，但老二比你有钱，他就会不服气，你越打越解决不了矛盾。要从利益上面着手。

后来，许鸣真到了台湾，回来后，认为李登辉的态度不可能有什么改变，而且势力在发展，包括台方参与谈判的那三个人，都有问题。

记：在您的牵线下，南怀瑾先生对大陆尤其是上海的化工行业进行投资，能不能详细介绍一下当时合作的情况？

王：1989年5月28日，我第二次去香港，本来计划待半个月，老师建议我延期。在这个时候，我们开始谈论投资的问题。有人建议投资不要太大，老师说：每个项目投50万美元，投资50个项目，有10个项目成功就好了。

我就在香港寻找项目，发现香港人买菜回来都习惯带一瓶可乐，可乐的外包装是塑料的，我对这个有了兴趣。这种包装塑料纸，每一张当时值港币1毛8，相当于国内人民币2毛。大陆还没有，台湾有一家生意很红火。于是我们就决定在大陆投资这个项目。

1990年5月签了合同，4万美元购买了设备，成立了上海联营化工塑料有限公司，进行生产和运营。

那段时间，公司在我手里做得已经非常出名。普陀区评优秀厂长，我是10个之一，奖了我一个黄金做的奖牌。普陀区政府还提供每个月750元的补贴，每年有疗养、免费体检，这些待遇我都没有要。

第五年，我做了件非常轰动的事情，给做满5年的18个工人每人买了一辆电瓶车，给做满3年的工人每人买了一辆自行车，工人下班骑出来，成为一道亮丽的风景。

顾秀莲（时任化学工业部部长、党组书记）来厂里，看了很满意，让我去江苏开分厂，我没去；内蒙古自治区的副主席来参观，让我去内蒙古，我也没有同意。

当时公司产品出口到十几个国家和地区，如法国、东南亚等。2003年，"康师傅"还派人来，商量一起扩大生产，说杭州开发区有100亩地，我也没有被打动。

记：南怀瑾先生在内地的投资，您还参与了哪些？

王： 我第二次去香港那回，除了塑料项目，还开发了颜料这个项目。我找了一个比我早4年毕业的大学校友，1980年他去了香港。我后来同他碰了面，了解到他把国内的产品弄到国外去，但出去的都是低档次的，国外的则是高档次的。我从他那里得到启发。我不抢他的生意，另辟蹊径，做颜料生意。这个资源国内比较丰富，只是过去档次比较低，后来技术上去了，慢慢发展了。原来我们国内蓝色颜料是向德国买的，后来德国反过来到我们这里买。开始是用袋装，他们买回去再改装。后来他们就把有公司标识的铁桶寄过来，让我们直接装。当时我们卖给他们是6800美元一吨，结果香港老板去德国一看，德国到岸价1万多美元，市场价达到1.3万美元。回来后，我们也涨价了，7300美元一吨。

建造故居，是老师对家乡的交代

记：1995年，南怀瑾先生位于乐清地团的故居竣工，请介绍一下这个工程的情况。

王： 房子是老师对家乡的交代，原来准备投500万元，后来花了560万元。那是20世纪90年代初的事情，那时是相当多的一笔钱。故居开始建设的时候，叫乐清老幼文康活动中心（即现在的南怀瑾故居）。

故居由老师的少年朋友主持建造。刚开始动工时，我认识一位上海的设计师，很有名的蔡振铎教授。蔡教授到乐清地团看过，提出两个设计方案，其中一个是很超前的，需要投入 800 万元。老师还是维持了原来的方案。

虽然没有采纳蔡教授的设计，但蔡教授和老师在风水问题上看法很一致，老师还给了他一套书，蔡教授后来在南京一所大学里开了一门建筑风水的课。

老师对地理风水有研究，在香港，他曾经拿着尺子到一个人家里看风水，在他的建议下，那个人改变布局，后来，头痛病就好了。

海南岛南山缺水，老师拿来地图和航拍的照片，指点三个地方让他们打井，结果其中两个地方有水。

金温铁路破土动工的时间也是问过老师的。动工前一天还大风大雨，结果很奇怪，第二天 8 点钟开始就阳光普照了。

所以很多人把老师叫作"南神仙"。

故居的建设牵涉 40 户人家的动迁。有人不满足，还想多要一点拆迁补贴款；有人到香港闹，知道老师住在哪里，就去堵老师。老师知道了，就躲开他们。闹得非常不愉快。

故居建好后，有人提议不让那些闹事的人进来。老师知道了，还特意关照：事情都过去了，还是欢迎这些人进来。

南老师故居建设的事情我知道，但是没有参与。

记：能不能谈谈温州南氏医药基金会的情况？

王：老师设立了两个基金，一个就是温州的南氏医药基金会。这个基金会虽然钱不多，但成效不错，评价很高。现在看来这个数目不大，每个人能拿到几百上千的，但在那个时候是很高的。

另外一个基金，是复旦大学新闻系给教师的奖励基金。那时候新闻系不热门，教师都要跑了，周瑞金、练性乾（温州人，与周瑞金为温州中学同学、复旦大学新闻系同学，新华社记者）还有龚学平（毕业于复旦大学新闻系，时任上海市广播电视局党委书记、局长，曾任上海市人大常委会主任）找南老师帮忙，南老师为此设立了基金。新闻学院院长很感激，两次来香港看望老师。老师对新闻非常熟悉，对新闻历史也很精通，讲了一个多小时，从最早是哪个朝代开始做的，一直到民国时期，连抗战宣言都背得出来，那些人佩服得五体投地。

记：南怀瑾先生有否参与光华基金会和北大国学研究中心？

王：光华基金会本来是在香港的，钱没有放在内地。1989年首先在北京大学设立了光华奖学金，后来陆续在内地多所大学设立奖学金。初期，主要颁给硕士生和高年级大学生，因内地缺乏人才，鼓励他们留在内地做事。南老师支持做这件事。

建设金温铁路，老师冒的风险很大

记：对温州人而言，金温铁路是南怀瑾先生为家乡做的大好事，您能不能谈谈？

王：许鸣真当时代表中央来找过我，希望老师不要建铁路，中央不是不同意建，而是认为，南老师冒的风险很大，一个是钱不多，人不多，担心老师花费精力；一个是会引起矛盾。但老师很想为家乡出力，也答应了浙江那边。后来还是得到了上面的支持。

说起来南老师的学生很多，但真正能做事的人，很多都自己在做事。比如斯米克的创始人李慈雄，是南老师第一个来上海投资的台湾学生。他1989年就来了，住在上海华亭宾馆。后来找了一个在嘉定的项目，做光学三棱镜，国防上用的，李慈雄接手后，做出了轰动上海的事情。周瑞金后来写了《斯米克效应》一文，原先需要800个工人，现在提高效率，减少了一半；原来只在国内经销，后来扩展到美国市场。一出去，外汇收益就增加了。1998年，因为发展速度太快，一下子扩大到20多个企业，结果人不够，钱不够，他也很伤脑筋，只能缩小规模。现在发展得很好。

南老师很支持铁路项目。当时省里提出，台湾方占股比例大于50%就可以了。但是，南老师包括他的学生一定要求75%，占绝对优势。当时，是一位学生在做的。后来这位学生那边没有谈好，就翻了。

翻的那天，真不是味道。那是1991年的1月26日，我参加了会议，浙江过去了 7 个人（照片上有 8 人），南老师那天腰不好，坐不下来，他就手扶着腰站在那里。一开始没有人说话，后来这位学生说：这个项目，我们不投了。他说：投这个项目一定是亏的，要么，我把钱借给你们。

后来老师就不让他说话了，老师自己说了一番话，讲得很好，讲话的内容在金温铁路（指金温铁道公司）那边也留有资料。他说：我虽然没有钱，也没有人，但是这条铁路一定要做。

铁路动工以后，1993 年还有钱，到了年底，钱没有了，要向国内银行贷款。按规定，贷给大陆方可以，但贷给台湾方不可以。后来，双方商量了一下，就把投资比例改了，前后改了两次。第一次是台湾方 51%，仍以南老师为主，但还是有各种问题。第二次把比例又下降，当时是朱镕基副总理知道了金温铁路的事，由铁道部提出的。这样一来，资金解决了，技术力量也解决了，进展就很顺利了。后来南老师想把股份全部退出，但毕竟有外资的话，有很多优惠政策，所以还是做了保留。

记：在金温铁路建设过程中，您都参与了哪些事？

王： 我在金温铁道公司是董事，我同他们讲，董事是不管事，也管不了事。大陆方都是政府官员，最大的是柴松岳副省长。南老师这里，除了我，另外两人是固定人员。双方讨论的事项，大陆方一般由秘书长打电话给省长，省长说好，就决定了，我们这里，也是打电话给南老师，由他来做决定。

老师要求我老实做人，规矩做事

记：您最后一次见到南怀瑾先生是在什么时候？

王： 2012 年，我到太湖大学堂看望老师，老师的身体也不大好了，我没有想到这是最后一次见面。当时老师主要讲了三点，我印象很深。

一是说伟国你年纪大了，不要再跑来跑去。让我住到他那里，可以打打坐。老师建太湖大学堂，原来为我在一个楼面留了一套房，后来，扩建了宾馆，让我住宾馆。

二是说金温铁路把总部（指金温铁道公司）放在温州，是搞错了，这个是伟国你做的事情。当时，浙江省有意把总部放在杭州，但市里的领导希望放在温州，我考虑，温州没有大的公司，铁道公司是大公司，大的公司可以带动温州的经济发展，而且大公司有大的税收，可以造福温州的百姓。老师接下去讲：总部如果放在杭州就好了，放在上海，那就更好了。

我没有接话，确实，从现在看，是这种情况。但当时温州有钱，想修铁路，沿线丽水想修，但没有资金，金华有铁路所以不着急，唯一急的是温州。放在温州是当时的一种选择。

第三个，老师同我讲："我准备写一本自传，把自己的生平经历都写上去，即使是吃一颗花生米，我也愿意。"这是他第二次讲这话了。他有很多的想法都没有实现，估计是想都写出来。

记：1993年，南怀瑾先生赠予您一首旧作：

不二门中有发僧，聪明绝顶是无能。
此身不上如来座，收拾河山亦要人。

请谈谈您对此的感悟。

王： 我是不相信宗教的。老师的书，关于哲学方面的我会看，有关宗教方面的，我是不看的，直到现在我也不相信。老师为此还跟我讲了两次。

老师让我做的事，我都很认真地去做，就是老师的书，我读得不多，很惭愧。本来国文方面也不行，一到四年级，我是跟着姨妈学习。上小学时，成绩也一般。到温州考上了商业学校，学出纳、会计，后来学校要改，念了两年半，就提前考高中，一个班级五十几个人。那个时候，我很清楚想去念书了，我的记忆力很好，学俄文对我来讲容易，数学对我来说也不难。结果成绩就上去了。班里三个学生考取温州一中，我是其中之一。

记：跟随南怀瑾先生那么多年，你们平时在一起都会聊些什么话题？

南怀瑾先生题赠王伟国

王：我们经常说东说西，聊各种亲戚关系。老师还和我讲很多历史方面的事情。老师的很多想法都很有意思，包括他的投资理念，都很超前。他说过，中国经济要发展，就要办钢铁厂，要抓交通，农业要抓肥料，等等。

金温铁路动工以后，老师认为建的铁路速度还是慢，时速一百公里都不到，将来时速是要达到几百公里的，到那时就落后了；另外，山洞的高度不够，不能起到应急作用。他还说过，温州几十年都没有打仗，如果碰到战事，躲在哪里最好？就在山洞里最好。老师还认为，不能只造铁路，两边还要种树。他说过："没有钱，我南怀瑾出。"

老师还说过，铁路是赔钱的事情，但金温铁路沿线资源很丰富，可以开发房地产等，赚了钱，再投入发展铁路。老师曾经问我有哪些项目可以做，我提了10个项目。例如第一，铁路的房地产可以开发；第二，龙泉的农业可以开发，龙泉有珍稀药材，50% 出口到日本，丽水答应给 300 亩地，我认为很有前景；另外还有矿产，温州有明矾石，永康有砷石，这两种矿石国内60%都在这里，日本人原来想造铁路就是为了这个矿产。丽水有钼矿。我是念化工的，对矿产有兴趣。但当时资金紧张，都做不起来。温州的明矾是不能做的，因为要硫酸，铁路运输不行，一定要有港口。后来放到衢化。

浙江省有干部来看望老师，他们见到老师都说："南老师好。"老师说：你们不要问我好不好，我死了，有本书还是有人看；你们死了，五年内就没有人来看你们了。

老师很豁达。老师的父亲死在监狱，他只是一笔带过。我的舅舅郑亦同（离开中国后，居住在新加坡）因为我外公的事情，与国内从不来往。我曾经主动和老师说起过这件事，老师说：这是时代的悲剧。

记：您觉得自己从他身上学到了什么吗？

王：老师要求我老老实实做人，规规矩矩做事。老师给我上课，第一次课，就给我讲诚信。他给我讲过一个故事：香港有四个朋友一起吃饭，一个讲自己买了地，要造四栋房子，另外一个朋友听了，预约了一套。后来房子造好了，房价上升了很多，这个朋友提起要一套房子，那个开发商记起以前在饭局上的预约，就给了他一套。虽然开发商履行承诺，降价给了一套，看似吃了亏，但报纸上登出了他讲诚信的故事，很多人都知道他讲义气，讲信誉。以前香港银行借钱不用什么担保，信誉就是担保，所以都愿意贷款给他。

老师自己就非常讲信誉。他信誉好，有名气，在香港银行里借钱容易。

老师还给我四本书，书中讲的是宁波商人是怎么发财的，广东帮是怎样做生意的，山西的钱庄是怎样运作的，清朝时上海的发展等。老师再三强调：做生意不能乱来，要有规矩。他说："我们做事，要有共产主义的理想，社会主义的福利，资本主义的管理（后来讲的是科学的管理）和中国传统文化的精神。"他还给我写了字，让我挂起来，就在开办上海公司的时候。

记：南怀瑾先生去了太湖大学堂后，您和他有什么交往？

王：南老师去了太湖大学堂，一个是远，一个是乱，所以我去得少了。

我原来一年去探望南老师六次，有几次是固定的，春节以后，一定会去看看老师。

有一年 10 月份，我买了 300 多元一斤的东星斑给老师，老师说这个太贵了，让我不要买了。他说，现在黄鱼有了，南存辉气派很大，1000 多元一斤，一条两三斤，他买了四五条送过来。老师还让我带一条回去，我说不要，自己吃不起。从那以后，我就不买了。

记：您与南怀瑾先生交往深厚，请谈一谈您对他的评价。

王： 老师到内地来，不仅是为温州。他是和他的朋友、学生一起，为内地的文化教育、经济建设做点事。

中央有中央的安排，两岸的关系是排在第一位的。中央介入后，合作就深入了。当时政府也找过我。他们知道老师（在台湾）有一批优秀的学生，希望他振臂一呼，号召学生回来建设，比如老师的学生中，就有给北京大学等高校投资的。

太湖大学堂是老师的实践，乐清有一所学校跟着在做，李慈雄在武汉办了学校，办得相当不错，中央电视台报道过。

老师原来是想将大学堂放到杭州的，而且一定要放在西湖周围，他原来读过书的地方。浙江省政府很欢迎，先是批了保俶塔下面 200 平方米的房子（前面提到的别墅），后来更是打算给老师西湖边岳坟后面的地，限于城市规划，房子不能往高处建，可以往地下挖。当时有个协议，这块地，如果老师过世，直系子女可以继承，但只能用于文化事业，不能作其他商业用途。老师还是满意这块地的，但因为李素美等人的关系，最后没有谈下来，后来就把大学堂建在了太湖边。

老师本来希望回到大陆后能长居在西湖边。当时西湖边的房子稀缺，当地要吸引名人，浙江省为了促成南老师买到那个房子，也是费了一番周折的，但后来那房子竟让李素美等人自作主张给卖了。浙江省方面当时很生气，传出话来："南老师要钱，省里是可以给的。"

那个时候，老师一门心思在写书，根本不知道房子被卖掉这回事，更不知道浙江省对他的误会。后来，上面提到的西湖边岳坟后的地，最终没能谈下来，真是太遗憾了。

老师所做的事情，有关于两岸统一、经济、文化、铁路这几方面。

南老师所办的这些事情，都是很难办的。

周瑞金：南老师称我『南书房行走』

周 瑞金

1939年生于温州平阳县。曾任解放日报社党委书记兼副总编辑，人民日报社副总编辑兼华东分社社长。多篇作品获得全国好新闻、中国新闻奖一等奖，享受国务院政府特殊津贴。1991年以"皇甫平"的笔名，主持撰写《改革开放要有新思路》等四篇评论文章，引发激烈的思想交锋。后又发表《改革开放不可动摇》《终结腐败》等大量关于改革开放的言论，在当代中国改革开放史和新闻史上写下浓墨重彩的一笔。出版专著《宁做痛苦的清醒者》《皇甫平改革诤言录》《中国改革向何处去》《中国改革不可动摇》《新闻改革新论》等。

访谈时间：2021 年 4 月 23 日下午 3 点至 5 点、2021 年 4 月 24 日上午 9 点至 12 点
访谈地点：上海番禺路皇冠假日酒店大堂吧、2122 室
访谈记者：金丹霞、周红

周瑞金先生早在 20 世纪 90 年代即与南怀瑾先生有交往，写了国内最早一篇介绍南怀瑾先生的文章，退休后更是与南怀瑾先生来往频繁，常常去听南怀瑾先生上课。2012 年 9 月 30 日晚，在为南怀瑾先生举行的荼毗仪式上，他代表学生发言。访谈中，周瑞金先生表示南怀瑾先生参与的一些重要事件，如两岸谈判、建设金温铁路等，他并没有亲身经历，但他曾经根据相关资料及南先生的讲述做过两个访谈节目，录制了视频，即《千江有水千江月》系列视频中的第 47 集和第 48 集，题目分别为——周瑞金回忆：南老师与祖国统一、南老师与金温铁路。

读了两本书后，开始关注作者

记：您曾经说，最初和南怀瑾先生交往，是以书会友的这样一个开端？

周：是以书拜师，以文会友。那是在 20 世纪 90 年代初，我还没有调到人民日报社，我是 1993 年到人民日报社的。所以呢，和老师最初的这种接触，主要是在上海这三年，1990 年到 1993 年。复旦大学出版社 1990 年得到授权，出版老师的书。当时我是解放日报社的党委书记兼副总编辑，主持工作。报社文艺副刊部的一个记

周瑞金与南怀瑾先生

者,送了一本《论语别裁》给我,她说这本书写得很好啊,你有空看看。

记:您平时就很关注这些传统文化方面的书?

周: 我看很多书,传统文化的书也很关注。她送给我后,我马上就看了,觉得这本书写得真不错。书是讲解《论语》的,《论语》我们这代人都接触过,过去读中学的时候,语文以文学史为序选读,从《诗经》开始,《论语》《孟子》这些书也学过;后来批林批孔,在报社工作时批过《论语》。所以我们又看了《论语》,还看了一些注疏,以及以前学者讲解《论语》的著作。但老师的这本《论语别裁》,和那些都不一样。他把孔子的思想贯穿起来,前后二十篇,前后的关系讲得非常清楚,很突出。他把孔子讲的内容,都做了正面的解释,和我们批孔时讲的恰恰相反,给我印象特别深。另外,他以经解经,用经典论证经典,又经史合参,在讲解经文的时候,将其与历史故事、人物故事结合,这是我们以前缺乏的。春秋战国时期的一些历史、文学，我们学得还是很少，他讲得很生动，把孔子的思想讲活了。《论语》的时代背景是什么，我觉得老师这本书说得非常清楚，而且结合现实，结合（20世纪）六七十年代台湾的现实，实际上也和我们大陆的现实差不多，从这里，我开始注意他。以前根本没有听到过南怀瑾这个名字。复旦大学出版社出书的时候，对作者的介绍也很简单，只讲到是台湾的文化人。这本书大概是1991年读到的。

1992年我一个朋友又送了我一本南老师的书。他是中医学院（现在的上海中医药大学）的图书馆馆长，老中医。我认识他是在1989年，那段时间我工作太紧张，特别是会议多，事情也多，所以身体不好，偏头痛。有人介绍我去找中医学院这个老中医，他叫王若水，跟我人民日报社那个（同事）王若水名字一样。他当时给我诊断，认为没有什么实质性的毛病，开了点中药给我服。

记：主要还是用脑过度了？

周： 对，用脑过度，主要要休息，要自己调理。那么怎么调理，他教我打坐。然后他给我看佛经。原来这个老中医是居士。他信奉佛学佛法，对佛经钻研得比较深。他先介绍我看《心经》，然后又送给我《金刚经》《圆觉经》《普门品》《药师经》《阿弥陀经》等这些经书，让我阅读。

记：那您之前都没有接触过这些？

周： 这些经书我以前都没有接触过，就是从1989年王若水医生介绍，我才开始看的。他还教我打坐，叫我双腿盘起来，我当场就盘起来了。他有点惊讶，问我过去学过打坐没有，我说没有，今天是第一次。哎哟，他说，你还是有根底的。后来他就不断推荐佛经给我看。

1992年他送给我一本书《静坐修道与长生不老》，是南老师早期在大陆出版的一本书。我觉得这本书写得很有特色，因为我从1989年以后读了好多气功方面的书，谈各种各样的气功啊，打坐的也都有。南老师这本书讲的打坐、修道和其他的气功书都不一样，讲得有条理，有高度，对打坐的好处分析得很透彻。气功书大都讲气的导引，大周天小周天什么的。南老师讲"七支坐法"这个静坐功，其实就是释迦牟尼在菩提树下坐了七天悟道了的坐法，也就是释迦牟尼的静坐法。看了这本书我大有醍醐灌顶的感觉，一看作者又是南怀瑾。这引起我极大兴趣，想要进一步了解作者的来龙去脉。

原来竟是温州老乡

记：您是通过王伟国、练性乾两位了解到南怀瑾先生的？

周： 我读了这两本书，就开始打听作者的来历情况。向谁打听？就是你提到的，一个是王伟国，一个是练性乾。他们都是我温州中学的同学，我们是高中同一届（1957届）的，我在第六班，练性乾是第五班，语文老师同是林书立老师，所以我们都很熟悉。我们后来又都考上复旦新闻系，高中是同学，大学也是同学。王伟国是第十一班，我们那一届有十二个班。还有二班的马锡骏，与练性乾同一班的郑集强，也都考到复旦新闻系了。我们温州中学这一届一共有四个同学同时考上复旦新闻系，其中三人的语文老师都是林书立。

记：这简直就是明星班啊，那您怎么知道南师跟他们两个人有关系？

周： 你真要打听一个人，那总是可以打听到的。他是乐清人嘛，是老乡嘛，我一问，原来是他们的亲戚。

记：练性乾先生也是乐清人？

周： 练性乾不是，他是温州市人。王伟国呢，是南师的内侄，是老师在大陆的太太的侄子。而练性乾的姐姐嫁给了王伟国，王伟国成了练性乾的姐夫。这样，他们两个人也与南师搭上了关系。

记：他们之前就跟南怀瑾先生有联系？

周： 王伟国最早到香港，就是住在老师那里的。老师在上海办的所有事情，都是委托王伟国办理，包括跟汪道涵的联系，以及各种公司的经营。当时南老师有位学生来上海投资，办了好几个化工厂，都是王伟国主持的。王伟国是学化工的，毕业于上海华东化工学院，即现在的华东理工大学。

记：南怀瑾先生资助复旦大学的"培养跨世纪人才"奖教助学金也是通过王伟国先生来办理？

周： 对的。南老师 1988 年到香港以后，资助了我们内地很多奖学金，包括交通大学那个文秘班，就是老师提议开办并资助的。当时领导秘书都没有经过基本的训练，不懂怎么做秘书，秘书有一套做秘书的规矩，还有很多技能，要会速记，打字，要懂外语，还要能够驾车，等等。老师在复旦大学资助新闻系办了一个"培养跨世纪人才"奖教助学金，是以奖励教师为主。不叫奖学金，奖学金是奖励优秀的学生，老师着眼于帮助困难的同学，所以叫助学金。以奖励教师为主，也帮助一部分经济困难的同学，就叫奖教助学金。当时复旦大学新闻系的教师薪金标准很低，不少老师家庭负担很重，所以每年给个几万美元奖励金，还是一笔不小的补助。

记：设立基金奖励复旦新闻系老师是不是跟您有关系？

周： 主持其事的是王伟国，练性乾和我都是这个基金会的发起人。这事在我认识老师以前，主要是王伟国在组织。其实是老师派他做这件事，钱是老师出的。老师当时只跟王伟国有联系，因为香港人那时还不能在上海搞基金，只能让王伟国做法人代表。

记：当时搞这个基金会，您不知道和南怀瑾先生有关？

周： 当时我不是太清楚基金会的来龙去脉，反正当时上海新闻界的头儿，解放日报、文汇报、上海广播电台、电视台等领导都参加了（基金会）。在这个过程中我也听到过南怀瑾这个名字，所以后来要进一步了解南怀瑾，才想到找王伟国他们。

写了国内最早介绍南怀瑾先生的文章

记：您写《奇书、奇人、奇功》一文的时候，跟南怀瑾先生还没有交往？

周： 没有。为什么写，那个背景我再跟你说一下。我写的这篇文章刊登的刊物叫作《康复》杂志，上海的杂志，是我同学办的，一个同人杂志，涉及健康养生方面的内容。1987年就创刊了，挂靠在上海市人大的教科文卫委，具体操作的几个人都是复旦出来的老同学，我是顾问。杂志创刊的时候我是《解放日报》副总编。所以我只能从旁支持它，经常写些文章。读了老师的《静坐修道与长生不老》后，我有切身体会，就写了《奇书、奇人、奇功》的文章，发表在1993年的《康复》杂志上。我当时的文章还有一个副标题——记国学大师南怀瑾及其静坐功。他的静坐功和一般的气功不一样，我特别有感触，就从读《论语别裁》和《静坐修道与长生不老》两本奇书开始写。由书到人，写了作者南怀瑾的传奇经历，称其为奇人，还是我们温州老乡，然后讲到他的静坐功，介绍他讲的"七支坐法"好在什么地方，誉之为奇功。

记：我看到您文章中介绍南怀瑾先生的资料还是很详细的。

周： 对，比较详细，当时已经收集得很多了，通过各种途径收集来的。反正这是当时国内最早一篇介绍南老师的文章。这篇文章发表以后，老师很快就看到了。当年上海的这个《康复》杂志发行几十万份，影响比较大，所以很快就传到香港了。

记：当时南怀瑾先生是在香港？

周： 在香港。所以他就派两位学生从香港到上海来见我，还带来了一批老古出版社出版的他的书。就是这样，因为一篇文章，我跟老师建立了联系。以书拜师，以文会友，就是我与南老师结缘的整个过程。

记：这是哪一年的事情？

周：这个是 1993 年的事。那年 4 月份中央来调令，调我去人民日报社担任副总编了。当时比较详细介绍老师的只有我这篇文章，所以 1995 年汪道涵千方百计要把南老师推荐给有关领导。

记：我从资料上看南怀瑾先生 1988 年就已介入两岸会谈之事？

周：是的，很早了。1988 年春老师从美国回国，寓居香港，贾亦斌向老师介绍了杨尚昆的代表、时任台办主任杨斯德，后来老师成了两岸秘密会谈的牵线人。1995 年汪道涵受托邀请南老师回大陆，除了想向他了解台湾情况，也想请他到北大做学术交流，不过没能成行。

1995 年 8 月 6 日南老师从香港到上海，去探望了病重的许鸣真，同时会见了汪道涵，谈了 4 个小时，全面介绍了台湾的政情、民情、社情，提出两岸的统一要攻心为上，文化领先，强调两岸文化的统一性。

记：南怀瑾先生第一次回到大陆是什么时候？

周：老师很智慧的，他第一次回大陆是 1994 年春节，到厦门南普陀寺"打七"，就是七天参禅，他通过这个形式作为回大陆的序曲。老师给南普陀寺建造了一个禅堂，就是昨天晚上发给你的照片中的禅堂。南普陀寺原来没有这个建筑，是南老师捐建的，老师打七就在这个禅堂里。他也邀请我去，但那个时候我不便前去参加。练性乾去参加了。

记：练性乾在老师身边工作了好多年？

周：练性乾是新华社记者，领导派他到老师那里去，因为老师跟他有亲戚关系，老师那里是港澳台信息汇集之地，所以他在老师身边工作了好几年。他还写了一本介绍老师生平的书，书名叫"我读南怀瑾"。后来他看到老师那里人员来往太复杂，就离开了，从此不再介入，什么活动都不参加。

老师送我两个条幅

记：您后来和南怀瑾先生的交往就逐步加深？

周：我1993年4月份调去人民日报社工作，老师写了一个条幅，托王伟国带给我。就是那个雪窦寺的禅诗。（诗句为"潦倒云门泛铁船，江南江北竞头看。可怜无限垂钓者，随例茫茫失钓竿"。）老师是想通过这首诗告诉我，不要沽名钓誉，搞不好不仅名利钓不到，还会茫茫失钓竿。这是老师对我的教化。

记：就是"茫茫失钓竿"那首？您之前讲过这首诗对您的警醒作用。

周：对，这个就是老师赠给我的。现在我手头有老师生前写给我的两首诗，这是一首。还有一首是龚定庵的诗，《夜坐》的第二首。（诗句为"沉沉心事北南东，一睨人材海内空。壮岁始参周史席，髫年惜堕晋贤风；功高拜将成仙外，才尽回肠荡气中。万一禅关砉然破，美人如玉剑如虹"。）这个你知道的吧，应该是出《回肠荡气集》的时候，老师给我写了这个条幅。

记：这本书是什么时候出的？

周：老师2003年回到上海的时候。他住在长发公寓。我也退下来了，就每天去看他，听他讲课。长发公寓是台湾的一个老板建的，当时卖不出去，动员老师买了两套。公寓在番禺路的一个巷弄里，从番禺路过去，走个三五分钟就到了，旁边是番禺中学，现在改成华东政法大学的附属学校了。我正好也住在附近。2002年，文汇出版社出版了我的一本书《宁做痛苦的清醒者》。我送给老师，老师看了觉得不错，便推荐到台湾老古出版社出版。老师想让我这本书能在台湾、香港等地发行，扩大境外影响。老古出版社就为我出版了这本《回肠荡气集》，因为是台湾出版，所以我进行了一些删改增订，把大陆讲政治的部分内容作了删节，再增加了一部分我访问台湾的内容，如与辜振甫的访谈，参观采访新竹科学工业园区等。老师把我

辜振甫与周瑞金面谈

原来的书名给改了。这本书的封面也是老师亲自设计的,并为我题写了书名"周瑞金的回肠荡气集"。原来老师答应给我作序,后来估计他出面有不便之处,就嘱咐魏承思写了"出版前言"。书的封面上那两句话是老师定的调。

记:这是他对您的评价,书名就是取自龚自珍的诗句。

周: 对,出这本书的时候他就给我写了龚自珍的这个条幅。魏承思在"出版前言"中也引用了"功高拜将成仙外,才尽回肠荡气中"这两句话。龚自珍的诗表达的是他失意的心情,他写这首诗是在道光年间,他进士没有考上,被安排在国史馆里做编校,国家历史编校称"周史席",就是做文书这样一个工作。他这个诗里就讲"沉沉心事"啊,很不高兴的,晚上坐在那里,第一首就讲他很伤心。这个是第二首,一开头就讲"沉沉心事北南东,一睨人材海内空",他的眼界很高,说海内像我这样有才情有才干的人没有多少,壮年的时候就是三十岁左右才到国史馆里做一个编校。"髫年惜堕晋贤风",这是讲他年轻的时候曾像"竹林七贤"一样狂放,豪饮,高谈阔论,然后表述他不想功高拜将,也不想修炼成仙,就是希望能够回肠荡气地倾吐高远的志向,修齐治平的才情。期待着有一天禅关突破,美人如玉般舞着剑器，气势如虹，纷至沓来。这才是他的追求。

记： 这是老师认为您……

周： 老师把龚自珍这首诗写给我，我心领神会，虽然自己没有得到很好地施展才华的机会，没有高官厚禄，但我还能写文章为改革开放鼓与呼，回肠荡气地发挥了作用，也算是实现了知识分子的追求。

肩负使命的第一次会面

记： 您真正和南怀瑾先生见面是什么时候的事情呢？

周： 1998年，第一次接触，真正见面。那次见面，缘于我带领人民日报社新闻代表团访问台湾，当时是国民党的"中央通讯社"邀请的。

记： 那是不是大陆新闻界第一次去访问？

周： 不是第一次，人民日报社副总编辑保育钧在我之前率团访问过台湾一次。我1998年带团去，时机特殊，是在辜振甫访问大陆之后。说到两岸交流，1993年是一个标志，汪道涵、辜振甫先生在新加坡第一次会谈，打开了六十年来封闭的两岸关系。然后，就是1998年，八九月份的时候辜振甫率台湾海基会代表团到上海访问，举行第二次"汪辜会晤"，江泽民主席在北京会见了辜振甫，这是件大事。派我去，就是这个背景，那是很关键的时候，我10月份去访问台湾。当时，我特地回上海向汪道涵先生汇报访台之行的安排，征求他的意见。他明确提出我到台北后要尽快采访辜振甫先生，了解汪辜上海会晤，台湾各界有什么反应，台湾政界如何评价这一次访问。同时，他就两岸新闻交流提出来，这次我应当向台湾新闻界直接建议相互建立记者站，争取两岸尽快有常驻记者的采访报道。最后，他着重交代我，回来经过香港时，要去拜访一下南怀瑾先生，听取他对两岸关系的反应。

周瑞金（左二）、魏承思（左一）与南怀瑾先生合影

记：汪道涵先生很重视南怀瑾先生的意见？

周：是的，很重视！我就是在这样的背景下，当作这次访台的一项任务去见的老师。以前几次出访途经香港，都没有机会去拜访老师。

记：怎么都没有想到去？

周：列不上访问议程，比较难安排。只是托人送水果或送鲜花给南老师，大都是托王大兆（香港《文汇报》的台湾版主编）转送的。大兆是温州老乡，我跟他比较熟悉，他与老师关系也很好。

记：这次是您自己去的吗？

周：这一次是通过魏承思，他在香港《明报》当主笔，是他带我去见南老师的。我昨天发你那张照片，就是1998年我和老师见面的照片。

记：那张照片上的人都是谁？

周：穿白衬衫的就是魏承思（左一），最右边那位女士我记不起来了，曾经问过魏承思，他说是老师一位朋友的亲戚，当晚与我一起来南师寓所的，所以一起拍照留念。

记：您第一次见到南怀瑾先生，与您印象中的感觉一样吗？

周：差不多，毕竟我是了解他的，就是这样的风度，照片我都看到过，台湾版的书里都有介绍，所以我没有特别惊讶。本来就是这个样子，那时候他还很精神，刚刚八十岁。老师讲话是很风趣的，经常引大家发笑。

记：当时具体的场景是怎样的？

周：那是第一次接触南老师，也就是那次我被老师称作"南书房行走"。这个"南书房行走"是怎么一回事呢？那天晚上，我见到老师的时候，有一大帮人在，就是老师家里的"人民公社"，有两桌人，老师呢是很谨慎的。我进来以后，他先安排他的一个朋友给我看相。这位先生在香港银行工作，他经常到老师这里来。他一给我看相就讲，哎哟，你是"南书房行走"，所以是这个先生先讲出来的。老师也讲"南书房行走来了"，我理解这是一语双关，因为我是中央机关报主持言论的副总编，常出入中南海，又戏称今天到南怀瑾书房行走来了。当时做记录的是老师的一个学生（应为赵海英），香港大学的金融教授，后来回内地，在证监会任职。她在美国读金融博士，英语很好，老师在香港与外国人交谈，经常是她来做翻译。2003年老师回上海后，她也常到老师的长发公寓拜访。

记：您和南怀瑾先生交谈了些什么？

周："人民公社"人很多，老师对我的安排呢，一个是先给我看相算命，另一个就是教我打坐。我领会他的意思，不要介入闲谈，打坐要静默，其实是叫我不要讲话。只是吃饭的时候老师叫我坐在他右首，我们才进行了私下交谈。我悄悄问他，对前不久的汪辜上海会谈怎么看。

记：哦，是吃饭的时候问的？人也很多？

周： 是的，因为我坐在他旁边，大家各谈各的，所以我当时跟老师私下谈话，不会被大家注意的。

记：南怀瑾先生会讲闽南话？

周： 会讲。他在台湾生活了 36 年，讲台湾话就是闽南话。他读古诗词都能用闽南话来朗诵的，他认为唐诗宋词用闽南话念最切合诗词的音律。老师知道我也讲闽南话的，就用闽南话讲"汪辜"就是"乌（黑）锅子"这个意思。

记：南怀瑾先生就是不看好这个前景？

周： 哎，不看好。这是肯定的，他分析说李登辉已经发生变化了。最初开始会谈时李登辉权力基础不稳，还没有切实掌握台湾的实权，怕我们出兵解放台湾，怕我们打他。他参加和谈，是想缓和两岸关系，争取时间。到 1998 年的时候，他已经将李焕、郝柏村、林洋港这些政敌清除掉了，台湾实权在握，他不可能再允许汪道涵到台湾去讲统一。老师说，你不要幻想汪道涵去访问台湾，那是不会成功的。第二次"汪辜会晤"的协议最重要的内容，就是邀请汪道涵访问台湾。老师果断地说去不成。果然，第二年 1999 年，李登辉就抛出了"两国论"，两岸关系发生突变，汪道涵再也不能去台湾访问了。汪道涵因为事先知道了老师的看法，这个话在我访台回来以后就转达给他了，所以他有思想准备。

记：南怀瑾先生当时对这个政治形势的判断是非常敏锐的。

周： 是是，很敏锐，因为当时台湾好几个大佬，包括管"国防"的、主张两岸统一的，都被李登辉开掉了，还有几个大陆的亲和派，蒋经国身边的人，也都给他"干"掉了。老师就知道李登辉坚持要搞"台独"。但是李登辉很有一手，表面上成立统一委员会啊，主张两岸和谈啊，很热心，骨子里是台湾搞"台独"的关键人物。

记：南怀瑾先生后来有本书专门写这个双方谈判的过程？

周：南老师提供两岸会谈的情况和材料，由魏承思写了一本书（书名为《两岸密使50年》），把老师主导的1990年到1992年两岸密使的会谈情况，公布了出来。魏承思原来是上海市委宣传部的干部，后来去了香港。老师在香港期间，他在香港《明报》任职，是老师的座上客。老师出的一套全集，序言也是叫他写的。他和老师在香港这一段时间接触得比较多。两岸会谈的书是在香港出版的，台湾一家财经杂志也专门刊登了这件事。老师公布这些材料后，汪道涵先生有意见，认为不应该公开发表。魏承思的书是写两岸密使，不完全是写这一次会谈，包括两岸密使的几个回合，蒋介石在的时候是一个回合，蒋经国掌权时又是一个回合。李登辉时期则是南老师所经历的这个回合及其延续。这本书收集的史料很翔实，我写两岸关系，很多材料也引自这本书。

退休以后去听课

记：您和南怀瑾先生频繁接触是什么时间？

周：真正交往多起来是老师到上海后住在长发公寓的这一段时间，从2003年开始，到2006年太湖大学堂建成，这里有三年时间。他有时候也到香港去，经常来来往往。2004年，老师正式开班演讲。太湖大学堂还没有建成，当时吴江七都建了一所公寓式宾馆"君庐别墅"，就借这个地方办了老师来内地的第一次研讨班。当时是与中国科技大学联合举办的，名称较长，叫"中国传统文化与认知科学、生命科学、行为科学"专题研讨。那一次中国科技大学朱清时校长也来参加了。朱清时认识南老师就是因为这个机缘，当时他们夫妇都过来了。当然，我也参加了。那一次大概有二十几个人。

记：那个时候您已经退休了？

周：我已经退了，所以有空去参加。老师讲了七天的课，主要涉及《易经》和佛学唯识论，大家都修禅打坐，还请了印度瑜伽老师来辅导做瑜伽。唯识论讲人的认知有八识，除眼、耳、鼻、舌、身、意六识外，还有第七识——末那识，自我意识，第八识阿赖耶识，这是生命的本体。老师不是从宗教角度讲，而是从生命科学、认知科学角度讲佛学的观点。听讲的人中，有香港的脑科医生，以及朱清时校长，他们对生命科学、认知科学的领会比较深。主题就是说，佛学既能引人向善，又与科学相容。打坐可以重塑大脑，让人脑产生正见正念，去除杂念，清除贪嗔痴不良习气，可以使阿赖耶识净化，增进智慧，减少业力污染。目前，世界上已有许多科学实验成果，证实静坐冥思可以达到这样的效果。南老师一生融通儒释道，他的历史功绩，就是提倡儒释道传统文化与科学研究相结合，宣导佛学可以与生命科学、认知科学结合，并非迷信。在第二届世界佛教论坛上，朱清时校长作了"物理学步入禅境：缘起性空"的演讲。

记：您是不是每天都要打坐呢？

周：每天打坐。我当然谈不上是成道了，就是这个打坐对自己的身体、心态都比较好。老师在书里讲的，一棵大树，根长在下面，上面枝叶茂盛，所以它可以活几百年，甚至上千年。他用树的道理来讲打坐，打坐就是一棵树倒过来，树根就是你的头，头在虚空当中，就像树在泥土里，那么手和腿是枝杈，是树的枝杈。你的头就是在虚空里面，然后五心朝天，你打坐的时候，五个心——两个手心、两个脚心、一个头心，都是往天上散发能量，接收能量，所以五心朝天后，在虚空里接受能量，就像在泥土里接收能量一样，然后，枝杈盘在这里，气血在自己内部循环，等你静下来，体内新陈代谢降低到最小程度，心脏跳得慢了，呼吸变微弱了，人的能量则消耗得少，也就增强了免疫力，保证了身体的健康。

记：南怀瑾先生讲课中您印象最深的是什么？

周：从 2003 年开始，老师在长发公寓讲经，发给我两本经书《修行道地经》和《坐禅三昧经》，他着重讲《修行道地经》和《达摩多罗禅经》。我是第一次接触到修行的经书。王若水医生以前给我看的是《金刚经》《圆觉经》《心经》等，这些经我都读了。这次南老师讲的是专门修行的佛经，所以我聆听老师讲经，印象很深的是他非常注重佛法的修行，而不是注重佛教和佛学。我们现在大学哲学系讲的佛学，就是《大藏经》的基本哲学。所以佛教、佛学、佛法这三样，老师注重的是佛法的修行、修炼。他讲了安般（出入息）、不净、慈心、因缘、念佛五种心观，都是三昧禅法的经典佛法。

记：其实就是养生之道？

周： 与养生之道有关，但高于养生之道。释迦牟尼讲到生命是什么，生命在一呼一吸之间。你要能够吐出去，吸进来，才有生命。你吐出去，吸不进来，那生命就没有了。吸得进，吐不出去，生命也没有了。所以生命在一呼一吸之间，这是释迦牟尼对生命的经典解释。所以静坐冥思，一定要注意一呼一吸，知息入，知息出，知息长短。所以老师讲的认知科学、生命科学基本上是往佛法修行这条路上走。讲到人的生命，另一个令人惊奇的观点，就是我们现在的医学认定了新生命是精子和卵子的结合，而佛学认为生命是三元和合，父精、母血，还有神识，神识，也许是我们讲的灵魂。

记：您刚开始接触这种理论和观念的时候，马上就能接受吗？

周： 我是逐步接受的，老师讲经的这一套，和我原来的观念完全不一样。但是我后来又看了很多科学方面的书，就是人怎么发展，包括科学发展过程，我发现佛经观察大自然宏观和微观世界，也包含科学，也有科学的论证。比如释迦牟尼讲过一部经——《入胎经》，他讲胎儿七天一个变化，什么时候眼睛长出来，什么时候有骨骼，什么时候有血液。台湾有一个医生，用现代的医学科学来对照，和佛经所说基本切合。我看了以后就很佩服。老师讲，佛学是科学，不是迷信。我是相信这一点的。

记：这个和我们以前接受的教育是完全不同的。

周： 完全不同。我们现在还有很多认知不到的知识，我们现在讲（宇宙里的）

物质，看到的物质只占 5%，暗物质现在是多于 90%，暗物质是什么物质不知道。还有个暗能量，按照地球这种吸引力，我们原来传统的物理学，牛顿讲的那个万有引力远远不够，这个太阳、星球的能量不可能源源不断，这些能量算出来根本不能维持这些星球目前的秩序。还有更大的能量在那里，叫作暗能量，现在暗物质、暗能量都不知道，都是未知数。未知的东西，人家有各个解释，只是还没有科学来证明它。所以我是从这个角度接受了南老师讲的这些东西。另外，他们请了一些台湾的医生，都是高级医生、脑科学的研究者来做讲座。

记：那您是有正式拜南怀瑾先生为师？

周：没有。老师从来不承认自己有学生、弟子。大都是他身边一些人在外面讲：我是南老师的弟子。这些都不确凿，老师自己不承认有学生、有弟子。你能够按照老师的教导实践，认真读书，认真修炼，你提高了，你就是他的学生、他的弟子。否则怎么吹也是没有用的，你根本都没有读他的书，怎么成他的弟子？听到他两句三句言论，就自认为是学生？南老师从来不承认有学生、有弟子，我认为这样非常好，不搞门派，没有什么宗派，南门弟子，他不承认。

记：在上海那三年，您去上课的频率基本上是怎样的？一个星期去两次、三次，还是怎样？

周：不是的，有时候天天在那里。老师天天晚上在那里开讲，就是一生忙到头。最后住到医院，他才不讲课。晚年他眼睛不行，白内障很厉害，一只眼睛做了白内障手术，视力也没有改善，所以后来用放大镜看书，他还坚持每天晚上讲课，讲《楞严经》。

记：你们那个时候学习也是很勤奋的？

周：那每天都要安排，都要听，但是很难听懂。我那个时候第一次接触嘛，一般的经讲讲，那个《金刚经》《心经》，我们还容易接受，但是《楞严经》《楞伽经》是很难懂的，这两部经也是最基本的，生命科学、认知科学都在这里面。老师常说自己是"二楞子",就是指他有两部重要的佛学著作:《楞严大义今释》《楞伽大义今释》。老师一再说佛教不是一般宗教,是一种具有高深哲学理论和科学实验的宗教。比如讲到心,心就是意识。我原来以为是心脏,这个是不对的。后来研究脑科学,巴甫洛夫的学说讲了人的真正的思维器官在大脑,即中枢神经。但是佛教讲的心呢,在人体里面,又在人体外面,第六意识。眼耳鼻舌身,眼睛、耳朵、鼻子、舌头,还有身体……这五个意识,我们都感受到了,眼睛看到了什么形状,这是眼识;鼻识,就是你嗅到的是香的臭的;舌头,味道怎么样,甜的辣的味觉;还有耳朵,听到声音,好听不好听;还有身体,接触到的,这个风冷不冷,太阳热不热,这是身体的感觉。这五个识,普通认为这种感觉是实在的。佛经讲的第六个"意",这个"意"呢,既在脑和心,又不在脑和心。这个就是《楞严经》讲的,就是"意根"。

有关金温铁路及家乡情结

记:关于金温铁路,您没有亲历,但南怀瑾先生跟您讲过相关事情吗?

周:那当然,他在我面前都发过脾气的。实际上是浙江省没有把铁路交给老师,没有实现老师的理念。老师的理念非常清楚,就是要造路于民。

这个金温铁路的意义在什么地方?以前铁路全是国家投资,是不可能让外商来投资的,这是第一次让外商投资建设铁路这样的基础设施,所以老师要走出一条新路。他说自己修这条路,是为了让温州老百姓得利,所以他规定自己的子女亲戚一概不进入这个工程,不要沾这个好处。修铁路的时候,地价马上升起来,批一块土地在铁路旁边造房子,那么这个升值肯定不得了。他绝对不让他自己的子女亲戚出手。

另外呢,他要求国家发行债券,让老百姓出钱,五块钱买一张债券可以,十块钱买一张也可以。铁路沿线的农民是很穷的,他们买一些铁路债券,通车以后就升值了,五块钱变成五万块了。这些利益要让老百姓来享受,但后来没有实现,所以老师很生气,这跟他原来投资金温铁路建设的初衷完全不一样。

2012年1月，周瑞金与钱兴中、黄德余各带自己儿子来太湖大学堂给南老师拜年。从右到左分别为：周朝丰（周瑞金之子）、黄武伟（黄德余之子）、黄德余、南怀瑾、钱兴中、周瑞金、钱江（钱兴中之子）

记：所以他后来不来参加这个通车仪式？

周：不参加，他说连一张车票都没有给他，通车以后也没有送车票叫老师来坐一次。

记：是浙江这边没有邀请他，还是邀请了他不来？

周：通车仪式他没有去，他请学生代替他去参加的，是美国来的一个总工程师。铁路通车后，我们这边也没有送过车票，请老师来坐一次车啊，也没有。

记：我们觉得南怀瑾先生跟家乡的情感还是很深的，但是他就始终不回来？

周：老师在中国台湾 36 年，在美国 3 年，在中国香港 15 年，然后回大陆 10 年。他百龄母亲逝世的时候，行李都准备好了，打算回老家为老母办理后事。后来，又突然决定不回了，委托学生陪他的子女回家乡办理母亲后事。

记：他其实本来是想回的？

周：是想回来的。那个时候在香港，回来很容易，临时决定不回来，说明他思想深处有想法。后来他捐给家乡 500 万元人民币，建老幼文康活动中心，他在赠言中写到了"父罹世变，未得澡雪"。老师人情味是有的，他没有回老家，但他曾把温州的太太请来，在太湖大学堂旁的兰若别墅住了一段时间，再送回乐清老家。

最后的交往

记：您最后一年跟他的交往有哪些？

周：最后一年（即 2012 年）跟老师交往，主要有两件事情值得回忆，我在老师诞辰 103 周年纪念会上专门讲了这个。

1 月 19 日傍晚，我和太太去太湖大学堂给南老师拜年，他拿着当时香港《文汇报》的一篇新闻稿，是某位官员在一次会议上讲干部的修养。这位官员引用了老师在《论语别裁》里讲的"毋意、毋必、毋固、毋我"，要求干部做到这四个"毋"。他讲得很厉害，要干部不要做"狗官"。老师很高兴，说这位官员能够读他的书，可能是我推荐的。后来老师就讲了一大段话，他说"为官一任，教化一方"，这个口号提的水平最高。多数人提"为官一任，造福一方"。一些干部热衷于"造福"，追求表面政绩，造大广场，搞音乐喷水池什么的，实际上是劳民伤财。而"教化一方"则是从精神层面，讲敦化风气，提高民众文化道德水平，是有文化、讲文明的。老师这个评论非常精彩，所以当天晚上我回来就写了一篇《南师的一夕谈》。我还送给他看过，请他作修改。他也真的给我改了一稿。我一直保留在电脑上，没有发表。

记：您听到南怀瑾先生讲的有启发的内容都会写一些东西?

周：一般都会写一点的。我已经开始准备把老师在我手头保存的资料整理出来，以后就交给温州南怀瑾书院保存。特别是老师和中央有些领导的交往、通信等材料，还是比较珍贵的。

记：2012 年，还有哪些事情值得回忆吗?

周：还有一件比较重要的，就是老师对国际实验学校第一届毕业生的临别讲话，这个是老师生前最后一次演讲（2012 年 6 月 21 日晚上）。这个学校叫吴江太湖国际实验学校，是太湖大学堂办的。它是老师教育思想的实践园地。第一届我记得收了二十九个学生。四年学习毕业了，然后学生们出去考初中，原来家长担心考不上，因为实验学校的教材、课程设计、教学方法，与我们的义务教育都不同。然而，结果是学生个个表现得非常优秀，全都考到了自己理想的学校。实验学校办得很成功。

记：这个是实验小学?

周：它叫实验学校，从办小学开始，计划逐步扩展。学校招了十几个外教。学生以游戏为主、以玩为主，这个以"玩"设计出来的游戏啊非常有意思，小孩子既要有团队精神，又要有个人的智慧，这种游戏都是我们没有的，都是外教来教的。现在很多人都愿意送孩子到这个学校来。老师定下规矩，（招生）不是看学生，学生没有什么优劣的，看父母，和父母一谈，如果你培养孩子的理念不同，条件再好的学生也不要。我这里的教育理念你能够接受，那就留下来。就这样子，很牛。

记：培养四年学费很贵吗?

周：学费也不是太贵，比现在有的私立学校要便宜。所以人家都愿意把孩子送去，孩子要住在学校里，小的只有几岁也都住在那里。父母不能去看的，一个星期

周瑞金携家人探望南怀瑾先生

接回来一次。学校让大孩子带小孩子，哥哥姐姐来带弟弟妹妹，用这个办法，不是完全靠教师。教师当然也很好的。课程丰富多彩，读古文经典、英语经典，打坐冥思，笔算、珠算、心算，打拳舞棒，收集中草药，看外国原版电影，等等。学校注重中西精华文化的结合。

有一次，上海一家基金公司借太湖大学堂开董事会，请老师指导佛法修炼（我是这家基金公司的独立董事，当时也参加）。晚饭后我们去参观实验学校，正好学生们在朗读英语经典，读的是一位当代美国诗人的新诗。想不到这家基金公司的一位独立董事恰好是这位诗人的邻居。他说他与这位诗人很熟悉，没想到中国的学校有学生集体读他的诗。他当场就发表了一通激动的演讲，非常感慨，非常赞赏。这就说明老师的教育理念，是非常开放的，非常现代的。

记：动手的实践，包括种植、农作等？

周：还有跳水、游泳这些训练。有的孩子很害怕，不敢跳，下面保护组老师就会一直鼓励，即使最胆小的孩子最后都可以跳下来。急救知识，怎么保护自己的生命等，这些学校都在教。所以后来中央文明办组织全国六所学校，由校长带队到这里观摩教学，一周后这些校长感动得不得了，说这种培养学生的理念确实颠覆了我们现在的教育观念。

记：这个学校是 2008 年招生？开学典礼您也在现场吗？

周：对，2008 年开始办，老师已经九十岁了。开学典礼我没有参加，结业典礼我参加了。这也是老师生前，我最后一次去太湖大学堂，等于是跟他告别了。

记：南怀瑾先生走得很突然？

周：很突然。我感到一段时间没有老师的信息了，很想要跟老师联系。我打电话给马宏达（老师的秘书），马宏达不告诉我，实际上老师已经送到中山医院了。他没有让我去，他说老师现在正在治疗当中……

后来，就不行了。老师回到太湖大学堂后，我去了，实际上那时老师已经自己了断了。在医院做了 CT 以后，医生跟他讲，他的左肺有真菌感染，右肺有一个乒乓球大小的阴影，老师听到这个以后，当时讲话已经很困难，用手写了"明白"两个字。当天晚上，宏忍师陪他，他就在病床上打坐了，进入打坐状态。到了半夜，大概是凌晨以后，宏忍师听到"咔嚓"一下，后来老师呼吸没有了，心脏也停跳了。然后第二天就把他送回到太湖大学堂。

我是第二天才去看他。本来要等到他再还阳，再回来。老师以前也有这个样子，打坐以后可以停掉呼吸，断掉再回来，但这次回不来了。过了几天，就走掉了，宣布中秋夜火化。这个荼毗炉是很厚的大钢板建的，就在太湖大学堂里。现在那里栽了一棵菩提树。举行荼毗仪式时（9 月 30 日晚 7 点），来了两百多人。宣读了温家宝同志的唁电。我代表学生讲话，中央文明办副主任王世明也有讲话，他代表文明办。另外，他的弟子、子女也有代表讲话。荼毗仪式是四川文殊院的宗性大和尚主持的，老师与文殊院在 20 世纪就有渊源。后来书院里举行纪念老师的活动，宗性法师都来参加，诞辰一百周年也过来了。老师火化后的舍利子，都放在了文殊院。火化后，老师的头骨是完整的，非常难得。火化共五天五夜，其中两天两夜是冷却的。我看到了舍利子。

记：现在太湖大学堂是不能随意进去的？给外人的感觉很神秘。

周：是的。里面有近三百亩地，很开阔。建有一个主楼，老师住主楼，有一套厨房，烧饭烧菜的设备全都有，图书馆也在主楼里；还有一个大的演讲练功楼，是大家修炼的地方，也是老师讲课的大礼堂；还有个生活楼，大厨房、大餐厅以及宿舍。一期工程就这么几个主要的建筑。然后就是建了学校，学生住宿的地方，生活、活动的地方。后来又造了两栋楼，七号楼、八号楼。学校教师住在八号楼，七号楼就是我们活动、居住的地方。七号楼按五星级宾馆的标准设计建造的，很现代化。我在那里参加过两次打七，南存辉也参加过，还有好多外宾也来过。有一次举办联合国世界领袖活动，来了六十多人。老师要我约《解放日报》的记者跟随这个学习班进行报道。这个报道老师看了非常满意。

记：报道发表了吗？

周： 发表在北京的《世界》杂志上，是中央有关部门办的，我的朋友任执行主编。

记：最后那次演讲的时候，南怀瑾先生的精神状态还是很好的？

周： 很好的。一口气讲了一个多钟头。一点儿都看不出病态。那时他每天晚上还在讲课，讲《楞严经》。我拿到他一个优盘，可以经常放出来听。老师最后在病中还嘱咐一位跟随他修行的学生说，《楞严经》要读一百遍。

记：南怀瑾先生对传统文化的解读，国内的学术界有一些不同的看法。您对这个怎么看？

周： 老师不是纯粹的学者，不能用专业学术标准苛求于他。老师每一次讲课都说自己是"一无是处，一无所长"，他每次讲座都讲这两句话。他是很有智慧的一个人。谈到评价，我想引用长期跟随老师、担任老师著作主要编辑的百龄老人刘雨虹，在纪念老师百年诞辰的时候，写的一段评价老师的话，可以作参考：

"先生数十年如一日，足迹由大陆而台湾，而美国，而香港，再回归本土。致力教化，于世事根源，常得见先机；并将儒释道等之精华，打破旧习，从翰林学院移教于民，传扬文化于全民，并广阔人民视野。先生一生，谦恭好学，慈悲为怀，随缘教化，或褒或贬，方便多门，因材施教而已。凡此一切种种，所作所为，五百年来之世，视乎尚未见他人。"

陈佐洱：最忆『谈笑间，强虏灰飞烟灭』

陈 佐洱

1942年12月生，全国港澳研究会创会会长。曾任国务院港澳事务办公室常务副主任、党组副书记（正部长级），全国人大香港特别行政区筹备委员会委员、澳门特别行政区筹备委员会委员，第十届全国人大代表，全国政协第十一届常务委员、港澳台侨委员会副主任；教授，博士，中国作家协会会员。著有回忆录《交接香港：亲历中英谈判最后1208天》《我的港澳情怀：走过的路和思考》及散文集、译著多种。

访谈时间：2021 年 9 月 22 日
访谈地点：北京金宝街香港马会会所
访谈记者：戴江泓
摄影摄像：魏一晓

    1994 年陈佐洱出任中英联合联络小组中方代表，亲历中英关于香港政权交接最后 3 年 8 个月的谈判过程。有着"香港回归后过渡期第一谈判手"之称的陈佐洱，曾与英国"末代港督"彭定康一众就维护中国香港基本法规定、阻止港英撤走前打撒金钱、给未来特区财政"埋地雷"等事有过激烈的交手。在谈判工作面临巨大压力和困难的时候，陈佐洱结识了南怀瑾，二人成为一生挚交。

    时光如白驹过隙，是非对错被后来发生的许多大事所验证。亚洲金融风暴爆发后，董建华、梁锦松、唐英年等特区政府要员，都曾当面向陈佐洱致谢，赞赏他当年"车毁人亡"这句警示。而今，陈佐洱早已褪去谈判桌上唇枪舌剑为国出征的凌厉之势，出身书香之家的他更具回归儒雅的学者气质。对于"一国两制"和香港澳门，陈佐洱有着多重身份，他既是港澳回归的见证者、亲历者，亦是"一国两制"的践行者、研究者。本次访谈，他缓缓回忆，轻描淡写，在他和蔼慈祥的笑容里，记者丝毫不见当年唇枪舌战的威风，能捕捉到的，除了云淡风轻，还是云淡风轻。

    陈佐洱的家族在上海声名显赫：他的伯父陈伯吹是中国著名儿童文学家，被誉为"东方安徒生"；父亲陈汝惠也是 20 世纪 40 年代上海"孤岛文学"著名作家和教育家。陈佐洱的弟弟陈佐湟是中国著名的音乐家、指挥家，亲自组建中国交响乐团并担任该团首任艺术总监。陈佐洱的堂兄陈佳洱是位著名的物理学家，中国科学院院士，曾任北京大学校长。这样的家学渊源，加上陈佐洱的从政经历，使得他的身份更多了一层厚重。在与南怀瑾的交往过程中，陈佐洱的一对女儿也成为南怀瑾的忘年之交。

回归纪念日，品茶思人忆南师

记：之前我们拜读过您为纪念南怀瑾先生写的文章《天香桂子落纷纷》，在这篇文章里，我们大致了解了一些您跟南怀瑾先生的交往。就这篇文章的一些衍生问题，请您多讲些故事，让我们更多了解南怀瑾先生。就从您在武夷山品尝南师专供大红袍开始吧。

陈：2017年，我刚在香港参加了纪念特别行政区成立20周年活动，应邀到福建武夷山去给闽港澳三地大学生夏令营讲课，讲"一国两制"，以及香港澳门的回归和回归后如何保持繁荣稳定的问题。

武夷山景区中心有一家茶厂，福建省国际友好联络会的宋会长请我去那儿喝茶。在松竹葱茏的茶室里，厂老板拿出了一件他们的王牌茶——"瑞泉号"。

我一看包装袋上"瑞泉号"三个字，觉得像是南老师的墨迹。厂老板答道："你们品尝的这种独一无二的茶，是专为南老——南怀瑾先生拼配的，南先生很喜欢这款大红袍茶。"而且，听说南老对它的评价是超过台湾冻顶的。冻顶是乌龙茶，武夷山的大红袍也是乌龙茶，它是由好几种岩茶拼配而成的，而每个茶厂的大红袍成分大同小异，但各有千秋。

这家瑞泉茶厂的老板并没见过南老师，他是通过南老师的一位学生把这款大红袍介绍给了老师，老师评价很高，然后他们请求老师题字，这就是"瑞泉号"的来历，呵呵（轻轻一笑）……包装袋上还有落款是"九四顽童南怀瑾"，加有红色印章。后来我向南老师的秘书马宏达先生求证，马先生证实说："确有此事。"

记：您品尝后，对这款茶的评价如何？

陈：我长期在福建生活，对闽南闽北两地的乌龙茶都很喜欢，这款茶的确很好。

记：您见到这款茶时，南怀瑾先生已经不在了，所以就饮茶思人了，对吗？

陈：是的。看到这款茶是 2017 年的事情，当时确实想起了很多往事，所以，我写了那篇文章。当然也不全是因为"瑞泉号"，当时南怀瑾学术研究会正约稿，就来了一气呵成的灵感。文章最早发表在《光明日报》上，后来《新华文摘》《上海文学》几个主流媒体转载了，网上转发就更多了。

中英谈判最困难时，获接见鼓励

记：现在，我把您的思绪拉回来。请回忆一下，您是如何认识南怀瑾先生的？南先生当时在香港是怎样的身份和状态？你们第一次见面，是在怎样特殊的历史背景之下？

陈：南老师从美国回到香港以后，基本上是半隐居状态，一般都不见客，除熟人以外。那个时期，他为促进两岸关系默默无闻地作出了很多贡献，一方面是做台湾李登辉方面的工作，还有一方面是为祖国北京工作，他和汪道涵同志（海峡两岸关系协会会长）联系较多。有一本书《两岸密使 50 年》，记述了那段历史。

南老师的政治经验很丰富。香港是很复杂的地方，也许正因为在从事这项重要工作，他潜光隐耀，不希望多见人。但是他的"亦儒非儒"、"是佛非佛"、"推崇道家又非道家"、集中华文化之大成的才学，早已蜚声中外，他对促进两岸和平统一所作的贡献，我也曾从汪会长那儿有所耳闻。

所以，我对同在一地的南怀瑾先生久仰了。记得是请南老师的一位在北京的学生，写了封推荐短信。我把信送到南老师的办公室，留下了联系电话。我在香港参加中英谈判，经常上电视、报纸，各界人士都关注着香港回归祖国这件大事情，因此一般都知道我。你如果看过《交接香港》那本纪实文学，就知道 1995 年年底开启中英双方关于跨九七年度那份财政预算案编制谈判的历史。

英方勉勉强强接受与中方共同编制财政预算案不久，我就发现了末代港督彭定康临撤退前假充"好人"，实则是给香港未来"埋地雷"的大阴谋，他把大型基建和教育这些长远见效的费用大大削减，转到增加社会福利上，已经以每年高于经济增长 5 倍的速度搞了 5 年，还要干 5 年。我向上级请示汇报后，就在中英联合联络小组财政预算案编制第五次专家会议上当着中外记者的面开炮了："中方曾一再表明香港的社会福利有必要随着经济的发展不断改善和提高，可以相信，1997 年后香港的经济发展和社会福利一定会比现在更好；但是自从现在这港督上任后，各项社会福利开支突然变成了一辆在崎岖道路上飞奔的高速赛车，如果继续这样往前开，不用多少年，将会'车毁人亡'，车上坐的是 600 万香港老百姓啊！"

我当时这一句"车毁人亡"，全香港到现在很多人都记忆犹新。昨天一个香港朋友来看我，说他年轻的时候因为这句话记住了我。这番话，我是 1995 年 11 月 8 日上午在北京钓鱼台国宾馆谈判时说的；当晚恼羞成怒的彭定康就赤膊上阵，带领一批港英高官对我猛烈反击。他偷换概念说"中方反对提高社会福利，提高社会福利就要'车毁人亡'"，呵呵（轻蔑地笑笑）。连我一年前中秋节前夕，到大角咀和旺角的床位公寓"笼屋"给"笼民"送月饼，也被人说成是陈某人洒"鳄鱼泪"。更使我难受的是一批不明真相的老头儿老太太也被挑动，举着破轮胎到中英联合联络小组中代处门前"示威"。

在这样的情况下，我受到的压力当然很大。就在最困难的时候，我接到了南老师办公室打来电话说，他们收到了信，南老师愿意见我。

记：第一次见到南怀瑾先生，跟您之前了解和想象的接近吗？在他的香港寓所，您看到什么？都聊了什么？

陈：相当接近。他的精神状况和身体状况都比我想象中的还要好。见了几次以后，他还在自己的客厅里表演舞剑，金鸡独立，360 度转一圈。他告诉我，每天时间是这样分配的，白天在公司办公，晚上上半夜接待学生、客人，谈话聊天，开导话题，获取信息，送走客人们以后再打坐休息几个小时，下半夜主要是写文章。

一进老师的寓所门，就看见大玻璃窗外郁郁葱葱的香港公园，转身面对的是大幅彩墨国画，庄严美丽。几乎满墙壁都是画面上的一池荷叶莲花，左上方是隶书写的禅意深邃的十个字："一华一世界，一叶一如来。"后来知道画和字是老师的高足、两位台湾艺术家所作。老师应该很欣赏这幅画，从香港的坚尼地道到后来的江苏庙港太湖大学堂，会客厅里都挂着它。也许，老师希望每一位来客都能用心感悟到，大千世界里的一花一叶虽然渺小，但同样涵盖着时空万有之共性，不必执迷于因个体现象而起的种种烦恼。

第一次拜会，南老师就让我和他坐在"茂盛的荷花池"对面。我正襟危坐，目不转睛地注视着神清气朗的老师，倾诉作为外交官维护至高无上国家利益和未来中

陈佐洱与南怀瑾先生合影

国香港特区利益的艰难，以及由此遭遇的憋屈。他点着一支烟，微微笑着，有时点点头，那种小说里描写的仙风道骨，令人如沐春风。

　　他认为我讲得对！香港如果照这样快的速度去提升能上难降的社会福利，是港督彭定康居心叵测，不怀好意。英国佬充作"好人"，使得将来的特区政府难以为继，完全与基本法规定的"量入为出"理财原则背道而驰。欧洲一些高福利国家的失败经验已经很多了，没有一个政府能够接受得了。南老师侃侃而谈，与我交换对当下香港局势的看法。然后他站起来，领我走到客厅朝海的窗户前说："收回香港是何等艰难的世纪大事。你对英国人不要客气，但有的时候也要忍一忍，心气要高，心态要平和。要和香港的记者们多些联系，经常请他们喝喝茶……"

记：在那之前，您跟香港媒体交朋友吗？

　　陈：当然交。我理解南老师的意思说，要十分重视传媒的作用，用各种方式更多地跟他们沟通，以便把我们的声音更强力更准确地传播出去。

记： 那个时候您觉得香港媒体跟我们内地媒体有什么特别大的差异？

陈：（轻轻一笑）这恐怕你的了解比我多，你们是同行，应该有更深的体会，是吧？香港记者对于自己想获得的信息往往刨根究底，顽强执着，甚至蓄意假设前提引诱你钻进去；但社会责任心不是很强。新闻的生命是真实，有些港记对于新闻生命的重视度往往不及追求时效和猎奇。

可能老师是希望我能够更多地了解资本主义制度下香港传媒的职能和特点，学会与他们打交道、交朋友。

记： 那么，当时您跟香港哪几家媒体接触得比较多，或者说，哪些媒体发出的声音是我们认为更加客观准确的？

陈： 其实你应该也知道，没有什么超然的媒体，也不可能有超然的媒体。香港的媒体也都要听老板的。哪一家媒体是什么政治光谱，受众都很清楚。

在那段备受压力的日子里，我得到了香港社会各界的支持。有好些普通市民通过《大公报》《文汇报》和新华社香港分社寄来一封封支持我的信。他们心明眼亮说真话，很让人感动。就在第五次专家小组会议结束后返回香港的班机上，一位素不相识的先生走来跟我说："你是陈代表？在电视里常见你，你讲得好！尤其讲彭定康开车要'车毁人亡'，讲得好！我们香港市民支持你！"还有一次搭计程车，司机从后视镜里认出了我，激动地说："陈代表你说得好，英国佬想在走之前把财政储备花光，你可要为我们香港看住这笔'数'啊。我们信你！"他说信我，实际上是信赖我们共同的强大靠山——祖国。

"人民公社"饭桌，结识各方能人友好

记： 您在香港的驻地跟南怀瑾先生的寓所，距离近吗？

陈： 南老师的寓所跟中英谈判楼很近，在同一条马路上，也就隔了四幢房子的

距离吧。谈判楼是一座依山而筑的意式二层小楼,坚尼地道 28 号;南老师的会客公寓是 36 号 B,第 4 层楼。

记:那您大概多长时间会去南怀瑾先生那里一次?还是说每次工作结束了,都会到他那里去坐坐?

陈:也不经常去,是怕影响到他。关于香港平稳过渡和政权交接的中英谈判议题都是公开的,报纸和电视几乎每天都会有报道,老师他都知道。

在以前,我的行踪比较敏感,被英方监视,像在"白区"工作一样。我到哪里,身后面常有"尾巴",我在中国外交部宿舍里的电话是长期被窃听的,但我不时地会去看望他,差不多一个月左右,总会去一两次。

记:那时候南怀瑾先生是不是也是被监视的?

陈:这个我不清楚。我是想不要因为我,而影响了南老师和他周围的学生、朋友们。

记:但南怀瑾先生他是鼓励、欢迎您常去的,对吗?

陈:是的,每次去他都很热情。我每次拜访的时间几乎都是在下班后,所以常常留在那儿吃晚饭。南老师府上的晚饭,历来谁在谁都能上桌,流水席,大锅饭,老师说这里的餐厅叫"人民公社"。据说,20 世纪 70 年代老师在台湾讲学时就习此为常。我在饭桌上也认识了好几位他的弟子,还有允许来访的客人。

老师总是让我坐在他右手边的位子。他自己吃得很少,几粒花生米,几筷子小菜、鱼,一小碗粥。他喜欢听学生们自由开放地谈古论今,只有在争论不休、莫衷一是的时候,他才会像从云端飘然而下,用炉火纯青的平和语气,一语中的给出个答案,而且往往是幽默的,深入浅出,诱导性的,带着警语或典故,这是饭席最精美的"佳肴"。

记:南怀瑾先生在香港的学生,哪几位您碰到比较多,接触比较多,

陈佐洱接受记者采访

比较熟悉的？

陈：有的名字记不起来了。记得有一位宏忍法师，还有谢先生、欧阳哲先生。

记：谢先生应该是谢锦炀先生吧？

陈：应该是的。欧阳哲先生做的菜很好吃，还会按摩。有几次，南老师特别请他给我按摩颈肩，一边看着欧阳哲先生动手，一边指点。

我有个毛病，怕空调开太冷。香港不少地方的空调都是设定在16—18摄氏度，坚尼地道的中英谈判楼就是这样。每当我西装革履，从潮热的光天化日中，走进打着冷气的谈判大厅20分钟左右，我的双肩就会被冷气吹得酸痛。不一会儿，就从颈肩往上痛到头部。

所以我的秘书随代表团进入谈判大厅后,就先跑去把空调机的温度调高,调整到 20 多摄氏度。那时,英国人还不知道这个"秘密"。

记:听说南怀瑾先生自己医术也很高明?

陈:很高啊。可能那时候也是老师在向欧阳先生传授,第一次按什么部位、怎么按,老师都跟他讲好了。欧阳先生是从台湾就一直跟随南老师的,他祖籍是福建省的福州,我也在福州生活了 26 年,我们聊起他的老家就更加亲切。但是,很可惜,这位老学长在 2019 年去世了。

还有一位外国小伙子,一直跟着南老师学习,很虔诚用心的样子。

我还认识了一些香港当地的朋友。有一位竟是港英官员,他"身在曹营心在汉",对英国的"殖民管治"怨声载道,一心盼着本土香港早些回到祖国怀抱,并为此作出了自己的努力。

在南老师香港寓所,还有幸认识了马有慧夫妇,有慧待人文雅润泽,却又是非原则分明。她是德高望重的爱国爱澳前辈马万祺先生的女公子,排行第五;丈夫彭先生是有名的香港会计师,他们通常住在香港。南老师回内地定居后,有慧也常北上相随左右,直至老师弥留的时刻。

此外,还有一位朱先生,对《易经》颇有研究的。南老师对《易经》当然很精通,还有一本专著《易经杂说》。但南老师自己轻易不算卦。要是"人民公社"里有人相求,老师就会笑着对朱先生说"你给算算,他会怎么样",朱先生讲解时,南老师偶尔会在旁点拨一下,启发朱先生。呵呵。(温和地笑笑)

记:那您有跟南怀瑾先生请教过《易经》吗?

陈:没有。不过,大概是在 1996 年吧,外界传说我可能很快要调回北京,我告诉了南老师。

南老师就这么扭头认真看我一眼,说:"还早着呢。"果然,那次没成!

记:南怀瑾先生准确预测了?

陈：是啊，因为那句"车毁人亡"，有人打小报告，说因为我引起了外交风波，结果呢，我就没提副部。（笑了笑）后来，我曾想向老师讨教《易经》什么的，他婉言说："这些都是雕虫小技……"

记：那您跟随南怀瑾先生参加禅修吗？

陈：没有专门去参修，只学了静心打坐。我没有正式拜过师，但一直称他"南老师"，我认为是他的学生，他也一直接受我对他的称呼。有时候亲切地叫我"老弟"，这不影响我们的师生关系。

珍藏墨宝，铭记古为今用教诲

记：从您的回忆文章里，我了解到，您每次见南怀瑾先生，他都给您留墨宝，是吗？

陈：不见得"每一次"，但总共大概有20幅，有的是尺寸很小，从记事本上撕下的纸，（双手比画了一下）大一点的就是整张A4纸大小。交谈中他常常妙语连珠，还有精彩的旁征博引，他往往随口背录诗句甚至全首诗。我愚钝，一时听不明白，他就给我写下来明示。他写了，我读后就收进口袋当作墨宝了。就这样，与老师交往的17年里，除老师的亲笔信函、赠我著作扉页上题称的"陈佐洱老弟"外，大概还收集了他20余幅墨宝。

中央电视台有一次来采访我，专门把这些墨宝拍录了一遍。你们要是需要，我可以找找看。

记：那您最喜欢哪几幅？

陈：我在自己的书里、文章里都写过。例如为我励志，老师曾写下明末清初"岭南三忠"之一陈邦彦之子陈恭尹的诗句"海水有门分上下，江山无界限华夷"，用诗人对南宋陆秀夫在珠江出海口崖门抱帝跳海的悲壮凭吊，寓意珠江口上的香港

200余岛仍被洋夷强占的屈辱史实。诗的基调很悲壮，老师一字字书写、讲解的情景，使我更觉肩负参与收回香港和维护国家主权、安全、发展利益，维护香港长期繁荣稳定的责任重大。

大约是1997年的6月下旬，在中央一系列重要指示下，经过连续五个昼夜的艰苦谈判，成功解决了中国人民解放军先头部队能否及怎样提前开进香港、以防7月1日零时出现防务真空问题。我当时有将近一个月未及看望南老师。中英双方达成一致的消息公布的当晚，我抽空造访，向老师报喜。那天，主宾围聚在"人民公社"的饭桌旁，老师让我"作报告"。

距离香港回归只剩下屈指可数的日子了，厅堂里洋溢着热烘烘的喜气，话题由我军先头部队将踏上被强占156年的领土，转到"日不落帝国"英国的"日落"、香港更好的明天。老师和大家一起兴致勃勃地批判背信弃义的"三违反"者彭定康，又为我在两张记事纸上写下了珍贵墨宝，一张是"日暮途穷，倒行逆施"——指彭定康为一己私利，搅局香港平稳过渡；一张是将苏轼《念奴娇·赤壁怀古》中的佳句巧改两字："谈笑间，强虏灰飞烟灭。"随着老师收起笔端，在场的所有人一阵哈哈大笑，笑声里尽是扬眉吐气，充满自豪。

这在《天香桂子落纷纷——忆南怀瑾老师的爱国情怀》一文中，我都写了。尤其是苏东坡的"谈笑间，樯橹灰飞烟灭"这句，老师把"樯橹"改成"强虏"，真是妙笔生花，妙！

本世纪初，老师定居太湖之滨的吴江庙港之前，暂居上海的番禺路。我出差上海时去看望他，他很关心"一国两制"方针和香港特别行政区基本法在香港贯彻实施的情况。我向他报告，"一国两制"是中国共产党史无前例的创举，从未有哪国执政的共产党在建设社会主义的同时，还允许一小部分地方保持原有的资本主义制度不变，维护两种制度长期和平共处，互相促进，以确保中国特色社会主义的繁荣昌盛。南老师赞同，没有发表更多评论，却为我背录了白居易一首对仗工整、连用叠字、韵味回环的七言律诗《寄韬光禅师》："一山门作两山门，两寺原从一寺分。东涧水流西涧水，南山云起北山云。前台花发后台见，上界钟声下界闻。遥想吾师行道处，天香桂子落纷纷。"我想尾联一句"天香桂子落纷纷"的点题，是道出了老师为"一国两制，中国统一"情坚金石、不遗余力的始终念想。

2008年4月，我离开国务院港澳事务办公室，转任全国政协常委，不用天天"朝八晚五"地上下班了。我南下拜访南老师。老师问我，知不知道宋代名臣赵抃？我

南怀瑾先生题赠陈佐洱

坦承孤陋寡闻。老师就讲了这位官至谏议大臣的名臣一生清正的故事，出行轻车简从，只带一琴一鹤，死后被谥为"清献"，即"清廉惠贤"的意思。老师又背录了赵抃退休后写的一首七言诗赐我："腰佩黄金已退藏，个中消息也寻常。世人欲识高斋老，只足柯村赵四郎。"老师是要我效仿前人超然淡泊的心态。

南老师还让宏忍师复印了一套明朝普明禅师的《牧牛图颂》给我，《牧牛图颂》由10幅牛的诗画故事组成，展示了由浅入深、由勉力而趋于自然的10个阶段的开悟过程。老师解释说，《牧牛图颂》是心性之学，是认知生命本性之学。我说，一定好好研学，身命得自父母，慧命得自老师。老师其实没有具体地跟我讲解10幅图的含义，他是让我自己去钻研，领悟，完成这一过程。

翌日辞行时，我告诉老师，同事和朋友们多方建议，自己也有愿望，把中英谈判交接香港最后1208天的亲历写出来。老师很赞成，说："这是为国家添一笔历史，要写真事，说真话。"

还有一幅墨宝，恰是在他逝世前两年整，也是我最后一次见他时写的。那天也

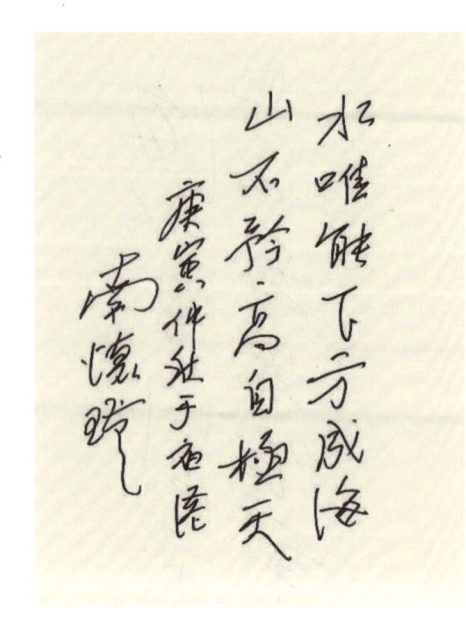

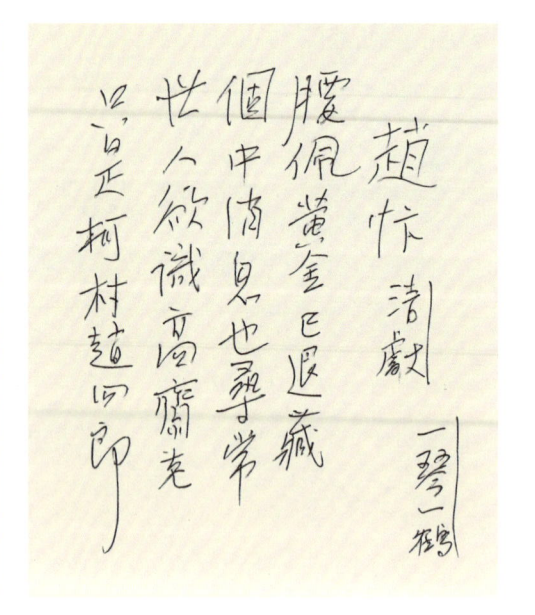

南怀瑾先生题赠陈佐洱

正好是中秋节,老师要我在他的办公桌旁坐下来,抽出一张空白A4纸,想了想,给我写了两句话:"水唯能下方成海,山不矜高自极天。"接着破天荒地写下落款"庚寅仲秋于庙港",并签了大名。未想到这演变自《道德经》的精华,是最后的训勉。

南老师之前给我写过很多纸条墨宝,从来没落款的,但那一次,他认认真真地抽出一张纸来,认认真真题写,写完了特地落款,签名。两年以后,也是中秋,他竟驾鹤西去了。所以,我就觉得这是很奇巧的一件事情。"水唯能下方成海,山不矜高自极天。"这是他对我的爱护,也是对我做人的教导啊!

珍贵籍册和文物终于"叶落归根"

记:南怀瑾先生迁回内地定居后,还带回了很多珍贵的书籍和文物。听说还是您居间协调,才将这批海外珍贵文物运回来,您能否介绍一下其中的曲折经历？

陈：香港特别行政区成立以后，我于1998年奉调回北京。不久，南老师也秉持叶落归根的思想，决然迁居内地。老师在海外50余载，为保存和弘扬中国传统文化倾囊藏书达数万册，其中包括《四库全书》《大藏经》《道藏》，多为古本、善本、珍本。还收藏有少量佛像、书画、琴剑等，共计600多箱。

当时，太湖大学堂好像是已经建好了的，老师让马宏达先生来找我。我原本知道这批文物是放在香港坚尼地道寓所的，那是辗转多次，从中国台湾到美国，又从美国到中国香港，南老师每到一地，这批文物就完好地跟着转移。这600箱籍册文物入境过关都要经海关查验的，尤其有些书籍和文献资料上面还有"青天白日"之类的标记，另外还有宝剑，算是"武器"吧。所以用火车车皮运到深圳，就过不了关了。

各国海关对于货物通关的确都有放行和限制的规定。宏达先生带来老师的信说："这些藏品很珍贵，不仅属于我个人，也是中华民族的宝贵财产。我已年至耄耋，这些藏品亦当随同我叶落归根，回归祖国内地。"我当即居中协调，建议海关总署作为特例处理，玉成老师的美好心愿。海关总署副署长龚正同志（现任上海市长）政策水平很高，当即批示给吴江海关，那一车皮直接拉到苏州，由吴江海关来办理清关手续。

老师的这封信，现在还存放在国务院港澳办档室案里。

南老师生前，我有一次到太湖大学堂时，他还让人陪我去收藏室参观了一次。这批文献应该还完好无损地存放在大学堂吧？

我当时还很欣慰。但不久前听说发生了一场久拖未决的官司，导致他的遗愿至今未能够实现。

南国熙先生等老师的后辈以及马宏达秘书都先后跟我讲了南老师的这个遗愿。我说，我知道，老师写给我的信里面就说过这一很高尚的愿望。

受老师后人所托，几年前我曾找过当时的文化部副部长兼国家图书馆的馆长周和平同志。周部长也很支持，爽快地说："非常欢迎，这事我来办！"他说，可以在国家图书馆划出一个专区，做成"南怀瑾捐赠文献专区"。

太湖大学堂那里的藏书馆，不知道你们去过没有？

记：听说现在太湖大学堂已经不让进了，那些收藏好像也找不到了。您后来还去过太湖大学堂吗？

陈：没有，南老师逝世后就再也没去过。

去过一次吴江，就是宏忍师、刘雨虹老师她们住的地方——净名兰若。在那里，还见到了那位在香港也经常见到的谢锦炀先生，瘦瘦的，戴着眼镜。他也是经常在南老师身边的，像秘书一样帮助南老师打理财务，人很热情，也彬彬有礼。

定居太湖后几年，衰老得很快

记：南怀瑾先生在的时候，您去过几次大学堂？

陈：好几次了，一般都还在那里住一两宿。南老师建议常去太湖堤岸上散散步，看看清澈的湖水，那里是向上海供水的咽喉地带。湖四周的绿色环境很美，我站在树木掩映的湖堤上，感慨良多，回想大学堂落成之前，在上海番禺路的长发公寓，他曾把蓝图给我展示过，指点比画，兴致勃勃像个少年人。那么大年纪了，亲自去踏勘考察，看地、看风、看水，规划、筹款、督工，不辞辛苦历时6年，终于让无论规模、设施都堪称一流的太湖大学堂建筑群在太湖之滨拔地而起！说他自己最后要叶落归根，选来选去，选了这个地方。

记：我再冒昧地问一下，在您看来，南怀瑾先生那几年在太湖的生活称心如意吗？

陈：他没有跟我讲过这方面的事情。但是，我感觉到，他到太湖大学堂后的最后几年，衰老得比较快。

在上海的时候，他是很兴奋的，刚回到阔别的祖国大陆，有了"归根"的感觉。另外，很快又有了筹建太湖大学堂的规划和工程，他因此更加兴奋。迁居太湖大学堂以后，刚开始时应该也很好，有不少人去见他，包括一些地方和部门的负责同志，他还给他们开讲座，讲课啊，挺多的。还有一些北京的领导，也通过一些人来找他。

但是后来，我就觉得，他好像就衰老得比较快。

嘱写真事说真话，两赞《交接香港》

记：您回忆一下最后一次去太湖大学堂的情形，当时的南怀瑾先生是什么状况？说到您正在写《交接香港》这本书，南怀瑾先生有什么具体的表示吗？

陈：最后一次去太湖大学堂，应该是 2010 年 9 月下旬，刚好是中秋节。我从上海驱车到吴江庙港造访。老师看起来略显清瘦，戴了顶绒线帽子，衣服也穿得厚实了些，这光景与十多年前在香港初识时，已不可同日而语。

他问起我写书的进展。我告诉他，已经核实梳理完有关资料，开始动笔，打算用文学笔法，一个一个故事作为独立章节，写成可读性比较强的纪实文学。他含笑说："要写真事，说真话。等你写出来，我要看看。"我回答："一定，老师也是香港回归祖国的重要见证人！"

对历史应该忠实。我在自己的那本书的后记里面，也特别讲到了，要真实地把历史记录下来。不真实的，不写；当然，真实的也不一定有闻必录。你们做新闻，不也是这样吗？从写这本书到出版，都经过了严格审查的。

记：对于《交接香港》这本书的最后呈现，您觉得还满意吗？

陈：我自己觉得这是自己对历史、对国家、对至爱亲朋们的一个交代。

交接香港是在中央领导下的一个庞大历史性工程，有方方面面好多的"交接"，外交战线只是其中一个重要方面，而我只是在外交战线前哨站里的一员，但三生有幸！

记：2012 年的时候，您的这本书已经出版了，可是南怀瑾先生却病重住院了。他最后看到您的书了吗？

陈： 2012年9月，《交接香港》终于以简体字本和繁体字本，同时分别在内地和香港出版了。为了出席筹备已久的新书发布会，并借机与20个当地青年团体联合座谈，那年9月18日我抵达香港。一下飞机，就接到南国熙先生的电话，才得知南老师病重已送往上海医院治疗。国熙原定后天出席我的新书发布会，却要急匆匆飞去上海伺候父亲。

我问国熙，能否在相向路上短暂见个面。他说"好"，立刻嘱咐出租车司机绕一段路。我俩在下榻的酒店门口紧紧拥抱，心情沉重，心照不宣。我在新书上写了请求老师指正的话，请国熙转呈。

后来，据守候在老师床边的马有慧女士说，当国熙把《交接香港》举在老师面前说："陈佐洱的书出版了，请你指正！"病中的老师抬手画了两个圈表示加倍赞赏。平时，老师都只给一个赞的，很难得。

国熙后来也告诉了我，两个人说的都一样。

到了9月29日，噩耗传来。虽有思想准备，我仍跌坐在椅子里久久起不来。那天也是中秋，皓月当空，泪出痛肠，许多回想、追思、懊悔填满脑海，翻腾激荡着。平静后，我用心向庙港的老师灵座发去了一对挽联：

庄谐温厉忆音容，
献后学迟交之卷，
感公犹锡嘉评，
向庙港凝眸，
倘可深恩藉报？

困苦艰难蒙诲勉，
抱高山仰止之忱，
愧我幸无辱命，
望中天满月，
不禁悲泪如倾！

南老师逝世后，温总理也给他写了悼词。

我没去参加荼毗仪式，那时候我在北京，还有工作放不下。

记： 南怀瑾先生过世之后，那批南怀瑾先生希望捐献的文献遗物好像一直至今没能落实，您怎么看？

陈： 相信司法部门最终会依法、依南老师后人们的申诉作出公正的判决吧。

有一次去四川成都参加南老师的一个纪念活动，到文殊院瞻仰了南老师的舍利。我见到了国熙和国熙的哥哥南小舜先生，他们的意见一致，都说是要捐献给国家的。

记： 我查了一下有关资料，发现您的家族有着深厚的文化底蕴。那么，您的家族里面，还有哪位成员跟南老师也有交往？

陈： 那就是我的两个女儿，无论在香港或内地，老师都对她们关爱有加。

记： 最后，再请谈谈您对南怀瑾先生的评价。

陈： 我认同一位朋友与晚年南怀瑾深谈后得出的印象，称南师一生致力于中国传统文化的推广传播，是当之无愧的国学大师、诗人；虽然著述丰厚，弟子无数，其实他最关心、在意的还是祖国的命运，他始终乐意在促进统一大业上贡献一份力量。

蒋章元：心近南怀瑾，就会交好运

蒋 章元

1958年出生于温州乐清黄华沪屿前村，现住上海。先后在乐清人民广播站、乐清县委办公室工作，多篇新闻稿获国家级、华东、省市级新闻奖，被评为第二届专业知识技术拔尖人才，当选为乐清县两届政协委员。1996年4月，调入浙江日报社，6月筹建《浙江日报》驻上海记者站，成为浙报驻上海的首席记者。2005年师从南怀瑾先生学习中医，2016年成为浙江省非物质文化遗产传统医药项目的传承人，多篇中医学论文在全国性学术刊物发表，被第四届全国中医药传承创新发展大会聘请为专家委员。

访谈时间：2021 年 3 月 8 日 10 点至 12 点半
访谈地点：上海市普陀区澳门路 288 弄河滨围城小区
访谈记者：周红、丁宝荣

蒋章元是一位资深记者，作为南怀瑾先生在大陆第一篇报道的采访记者，他深深为之感到自豪。因为出色的文字，蒋章元和南怀瑾先生结缘；因为心意相近，蒋章元开启了跟随南先生闻道修身的生涯。在南先生的引领下，蒋章元还重新续起家学，进入中医领域，经过十余年的钻研，终于成为浙江省非物质文化遗产传统中医项目的传承人。

南老师首先是我的采访对象

记：能否简要介绍一下您自己的经历？

蒋：我老家是温州乐清黄华沪屿前村，我 1958 年在这里出生，第一份工作是黄华中学代课老师，中专毕业后，分配到乐清人民广播站，工作了 5 年，从文艺编辑、记者、编辑部主任到副站长。当时乐清县委书记是仇保兴同志，1985 年，他把我正式调到县委办公室，做了两年秘书，后转到报道科，专门写报道，还当了报道科主任，又工作了 11 年。其间我的多篇新闻稿获得国家级、华东、省市级新闻奖，我本人被评为专业知识技术拔尖人才，还当选两届乐清县的政协委员。1996 年 4 月，浙江日报社把我调到杭州，6 月派我到上海，筹建《浙江日报》驻上海记者站，10 月 20 日记者站成立，我成为浙报驻上海的首席记者。其间还在浙江省新闻门户网站"浙江在线"担任过办公室负责人。虽然岗位多变，"爬格子"的命运没有变。

2005 年开始，我师从南怀瑾先生，自学中医，因南老师的言传身教和引领指导，"秀才学医，笼中捉鸡"的古语在我身上应验。2016 年，我成为浙江省非物质文化遗产传统医药项目的传承人。

记：您最初是怎么和南怀瑾先生产生交集的？

蒋： 作为记者，南老师曾是我采访的重要对象，也是我当时最想采访的人。1987 年，我在乐清县委报道科（当时一个单位，两块牌子，既是乐清县委报道科，又是《温州日报》乐清记者站）的时候，专门做新闻报道。1985 年的时候，南老师的二公子南小舜当时也是乐清县政协委员，他和我岳父李宏谦在政协里同一个组，两人谈得来，关系很好。我到老丈人家吃饭，在饭桌上认识了南小舜。虽然南小舜年龄比我大很多，后来随南师弟子们对他的称呼，我也称他为"小舜哥"。当时南老师已经在美国和中国台湾出版了不少著作，有老师的诗集《金粟轩纪年诗初集》，有 20 多位南师学生合写的《怀师——我们的南老师》等，都是南小舜送我的，我都一一拜读。他还向我口头介绍南老师 17 岁离开家乡到杭州求学，然后到四川学佛，到台湾弘扬中华传统文化等传奇经历。我发现，南老师的诗写得非常好。南老师诗集中的第一首诗，是他 15 岁的时候，在位于象阳四板桥狮子山上南家家庙的井虹寺写的："西风黄叶万山秋，四顾苍茫天地悠。狮子岭头迎晓日，彩云飞过海东头。"我至今还记忆犹新。我发现，乐清人当中还有这么一个大人才，我就想，什么时候能够采访到南老师，那真是太荣幸了。

1992 年 11 月 16 日，我去浙江日报社温州记者站串门，站长张和平、副站长沈利民以及邱家斌、王建凡他们都在，我问他们近来忙什么，他们说金温铁道公司将在后天开业。事情就是这样巧，这么个新闻大事件被我撞上了。我就说："金温铁道公司开业，那要去采访南老师。"他们说，不可能的，这位老先生很怪，从不接受记者采访，说他这一次也没有来温州。

我说："我如能采访到他，谁和我一起去？"沈利民老师说："蒋章元，我和你一起去。"

说这句话的时候，其实我的心里也没个底，只是我的一个心愿和热情，一种工作冲动，具体怎么做，也还没有谱。

我和沈利民老师说定了之后，下午我就去找南小舜，"你能不能安排我采访南老师？"

小舜说："老师（在"南粉"面前的习惯称呼）在香港，一个是忙，一个是他从不接受采访。"

我就问他:"能不能打电话采访？"

小舜没有马上答应,回答说:"晚上给你回音。"结果,他真的做成功了！回复我:"明天中午12点,来金温铁道公司,通过公司的国际长途,让你采访南老师。"

第二天,我就到金温铁道公司。电话一打通,我就用乐清话采访南老师,南老师也用乐清话来回答我的问题,持续了20多分钟,他的讲话非常遵循原则,还让我具体再看铁道公司的相关材料。就这样,完成了采访。

本来沈利民老师要和我一起采访,后来因为他接到任务,要去机场接《浙江日报》副总编,结果是我独立完成采访。我正开始动笔的时候,沈利民老师匆匆赶来,我就和他说:"我已经完成采访,拟好提纲,你是复旦出身的大手笔,接下来看你的。"就这样,两个人一道,就把稿子写好了。

稿了写好了以后,第二天金温铁道公司开业,我的稿子已经发给《浙江日报》和《温州日报》,是传真传过去的。第三天,金温铁道公司开业的新闻见报了,但是我们写南老师的专访文章,两家报纸都没有刊登。

南老师是金温铁道公司的董事长,是新闻主人公,这么大的一件事,为什么稿子不能见报？我是万分不理解。

我打电话给报社,《浙江日报》说不能登,打电话给副总编,希望他能给我一个解释。毕竟我都采访南老师了,我要给他一个交代。

最后,他们给出的解释是：南老师是台湾那边出来的,与国民党关系复杂,底数不清,以前还没有报道过类似的人物。稿子除非省长签字,才能见报。这句话,燃起了我的希望：尽最大努力,把被枪毙的稿子救活！

我去找沈利民,一起到温州市委宣传部,得到信息：金温铁道公司开业仪式上,常务副省长柴松岳来了,当天还住在瓯昌饭店。宣传部的同志很帮忙,让我先找省政府办公厅副秘书长惠民同志。

我一听,马上跑到瓯昌饭店,就在大堂里,从下午一直等到晚上,他们才回来。我就找惠民同志,把来意告诉了他。惠民同志接过稿子,让我过40分钟再到房间里找他。我又等了40分钟,去惠民同志房间,接过稿子一看,柴副省长签字,圈阅同意了。

我当即就在瓯昌饭店发传真,五六张纸,分别发给《浙江日报》和《温州日报》。那时传真很贵,一张纸要20块钱,这几乎要了我一两个月的工资。

第二天，也就是 1992 年 11 月 20 日，《浙江日报》刊发了，再晚一天，《温州日报》也刊发了，这篇文章的题目叫《金温铁路的催生者——访南怀瑾教授》，后来，我又把稿子发给《人民日报》海外版，结果也刊登了。

我是在大陆采访、报道南老师的第一个国内记者。从稿子见报的曲折过程，我才知道，大陆的新闻媒体当初对南老师是封禁的，这个禁，是我给他开了。三级党报都登了，以后再登南老师的文章，就没有禁忌了。

第一篇写南老师的文章就是这样的过程。

记：那么此后，您有没有继续挖掘南老师的闪光点，再写关于他的文章？

蒋： 有一就有二，南老师有那么丰富的经历，对记者而言，他就像一座宝库，写也写不完的。

我的第二篇文章，以通讯的体裁写了《怀瑾握瑜一奇人》，题目源于屈原的《离骚》，屈原是爱国诗人，南老师离开温州那么多年，也是没有忘记故乡。在文章中，我写了他的三"奇"。一是写他的文化成就——别裁《论语》的高人，《论语别裁》是南老师的代表作，用"路漫漫其修远兮，吾将上下而求索"做小标题。二是写他的思念故土——去国怀乡的离人，他离开故土，又怀念家乡，写南老师捐资 500 万，在乐清地团村建设老幼文康活动中心、成立南氏医药基金会等，用"鸟飞返故乡兮，狐死必首丘"做小标题。三是写他建设金温铁路——营造铁路的善人，用"乘骐骥以驰骋兮，来，吾道夫先路"做小标题，正是南老师首创了中国铁路没有中外合资的先例。这篇稿子 1993 年先后在《温州日报》《浙江日报》刊登，后来还在《瞭望》周刊海外版登出。结果，香港有这个刊物发行，有个学生买了杂志后，送给南老师。

接下来，我还写了《彩云飞过海东头》等，共计发表七八篇文章，南老师从海峡东边的中国台湾，经美国、中国香港，再回到中国大陆，正如"彩云飞过海东头"。他 15 岁写的诗句，是不是他人生历程的预言？

另外，我大哥蒋章胜，是当时翁垟镇分管农业的副镇长，具体负责南老师捐建的乐清老幼文康活动中心项目的拆迁安置等工作，当时地方上有个别人对拆迁想不通，还搞出一些事。动迁户的动员，动迁房的拆除，安置房的征地、办手续，项目工程的土建等，我哥做了非常繁杂的具体工作，三年时间，为工程顺利建设，付出了艰辛的劳动。和南老师有缘的人，在我们家，我哥也算一个，虽然他从未见过南老师。

和南怀瑾先生初次会面

记：您写了许多关于南怀瑾先生的文章，那您是什么时候和他见面的？能不能详细介绍一下当时的情景？

蒋：1994年1月，农历的年前。有一天，南小舜给我打电话，说南老师来年正月要第一次回大陆，在厦门南普陀举办"打七"，也就是后来南粉们所称的"南禅七日"。他问我要不要参加。

这实在是一件好事，但当时我遇到一个很大的矛盾。我说：正月初五至初十，正是我办的第二届"柳市电器文化节"。这个文化节是我从1992年下半年就开始筹办的，由我一个人担纲组织、策划等工作。第一届叫"乐清电器新产品新技术展销会"，有十几万人参加，非常火爆，柜台都挤裂了，复印机都坏了两三台。第二届经过紧张筹备，眼看就要举办了，如果我去了厦门，这怎么办？

南小舜告诉我："温州这次要去南普陀'打七'的有几十人，南老师点名要我亲自电话邀请、通知的只有三个人：第一个浙江省副省长刘锡荣（温州原市委书记），第二个是浙江省政府驻温州办事处主任李景山，再就是你蒋章元了。"

听到这里，我就不再犹豫了。果断回答说："我去，其他什么事情都不管了！"

去之前，我准备了两样礼物，一是几斤温州瓯柑，因为瓯柑只有温州有，南老师离乡几十年，第一次回大陆，让他尝尝家乡的味道。还有就是南老师出生地地团桥头三间矮房子的照片。我为什么有这张照片，当时我哥蒋章胜告诉我，南老师出生的房子要拆掉，我特地跑去拍下来了。这一次，我就拿着这张照片作为礼物送给南老师。现在网上登的，包括南小舜的书里用的，都是我的这张照片。

经过一天的汽车颠簸，正月初一晚上到达厦门大学招待所。南小舜马上带我们去见南老师。一个个介绍过来，介绍到我，南老师说："你就是蒋章元啊，你还那么年轻，可你的文章还挺老辣的哦。"他边说边上前和我拥抱。顿时，我的心都融化了。

那一次"打七"，世界各地来了几百人，有很多人要与南老师见面，我们就和南老师待了五六分钟。南老师提议拍个照，就在他的房间里头，南老师特地伸手握着我的手拍照。后来，我从南老师与人会面拍的照片中，看到他与人握着手拍的极少。可见南老师对我有另眼相看的味道。第一次见面，虽然时间很短，但令我终身难忘。

记：第一次见面，还有哪些令您特别难忘的细节？

蒋： 7天的"打七"，几百人的活动，吃饭的时候，大家都在寺院里和僧人一起用餐。只有两桌是南老师亲自在座的，我有幸被南老师安排与他同桌，聆听了南老师更多的妙法真言。

南老师讲经说法的最后一天下午，"打七"将近结束时，有一个小仪式，南老师写了歌词《聚散》，由台湾一位南老师的朋友谱了曲，是五线谱的，这首歌挂出来，主持人问，哪一位会唱，来引导大家一起唱。

这时候，小舜坐在我身边，推推我，叫我上，他知道我懂音乐，会识谱。但我有点不敢。在小舜再三催促下，我鼓起勇气上去了，和后来上来的一位女同参一起，为大家领唱《聚散》。

在唱的过程中，我无法平抑的心情越来越激动。多年来积聚起来的情绪，开始涌出：南老师对温州人的恩惠，建金温铁路，给温州人带来多么大的好处啊。心怀感恩，用什么来表达呢？我突然想到乐清民歌《对鸟》。大家唱完以后，我就询问古国治（南老师的学生，在南老师讲课时负责板书）同参，我说"我有一首歌想献给老师"，古国治问了南老师，南老师说：那就让他唱吧。

于是，我就用乐清的民歌，用乐清的方言，唱起了《对鸟》，表达了我和我们温州人对南老师的感恩之情。在座的同参，被我歌声打动，有双手合十的，有泪眼婆娑的。

南怀瑾先生引我入医门

记：之后您和南怀瑾先生还有哪些交往？

蒋： 受《浙江日报》委派，1996年10月开始，我一直在上海做新闻。大概在

乐清地团桥头南怀瑾先生家的老房子

2005年下半年,有一天,王总(王伟国,南怀瑾先生的内侄)给我打电话。在电话里,王总告诉我,南老师已经住到上海了,问我有没有时间,南老师想与我会面。我听了,简直是太高兴了。

第二天,我们就在徐汇区番禺路的长发大厦14楼见面了。那天客人很多,南老师叫我当"酒司令"。南老师向大家介绍:"这位是我的小老乡,叫蒋章元,他来当酒司令,替我给大家倒酒。"我们边吃边聊。饭局结束了,其他客人都走了。我有点小心思,就留了下来。

我和南老师说:"老师,我想学医。"

他说:"啊,你想学什么医?"

我说:"我想学中医,请您给我指点一二。"

他说:"你一个大记者,学什么中医?中医哪里那么好学的,医生是很难当的。"

我仍然坚持。

南怀瑾先生和蒋章元握手合影

蒋章元与南国熙、南小舜在南普陀禅堂前合影

他说:"医有医匠和医家之分,如果用一两首方子给人治病,那就是医匠。"

我问:"那什么是医家?"

他说:"医家要上通天文,下通地理,中通人事。要遍读古医书,才能当医生,才能当医家。"

他问我今年几岁了,我回答他,已经47岁了。他又问我以前有没有接触中医,我摇头。但是我说:"老师,我真的很想学中医。"

南老师看我决心这么大,说:"你真想学,那就必须去读《周易》。医和易,两门学问是同一个源头。"

"关于《周易》,你写的书我都有,《易经杂说》《易经系辞别讲》《周易今译今注》《我说参同契》,还有《老子他说》《庄子諵譁》《静坐修道与长生不老》等。"

南老师说:"那很好,你要认真读,《周易》学透了,当医生才能高人一筹。"他还让我多读读他的有关传统医药的书,有关的生理、病埋、医理、药理和治理方法要慢慢地悟。就这样,没有任何仪式,南老师事实上接纳了我这个学医的徒弟。

记:按照南怀瑾先生的指点,您具体做了些什么?

蒋: 从那一天开始,我就到处搜罗与《周易》相关的书籍,一直到现在。前面那三年时间,除了阅读南老师关于《周易》的书以外,我还读了三十多本有关《周易》的书,有历代易学著作《周易集解》《正易心法注》《易图明辨》《易学史》《周易九讲》《易经入门》,以及《性命圭旨》《太极丹经》《中国八卦医学》《中医解周易》《养性延命录》等。

理解了易学的核心思想以后,我对现存的历史上最早出现的两幅易图——《伏羲先天八卦图》(下称"先天图")和《文王后天八卦图》(下称"后天图")——卦序不同,产生了疑问。先天图的卦序为乾一兑二离三震四巽五坎六艮七坤八,而后天图的卦序为震巽离坤兑乾坎艮。同为八卦图,因为卦序排列的不同,所表达的易理和易学思想就会不同,因而其功能也会不同。其中存在矛盾,显示两张八卦图之间可能的孰对孰错,或者皆有不足。这个问题成了一个结,困扰了我足足五年时间。

2012年7月21日,在安吉县山区董岭村的沁心园,研读麻衣道者和陈抟老祖合著的《正易心法注》时,突然之间,豁然开朗,心中之结,终于打开。下山以后,我自创《章元八卦圆图》,八个卦的卦序以新的方法排列,使八个卦形成圆的循环,以示天地周天的阴阳之气周流不息。这样的创意，前无古人，既弥补了先天图和后天图的不足，又全面准确地反映易理和易义。等我将自创的《章元八卦圆图》及其解说写成心得报告，已经是8月底，欲传真给南师，请求指正，可是南老师大秘马宏达先生惋惜地回话，南老师身体不适，近日在闭关，于是我只得暂且作罢。令人无限遗憾的是，这一作罢，不但此文与南师失之交臂，从此以后，也再没有请益南老师的机会了。

话分两头。在钻研易学的同时，《神农本草经》《黄帝内经》《伤寒杂病论》《难经》四部医典的学习也在渐次进行。易理渐通以后，对医典的理解就会方便得多，但总觉得面前还隔着一层雾，尚未穿透。

这层迷雾是怎么穿透的呢？我的回答是：南师的《小言黄帝内经和生命科学》（下称《小言》）！

2008年，南老师的《小言》出版以后，我如饥似渴，认真拜读。

南老师在序言里开宗明义说"首先须知《黄帝内经》的三要义"："善言天者，必有验于人；善言古者，必有合于今；善言人者，必有厌于己。"

同时，南老师的助手刘雨虹先生在"出版说明"中归纳南师的话说，《黄帝内经》"为中华文化之至精"，并提出"气是什么？又如何运转？气与天地万物的关系如何？先要了解了气，才能初步了解生命中的能量及其作用"。

南老师在《小言》中还说"天人合一"就是"把天地间固定的运动规律活用到人体的运行法则上来"。这就是"天人合一"的道理。

上面三段话，点醒梦中人。它们如一把把钥匙，把我脑子里的这层迷雾拨开！我把它们归结成一句话："天人合一合于'气'！"

一个"气"字，贯穿《黄帝内经》乃至中华医典的始终。内经中的无极、太极、阴阳、三才、四时、五行、六气、七情、八卦、用九、河图、洛书之论述，其精神实质无不与"气"相关。

扩而展之，中药四气五味，凉寒温热，升降浮沉，哪一味能离得开"气"的本功？

引而伸之，人体的五脏六腑、奇经八脉、腧穴鬼门的运行，哪一刻没有"气"的作用？

再有，佛医"地水火风空"的人体"五大"，也是以风大（气）为要，又是一个佐证。

钱学森先生也以科学家的睿智，说"阴阳五行学说是中医学的总代表"；"阴阳

蒋章元多次聆听南怀瑾先生教诲

运动是万物运动的最基本原理";"阴阳的消长运动,是物质永恒的不对称运动";"气一元论是阴阳学说的根基"。

落实到治病愈疾上,抓住了"气"这个"牛鼻子",懂得了气机运行的"数"与"变",由"象"入手,辨证论治,"有是证,用是药",依"气"立方,就会到达效如桴鼓的境界。因为《黄帝内经》讲"百病生于气"(见《举痛论》),"调其气使其平"(见《至真要大论》),"平人者不病也"(见《平人气象论》)。所以我说,从治病的角度讲,就是"百病治于气"。2016年5月,有感而发,我作《百病由气治》:

阴阳升降天人一,刚柔往返象数知。
阴盛瘿瘤痈疽痹,阳盛渴衄痔癉瘀。
阴缓阳速病有候,阳易阴难医自奇。
病候百变皆由逆,气顺病退平可期。

我解决的诸多疑难病症医案，如胃癌晚期不能饮食、霍奇金淋巴瘤肺积水不张、肺癌手术致肺气肿、血小板减少性紫癜、眩晕、过敏性鼻炎、鼻窦炎、过敏性哮喘、咽炎、糖尿病、痔疮、脾胃久虚、骨关节退行性病变、抑郁症等等的向愈和痊愈，都证明"百病治于气"这一论断的正确性。

作为一个半路出家、年近知天命才开始自学中医的人，能用中医药解决一系列疑难病症，接到一个个患者的康复佳音，近七年来，我收到国内外患者给我写来的感谢信的文字超过15万字，我自己常常被自己的医术所感动。回顾自己的学医之路，如果没有南老师的点化，获得这样的结果不说绝无可能，但肯定不会来得这么快。

一般人只知道南师在儒释道方面的重大成就，而不知道南老师在医道方面的高深学养。就我的理解和亲身体会，南老师在传统医学方面的理论水准，同他的儒释道方面的成就一样高深莫测。与修道一样，不管是中医、西医，学了南师的相关著作，深刻领会，医道就有望高人一筹。

正如习近平总书记说的"中医药学是打开中华文明宝库的钥匙"。他说这句话，我很震惊。我学了那么久的中医，归纳不出来这样精练的话语。这把钥匙拿到了以后，才能在中华文明宝库里挖宝。

南老师做什么事情，说什么问题，都是一语中的。我们用高人来形容他，还无法概括，他是神人、仙人，最起码，他是一个得道高人。他有常人难以企及的智慧。

记：据了解，南怀瑾先生家和您祖辈也有关系？

蒋： 原来，我只知道，我与南老师的结缘，是我1992年对他的一次隔空采访。但我不知道我们家与南老师的缘分早在1929年前就已开始。我祖父蒋焕槐约在1920年毕业于温州师范学校。先是教过几年书，后因一场肺病，被我高祖蒋敦琴治愈而师从我高祖习医。那个时候，肺病到了吐血的境地，是不治之症。而后于1927年在家乡开设永人堂中医药堂，医名颇著。永人堂开设在我老家的沪屿宫，与南老师父亲开设在上岐头村的南货店相隔也就1000米的距离，因为在同一地域经营，与南老师的父亲仰周先生过从甚密。这段渊源还是南师亲口对我讲述的。

2011年9月24日晚上的太湖大学堂餐厅，餐后叙谈，两桌人在南师身边其乐融融。不经意间，坐在我对面的南老师给我递烟，我哪敢在老师面前抽烟？我赶紧摆手："老师，我不会。"他说："你还好，我们都二十年了，都没看见你抽烟。"紧接着，

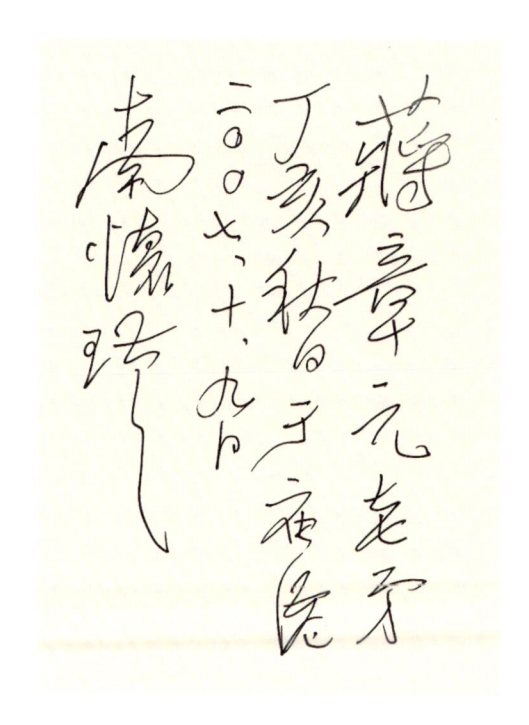

南怀瑾先生题赠蒋章元

他忽然向在座的各位爆冷，指着我说（有原话录音）："他爷爷在我们那里做医生的，是我的老师。我十一二岁时跟他，都是他教我的"，"他拼命叫我读医书，打好基础来着"，"我们家里跟他爷爷辈是世交"，"他爷爷是我的老师，这个武功发蒙的老师，也是医药发蒙的老师。"

这次会面，是我认识南师近二十年来的最后一次。在以前我与老师的多次会面中，从未听他讲起我们两家的世交前情。为什么早不说晚不说，恰恰在这最后一次的会面中给我交代这些家庭世交背景呢？

殊不知，这是南师在着意帮助我呀！南老师之助，犹如神助。南师的这番谈话，对我和我们家的永人堂而言，意义重大。他的讲话，证明我祖父至少在 1929 年前已经是个医生。这是一份多么珍贵的史料呀！在后来永人堂鼻宝申请温州市、浙江省两级非物质文化遗产传统医药项目中，这份谈话录音，成了证明永人堂近百年历史的一段无可替代的佐证。

记：南怀瑾先生对您的医学之路还有哪些支持？

蒋： 南老师对我在多种中药创新产品的开发上也是鼓励有加，寄予厚望。

南老师曾说自己没有弟子，而他却给我题词"蒋章元老弟"。我为有这样的称谓既欣慰又感到压力很大，也借此暗暗鼓励自己要争气。

他老人家还是我从事药事——中药修合、新药研发的催化师呢。

2007年10月9日，南老师让王伟国先生亲自从上海送我到太湖大学堂。这是南师迁驻大学堂后第一次约我见面。因为天色还早，离晚餐还有点时间，王伟国先生先领我到大学堂后边的南公堤散步观景。秋日晚霞映照在湖面上，波光粼粼，堤上树影婆娑，远处帆影点点。

回到客厅后，因为觉得新鲜，我抵挡不住好奇，像刘姥姥进大观园一样，东走走，西瞧瞧。忽然，南师手挽文明杖笑盈盈地向我走来，略作寒暄后，并肩径直来到餐厅入席。

席间，我向老师汇报我的学医成果——在祖上遗留方子的基础上，试制成功外用制剂鼻宝，根治过敏性鼻炎有特效。南师十分高兴："这个好！现在得过敏性鼻炎的人很多，据说日本每到春季全国人民打喷嚏，市场上没有好药。今后市场需求会越来越大，你要好好把它做出去，造福患者！"并且马上问我"身边鼻宝带了没有？"我回答"没带"。他又嘱咐我回去以后马上寄一批药过来，并当场吩咐大秘马宏达收到后转寄给几个搞药的弟子，让他们帮我进行深入研发和市场化操作。对我的事，说办就办，雷厉风行，其支持呵护之切，在此可见一斑。

在餐毕的谈话中，南师又把话题转到我的身上，对我说："看来你搞中医药有一套，古代医生有句话叫良医蓄药，一个鼻宝还不够，还要开发出更多的独家妙药，解决患者的疾苦。"

记着南师的殷殷嘱托，从此以后，我承古创新，挖掘家传秘方，在传统医药研发上一发而不可收。在鼻宝之后，经过十余年时间的默默奋斗，独自研发成功用纯中药治疗糖尿病、鼻窦炎、痔疮、哮喘、咽炎、骨关节疼痛、眩晕、前列腺肥大、甲状腺结节、抑郁症等的十多种宝贝，经各地同参试用，疗效独特，好评不断，反响热烈。

其中多数产品都是外用制剂结合穴位按摩，亦即古代所称的膏摩疗法，无意间又为这一失传近两百年的膏摩疗法的传承，蹚出了一条新路。以我的经验，被医界束之

蒋章元和王伟国先生合影

高阁的膏摩疗法，应用得当，却有外用远胜内服的独特效用。有感于此，我曾写歌一首：

脏腑筋膜一气充，阴阳往复皆有踪。
四千穴府升降能，八万鬼门敛散风。
膏祛瘀毒法千古，摩排陈邪忍尘封。
喜看永人继绝技，横扫沉疴指掌中。

记：据了解，南怀瑾先生有一批医书辗转到了您这里，能不能介绍一下情况？

蒋：南老师家和我祖辈是世交，南老师曾跟我祖父学过医和武功，我是南老师学医的学生，南老师的嫡长孙南品锋又是我在黄华中学任教时的学生，而王总王伟国先生，又是南老师的内侄，他和我结交也有26年了，这种缘分，还真是少有。

讲到这批医书，还要说说我和王总王伟国的关系。

1996年，我来上海以后，我学医、办记者站等，都和王伟国先生有交流，他都记在心上。2019年1月份，王总突然打电话来，说："章元，你在上海吗？这里有一批医书要送给你。"我马上跑过去，这些书里，其中有一部分是南老师让他保管的，王总认为我学医，这些书转赠给我，是一个好的选择。

冥冥之中，我和南老师的关系又进了一步。医学上讲传承、讲脉络，王总又为我添上一笔浓墨重彩。

这批书有《黄帝内经》《伤寒论》《神农本草经》等。虽然同类的书我也有，书也不是太多，只有二十多本，但因为有的是南老师的书，它们在我家的1000多册医书中，特别亮眼，弥足珍贵。这又是一种缘分，又是我一大荣幸。

记：能不能谈谈南怀瑾先生在您心目中的地位？

蒋： 没有南老师的文化引领，就没有我今天的医学成果。在人生的转折关头，如果在我学医之初没有南老师高屋建瓴地指点迷津，语重心长的殷殷嘱托，他人无法企及的点拨助推，在传统医药的道路上，我肯定不会走这么远。真是师恩如山，无以为报啊。唯有将对南老师深沉的怀念化为行动，以有限的生命，为人类健康的进步，努力，再努力。

全国乃至世界各地"南粉"无数，能直接接触的，我这里可能算多的，一年有一千来人。他们找我看病，大多是"南粉"。这些南老师的忠实读者们，首先喜欢南老师，知道我和南老师的这层医学渊源，然后才信任我，跟我说很多关于阅读南老师著作以后的故事，有的说是南老师救了他的命，有的说是南老师改变了他的命运，有的说南老师会进入他的梦……南老师的教化，如春风化雨，无所不在。

今天怀念南老师，回首往事，有说不完的话，还真是言不尽意。"心近南怀瑾，就会交好运"，这是我个人三十年来与南师相交、受他点拨、读他著作后的总结和体会。当你的心和南老师的心贴近了，好运自然就来了！

刘锡荣：南老天下为公，修建通往人心之大道

刘 锡荣

1942年5月20日生，江西瑞金人。曾任温州市委常委兼市委秘书长、市委常委兼副市长、市委副书记，浙江省委常委兼温州市市长、浙江省委常委兼温州市委书记，浙江省委常委兼纪委书记、省委常委兼副省长、省委副书记，中央纪委副书记，第十一届全国人大常委会委员兼全国人大法律委员会副主任委员。

访谈整理时间：2022 年 4 月

访谈整理：戴江泓

根据刘锡荣回忆文章整理

    刘锡荣曾作为一方官员，先后在温州市、浙江省主政工作，因建设金温铁路事宜，与南怀瑾先生相识，亲历并见证了南怀瑾先生催生金温铁路铺成通车、终圆世纪之梦的全过程，对其间艰难和幕后曲折洞若观火。之后，刘锡荣曾几次去香港、厦门拜望请教过南怀瑾。刘锡荣后来赴京就职中央纪委副书记后，于 2012 年初，特托其女婿剑雄携书信去江苏吴江太湖大学堂拜望南怀瑾，南怀瑾亲笔复信并赠题字著作《孟子与公孙丑》。

金温铁路曾七上七下，好事多磨

    记：都说金温铁路的建成是一个世纪奇迹，作为当年主政温州的领导，请您回忆一下，金温铁路的建设难在哪里？在南怀瑾先生催生建设金温铁路之前，这条铁路的建设经历了哪些曲折？

    刘：金温铁路自中国民主革命先驱孙中山先生八十多年前在《建国方略》中提出以来，曾历经七上七下之议而不决，其中三次上马三次下马，可谓好事多磨。终在南老先生的推动催生下，于 1997 年 8 月 8 日铺成通车，这不能不说是个奇迹创举。对此，侯承业先生所编著《南怀瑾与金温铁路》一书已作翔实阐述。在此，本人仅根据亲身经历作一回忆简介，以表对南老先生的深切怀念与敬仰。

1984年，温州被列为全国十四个沿海对外开放城市之一。浙江部分全国人大代表向全国人大提出兴建金温铁路的议案。邓小平同志指示金温铁路要列入议程，时任国务院副总理万里、姚依林、田纪云分别签了字，李鹏副总理指示铁道部："请研究，能否办成地方铁路。"金温铁路建设又起高潮。1985年初，浙江抽调了各个部门三十多位干部成立了金温铁路开发公司。温州、金华、丽水三地市闻风而动，时任温州市委书记袁芳烈、市长卢声亮动员各方力量，着手开展前期准备工作。三地市施工指挥部相继挂牌成立。八百多名工程技术人员陆续进入现场，完成了金温铁路全线初步勘测。铁道部第四设计院第五测量队九十多名队员开进温州，为金温铁路温州段的定线开展工作。

1985年，中央领导来温视察，临走时说，温州可视财力情况先建机场、码头，金温铁路以后再说。好事多磨，建金温铁路一事就这样又搁了下来。1985年底，金华和丽水段的铁路指挥部先后撤走，只保留了一个人和一个印。只有温州铁路指挥部留十个人在坚守摊子。无奈由于种种原因，金温铁路终未能上马。为温州改革开放做出卓越贡献的老市委书记袁芳烈就在此时带着深深的遗憾调离温州，时任金华市委书记的董朝才接任温州市委书记。董朝才同志思想解放，勇于改革开放，当时金华义乌小商品市场已有相当规模，名声很大。他不负众望，领导温州深化改革，扩大开放，继续前进。1988年，温州市政府换届，病愈后的卢声亮市长当选市人大主任，我接任市长，建设金温铁路及温州机场、码头、几座大桥等重大基础设施的历史重任，落在了继任者市委市政府一班人的肩上。一万年太久，只争朝夕，不能再消极等待了。

温州是浙江革命人地上的一片热土。1924年12月，浙南地区最早的党组织中共温州独立支部成立。大革命失败后，1927年6月，中共中央决定撤销中共上海区委，分别成立中共浙江省委和中共江苏省委，立即遭到国民党疯狂残酷镇压屠杀，浙江省委前后共八位省委书记英勇牺牲。1929年4月，中共中央宣布撤销浙江省委，团省委也同时撤销。1930年5月红十三军在永嘉县成立。1935年2月由中国工农红军北上抗日先遣队突围部队为基础的红军挺进师成立，挺进浙江，师部设在丽水遂昌，在浙江全省游击歼敌。1935年11月中共闽浙边临时省委在泰顺县白柯湾成立。1938年5月中共浙江临时省委在平阳县凤卧乡玉青岩村成立，9月中共中央批准浙江临时省委为浙江省委，省委机关设在温州和丽水（两年）。1939年7月21日，中共浙江省委第一次代表大会先后在平阳县凤卧乡的冠尖和马头岗召开。1942年2月中共浙江省委遭破坏后，中共浙南特委，永（嘉）乐（清）人民抗日自卫游击总队，浙南游击纵队始终坚持在这片土地上奋勇浴血战斗，直到解放。

马上打天下最终为了马下建天下，使国家繁荣强盛，人民富裕幸福。改革开放后，浙南这片洒满无数革命先烈先辈热血的光荣土地上的广大人民群众，在邓小平理论指导下蓬勃兴起的改革开放大潮中，将当年打江山的革命精神化为改革开放、创新创业、拼搏进取的精神，用勤劳和智慧创建并享受物质文明和精神文明。温州市各级领导干部和广大人民群众决心：一定要抓住机遇，发扬温州人民敢为人先的精神，将建设金温铁路作为基本建设的头等大事去抓。有条件要上，没有条件创造条件也要上。

金温铁路历史上七上七下，关键是缺钱。重新上马首先要解决资金问题。根据当时中央的政策，如各地要上地方铁路必须引进外资建设合资铁路，中央才会批。当时全国还没有先例。

急切报效家乡建设，务实而精密

记： 当时，您是从何种渠道获悉南怀瑾先生这位温州乡贤的？又是通过哪些渠道率先跟南怀瑾先生取得联系的？当时的南怀瑾先生，并不是富豪商业巨头，他是如何集合海内外资源助力家乡铁路建设的？请您回忆一下咱们温州方乃至浙江方最初跟南怀瑾先生商谈金温铁路建设的情形，商谈过程中是否遇到困难，是如何取得共识和相互信任的？

刘： 温州是侨乡，特别是改革开放后，大批开拓者跨出国门，走向世界，仅西欧就有三十多万人。在侨胞中，有无既有经济实力又有爱国爱乡之情的温州乡贤呢？我从熟悉侨务工作的杨成广同志处获悉，有一位早年从家乡温州乐清出去的南怀瑾先生最有可能牵头创建此事。杨成广同志透露，据他掌握的情况，虽然南老先生本人并无巨资，但弟子众多，一呼百应，其中不乏富豪贾商。当年已年届古稀的南老先生是位国学大师，他"上下五千年，纵横十万里，经纶三大教，出入百家言"，是融合道、儒、释三家的一代宗师，与赵老朴初先生是知交，在港澳台地区知名度很高。最主要的条件是南老先生爱国爱乡，是沟通两岸关系和平发展走向统一的使者，多年为祖国统一大业呼号奔走。

早在 1987 年，南老先生在美国对国内留美学子讲课时就说过，"到中国投资，不可用一本万利之心态，不然就是驱耕夫之牛，夺饥人之食。同时要有四个基本理念和认识，那就是：共产主义的理想，社会主义的福利，资本主义的管理，和中国文化的精神。"这几句话是南老先生的概括。足见南老先生不仅是国学大师，还具有世界历史学家和现代政治家敏锐的眼光，既能剖析现代，又能展望未来。主张不同社会制度的国家、党派、民族、宗教、意识形态之间都要相互尊重、包容、融合，取人之长，补己之短。既要讲福利、公平、民主、自由，也要讲经营、效率、法制、秩序、生态，物质文明和精神文明永不可分离。正如科技可以造福人类，同样可以祸害甚至毁灭人类一样，只有两个文明密切结合，相辅相成，才能真正实现产品极大丰富、觉悟极大提高、各尽所能、按需分配的人类最美好的大同世界——共产主义。

南老先生身居书房讲堂却心忧天下。一次我到香港拜望南老先生时，正逢"两伊"战争爆发。看到现代战争武器投射之精准、杀伤力之巨大，慈悲为怀、企盼世界大同的南老先生甚感震惊、痛心。他赞同墨子既要主张科技的发展，同时坚决反对将科技用于战争的理念，提倡"兼爱""非攻""和为贵""有朋自远方来，不亦乐乎""天下同此凉热"等思想。优秀的中国文化精神是全人类走向命运共同体的过程中不可缺失的宏大科学理念和力量。

南老先生早就有致力家乡建设的意向。1988 年，温州市副市长方善足访美，在华盛顿拜会南老先生，谈及商贸投资时，南老先生就主动提出，如果他有钱向国内投资，第一是先建电力公司，第二是钢铁公司或铁路、空运等交通事业，第三便是发展医药。随后，南老先生又笑言，"遗憾的是我非拥有巨资者，只是空谈理想而已"。1988 年初春，南老先生离开华盛顿，移居香港后，时任市委书记董朝才率团莅港访问工商界时，也曾与南老先生会晤过。

方向既定，工作展开。1988 年 10 月 30 日，我因急办温州机场赶工事宜走不开，请温州市计委主任章华表和副主任陈敬之携我书信及有关资料，代表市委市政府赴港拜会南老先生，正式向他谈及金温铁路建设事宜。从家乡人民的行路难和八十年企盼到铁路七上七下的坎坷历史，温州市领导希望南老先生能倡导并牵头修建金温铁路，为浙南人民谋福利。

南老先生听了耸然动容。之后，给我连复两函，摘要如下："今承阁下专派章主任华表一行到港送达金温铁路资料，适值台湾方面有开发信托公司负责人到此，当即请法国农贷银行负责人张先生共同进行会商此一计划，大致皆有兴趣。且从爱国热忱着眼都寄予殷望，并拟会同各方面力量，必期有成。""金温铁路事，又为国与桑梓福利，极望有于成也。""唯金温铁路各项资料，当须编组周详，方好着手洽谈。"急切报效家乡建设之情跃然纸上。同时，南老先生还高瞻远瞩提出："如果金温铁路修建，再衔接福州到温州联线，甚至南进由闽南地区打通广州，便可使华南半壁江河，一齐活跃飞腾起来。然后再扩展到华中、华北。有志者当如此着眼，才有意义。"足见南老先生远见卓识。

根据南老先生的书信要求，1988年11月22日，章华表和陈敬之两位同志特别准备了有关资料，再次赴港向他汇报。对南老先生和在座各位先后提出的有关金温铁路建设细节问题，也由章华表和陈敬之做了如实周到的回答。南老先生是研究国学的学者，对于铁路建设问题如此认真钻研、一丝不苟，令人惊讶、起敬。参加这次会谈的还有他的一位学生及法国农贷银行负责人张先生。这次会谈意义重大。由南老先生倡导金温铁路建设意愿已明了。

1989年1月11日，我给南老先生发函，对浙江省政府规定的有关优惠政策作了说明。南老先生当月17日回函："有关金温铁路事，拟在近日缮写个纲要或者事遂人愿，可能在初夏将亲偕数人……在沪上或者在温州故乡与阁下诸公亲商大计，一有确定，当力函迅速实施。否则必遣得力分子来候教，以定方针。"

1989年2月2日，南老先生在上海市举行了金温铁路座谈会，全国政协常委、民革中央副主席贾亦斌及子贾宁、南怀瑾先生的内侄王伟国代表他出席了会议。温州市副市长马云博携带了我的书信与陈敬之、浙江省驻温州联络处处长李景山及秘书等与会，专就金温铁路建设一事进行座谈。首先马云博介绍建设金温铁路的意义和工程大体情况，陈敬之和李景山作了补充说明并递交了有关资料。马云博还请贾老会后向中央领导反映金温铁路筹建情况，希望尽快批准建设，向省领导说明有关情况，争取大力支持，并向南老先生介绍国内情况。贾老听后作了重要讲话，对投资及还本问题、金温铁路前期准备工作进行了提问。温州方面就有关问题作了说明并欢迎南老先生能亲临指导。南老先生听了汇报后，于4月28日就对成立金温铁路公司给市委书记董朝才和我、章华表、陈敬之、李景山写了信。他在信中阐明："在我或我主持的公司的立场看来，实际上不只是资金（钱）的问题，是怎样可以建立一个可行性的办法问题。"

南老先生为金温铁路启动之前所作的考量，是十分务实和精密的，他对铁路建设启动和实施中可能发生的事情早有了先见之明，如今明确提出来，要大家思考探讨解答，以达成共识同心协力。的确，作为横跨温州、丽水、金华三地的金温铁路建设，重大问题决非温州一市能决定承担的，亟须向省委省政府及有关部门请示汇报审批，并与金华、丽水两地市沟通协商。

为国家民族大局，几经斡旋倾注心血

记：金温铁路起初的协议是何时签发的？具体涉及哪些内容？股权是如何设置的？在当时的历史背景下，南怀瑾先生是如何斡旋让中外合资修建金温铁路的大原则得以核批并最终签订合同的？在这个过程中，还有哪些令您难忘的细节和背后的故事？

刘：经过双方近半年认真准备，1989年10月20日，南老先生派其香港公司及台湾方面有关代表来浙江，同浙江省代表做了三天的研讨，并于22日签订了意向书。浙江方面由浙江省计委杨国章、温州市副市长马云博签字，香港联盈兴业有限公司负责人签字，见证人全国政协常委、民革中央副主席贾亦斌与浙江省政府建设顾问丁世祥也签了字。意向书主要内容有：双方同意合资建设金温铁路；总投资1.4亿美元；出资比例为浙江方20%，香港方80%；合资限期为三十至五十年；金温铁路以合资形式建设，可享受国家和省级规定的关于鼓励外商、侨胞来华投资的各项优惠政策；凡浙江有权决定的其他优惠，原则上都可以考虑。对此香港联盈兴业有限公司负责人表示欢迎。

1990年10月24日，浙江省人民政府报送《关于浙江省利用合资建设金华至温州铁路的请示》给国务院和国家计划委员会。国家计委即刻转报国务院，报告如下："金华至温州铁路项目建议书已于一九八五年由我委批准。但因当时财力不足，以致未能修建。几年来，浙江省为筹措建设资金做了很大努力，经与台商多次接触后，双方同意合资建设经营金温铁路。金温铁路从浙赣线新东孝站出发，经武义、永康、缙云、丽水、青田至温州，全长二百五十点七公里（含通向温州龙湾港和经济技术开发区的龙湾支线十公里），全线贯穿浙西南腹地，吸引三市二十八个县，人口二千余万人。沿线有矿产、森林、农业水产资源，并适于发展旅游业。由于温

时任浙江省副省长柴松岳在香港与南怀瑾先生签约，右立者为陈定国博士

州是全国十四个对外开放沿海城市之一，又是著名侨乡，建港条件好，具备开展外贸和外引内联的良好条件。因此金温铁路的建设对改善温州及浙西南地区的投资环境，加快经济发展有着重要意义，并可为完善东南沿海铁路网建设奠定良好基础……因此建议国务院批准金温铁路合资建设，并授权我委审批其可行性研究报告。"

1990年12月3日至11日，浙江省计委会同铁道部第四勘测设计院与香港联盈兴业有限公司，对金华至温州铁路的补充初步设计进行审议。这次审议首先在杭州对初步设计主要设计标准、线路走向、站场布置、客货运量和经济效益等方面问题进行了认真审查和交换意见，并形成了纪要。当月30日下午，南老先生托李景山转交一封信给柴松岳、我和杨国章，表达了南老义无反顾坚决签约的决心："金温铁路，无论在任何情况之下，务必促其建成，在我并无丝毫退悔之意，此望了解。"

1992年2月26日，我陪同常务副省长柴松岳等赴香港签合同。当时，我已调浙江省纪委工作，温州市委书记由浙江农大党委书记孔祥有接任。组织上仍安排我和南老先生保持接洽联系。抵港后，合同由香港联盈兴业有限公司总经理签字，浙江铁道公司由杨国章代表签字。双方见证人由南老先生与柴松岳二人签字。金温铁路这个历史上第一个中外合资修建铁路的合同，经过三年的频繁协商沟通、文书来往，特别是南老先生为开启历史先河，决心并倾注了大量心血而完成的。这个合同还要送中央核批。

1992年3月19日，浙江省地方铁道公司正式发函给原有的金温铁路金华、丽水及温州地区的建设领导小组办公室，成立了金温铁道开发有限公司筹备处。筹备处主任由香港联盈兴业有限公司总经理担任；副主任两人，由浙江省地方铁道公司经理杨国章和温州市副市长马云博担任。

为了使合同报告能早日批下来，南老先生特派香港联盈兴业有限公司总经理与杨国章一同到北京求教曾在北京工作的老朋友许鸣真先生，表明了自己义无反顾、全力以赴建设铁路的决心，请他鼎力相助、上下沟通，请示中央高层领导出面指导支持，并聘请许鸣真为联盈兴业公司总顾问。合同的报告方案经许老与许永跃等讨论并经南老先生同意作了调整。经半年多协商努力，虽然原合同的一些条款并未被中央全部采纳，但中外合资修建金温铁路的大原则，总算通过了。这为中国的改革开放又打开了一扇大门。私人外资可以与政府共同兴建各项公共建设了。这与南老先生为国家民族未来生存发展的远景而不懈奋斗是分不开的。金温铁路的修改后合同于1992年8月12日终于送到南老先生手中，南老当即签字。

这里要专门提一下许老，许鸣真同志。许老不仅受南老先生聘请为国内金温铁路的总顾问，为金温铁路多方联络而辛劳，而且还作为南老先生老古文化事业公司的总顾问，与南老先生共同为弘扬中华文化而操心。同时还与南老先生等先贤为祖国统一大业、促进海峡两岸和平发展而沟通各方，奔走呼吁。

南老先生在青少年时代就十分景仰并拜望请教温州乐清的同乡名人张冲（又名张淮南）。张冲是国民党中央执行委员、中央组织部代理副部长。抗战期间，张冲坚决赞同并促成国共合作，共御外侮，同周恩来等共产党人建立了良好的关系。1941年8月，张冲病故，周恩来在《新华日报》发表《悼念张淮南先生》一文。今朝，虽然南老先生自身家庭已发生变故，仍能不计个人恩怨，继续致力推动祖国统一、家乡建设。南老先生以海峡两岸先行"三通""以通促统"的精神，催生金温铁路，推动祖国统一大业。

1993年，美国西点军校毕业的小儿子南国熙遵照南老先生"要做有人生观的中国人"的教导，出任当时第一家大陆与台湾合资设立的香港沪光国际投资管理公司总经理，主要业务是帮助上海发展筹措建设资金，为祖国统一大业和国家改革开放大业出谋出力。南老先生这种"天下为公、公而忘私"的精神，实属不易，难能可贵。

1990年12月，在南老先生的牵线下，海峡两岸密使正式开始会谈，并最终促成海峡两岸关系协会成立。后因"台独"势力当道，祖国两岸和平统一受挫，南老先生痛惜愤慨至极。

另外，金温铁路建成通车后不久，温州市计委正副主任章华表、陈敬之两位同志精心筹备、联络奔波，积劳成疾，先后病故。南老先生甚感痛惜。家乡人民永远不会忘记他们。

1992年9月18日，合资建设金温铁路的合同经政府批准了。香港联盈兴业有限公司总经理、金温铁道开发有限公司董事、正大集团副总裁及合营公司董事陈定国、合营公司董事王伟国和联盈兴业有限公司国内事务总顾问许鸣真及浙江省代表丁世祥、杨国章、马云博、俞邦飞、章华表、李景山等在杭州商议金温铁路项目。时任省长葛洪升、常务副省长柴松岳会见了与会者。会谈开始时，播放了联盈兴业公司董事长、合营公司董事长南怀瑾先生的录音讲话，说了金温铁路总部的人事安排、总部部址及资金等问题。南老先生在录音讲话中特别关照，对铁路发包的各县附带个条件，签了约，要在铁路两旁植树，铁路修成功了，两边的造林也成功了；这点钱另外加上去，能做到了，我给你叩头。最后，南老先生重申，只要他活一天，就要将金温铁路建起来，请大家放心。

提前拨付资金，严格监管铁道公司

记：铁路建设的第一笔款项有多少？南怀瑾先生是如何筹集的？南怀瑾先生是否参与资金使用的监管？

刘：依照合资公司的规定，签订合同三个月内，第一期资金到位。但是就在修正合约尚未正式签订时，香港联盈兴业公司就电汇了1000万美元到温州办事处。按照原合同规定,联盈兴业公司只需按比例汇688万美元即可。精诚所至,金石为开。

前排：南怀瑾先生（中）、柴松岳副省长（右）、张启楣副省长（左）；后排：朱培荣副秘书长（中）、陈定国博士（右三）、杨国章总指挥（右二）

南老筹措外资提前超额到位后，浙江省委书记李泽民即召开省委常委会，我先汇报了香港联盈兴业公司第一期资金到位情况及南老先生决心和要求尽快开工的建议与沿途广大人民期盼金温铁路早日动工的呼声（1990年温州机场已建成通航。作为港口城市，温州新建的万吨码头，亟须与铁路运输相配套，才能更好发挥效益，更快发展）；省长葛洪升首先表态，既然南老第一期资金到位，金温铁路应尽快上马动工；到会全体同志一致同意。浙江省委省政府集体研究决定同意金温铁路年内尽快开工建设。常务副省长柴松岳于1992年10月29日书信南老先生，告之所汇合资公司注册资金已如数收悉，十分感激。登记手续正在办理中。浙江几方面的资金已准备就绪，决定年内将在金、丽、温三市开工。

经南老先生及各方人士三年多的锲而不舍、全力争取，1992年11月18日，金温铁道公司终于正式成立，南老先生因事不能亲自参加，特献贺词。南老在信中写道："我们的家乡温州，以及浙南等十多个县区的群众，大家所期望修造的金温铁路，到了今天总算是美梦成真，即将开工建造了。能够有今天的开始，其中艰苦得来不易。我只能用比较轻松的古诗来形容：'云里烟村雾里山，看之容易作之难。'以及'洛阳三月花如锦，多少功夫织得成。'"

1992年12月中旬，在丽水莲都饭店，金温铁道有限公司举行了第一次董事会，由温州市副市长马云博担任主席。出席人员有蔡世亮、陈定国、马有慧、王伟国、于强、马云博、赵毅通、李治华、张荫栋、李景山、章华表及濮大威、曹秦民、庄澄等董事。董事会根据南老先生的意见提出：浙江省地方铁路公司要求金温铁路即于1992年12月18日在金华麻出塘站、武义清塘隧道、永康车站、缙云仙都隧道、温州洞桥山隧道等五个地方同时先行开工。浙江省委省政府批准了这个报告。

1992年12月18日，金温铁路开工典礼在缙云、丽水、金华、温州等地同时举行，由十多万民众前来参加开工典礼，盛况空前。在缙云的开工典礼是中心会场，浙江省常务副省长柴松岳主持庆典，浙江省长葛洪升讲话。南老先生未出席开工典礼，他一生谦逊低调，不爱在公共场合出头露面，特献书面贺词："在我个人的理想和希望来说，修一条地方干道的铁路，不过只是一件人生义所当为的事而已，我们真要做的事是要为子孙后代做一条人走的道路，那是大家真要做的大事业。什么是人走的路呢？让我借用宋儒张横渠先生的四句话来说便是'为天地立心，为生民立命，为先圣继绝学，为万世开太平'。这样的目标，是我所期望来会诸公，以及金温铁路的同人，并与故乡幼老、兄弟姐妹们共同勉励的人生大道。"南老先生为修此大道可谓用心良苦、呕心沥血。

1993年6月，南老先生看中了正在做自动化工作的、来香港拜访南老先生的美国华盛顿大学工学院土木系教授侯承业博士，让他担任金温铁道公司专家总顾问。侯承业先生没有辜负南老先生的信任，他以金温铁道公司专家总顾问的身份，自背行书、水壶，沿金温铁路线路，从金华出发，经丽水到温州，行程数百公里，跑遍了全线所有工地，穿越了每一条山洞隧道，调研指导工作，替南老先生慰问广大施工干部职工、技术人员及沿途广大民众。历时一个多月，体重下降20磅，可谓劳苦功高。完成了土地税算，修正了不合理的规章，设立了检验制度，规划了财务报表，理顺了资金存拨问题，完成了各项批文的收集，建立了管理制度，写好了一百多页的金温铁道公司的融资申请书，深得南老先生信任和嘉奖。

南老先生非常重视铁道公司内部的风气的监管，对工作人员要求非常严格。他尖锐地指出："近数十年来养成了一种不好的风气，把应酬吃喝当公事；把坐议立谈的空谈当作工作；以浪费公款为当然；以推过饰非为能事。"所以他希望由金温铁道公司的同人做起，慢慢影响，改正这些不良风气，愿人人能做到："严以责己，宽以待人"，"对人要宽厚，对事要严谨"。所以，他倡修的，不只是一条铁路，也是要修建一条通往人心的大道。

不计种种非议，交出铁路所有权

记：金温铁路开工后经历了哪些意想不到的困难？尤其是建设资金远远突破原先预算时，浙江方面和南怀瑾先生方面是如何紧密配合、克服重重困难，最终将资金拨付到位并扎扎实实地推进铁路建设的？另外，南怀瑾先生在面对截然相反的舆论压力时，他又是如何彰显他的人格魅力的？

刘：251公里的金温铁路在全国铁路线路中是不算长的，但其工程难度却是极大的。如金温铁路长度是京九线的十分之一，京九线山洞仅50多公里，涵洞900多个，而金温铁路山洞31公里，涵洞800多个，还有桥梁14公里，难度超过京九线。而且沿线地质条件复杂，仅缙云仙都隧道就塌方16次。但金温铁道隧道等工程质量，可与国铁媲美，而价格照比例计算仅一半价格，为什么呢？

我认为，首先是南老先生精神的感召。一个七十多岁的学者，为了祖国的强盛，家乡人民的福祉，勇挑这项艰巨的世纪工程，他图什么呢？南老一直认为"建铁路以商而言，不宜投资，要义所当而为之。如果投资公共建设想一本万利，那永远不会做的"。南老先生是要修建中国第一条中外合资的铁路，为改革开放的中国吸收外资建设各项事业走出一条新路。正如南老先生说过的，他不仅仅是修金温铁路，他更要修一条通往人心的大道。他代表了信心、恒心、努力、毅力、合作、智慧、忍耐、奉献等中国固有文化教育的含义。南老先生的理念，那就是"诚恳地做人，老实地做事"。这种理念精神在金温铁路建设这项工程中弘扬光大了。

金温铁路建设工程1988年起步，到1997年竣工全线铺通运行，前后达十年之久。其间，浙江省委省政府主要领导同志有李泽民、沈祖伦、葛洪升、万学远、柴松岳，温州市委市政府主要领导同志有董朝才、我、孔祥友、张友余、陈文宪、钱兴中。十年中，省级机关和金华、丽水等地市和县区乡镇党政领导也多有变更。

但无论谁上任，都对南老先生怀着崇敬感恩之情。全省各部门、各地把金温铁路建设工程作为自己任内基建工程的头等大事。其间，南老先生也从未因人事的频频变更、形势政策的变化以及国内外制度政策理念及价值观的差异，而丝毫动摇其将金温铁路最终建成的决心。省委省政府主管金温铁路建设的领导柴松岳以及省政府具体分管工程建设的副省长张启楣、副秘书长朱荣培，从与南老先生及南老先生代表双方对项目洽谈签约开始，直到工程最后竣工通车，一直将主要精力心血倾注在这项工程上。上下联络沟通，统一认识，促进工程上马，八方筹措资金，精心组织部署，深入一线视察检查，现场解决问题，慰问一线广大职工群众，深得南老先生和广大干部群众好评。在省委省政府领导下，全省各地市、县、乡镇按照指挥部分工任务、施工安排，全力以赴，竭尽全力支持。抽人员组建工作班子、组织民工、征地、拆迁、移坟，工程后勤保障一一按要求予以支持。同时，抓好宣传教育，思想发动工作，还率先垂范，参加义务劳动，作出表率。

金温铁道公司中外合资双方的股权比例进行过两次调整。其中原因十分复杂。自金温铁路建设工程全线上马之后，对资金需求急剧增长，并远远突破了最初15亿元人民币投资预算。工程由浙江省政府组织的队伍包干，可开工才两年，就调高到22亿元人民币（最后结算时上升为29亿元，远远超出了预算）。为了建设资金及时足额到位，南老先生组建了筹资小组，在南老先生与浙江省政府的合作意向书中，浙江省政府希望南老能在境外筹措八千零九十万元的贷款资金，由国内银行对外担保，浙江省政府反担保，合资公司以自有资产向浙江省政府做抵押。南老先生和他的学生与国外多家银行进行联络、谈判，做了大量工作。1993年初，在准备并递交了大量有关资料和融资申请报告后，与美国摩根士丹利投资银行六人小组会谈。三天后，摩根同意了金温铁道公司融资的初步申请。以年6%利息融资1.2亿美元，分十年还请（1993年初，金融市场最低也是年8%的利息）。但条件是要得到中国银行的担保。对此项得来不易的贷款却由于中国银行表示不能担保而落空，南老先生痛惜不已。

当时南老先生正面临社会两种截然相反的舆论的压力。一种舆论是认为南老已没有资金，金温铁路建设工程像过去三次一样很快就要下马停工了。另一种舆论却认为，金温铁道公司取得了一千五百亩车站附近的土地，目前地价已涨十倍以上，认为南老在做生意，好像占了很大的便宜。按照协议上的规定，金温铁路在沿线各个站点共有一千五百亩预留土地，可供合资公司开发利用。随着工程进展，土地的价值也在上升。有人怀疑南老先生投资金温铁路是想从土地开发中获利。可直到铁路建成通车，合资公司也没有获准开发一寸土地，而工程建设拨款一刻也没有中断，经济压力甚大。

各种谣传南老先生都听到了，但他并不介意。因为声誉与毁谤总是同时到来的。南老先生一生视功名富贵如过眼云烟，他出于爱国爱民之心为金温铁路上马建设费尽了心血，却遭到了种种非议。当时南老先生的心境寄于诗中："甘苦由来只自知，天心人事动悲思。自怜独木支巨厦，眼底林园是嫩枝。"

此时南老先生对金温铁路建设理念有了新的构想，即人民铁路人民建，铁道利益人民享。他个人愿交出所有权，只作配合性外资，即由原来的主导性大股东变为一般性小股东，一切可由浙江省政府做主。现金温铁路前途光明，如能在1997年全线贯通，将公司股份交还给国家政府，并推向市场，铁路的利益由铁路沿线的人民来享用。他不要等到股票上市，自己获得利益，而是提早将股权还给政府，由政府和人民来共享。

浙江省充分理解南老先生的理念。这就有了两次合资双方股权调整（改组）。第一次在1993年5月7日，浙江省召开常务会，同意南老先生意见，将金温铁路中外合资比例外方从80%调整为51%，中方从20%调整为49%。第二次于1994年4月2日，在香港，柴松岳同志率员与南老先生等各位进行协商，同意中方在合营公司注册资本由49%调整为75%，香港联盈兴业有限公司由51%调整为25%。

金温铁路中外合资比例两次调整后，中方的资金压力明显加大。为及时解决工程建设资金，省委省政府多次向国务院李鹏总理，朱镕基、邹家华副总理汇报，向国家计委、国家开发银行、铁道部领导汇报，反映情况与困难，得到国务院及有关部委的大力支持。南老先生也写信托海协会会长汪道涵转呈中央高层，希望中央参与指导支持。不久，朱镕基副总理亲赴浙江指导，当得知金温铁路建设工程未经中央批复擅自开工，先斩后奏，严肃地进行了批评："你们好大的胆子！"同时朱总理体察南老先生的苦心、群众的呼声和地方政府的努力付出，正视现实，还是指示铁道部马上介入大力支持，争取早日竣工通车。

1994年5月2日至11日，柴松岳代省长和时任铁道部副部长傅志寰就金温铁路及有关事项进行了商谈，形成了纪要。明确金温铁路对加快浙西南地区及温州港的经济发展和对外开放有着重要作用。双方表示要共同把这条铁路建好、管好、用好。根据国务院领导指示,由铁道部参加三方合资建设,考虑与国家铁路联网运输、与路网衔接的运输工作由铁道部统一指挥。股东各方出资比例按注册资本金总额5733万美元计算,除香港联盈兴业有限公司占25%外,双方商定浙江省占45%,铁道部占30%。银行安排贷款,铁道部增派一名副董事长。

南老先生一直认为铁路工程不像公路、电厂、钢铁厂、矿场,铁路不是封闭式的。所以一定要同国营有契约,大家协调,共同协助才能达到目的。这次铁道部介入正中南老先生下怀。南老先生于7月26日发函浙江省政府督促立即建立公司新董事会,以确保金温铁路如期完工经营。经三方协商,杨国章任董事长,铁道部上海局副局长王麟书任副董事长。三方一致推荐南老先生担任名誉董事长。其间,金温铁道开发有限公司前后两任董事长顾德裕同志和阮晖同志,在筹措落实资金确保工程顺利进展方面做了很多的具体工作。经省人民政府办公厅、省计经委的多次组织协调安排,和银行、财政、投资公司等各方的支持协助,工程建设资金基本落实。

1996年8月,金温铁路建设指挥部原总指挥杨国章退休后,副总指挥李林访任总指挥。为了打消南老先生对于中途换将的顾虑,我向他介绍了李林访的情况:李林访是丽水地区当地干部,人地熟悉,在丽水地区当过县长、县委书记、丽水地区专员,为人忠诚,务实能干,政绩卓著,威信甚高,金温铁路主要路段和重点难点都在丽水地区,定能担此大任。李林访果然不负重任、不负众望,旗开得胜,打开局面。丽水青田至温州瓯海西线全长约一百公里,该地段地形地质复杂,群山连绵,山高沟深,是整个工程施工难度最大的一段。为确保1997年金温铁路全线贯通,省指挥部及时调整了施工力量,并向全体建设者发出了"晴天拼命干,雨天照样干,夜里加班干"的号召,提前完成了铺通任务。李林访从此和南老先生结下了深厚的情谊,退休后还经常到江苏苏州市吴江区太湖大学堂拜望南老,直至南老仙逝。

强将手下无弱兵。金温铁路沿线各个建设工地上,红旗招展,人山人海,机器轰鸣,爆声连天。各地掀起的百日劳动竞赛大会战热潮此起彼伏,连绵不断。为了早日建成这条通向光明的幸福之路,沿途广大人民群众和干部职工自觉加入义务劳动的大军。他们中间有年迈的老人,也有年轻力壮的青年,有各个机关各行各业的在职干部和职工,也有离退休的老干部老党员,还有一些春节回家度假的教师和学生们。武义县全国劳模朱增德,听说组织义务劳动修建金温铁路,大清早就带上儿子骑车骑了三十多里路到工地劳动。六十岁的老大娘金银凤扛着锄头步行十余里来到工地参加劳动,当人们问她有何感想时,她说:"我这辈子没有坐过火车,金温铁路是为我们老百姓造的,我要为早日建成这条铁路出力。"

在沿线广大城乡居民大力支持下,征地、拆迁、搬家、移坟工作十分顺利。当时移一座祖坟只补 15 元,几万座坟墓很快移完。真正为人民公益性公共建设事业,一定会得到人民拥护。这就是金温铁路能又快又省又好地建成通车的主要原因。金温铁路是一条用广大人民心血造成的、一条人民的铁路。

金温铁路建设上马后,南老先生时时关注工程进展情况,按时阅读铁路指挥部寄来的工程简报。同时,南老先生对于战斗在一线的广大劳动者甚为关怀,常派人慰问。他专门给金温铁路施工指挥部领导写信:"有关铁路工地形势,及参与开路者的热烈诚意,大家忍寒耐苦,不顾家族团年,不畏天寒地冻,众志如一,使我闻知,常有热泪盈眶之感。可惜关山阻隔,我未能亲到工地前线向所有劳心劳力者,泥地叩首,更为遗憾。特嘱王伟国代我设法聊送一分诚意表示感激之情,敬乞,见谅。"南老先生感慨地说:"战斗在金温铁路建设一线广大各级党政干部、职工、指挥部成员、技术人员、沿线广大人民群众才是金温铁路的催生者。"

功成身退,还路于国于民

记:金温铁路终于建成铺通的那一天,有哪些激动人心的场面和盛况,让您至今记忆犹新?南怀瑾先生写下了这样一首感言诗:"铁路已铺成,心忧意未平,世间须大道,何只羡车行。"您如何理解他诗中的"心忧意未平"?您如何评价南怀瑾先生为金温铁路建设所做的一切?

刘:金温铁路前后历时近十年(施工期四年三个月),耗资 29.43 亿元人民币,终于在 1997 年 7 月顺利竣工。1997 年 7 月 30 日,浙江省代省长柴松岳正式向南老先生发出省政府邀请函,首先代表浙江四千四百万人民向南老先生表示最诚挚的谢意,省政府决定 8 月 8 日举行金温铁路铺通仪式,届时敬请南老先生拨冗光临。

1997 年 8 月 8 日,浙江省委省政府如期在新落成的温州火车站隆重举行金温铁路铺通庆祝大会。国务院发来贺电,对金温铁路全面铺通表示热烈祝贺。当时的铁道部、浙江省、温州市及香港联盈兴业有限公司等相关领导与代表出席了大会。

温州火车站红旗招展,锣鼓喧天,成了欢乐的海洋。铁路建设者、驻温部队及

1991年，金温铁路开工典礼

公安、金融、外贸、卫生、交通等系统的干部群众一万多人排成了一个个整齐的方阵，一大早就等候在广场。军乐队奏起雄壮的凯歌，老年自行车协会挥舞彩旗，数百名中老年妇女跳起花伞舞，自发而来的民众涌满广场……瓯越儿女以各自的方式表达自己对金温铁路终于美梦成真的狂欢之情。

　　浙江省副省长张启楣主持庆祝大会。省委书记李泽民下达金温铁路铺通接轨命令。金温铁路最后一节轨排，在长鸣的汽笛和万众欢呼声中于七点零七分连接完毕。省委副书记、代省长柴松岳同志在热烈的掌声中讲话。柴松岳代表中共浙江省委、省人民政府向为金温铁路建设做出贡献的全体干部职工、向大力支持金温铁路建设的沿线各级党委、政府和广大人民群众表示热烈的祝贺和亲切的慰问！向一直以来关心、支持金温铁路建设的中央有关部门和南老先生等海内外各界人士表示衷心的感谢！铁道部副部长蔡庆华在讲话中指出，金温铁路是我国第一条由铁道部、内地与香港地区三方合资建设的地方铁路，探索了一条新路子。铁道部愿意与各投资方，一起为地方铁路建设，为金温铁路灿烂的明天，做出应有的贡献。

接着，金温铁路工程指挥部总指挥李林访、香港联盈兴业有限公司代表侯承业先生和温州、金华、丽水三市（地）代表在会上讲话。侯承业先生首先代表南老先生向中央领导、省领导、地方政府领导与人民共同参与并完成金温铁路这项伟大工程致以贺意、敬意，并当场宣读了南老先生所作的一首感言诗与大家分享："铁路已铺成，心忧意未平，世间须大道，何只羡车行。"金温铁路建成了，南老如释重负，欣叹："'国父'《建国方略》中的重要建设——金温铁路终于完成了，中山先生在天之灵当可告慰了吧！"侯承业博士希望我们都能体悟南老先生的感言，去发挥我们心中的道路，有文化，有修养，为我们社会、民族尽一份力量。

南老先生以敢为天下先的气魄，毅然决定由个人出资与政府共同兴建浙江省的金温铁路。为了什么？其实只不过是为中国的建设开创了一个先例，即政府可以与海外人士、利用外来资金兴建国家公共建设。他只是做一个抛砖引玉的工作而已。现在这目的已经达到了，目前全国有许多基础设施建设项目都已与海外资金合作，大大加速了国家的建设，迅速提高了人民生活水平。他个人得到了什么呢？什么也没有，他只是为中华民族的发展，提供了一点他个人的力量而已。

庆典不久，1997年8月26日，柴松岳代省长在会见代南老先生捎来书信的侯承业先生时，针对南老先生谦逊地说"自己没有做什么，只是做了一件任何一个热爱中华民族的人都会做的事而已，算不得什么"，柴松岳代省长感慨深情地说："南老师对这条铁路的贡献是无价的。这条路迟早要修，今天因南老的领导，提早了好些年，也就是省下了很多钱，而对地方人民提早了经济效益。所以无论如何，我们都要记着南老师的远见卓识。"

1998年，经柴松岳省长与铁道部协调，香港联盈兴业公司的25%股权，全部转为国有，成全了南老先生功成身退、不计名利、还路于国于民、早日通车投入运营造福于民的愿望。至今在浙江，首条民资控股的高铁（杭绍台铁路）由于监管等体制机制和政策法规上的问题一直无法投入建设运行，足见南老先生的大爱和大智，深知中国改革开放取得了巨大成就，但今后的路还很漫长曲折。南老先生作为金温铁路的催生者，功绩和英名将永远为祖国亿万人民铭记。

当年，金温铁路根据规划设计，只经丽水从西北方向进永嘉县抵达温州市终点站，并未通过温州东北方向的南老先生家乡乐清市。金温铁路通车十年后，在党中央国务院和铁道部关心组织支持下，在浙闽两省省委省政府和沿途各地市县乡镇党政领导下，及沿途几千万民众大力支持下，与铁路施工队伍艰苦奋战，温州至福州的温福铁路，以及宁波经台州连接温州的甬台温铁路于2009年6月和9月先后建成。南老先生家乡乐清等沿途各地市县均通车受益。可以预见，不久的将来，温州经福州直达广州等地的铁路也即将兴建。国家铁路网"八纵八横"和"四纵四横"快速客运网的宏伟蓝图终将成为现实，以告慰孙中山先生在天之灵。

为祖国统一强盛、人民幸福、世界和平大同一生为之不懈追求奋斗的南老先生，祖国不会忘记，人民不会忘记。经济和社会效益日益显现的共和国第一条合资铁路——金温铁路将和南老先生的英名一起永载共和国史册！

大爱于胸未返乡，聊赠发绣解乡愁

记：金温铁路既已建成，南怀瑾先生却一直没能踏上回乡之路，对此，您是如何解读南怀瑾先生的心境与乡情的？

刘： 1918年3月18日，南老先生诞生在浙江省乐清县（现改为市）翁垟镇地团叶村，父亲南仰周是当地乡绅，母亲是南仰周续娶已故夫人的妹妹赵氏。赵氏多年不孕，每日到城隍庙烧香拜佛，终产下独子。这一年，赵氏已经26岁了，在当时已算高龄产妇，亲友们都把这位来之不易的男孩说成是"佛送的儿子"。小名银奶，后改名南怀瑾。

1935年夏天，18岁的南老先生考入杭州西子湖畔的浙江国术馆。1937年7月7日，日本军国主义发动"卢沟桥事变"，拉开全面侵华战争的序幕。"蜀道难"的四川成都一时成了全国各院校、文人的聚集之地。在四川，南老先生度过了颇具传奇色彩的十年时光。他做过报社编辑，戍过边，当过军校教官。南老先生四处参贤访道，拜访过不少奇人异人。他和恩师袁焕仙的情缘，就是在那时结下的。1942年冬，南老先生就学于袁焕仙在成都创办维摩精舍。1943年5月，26岁的南老先生离开恩师，独自前往峨眉山大坪寺闭关修行。前后苦行三年，吃的是淡饭、干菜、辣椒，喝的是雨水和上年积存的高山雪水，住的是透风的禅房，潜心研读佛家典籍，几千卷内容丰富的佛学巨著《大藏经》，南老先生就是在这期间通读了一遍。这是很多佛学大师都没有做到过的事情。

刘锡荣一行所赠南母发绣像

南老先生曾说："一个国家，一个民族，亡国都不可怕，最可怕的是一个国家和民族自己的文化亡掉了，这就会沦为万劫不复，永远不会翻身。"南老先生在佛祖和大坪寺弟子们面前的誓言宏愿，并不是随口一说，他用自己一生言行来兑现这个誓言。1976年，南老在台湾创办老古出版社。南老先生还弘扬少林武术，为"希望工程"捐款，捐资支持乡村教师（后发展为"桂馨·南怀瑾乡村教师奖"）。2000年，已年逾八旬的南老先生在江苏吴江太湖之滨开始创办太湖大学堂。南老先生经常说："孩子的问题是教育的问题，是人性的问题。"

1947年2月，南老先生从四川经康藏转道云南昆明后回到故乡乐清探亲，年底离乡时计划带家人离开大陆去台湾经商。想不到父亲因为听不懂外面的语言，不愿离开家乡。南老先生一人去了台湾。父亲南仰周是当地乡绅，因为人正直、主持公道、助人为乐，深得民心，1949年春，被民众推举为民选乡长。南仰周不愿接任。当时，解放大军已迅猛南下，老乡长迫不及待叫手下文书将几箱户籍档案等资料强塞给南家，南仰周连看都没有看过。不到两个月，即1949年5月，在浙南特委（1935

年红军挺进师进入浙南革命根据地所建立）书记龙跃领导的浙南游击纵队武威文攻下，温州专员叶芳师长起义，温州乐清提前和平解放。南仰周将几箱资料原封不动交给新政府。当时正逢"镇反"高潮，他即被捕待镇压，后未被杀。1957年秋，南仰周病故于杭州临平劳改场，即浙江省第一监狱所在地。

  二十多年后，海峡两岸通信通航，南老先生才从儿子南小舜来信中得知父亲亡故的消息，悲痛欲绝。令人难以想象和无法容忍的是，改革开放后，南老先生全身心投入金温铁路建设时，在他家乡还有个别人说：一个地主的儿子，有什么了不起。但是，南老先生是个胸中有大爱之心的人。家庭、个人的恩怨，丝毫不会动摇他那天下为公的爱国爱乡爱民之心以及对国共合作祖国统一大业的向往和追求。

  在温州也有人不解，为何南老先生当年不回家乡一趟？对家乡的感情和表达方式因人而异，一般功成名就的，会衣锦还乡，显赫一时。而南老先生在给一位家乡友人的信中写道："因为我生于斯，长于斯，且在外数年，流离困苦，对于人情险峻，事态多变，统统了如指掌。但我仍愿为之，只有一念，我生于此地，在我有生之年，能使此地兴旺，使后代多福，便了我愿矣！如果我父母当在世，也一定会赞同我的想法。"

  1990年2月20日，浙江省计委负责人作为浙江省政府地方铁道公司代表与香港联盈兴业有限公司代表，及见证人贾亦斌和丁世祥签订中外合资经营金温铁路的协议书。我、章华表、陈敬之、李景山和陈同海一起赴港出席了签字仪式。我虽然与南老先生书信来往已一年多，但这次还是第一次会面。临行前，大家都劝我买些珍贵的礼品送南老先生。我略思一笑，说："南老作为学者，不会稀罕什么商场上出售的珍贵礼品。还是请温州师范学院美术教授魏敬先给南老百岁老母亲绣一幅发绣人像作为见面礼吧。南老早年离乡，已与老母阔别多年，见发绣人像如见真身，才有意义。"当时魏敬先教授的发绣画像，名气很大。

  很巧，南老先生家人多年来一直将老祖母理发时所掉发丝全部珍藏在瓷坛中。作为特急任务，魏敬先教授全力以赴，很快绣成一幅大尺寸的南老先生母亲的发绣头像。我和章华表、陈敬之、李景山等赴港将南老先生母亲的发绣头像敬献给他，南老先生接像时激动之情溢于言表。

  1989年，南老先生母亲百岁寿辰时，我和温州市财政局长何开榕、温州医学院长叶碧绿和内科主任王效亮一起到乐清翁垟家中探望贺寿并诊疗。一年后，南母仙逝。马云博副市长代表温州市领导前去参加告别仪式。李景山和章华表还先后陪同南老先生儿子南小舜和阔别四十年的原配夫人王翠凤赴港与南老先生会面。王翠凤公公南仰周 1950 年被捕，1957 年在狱中病故，后靠王翠凤独撑全家生计，做保姆、摆小摊，供养婆婆、教育两个儿子，还要作为"漏划地主"(1951 年上半年土改时被划为工商业兼小土地出租者家庭) 遭受批斗，实属不易，可称得上中国传统的孝媳贤妻慈母了。两位老人久别重逢时互抚对方白发轻声亲切问候的动情表露，使在座各位无不动容。这些安排也算是我们对南老先生一家象征性的补偿吧。

大师已故，精神永存。这是南老先生留给家人、留给我们、留给世人最宝贵的财富。振兴中华、统一祖国、和平世界，就是我们对南老先生在天之灵的最好告慰！

胡方松：南先生是温州的一面文化旗帜

胡 方松

笔名公木，1944年9月生于温州。从事新闻工作几十年，资深媒体人，高级编辑，曾获中国新闻奖。曾任温州市委办公室副主任、温州市廉政办公室副主任，历任《温州日报》农村部主任、《温州日报》副总编辑、《温州晚报》党委书记兼总编辑，主持创办《温州晚报》，参与创办《温州商报》、《温州瞭望》杂志、《世界温州人》杂志；与温州模式有缘，从1980年开始，亲历、参与和报道、见证温州农村改革试验20年，撰写过大量温州农村改革试验的新闻报道，先后编著和合作编著出版《怀师！怀师！——深情缅怀南怀瑾大师》《温州模式丛书》《温州之路丛书》《世界温州人丛书》《温州评判》《半岛梦圆》《温州模式再研究》《温州民间金融风暴》等书。

访谈时间：2020 年 5 月 23 日下午 2 点半至 5 点半、7 月 11 日下午 3 点至 5 点
访谈地点：温州新田园假日花园
访谈记者：蔡维雅、王伊琳

20 世纪 90 年代初，胡方松先生任《温州日报》副总编辑时，因为报道金温铁路，开始了解南怀瑾先生。此后在很多重要时间节点，他多次安排记者对南怀瑾先生进行采访或刊发相关报道，并在南怀瑾先生去世后，编著出版了《怀师！怀师——深情缅怀南怀瑾大师》纪念文集。此次访谈共计 5 小时左右，围绕他和南怀瑾先生的交往以及对南怀瑾先生的评价等问题展开。

多次采访报道南怀瑾先生

记： 您是什么时候知道南怀瑾先生的？如何知悉的？

胡： 第一次了解南老怀瑾先生是在金温铁路开工建设前夕。金温铁路开工于 1992 年 12 月 18 日，它对温州人来说是一个百年的梦想。所以为了赶在开工之前写一篇记述温州人百年梦想成真的稿件，我（时任《温州日报》副总编辑）和记者金丹霞、沈迦三个人一起采访，写了一篇长篇通讯《大半个世纪的企盼》（刊发于《温州日报》1992 年 12 月 12 日周末增刊），里面写了有关南老先生如何催生金温铁路的简要过程，大概一千多字。比较多的了解，就是从这个时候开始的。当时（1992 年 11 月 12 日）南老先生为了金温铁路专门和浙江省地方铁路公司合资，注册登记浙江金温铁道开发有限公司。公司 80% 的股份是南老先生的，他一共投资了 4586 万美元。

记：能和我们说说当时是如何采访的吗？

胡： 当时是采访与南老相关的人物，采访了很多人。我和金丹霞、沈迦三个人，有时是一起采访的，有时是分头采访。丹霞和沈迦做了大量工作，大量的采访是他们做的。例如去浙江省金温铁路指挥部采访，采访了原铁道部副部长李轩，还采访了当时非常关心金温铁路建设的国务委员兼公安部长王芳的秘书，后来又采访了中国外贸运输公司温州办事处经济师李子元等人，由此对南老先生有了一个初步了解。

记：您与南怀瑾先生初次见面是什么时候？在哪里？

胡： 1993年夏天，浙江省报业协会组织了一个新闻代表团，出访东南亚，途经香港，当时是经香港《文汇报》台湾版主编王大兆（祖籍温州，著名学者王季思之子）联系。王大兆和南老先生相差二十多岁，两人是忘年交，关系比较好，他打电话给南老先生，询问我们可不可以去看看南老先生，南老马上就同意了。于是，王大兆陪着我和当时带队出访的《温州日报》党委副书记朱嘉富前往南老先生的家里。他当时住在香港坚尼地道的寓所。南老先生听说我们来自温州，对我们非常热情，还请我们在他家里吃晚饭。

记：您对南怀瑾先生的第一印象是怎样的？他精神状态如何？你们是用普通话沟通的吗？在这次见面过程中具体谈了什么？

胡： 我们是作为后辈慕名去拜访南老先生的，我那年不到五十岁，南老已七十六岁了，还特别有精神。虽然个子不高，但身板挺直，穿着一条灰色长衫，目光有神，头发乌黑茂密，颇有仙风道骨。当时澳门商会会长马万祺的女儿马有慧也在南老先生那里打坐。我们把温州的改革发展情况向南老先生做了介绍，对他关心和投资金温铁路表示了深深的感谢。说到最后，问他有没有想把自己一生作个总结，作个记述，像传记那样，写下来，写一本书，说我们报社愿意支持帮助。南老先生听后表示感谢，说以后再说吧。

当时除了我们三人，还有从其他地方来拜访南老的两个人，一共五个人在他家里，一张长方桌子围了一圈吃饭。南老先生吃的是小碗，饭菜也很简单，就是米饭和青菜这些。记得王大兆插话说，无论是谁，到南老先生家里吃饭都不用付钱。对此，南老先生自我调侃说，"我家就是'人民公社'"。

我们和南老先生都是用普通话沟通的，没有讲温州话。乐清那边的口音与市区鹿城这边的口音相差有点大，说了未必听得懂。

南老先生谈到自己时，说他一生很复杂。南老先生于1985年离台赴美，那是不得已的。当时在台湾受一个政治案件的牵连，南老不得不从台湾出走。据说蒋经国还曾讲过一句话，是直接针对南老的："我们这里又出了一个政学系。"因为当时南老在台湾讲学的影响越来越大，吸引了很多国民党高官，包括一批高级军官，以及后来李登辉办公室主任苏志诚等。南老先生觉得自己不走的话就会有生命之忧，所以就于1985年避走美国。后来蒋经国病死后，南老先生才离开美国到中国香港定居。

南老先生学问丰富，说话内容很有哲理，有些话听完后还要再想一想才能领悟。他会以讲故事的方式去说，谈话很轻松，也比较幽默。讲《论语》《孟子》的时候，他都有自己的理解，自成一家之言，不像一些老师只会照本宣科。所以每到礼拜六晚上，学生满座，上至高官，下至平民，都愿意听。

记：这以后还和南怀瑾先生再见过吗？

胡：这次是唯一一次见面，后来和南老先生就没再见过面了。但是后来我当《温州晚报》总编辑的时候，发现有关南老先生的事情，都会安排记者去做报道，派记者到香港采访时都要嘱咐去拜访南老先生。

记：能谈谈那几次报道的具体情况吗？

胡：1997年南老怀瑾先生八十岁诞辰，我想为先生做点事情，最后决定在报纸上刊登一篇纪念文章，标题是《南怀瑾先生的日常生活》，内容是编发南老的学生侯承业教授撰写的《南怀瑾的理念》中有关南老日常生活的部分。

1997年上半年《温州晚报》开展"香港回归万里行"特别采访活动，我们的记者从北京天安门广场的香港回归倒计时牌挂上开始，一直采访到7月1日香港回归为止，历时一个多月。晚报记者郑雪君和夏海鹏在6月25日左右要去香港做采访，我交代他们，到香港后，一定要去拜访南怀瑾老先生，他是爱国爱党人士，早就盼望香港回归祖国，他一定有话要说，所以一定要去采访，然后还向他们交代如何联系采访。6月28日，他们专程去拜访南老先生，采访了两个小时，发回来一篇报道，可惜的是写得简单了一些。两人告别时，南老先生给他们送了三本书——《论语别裁》（上、下册）和《易经杂说》。

我们现在对南老先生还认识不足

记：南先生晚年一直没有回家乡温州，您认为是什么原因？

胡： 南老先生一直没回过温州，到底是什么原因，这个恐怕不大好说，因为南老本人没说过，好像也没有人透露报道过。据个人的推测，可能与以下几个因素有点儿关系。

其一，可能与南老父亲的身世有关。在20世纪50年代初期，南老父亲被当作恶霸地主抓了，还被判刑劳改，后来在临平的一个劳改场里去世了。当时家庭成分的划分，包括地主、富农、中农、下中农、贫农，地主是无产阶级专政的对象，南老的父亲被划分为恶霸地主，那是要被镇压的。现在我们都讲南老先生好，过去是没有人敢讲的。因为父亲没有平反，如顶着一个"恶霸地主"儿子的帽子回温州，对于南老先生来说应该是不可接受的。我想，这有可能是一个最主要的因素。

其二，可能与当年的一些流言有关。南老是金温铁路的催生人，为温州人百年梦圆立了第一功。特别是，南老投资金温铁路，催生金温铁路，他没有为自己赚一分钱，也没有给自己安排一个人，只是想为温州、为国家做一件有意义的大事。这样一个老人，在任何时候都值得我们尊敬，值得我们赞美。可在金温铁路开工后不久，特别是国外贷款因国内银行不愿担保而无法办理之后，南老在金温铁路有限公司的股权两次减持，从一开始的80%，减持为50%，再减持变成25%，公司由以南老为主变成国家为主，社会上居然出现了一些污蔑南老的流言蜚语，有的说得非常难听。这些流言蜚语，也有可能传到南老耳朵里，伤了他的心，也极大地损害了温州在南老心中的印象和形象。

其三，还可能与当年邀请的力度不够有关。南老先生晚年从香港回内地，决定在江苏吴江定居并办学，不仅是那里环境好，还因为当地政府更重视、更有气魄和力度，愿意拿出三百亩地。最终南老没来温州而去吴江，这对温州来说是非常巨大的损失。后来温州两个老领导到吴江拜访时，曾当面问过南老，为什么不到温州而选择在吴江定居办学，南老只回答了一句：温州能给我那么多地吗？

当然，我说的这三个因素，都是一家之言，推测之言，不足为据，仅供参考。如果无意中得罪什么人了，那就先说一句抱歉。

记：您与南老先生的家人是否有接触？据您了解，在家人眼中，南老先生是个什么样的人？

胡： 南老先生一共四个儿子两个女儿，我曾经和他的第二个儿子南小舜以及他的孙子南品仁有过接触。南小舜以前是一个比较有名气的中医。他和南先生另外五位子女对南先生爱国爱乡的行为都很尊重，都认为父亲是文化导师。怎么证明呢？南老的六位子女，曾于2012年在台湾《旺报》和《温州日报》都公开刊登了一个联合声明，说南老先生生前所有的权益包括资产、留下来的图书等等，全部捐献，并成立一个基金会，而他们自己一分钱不要。从这一件事中，就可以看出在家人眼里，南老先生是一个怎么样的人，他是一个值得全社会尊敬、也值得子女爱惜的文化大家。

记：部分人对南怀瑾先生存在一定争议，您怎么看待这些争议？

胡： 南老先生的身份，我认为应该有两个，一个是学术南老，一个是政治南老。学术南老，我的看法是，南老是20世纪中华民族优秀传统文化传承的一面旗帜，对这一点应予以明确肯定。尽管有人对此不以为然，那是对南老不熟悉不了解所造成的。学术南老，不应该有争议，也不能有争议。

政治南老，可能有点争议。我的看法是，南老的政治身份，是否可分为两个阶段，两个阶段的节点可说是20世纪80年代，或者说南老70岁前后，其前可称为早期南老，其后可称为后期南老。早期南老的政治身份比较敏感，当过国民党中央政治学校的教官以及台湾"陆军大学"、政治大学教授，还开办过讲座，当年台湾地区不少国民党高官，包括台湾地区前领导人李登辉的女儿和女婿，传说也都是南老先生的学生，确实容易引起争议。这不奇怪，这也仅仅是一个方面，而且是80年代以前的情况。

后期南老的政治身份，爱国爱党爱乡，支持改革开放，推进两岸统一，参与祖国建设，不应该有争议，也不能有争议。所以，终其一生，盖棺论定，政治南老我看也应予以肯定。当然，这也是我一家之言。反正，让历史来说话吧。

这里我特别说一下南老先生对祖国统一的态度和所做的事情，因为南老做了他人所没有做过的事情，做了他人所难以做到的事情，在两岸和平统一的历史上必然要留下一笔。这是南老晚年的一件大事情，也是南老一生的一个大贡献，亦是政治南老应予以肯定的一个大依据。

南老先生是维护两岸统一的一个楷模。他在到香港定居后，一直积极促进两岸统一，担当过沟通两岸关系的"信使"。他敢当面指着李登辉骂他，曾明确告诫他："你不要成为历史的罪人！"2011年，我在《世界温州人》杂志社主持日常工作时，去上海拜访《人民日报》原副总编辑周瑞金，他将新写的题为《南怀瑾：国共合作的信使》的文章交给我发表。这是内地第一篇讲南老担任两岸"信使"、为两岸做贡献的文章。南老虽然对任何党派都是"只买票，不入场"，但为两岸统一，他不愿置身事外，而是甘于奔波，充当"信使"。

我认为现在我们对南老先生的认识还不足，远远不足。我觉得南老先生是在海峡两岸暨香港都被广泛认可的一位文化大师，20世纪中华民族优秀文化传承的一面旗帜。这个，恐怕所有的人都会承认，都会赞同吧。南老不仅是温州的一面文化旗帜，也是我们国家的一面文化旗帜。我们应该深刻认识南老这位文化大师，高度重视南老这面文化旗帜，把南老先生这面旗帜举起来，传承下来，发扬光大。

记：对于"南学"，您认为目前学界、业界是否已达成一个共识？您对"南学"怎么看？

胡： 恐怕还没有达成共识，讲的人还不多。最早为南老著书立传的温州籍学者练性乾曾经以发问的方式，最早提出了"南学"之说——"是不是成为一门学问"？我的看法是比较明确的，就是应该把南老学说作为一门学问。

为什么这么说呢？第一，他把儒、释、道三家的学问融合在一起。这个是很少有的，过去也不是说没有人做过，但像他这么比较系统地融合，并被大家公认的，至少在今天我们听说的不多。第二，他集百家之长，成一家之言。他对传统文化，对诸子百家，都有自己的理解，你看他的书名都与别人的不一样，包括《论语别裁》《孟子旁通》《原本大学微言》《易经杂说》，等等。第三，他把传统文化成功通俗化，让传统文化走进寻常百姓家。上至高官，下至平民，大家都能听懂，都能接受。我曾给温州大学的两个国学博士说过，你们的书做的是专业的研究，三四十万字，厚厚的一大本，水平很高，研究也深，可惜只能放在图书馆里，放在资料库里，没多少人看。南老的讲座谁都要听，他的书有点文化的都能看，出版社争着出版。他到吴江后，内地上至高官，下至百姓，都争相前往吴江听他讲座，这就说明了他的东西与别人的不一样，那就是自有一套，自成一说，还能为老百姓所接受。至少，南老把中华民族传统文化通俗化、普及化了。记得有个专家讲过这样一句话：南老的写作"是学术通俗化的一种成功尝试"。这就是一个创举，甚至可以说是历史性的创举。所以，我说"南学"应该成为一门学问，也必然会成为一门学问。

记：您能否用几个词语形容一下南怀瑾先生？

胡：因为报道金温铁路第一次间接采访南老先生之后，我对他的印象是：好人，有家国情怀的一个知名的温州乡贤，大师级的人物。现在再来形容南老先生，如果一定要有一个关键词的话，应该就是我刚才所说的，南老是"中华民族优秀文化传承的一面旗帜"，而不只是一位文化大师。作为温州人，我们应该把这面旗帜高高地举起来，可惜我们还没有认识到这面旗帜，还没人去举，更没有高举。真的可惜。

南老先生爱国爱党爱乡，是个爱国主义者。他在美国的时候，常对他的学生们讲，让他们到中国来投资，那时候中国正处于改革开放的关键时刻。南老先生叫他的学生来投资还有要求，"不要抱一本万利的思想去投资，不要只管赚钱，要为中国的富强做点事情"。他对自己的学生还说了四句话，叫作："共产主义的理想，社会主义的福利，资本主义的管理，中国文化的精神。"这样的理念，恐怕只有南老，没有第二个人，不仅"空前"，而且"绝后"。反正，改革开放 40 多年来，我只听过这么一次。南老讲"共产主义的理想"，这个境界够高吧，值得令人起敬吧！"社会主义的福利"，是说对企业员工要好，这个境界也高吧。"资本主义的管理"，是讲要有与国际接轨的现代经营管理之道，要把西方好的经验都学过来。"中国文化的精神"，这是讲要有民族文化特色，要传承中华民族文化。这个是南老非常重视的，一直在提倡的，对于中华民族的优秀传统文化，南老是一个大传承者，一生都在做这件事，晚年还提倡儿童读经，读古代的经典诗词、散文，等等。

你看他对我们的思想文化认识这么深，你说他是个是爱国爱乡爱共产党啊？包括他老早叫我们把存在美国的钱拿回来，在 20 世纪 80 年代就和我们说了这个事情，表示已经看透美国。他说对美国人来说，这世界上什么协议都可以撕毁，没有什么信用可言。比如，第二次世界大战期间，1941年6月22日礼拜天早晨4点，德国160万大军突然袭击苏联，苏联60万军队被俘。德国与苏联之间原先是签订了条约的，说互不侵犯不打仗的，但德国突然打过来了，苏联也没办法。

南老先生大公无私，他在金温铁路项目中，没有为家人谋一点利益，他没有半点要求，那个董事会，他的子女都不在其内。他这个人呢，和学生待在一起的时间可能比家人更多，对学生可能比对子女更好。香港《文汇报》台湾版主编王大兆也专门为南老推动金温铁路建设写了一篇题为《南老当推第一功》的文章，刊发在《温州日报》上。

南怀瑾先生是可以走向世界的

记：当初为什么想要去研究南怀瑾先生？为什么决定主编《怀师！怀师——深情缅怀南怀瑾大师》（下文简称《怀师》）这样一本书呢？

胡： 第一，南老先生是温州近百年来一面文化旗帜，我们社会各界对南老先生有着无比的尊崇。南老逝世以后，温家宝总理也亲自发了唁电："先生一生为弘扬中华文化不遗余力，令人景仰，切盼先生学术事业在中华大地继续传承。"他对我们国家来说，也是一个名人吧，唁电是总理亲自写的，第一时间发的，在我们中国，还有美国，大家都来祭奠，那我们总要做点什么事情。

第二，南老先生的历史贡献非常大。对南老的历史性贡献，我们就应该把它记录下来。我的看法是，南老至少有六大贡献：构建新国学、国学通俗化、重续文化断层（他都是自己出钱的）、搭建两岸之桥、助推改革开放、躬行公益慈善（他做慈善都是不求名利的，很多情况我们都不了解）。

第三，温州市在南老先生去世之后，除了悼念以外，好像没再做过其他什么事情。书院是在南老去世七八年以后才建起来的。这是做了一件大好事，市委决定给力，施部长功不可没。但在南老逝世一周年时，温州应该没有做什么事。我当时想，别人没有做，自己总要做点事情，弥补一个不足吧。想了想，我曾有机会了解接触南老，那就出版一本纪念南老的书吧。老书记刘锡荣、《人民日报》原副总编辑周瑞金都非常支持，还有一些朋友的支持和帮助，所以就出了这本书。

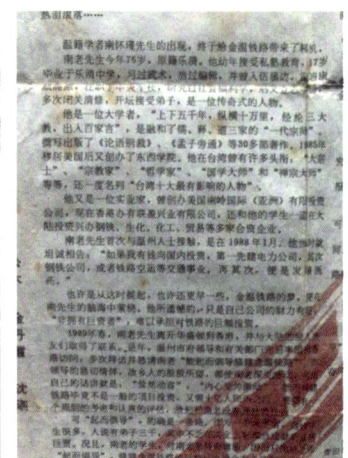

《温州日报·周末增刊》1992年12月12日用一个整版的篇幅报道金温铁路开工，首次刊发了南怀瑾先生的照片并介绍了他对金温铁路的贡献

记：您在主编《怀师》一书的过程中是否遇到过什么困难？

胡：大困难应该没有，要说有什么困难，第一个就是有些人找不到。譬如，我本来想找练性乾，专门采访一下，给他写一篇。他是第一个写南老传记的人，据说在南老家里住了三个月。找了一圈，最后听说他在美国，但没有联系方式，找不到，没办法。其他也还有一些人，没有找到。很可惜。

第二个是关于出版的事情。本来温州有关部门曾答应出钱，上门拜访了两次已经讲好了，后来要出版了，第三次打电话去，却又支支吾吾。既然如此，那就算了。后来这本书是请乐清市社科联帮助出的。南老是乐清人，乐清社科联对出这本书相当重视。所以说，当时温州对南老重视不够，出个书也要不了多少钱，但就没有人愿意出。我也没有想到为什么会这样。

这本书的出版，特别要感谢刘锡荣、周瑞金两位领导，还有南老的学生李慈雄先生等人。当时我给刘锡荣老书记打了个电话，说南老对你是最佩服最尊重的。当时是全国"两会"期间，我本来想叫记者去采访。后来他说"不用采访了，我亲自写"，所以这一篇是他亲自写出来的，讲了金温铁路全过程，后来的资金问题他也写到了。他写的原稿也在我这里。

这篇老书记的文章，我没有改一个字，收在我编著的书里，你们可去看看。

记：《怀师》编辑出版的过程中，您觉得有什么收获？发行后有哪些反响？

胡：我对南老和他的学说认识更加深刻了，也通过采访认识了更多的人，包括李慈雄等与南老有关的人物。我还专门去上海采访了温州市原市长钱兴中。

2014年11月30日上午，在乐清市人大常委会原主任赵乐强的支持下，《怀师》在翁垟南老故居举行了一个首发仪式。12月7日（周日）下午2点半，在温州市图书馆开了一个新书座谈会，我也参加了。其他的就没怎么管了，反正我把这本书出版了，留在了历史上，其他的我就不管了。

你们现在做的这个事情（指"口述南怀瑾"项目）功德无量，还要想办法做大，应该放眼全国。南老有个美国学生叫艾德，他也挺有身份的。你们应该想办法去采访。

南老对老书记刘锡荣最佩服，当时搞金温铁路，他只认刘锡荣一个人。这背后有两个故事。第一个事情，是刘锡荣赶在1988年除夕为南老母亲安装电话线，使南老与母亲通话。刘锡荣知道南老同他母亲长期没有联系过，更没有通过电话。当时我们装电话是很难的，我当市委办公室副主任时没人给我装电话，后来当《温州日报》副总编，一开始也没装电话。我对此是无所谓。这是说明当时电话难装。1988年春节前，刘锡荣专门和电信局讲，一定要在除夕以前，专门拉条线到南老母亲农村的家里。线装好之后，正好除夕，就把电话打通了，让她和南老先生通电话。电话通了以后，南老先生就哭了起来。你说刘锡荣做的事情很贴心吧，他知道南老先生是个孝顺的人，所以要为他的孝心做点事情。

第二个事情是刘锡荣送给南老的见面礼十分用心。刘锡荣1990年2月底第一次去香港拜访南老先生前，想着带个什么礼物，想来想去，请了温州师范学院美术教授魏敬先给南老百岁母亲绣一幅发绣像作为见面礼。南老先生是一个很孝顺的人，他离开大陆之后就没再和家人见过。刘锡荣后来了解到他母亲头发剪下来后还保存着，就委托魏敬先把他母亲的像做成发绣。这个想法是刘锡荣自己想出来的，不是别人想的，说明他这个人很用心。他把发绣像带到香港，一拿出来，南老就当场跪在那里掩脸而泣，激动之情溢于言表。所以说刘锡荣就是感动了南老先生的心。

记：对于温州如何更好地继承南先生的文化遗产，您有何建议？

胡： 这个恐怕谈不好。想到哪里就说到哪里吧。

第一个，你们这个项目是个好的开头，应该把它做大，这是个好事情，高规划，资金要落实。大陆的一些知名人士，还有香港、台湾，特别是台湾。他的学生年轻的四五十岁、五六十岁的很多。美国原先有个南怀瑾学院，现在还在不在我不知道，我当时写书的时候还在。还有南老在香港、台湾的子女也想办法找一找，南老对学生比对子女似乎更亲一些。他的儿子南国熙曾是美军上校，后来退役做生意了。

第二个，温州能不能利用书院，开设南学的讲座，定期讲课，传播南老的思想。温州研究南老思想的人还是很少，我们去研究了，就占了先机，机会也多。

另外，能不能做一个研究南老思想的刊物，不管是正式出版还是内部发行，做一个刊物也好。有个交流、证据。现在南怀瑾书院有个公众号，应该做一些南老先生的研究，有东西发出来人家才会关注。还是要做个刊物，可以把刊物的内容发到网上，建立这个刊物的公众号，这样可以受到更广泛的关注。

总之，我们应该把南老这个旗帜举起来，这个值得我们举。而且他研究了好多东西，有六七十本书吧，那么多书看完都不得了。现在我们讲文化自信，讲文化自信是不是就得先对自己的文化大师有自信呢？我觉得要考虑这个问题。还有，应该成立一个南怀瑾研究所。我觉得温大人文学院应该成立一个。我要是年轻二十岁，还在职工作的话，我一定要成立一个研究所，研究南老的思想，甚至可以专门聘一些人来研究。

后期温州地区和南老接触较多，关系比较好的是他的乡弟赵乐强。他是个官员，也是个文人，为人很热情。在南老先生晚年，温州地区与南老接触最密切的，大概就数赵乐强了，我写过他一篇文章。他很值得采访。

南老去吴江之前住在上海，后来 2006 年吴江搞好了，就去吴江了。上海著名台商李慈雄来大陆发展，也是因为南老的建议，他是现在大陆的南老学生中，真正在传承南老思想的一个人，很有必要采访。台湾、香港的情况我不知道。所以李慈雄应该去采访一下。

国内对南老最尊重、最了解、接触最多的，最早写文章公开肯定南老的，当是

《人民日报》原副总编辑周瑞金，应好好采访一下才是。

记：您 2018 年发表的《一代宗师南怀瑾的家乡情怀》这篇文章中提道，南老先生"一直反对个人崇拜，反对修建个人纪念馆之类"，而在 2014 年出版的《怀师》一书前言中您提倡和推动南怀瑾纪念馆的建设。现在您认为是否应该大力推动南怀瑾纪念馆的建设？为什么？

胡：这是两个不同视角的事情。第一，南老是一回事，我们的观点又是一回事。南老先生的观点我们要尊重，我们的观点也应允许表达。第二，南老先生说不赞成修建纪念馆是一回事，我们后人给他修纪念馆，把他的思想传承下来又是一回事，这是两件事情，不能混为一谈。

如果我们不认为他是一面旗帜，我们可以什么都不做；我们如果认为他是一面文化旗帜，是一代文化大师，我们该做的事情都要做，修纪念馆，是我们要通过这种形式把他的东西留给社会，留给历史，留给后人，这样我们民族的文化才能继承下去，一代一代变得更多，更厚重，不然的话就什么都没有了。现在我们国家一直在谈"让世界了解中国，让中国走向世界"，南老先生是可以走向世界的，他的思想在我们中国、东南亚乃至美国都能流传，世界各地的人都能接受——至少，在有华人生活和发展的地方，在对中华民族文化感兴趣的地方。

附录：

2020 年 7 月 11 日傍晚，对《温州晚报》记者郑雪君进行访谈，她曾受胡方松总编辑的委派，与另一位同事赴香港采访南怀瑾先生。

"南老是我见过的最特别的人"

记：您之前采访南老是因为什么样的契机？

郑：1997 年香港回归，胡方松总编辑组织《温州晚报》开展了"香港回归万里行"大型采访活动，这个活动从北京、厦门一直到香港，历时一个多月。一开始

《温州晚报》两位记者赴港采访并与南怀瑾合影

报社内部的记者都在认领采访地，我想着让他们先挑了。当时胡总问我不想去采访吗，我说想，但感觉受访者不够分了，所以先让给别人。后来胡总就留意了一下，刚好有一个旅游公司叫香港中国旅行社要去香港，留了两个名额给报社，让报社跟过去采访，由于我和另外一位记者夏海鹏在报社里的工作表现较为突出，胡总就安排我们两个主要负责香港地区的采访，包括采访香港百姓对于回归的感想、香港回归的盛况和我们的所见所闻。

记：这次采访是如何联系南老的呢？当天是什么样的情况？

郑：我们是6月25日到的香港，6月28日经由《文汇报》台湾版主编王大兆的介绍，于晚上6点左右，一行三人来到南老位于坚尼地道的寓所。当时第一眼看到他就觉得他和我以前见过的人不一样，虽然头发有一点白，个子也不高，一米六左右，却像一个仙人一样，非常有仙风道骨，脸色红润，人也很精神，精力非常充沛，眼睛炯炯有神。

郑雪君接受采访

当天晚上南老家中客人非常多,有来自世界各地的学生,其中也包括年轻的教授、博士,以及远道而来的大学生。我们在采访过程中也陆陆续续有很多人来拜访他。采访完之后我们在他家吃了晚饭,当时二十来人围坐一个大圆桌,吃饭过程中他和学生们谈了香港回归,也聊聊家常。

我们在南老家中待了大概两个小时。晚上8点左右,我们起身告辞,南老热情地与我们拍照留念,赠送他的书给我们。

记:在采访过程中,具体聊了些什么内容?

郑: 南老听说我们是从温州专程赶到香港的,他谈到年轻人最关键的是要做到勿忘国耻,学好本领,报效祖国。对于香港回归,他比较实事求是,表达了香港回归是件大喜事,但他更关心回归之后国家能不能治理好,这是个很重要的问题。

对于金温铁路,南老已接到来自家乡的喜讯,金温铁路温州段7月底将举行竣工通车典礼，他将派代表参加。我也表达了温州人民对于南老的感激之情，南老是金温铁路的催生者。南老对我说："这都是应该的，这是自己对于故乡的一份爱，我能出多少力就出多少力，下定决心一定要把这个铁路造起来，我也是动员了自己所有的学生，叫他们捐款。"

1997年3月18日是南老八十虚岁的寿辰，晚报专门发了一篇他的学生侯承业写的《南怀瑾的理念》中摘录"南怀瑾先生的日常生活"的文章，南老也很高兴，觉得家乡人民对他还是很关心的。

记：对于这次采访经历您有什么感想？

郑：当时能见到这样的大人物，我感觉非常荣幸，但那时我对南老的了解还是比较浅，现在很后悔那么好的机会没有好好把握住，因为他对于儒、释、道的研究很深。我如果能早点学习中国传统文化，采访时与南老的共同话题就会比较多，交流得也会比较深，采访的内容则会更加丰富。我如果当时就学习了一些中国传统文化，就能与他深入聊中国传统文化、聊儒释道对中国的影响，以后如何弘扬中国传统文化，让我们中华的文明价值观在全世界发扬光大、让我们中国人更加有文化自信，让每一个中华民族的子孙都能为我们的老祖宗自豪，为中华崛起而作出自己的贡献。

记：在您丰富的职业生涯中，见过形形色色的人物，对于南老有什么特殊的感想？

郑：对于南老的印象，首先我觉得他是我见过的最特别的人，其他人接触下来感觉都很普通，但南老给我感觉就像仙人一样，有着仙风道骨；其次他给我感觉是一个实事求是、讲真话的人，从来不会只讲好话，藏藏掖掖的，该说好就说好，不好的也会明确说出来。另外，对于晚辈也非常平易近人，像他这样的大人物却一点也不难接触，非常温和，知道我们有采访任务，再忙也会抽出时间跟我们聊，作为一个大人物，他会去了解我们这些小人物的需求，在采访完之后还给我们送了他的三本书：《论语别裁》上下册、《易经杂说》，并与我们拍了合照，这些都是我们很想要，但却说不出口的。

孙海麟：南老师支持我办教育

孙 海麟

1946年8月生，天津市人，现任天津市南开中学理事会理事长。1961年至1967年就读于天津市南开中学。中共十五大代表，十一届全国人大代表。曾任天津市委常委、副市长、市政府党组副书记，市人大常委会副主任、党组副书记。在任期间主持的区县经济、水利建设、信访工作卓有成效。打造的天津女排精神成为城市名片。

2010年，孙海麟从领导岗位退下后，被安排到其母校天津市南开中学，任学校党委书记、理事会理事长。

南开中学由著名爱国教育家严范孙、张伯苓于1904年创办。一百多年来，从南开中学走出了周恩来、温家宝两位共和国总理和众多杰出人才。

孙海麟在校工作12年时间里，创办"南开公能讲坛"，成立天津南开学校教育集团；主持编写《南开中学志》、《南开中学史》、周恩来南开中学系列丛书、《周恩来南开中学岁月》等。

访谈时间：2021 年 10 月 29 日
访谈地点：天津市南开中学范孙楼敬修堂
访谈记者：赵爽子
摄影摄像：王人望

访谈当天，孙理事长穿藏蓝色西装配黑色西裤，内搭一件红色衬衣，身姿挺拔，精神矍铄。他亲切地询问我们何时到的天津，上午是怎么来的学校，带着我们逛校园，参观南开中学校史馆，介绍南开中学的历史。

访谈地点选在南开中学范孙楼的敬修堂内，屏风木桌椅，摆设布局颇具文人气质，身处其中让人身心沉静。陷入回忆的孙理事长，向我们缓缓道出他与南怀瑾先生交往的经过。南怀瑾先生说的话他都记得清晰，他将与南怀瑾先生的对话一一展现，让听者仿佛身临其境。

整个访谈，基本围绕着"教育"二字，这是孙理事长与南怀瑾先生交往的主线。"教育！教育！教育！"提高音量的强调，让我们看到了南怀瑾先生对于教育的重视，看到了孙理事长对办好教育的坚定。

指方向，建议将来搞教育

记：您与南怀瑾先生第一次见面是在什么时候？是机缘巧合还是特地想要去拜访？

孙： 我直接认识南老师比较晚，是在 2004 年，但我之前就很仰慕南老师，知道南先生为两岸统一做了很多工作。我觉得他是一个真正的爱国者，是一个特别拥护并且积极地来促进中国和平统一的中国人，对南老师带有很大的崇敬。另外，他非常重视传承和宣扬中国优秀传统文化，所以我很希望跟南老师结识，希望去拜访他。

我和南老师结缘，是通过我的朋友。南老师从海外回来，到上海的时候，我的朋友跟南老师提前约好了时间，2004年9月25日，邀请他到上海的一家酒店，给大家讲讲课。讲两个半天，都在下午，来听讲的有四五十人，抱歉，我实在找不到当时的教材了，是油印的。

记：这两次课，南怀瑾先生讲了什么内容，您还记得吗？

孙：《论语》，两次课都讲的《论语》。

记：那就是在这家酒店里，跟南怀瑾先生有了进一步交流吗？

孙： 25日下午听完南老师讲的课后，我跟随朋友，到了南老师住的地方，看望了南老师。

记：当时南怀瑾先生的身体与精神状态如何？

孙：南老师状态非常好，应该说是精神矍铄。南老师很热情，他问我："你多大年纪啊？搞什么运动啊？"一握手，他说："你是搞西洋运动的。"我说："我过去打排球，现在打网球。"南老师又说："嗯，胳膊很有劲儿，你还要做一点瑜伽呀！像太极这些中华的武术，暂时可以不练。"我说："您不仅文学是大家，听说您的武术健身也非常强啊？"他说："是，我练太极拳起家，十八般兵器啊，我都练过，我都能行。但是练中华武术，在年轻的时候啊，比较好练。你比如说，最基本的动作是骑马蹲裆式，你往这一站，要是在过去，师傅叫你至少这一炷香，这腿这腰是不能动的。"我问："要是动了呢？""动了，就拿藤子抽你啊，你自己不能动啊。"我问："您最多多长时间可以不动啊？""一个时辰。两个小时。"我再问："您现在还练习吗？"他说："不练了，中华武术比较苦，我现在就是练两个，第一啊，瑜伽；第二啊，

孙海麟接受记者采访

就是打坐。"我说："您晚上打坐？"他说："晚上。"我问："您可以打坐多长时间？"他说："不是打多长时间，而是每个晚上6个小时。"我又问："瑜伽呢？"南老师说："瑜伽啊，也做2个小时左右。"我说："看您的身子、脑子是非常清醒的。"他说："是。"

记：第一次见面，南怀瑾先生有哪些举动，或说的话，让您印象深刻？

孙： 南老师问我："你做行政工作多长时间了？"我说，"我是1998年做的天津市政府的领导工作。"他说："喜欢不喜欢搞教育啊？"我说，"喜欢呀，我在天津南开中学上过学，那是周恩来总理的母校，我对教育很热爱。"他说："好啊，你将来一定要搞教育。"

南老师说："一个人一生可以有多种选择，可以从政，可以经商，也可以做学问。

但若要听我的建议，年轻人第一位的选择是从事教育，是办教育。"南老师重视教育，劝导朋友、身边人热爱教育，希望他们终身从事教育。那天，我们一共去了三个人，问完各自的情况后，他挨个儿说："我建议你搞教育，建议你搞教育。"他还是对教育很着急的。

我从那时候就下决心，将来如果有机会我就搞教育。

记：这之后，您与南怀瑾先生的接触频繁吗？

孙：从 2004 年到 2011 年，前后一共拜访了南老师八次，差不多一年一次，有的时候一年两次。前面几次是在南老师上海的寓所见的面，从 2007 年开始，后面几回是在苏州的吴江，太湖湖畔有一个古镇叫庙港，南老师在那里办了一个大学堂，后面几次见面就都在庙港了。

我几乎每年春节都去。第七次，印象很深刻。那天是 2010 年 2 月 14 日，正月初二。2010 年 1 月 21 日，因为年龄到限，我不再担任市里的领导职务。免去这个职务、退下领导岗位，我并没有跟南老师提前说。1 月 21 日退的，2 月 14 日我就去了。南老师指着身边的椅子说："请坐。"我说，向南老师报告，我从工作岗位上退下来了，岁数到了。南老师用诧异的眼神问我："岁数到了吗？"我说，到了，完全依照任职年龄退下来了。南老师沉吟了一会："哦……哦……"然后他没有说话。

之后，坐在一起吃饭。南老师拿出两瓶赖茅，30 年的酒，让我们大家喝酒，我也喝了两杯。这时候南老师当着好多人，十几个人，说："老弟啊，我看你还闲不下来，闲不下来。"旁边有做生意的人，对我说："到我那去做顾问吧，我高薪聘你这顾问。"

我知道南老师这个话还没有说完。我试探着问，"南老师您看大概是哪个方向？"他很肯定地说："教育！教育！教育！"我问，"大体上可行吗？"南老师说："差不多，你还有这么个心愿，我对你也有这么个心愿。"他说："干教育啊，是个大善事，大爱事，你还是想办法搞教育做教育。要止于至善，在明明德，还是要搞教育。"

我当时什么信息也没有，我不敢很肯定地就回答怎么做、怎么弄。

回母校，谨记嘱咐和教导

记：没过多久，您就去了天津市南开中学工作，这期间发生了什么？

孙：我那时候还是全国人大代表。2010年3月5日，去北京开会，上午听温家宝总理做《政府工作报告》，下午我们都参与了讨论，晚上天津的领导就开会了。当时的市委书记说，领导提议海麟同志回自己的母校，南开中学主持工作。市领导们都在场，提到党内职务、行政工作怎么安排，说学校书记位置空着，海麟可以去那儿做党委书记，再成立理事会，海麟做理事长，执行理事会领导下的校长负责制，这样就把党政工作都抓起来了。

就是在这个会上提出的，当时我没有任何思想准备。散了会，领导把我留下，对我说："南开中学是敬爱的周恩来总理的母校，让你回去主持工作，是对你最大最大最大的信任，你有什么想法？"我说，"我没有准备，但是让我回母校工作，我很高兴。我坚决要把南开中学办好！"听了我的话，领导说："一定要办好，办不好南开中学，全国人民不答应。"

去南开中学主持工作，我感到肩上的担子特别重大。好在啊，南老师事先有嘱托，说我闲不下来，方向是什么？教育！教育！教育！所以，回母校工作，我是非常愿意的。

记：您要到南开中学主持工作的消息，立马告诉南怀瑾先生了吗？

孙：我没有马上告诉南老师。3月5日领导和我谈话后，3月16日我就回母校南开中学，担任学校党委书记、理事会理事长，正式开始做教育工作。

南开中学理事会的组成人员，一是教育家，二是著名的校友，这些大家对南开中学的发展起到了很大的作用。

我回到学校，就跟南开中学58届校友赵启正先生，联合创办了一个"南开公能讲坛"。我们学校的校训是"允公允能，日新月异"，这是1934年提出的，公乃爱国爱群之公德，能乃社会服务之能力，其含义是要培养自己为社会服务的公德和能力，每天都有所创新。"公能"两字就取自我们的校训，按照这个校训，我们请专家、学者给大家做报告。2010年8月25日"公能讲坛"开讲，第一讲由赵启正主讲，主题是"追寻南开精神的DNA"，专讲南开精神。

在学校里，我下班级听老师讲课，给学校老师讲党课。忙于学校的各种事务，当年（2011年）的春节啊，我没能及时到南老师那儿去拜访。（稍作停顿，望向记者，笑着说）不把学校的事情料理好，见了南老师我没法汇报啊。

记：您是什么时候告诉南怀瑾先生的？他知道您从事教育工作后，是什么反应？

孙： 2011年11月16日，这个日子我是记得很清楚的。那天白天，我去上海交大洽谈合作办学事宜，结束后没有吃饭，我就直奔庙港的太湖大学堂，去拜见南老师。

一见到南老师的面，南老师就说："你不用说啦，你不用说啦，我知道啦，我知道啦！"他这个高兴啊溢于言表，我也高兴，非常兴奋。我说，"南老师，让您给说中了，去南开中学了，去我的母校了。"南老师说："好啊，好啊！办教育一贯是我支持的事情，这是百年的大事！你退下来干什么我都支持，但干教育我最支持，这最有意义。"他说，你去办教育，这是大道。办教育，是育人的大道，是培养大人才的大道。

南老师又问我，去南开中学，哪一天去的？你都做了什么样的工作？去听课吗？讲课吗？我都一一回答。我说，南开中学是1904年建校，现在有100多年的历史。我正组织人编著《南开中学志》《南开中学史》。

周恩来总理在南开中学，是1913年8月19日入学，1917年6月26日毕业。他在我们学校的时候，每两周有一次课业作文，他一共写了52篇作文，七万多字，他自己都保存下来了。但是这个文字都是毛笔字、文言文，手写体不太好辨认。我说，我正组织学校的语文老师，出一本关于"周恩来南开中学作文笺评"的书。

那天，我也送了南老师我们已经做好的书。

"好啊！"南老师说，"南开中学培养了周恩来总理、温家宝总理，梅贻琦校长，还有很多大科学家、知识分子，应该说过去曾经发挥了很大的育人的功能，以后啊，希望你也能。"

记：南怀瑾先生收到您送的书后，是什么样的反应？

孙： 我们这个书，和南老师讲学的书，在深浅上有很大不同。这些书都是我们编著的南开中学的历史、哲学、文学，关于周恩来总理在南开中学的一些情况。南老师是一个非常令人敬仰的大家，他指导你很多、嘱咐你很多，我送南老师这些书，主要就是想跟他汇报我在学校做了什么，并不是说想要得到他的什么反馈。

记：您提到南怀瑾先生指导您很多、嘱咐您很多，可以具体说一说吗？

孙： 南老师对我有很多指导和帮助，他很少讲大道理，他知道我是行政官员出身，着重在国家民族兴亡和民生上给我多做指导。

我去南开中学之后，他的指导也非常具体，他说一定不能让孩子死读书，读死书，一定要把孩子们教得有责任感，有家国情怀。他说办教育不一定一个方法，要有很多的方法，但是干事业就要有精神，这像一个钉子，你要在那儿把它钉好。

记：南怀瑾先生对教育有期盼，您也是。南怀瑾先生的这些指导，是否对您的办学理念以及开展具体工作产生了影响？

孙： 我觉得党和国家对南开中学很重视，人民群众很期盼。南老师作为国学大家，非常希望有人能实现他的夙愿，办好大教育，培育大人才。他跟我说，干事业靠精神，所以我就以他这样一个指导做鞭策。

我办"南开公能讲坛"，我跟学生们说，这些讲座跟你们高考没有多大关系，听了一次讲课，大概高考也添不了分，但对你一生的成长很有帮助！前面说过第一讲，第二讲是请顾明远讲的，他当时是中国教育学会的会长；第三讲请王大中讲的，他是清华大学的原校长，是我们53届的毕业生；第四讲请敬一丹讲的；第五讲请白岩松讲的。后来推下来，一年大概讲十几讲。今年是我回母校工作的第12年，如今已讲到第128讲。

我也邀请了南老师的四公子南国熙先生和南怀瑾学术研究会副会长古国治先生到"南开公能讲坛"来给学生们讲课。（从一旁拿出一张对折的纸，打开后给记者看）

2017年3月31日，这是他们那次来讲课的一个记录。南国熙先生和古国治先生两人各讲了一部分。南国熙先生说，南怀瑾老师每天打坐，常常讲，"知止而后有定，定而后能静，静而后能安，安而后能虑……"古国治先生说，中国文化博大精深，除了儒家之外，还有道家和佛家。从唐代开始，儒释道成为中华文化的主流，这都离不开两个字："心性"。他们那一场就是我们"南开公能讲坛"的第93讲。

我们办"南开公能讲坛"，我们的目标就是国际视野，大国青年，这是我们办这个讲坛的根本目的。我们每年出一本演讲集《南开公能讲坛录》，100讲的时候我们出过百讲集《南开公能讲坛百讲集》，这些应该说对学生是非常有帮助的。

应该说，南老师对于教育，对南开中学的期盼，我是牢牢地挂在心上的。

现在，我们建设了南开中学校史馆，编辑出版了《南开中学志》《南开中学史》。我们建设了"周恩来中学时代纪念馆"，这12年来，就周恩来在南开中学的思想和事迹，出版了"周恩来南开中学系列丛书"，共十本。包括《周恩来南开中学论说文集》以及论说文的英文版、日文版、法文版，还有《周恩来南开中学岁月》《周恩来南开中学故事》等，来研究、宣传、传承周恩来精神。我们以周恩来为人生楷模，所以在培育学生方面，我们特别地强调。

我们学校涌现了海内外的各类院士71位，在革命斗争中涌现了革命先烈56位。在2019年建校115周年的时候，我们请了油画大家，画了《使命》这样一幅教育史诗油画。

我们按照南老师这样一种精神办教育，不断挖掘南开精神所蕴含的东西。

南开中学由近代著名爱国教育家严范孙和张伯苓创办。张伯苓老校长非常爱国，他希望强文强体强种。他很明确地说，不懂教育不懂体育的人，不能做中学校长。南开中学有奥林匹克的传统，我对此很重视。我在天津市政府做了两届，又做了天津市委常委，然后又参加主办了北京奥运会，我是北京奥组委委员，天津是一个赛区。我主编了一本书叫《中国奥运先驱张伯苓》，人民出版社出版。

南开中学每十年拍一部电视片。1994年是建校90周年，我主持完成了电视专题片《情系南开》，请南开中学毕业的校友曹禺先生题写片名；2004年是建校100周年，拍摄了大型电视纪录片《百年南开》，我请温家宝先生题写片名。2014年，又拍了一部《南开与中国》，我请白岩松先生题写片名。总体上看，南开中学是一个有爱国情怀的学校。

南开中学在旧中国私立学校的时候，办的是好的，是有成绩的。那么在新中国

南怀瑾先生题赠南开中学

公立学校的时候，在党和政府的关心下，南开中学又有了新的发展，应该说是焕发了新的青春。今天我带来了两本学校做的刊物（给了记者和摄影一人一本2021年1月出刊的《天津南开中学校友通讯》），这里头，我写了一篇文章《群星璀璨——中国共产党百年历史中从爱国走向革命的南开人》，过去我们是从星星点点看，现在我在里面举了15个人物，都是经过革命斗争洗礼的南开人。这些人不仅爱国，还树立了坚定的理想和信念，走上了革命的道路。书里还提到一个动作，我们成立了天津南开学校教育集团，在中国共产党百年的时候，南开中学提升到一个新的层面。

求题字，10本赠书弥足珍贵

记：南怀瑾先生曾给南开中学写了一幅字，当时是怎样一个场景？

孙：（当天，孙理事长带来了装裱着原件的相框，说到这个话题时，他双手拿着相框回忆起当时的情况）那天南老师的眼睛状况不太好，怕光。由于上火，他也没有戴假牙，所以他吃饭算比较困难。摆了三桌饭，他坐在中间那桌，这个桌不开灯，旁边两个桌子开灯。

我呢，也是提前有所准备，在上海的时候，就买好了本子，（指着相框里的纸）这一张就是南老师写完字后，从本子上撕下来的。我说，南老师，我前后拜访了您七次，这是第八次，过去呢，没好意思让您给我们学校写字，这一次我遵循您的教育，回去办学校办教育，尤其南开中学又是我的母校，您看，您是不是给南开中学的学生写几个字啊？

三桌人，一听说我要南老师题字，另两桌人都围过来了，开始起哄。有人说，南老师，不能题，我们求您那个字，到现在还没写呢。南老师不说话。我估计有门儿，我属于跟南老师认识时间不太长，去的密度较大，走得又比较深的。偏巧又是他嘱咐我办教育，我还真办了教育，所以南老师这心气儿，我理解。我让同去的朋友将本子放在那儿，还放了一支毛笔，一支碳素笔。

等嚷嚷的人都静下来以后，南老师就写下了"南开中学　书到用时方恨少　事非经过不知难"，而且他写得还很诙谐，落款是"九四顽童南怀瑾"，还盖上印章。我非常感动，南老师的题词浅显易懂而又展现了人生的宏大格局。

记：您今天还带来了好几本书，都是南怀瑾先生送给您的吗？

孙：南老师从美国到中国香港，从香港飞到上海，光他带回来的书啊，就有几个房间那么多。南老师学贯中西，博古通今。他教导人向学，劝人多读书，多思考。我每次拜访南老师，南老师几乎都会送一两本书给我。他希望我能精进学问，希望我对中国精神、对优秀的传统文化有更深的了解。

南老师送我这些书都有次序，这三本都是第一次，（翻开《论语别裁》的封面）2004年9月25日，当然就是那天啦！我读过孔老夫子的《论语》，但常常只记得字句和结论，印象死板而冷面。读过南老师的《论语别裁》才知道，孔老夫子也是一个感情非常丰富的人，是一个生动的人。这使我对《论语》、对儒学有了新的认识。（又拿起另外一本翻开封面）这也是那一天，送了我《原本大学微言》，上下两册。

这本是最贵重的（拿起《禅海蠡测》），完全是他自己写的书，南怀瑾先生著，

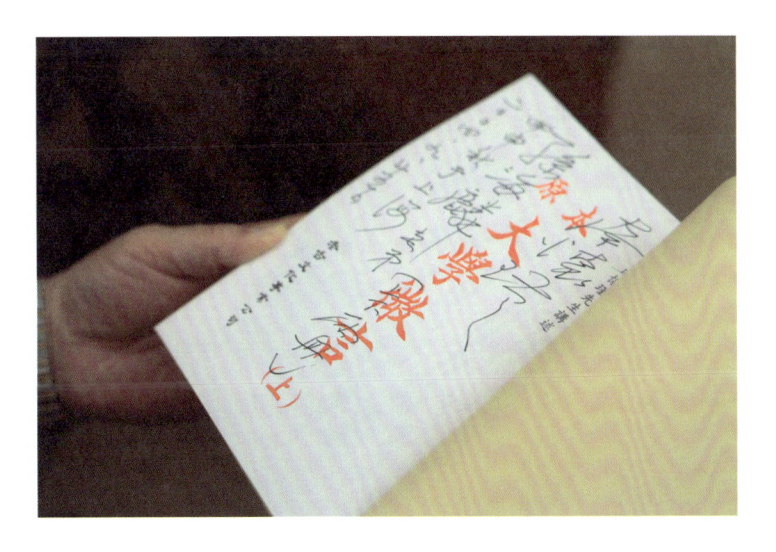

南怀瑾先生赠书题字

这本是 2007 年送给我的,(翻开封面)丁亥元旦于庙港,2007 年 2 月 19 日,实际上他说的元旦就是春节。这本《庄子諵譁》也是 2007 年这回送给我的。当时,南老师刚刚收到台湾某出版社印制的《庄子諵譁》,南老师看后爱不释手。他将最早的两本给了我,南老师说:"这是我多年前讲述过的书,他们帮我整理印刷了。"这张合影也是这次拜访的时候拍的,(示意记者看当天带来的一张合影)我和南老师合影有三四张,题字那一回也合影了,没有洗出来。他写完字,我们很激动,当天我和朋友一共三个人,每个人都和南老师照相了。这张照片,洗出来了,我给装了相框。

这本《孟子与公孙丑》是 2011 年送给我的,这也是南老师赠给我的最后一本书。前后加起来得有十本,每本书的扉页上,南老师还会工工整整地签下自己的名字,弥足珍贵。我跟南老师比较对脾气,他给我写字都写两个称呼,先生和老弟,严格说起来,他是什么辈儿,我们什么辈儿,这不一样,但是南老师对我还是格外高看了一点。

说大事，讲课风趣有见解

记：除了聊教育，南怀瑾先生讲课时，还会说到哪些话题？

孙：南老师儒释道皆通，上下五千年他都非常系统化地做过学问，都有很深的研究。我从第一次见到南老师，就觉得南老师学问的根底非常深厚，但他跟你谈的内容，都是从身边的事说起。

我每次去拜访南老师，他都是晚上讲课，下午跟你个别地来交谈。晚上吃饭很重要，吃饭都是以南老师为中心，有时候一桌，有时候两三桌，他坐中间那桌。我呢，有时候挨着他坐，有时候坐他对面，正对面。

讲课时，南老师都非常地畅快。比如，南老师说中国非常缺淡水资源，比缺石油还迫切，将来一个粮食、一个石油、一个水资源，这是我们发展的瓶颈，容易在这些地方受到人家的打压。水资源除了要开源节流以外，还要把下的雨水都能收集好，把河流泛滥的洪水都能收集好。比如说海南省，一年下雨量大概是50亿立方米，中间高、四周低，如果下完雨都流进了海里边，岂不是把淡水都放走了？天津的渤海湾有结冰，冰的含盐量比海水低，能不能把海冰在冰冻的时候拉到岸边，然后化成海水，也就是含盐度比较低的水，这样是不是就能节省能源？

南老师说，中国海军现在优先发展潜艇是对的，中国没有那么多的钱，没有那么多的资源，一下子赶不上美国啊那些西方国家，但是又要抵抗西方的围堵压迫，优先发展潜艇队伍，这非常对。

南老师说的都是大事，不说吃什么喝什么。（笑）任何人提出一个话题，他都能阐述自己的一些见解。我觉得，他既是过去的一个练武者，也是一个大学问家，所以他对这一类的事，特别上心。凡是国家发展的大事，可能遇到的困难，他都说出来。

每次去，他都有一个话题，当然经常提出的话题是教育。

记：南怀瑾先生讲课或跟大家交流时，会有一些独特之处或小习惯吗？

孙：南老师抽烟，但不喝酒。过去也许喝过，我们见面的时候，已经不喝酒了。但桌上会有酒，每次拿上来都是赖茅。茅台是三个做酒的作坊集合在一起创造的，赖茅是茅台酒的创始作坊之一。南老师不喝，但他会动员在座的其他人喝，你喝多少他不管。"老孙，喝酒，喝酒。"我们该敬他的还是敬他，他虽不喝但很有情趣。他说："哪有做学问不喝酒的啊？过去都得是斗酒诗百篇，去过文赤壁武赤壁吗？看苏轼过去被贬在黄州，那做了不少事啊，都得趁着酒性。你们也一样，你们拿什么把这些诗词，特别是这些话都带出来呢？得喝酒啊！"

他很风趣，大家跟他在一块儿也都没有压力，所以有的时候觉得他既是老前辈，同时也是很让人敬仰的长者，很有大学问家的风范。

有坚持，南师精神做鞭策

记：2012年9月29日，南怀瑾先生仙逝。得知消息后，您做了些什么？

孙：转眼到了2012年，我们知道南老师身体状况不好，我和很多朋友交谈过，我们都希望南老师能够闯过这一关。2012年9月29日，南老师仙逝，得知这个消息，我很悲痛。我和一个朋友赶到庙港的太湖大学堂，我们准备了两盆、400朵黄色的菊花，然后向南老师的遗体行了礼，目送南老师的遗体火化。这是我见南老师的第九次。

记：南怀瑾先生在您心中，是怎样的存在？您会时常想起他吗？

孙：我跟南老师交往的主线是办教育。2018年2月，我到上海出席了"南师百年诞辰纪念活动"。我在会上做了个发言，题目就叫《南怀瑾老师支持我办教育》，纪念会上，我确实是很受感动，有感而发：一定争取把我的母校办好，像南老师期望的那样办大教育，办大善事，办大爱心之事，培养造就国家更多的人才。

我和很尊敬南老师的一些朋友，经常还会见见面，打打电话。我还是很怀念南老师的，怀念他的道德，怀念他的学问，怀念他的人品，怀念他对我办教育的期待。

我第一次见南老师，南老师就鼓励我，以后有时间一定搞教育。我能在这里，退下领导岗位以后，还能坚持在母校办教育12年，我觉得既是党和政府对我的要求，也有南老师对我的鞭策。

我是热爱母校的，但是能坚持把它做下去，若没有强大的工作激情和动力，那也是不容易的。我在2019年以前，在学校里听过900多节课，讲过11次党课，组织了100多讲的"南开公能讲坛"。2019年以后，我的身体出了点状况，不像过去那样天天来学校，现在叫经常来。虽然身体不一定好，但是精神好。就像南师说的，教育是一种大爱的事业，你得拿这样一个精神、理念去办教育。学校里的学生就是你的孩子，对于他们的爱，要发自内心的。没有大爱，办不了教育，办不好教育，所以教育，你怎么评价它的价值，都是不过分的。

张仲武夫妇：书信中称他为『南师叔』

张 仲武

1946年1月出生于温州。1965年毕业于温州工艺美术学校，师从苏昧朔、方介堪、陈祖经、王敬身、朱璋等诗书画印名家。其妻王丛丛，早年创办温州丛丛服装公司。20世纪90年代初，全家移居意大利创业。张仲武在欧洲多次举办个人书画展，传教中国书画。2011年夫妇俩回国。张仲武现为温州市书法家协会顾问。

访谈时间：2020 年 9 月 23 日下午 2 点—4 点、10 月 11 日下午 2 点—4 点
访谈地点：温州市洪殿南路凯润花园张仲武、王丛丛家中
访谈记者：姜磊珏、韩丽蓉

张仲武先生 1987 年开始和南怀瑾先生通信，二人书信往来频繁，却始终未能会面。其妻王丛丛女士第一次和南怀瑾先生见面，就扮演着"密使"的角色，传递了和金温铁路有关的重要文件。夫妇俩出国后再未能和南怀瑾先生相聚，这成了他们终生的遗憾。

交往从通信开始

记：两位都曾见过南怀瑾先生吗？还记得第一次见到南怀瑾先生是什么时候吗？

王：我总共跟南老师见了三次，1988 年 12 月，我第一次去香港，和温州市政府的代表团一起去的，那是我第一次见到南老师本人。他（指张仲武）比较可惜，没有见过老师，都是书信来往。

张：对，我和南老师只有书信来往。

记：张先生，您是在什么契机下和南怀瑾先生有了第一次联系？

张： 第一次联系是 1987 年，原温州中学的校长金嵘轩先生（1887—1967，浙江瑞安林垟人，早年留学日本，接受民主革命思想。回国后，他立志办教育，曾三度主持温中校政，先后达 26 年，是温州中学历史上任期最长的一位校长，办学成就斐然）百岁诞辰纪念活动，同时也是金嵘轩先生逝世 20 周年纪念会，南老师写了一封信给我的老师朱璋（温州乐清人，著名诗人，民国诗人朱味温之子），里面写了一首诗："先生学术比河汾，遗泽犹堪启后人。三度轻车长乡校，百年多士颂孤辰。春风桃李门墙盛，祖国河山锦绣新。我自天涯长作客，思归时复忆鲈莼。"南老师写在信纸上，朱璋老师就拿给我，让我用书法写出来，把这个作品拿到纪念活动会上。这是我第一次和南老师有了间接的接触。这首诗，我翻看南老师的《金粟轩纪年诗》里没有，我还要联系他们再出版的时候加上呢。

记：第一次的联系可以说是单向的，后来您和南怀瑾先生是如何开始互相通信的呢？最开始来往的书信您还有印象吗？

张： 是通过我的老师朱璋先生。他们两个写信沟通比较多，现在保存下来的书信有一部分收录在《南怀瑾故园书》里了。在金嵘轩校长百岁诞辰活动的同一年，也就是 1987 年，我通过朱璋先生获得了南老师的地址，然后我就开始和南老师通信了。因为那个时候我在国内没有电话，就是靠写信联系。我们之间的书信交流很像家书，内容也不局限于诗词，很多生活上的事情，都会通过写信交流。1988 年到 1991 年是书信联系比较密切的时期。

他的第一封回信我还记得，我还会背，"君以马一浮先生、弘一法师比吾，老拙汗颜"。他还评价了我的诗："君诗自杜工部、陆放翁、元遗山、钱牧斋一脉相承。"然后他评价自己："吾不是严子陵，故人不是刘文叔，乃刘景升父子豚犬哉也。"大概是这样子。

王： 只是有一点很可惜，我们出国之前，留在家里的信件、照片都交给我姐姐保管。我姐姐家住在一楼，靠近瓯江，刚好有一年发大水，把存放物品的那个抽屉给泡了。许多照片、信件被泡湿了，而且开始的时候她没注意到，等她发现的时候那些信件和照片一张张地都粘在一起了，最后都没有留下来。现在留在南怀瑾书院的两封信是我们在国外的时候留下的。

记：张老师和南怀瑾先生是不是还有更深一层的关系？

张：是的。我在温州第四中学读书时的老师朱璋先生,他的父亲朱味温先生（一作味渊,温州乐清人,民国时期诗人,南怀瑾先生13岁时的诗词启蒙老师）民国时候还是比较有名的。南老师年轻的时候跟着先生读过书,因此称朱璋先生为兄,也就是说,他俩是同门师兄弟。这层关系到了我这里,按照辈分他是我的师叔,所以我写信都称他为南师叔,我是他师侄。

记：王女士,当时您为什么会和温州市政府代表团一起去香港？是被代表团选中的吗？您被选上的时候自己知道吗？

王：我不是被选上的,我那时候是商人,是以私营公司（温州丛丛服装公司,温州市最早的私人外向型服装公司之一）负责人的身份去的。那时候改革开放,我响应政府的号召,创办了这个以出口为目的的服装公司。但是完全没有经验,什么都不懂。赶上这个出访活动,温州市政府就通知我,说有个代表团要出访香港,正好我可以一起去看看。

张：她是自己承担开销随团去的香港,花自己的钱去,不是花公家的钱去的,那个时候第一次出去,她也是蒙的。

王：当时带队的是温州市计委主任章华表,团里其余成员都是政府部门的人,这里面只有我一个是私人企业的负责人。这个代表团的出访名义是参加恳谈会,为的是去香港那边举行一些见面会,请那边的商人来参加,成员们也可以借这个机会看看香港的发展,开阔一下自己的眼界。当时温州的很多行业都是刚刚起步,所以也希望通过见面会认识一些人,以后才有机会获得投资。

记：如此说来,去之前您也觉得这个团队的构成挺奇怪的？

王：是有点儿奇怪。就我而言,去的时候我是有目的的,我是搞服装的嘛,我要去香港看看那边服装的样子、行业的现状,在恳谈会上也可以和当地的商人沟通交流,学习一下他们经商的经验。那个时候刚刚开始办企业,许多经营上的事都不懂。去的时候,包括去之前开会强调出国之后的纪律问题,也没有公开说要去谈铁

1988年12月15日，温州代表团合影。前排左三为当时温州香港同乡会会长王国桢先生，左四为章华表主任，后排右一为王丛丛女士

路的事情。所以我是不知道的。

另外，那个时候出去，很多人都是有任务的，而且有纪律，比如说到了香港之后，你不能独自外出，必须两个人一起才能出去，也不能随便打听别人是去做什么的，所以并不知道团队里其他人去的任务是什么，也不好问。

记：当时代表团里没人知道两位和南怀瑾先生相识并有联系吗？

王： 一开始是没有的，但是在去香港之前，开了一个团队的会议，强调到香港之后的纪律问题，开完会之后本来是各自回家，因为我家和章华表主任的家在同一个方向，顺路，所以他就邀请我去他家坐坐。结果去他家之后看到他有一本书是讲南老师的，书名我忘记了，那个时候我们这边还没有出版南老师的书，可是我一看这个名字很熟悉，我又仔细看了一下这个人名，然后我就告诉他，我认识这位先生。章主任很好奇我是怎么认识南老师的，我就跟他解释了一下，他这才知道我们夫妻已经在和南老师互相通信了，随后他告诉我这次去香港的目的之一就是要拜访南老师。所以去香港之前，团队里只有章主任知道我认识南老师。

记：王女士，您要拜访南怀瑾先生是去香港之前就决定的吗？

王： 对的，我们写信跟老师联系过了，说我要去看望他。借着我先生认识南老师的关系，我跟随代表团到香港才能去拜访他，因为我要将我先生的一些作品带过去送给南老师，有一幅书法作品，两枚自己刻的印章。

张： 两枚印章是白文、朱文，不一样的。白文印章刻的是"怀瑾长寿"四个字，朱文印章刻的是"南怀瑾印"四个字。书法是一幅中堂："避世原不易，逃名亦大难。故人刘文叔，未许老严滩。"

记：随代表团到港后，您是自己直接去了南怀瑾先生家吗？

王： 不是的，第一次是和代表团里的几个人一起去的，不是我自己去的。我们是1989年12月去的香港，我只记得在年底之前回来了，具体的到达日期忘记了。那个时候我们住在香港的华润大厦，南老师住在香港半山区的麦当劳道上（门牌号应为36B，南怀瑾先生香港临时住所）。我记得是到香港的第三天，团里几个领导和我去了南老师家里。第一次见到南先生的时候，我都不知道那个代表团去做什么事情。

我记得去的时候是下午，而且他家中还有人，他的儿子（应为南一鹏）在家，另外他的学生和当时法国农贷银行的负责人张先生也在他家里做客。我们几个人就把礼物先拿过去，我还记得章主任送的是一柄龙泉宝剑，我把我先生写的书法和刻的印章送给南老师，他很高兴，直接就把那幅书法挂在墙壁上了。然后大家就坐在一起交谈，聊天的时候他们说起过铁路的事，但是我没有听得很仔细。

记：第二次见南怀瑾先生就是您独自前往的？

王： 对，那一次是南老师直接打电话到我住的房间，让我当天下午过去。从到达香港到南老师打电话给我，这个期间其实还经历了一个延期。代表团本来打算在香港考察交流两周，但是两周到了之后，团里有几个人，包括我，也包括章华表先生，又延期了一周。当时不明白为什么延期，现在回想起来，可能是在等南老师写那个《金温铁路意向书》，因为写这个也需要花时间。

南怀瑾先生照片背景即为张仲武先生所赠书法作品

记：单独和南怀瑾先生见面的过程您应该还记得吧？那次南怀瑾先生给您留下了什么印象呢？

王： 南老师打电话给我，约的是当天下午三点半，让我一个人过去。那个时候从我住的地方（华润大厦）去老师那个位置（半山区麦当劳道36B）要打一个的士，因为是第一次到香港，到了陌生的地方，我不敢迟到，所以就提前十分钟到了那边。我去老师家的时候，有一个保姆来开门，告诉我稍等一下，因为老师出门了，还没回来。刚要坐下的时候，老师回来了，原来他出去买了很多礼品。我们之前来给老师送了礼物，老师坚持要回礼，其中有一支漆雕狼毫笔，因为他知道我先生喜欢写书法、写诗，就买一只毛笔送给他。这支笔后来我们捐给南怀瑾书院了。我记得当时他还很感慨地说了一句："这个香港啊，就是商品的世界，没有文化。我到处跑着买这些东西给你先生，想找一些跟文化有关的东西，你看，我跑到现在才回来。"

但最重要的是在这中间有一个封好了的牛皮纸档案袋，南老师指定要我交给市里面的李景山（时任浙江省驻温州联络处处长）。那个时候我才隐约知道，可能他们来之后和南老师谈了一个事情，把这个带回去是最重要的。

那个时候南老师已经七十多岁了，但是他的脚步很轻盈，感觉人很有精力，另外讲话很厉害，一个事情能旁征博引说出很多知识，也很幽默。南老师打扮很中式，他出门时外面披着披风，里面穿着中式的衣服。

记：所以当时不是由您去谈这个事，但这次的文件是您带回来的，您是担负了"密使"的角色？

王：对，应该是代表团里有人拜访南老师之后谈了一些关于铁路的事情，经过一段时间南老师把这个文件完成了，但他没有把那个档案袋直接交给团里面或者邮寄到市里面，而是把这个档案袋给了我。并且南老师当时交代我不要告诉别人，让我直接交给李景山。

张：她带回来的那个是《金温铁路意向书》，这个意向书她也没有看，因为封好了不能拆开的。而且那个时候李登辉是台湾地区领导人，南先生让她不要告诉别人，大概情况是比较担心被太多人知道吧。

记：金温铁路曾好多次被提过，被勘察过，项目三上三下，但一直没有修建，后来找到南怀瑾先生帮忙，主要原因是资金不足吗？温州当时的交通情况怎么样？

王：对，就是没有那笔资金。那个时候刚刚改革开放，国家一下子也没有那么多钱。所以最后是找到南老师，希望他出面筹集一部分资金，促成铁路的修建。因为他本身就是我们温州人嘛，他也说过要使这个地方富裕起来，那肯定是要先通路的。

张：南老师当时是以实现孙中山先生的《建国方略》中的金温铁路建设为目标去筹集资金的。因为南老师经历过民国时期，后来又在台湾生活很长时间，所以孙中山先生和这个《建国方略》对他的影响比较大吧。

王：当时的交通就是比较闭塞。那个时候温州人出门很难的，我记得 1988 年

南怀瑾先生法相（1989年季秋寄赠张仲武、王丛丛伉俪存念）

的时候我去香港要先坐船到上海，然后从上海坐火车去深圳；1991年去香港是先坐长途汽车走公路去金华，再从金华出去，很麻烦的。

张：当时温州没有铁路，只有一条水路，水路在温州话里叫"死路"，所以叫"死路一条"。

记：南怀瑾先生筹集资金的过程顺利吗？

张：那当然很不容易。

王：因为这个铁路筹建的时候，别人给你投资，你肯定要给别人回报，所以这里面有很多的工作要做，很辛苦，要知道那个时候南老师已经七十多岁了。筹集资

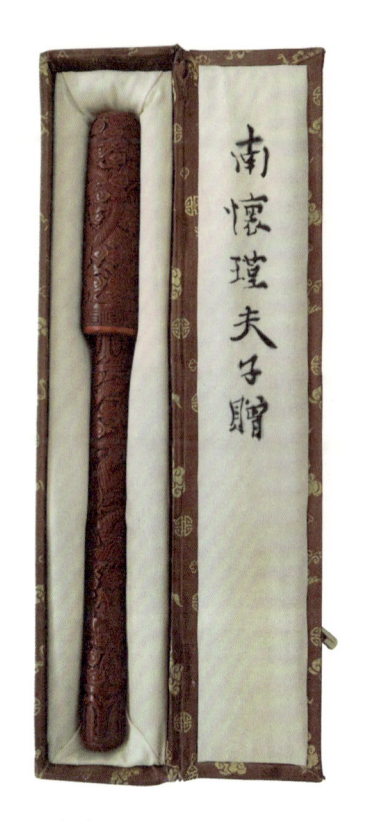

狼毫笔

金和修建铁路这个过程,南老师没有回温州很可惜。回想起来,南老师当时回大陆是很不容易的。他造金温铁路要绕过很多东西,因为他那时身份比较特殊,是从中国台湾出来的,到过美国,又回到中国香港。所以那时候造铁路、筹资都是有很多阻力的。

张: 其实政治上的困难比筹资金更难,那时候国内刚刚开放,很多事情是我们想象不到的。

出国后逐渐断了联系

记: 后来两位什么时候出国创业的?为什么选择意大利?

王: 我1989年在温州大学做了服装系的兼职老师,直到1991年出国。我先生是 1993 年出国的，那个时候国门打开了，都很想出去看看。我当时其实是想去法国的巴黎，因为人家都说巴黎是时尚之都，而我是搞服装设计的，当时在这个行业里各个方面都只能算是刚刚起步，1988 年也去过香港，想了一下之后，觉得无论如何要去巴黎，心想可能那边会更好一点。后来因为意大利的签证比较容易办理，另外华人也多一点，综合考虑最后去了意大利。

记：从后来的信件中看得出南怀瑾先生很关心两位。走出国门去异国他乡闯荡之前，你们和南怀瑾先生交流过此事吗？

王： 确实和老师说过，当时老师的意思是让我留下来，留在国内。我 1991 年正月初九出发的，经过香港，特意去看望老师，跟他说我要去欧洲了。当时他问我为什么要出去，我说我搞服装设计，所以想要去欧洲的时尚之都看看。南老师听了之后就对我说："干吗要出去啊，国内不是很好吗？"现在想想也是，1991 年那时不出去该多好啊。没想到这一出去就跟老师擦肩而过了，那次是我和南老师最后一次见面。

记：据说那次您还给南怀瑾先生做了一件衣服带过去？

王： 一件中式的长衫，他特别高兴。为什么我去的时候会带一件长衫给他？是因为老师曾经跟我说："我以前在台湾的时候有一个固定的师傅给我做衣服，来到香港以后够麻烦的，每一次做衣服都要台湾做好寄过来。"我当时听他这么说，就想着这次有机会经过他家的时候特意做一件长衫。他穿上后很合身，所以他特别高兴，他说："奇怪，你也没有向我要我的尺寸，你怎么能做出来呢？"我说："您还记得之前给过我一张照片吗？全身照，我就按照那个尺寸做的。"我是根据他的照片，自己估计着长短做的，那次南老师夸了我。

那一次我印象很深的还有一件事，因为中式的长衫腰部开叉比较高，他就问他家里的人："你们知道这个衣服为什么开叉这么高吗？因为它有特定的用处。"接着他手一抖衣服的下摆，把那个下摆前面撩起来，往腰上一别，一个马步又一个转身，我们当时看到都特别惊讶，完全看不出来老师已经七十多岁（1991 年南怀瑾先生 74 岁）。

记：两位出国后的生活和事业都顺利吗？

王：我 1991 年出国之后，一直在意大利打拼，直到 2013 年回国。出去之后全部从头开始，从零开始。刚开始去意大利的南部，语言不通，幸好有当地华人团体的帮助，之后去北部城市都灵创业，再后来因为女儿的学业又去了中部城市生活。真的是从南到北，在意大利奔波。

张：我 1993 年出去的，比我太太晚两年。我记得自己 1994 年在意大利办画展，全部要自己包办。那个作品要装裱起来，也只能自己做，去当地的超市买材料自己回来裁剪，全部自己弄，我女儿那个时候已经会说一些意大利语，她上阵做讲解员。

王：所以说在意大利那段时间就忽略了很多事。回想起来，人在山中的时候不知道那个风景有多好，后来回国才发现，大家都在谈论南老师，学问那么厉害，那时候才知道原来南老师是这么深奥的人，但在国外那个时候不知道，太可惜了。

记：在意大利生活期间，两位和南怀瑾先生都是如何联系的？后来有一段时间联系为何中断了？

张：在意大利期间主要是打电话联系，互相之间打电话多一些，写信很少，一般是找不到我们了，老师才写信过来。所以一共就留下三封书信，有一封还丢了，现在的两封都已捐给南怀瑾书院了。

王：那时候第一要立足，然后还要创业，反正都是为生活在奔忙。而且那时候只有座机电话，换一个地方电话号码也要跟着换掉，而我们又搬了好几次家。恰好那个时候南老师也在到处走，大家都不是固定住在一个地方，他忙他的事，我们忙我们的事，所以在国外那段时间联系确实没有那么密切。

张：所以后来南老师写了一封信"骂"我们不配做现代人，就是因为电话打过来找不到我们了。其实我们还有一封已经丢了的信，在那封信上老师把自己的电话号码写上去了，但是我们怎么打就是打不通，挂香港的号也打不进去，挂台湾的号也打不进去。后来才知道，那是厦门南普陀寺的电话（南怀瑾 1994 年 2 月曾短暂于厦门南普陀寺驻留讲经），但是老师并不是一直待在那里的，所以我打不进去。

王：其实还有一点，就是当时没有主动地多和老师联系。因为 1991 年出国之前在香港拜访老师，老师说让我们不要出去，我们没有听话，出来了就担心混不出

王丛丛女士裁剪制作中式长衫所依据的南怀瑾先生全身照

个名堂,所以到了意大利可以说每天都在忙,心里觉得要好好做,不能让老师看不起。也是因为这种想法不太好意思主动联系老师,现在想想确实很后悔。1994年老师到法国,法国和意大利离得比较近,所以老师打电话让我们去找他。可是我们当时搬家,没有接到那个电话。等到老师的信寄过来,他(指张仲武)看了就说,这次错过真是毕生的遗憾!

记:1997年南怀瑾先生还给您二位写了一封信,现在也在南怀瑾书院里,那是南先生寄给你们的最后一封信吗?以后就没有联系了吗?

张: 后来一直跟南老师联系就没有回信了。因为我以前跟他联系,他一般都在香港,写信也寄到香港。老师回内地后(2006年南怀瑾先生移居苏州太湖边),刚开始我们没有南老师的地址,所以还是寄到香港那边。后来知道地址了,在南老师

90岁生日的时候，我也写了祝寿诗寄给他，但是没有得到回信。我2011年回到国内，回到温州，也很想见南老师，只是没有马上去看他。我没想到老师会那么早去世（南怀瑾先生于2012年9月29日在苏州太湖大学堂去世），等到我们知道老师去世的消息时意味着已经错过了。

王： 那个时候，我们寄到香港的信可能没有转过来。其实那时候我们确实想得太多了，南老师已经回到内地，我们应该放下所有东西去找一下老师。现在我们有时候看到老师的照片就会想，他会不会骂我们两个没用。如果时光倒回去，我们肯定不会只为了赚钱，肯定会更重视这件事，会去找老师，把有些事情放下。那个时候忽略了这一点，我们那个时候没想到，因为在我印象中好像老师还有很长很长的时间，我们可以先赚了钱然后去看他，他在美国也好，在中国香港也好，我们都可以去看望他。没想到人到了那个年纪会走的，真的想不到。所以说起来非常遗憾！我看到老师的照片，尤其是看到那些物品（家中与南怀瑾先生相关的书籍）的时候我就想，好多东西真的是都丢掉了，都没有了。

和南先生有关的物品都捐出来

记： 两位老师是何时得知温州建起南怀瑾书院的？后来你们决定把珍藏多年的信件、书籍、照片都捐给南怀瑾书院是出于怎样的意愿？舍得吗？

王： 说实话，我们当时是不知道温州修建了南老师的书院的。2019年清明节前夕，我女儿回到温州，我的两个孙子也跟着回到家里，有一天他们喊着要出去玩，我们就去了三垟湿地。结果进去之后我们看到一些很漂亮的老房子，这才发现原来温州已经建了南怀瑾书院，可惜那天闭馆，我们没能进去走走。

张： 可是很巧的是，书院里面有一个工作人员认识我，他知道我和南老师有联系，他们也刚好在找这些人。所以书院的工作人员在2019年底来到我家，问我还有没有和南老师有关的物品，希望能代为保管，我们就同意了。除了一张南老师的照片，几乎全部给了书院。书院可以长期保留，如果放在家里，接下来恐怕一代两代，这些东西就没了。

王：另一方面是因为我们回想起以前留在家里的东西，都保存不好，都没了。这些东西如果保存不好丢失了很是可惜的，南老师为家乡做了那么多事情，应该把剩下的东西好好保留下去。所以南怀瑾书院的工作人员来之后，我先生说有多少就全部交给他们保存吧。

记：南怀瑾书院承担着保留和发扬南师文化和精神的重任，两位对这座书院有什么期待吗？

张：能有一个纪念馆纪念老师，我们就满意了。我觉得有点遗憾的是他有很多书，我现在不知道放哪儿了，很多书借的借、丢的丢。南老师送给我的书叠起来有一米多高，那些书里面有一本我印象深刻，就是《历史的经验》，当时还是台湾出版的，老师寄给我，这些书里把以前的政治、经济、社会、军事战争和人文都分析了一遍。有时候一个切入点他关注好多的东西，能把这么多东西写出来，可以说南老师在研究历史方面是很厉害的。可惜这些书我没有保存好，没能留下来。

记：南怀瑾先生借助自己丰富的经历讲解一些传统典籍，所以有了《论语别裁》《孟子旁通》这些作品，很多人是因为这个喜欢读他的书，但有的人却因为这个不喜欢他的书，因为他丰富的人生经历是不可复制的，比较主观，您怎么看呢？

张：如果不懂得这些书和南老师生活的背景就去评价它，是有失偏颇的。南老师1949年去台湾之后做过生意（南怀瑾1949年与朋友合办公司"义利行"，三条机帆船从事货运），后来生意做空了，生活比较艰难，等到他有了机会去教书，才能陆陆续续把这些著作结合自己的经历讲出来，这是很不容易的。他的著作可以说把儒家、佛家、道家的许多东西都讲通了，后来他的学生们开始整理他上课讲的内容，这就是为什么南老师很多书都是口语化的。只是这些书的讲法和前人不同，比如《论语别裁》，南老师就是想要推翻朱熹的注解，要努力讲出孔子原来表达的意思，这也是一种探索。当然，确实有很多人不接受这种解读，至于说南老师的书到底好不好，我觉得可以作一个比较的阅读，比如说你把所有讲《论语》的书都读过一遍，再来谈一下哪一本好，这个时候你心里会得出一个结论。

记：张先生您觉得现在大家对"南学"有一个统一的看法和意见吗？对于研究南怀瑾先生留下的文化成果您有什么建议？

张： 如果你说的"南学"是指一个大的范畴，比如说包括南戏、永嘉学派、温州的诗词文化等，那么我觉得南老师的学问和成果应当包含在其中，对于这样一个"南学"应该是有一个较为统一的认识，起码是承认的。中国很大，地区分南北，文化也是一样，用"南学"来指称这些学问我也赞同。但是如果你所说的"南学"仅仅指的是南老师的著作和成果，现在看来还没有统一的看法。另外，要研究南老师的学问，留下的许多哲学思想，我觉得很长时间之后或许才能真正开始，比如大学当中可能几十年，也可能一百年后才能真正去研究他。

记：是什么原因让您觉得要等很久才能开始研究南怀瑾先生留下的文化遗产呢？

张： 因为现在对南老师还没有一个定论，很多人只是记得南老师参与过金温铁路的筹建，另外有很多人到现在还在批评他，甚至认为他是个骗子。所以要等，需要时间把一些事沉淀下来。

记：我们接到这个采访任务后，在学校里随机问了二十个学生，这二十个人里面知道南怀瑾先生的有十五个，读过作品的只有一个。如果说一个国家、一个民族，没有伟大的思想家、学者是一种悲哀，但有了又不知道珍惜，任由时间去消磨他，好像是一种更大的悲哀。您觉得年轻人应该怎么样去理解、学习和传承这些名人的治学、爱国精神呢？

张： 我认为传统文化对年轻人还是有用的，但无法多说，因为说多了感觉也没有用，对年轻人我想提醒一点就是要努力做到触类旁通，不要只学一样，把相关的东西也学一学。另外，我不赞成中西融合，我觉得研究中国的就研究中国的，研究外国的就研究外国的，不能拼凑起来搞。

而且研究传统学问要"慢""懒""闲""淡"。生活要慢一点，要懒得跟人打交道，不要那么多应酬，要闲一点，因为做学问需要时间，所以要能够闲下来，最后事业成功之后就淡一点，即使有了钱也不要觉得自己很了不起。

另外我还有一个想法，像你们这样的年轻人，如果之后学问上来了，真的要报效自己的祖国，可以说我们也是在外面生活过了以后才有这个觉悟吧。

王：像我们出去转了一圈以后再回来，就会感觉特别不一样。以前总向往外面，觉得外面比较好，其实真的到了外面你就会有另一种感觉。所以南老师离家也四十多年，差不多五十来年，他还是要回来。人年纪越大，就是想回家，确实会这样。至于出去走一走看看那是很需要的，然后你自己就会有一个比较。文化也是一样，中文不能丢，就是小孩，哪怕是你在外国出生，你也一定要学中文。

张：那是当然，总感觉这里才是自己的国家，那是人家的国家，不是我的国家，我们出去以后，我们的国家慢慢强大起来，我们感觉自己的腰板好像也挺起来了。

朱清时：汲取南师精神，复兴传统文化

朱 清时

男，1946年2月7日生于成都，籍贯四川省彭县（现为彭州市），化学家和自然科学家，中国科学院院士。曾担任中国科学技术大学第七任校长，南方科技大学创校校长；分别在美国加州大学、美国布鲁克海文实验室、加拿大国家研究院、法国巴黎大学等地做访问学者、客座科学家、客座教授，并作为英国皇家学会客座研究员在剑桥大学、牛津大学和诺丁汉大学工作。在就任中国科学技术大学校长期间，他致力于规划和组织学校面向21世纪建设一流大学；担任南方科技大学校长期间，成为备受关注的中国教育改革风云人物。

访谈时间：2022 年 2 月 27 日
访谈地点：中国科学技术大学（东校区）附近的悦雅江南春咖啡馆
访谈记者：王亮
摄影记者：张啸龙

  南怀瑾有着深厚的佛学积淀，朱清时拥有丰富的科学知识；南怀瑾对科学满怀憧憬，朱清时则对佛学充满好奇……两人之所以能如同伯牙与子期一般，或许正是因为他们在学术研究上的互相成就。

  作为一名在自然科学与高校教育领域深耕多年的专家学者、高校领导，朱清时也曾面临教育改革的迷茫，陷入道德准则的思索。南怀瑾脱俗出尘的气质，淡然洒脱的处事，让两人首次见面便相谈甚欢。

  2022 年 2 月底，记者由浙江温州启程，搭乘五个多小时的动车直奔安徽合肥，只为面对面倾听朱清时院士讲述与南怀瑾先生的往事。遗憾的是，因为新冠肺炎疫情防控需要，记者无法进入位于中国科学技术大学校园内的朱清时住所，只得与他相约在中科大校外一间咖啡馆内。虽然已是古稀之年，但朱院士精神矍铄，背着一个看似与其身份不太相符的小小双肩包前来，不拘小节的作风与大家普遍认知里的"科学家风格"如出一辙。落座后，朱清时点了一杯拿铁，开始将"那些年"娓娓道来。

  访谈结束时，记者还夹带完成了一件"私活儿"——记者的同事得知将对朱清时进行采访，专门委托记者要一张其亲笔签名，只因该同事九岁女儿正在学习的义务教育教科书《科学》的封面上，醒目地印着"主编朱清时"等字。聆听完朱清时的回忆，记者一方面为能与院士"大咖"进行一次单独且深入的交流而感慨万分，另一方面又为他所说的"你没见过南师，就很难真正感受到他的魅力"而惊叹不已……

"想多学一些佛教知识，与科学发展作比较"

记：朱院士，您曾于 1978 年在浙江大学学习英语，请谈谈当时的学习感受，那时候来过南怀瑾先生的故乡温州吗？

朱： 改革开放的前一年，也就是 1977 年，国家决定派遣我们一批人出国留学。我之前学的外语是俄语，所以就需要在出国前专门学习英语知识。1978 年，我们来到浙江大学参加了一个英语培训班，同时做一些留学前的准备工作，学习持续了半年左右。我们当时觉得留学的机会非常难得，目标也很明确，所以学习很认真，大家都下了苦功夫。最开始国家计划让我们去西德（即联邦德国，1990 年与民主德国签署两德统一条约）留学，后来又决定派我们去美国，所以我在 1979 年，也就是三十三岁的时候飞到了大洋彼岸的美国留学。

在杭州学习英语那段时间，虽然距离温州也不太远，但我一直没有去过温州。一是因为那个年代的交通很不方便，去温州都要坐船；二是学习任务也很重，我们根本没有时间去温州。但我那时候就知道温州这个地方，也知道在欧洲生活着很多温州人。后来在零几年的时候，我有一次去宁波参加活动，就一路南下顺便去温州看了下，但那次的行程很匆忙，一天之内连着去了好几个地方，所以对温州的印象并不深刻。

记：您是从事科学研究的，与南怀瑾先生的研究领域鲜有交集，在认识他，并与他进行深入交流之前，您对南怀瑾先生都有哪些印象与认知？

朱： 我之前一直在从事科研工作，后来当校长了又要负责教学的工作。虽然我研究的是自然科学，但我一直对人文方面的知识有着浓厚的兴趣。我父亲朱穆雍是华西协和大学（现为四川大学华西医学中心）毕业的，专业是社会学。他这一生都非常喜欢文学，喜欢中国传统文化，我从他那里受到了感染，很小的时候就开始接受传统文化的教育。长大后，尽管我学理工科，但内心深处还是很热爱中国传统文化，这是我人文学科的背景。在认识南师之前，我就知道他是一位非常难得的大学问家，是很难遇到的一位老者，但对他的著述思想一无所知。

朱清时在安徽合肥接受采访

记：您当时为什么想到要去认识南怀瑾先生，又是通过什么途径与他取得联系，并顺利见面的？

朱：当时我在中国科学技术大学当校长，我发现新时代的年轻人跟我们年轻的时候很不一样。我小时候，父母教给我的都是很朴实的价值观，让我们千万不能做坏事。哪怕是吃饭的时候，都被要求绝对不能随意浪费米饭，说这是做人的基本准则。如果一个人做了坏事，那就是"造孽"。我们年轻的时候心中有这个底线在坚守，所以学习与个人修养就很容易被教育和提升。

但是当代年轻人中，学术、简历造假的情况常有发生，这就让我感觉很困惑、很迷惘，是不是大家的观念都发生了变化，心中缺少了信仰，丢失了道德底线？这其实对社会的发展是非常不利的。所以当时我内心就有一个想法，我觉得中国社会需要一种信仰来支撑。佛学不管怎么样，它教人行善、教人畏惧因果，对社会是一件好事，我自己是一个自然科学家，我也很想将现代自然科学发展的各种成果和佛学当初预言的自然界的各种情况联系起来进行对比。所以，我想多学一些佛学知识，也很想了解佛学里关于宇宙的各种学说，以便和现在的科学发展成果作比较。

我们学校有位教授叫孙健（中国科学技术大学原国际经济研究所所长、教授、博士生导师），他介绍说，南师是中国佛学研究最高水平的代表之一，问我愿不愿意去见一面。我觉得这样的交流机会非常难得，所以就决定去拜访南师。

"南师是除父亲外唯一知道我名字出处的人"

记：2004 年 6 月 19 日，您第一次见到了南怀瑾先生，并与他畅聊了三个多小时，请回忆一下当时的情况。

朱：那天我们在上海一个三层楼的小别墅里见面了，从下午两点多一直聊到了六点，我是备受启发！聊完后，我的第一感觉就是，现在再也找不到这么博学、聪明的老者了，南师很有智慧，他可以把好多复杂的问题一下子说得很简单，让人容易懂。他用一个小故事向我讲述了一个大道理，让我印象深刻。他说："唐太宗有一年下令让390个死刑犯回家过年，让他们可以跟家人团圆，过完年再回大牢。年后，所有的死刑犯都乖乖回去了，这是因为唐朝佛教盛行，人们都相信因果报应，有所敬畏。"

但这种事情可能不会发生在现代社会。现在的人普遍觉得人死如灯灭，生前做了坏事也没什么关系，这是因为他们心中没有可以敬畏的东西，导致他们没有道德底线。南师跟我说，中国文化的基础是儒、释、道，他让我发现中国传统文化中有很多宝贵的东西。转世太虚无缥缈，但是为了让大家能有基本的信仰与底线，我们就需要通过科学与福祉的角度去搞清楚佛学的理论。

记：您曾说过，南怀瑾先生是除您父亲外唯一知道您名字出处的人，请谈一下他读出《将赴吴兴登乐游原一绝》这首诗时的场景以及您当时的感受。

朱： 是的，南师一说话，我就被他吸引了，没有见过他本人，就很难真正领悟到他的风采与魅力。我父亲是知识分子，给我取名字的时候，正好是"清"字辈，他就结合古诗给我取名"朱清时"，我当然是知道自己名字的由来。南师的学识非常渊博，他一看到我，就说我的名字是从一首唐诗中来的，然后随口背出了杜牧的《将赴吴兴登乐游原一绝》："清时有味是无能，闲爱孤云静爱僧。欲把一麾江海去，乐游原上望昭陵。"

南师当时还笑说："这是一首很有名的诗，哎哟，一语成谶，这首诗就注定了你以后会喜欢佛学，因为'闲爱孤云静爱僧'嘛。"在我遇到的人当中，唯有他第一次听到我的名字，就想起了这首诗，并且马上就说了出来，此外没有人知道"清时"二字有什么典故。南师是除我父亲外唯一知道我名字出处的人，他智慧高人一筹，这就是他的魅力所在。

记：在与南怀瑾先生结束第一次交谈时，他曾说您像他年轻时认识的一个人——峨眉山传钵大禅师，您曾在个人微博上撰文《言访峨眉第一师》来讲述这件事情。请介绍下您收集到的关于传钵大禅师的相关资料。

朱： 对的，那天聊天结束的时候，他突然说我很像他以前认识的一个人，但是当时没有想起来名字，后来到住处的时候，他在纸上写了出来：峨眉山传钵大禅师。这件事，让我感到很震撼。因为我是四川人，经常去峨眉山，但是却从来没有听过或者见过这个名字。

后来我每次去到峨眉山，都要寻找关于传钵禅师的线索，然而还是没有人知道这个名字。后来突然峰回路转，一是宗性法师（中国佛教协会副会长、成都市佛教协会会长、成都文殊院方丈）告诉我，中华书局印了一套《稀见民国佛教文献汇编》，其中的《佛化新闻报》有不少关于传钵和尚的新闻报道；二是我见到了何志愚老人，何老在1940年是毗卢殿知客，而传钵曾任毗卢殿住持，又是设在那里的峨眉山佛学院的名誉院长，因此何老亲近过传钵。我出于好奇收集了有关资料，这些资料虽然零碎不完整，但我还是把它们整个梳理了一下，在2020年8月29日写了一篇《言访峨眉第一师》。

这篇文章里，提到了《民国峨眉山佛教研究》中收集的两首访传钵老和尚不遇的诗，还有一张传钵老和尚在 1937 年 12 月应邀到重庆主办水陆法会时，《佛化新闻报》记者拍摄的珍贵照片等资料。种种"证据"都表明，传钵的确是当时社会和教界公认的禅宗大师。南师曾在峨眉大坪出家，终身念念不忘峨眉。他在《如何修证佛法》一书中说："我当年（在峨眉）去看传钵老和尚，这个老和尚与虚云、能缘为当年中国的禅宗三大师。"他还经常讲起，当年传钵和尚声名远播，供养者络绎不绝，被其他僧人（可能是师兄弟）所妒忌。为避是非，传钵和尚换地重建茅棚修行，供养者仍络绎不绝。如果传钵这样的大禅师都被现代人遗忘了，那我们还师承什么呢？所以这件事让我更加意识到复兴中国传统文化的重要性与急迫性。

"南师会结合现代知识，深入浅出地阐释经文"

记：认识南怀瑾先生之后，您每年都会去拜访他四五次。作为一名专家学者与高校领导，您日常的工作已经非常忙碌，为什么会这么频繁地前往拜访他呢？见面时，你们一般进行哪些方面的交流？

朱： 自从那次见到南师之后，我惊觉我们社会中还有这样一个人，他对古今的了解可以说无人可比，无人可及。他的智慧，我们这一代人只能仰视，他随口而出的诗词和佛学偈颂，对我们来讲都是高深莫测的。南师让我的心找到了宁静，逐渐把很多事情放下，让我不再恐惧困难和打击，能够更加专注地去追求我所认为的真理。我觉得能认识这样的老者是人生中可遇不可求的机会，见一次就少一次，所以我就尽量抽出时间去拜访他，非常珍视与他见面的每一次机会。春节、国庆、五一、元旦……有假期的时候，我都会过去，一般拜访我会待三到七天，有时候周末有空也会赶过去见一面。见面的时候，会一起吃晚饭，大家边吃边聊，常常就不自觉地聊到了半夜。

我跟南师的交流与探讨主要是围绕科学与佛学、科学与传统文化展开的，南师最不喜欢别人一见他就说崇拜你啊，书写得好啊之类奉承的话。我在太湖大学堂遇见过不少著名的大学校长、企业家、文化人都去拜访他，但很多人求而不得见。南师每天都非常忙碌，他曾经自我解嘲地说："我的生活就是三陪：陪吃饭、陪聊天、陪照相。"

南师是拥有大智慧的，他的学问远不止于佛学，儒、释、道三家学问在他身上真正实现了融会贯通，而且他可以结合现代的知识深入浅出地阐释经文，让大家能够真正听懂、弄明白其中的道理。他最重要的著作《论语别裁》，就是一个很好的作品。大家对《论语》理解得比较多，只不过南师是站在一个更高的高度去理解它。

记：此前接受采访时，您曾经说过南怀瑾先生给您讲过很多次佛经，包括《成唯识论》《楞伽经》等。请回忆一下他讲经时的场景，有哪些内容让您印象最为深刻？

朱： 南师给我们讲过很多次经，讲过《成唯识论》《楞伽经》，也讲过《楞严经》《达摩禅经》，这些都是我自己听过的。还讲过其他很多佛经，但是因为我没有长时间待在那里，所以错过了很多机会，后来是从别人整理出来的内容里了解到一部分。南师精力充沛、风采迷人，他的记忆力非常好，每次一讲就是两三个小时。而且往往最开始说是讲两个小时，但实际上都会延长到三个多小时，有的时候是上午、下午、晚上连续讲。他随口就能背诵出很多诗词歌赋和偈颂，这让很多听讲的人都感到吃惊与佩服。

南师很有才，也很有魅力，他除了会讲很多故事吸引大家外，有一次还即兴唱起了川剧《鲁智深醉打山门》，在我这个四川人听过来，他的四川话都很标准。可以说，他的智商很高，学很多东西都学得很快。

记：有很多佛经里的文字都是古代的语言，现代人如果望文生义的话，就会完全搞错其中的意思。南怀瑾先生在讲经的过程中，都是如何强调这些细节，又是如何让听者能够更快更好地接受这些佛经内容的？

朱： 我们这一代人的古文基础已经不是特别好，年青一代的基础就更弱，所以很多人都完全看不懂古文了。南师对佛学和佛经的理解水平，我认为国内也许是找不到其他人可以与他比肩的。我以前跟他学过《成唯识论》，这部经书是玄奘法师汇集总结印度唯识十大论师观点的著作，当时是用唐代语言，而且玄奘法师用的是直译法，唐代的人看起来都很吃力，现代人就更难看懂了！可是南师会将这些晦涩难懂的内容，讲得深入浅出，让人很好理解，这就是他的厉害之处。

有很多佛经里的文字是唐代语言，就怕现代人望文生义。比如《楞严经》中的"觉海性澄圆，圆澄觉元妙"这句话，其中有"元妙"两个字，很多人看到"元"，就以为是"元始的、元创的、元初的、元本的"这些意思，但是南师解释说，当时是为了避讳唐玄宗的"玄"字，而将"玄妙"改为"元妙"，大家这样一听就全明白了。

另外，他给我们讲《达摩禅经》也是类似。经文里是晋代的语言，都是五字一句的偈颂，大部分现代人很难看懂，更别说理解、参透其中道理。但是南师理解得非常深刻，又能结合自己的经历、体验进行阐述，我做了很多的笔记，觉得他解释得非常好。

"佛学当初是被当作一门科学来研究的"

记：您曾回忆说，南怀瑾先生常常对前来学禅的企业家直言："要学禅，先把财富都甩掉。"您怎么理解这句话？

朱： 可以说，南师是常常"骂"企业家的。我遇见过几次，南师对前来学禅的企业家直接说出了你刚刚问题里的这句话。但是"骂"完之后，南师会讲故事：曾经有一位收藏金银财宝的人背着一袋子钱财去学禅，半路上遇见一个和尚带他去寻找禅学大师，后来一起上了一艘船。当船开到河中央的时候，和尚让那个人爬上桅杆看看还有多远到达。在桅杆上，那个人却看到和尚把他的钱财全部抛到了河里。那个人很生气，但顿悟之后才发现，和尚这么做正是为他学禅做准备。

南师还讲过另外一个故事。说成都有个银行老板很有钱，每天晚上都要看报表和账本到凌晨，十分辛苦。与他一墙之隔，以卖豆腐为生的小两口每天早起磨豆腐，边工作边唱歌，日子过得却很快活。银行老板的太太问："他们怎么那么快活？"老板回答说："我可以马上让他们快活不起来！"于是，银行老板拿起一包银子扔到了隔壁。随着银子"哐当"一声落地，隔壁小两口的歌声再也没有响起。他们开始忙于用这包银子赚钱、保本，从此也没有了快乐。

听完这些故事，我是很有感触的。大家都认为把银子扔出去这个行为很傻，这恰恰说明真的把苦看破其实很难。虽然大家都知道，银行老板的那包银子给豆腐店

2005年，朱清时夫妇与南怀瑾先生

的小两口带来了烦恼和痛苦，但也都不觉得这是真的"苦"，只能说想要真正放下钱财实在不容易。

记：您是一名从事科学研究的专家学者，南怀瑾先生在佛学研究领域颇有成就，在大众看来，这两个不同的研究领域看似平行线，您如何看待它们的内在关联性？

朱：我发现现代物理的主流学说，正好是佛学在两千年前所讲的那些内容，所以我开始探索科学与禅道的关系。科学家到了一定程度，都会发现人的认识是有极限的，人类只是生物进化的一个阶段。科学家要找办法突破这种极限，首先必须提高大脑的感知和认知能力，而佛学能让人在禅定状态下，安静地思考。这个状态下，大脑就成了"超导体"。

佛学确实如南师所说，当初是被当作一门科学来研究的，但佛学研究不是用近现代自然科学的方法。近现代自然科学的方法是用实验来验证真理，就是任何真理必须通过实验来验证，这个实验不管谁来做，只要程序一样都会做出一样的结果，然后再加上亚里士多德（古希腊哲学的集大成者，被誉为百科全书式的哲学家）提出的形式逻辑和推理，这两者结合起来，就是现代科学的注释。

但佛学不是，佛学没有用外部实验的方法，而是用心身内在实证的方法。实证是每个人靠自己的感悟和直觉去证明。直觉这个东西啊，实际上是人类认知世界的另一种方法，是很有效的。只不过，现代的人直觉越来越少，因为依赖外在的东西太多，也因为杂念和欲望太多。就像大家都过分依赖计算机和算盘一样，心算能力就会越来越差。

记：南怀瑾先生曾多次提道，在 21 世纪，宗教必须脱掉迷信的外衣，与科学相结合，否则就会灭亡。您是如何认识这句话的？

朱： 佛学有的时候是虚无缥缈的存在，想去证明很难，但想去反驳也很难。宗教和科学所做的事和着重点完全不同。宗教是想让人自身精神变得更好，而自然科学是要发现自然界物质世界的规律，进而改造物质世界。

我们把科学与宗教融合在一起，是认为科学与宗教终将以一种形态达到重合，科学无法解释的，宗教可以阐述其中的道理，而在科技的进步下，终将会以科学的方式去阐述宗教的道理。这在历史上不是个例，因为佛教的本质也是探索自然规律，顺势而为找寻心灵的净土。

佛学相对于物理的本质区别在于，前者没有用客观事实去论证，而是用一种哲学的方法去推导，它所表达的东西经不起辩论和推敲，更类似于一种脑筋急转弯似的辩证。随着工业时代的兴起，科技的进步堪称飞速，科技的发展并不能代替精神上的富足，信仰是一个人前进的不竭动力。比如在中世纪，科学家们宁愿被烧死也要发表自己的言论。

宗教是信仰，但科学也是信仰，我想在科学与佛教之间找到共通点。无论是怎样的信仰都值得尊重，但那一定是对自己、对他人、对社会有益的信念。今日的社会尚有很多难以解释的事情，今日的我们却是真真实实存在的。不忘初心，活在当下，愿我们都可以永怀一腔热血，一往无前。

"汲取南师精神，共同努力复兴中国传统文化"

记： 南怀瑾先生在 2012 年逝世，请问您如何评价他的一生及他所取得的学术成就。时至今日，社会上仍有一些质疑他学术研究的声音，您又是如何看待这些不同的声音的？

朱： 南师一生致力于弘扬儒、释、道等中国传统文化，他最大的功劳是对中国传统文化的传承——他让这么多人发现中国传统文化值得学习，让人们对传统文化感兴趣、有感情，并且从中受益、改变人生。从这一点来看，他的历史地位颠扑不破。但在学术领域内，他的一些观点也受到了质疑。他学识广博，可他的很多专著都是学生用课堂录音整理发表的，口头的东西里难免有一些不能确定的地方和一些错误。我觉得我们不能以考据的心态来臧否南师，更不能以搞学术研究的观点来严谨地考究他的专著。

在我接触过的这么多人里面，南师是一位智商相当高的老者，他极端聪明，很多事情一看就明白。在我看来，这位老者影响了几代人，也包括我自己。所以在得知南师圆寂的消息后，我才会发出"我想我们失去了一位老师，一位在当今社会为我们引路的提灯人"这样的感叹。

记： 2016 年 9 月 28 日，南怀瑾学术研究会成立，您担任首届理事会会长。请介绍一下成立该研究会的背景、经过、意义等。

朱： 南怀瑾学术研究会设在江苏省苏州市吴江区七都镇庙港社区老太庙文化广场怀轩，这是一个由地方政府发起，具有官方身份的学术研究会。研究会围绕南师的学术事业、精神延续、协同合作等内容不遗余力地进行研究，成员包括南师的学生、相关学者，以及对南师的著述有深入研究的爱好者。让我担任理事会会长，最开始因为各种原因，我是推辞的，但考虑到可以将南师的过往人生进行梳理、还原，又可以活用南师品牌让世界各地华人进一步凝聚团结起来，思虑再三我最后答应了下来。

首届理事会对研究会的定位、组织机构、工作计划进行了讨论确定。南师的思想古今结合、中西结合、学术与生活应用结合，这些都在研究中得到延续，我们理事会独立开展南师学术研究和研讨，同时积极配合地方政府开展相关工作。具体来讲，研究会从事南师的生平、事迹以及他的一切学问的研究、发掘、搜集、整理、总结、编纂、出版，并开展有关学术活动、纪念活动、交流活动等。我们希望能够将南师的学术与精神发扬光大、继往开来。

记：在南怀瑾先生逝世五周年纪念会上，您曾上台致辞，请谈一下当时的情况。今后，我们又将如何进一步传承与弘扬南怀瑾精神，为中国传统文化的复兴出一份力呢？

朱：南师逝世五周年纪念会是在 2017 年 9 月底至 10 月初举办的，由南怀瑾学术研究会主办，还同步举办了第五届太湖国学讲坛。出席的领导嘉宾包括中央统战部前副部长胡德平先生，中国道教协会会长李光富先生，浙商总会创会秘书长、浙江省人民政府前党组成员郑宇民先生等，共有三百多人参加，大家齐聚太湖边，深切缅怀南师曾在那里恩泽百姓、教化世人。

我感怀南师为接续中国文化断层而努力奋战七十年，直至生命的最后一刻。所以在致辞里，我说："在历史洪流的十字路口，南师以一己之力，在民间为文化重建奋战了七十年，对国民的影响、启发是巨大的。他启发了无数国人重新尊重自己的历史文化，重建文化自信，并积极探索如何汲取古今中外历史文化的精华，继往开来。"

新中国建立了独立自主的政治、经济、军事、科技基础，国家已强！但文化的大规模重建，包括复兴中华传统文化的优秀部分，十分艰难。南师融汇诸子百家、古今中外，希望为人类开出一条路来，为此他朝夕惕厉，自强不息，只问耕耘，不问收获；他打破门户之见，放眼世界，海纳百川，主张融合东西方文化精华，为人类福祉而努力；他有教无类，天下为公，呕心沥血，死而后已；他身教言传，知行合一，反对纸上谈兵，主张实践出真知，是内圣外王、经世致用的践行者；他对祖国统一、经济建设、教育改革、理论建设，贡献良多；他立言、立功、立德，对国家民族乃至人类文化建设，功不可没！他虚怀若谷，目光深远，每天都在学习新知，反对故步自封。南师学习生命科学、认知科学和量子物理学。我们纪念南师，不仅是为了缅怀，更不是搞个人崇拜，而是为了汲取其精神，在古今中外洪流激荡的大时代中，自觉自强，各尽所能，为国家民族乃至人类文明的建设，共同努力！

杜忠诰

中国台湾著名文化学者，书法家。台湾省彰化县埤头乡人，日本筑波大学艺术学硕士，台湾师范大学文学博士。曾任台湾师范大学副教授、明道大学讲座教授、华梵大学特聘教授、台南大学驻校艺术家等。他精研笔法及文字学，擅各体书，作品在台湾屡获大奖；创作与学术兼行并进，为实力派学者型书法家，著有《说文篆文讹形释例》《汉字沿革与义化重建》《汉字美学——杜忠诰文字书法论文集》《池边影事》《研农闻思录》等。

杜忠诰：南师，书法，我

访谈时间：2022月2月下旬至4月
访谈地点：电子邮件笔谈形式
访谈记者：高寒潇

作为书法家的杜忠诰，与"书"字撇不开关系。

他与南怀瑾先生因书结缘，交往30多年，他视南怀瑾先生如师如父。南怀瑾先生曾吩咐"每出版一本新书，必定送杜忠诰一部"，足见他对杜忠诰的器重。

在书法方面，杜忠诰曾获南怀瑾先生悉心指导。多年来，在书法的大千世界里，杜忠诰为学日益、孜孜不倦，被南怀瑾先生称为"今之书侠"，称许其所著《汉字沿革与文化重建》"维护保全中国传统文化，寓风雅兴颂之谏议"。

回首与南怀瑾先生相处的点滴，难忘的时光仿佛如一张张电影胶卷，在杜忠诰笔下缓缓重现。

因《论语别裁》结缘，成就一段师生情

记： 杜老师您好！您是南怀瑾先生身边较为亲近的弟子，听说您和南怀瑾先生是因书结缘，可以谈谈具体的经过吗？

杜： 我与南老师的结缘，有点儿特别。起先是我在报上看到南师诠释《论语》连载的文字，被他老人家的生动诠释所感动，而开始阅读他的著述。后来，又出于不可遏抑的激情，不怕别人误解，主动在台师大国文系里逐班推销，并在短期内成效斐然。以致那种"鸡婆"分享、大力推销《论语别裁》的激情爆发力，引起老人家的好奇而主动邀约见面。因此，《论语别裁》可以说是我和南师结缘的重要媒介。直到今日，此书依然是南师所有著述中拔得头筹的"长销书"，也是他自己很得意、最想送给一般初学读者的一本书，而我也是如此。

杜忠诰先生正在写字（左一为南怀瑾先生）

    打从 1977 年初拜识南老师起，一直到 2012 年他老人家作古，前后大约有三十六年。其间，我因学业与生计的特殊状况，无法像其他几位学长有缘长侍老师身边，得以随时亲炙师教。虽说如此，老师也不时让我有打杂进修的机会，特别是跟毛笔书写与文书校对有关的差事。当然，我自己也经常参加南师对外开放的固定讲学，如"金刚经""圆觉经""药师经""楞严经""宗镜录"等课程，除非有特别的事情真走不开，我从未轻易放过任何学习的机会。其中也包括 1979 年新春由南师亲自主持的禅七活动，以及稍后接连五个晚上密集专讲的"密宗准提咒秘法"之传法讲授。从师徒相识，直到他离台，前后将近八年，算是我比较密集从学于南师的阶段。平日不管碰到什么问题，我也常会主动去请益并接受差遣，创造亲近的机会，即便南师离美返国，寓居香港坚尼地道，定居吴江太湖大学堂，也依然如此。

南师的学问地道是"实践的智慧学"

    记：南怀瑾先生身上有哪些魅力如此吸引您？他常说自己"一无所长，一无是处"，您怎么看待他的这种自我评价？

杜："一无所长，一无是处"，是南老师经常挂在嘴边的一句话，这八个字是他给自己下的总评。这当然是说的客气话，因为南师自承是"学佛的人"，始终坚守"不自赞毁他"的菩萨戒律。其实孔子也讲过类似的话，说自己是"博学而无所成名"。我认为南师这八个字，多少也有几分这个意思。然而在公开场合他是这么说，而在一般讲课时，尤其当台下听讲者大部分是仰慕者或亲近的学生时，他老人家就会完全称性而发，说出一些"狂话""大话"来。说它是大话，其实是老实话；说它是狂话，其实是狂而不妄。像这一类的狂话或大话，古人给出一个特别名称，叫作"壮语"。比如 2008 年 5 月，南师在一场"漫谈教育"的讲课中，就说过这么一段话："中西文化科学的发展，现在最流行的两门科学，是认知科学和生命科学。美国开始讲的时候，我说，你们够不上，这个文化在中国，而且中国在我这里，我死了就没有了。只此一家，别无分号。你们赶快来学。"其自负如此，语气充满自信。其实，这才是他的真心话。讲得尽管露骨，但一点也不忸怩作态，因为有他的实诣底气在。总之，南师身上处处都是话头。

南老师曾说："对于政治，我只买票，不入场。"几十年来，我从旁观察，南师何止对待政治的心态如此，他对待学术，乃至一切方术、技艺等，也无一不是如此。真是应了苏东坡诗句"苟能通其意，常谓不学可"，南师的学问态度，颇有几分这个味道，或许这正是南师始终不愿被黏缚，龙性难驯的本色。所以南师虽说从来自甘于"一无所长，一无是处"，而终竟也"无一非其所长，无一非其是处"的真正关键吧！除了"架上书"之外，他更在意的是"世上苍生"，他真正想要的是，拿自己用身心性命验证开发的存在智能，去自觉觉他，成己成物，去"为生民立道"（这是张载原文，莫说我写错字。学人性命须是自己去立，怎能由他人代劳？此句自明末王船山一错到今），作万世的燃灯引路人，他的学问地道是"实践的智慧学"。他既不同于世俗定义下的专家，也不同于当今学院派纯以逻辑思辨为志业的学者，他是理事通透，事事无碍的"通人"。

汪道涵先生说："南老对中国文化的最大贡献，是将贵族文化向平民做介绍。"这话说得极为到位。南老师的讲学重点，主要是在帮助普天之下的广土众民，能够找回自己，并知病去病，把人做好，把人生路走好，减少颠倒梦想的无明灾障，增加生命的安和与幸福。当然，即便是象牙塔里的专家学者，他们首先也是一个人，也一样有人生路要走，也有自家身心性命的安顿问题。故南师的教化，其实是雅俗共赏的。

"上书法当"与"不上书法当"

记：南环瑾先生曾为您的《汉字沿革与文化重建》作序，他在序言中说自己"平生喜谈书法而不勤习"，您对这一点怎么看？

杜： 在清末民初时期，硬笔书写工具尚未传入中土以前，毛笔书法其实是中国传统读书人共同必修的科目。身为上一代的读书人，都跟书法有或深或浅的关系，故南师在长年讲学过程中，也经常会提到跟书法有关的事。

"没有真愿力，就不能成就真佛土。比如一个人做学问、做事业，就得真发心，昼夜孜孜为此，才能有成就。就连写毛笔字，如果没有几十年苦功夫练字，绝成不了书法家。"这是南老师1981年在台北讲《维摩诘经》时提到的。隔了不久，他又说："当年我下功夫练字，有老前辈看了，夸我将来一定成为名家。我听了从此不练字，不要真的成了书法家，反而被这竹管子、黑墨困住了。"紧接着又举大书家于右任为例，说道："当年于右任一天到晚为人家写字，真是辛苦，就为了'书法家'这三个字，我才不上这个当呢！"其实，南师像这一类的话，出现频率还颇高的，"非要叫我写字，很痛苦。""读书写字，写了一辈子，就是给你挂起来去玩的啊？！""你老了，满房子堆叠那宣纸，到老死了这个账都还不完。""这个我不干。"甚至还曾劝人"千万别想着做书法家"。

曾有一回，接到南师传真一函，信中说："忠诰老弟：我偶然失念，答应一僧写字，自忖非其所长，今急盼弟代写以应命……又：我新撰一联，用行书写，使俗人认得。联曰……南某某撰杜某某书……"又在信末署名及年月日上方，加注一句"只好如此遮羞了事"；复在信头空处补了一句："又时间急逼，要快寄来。"南师当时遭受催索的苦况可以概见。也曾偶然看过一件没有南师名款的小幅字条，上面写着："因读书识字，老年被逼追字债，岂不可悲？"听说那是南师经刘雨虹老师多次催校（南师）书稿，应机触发而随手写下的字条。据我个人经验，当对方向你开口索书时，只要你没有当下回绝或婉拒，人一离开或电话才挂断，对方登时变成"债权人"，而你则立刻降格为"债务人"，经常为此而忽忽若失。所谓"生我名者杀我身"，南师这"不上书法当"的话，也并非无的放矢。或许，当时老人家正苦于遭受索偿字债的灾厄，遂书此以自解吧！试想，一个始终不愿上书法当的神仙级人物，临老犹不免被催索字债，有此感喟，我这个靠写字吃饭的弟子，岂又能免于字债？只怕到了闭眼那天，仍然有债在身！

所谓"能事不受相促迫"，方知南师并非不喜欢写毛笔字，其实只是不耐烦去做无谓的应酬罢了。应该只是吓阻一些闲杂人等，且别随意开口求他写字，故宣示的意义当重于其他一切，然而，我很喜欢，甚至可说是陶然自悦于毛笔书写的那种与自己对话的感觉，往往一接触书法，便浑身来劲，有说不上来的悦乐与欢喜，这或许是前身业习深重之故。因为打从发愤临帖开始，并不曾有过想成为"书法家"的念头。至于后来会变成他人心目中的"书法家"，纯属意料之外。也许，世间万事真如诗人周梦蝶所说："世无所谓或然、偶然与突然；一切已然，皆属本然、必然与当然。""不上书法当"这一句话，一般人听来，大概不会有什么特别的感觉，但听在我这个长年以写字为乐，甚至还以教书法、卖字养家，靠书法吃饭者的耳朵里，格外感到纳闷，到底是我上"书法当"对呢？还是南老师不上"书法当"才对？或者两个都对？或者两个都不对？从此以后，"书法当"这个词，变成了我几十年来的一个大话头。

前些年，对于南师"不上书法当"的这个话头，终于渐若有所解会。因而自赋俚句一首，以记因缘：

佛言一切皆佛法，书法不离一切法。
不事无缚无成全，括囊咎誉一时乏。
无为须凭有为用，权实参互悲智洽。
作嫁成物斯成己，利济宁分艺道业？

金刚经说："一切法皆是佛法。"佛者，觉也，即心即佛，凡人心之所营为，无一不是佛法。所谓一切法，其实指的是世间万法，乃至包括一切事一切理，全都概括在内。书法，并没有离开世间万法，它也是"一切法"里的一法。"无不从此法界流，无不还归此法界"，世间一即一切，一心能生万法；一切即一，万法又皆离不开此一心之所发用。弘一大师就说："我的书法，就是佛法。"便是深明此中的"不二"之理。开头前两句，首先点明书法也是佛法，不至于说禅道、儒道等谈义理的学问才是佛法，而文学辞章或百工技艺等跟性情想象创造有关的部分就不是佛法。

当然，不学书法，固然省去甚至阻断了一切来自书法学习的纠葛、烦扰与痛苦，可是也将因此无从领略此中的各种感悟、启示、乐趣及其对生命成长的成全。

　　我们平生所学，不管是世间才艺的"有为法"，或是出世间道法的"无为法"，其实都离不开在面对一机一境时，既须有常道的遵循，又有通权达变的智慧，方能"知进退存亡而不失其正"，随时做出悲智双运的适切对应。

　　世间是一个群集的社会，人无法独立生活，不是你役使别人，便是被别人役使。南师因怕常替别人写字被役使，不上书法的当，但一天到晚为别人启蒙解惑，提供正知正见，为众生作马作牛，劳瘁一生，不也同样是在被人"役使"吗？倘若用道眼的视角来看，也不过就是随顺世缘，尽其在我而已，又哪有什么高下大小之分呢？就在成全别人的过程中来实现自己，利济人群罢了。可惜吾师已驾鹤远飏，不知小子这话说得对否？想到这里，不禁惆怅万端，莫能自已。

南师写的是"神仙字"

记：在您看来，南怀瑾先生的书法风格是怎样的？

　　杜：2018 年，北京的东方出版社出了一本《云山万里》，书中收录一百余件南师墨宝，这是南老师书法作品的首次结集，让我们可以比较全面性地观赏南师的书艺之美，从中可以大略看出南师书风的统一性。尤其题材内容充满了深刻且发人深思的生命讯息，令人百看不厌。南师的书法，虽说书风单一，但个人风格鲜明，性情、格调、学问、涵养和审美情趣，在作品中显现无遗，与一流书家并置一处，丝毫不觉逊色，并且飘逸脱俗，仙气十足，有如鹤立鸡群，是典型的"神仙字"。

　　大家或许不免感到好奇，这么奇特的书风到底是怎么来的？他到底练了哪些碑帖呢？可惜没能在老人家生前多所叩问，以致难知其详。不过，南师手边收藏有一本唐代的《圭峰禅师碑》，是裴休撰文并书写的，上有柳公权篆额。后来，台北老古出版社还曾经把它公开印行，我也获得南师赠送一本，这应该是南师很欣赏的一本帖。大家知道，圭峰禅师是晚唐时期融通儒、释、道三家，声绩卓著的宗教界领袖，这在裴休的碑文中有深入阐述。我想，南师应该对于圭峰禅师融汇三教有一种肯定，有发潜德幽光的一份心情在。裴休还当到宰相，是唐代晚期居士学佛的大成

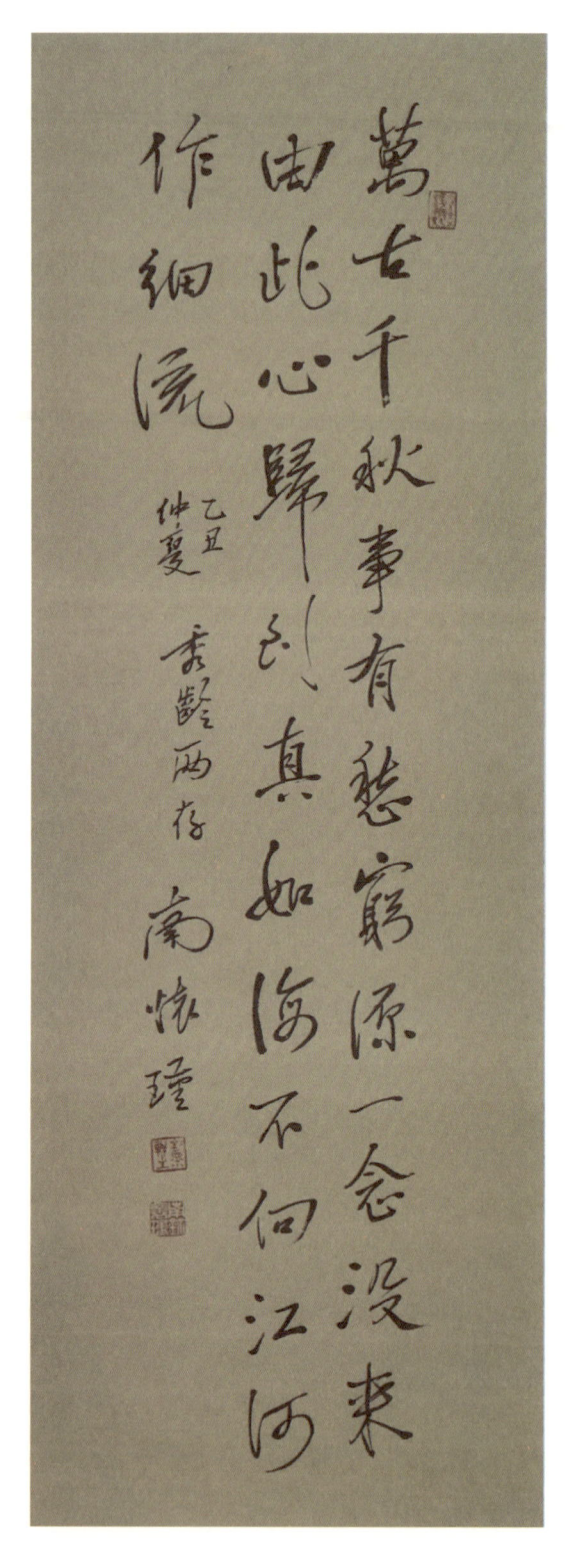

萬古千秋事有誰窮源一念沒來由此心歸到真如海不向江河作細流

乙丑仲夏 書齡兩存 南懷瑾

南懷瑾墨迹

就者，曾经受法于黄檗禅师的事迹，在《指月录》上有详细记载。他跟圭峰禅师，是辈分差不多的道友，书法学的是柳公权，比柳书还要温润灵秀，或者南老师学过也说不定。但它毕竟偏属柳体风格，柳风紧劲严整，实在跟南师豪宕洒脱的性情未甚契合。所以我们也可以发现南师遇到特殊的场合，偶尔会写些比较规整的楷体字，可南师才高敏悟，一向天马行空洒脱惯了，越是写得规整，点画间的气脉就断得越是厉害，总不如流畅行草书的当行本色。

谈到"神仙字"，令我想起陈抟集北魏《石门铭》字所写"开张天岸马，奇逸人中龙"的一副名联。这个集联有两个版本，一个是直式的墨迹本，一个是横式的刻拓本。南师早年曾经有一副墨迹本，就挂在台北信义路复青大厦的办公室内。后来，他移居美国，又回到香港。有一天，他跟我通了电话，说陈抟那个"开张·奇逸"集字五言对联，搬来搬去不知道放到哪里去了，都找不到，问我看有没有。我手边正好有两套，于是赶紧把品相较好的那一副裱妥后送呈南师，也就是后来挂在太湖大学堂的那一副。

对于陈抟此联，南老师大概特别喜欢那种气势开张、豪迈夭矫的风神气象，但跟南师书风的形成恐怕不会有太大的关系。据我看来，南师的行草，应该多少受到张三丰与白玉蟾两位道家人物的影响。

南老师曾经提到抗日期间，他在成都青羊宫看过张三丰用草书写的碑，有七八块，他说他看了"佩服透顶，那真叫作神仙笔迹。每一个字不是横，不是直，那个笔画都是圆圈，真像是太极拳，可是都看得清楚"（《我说参同契》）。我没见过这七八块碑拓，倒是有一件张三丰草书《刘长卿别严士元》七言律诗，书法风格写得真的就像南师所说，都是曲线连绵，圆转流畅，好像画太极似的，且笔锋纽挫，有"缠丝劲"的效果。但墨迹本有两件，一件好像是收藏在海外，风神比较自然，当是真本；另一件应该是根据刻拓本双钩填墨复制出来的，神情比较呆滞，笔势也不甚自然。南师行云流水调的行草书，应该多少受到张氏此种"太极"书风的启示与影响。

我曾翻阅台北《故宫历代法书全集》，在《宋元宝翰》册内，偶然看到白玉蟾的草书小横幅"四言诗"，笔势开张，神气飞动，立刻联想到南老师的书法。虽然这一幅写的是草书，而南师基本上写的都是行书，但彼此轻灵飘逸，虚朗冲和，在意象上实有高度的神似处。白玉蟾在中国仙史上，是一个文采极高的隽材。他小时候颖悟聪慧，谙诵九经，随着祖父到琼州做官，不久祖父、父亲相继逝世，母亲改嫁，他也随着改姓白。后来，母亲又死了，他被继父逐出家门，因而"厌秽风尘，腥臊名利"，对仕途不感兴趣，十六岁便云游方外而慕道学仙。除了道行高深外，他又精通书画，文章诗赋也无不精能，是仙家才子，1969 年台北自由出版社曾经出版《白玉蟾全集》三册，对于正统丹道之学有翔实的阐述，世称其"出入三氏，笼罩百家"，发挥性命之学，是南师非常敬佩喜爱的一位神仙人物。

南师说他年轻时也曾发狠练过字，不过南师是绝顶聪明的人，他的书法，并非在具体点画的字形上照着刻画描摹，而是在节奏旋律乃至神情意蕴上去把握。对于真有功夫的人，往往眼睛一照便得其仿佛，所谓"一入眼根，永成道种"。郑板桥说过："十分学七要抛三，各有灵苗各自探"；又说"学一半，撇一半，未尝全学。非不欲全，实不能全，亦不必全也"。这话说得最是究竟。清人刘熙载说："书者，如也。如其学，如其才，如其志。总之曰：如其人而已。"须是先有此胸襟，方能有此书法。南师是个出格的仙才，其书非学可到。

诗文书画看似小道，成大家不易

记：对于中国书法，南怀瑾先生是否也有一些独到的见解，又是如何影响您的？

杜：南老师对于我在书法学习上的指点，印象中前后应有两三回，大致都是通过信札表达的。就目前手头保留的南师来信而言，其中明显跟我学书法有关的有两封，其中一封是南师移居美国时写来的。内容如下：

"忠诰老弟如见：三月十八日手书阅悉，因忙稽覆。诗文书画，看似小道，然欲成为大家，颇不容易。有满清三百年宫廷之环境，方能培养一个溥儒。有后唐之江南小朝廷，方得造就一个李后主作为词人而已。人人都说李后主词好，何尝进思：彼以丧失一个国家政权作成本资料，才能写出几句缠绵悱恻的好词章！倘是白屋书生，出身草泽，必须多闻、多阅历；读万卷书，行万里路，交万个友，才能渐成大器者，子其勉乎哉！匆此，祝平安 86、5、7 老拙寄于华府。"

这封信的发信时间，应是公元 1986 年 5 月 7 日，亦即南师赴美的隔年所写的回复函。至于当时我在写给南师的信中，究竟向老人家报告了些什么，怎会引起南

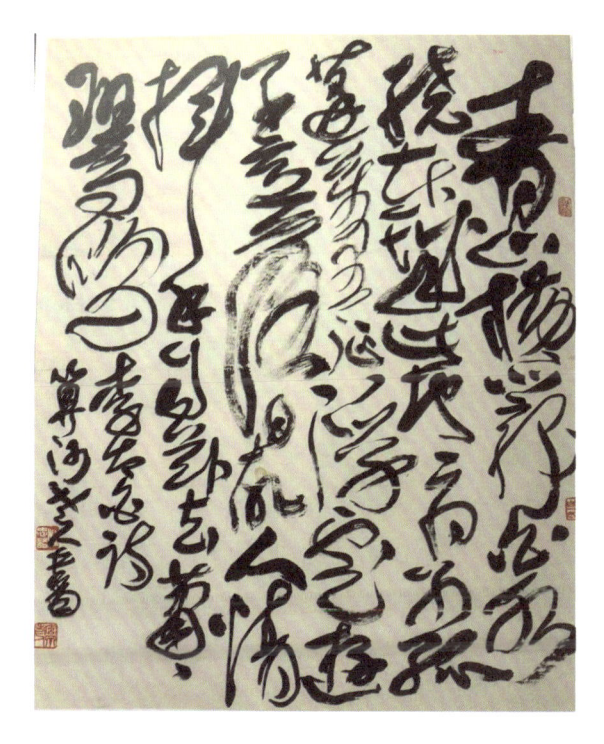

杜忠诰先生的书法作品

师跟我谈这些个内容,由于当时我刚在历史博物馆"国家画廊"办完首度个展,为了负笈日本而全力补习日文,忙碌到连日记都没时间写,以致今日缺乏资料可供查考。但从时间点加以推索,应是我把平生第一本作品专辑寄呈南师教正,南师看了有感而发吧!

南师首先指出,诗文书画看似小道,但要在这些小道上真有所成就,也并非容易的事。此函主旨,跟具体的毛笔书写内容毫无关涉,而是在文艺总体方向上做出的点拨,勉励我若要成就"大器",就要像溥心畬、李后主等人成为一代"大家",却又点出中国历代的文学艺术大家,往往出于书香世家的现实真相。南师深知我是乡下农家子,既无书香家世的资源挹注,当然更不能获致如溥心畬、李后主等人的优渥学习环境。尽管如此,南师还是为我"仙人指路"。说像我这样一个"出身草泽"的"白屋书生",若想在艺文上有所成就,活路只有一条,那就是"多闻"和"多阅历",

185

前者重在理上认知，后者重在事上验证，其实这两者是二而一，偏废不得。接着他为我指出三个具体努力的方向："读万卷书""行万里路""交万个朋友"。

个人因为家无贤父兄，少小缺乏童子功，尤其在国学方面，一生似乎都在做补课的功夫，真真是"勤苦而难成"。然而1949年的特殊因缘，大陆一批文化精英聚集到这弹丸之地，让这原本归属文化边徼的台岛，"文化密度之高，开千古未有之奇局"。就在所谓"暗者求于明"的精诚博访求索中，神奇地让我弥平了来自家世先天不足的缺憾。得遇南老师，不也就是在此机缘下吗？回首来时路，无论我要学习什么知能，几乎都有高明的请益对象，可说不虞无明师高人之匮乏，只怕我个人才性愚顽，精勤不足。然而，学海无涯，到如今，南师为我所指出的三条路径，都还大有努力的空间。这可是穷尽一生都未必能做得周全的大功课啊！

另一封信，是1996年4月间，我寄了一箱此间竹山地瓜到香港给老师品尝，里面也附呈我新出版的一本作品专辑。后来南师回了信，信中特别提道："大作选集甚佳。唯从今起，老弟似应放松人力手劲，体任天然，方可更上层楼，别树一帜。不然，终属凡俗之胜而已。如何？"这是南师观览拙作专辑后，明确提出"放松人力手劲，体任天然"的具体改进意见。

个人由于出身寒微，因而自觉非刚健自强，无以自立。但刚健惯了，性格连带影响到作品风格，常感点画用笔上鼓努之力偏多。而在1995年前后，我已有强烈自觉，并想方设法要加以销熔。那时，我走的是碑帖合参的创作进路，碑路要求涩劲的用笔惯性，往往会造成气机的阻滞而有欠自然，故急需轻灵婉转的帖路行草书来相救济。尽管已经认清这一点，但功夫不到，天然不出，幸有南师火眼金睛及时的照见与提点，让我得以及早转身，才不致在这困境中盘泥太久。

当时，适巧有缘收藏并临写了张旭名下的草书手卷拓片，深受该卷书迹绵密气脉的不少启示；又因曾替大陆昆曲名家张继青女士的来台公演题写海报，有机会聆赏她婉转细致、掩咽有度的唱腔，对于线条的律动与质地有了全新的感悟。之后，书写时的用笔手劲，才由原本的刚猛，逐渐转为松柔。此外，也由于后来勤修准提法与禅定之故，气机发动，全身气脉起了极大的变化，原本长期虚羸的身体，随着丹田气的恢复，已逐渐转变为康强。不知不觉间，行笔速度也变慢了，点画线条感觉比以前更加沉稳，书写时，比以前欢喜自在多了。而南师信末提到"凡俗之胜"四字，始终是我贴心的警策语外，也常让我联想到南师的一首七绝："万古千秋事有愁，穷源一念没来由。此心归到真如海，不向江河作细流。"岂仅书法一艺而已？

书法背后之"道",练字即炼心

记:南师将书法与"道"相关联,您又是如何看待书法中的"道"的?

杜: 书法,是华夏文化的特产,祖先利用柔软而具弹性的毛笔作为汉字的书写工具,无疑为东方气化实践的智慧学,提供了一个曲尽其致的绝妙法门。

书艺才能的养成,从点画用笔的涩劲、结体造形的平衡、气脉呼应的贯串、谋篇布局的统一等匠人技法的锤炼,经由情感趣味风格的涵泳,层层转进而到达致虚守静,忘怀得失的哲人"理境的圆成",其间关涉到多少知识系统的吸纳、消融与转化,以及多少繁复技巧的揣摩、实践与体证,才有可能"有为虚极到无为",转"万有"而为"妙有"。这些都跟书家个人心灵主体的开显与涵养密切相关,是个庞大而完密的心性陶炼机制。

初学书法,由于不懂笔性,未通笔法,结构无方,又疏于练习,写得拙丑,那是天经地义的事。持恒练习,则下学而上达,日久必见成效。而经过这个过程,原本散乱的,将变而为凝定;虚馁的,将变而为坚实;刚狠的,将化而为柔和;纠结的,将变而为朗畅;躁急的,将化而为闲静。表面看来,这些似乎只是外在字迹的调整改变,实际不然,它正是内在心灵主体调适后的一种投射。这便是所谓"变化气质"。唯有心灵的主机板不断地更新升级,所列印出来的书艺产品,才有水涨船高、不断超越升级的可能。人生百业,大抵都是失误较少者胜出;天生就发而中节,纯全无过的人,根本是不存在的。当负面习气渐被刮磨消除,所写书迹自可由拙丑而渐入佳妙之境。故练习书法,其实是向自家习气挑战,并学习面对自我,调整、超越、转化自我的绝妙法门,所谓练字就是炼心,真是如此。

前述南老师"不上书法当"的话题,基本只是表达他对于书家应索作书、为人役使这一方面的同情与理解,主要还在于发挥宣示作用,好让闲杂人等别轻易开口向他索书罢了。但南师这个话头,却让我联想到宋代的理学家程明道。程氏曾说:"曾见有善书者'知道'否?"(黄宗羲《宋元学案》卷十三)我年轻时读到这里,心中便起疑。程朱一向反对"游艺",反对学书、作文,说这是"玩物丧志",他们的看法难道正确吗？其实，世间万千行业的知能，都可以用一个"艺"字来统括。任何事物的学习，都存在无数从粗疏到精微的技术性难题，需要逐一去面对，去老实修炼。故百工技匠的作为，固然是"艺"；艺术高才与文苑英杰的精心创作，也是"艺"；乃至文、史、哲学的学术考据与道学义理的讲习议论，又何尝不是"艺"呢？甚至佣工的扫地奉茶，也是一种"艺"。同样是可以一心一境，目击道存的一件"事"，一样有发而中节与否、存心邪正的问题。凡事能否正心诚意，才是生命中真正值得关注的核心重点。其他一切情识上的分别执着，都应一起打彻，才能符合孔门志道、游艺的成人之教的宗旨。

王阳明曾自述学书经历："吾始学书，对模（摹）古帖，止得字形。后举笔不轻落纸，凝思静虑，拟形于心，久之始通其法。"他这般精勤学书，不正是"诚意正心"的修道功夫吗？他的书作刚毅遒厚，一如其人，他终于成为一代名书家，可惜他的书名被他的事功及儒学所掩。然而，阳明学书有成，又何尝妨害他体贴良知天理？甚至如前所述，整个书法的修学内涵，既跟儒家有关人格教育原理如此通契。谁又能说阳明先生知行合一学说的创发，不会是在长期跟笔墨磨勘的"依仁""游艺"中获得"辅仁"的触类启示呢？

依稀记得，个人在台北前后得过几个大奖，有一回（不记得是在太湖还是香江），南师还当着大伙儿的面，笑着对我说："想不到写书法也能写出名堂来！"言下似也有几分赞许之意。

书法，原本是一门技艺。《庄子·养生主》曾经假借庖丁之口，说"臣之所好者，道也，进乎技矣。"当有人称赞我的书法如何了得时，我往往会用"雕虫小道"予以回谢；但当对方真的就以为书法只是"雕虫小道"时，我便会老实不客气地适时补上一句"虽小道，必有可观者焉"来回敬他。

徐 永光

1949年出生于浙江温州。当过兵，退伍后为温州邮政局工人；曾任团中央组织部部长、中国青少年发展基金会副理事、南都公益基金会理事长；担任过第九届、第十届全国政协委员，国务院参事室特约研究员。为中国希望工程创始人。

徐永光：期待『希望之钟』传唱南师千古铭文

采访时间：2022 年 4 月 6 日下午
采访地点：温州南怀瑾书院腾讯视频连线北京徐永光书房
采访记者：戴江泓

作为希望工程的创始人，徐永光在 1992 年因希望工程而结缘南怀瑾；次年，徐永光到香港第一次拜会南怀瑾后，在此后 20 年里，他每年都会去看望南怀瑾并聆听老师的教诲。南怀瑾老师生前对徐永光发起的希望工程以及后来关注农民工子女教育的新公民计划，给予了极大的支持和鼓励，还为希望工程十周年打造的"希望之钟"撰写铭文，留下千古教育绝唱。

因疫情原因，身在北京的徐永光与记者相约腾讯视频，接受在线访问。

从温州邮政工人到团中央干部

记：您是温州人，能否介绍一下在温州生活的简要轨迹？您是如何从温州走出去并担任团中央组织部部长的？

徐：我是温州市鹿城区人，1949 年出生的，那时新中国还没有成立，所以我会介绍自己"生于民国 38 年"。我父亲很早就去世了，家里兄弟姐妹四五个，靠母亲给人补袜子过活。为了让孩子有口饭吃，我和一个姐姐先后送人抚养。姐姐一去就没回来，我去的是有钱人家，坚持白天在那里混吃混喝，晚上一定要回家睡觉，最终没有送成。

小时候最大的记忆当然是肚子饿，每天催妈妈做的事就是"快做饭吧"。后来妈妈去做工，也顾不上我读书的事，所以我比别人上学要晚，上学还是我自己找到

徐永光向南怀瑾先生请教

户口本到学校报的名。妈妈下班回来,我跟妈妈说"我已经报名上学了"。

初中毕业那年,碰上"文化大革命"。"文革"十年浩劫,害得我们这一代初中生,没有一个上过高中。

1968年我当了兵。部队生活很艰苦,也很锻炼人,虽然我只当了三年兵,最高职务是班长,但"行伍出身"一直是我引以为傲的经历。退伍回温州后,我被分配到邮电局当工人。1976年"四人帮"被粉碎,我成为温州邮电局临时领导小组秘书。1978年团中央恢复工作,筹备第十次团代会,在全国抽调人手,我也在抽调之列。是什么机遇把我抽调到团中央?是因为我参加浙江省邮电系统的一些活动,能写会讲,被省邮电局局长韩国立看上了,浙江省邮电系统有一个推荐参加团十大筹备工作的名额,他就想到了我。当时我的身份还是工人,也许叫"以工代干"。开完团十大后,我就被要求留团中央工作。我不想留,因为"草根"性格,野性十足,在高处找不到感觉。当时的团中央组织部老部长陈白皋和我谈话,从上午上班到下午下班,谈了整整一天,我还没有表态。他说"明天接着谈",我才知道不答应不行了。

1979年我被正式调入团中央组织部，为干事；1980年任副处长，后来是处长、副部长，1986年任组织部部长，1988年任团中央常委。都是2年一个台阶。

记：您在团中央工作得好好的，怎么后来又去干基金会了呢？从"仕途"转向民间公益，面临什么样的挑战？

徐： 1987年筹备共青团十二大，我是团中央体制改革研究小组的组长，负责起草《关于共青团体制改革的基本设想》（这个设想后来在团中央十二大上通过）。那个时候，中共中央在开十三大，提出政治体制改革。我是共青团体制改革的"激进"分子，提出了很多改革的主张和措施，有的是为了适应经济体制改革中团员、团组织和团干部管理的新需求，有的则比较超前。前者比如废除团的组织关系介绍信，实施"团员证制度"，是为了适应青年团员流动性大的变化，但遭到很多地方团组织的反对，原因说不出口，是因为基层团组织大面积瘫痪。后者比如我提出干部要兼职，不要专职，这样才能聚集最优秀人才；团干部不是做官，要做青年的"头羊"，不做"牧羊人"；团的领导干部应该通过竞选产生；等等。1988年5月团十二大召开时，有人说"团中央出了叛徒，选举的时候要把他选下来"。选团中央委员时，我得票倒数第二，差点落选。在当时，我的一些改革设想太超前了。30年后，团中央和团省委终于有了兼职书记。希望工程"大眼睛小姑娘"苏明娟，当选为安徽团省委兼职副书记，她很优秀。

在我起草的改革方案中，提出成立中国青少年发展基金会，为青少年发展筹集资金，也就是动员社会力量来支持青少年事业的发展。在80年代，国家还很穷，通过社会公益慈善来弥补国家投入的不足，解决青少年发展中的一些困难和问题，是很现实的选项。开完团代会后，我和一些志同道合者一起筹到10万元注册资金，创办了中国青少年发展基金会。貌似孔夫子讲的"道不行，乘桴浮于海"。

"仕途"很顺畅的我，去做依靠民间筹款做事的基金会，有许多挑战。最大的挑战是朋友和家人不理解。有同事对我选择做"手心朝上"的"高级乞丐"到了痛心疾首的地步，认为是"自废武功"，可惜了一个人才。我母亲虽然颇为得意儿子做了一个名声很大的希望工程，但还是不断劝我"回去做官"。在她老人家心目中，第一是"上帝"，第二是"做官"。的确，"官本位"才是中国人真正的"宗教"。

我36岁做到正局级，继续走"仕途"看起来不难。但我却视"仕途"为畏途。因为想法太多，太想按照自己的意愿做事，这是温州人的性格。温州文化的内核就是务实。"永嘉学派"创始人叶适先生讲"善为国者，务实而不务虚，择福而不择祸"，这种文化传统渗透于温州人的血液当中，你看，但凡在中国和世界各地见到的温州人，很少有"混日子"的。我离开体制，不是体制不要我，而是我太"另类"——这是我在团中央组织部的前任部长、后来的民政部部长李学举给我的评语。如此"另类"、不守"规矩"的人是怎么"混"成组织部部长的？这也是不少人给我的问题。我回答："在那个年代，我是'干'成的，不是'混'成的"。

那么，作为温州人，为了追求自由，不做官，经商总是可以的吧。答案在于我也是否定的。我在上海参加过一次全球温州商会会长的大会，那时，我对着几百位来自世界各地的温州商界精英说："当今世界，一个有本事的人——如我，既不做官，也不赚钱，是个是很不正常？告诉各位，我很正常，比你们在座的都正常。做官不自由，经商也不自由，做公益是自由的。我可以做到'从心所欲不逾矩（孔子语）'。你们谁敢说可以在商场中做到？"

成立基金会时只有注册资金10万元，做希望工程没有钱怎么行？也是温州人的商业头脑帮了忙。我先办了一个公司，叫中国青少年读物发行总公司，主办者是团中央。我需要先做一笔读物发行的大买卖，于是找了国家税务总局，提议开展"个体工商户税法教育"。那是1990年，大家都知道的原因，全国个体工商户减少了300多万，征税肯定会大大减少。我给国家税务总局领导出主意，可以由国家税务总局和团中央共同开展一次"个体工商户税法教育"，因为个体户中青年人居多。这事谈成了，我出任全国"税教办"主任。接着编写教材，把几百万本教材发到个体工商户手中。搞教育活动是共青团的看家本领，税务部门第一次尝到了搞教育活动的甜头。当年全国个体工商户在数量减少的情况下税收增加了300多亿元，我的发行公司挣了2000多万元，这要放在今天值多少钱？希望工程刚开张，我就有了一笔可以自由支配的本钱了。看来我要是做商业也是有一套的。

希望工程启动后，刚开始靠发募捐信筹款。效率低，成本高，有了钱，我就想到在《人民日报》和一些大报上刊登募捐广告。那个时候还没有公益广告的概念，在《人民日报》上登半个版面的募捐广告，需要8万块钱，好在我有了"本钱"。广告一登，了不得了！《人民日报》的发行量可是500万啊，党报发的广告，又有公信力，希望工程捐款就哗哗地来了。

希望工程收到南师四万美元捐款

记：1992年，希望工程推出"百万爱心行动"，身居香港的南怀瑾先生得到消息，给中国青少年发展基金会汇来四万美元捐款。这是您第一次听说南怀瑾先生的名字吗？那时候，您对他了解多少？南怀瑾先生知道您是温州同乡吗？

徐：1992年，希望工程启动一对一救助的"百万爱心行动"，引爆了社会爱心。希望工程刚开始救助失学儿童，受限于管理能力，并没有做结对救助的安排，统一募捐，统一救助，捐款人不知道具体受助对象是谁。后来，我们收到一些捐款人的建议信，"希望能让我们直接结对救助这些孩子，并保持通信联系，这样，我们的人生经验也可以指导孩子成长"……这些建议非常好，我们就采纳了，1992年开始启动一对一救助模式。为了便于结对救助，我们又与国家邮政总局合作向全国发行一张"希望工程结对救助的明信片"。那个时候人们汇款不是到银行而是去邮局。捐款人在邮局买一张明信片，填上自己的信息，提出你的要求，寄张明信片的同时通过邮局汇款。当时200元捐款就可以帮助一个失学儿童完成小学学业。按照一学期书本杂费20块钱计算，一年40块钱，200块钱可以资助5年。

希望工程从1989年开始，到1991年累计救助3万人，1992年实施结对救助，这一年就突破了32万人，是过去3年累计的10倍。也就是在这一年，我们就收到了南怀瑾先生4万美元的捐款。

当时香港也有很多媒体号召募捐支持希望工程。南怀瑾先生捐款的信息是温州人黄传会告诉我的。黄传会当时是海军政治部创作室的副主任，后来是主任，进阶文职将军。他在中间起到了联络作用。我们把南老师的捐款安排在温州当时的贫困县泰顺县结对救助失学儿童。1993年，我和黄传会一起去香港给南老师汇报捐款落实情况。

在这之前，对南老师了解不多，只是听说他是一位温州籍老先生，被誉为国学大师。得到了南先生的捐款，我们特别兴奋，之后跟南先生有过几次传真往来通信。

满眼生机转化钧,天工人巧日争新。预支五百年新意,到了千年又觉陈。

徐永光年

己卯仲秋 赵瓯北诗 南怀瑾书

南怀瑾先生书赠徐永光

初次拜会指点迷津，也泼冷水

记：您当时第一次去南怀瑾先生的香港寓所，大概停留了多长时间？听说第一次见面，南怀瑾先生就曾提议您去担任金温铁路的总经理，您为何婉拒？

徐： 那次是出差到其他国家途经香港，在香港期间有黄传会陪同。因为是第一次拜见南老师，跟他有比较长时间的交流。首先是介绍我的经历和希望工程的由来，接着向他报告捐款落实的情况。其间有问有答，谈兴很浓，也可以说比较投机吧。谈着谈着，南老师突然一拍大腿，说："哎呀，金温铁路，正好需要一个总经理，就是你了！"我当时着实有点受宠若惊。金温铁路是南老师筹集资金的、国内第一条民间投资的铁路；而且在孙中山先生的《建国方略》里早就规划了金温铁路。这件国内大新闻在当时影响是很大的。

记：对于南怀瑾先生的提议，您就没有心动吗？

徐： 当然心动。但是，我不可能接受。因为，希望工程是我"捅"出来的一件事儿，刚刚开张。金温铁路建设是一件宏伟的大事业，对我当然很有吸引力，而且我天生爱做有挑战性的事情。但是，我不能见异思迁，把刚刚发动起来的希望工程撂一边。这不是我做事的风格。

听了我"恕难从命"的表态，南老师并不生气，但他有一些难听的话要说："永光啊，你可是把玩笑开大了！"他所说的"玩笑开大了"，意思是毕竟希望工程要揭示中国乡村教育中的困难和问题：每年百万儿童因贫困失学，将成为新文盲，这样的"故事"讲起来很不好看。但不讲这些悲怆的故事，谁给你捐款啊？南老师确有先见之明，甚至就是神机妙算，后来发生的事都印证了他的预言。后来香港《壹周刊》诽谤希望工程，造成了很大的麻烦。

南老师看问题是很透彻的。

那天，南老师给我开列了几条圣贤做事的诫条：一是《道德经》"功成身退，天之道"；二是"谤随名高"；三是曾国藩写的一副对联："左列钟铭右谤书，人间随处有乘除。"南老师最后总结道："永光啊，我就是冰果店老板"，台湾的冷饮店叫冰果店，"专门给你泼冷水"。以后见面，每每重提这句话。

老师对我的告诫，我心领神会，是真的领悟在心了。所以，我个人从不张扬，绝不冒头。你看，社会上能把希望工程和徐永光联系起来的人有多少？不到万分之一吧。全国14亿人中，了解这个背景的，能有1万人就了不起了。这算是我的"成功"吧。我虽然还做不到佛家的超凡脱俗，但深知"功成弗居""知止可以长久"的道理。我从没开过微博，也没有微信公众号，拒接一切TED演讲之类抛头露面的事。

南怀瑾老先生给我的耳提面命，指点迷津，让我受用不尽。

谤随名高不张扬，领悟师教慢慢身退

记：您讲过，希望工程存在八大隐患，能展开来讲讲吗？

徐：希望工程从诞生那天起就是探索的产物，"无先例可循，无成法可依"，走的是一条前人没有走过的路，加上中国法制不健全，就会面临更多风险。

"希望工程必须洁白无瑕，不能有任何污点"，这是社会对希望工程近乎苛刻的期望。实际上，希望工程并非生存于真空之中，有八大隐患像幽灵一样徘徊在它的身边。每一个隐患的恶性发作都有可能给希望工程带来灭顶之灾。说到这"八大隐患"，那是在1993年，我当时提议成立了希望工程社会监督委员会，请了一批有社会名望、有专业能力的志愿者做监察巡视员。在那次监察巡视员的第一次会议上，我把希望工程八大隐患提出来了。

希望工程八大隐患是：

体外循环：未经授权的希望工程捐款募集和使用；

假名营私：不法之徒假希望工程之名搞非法牟利；

体制摩擦：体制内不按管理规范办事，另搞一套；

制度风险：政策、法律制度不完善带来探索风险；

管理疏误：因实施机构疏于管理导致捐款不落实；

中伤毁誉：个别不负责任媒体或个人的恶意诽谤；

失准评判：进行道德绑架苛求万无一失以偏概全；

自砸招牌：实施机构领导人的贪污腐败道德风险。

我始终相信，希望工程不会被别人打倒，只会被自己打倒。如果不能实施严格的管理，出现贪污腐败、营私舞弊的行为，那就是冒天下之大不韪。我常对人说："做希望工程不是上天堂就是下地狱，没有第三条道路。我是在天堂和地狱间走钢丝。我现在这样努力做事情，就是为了不下地狱。"从希望工程实施的第一天起，我们就把管理视作生命，强调工作人员的自律。但因人性的弱点和社会现实的影响，自律有时候是脆弱的。因此，加强他律，发挥社会监督的作用，对希望工程保持纯洁至关重要。

记：其实到 1997 年，希望工程已经到达一个特别高的高峰了，特别火的时候，您听从南怀瑾先生的告诫打算抽身，但后来并没有实现，是什么原因？

徐：其实 1997 年那个时候，我对希望工程存在很大风险是看得比较清楚的，尤其是有这么多人的参与，难免百密一疏。我在等一个机会退出。当时，党中央提出本世纪末（2000 年）的两个目标，一是"基本普及九年制义务教育"，一是"基本消除贫困"。我想应该借这个时机，宣布"希望工程完成历史使命"，这叫见好就收，然后把它送进博物馆供起来，这就大功告成了。

但实际上，这只是我个人的一厢情愿，或者说只是我个人的理想主义。上上下下都不接受我的这个观点。因为，毕竟"消除贫困"、普及九年制义务教育，这只是一个目标计划，实际上真能做到吗？我是以此为由头，做退的打算。我在《人物》杂志《共和国同龄人自述》中说："我的目标是，把一个功德圆满的希望工程留给这个世纪；让一个财力雄厚、信誉卓著、制度完善、人才荟萃，具有社会化、现代化、国际化水平的中国青基会跨入下一个世纪。此后，我还会追求。那就是，追求精神的更加富有，追求人性的更加完美。"从 2000 年提出辞去中国青基会秘书长，到交班，我个人算是引退成功了。当然，希望工程并没有结束。

记：既然希望工程是一项利国利民的好工程，为什么还会遭到这么大的非议？还惹出了一场长达数年的跨境官司，对于这场诉讼，南怀

瑾先生持怎样的态度？

徐： 1994年香港《壹周刊》发文诽谤"希望工程七千万元捐款失踪"，为了讨回清白，中国青基会在香港高等法院起诉《壹周刊》。这场官司胶着了整整6年，2000年春天，中国青基会诉香港《壹周刊》诽谤希望工程案终于在香港高等法院开庭。

为了案子，我多次去香港与律师会面，每次总要去看望南老师。其实老师并不主张打这场官司，但见我一定要"拼死一搏"，也没有坚持反对。开庭前，我和我的诉讼工作团队一起去老师寓所，临阵前请南老师面授机宜。那天，南老师给我们讲的是中国古代的诉讼制度，讲古代律师——"讼棍"的作用。他绘声绘色地讲了他父亲曾经被一个恶棍纠缠勒索，后来如何用智慧化解危机的故事。那天晚上，在欢声笑语中我们学到了许多知识，第二天，我们也更加精神放松地走向捍卫希望工程清白的法庭。

这场官司的庭审进行了整整半个月，我坐在证人席上，接受了对方律师长达8个小时的盘问。经过激烈的较量，香港高等法院钟安德大法官判中国青基会胜诉。判词写道："本庭相信徐先生及杨先生（原告两证人）的证词在有关责任方面是完全可靠及可信的。"在这起香港历史上首例公益机构诉媒体的官司中，我们取得了完胜。

此外，还出现攻击希望工程投资的舆论风波。任何投资都有风险，虽然希望工程的投资总体上是赚钱的，而且赚得很多，但抓住你几个亏本的项目曝光，再给你加一项"违规投资"的罪名，那就麻烦大了。人们质疑"捐款不去搞资助，竟然拿去投资""投资还亏了本"，那肯定是要被追责问罪的。这里需要说明，我所做的希望工程投资，属于合法，但并不合规。首先，捐款投资是合法的，也是必需的，如果不投资增值获利，基金会连人员工资和工作经费都没有来源。《国务院基金会管理办法》规定，捐款不能动用，机构运行经费要从投资收益中列支。至于投资怎么做，中国人民银行要求"委托信托投资公司"管理。这叫"合规投资"。我当时没有这么做，而是自己做投资活动，成为两家上市公司的原始股东，回报率十几倍，虽然有亏损项目，但以盈补亏绰绰有余。

希望工程实施过程中经常会碰到一些问题，有时候必须接受道德考问。我经历过一次严峻的公关危机。某省一笔希望工程捐款拨发下去后，在一个乡级教育系统的办公室出了问题。教育部门的经手人把这笔钱贪污了，然后造假，以受助学生的名字写假信给捐赠人。希望工程管理制度的设计中，捐款人既是参与者，也是监督者。这位捐款者是上海人，他收到几名"受助孩子"的信后，经过分析，觉得那里面可能有诈，就亲自跑去当地调查。结果，就把这个希望工程作假事件通过报纸披露了。紧接着，中央电视台白岩松的《时空连线》节目对我进行直播采访。上海那位捐款人也参加连线采访。

面对白岩松代表广大捐款人和社会公众对希望工程公信力的追问，我没有回避自己的责任。我说，这件事虽然发生在希望工程管理机构之外的教育系统，但接受捐款的是我们，责任我得负。这说明我们的管理存在盲点。我们马上改进，把拨款流程改成直通车，即捐款拨付不再拐弯，直接到达受助孩子监护人的手里。

白岩松最后问："永光先生，人们要求希望工程这样的公益事业一定要万无一失，你能做到吗？"我回答："如果要求希望工程管理必须万无一失，我马上辞职！这没法干。任何事情都不可能做到万无一失。管理再严，也可能在某一个环节出问题，但我可以做到的是，有问题一定要查，有错一定要纠，绝不能让它再度发生！"希望工程腐败率极低，一是公众参与和监督，是希望工程最好的"保护神"，作假很难，很容易被发现；二是我们坚持有问题必查、必究、必改，使得管理日臻完善。

为"希望之钟"撰写千古铭文

记：1999年是希望工程实施10周年，在您的回忆文章里我们了解到，当时您举办了一系列的纪念活动，您还设计了一款纪念钟鼎，请南怀瑾先生撰写了钟铭文。请您详细介绍一下当时的情况，南怀瑾先生留给您的这些墨宝，给了您怎么样的启示？

徐：希望工程十周年的时候，我就想，一定要做几件有文化价值的事情来纪念。我做了两个设计，一是请国家交响乐团作曲家关峡（他后来成为国家交响乐团的团长）写一部"希望交响乐"。这部大型交响乐，在希望工程十周年晚会上奏响，获得巨大成功。

第二，我们听取了很多专家的意见，铸一口"希望之钟"作为永久纪念。我们

希望工程十周年纪念钟鼎钟模

请上海博物馆馆长、中国青铜器著名专家马承源先生设计。这口"希望工程钟"采用古代铸钟形态,铸成后高两米许,重一吨多;美轮美奂,非常壮观。钟模出来后,我求南先生撰写钟铭。南老生欣然写下:

  黄钟大吕 天籁徽音 木铎晨钟 贤哲雅教 金声玉振 延续慧命 有响斯应 华夏之光

  希望工程 承先启后 继往开来 频年勤获 初砥小成 铸兹纪闻 期启后昆 谨以铭志 文治永康

  南先生写的这段文字,大气磅礴,催人奋进,令人警醒,非常有震撼力!也让我受益良多。

  遗憾的是,这口钟开模后没有铸成。铸钟不仅需要很大成本,还有,大钟铸成后,需要有合适的地方来放置。我在温州南怀瑾书院开院典礼上，曾主张："希望之钟"铸成后如果悬挂于南怀瑾书院，作为镇院之宝，是再合适不过的。"黄钟大吕　天籁徽音　木铎晨钟　贤哲雅教　金声玉振　延续慧命　有响斯应　华夏之光"之于书院，正如师魂长驻，绕梁不绝。以后温州的学子们就可以到这儿来敲敲钟，祈愿学业上进，也是件挺有意境的事情。

推动儿童读诵经典，受益终身

记： 南怀瑾先生当年在修完金温铁路之后，有一段时间，他一直在倡导推动儿童经典诵读，您当时在主持希望工程包括中国青少年发展基金会的工作，您曾是在全国范围内推广儿童经典诵读的"幕后推手"，包括在温州，当时也掀起了诵读经典的热潮。请您回忆一下当时您具体做了哪些工作？南怀瑾先生都认可吗？

徐： 诵读经典这件事，我领师命在1998年。我去香港见南老师，他郑重其事给我布置在内地开展经典诵读的任务，推荐我认识了台湾的王财贵教授。当时，王财贵在台湾推动读经教育，影响很大。我们就请王财贵教授到大陆来演讲。同时，我还请了中国文化书院的副院长陈越光来主持这件事。陈越光是一个文化人，南老师很喜欢他，甚至有一段时间南老师想让越光到太湖大学堂去做管理。越光亲自编了《中华古诗文读本》，一套有12本，由北京大学出版社出版。这12本书现在还很火，甚至出了很多盗版的。

希望工程使许多因贫困失学的少年重返校园，但我觉得"有书读"仅仅是第一步，还要努力让更多的少年儿童"读好书"。1998年初，中国青基会成立了社区与文化委员会，负责实施"中华古诗文经典诵读工程"，在全国近千所希望小学的数十万名学生中推展古诗文诵读活动，作为希望工程的深化和延伸。我们那一代人知道，"文革"把传统文化批臭了，改革开放以来长大的那批青年，兴奋点在现代化和西方文化，对中国传统文化无暇顾及。当时中国的青少年要面向世界，开创未来，不能不站在五千年文化的巨人肩上。所以，"中华古诗文经典诵读工程"是中国青基会继成功实施希望工程后推出的又一项跨世纪工程，我们称之为一项旨在继承弘扬中华优秀传统文化、提高广大少年儿童道德文化修养的新的希望工程！

"读千古美文，做中华赤子"，书声琅琅，开卷有益，文以载道，继往开来。本着这样的宗旨，"中华古诗文经典诵读工程"主要面向 13 岁以前的少年儿童。当时中小学语文教学也存在着一些弊端，好在这些弊端已经引起了教育界和社会的共识。对语文教育的缺陷，那几年社会上批评得很厉害,有人甚至认为它"误尽苍生"。好端端一篇文章，非要拆开了、揉碎了，告诉你这是肺部，这是肝脏，割裂了文章的整体、意境、韵律之美和人文精神。古诗文诵读活动也是弥补语文教育的不足，因而也得到了从中央领导到社会各界的支持。

但是对这件事，南老师有点不满意，他批评我们"不得要领"。而且，他的批评是正儿八经的。他严肃地把我和越光召到香港，他说："先说你们现在做的这个事情，我给你们在空中画一个大圈，这个大圈叫：可。"

一个大大的"可"字，是什么意思？他说"大可不必"。然后，他说："我们不是要培养诗人、文学家，我们是要培养改变世界的科学发明家、学术思想家"，所以，"光靠读古诗词可不行，还必须读原著"。南老师指的原著就是"四书五经"。

2006 年秋天，上海"文汇讲堂"请南老师讲授"中国传统文化与大众传播"，我在下面听。讲到儿童读经，老师又重提此事："徐永光先生今天也在这里，他也是响应者，他是希望工程的创办人，在青少年诵读经典方面，他是老前辈了。他们发动做了很多事情，出了很多书。但是刚开始时，他们编了很多唐诗宋词读本。我表示反对。我说我推广儿童读书，要中、英、算一起上，结果你们把儿童读书的重点变成读唐诗宋词。中国未来不是培养一万个李太白、一万个杜甫，那不过多出两个诗人嘛！我希望后一代多出学术思想家和科学发明家。有关儿童智慧开发与朗诵的显著效果，上海华东师范及国外的学术机构，都有统计数字的专研报告，大家可以参考。我们不是开倒车，不是复古，是'苟日新，日日新'，带领后一代迈向 21 世纪的新起点"。

南老师自己编的版本有"四书五经"，还有一些英语的诵读本。他希望以此为基础，从小培养儿童的兴趣。当然，如果全部按照南老师的要求，那就太难做了！当时在国内推行经典诗词还行，但只读"四书五经"就会很难推广。我跟南先生开玩笑："老师，您是'原教旨主义'。"南先生的这个要求，我们并没有坚决地执行。但整体来说，应该还是很有成果的。王财贵教授一直坚持做这件事，后来他也在青基会设立了一个基金，创建了泰顺文礼书院。2018 年，泰顺文礼书院在泰顺县的畲乡竹里奠基,我也去了。

记:南怀瑾先生走后这么多年了,您觉得当时南怀瑾先生倡导的和我们今天依然坚持的青少年读诵经典活动,对现实社会起到怎样积极有效的意义?有成才的例子吗?

徐: 经过我们的努力——也是因为一个大势所向,经典传统已经大量进入了我们的教材,整部《论语》纳入2018年北京高考范围。如果说高考是指挥棒的话,那现在这个指挥棒厉害呀!不读经以后考试都要成问题了。当年孔子在推动他的理想的时候,有人说孔子就是那位明知不可而行之者。

中华古诗文经典诵读工程有三个好处:一是开发少儿的记忆力。背诵能力的开发,也是一种智力的开发。二是打好语文基础。让少年儿童接受传统文化的熏陶,也是一种活的文化熏陶。三是提高少年儿童的道德修养,"与经典同在,与圣贤同行"。更重要的是,文化熏陶、道德修养自然渗透在古诗文中,对于处在流行歌曲和广告词包围中的少年儿童,自然也是一种极好的素质教育。

南老师曾经让我去他家乡故里乐清南宅给家长和孩子们讲经,我只好去了,还在南老师次子南小舜组织的大会上"班门弄斧":"我们做过评估,儿童每天诵读20分钟,坚持3年就能背诵10万字经典,超过大学中文系本科生的背诵量。小时能背,终生难忘。这个比让孩子学钢琴、学小提琴要容易得多是吧?读诵经典对大脑发育很有益处,尤其是有一群孩子一起读,他们会很喜欢,小和尚念经有口无心,因为很松弛,读着读着自然就会背了。儿时诵读主要是背诵,不需要理解的,理解是一辈子的事儿。"

小孩子最佳的记忆年龄是13岁以前。在13岁以前,我们的记忆模块是开放的。13岁以后,记忆模块就关闭了,背诵难度就大了。比如6岁的孩子,如果跟六个说不同语言的人一起生活,他们中有会汉语、英语、法语等,那么,这个孩子就同时能讲六种语言,能见谁说什么话。因为小孩子的语言学习能力是大人的几百倍,人在6岁以前的大脑神经元的连接,对接受语言是非常敏感的。这也是王财贵研究的成果。

我们中华民族的这些经典奇妙在哪里?那就是,在全世界的文明古国当中,唯独咱们中华的文化是几千年一脉相承的。2500年以前的《论语》《老子》《庄子》,

我们现在理解起来也不难吧？其实最大的功劳是我们的方块字。中国有 2000 多种方言，字同义同音不同，方块字令中华民族不分裂。如果是拼音文字，温州话谁也听不懂，写出来看不懂，温州还不成"温州国"？所以，中国的语言文字传承是非常了不起的！

我在温州也有几个朋友的孩子很早就参加经典诵读活动，一直坚持，受益匪浅。这些孩子长大以后，自然"满腹经纶"，很有底气，走遍世界，都会非常自信。

创办南都基金助学农民工子女

记：2007 年，您跟南怀瑾先生故乡乐清的一位老乡企业家一起创办南都公益基金，并开始关注农民工子女的教育。那么，您创办这所学校是基于怎样的一个缘分，您和您的同事吸取了希望工程哪些宝贵的经验？还有南怀瑾先生也给您提了一些办学的建议，实施得如何？请介绍一下。

徐：南都基金会是 2007 年成立的，到今年正好 15 年。南都基金会主要出资人周庆治也是乐清人。借此机会，我把周庆治 15 年前在南都公益基金会第一届理事会第一次会议上的讲话摘录一部分，让大家了解他做公益的初衷和理想：

中国改革开放的大趋势使得千千万万的中国人有了实现自己财富梦想的可能，我们这一代企业家是这一趋势的实践者和受益者。

南都集团的基本理念是"实现自我，回报社会"。如何实现这个理念？我欣赏比尔·盖茨的观点："随着成功而来的是巨额的财富，而随着巨额财富而来的是将其回报给社会的巨大责任，是看到这些资源以最佳方式帮助那些需要它的人。"我认为中国同样需要一种机制，使得拥有财富的人能够充分利用他们的资源和智慧，用最有效的方法回报社会。

多年来，南都集团参与过各种慈善活动，但我从来不认为填写捐款支票就是慈善的全部。"散财"和"聚财"同样需要能力。我想得最多的是探索"回报社会"的最佳方式，我把它看作第二次创业。

我向诸位承诺：南都基金会是一个完全致力于为公众利益服务的基金会，南都集团和我个人在此没有私利。而且我在这里也郑重要求基金会秘书处在开展业务活动时，尽量不要宣传南都集团和我本人。

要实现最终惠及弱势群体，促进社会进步的目的，我们必须和众多的民间组织伙伴合作，通过支持他们的公益项目和帮助提升组织的能力来共同实现我们的目标。对合作伙伴的选择，应该重视那些真正成长于民间的、具有创新精神和回报社会理想的组织和创业者。他们是我们的同路人，也是帮助我们实现目标的最重要的支持者。

我国非公募基金会的发展虽然还面临一些困难，但如同民营经济在经济体制改革中的崛起一样，非公募基金会在社会管理体制改革中的兴起，也是不可阻挡的潮流。它的发展将逐步改变我国第三部门以政府办NGO（GONGO）为主的行业格局，增强非营利组织的整体实力和创新活力；非公募基金会主要承担民间公益资金提供者的职能，对于民间组织，特别是"草根"组织获取本土资源，克服资金瓶颈，提高可持续发展的能力具有积极意义。

从社会功能看，南都基金会在支持民间公益的过程中也"生产"GDP，但它更重要的功能是"生产"包括道德、文化、志愿精神在内的精神产品，终极目标是给人以心灵关怀，让人们永远怀有希望。如果每一个人心中都怀有希望，这个社会就会有光明的前途。我想，这就是南都公益基金会的使命和愿景。

南都基金会以"支持民间公益"为使命，以"社会公平正义、人人怀有希望"为愿景，以中国第一家资助型基金会的定位，致力于推动中国民间公益生态建设，同时关注转型期中国的社会问题。成立之初，我们把改善农民工子女成长环境作为资助重点，实施取名"新公民计划"的公益项目，这里有希望工程的影子。

温州的老市长钱兴中退休后去了嘉里集团做副董事长，我们是好朋友，他打算给希望工程一笔5000万元巨额捐款。我提议做一个"嘉里希望工程助学进城"项目，资助一些家庭有困难的农民工孩子进城读书，并帮助一些民办的农民工子弟学校改善办学条件。

南都基金会成立以后，决定再进一步，资助建设100所民办公益性的"新公民学校"。我们试图以此解决农民工子女进城读书的两大困境：一是政府提出"以流入地为主，以公立学校为主"解决农民工子弟就学问题，实际上落实不了。因为进入了公立的学校，就不能收费，变成了由国家全部承担入学成本，如此，政府的积极性就不高。二是私立农民工子弟学校，孩子入学要收学费，成本全部由家庭承担，这样，农民工家庭的负担会加重。而我们计划是资助建立公益性的学校，通过三方来分摊成本，即公益捐赠一部分，政府补贴一部分，家庭自己承担一部分，形成一个成本"铁三角"。

我们还对新公民学校的教育提出了八字的校训：唯真、爱人、乐知、自胜。2009年国庆前夕，我给南老师写信，请他看一看，给我们把把关。很快，南老师让他的助理马宏达先生发来回复，他说："南师说，这个校训可用。另外，办学要特别注意两点：一、对学生谋生技术的培养。所谓良田千顷不如一技在手，有谋生的底气，做人就有底气了。二、品德的培养。不论什么社会，公民也好，子民也罢，人民群众也罢，能够谋生、自力更生者，便有人格独立的基础。反之，人格的养成，与谋生、做人、做事相伴随，更是个人生命质量、社会形态健康与否的基础。"

南老师的点拨非常到位，也增强了我们的信心。但是，创办新公民学校这条路子最终没有走通，也可以说失败了。

记：是什么原因造成了失败？

徐：办公益学校，并不是一件一厢情愿的事。首先是政府积极性不高，批准都很困难。再者，公益办学与私人办学相比并不具备优势。私人办学，是企业或老板自己的投资，管理责任强，财务控制严格。而我们资助公益办学，具备办学能力的公益机构很少。我提出"教育家办学"的口号，但教育家不等于管理家。我们曾花了10万元成本在全国招聘校长，也招到了一个校长，但是并没有坚持多久。结果，出现了我自嘲为"炒股炒成股东"的尴尬局面，南都基金会被几所学校套牢，耗钱费力，有时还要出面调解老师与校长的矛盾、学院与政府的纠纷。理事会内部也产生了很大的分歧，我经常被这些事弄得很有挫败感。后来，我们资助办了10多所学校就终止了。这是我公益生涯中一次惨痛的失败，是理想与现实脱节的失败。

记：您如何从这个失败中走出来的？南都基金会后来又发生了什么变化？

徐： 南都基金会成立一周年的第二天，发生了汶川大地震。我通宵未眠，第二天联络了几十家基金会和草根 NGO，共同起草了《民间组织抗震救灾、灾后重建联合声明》。南都理事会随即决定紧急安排 1000 万元人民币，用于资助草根 NGO 组织参与紧急救援和灾后重建。这笔钱资助了六七十家 NGO 进入灾区服务，主要用作他们的行政经费，发挥了比较好的投资杠杆作用。汶川地震让公益组织第一次联合起来参与灾害救援和灾后重建，中国公益行业的概念也由此开始形成。

2010 年，南都基金会理事会通过新的战略规划，实施了资助人的银杏伙伴计划和资助机构的景行伙伴计划。银杏计划投资一亿元人民币，资助青年公益创业人才突破成长瓶颈，帮助其成为公益领域的领导型人才。景行伙伴资助公益领域有影响力的领军机构。目前，南都基金会主导了"中国社会企业与影响力投资论坛"和"中国好公益平台"等平台型合作网络，打造公益产业链，推动社会创新。

每次看望南师总是意犹未尽

记： 南怀瑾先生从香港回到内地并定居于太湖湖畔之后，您去看望他的次数多吗？在与他的交往中，还有哪些难忘的回忆？

徐： 从 1993 年在香港第一次见南老师之后，到他 2012 年去世，这 20 年间，我每年都见到南老师一两次。

每次去，他总给我讲很多话，出很多主意，还给我设计很多道路，但我都没有接受。又有一次谈天，谈着谈着，他说："那你去做和尚吧。"

记： 南怀瑾先生为何会这样说？

徐： 他觉得我应该是适合出家做和尚的，因为我这个人还算比较无欲无求，好像对一些事情，一些出家人可能还没有我看得那么透。所以，老师就说："你要不要出家做和尚？"我说："老师我可受不了这个苦。这说实在的，我没有这种追求，我也没有到要遁入空门这个地步，我还天天想着喝酒吃肉呢！"所以，我这个人经常让老师失望。

我记得我最后那次见他时,他和大家讲六世达赖喇嘛仓央嘉措,吟诵仓央嘉措写的情诗,谈得神采飞扬,兴致特别高。散席了,南老师留我住下来。他说:"永光,不要每次来蹭一顿饭就走,要住下来。"我对南老师说:"我下次一定住下来。"现在回想起来,我真的是非常愧疚,南老师希望我能够多住下来听听他的教导,我却没有做到。

当然老师的书我看了很多,他的有些课比如"南禅七日"的录本和视频我都看了。一次在无锡灵山参加一个会议,我还冒牌做了一次禅师,给大家介绍怎么打坐。

打坐是很有用的,起码对我非常实用。首先,打坐对睡眠非常好;还有我把打坐当成工具,比如想不起一件事儿,或者一件东西放在什么地方一时找不到,我就打坐,一打坐,左脑关闭,右脑打开。一般打坐 5 分钟,遗忘的事情和东西一定会想起来。这个功能屡试不爽。

李青原：静坐修道采众长，青草南园绿荫荫

李 青原

经济学博士。曾就读于北京外国语学院、英国曼彻斯特大学、中国人民大学。美国哥伦比亚大学访问学者、法国国家东方语言与文化学院客座教授。中国证券市场最早的推动者和设计者之一。曾任国家经济体制改革委员会宏观司副司长，高盛（亚洲）北京代表处首席代表、香港证券及期货事务监察委员会中国政策顾问、中国证监会研究中心主任。

访谈时间：2022 年 6 月
访谈地点：微信语音交流
访谈记者：戴江泓
根据南怀瑾学术研究会访谈录音修改补充

    出生于 1950 年的李青原是位传奇女性。她曾是新中国恢复联合国席位后首批进入联合国的译员，也是国内获索罗斯赞助赴美个人研究项目的第一人。1994 年，李青原在纽约获得证券从业资格，为她后来成为中国证券市场的风云人物奠定了坚实的基础。

    2002 年，李青原临危受命出任证监会规划委办公室主任。2006 年，中国金融出版社出版李青原专著《探寻中国资本市场发展之路》。2016 年，李青原获中国基金行业终身成就奖。

    1993 年，李青原因身体健康原因与南怀瑾结缘，并在南怀瑾的指导下开始打坐修行。2008 年，李青原带领一群青年海归到太湖大学堂请南怀瑾上课，其间，南怀瑾授命李青原创立"青草南园"，开启弘法之路。而今，青草南园成为有南怀瑾书面认可开启的、实修实证研习传统身心修炼之学的平台。

因病先遇南师书，兜转幸得南师授

记：1993 年您因身体不适开始关注南怀瑾先生的书，后来您在香港拜会了他。当时南怀瑾先生在香港半隐居，轻易不见人，却亲自指导您打坐。请您回忆一下当时的情景。

李： 1993 年，我从事经济体制改革方面的工作。有一天，伏案工作时，头往下一低，脖子就疼起来，整个脊背都发硬。那时候还有一个问题，就是夜里经常会

南怀瑾先生授权李青原办青草南园弘法

醒，睡不着，头发也掉得很厉害。那时我才40岁出头，越来越感到不安。

我年轻的时候曾到北大荒务农，后来有机会上了大学，学习又工作，一直处于非常紧张的状态。那段时间吃药按摩，牵引理疗，但好像身体变化不大。有一次实在太难受了，我就请假去医院看病。拿药的时候，要排队很长时间，我就开始想：可能我要找一个其他的方法。

走出医院大门，在街边漫步，看到了一家书店，我就想，是不是应该请教一些有智慧的人？看看书里能不能给我别的出路？我便进了书店，环视一圈，发现一本《静坐修道与长生不老》（现更名为《静坐与修道》）。书名很新鲜，打开一看，原来是台湾一个叫南怀瑾的先生写的。书里讲打坐对身体对生命有什么作用，配有照片和图画。我想，我可以试一试。回家后，我按照书上的指示和注意的要点，弄个垫子，脚一盘，开始打坐。但是坐了十几分钟，腿就又麻又酸又疼，受不了。我心想，可能还是要有明师指点吧，自己坐，不得要领。我也不知道有什么机会能见到南怀瑾先生，就把书放回了书架，打算以后再说。

不久，北京大学的袁教授组织了一个挺重要的国际会议。她通过一个很近的关系，问我可否帮忙去讲讲中国的经济改革。我很乐意，就去了。我按自己的思路讲了一番，效果还不错。袁教授很高兴，她说我们学术机构没有什么钱给你，但我可以请你吃顿晚饭。我说没有问题，于是就同她共进晚餐。席间我们谈了很多关于中国改革方面的问题、东西方文化的差别、如何通过一些理念上的改变为改革扫除一些障碍等。谈得高兴的时候，她忽然说：我一定要带你去见一见南怀瑾先生。我当时脑子里一亮，问：是台湾的南怀瑾先生吗？他不是在台湾吗？她说，他已经到了香港，我可以帮你约见。

不久，我有机会去了香港，见到了南怀瑾先生。南先生慈眉善目，仙风道骨，平易近人，非常和蔼。他的房间墙上挂着一幅国画，上面写着"一花一世界，一叶如来"，透着宁静。见到他，我觉得内心也很宁静。闲谈了几分钟，他就问我："你找我有什么事情吗？"我说，我非常想学打坐，我拜读了您的书，但是不得要领。他说："那你过几天来一下吧，我引导你一次。"我激动万分，感觉非常幸运。

记：当时南怀瑾先生是如何指导您打坐的？第一次打坐，您有什么不一样的体验？

李：他让助手摆好垫子，告诉我怎么坐。他说你闭上眼睛听我说，如果我问你什么问题，你也不要回答，一动也不要动，听的时候就似听非听。

坐好以后，我闭上眼睛，他开始缓缓地讲话。他当时讲的具体内容我现在已不记得了，只记得他讲宇宙的道理，生命的起源，人的生命的开端，生命中最重要的一些因素，以及人的生命会怎样变化等。我只觉得他的声音是一种振动，让我非常舒服，然后影响到我的身心感受，很难用语言来表达。

坐了一段时间后，我开始觉得腿麻了，酸了，痛了。但既然老师说不要动，我就不动，继续听。随着他声音的震荡，我放缓呼吸，尽量让呼吸均匀、深长，心跳也越来越慢。突然，腿上麻木得没有感觉的地方一下子有了感觉，就好像水库的水，经过一个蚂蚁洞流出去了。随着水流，疼麻的感觉也就流出去了。这时候，整个身体感觉非常轻，好像自己是一只鸟在天空中飞翔，自由而愉快。我的眼泪就流下来。

南老师说，睁开眼睛吧。很好，40分钟了。但我觉得只有20分钟，时间过得飞快。老师说，眼睛流泪，说明你很放松，这对你的眼睛和视力都有好处。行了，就这样吧，你就照着练。以后有什么问题随时可以跟我联系。就是要坚持啊，每天不能少于40分钟，回家天天要练。我问老师：静坐是不是要找一个像深山那样的地方？他说山上本来就清净，还要你去清净什么？在闹市中像莲花那样扎根于污泥，都能够清净，才是真清净。老师的话给我很大的启示，回北京以后，就按照老师说的去练。

这就是我认识南老师和开始打坐的一个经历。人海茫茫，书海无边，我怎么就一下子找到这本书，然后就受到南老师的指导，实在是幸运，也是缘分吧。那是1993年秋天。那段时间我工作还是很繁忙的，后来又经历了一些变动。但不管工作怎么忙，我都尽我最大努力，不中断这种修习。

何分中西体与用，修身修炼看形神

记：2008年您曾带着一批青年海归到太湖大学堂听南怀瑾先生讲课，希望他们得到南老师的教诲，能否详细介绍一下当时的情形？那次讲课，对青年海归们后来的人生是否都产生了一定的影响？

李： 2006年我退休之后，就有比较充裕的时间集中精力去修行，也结识了一些对这方面感兴趣的年轻人。2008年在一个青年海归的会议上讨论新一代海归的使命，大家都踌躇满志，要为中国的富强、中国的文明去努力奋斗。在这个过程中我有感而发，就说你们如果要在中国做事情的话，一定要对中国文化有所了解。他们都知道我认识南老师，就问我，能不能去见见他。

我就跟南老师汇报此事。我说："南老师啊，你经常讲要普度众生，众生不是一下子就普度的，人是一群一群的，分不同的类型。这批年轻人有志于为社会做贡献，将来可能对社会对大众是有影响的。如果他们对中国文化的精髓有所了解，会有利于他们成功，是不是应该先帮助帮助他们啊？"南老师说："完全正确，叫他们来吧。"就这样，我们一起去了太湖大学堂。

南老师非常乐于和这些青年人交流，并教化他们。当时争论很大的问题是：究竟是中学为体西学为用,还是西学为体中学为用?不少年轻人认为,中国要现代化,就和以前的中学为体西学为用相反。搞市场经济,搞先进的科学,很多理念应该是西学为体,中学为用。我个人当然不同意这种观点。

南老师非常严肃地讲了这个事情。他说何为体,何为用?"体用何妨分不分"。我理解南老师的话,实践中具体情况要具体分析,不能空泛讲死理。他说,当时那些人为了中国的现代化,提中学为体西学为用,是为了哄慈禧太后,不要把它当回事儿。南老师讲解了这些比较深奥的道理和大家比较关心的话题之后,他一高兴,说晚上再加一节课吧。原计划讲课就一下午,结果他一高兴,吃完晚饭,大家兴高采烈地又回到礼堂,继续听讲。

南老师就从中国文化讲起,讲生命科学,讲修身齐家治国平天下。怎么修身?就是自己要修炼,要审视自己的人生。他一高兴就坐到讲台上,台上有一讲桌,他就丁脆坐到讲桌上,开始打坐。大家就热烈鼓掌。老师把自己的衣服掀起来,说:"你们看我的腰很细的。"他的意思是,修炼的人是有一定的形的。他经常讲,你看一个人要看他的形和神。

青草南园遵师嘱,不把佛法送人情

记:那次讲课,促成了您遵南怀瑾先生之命创办了"青草南园"。对此,南怀瑾先生有怎样的指示?

李: 那天南老师讲课的过程中,有一个年轻人忽然说:"老师啊,我们也要学打坐。"南老师说:"你们从来没有打坐过,没有资格跟我学。再说了,你们这么远从北京到上海来,也不方便嘛。"当时我坐在台下,他就指着我说,"北京有个李青原,你们去跟她学。"

我当时吃了一惊,觉得他也就是说说吧。但是会后,同学们就问:你什么时候开始教我们呢?我说你们不要当真啦,南老师只是说说,不是真的。但是他们就一直说这么重要的事情,怎么不是真的呢?我觉得这件事情确实要问清楚,就打电话给南老师:"你真的让我教他们吗?我自己都修不好,身体还七扭八歪的,又多病,我教不了的。"

青草南园的学员合影

南老师说："谁修好了？修没修好，有没有水平，这都是相对的，一辈子修炼也是没有止境的，都是相对而言。你就把你怎么修的经验心得跟他们共享，帮一帮他们。"我问："你说的是认真的？"他说，"我是认真的，这怎么能开玩笑呢？"

我想了一下，既然老师这么说，我就要认真对待，就专门去了太湖大学堂。我说："老师啊，你要让我做这件事情，我左思右想，你要给我一个书面的认可，书面的指示。"他说："书面的，你要我写什么？"我说："你要写上这件事情，是你让我做的。"他说："可以呀，我写一张纸给你。"我等了一天，第二天他拿了一张纸，写了一份书面的信给我。意思就是我跟他修行了一段时间，现在有人要求学，我应该尽我所知，跟他们共享，帮助他们。

我当时觉得一副重担压在了肩膀上。但师命难违。我说："那我遇到什么问题向你请示，你一定要帮我。"老师说："没有问题，随时都可以。"这就是在2008年南老师给我那封信后，在他的鼓励和坚持下，我开始办起了"青草南园"。

青草南园的学员合影

记:"青草南园"的名字有讲究吗?听说南怀瑾先生给您留了"宁将此身下地狱,不把佛法送人情"的教诲,您是如何遵循这一教诲的?

李: 我要办这个事情,这个班就要有名字。南老师讲过中国道家文化非常了不起,他的书中对儒家、道家、佛家的作用、地位、功能都有详细的论述。讲到道家,他说,一些伟大的政治家、伟大的中医、伟大的诗人都是道家。像白居易写"离离原上草",就是歌颂顽强的生命力。于是我就说,既然是南老师叫我办的班,那就叫"南青草园"?南老师说太难听了!我就问那怎么办?老师想了几秒钟,说把这个字顺序改一下,叫:青草南园。当时在座的朋友都说,这个好听!

就这样,南老师说服了我。那好,我说我就公益弘法吧。老师马上说:不行,一定要收费哦,而且不能收得太低,你明白吗?记住'宁将此身下地狱,不把佛法送人情'。"旁边的宏忍法师就把这句话写下来,我到现在还留着呢。南老师还特别强调：一个人懂得世间法，有福报，才谈得上去修出世法，所以不是什么人都可以修的。我在办青草南园的过程中，也遵照他的这个思路。当然有些人因为特殊原因，给一些优惠安排。总的来讲，我们非常重视南老师的交代。

南老师给青草南园确定的宗旨是"去宗教化，去神秘化，实修实证，探索生命奥秘"。因为是南老师让我做这件事情，所以我不敢不精进，不敢懈怠。青草南园每一期课程开班，都会有一个传统仪式，就是向南师像鞠躬行礼，既是真切怀念，更是表达我们对他的崇敬。到现在为止，青草南园一共举办了44期静坐修道课，共修的已达五百多人，从他们身上我也观察、总结了很多东西，自己也很受益。

内心无喘如墙壁，教学相长采众长

记：您修行那么多年，南怀瑾先生给了您哪些具体的指导？有哪些体悟和心得？

李：想静坐入门，第一个是要有这个心，要发愿。修炼不是随随便便的事情，要经历不少痛苦，甚至是磨难。我记得我从南老师那儿回北京后，自己坐在家里练。觉得南老师引导的时候是一个状态，回来自己坐，完全不是那个状态。没有老师引导的时候，坐了十来分钟就疼痛难忍，饭都吃不下，觉得自己身体裂开了，好像有人把我从脊椎骨那里锯成两半。我就给南老师打电话："我疼得饭都吃不下，怎么办？"老师说："吃不下你就不要吃嘛，一天不吃饭饿不死。"我说："这么疼，我的身体都被锯成两半了，怎么办呢？"他说："祝贺你呀，身体就是两半嘛，左为阳，右为阴。修炼不但要有感觉，还要有知觉，你要知道为什么疼，不怕这个疼。"

他又说："人就是感觉和知觉。你能分清什么是知觉，什么是感觉，你就有很高的境界了。没有决心不行啊，没有发愿的心不行啊，你看过《西游记》吗？你以为那是写旅游呢？那写的是修炼，懂吗？有磨难，有魔障，有诱惑。你坐在那儿疼得要死，心里想我干什么？出去走一走多好，吃喝玩乐什么事不能干，要坐在这儿受苦？如果你要这样想，就不要练了。不疼不痒的就能修炼成功？不可能，所以你要想清楚。"听完老师的话，我顿时转悲为喜。原来修炼不只治脖子疼、代替医生这么简单，是要全身心去修的，包括思想和精神状态。

我觉得这条道路很有意思，但是要不怕死。有一次我睡觉之前躺在床上，开始运气，做呼吸练习，到一定的程度，忽然觉得心脏停止了。我脑子里一闪：糟了！遗嘱还没有写！我要是再喘不过气来，我就过去了。不行，我还是要深呼吸，一个劲儿深呼吸，最后总算是缓过来了。我觉得我死了一回。南老师书中有一句话：要想人不死，先要死个人。这就是当时的感受。

不久，我到太湖大学堂，跟南老师汇报这件事情。南老师就叫来了当时在太湖大学堂的很多同学，说，你们大家一块儿听。他让我把事情再说一遍。老师说："听见没有？修炼是要有勇气的，是用自己的生命做实验，不是用小白鼠做实验，要不怕死，懂吗？"他这么一说，我当时很不好意思，但是也坚定了我的信心。这必须身心投入。

记：对于修炼者，入门需要怎样的条件或有什么要求？

李：首先要有这个心，有这个根基。修炼到高处，是要有一种真善美的境界。一个本性善良的人，有真善美的根基，才会被修炼的境界唤起。如果这个根基没有，其他的根基，身体的、心理的，也不会建立起来。这就是南老师为什么经常讲，不是所有人都能度的，只能度有缘之人。我个人理解就是要有根基。这个根基从哪儿来呢？可能因素就多了，我想，教育是很重要的一方面。这是第二点。

第三点，很多人一听说静坐，就问，我怎么才能坐得住？怎么才能静下来？一个人怎么可能不想事情？怎么可能坐在那儿一动不动的？这是一个问题。我个人的看法，首先要明确南老师说的，腿疼你知道，但你知道你腿疼的那个"知道"，它是不疼的。这就是说你的身体和意识是可以分离的。同时，你要知道打坐这个痛是你通的一个过程，必须忍过去。你在意识上明确，这只是身心修炼的一个步骤。你就不会被这种疼吓住。

我们活在尘世间，有办公室的事情，有家里的事情。社会上的，世界上的，一坐下就想起了各种事情。怎么办呢？老师说这是自然的，你不要一坐下就想，哎呀，我要静，我要空，这是执着。其实所谓静呢，是不要执着。他说：你看，你往这儿一坐，脑子里会出现念头吧。但如果你使劲地跟自己说，我不要想，我不要想，拼了命地去赶走这些念头……想赶走念头的念头又是另外的念头。怎么办？就要学会任何一个念头来了，非常快地把它打发走。我打坐的时候旁边放笔和小本子。比如忽然想起来，我还欠谁 300 块钱呢，真不好意思，赶紧写下来，明天几点钟还钱。好了，不要再想了。坐一会儿又想起来，办公室里有一个同事，家里有什么问题了，我应该帮助他一下。马上记在本子上。都打发完了，就关注呼吸，关注心跳，观察自己的内心。这样做了，南老师说，你可以养成当机立断、快速决策的习惯。我觉得很有启发。

禅宗达摩祖师说："外息诸缘，内心无喘，心如墙壁，可以入道。"在青草南园的初级班里，经常要大家背这句话。

记：是不是说，坚持打坐就能修道入门？

李：打坐是修道入门的一个方式，也不是每个人都必须这样。虽然在南老师那里上课的时候，南老师跟我强调双盘，40 分钟不能动。我发现这种坐姿对某些同学是合适的，对另一些人却不合适。因为他本来一天八小时就坐着，你又让他双盘坐，大部分脊椎又不正，结果越坐越歪。还有的年轻人因为体重和体型的关系，也不容易很快坐下来。南老师多次跟我强调，一定要与时俱进，针对现代人的特点去找修炼的办法。所以我就不断地调整课程内容和具体方法。

我后来有机会学会了站桩。对一些很想一开始就打坐的青年人，我先看他们的体型状况，不合适的，我干脆说你先别坐，你先去站。入门的方式很多，不要太执着于一种特定的方式。

有一些年轻人一来就说：你先给我讲讲静坐的道理是什么。我说人的语言是有边界的，不是什么道理都能说出来的。道可道，非常道，好多东西是要感受的，不是非要有知觉才能认识到真理，很多真理除了文字表达，还有其他各种形式。人认识世界是有很多渠道的，有很多方式。有些文化程度非常高的人一般会说：你给我讲讲这是什么道理。我说，第一，我没有那么高的水平去说这些道理；第二，这不是要你去懂什么道理，是要体认的。他就说，说不清的事情我是不会去做的。我说那对不起，没有办法，不强求。所以别说坐不坐得住了，他根本就不认可这条道路，那就算了。

那要能坐得住，是否要先把那些书都看完？明理，我觉得这是一个渐进的过程。我在香港刚到南老师那里的时候，他满屋子都是书。穿梭不断的人都是来学习的，每个人走的时候都领一大摞书，还有人用箱子推着走。我也赶紧弄一些书拿回去看，有的我能看懂，但很多我都看不懂。我觉得我水平低，比较愚钝，能接受的东西比较少。看人家引经据典，我很羡慕，觉得自己差太远，我就问南老师怎么办。

南老师说八万四千法门，各有各的门，有人必须看书，有人就只能出家。你呢？就打坐。书要看，但现在先不要看，最起码不要看那么多。你先老老实实打坐，到一定阶段，我会告诉你看什么书。后来南老师确实给我指定的书看，还特别送我几本他珍藏的书，让我好好保存。书一定要读，不明理是不行的，只不过每个人的次第不一样。

记：说说您对站桩的认识。

李：有一次上课，有同学问：老师，什么是入静？什么是入定？一开始大家分不清入静和入定。我忽然想起南老师有一次讲课中说，不要把入定看得这么神秘，不是说非得用盘腿才能入定。他说，一个艺术家在从事艺术创作的过程中，到了忘我境界，那也是入定。我脑子里就出现了一个名字——齐白石。我非常喜欢齐白石的画，从他的画中我能够感受到他的手通过笔所透出的那个道、那个力和那种定。

我就说你们看过齐白石的画没有？他画的蟋蟀，那须须比头发丝还细，从画纸的左边一直到右边。从须须之流畅，就知道他那时候是定的，没有喘气，他要是喘气的话不可能画出这样的线条。同学们听了有所悟。下课的时候，有一个叫王鹏的同学非常激动，他说，老师你知道吗，齐白石是练意拳的。我当时特别高兴：太对了，所以他才能是这样一位艺术家！他又说，我就在学意拳，我有一个老师就在昌平的山上。我喜出望外，问：我可以去拜访吗？他说可以啊，你想什么时候去？

我就先请示南老师。南老师说："哦！意拳就是大成拳嘛，王芗斋先生集各家拳术之精华创造大成拳，是好东西，可以学。"于是我就跟王同学说，咱们上山。很荣幸就见到了崔瑞彬老师。我学了以后脑洞大开，非常受益，就号召青草南园的同学也去学。很多同学就是通过站桩，身体发生了很大的变化，有的同学甚至通过站桩治愈了医院治不好的病。后来学习站桩就成了青草南园的一个传统。

记：除了学习站桩，青草南园还有哪些修炼的方法？

李： 我在跟大家交流的过程中经常有感而发。南老师那里集中了各路高人，我曾经在他那儿看过一个录像：一个和尚，受伤在山里头，半死不活，没人理他。伤口结疤以后浑身不能动，没有医生，那他怎么办？他看到山里的野兽用身体在树上蹭！使劲蹭。他就学动物也在树上蹭，蹭他那些疤和结节，刺激经络。后来和尚身体痊愈，还成了功夫教练。我看了以后就想，既然头皮很重要，那咱们就把头顶在门框上，顶在有任何棱角的地方去松头皮，因为百会穴是全身神经集中的地方，跟和尚在树上蹭一个道理。

在让大家去松头皮的时候，我讲头皮太重要了，如有专门的头皮针灸就好了。结果一个卫同学就是专业的针灸师，她说："老师，确实有头皮针！朱明清，原来是上海中医院的大夫，后来去了美国办诊所，治好了很多心脑血管、瘫痪病人，很有名！"我说："太好了，居然真有头皮针！他什么时候来北京，你一定通知我。"过了几年，她给我信息："老师，他到北京了。"我马上去学，青草南园一共去了八个同学，都是中医爱好者。紧接着，有一次在课上我有感而发说，其实，身体的许多奥秘就在中医针灸穴位的名字里，要是有一本书专门解密这些名称就好了。也是这位卫同学，立即从她的包里抽出一本书，"老师，这书送给你。"我一看是《高式国针灸穴名解》，不禁喜出望外。我至今保留并时常翻看此书，获益良多。我后来把这本书推荐给我们初级班的同学们。

有一位同学告诉我，她的台湾朋友用"李凤山甩手法"，癌症居然恢复得特别好。我就查了一下，一练真的很好，马上推荐给青草南园的道友们，现在成了我们上课练习的必做动作。好东西都要吸收，特别是那些简便好记又有效的，毕竟现代人都追求短平快。简便易行的，我就先尝试，经过实践，效果好，就推荐并把它固定下来。

还有一个同学小王，拿了一本 60 年代油印的书给我，"您看完教我们。"后来我也给同学们讲怎么看书。我的体会是眼随心驻，有时候我觉得人的身体很奇妙啊！心会被某些东西所吸引，眼睛就会停在那，然后就好像在一片沙子里发现一粒金子，对于找到有气息支持的深呼吸，特别是下丹田里头息的寻找和感受到它的运行，非常有帮助。因为这件事情我很开心，又想起南老师说的话：教学相长。

不少同学在其他的地方学了好多东西，很愿意跟我交流。我经常说，你们四处寻道，学到什么高招，回来教我。我有不少东西就是从他们身上学来的，如"李凤山甩手法"等，那是经同学们的推荐，我经过实践，认为效果好，就把它们固定下来。有着同样修炼追求的人在一起的时候，都往一个地方去想，会形成一种共识，一种势，推着整体不断地进步，这是很奇妙很愉快的事情。所以我又想起南老师的那句话：度人同时也能度己！

记：修炼是否有风险？您是如何防范的？

李：修炼是有风险的，可能会偏差。风险有大有小，偏差比风险的程度轻点儿。风险是什么呢？在修炼过程中，身体可能会出现一些状况。事先如果有了解，就会避免可能出现的事故。比方说，那次跟南老师汇报后，我就开始随身带着速效救心丸。老师说完全正确，虽说"先要死个人"，但真要死过去也是不对的，不值得。有年轻人问我，是否每人都要带救心丸？我说，我因为年龄大，本来心脏就有毛病，至于其他人可自行决定。

身体可能出现的偏差，有时候是不可预测的。还有一次，我过马路，突然左腿就不能动了。我非常恐惧。因为学了点中医，我就把我的意念集中在身体的右上方——左下方的对应是右上方，腿就能动了。这事情我也向南老师汇报，他说完全正确。我那时候天天打坐，身体就出现了一些很奇怪的状况。南老师说，所有修炼的人都要懂一些医理。后来我又推进了一步，学了一点中医，特别是针灸。青草南园有不少同学也学了医术，如推拿、针灸、按摩等。

决定走上修行之路的时候，最重要的是方向和次第。你决定要做什么样的人？你人生想实现怎样的价值？你想让自己在什么方面对社会有贡献？修炼也是一样。你的生命有自然的向度，有社会的向度，有历史的向度……哪个对你来说最重要？你的天赋在什么地方？你的慧根在哪儿？你应该通过什么道路来成就你自己？

南老师说，"什么叫修炼？就是不断修正自己的行为，修身，修心等等。"修到什么程度，这是每个人自己去定的，我觉得这个非常重要。你有什么样的目标、什么样的价值取向，乃至于美学取向，就决定了你选什么样的老师，用什么样的修炼方法，这是讲方向问题。我觉得每个人都要考虑清楚。否则就会漫无边际。

另外就是次第。南老师讲，筑基非常重要。这个基在哪儿？有不同的说法。有人说这个基在上丹田，有人说在下丹田。有人说应该先练气，有人说应该先静心。

各种说法都有。次第有总次第，有分次第。南老师在《静坐修道与长生不老》中指出，静坐修炼的次第，先改变身心状况，然后是变化气质，最高境界是开启心智。我这里主要讲的是身体部分的次第。

记：您如何看待辟谷？

李：不要随便辟谷。有不少同学还没调理自己的身体状况，就开始不吃东西了，我个人认为是有问题的。在香港的时候，周围有同学辟谷。我就问南老师：我是不是也应该辟谷啊？南老师看了我一眼说，你现在还没有资格辟谷。我问：那什么时候才有资格啊？老师说首先要会食气。

无胃则无气。我有一段时间打坐，觉得越坐越舒服，就不想动，越不想动就越没胃口，就以为自己气满不思食。不思食就不食，我觉得离神仙不远了。镜子一照，结果面黄肌瘦，和难民差不多。去医院医生一看，说寒气太重，肠胃有问题，吸收不好。赶紧往回走，有什么病治什么病，有什么毛病调理什么毛病，先让自己强壮起来。

我的脊椎很不好，但是我很幸运，找到了一个非常好的中医正骨医生。大家都知道双桥老太太，中国中医骨科四大名医之一，我请她的高徒吴先生帮我调理。不要以为打坐就能解决所有的问题。有些很顽固的结节，不通过外力是解决不了的。南老师说人是脊椎动物，人最大的气脉在脊椎，他也请过一些医生，给大家正骨。

南老师说，为什么让你们知道一些医理？一定要配合内力和外力，动与静，两方面不能偏废。他那时候在太湖大学堂看到有些人面色苍白，就把少林寺的王洪欣老师请来教大家八段锦、易筋经，嘱我们要好好学！还有的同学一看就是营养不良，就提醒他们注意饮食结构。南老师曾经说："别人问我信什么教，我信睡觉。"在处理具体的事情过程中，不能光靠宗教。

破除迷信敢批判，与时俱进更科学

记：南怀瑾先生仙逝后，青草南园不仅一直办下来，还举办了很多公益活动。请您谈谈学习南师精神和弘扬中华传统文化的现实意义。

李： 南老师一生都在把中国文化的经典通俗化，使它变成人们可以认识、可以实践的修炼方法和规则，让大家在实践、在吸收乃至在弘扬这些经典的过程中，有路可走，有规可循。这实在是一件很伟大的事情。我对南老师是非常崇敬的，在理解中国文化、理解生命的意义方面，南老师给我的启发和指导是意义重大的。我用八个字总结南老师的特点和他的精神：破除迷信，与时俱进。这也是《易经》的精髓。

南老师学问渊博是无可争议的，虽然他的学问有别于学术的研究。作为中华儿女，我们当然喜欢和热爱自己的文化，尤其关切我们这个民族和国家的命运，因为它们直接关联着我们每个个体的命运。而如何看待中国文化，也有不同的立场和不同的态度。对待自己的 5000 年文化，南老师说，"我们有 5000 年的精华，就有 5000 年的糟粕，我们需要弄清楚哪些是精华，哪些是糟粕，哪些我们必须继承，哪些我们必须抛弃，使我们真正成为先进的文化。"

他破除迷信，不管是圣人还是佛祖，或是历史上一些伟大的人物，南老师也不抱着迷信的态度，他甚至说，释迦牟尼如果活在今天，他的弘法肯定是不一样的。他还说过，"如果佛祖还在的话，我是要跟他理论的，为什么女性不能进佛堂？这不平等"。他的这种精神，是大无畏的精神。不管是对经典，对那些经典的代表人物，他都有具体分析，有一长，也有一短。历史上先进不代表今天先进。我觉得这点非常重要，回看今天，我们既然有 5000 年历史，就不能表现得像一个不成熟的孩子，只能说好话不能批评，对吧？我们现在就有一些人，在对待自己文化的态度上，其实跟小孩很像，只能夸奖不能批评。南老师从根本上是反对这种态度的，他甚至还说"连老师都不要迷信"。当时有很多人想给他磕头，跪地拜他，他就说不要搞这套，你们不要拜我，要拜就拜你们自己。每次我鞠躬稍微深一点，他都马上鞠躬回来。谁要给他磕头，他就马上把人扶起来，说"使不得"。

当一些人不分时间地点、不分社会背景、不分效果如何，反正只要是中国老祖宗的就必须赞扬时，南老师清醒地破除传统中不加分析的迷信。而且难能可贵的是，他与时俱进。最近有一本刘雨虹老师根据他的录音编的书《传统身心性命之学的探讨》，那是他 2008 年带领一批学员修习的记录。他虽然是在指导修习，但他讲的都是生命科学，物理原理、化学原理，不是迷信，也没有什么秘密，他通篇讲的都是科学！

我尊敬宗教，但修炼是中国文化的一部分，它不是宗教。包括佛学也不完全就是宗教，它还是一种思想方法。还有我们的道家文化更不是宗教，它本身是有科学性的，当然我并不是说世间所有的万物只有科学，因为还有宗教，还有哲学和艺术，有的东西是不能用语言来表达的。继承中国文化和传统经典，南老师的基本态度就是要与时俱进。他在《楞严大义今释》前言里，特别讲到中西文化历史上几次的交汇激荡，中国文化作为世界文化的一部分，必须认清方向，把稳船舵。南老的这种胸怀和智慧是很少有人能跟他相比的。

特别在论述中国文化的时候，他既有开放性，也有批判性。而且，他一直倡导和吸收中西文化精华。他经常向学生们打听一些科学的最新进展，包括一些新的发现，他讲的都是量子力学、物理化学，他甚至非常讨厌一说修行就佛言佛语。有几次，我去拜访他，吃饭的时候他让我坐在他旁边，他就低声跟我交流："我真受不了这些人的佛言佛语，张口闭口佛经上怎么说！"

他对不同的文化、不同时期的发展也是开放的。他是一个非常谦虚的人，永远在学习。我觉得，这就是文化自信。自信不是自负，不是自傲，更不是自恋。现在有一些人一说中国复兴了，就不可一世地骄傲起来，有点进步就说得天花乱坠；还有一些人耀武扬威叫着要打仗，自己完全是正确的，从来没有错过，所有的灾难都是外国的不好。我们越改革开放就越应该文明，越要让不同文化的人民和国家都觉得我们很可爱。

南老师曾聊起一件小事：比如坐电梯，中国人进了电梯都板着脸，谁也不理谁；可是你到国外，进了电梯，大家都会微笑或点个头，或说一声 Good morning！他说，"我们中国文化是诗的文化，我们非常浪漫，我们有伟大的文学和艺术，但是缺乏逻辑，不讲推理。"南老师经常直言我们自己的缺陷，对自己有批判，才是真正的自信。

复兴中国，不仅仅是口号，我们真正要立足于世界民族之林，就一定要对自己的文化准确把握，对接世界先进文化。我们既要像南老师那样孜孜不倦地学习经典，汲取精华，也要对糟粕进行无情的批判和抛弃，否则我们是没有希望的。

古 国治

1951年生于中国台湾，毕业于台湾辅仁大学哲学系，曾任台湾老古出版社法人、《人文世界》杂志社社长、东西精华协会秘书长。1980年投身保险行业，后任美国友邦保险公司上海分公司副总经理。2006年退休，受聘于美国管理协会，讲授领导力课程。

古国治：他让我重新认识人生的意义

访谈时间：2021 年 5 月 18 日
访谈地点：上海闵行区万科红郡
访谈记者：戴江泓
摄影摄像：魏一晓

从在大学课堂聆听南怀瑾授课，到课后进入南怀瑾的日常工作和生活，古国治是台湾时期南怀瑾最重要的见证者和追随者。台湾老古出版社、《人文世界》杂志、东西精华协会，古国治都是参与者和亲历者。南怀瑾回到大陆后，在南怀瑾的召唤下，古国治也从台湾落户到上海。

在古国治的心目中，他与南怀瑾不仅仅是老师与学生的关系，更有父子般的情谊。古国治经常说，他的命运改变是从认识南怀瑾开始的。

拜访古国治是初夏，一个雨后初晴的午后。上海的天空偶尔还会飘过零星的雨丝，空气里略带着清新的水汽。这是大虹桥枢纽较早开发的别墅区，穿行其中，不闻人声，但闻鸟儿鸣啾啾。暗红色砖墙的洋楼在成片树木繁枝茂叶的掩映下，显得幽静、低调。

71 岁的古国治穿着白色唐装，静静地站立在落地窗前迎候我们。落地窗前的长案上堆满了书籍，一幅南怀瑾先生的肖像照片就挂在书籍上方的墙面上。古国治的太太余惠贞闻声也从房中出来，热情招呼，她还贴心地抱起了那只好动、憨萌的贵宾犬，不让它在客厅中跑蹿捣乱，并安抚它趴在自己的腿上不闹腾、不出声。

一个悲观的少年的选择

记：您在一些回忆文章里曾说，在遇到南老师前，因为从小生活环境问题，导致您是个极端消极悲观的人。能否说说您当时所处的生活环境？您的家庭出了什么样的状况？

古：（沉吟了数秒）我一直说自己之前是个挺悲观的人。我大概3岁时离开自己的生母，由生母的姐姐领养。因为我是个私生子。

生母变成了姨妈，姨妈变成了妈妈，这样的改变，对于一个刚刚开始看世界、尚在成长中的孩子而言，是痛苦而难以接受的。

养父养母虽然是疼爱我的，但也很严厉。那个时候，我太小，还不明白什么是懂事，他们不知道该如何对待我这样的孩子，加上养父母的感情不好，他们相处得并不融洽，生活很有压力。在过去那个年代，私生子是很被人看不起的，在这样的身世背景下长大，我内心是很自卑的，甚至于自暴自弃。到了高中，我对自己的人生产生了疑问：人活着，到底是为什么？我没有人生目标，在我看来，人活着没有意义，我还产生了轻生的念头。

我想知道人到底为什么要活着。所以，高中考大学时，我选了哲学系。在那个年代，哲学是最让人看不起的科系。我念哲学的时候，我的同学啊，朋友啊，就说："你怎么会跑去念哲学啊，我看你这个人是好好的呀！"很多人认为，脑子或思想有问题的人，才会去读哲学，还会嘲笑说"这个人肯定是神经病！"

相比之下，哲学系录取分数比较低，因为几乎没有考生愿意选择这个专业。读高中的时候，我的成绩还是很不错的。当我漫不经心地填了这个专业时，我的班主任和校长就急了！他们都找我谈话，叫我不要填哲学系，他们告诫我：读哲学以后会找不到工作的！可是，那时候的我并不理解校长和老师的一片苦心，不为所动，还坚持着自己的想法。活着，对于我，反正是件无奈的事。

不过，正是因为读了哲学，我才碰到了南老师。

那时，轻生的念头一直陪伴着我进入了大学。哲学系教室就在三楼，我的脑子里经常会冒出从三楼窗台往下跳的冲动。那时的我，消极、自闭，放在今天就是有抑郁症。那时候，我见了谁都不打招呼的。头发不怎么理，留得很长，胡子也不刮。

记：您遇到南怀瑾先生是哪一年，那时您多大年龄？您是在怎样的机缘下遇到南先生？您最初见到南怀瑾先生，他的衣着、谈吐、精神状态都给您留下了什么印象？

古：我高中的时候，碰到一个数学老师，很不错，也是他有一直鼓励我念哲学，他送了我一本《禅学的黄金时代》，希望这本书对我有所帮助。我读了之后，哇，觉得这本书真好！从此我开始对禅学产生了浓厚的兴趣。1970年，我考入台湾辅仁大学哲学系，试图从哲学里找寻人生的答案。但是很快，我又感觉到哲学系的课程并没有解决自己对人生的迷茫，我仍然徘徊在人生的十字路口，找不到方向。我就有意识地去图书馆找禅学方面的书。一找，找到了南老师的《禅海蠡测》，可是那时候我还看不懂。那时我感觉在辅仁大学哲学系没学到什么，就想：要不还是转学到台大去念吧！

有一天，我突然在学校的课程安排表上看到大二有开设南怀瑾的"中国哲学史"，心想：那就有机会见到南怀瑾先生了！他的课当时在大学里很受欢迎。我原来想转学的念头，在看到南老师走进教室的那一刻起，就再也没有闪现过。

那时候的南老师穿一袭长袍，给我印象特别深刻的就是他那双眼睛，炯炯有神，似乎一眼就看穿人的心底。他个子不高，风度翩翩。他很爱干净，头发梳得一丝不苟。他抽烟，却闻不到一点烟臭味，他浑身上下不留一点烟痕，包括手指间也不见任何烟熏黄斑。同学们都很喜欢他，包括我，一下子就被他吸引住了！

上课不带讲义，学问全装在脑子里

记：南怀瑾先生的课，您每次都会去听吗？他的课程最吸引您的地方是哪里？他在辅仁大学开"易经"课，开了多久？听说南怀瑾先生讲课很受欢迎，令其他教授课堂冷落，有这回事吗？

古：南老师讲课跟其他教授不一样！一般的教授都是有讲义的，南老师讲课不用带讲义，他的学问全都装在脑子里、装在心里。他只带粉笔，讲到哪里，就将重点要点写在黑板上。他讲课很轻松、很幽默、很风趣。所以，他的课在我们学校里是很红的一门课。

那时候，我每次上完南老师的哲学课，总觉得意犹未尽，很想跟南老师再多学一点。当时南老师在辅仁大学讲课的同时，还在他自己的东西精华协会开课，也在台北市临沂街莲云禅苑开班讲授佛学。我有几次鼓起勇气想上前询问可否去听他的佛学课。可是，那时候的我很自卑，不合群，自尊心也很强，让我主动去找南老师问话，感觉真的就是一件比登天还难的事情。

有一次，我终于鼓足勇气。我很不好意思地走进南老师的休息室，红着脸向他开了口。当时，南老师不假思索，当即就应承了。他微笑着，慈祥地说："好呀！你来呀！"我喃喃地说："可是我的程度很差。"南老师说："没关系，你来嘛！你到时候去找一位李姐姐，请她帮你安排。"

几句简单的对话，让我感到了从来没有过的温暖，像千年冰山突然融化变成淙淙暖流，流到了我干涸的内心。就这样，从那时起，我除了在学校听他的课，还跑去其他地方听他的"禅学讲座"。

大学二年级一整年，他讲的都是"中国哲学史"，大三的时候开始给我们讲"易经"。但是，大三的"易经"讲到一半，也就是一学期吧，南老师就不讲了。

记：为什么不讲了？

古： 为什么不讲？哈哈（大笑），过去在辅仁大学，有派专门的小巴士统一去接教授们来上课，上完课后再送教授们回去。一辆车里不是只坐一个人，是好几个教授一起的。可能是因为在坐巴士的时候，南老师明显地感受到了其他教授的羡慕嫉妒恨吧。因为他那时候的课太红了，让其他教授有压力！后来，南老师即使去学校上课，也不坐学校派的巴士了，改坐出租车。

南老师讲"易经"，一点也不乏味和古板，他讲得通俗易懂，很生动，每个案例都与大家身边的人与事息息相关。南老师太受大学生们的欢迎了！相比之下其他教授的课受冷落，这个反差太大了！

我跟着他学习之后，他来上课，我就替他提皮包，叫出租车，下课后，再叫车回去。他有时候兴致一来，就跟我说：走，一起去喝杯咖啡吧！他经常带我喝咖啡、下馆子。改善伙食、满足味蕾，这对于一个穷学生而言是奢侈的，也是渴望的。南老师早在四川生活过，讲起四川美食，他头头是道。所以，那时去得最多的，是四川馆子。哇，四川菜很辣啊！那个时候，我已经开始学佛学，吃得比较清淡，刚开始，我是不习惯辣的。我能吃辣，就是那时候跟着南老师去吃四川馆子学的。

**记：除了辅仁大学，当时南怀瑾先生还在哪几所大学讲课？南先生在台湾各大学、军营讲授中国传统文化是从什么时候开始的？他在哪些地方讲学，您是否有具体的名单？他跟台湾各界的哪些要人、社会名流有交往，具体情况怎样？

古： 南老师在台湾讲学的情况，在南怀瑾学术研究会编辑、东方出版社出版的《天香桂子落纷纷——南怀瑾先生诞辰百年纪念集》中有比较详细的南老师年谱记录（古国治返身上楼，片刻拿书下楼。他翻出书中的年谱，递给记者）。在这本书里，详细记载了南老师在1963年46岁那年开始在辅仁大学讲授"哲学与禅宗"；1965年起，兼任辅仁大学、台湾"中国文化学院"教授；1967年担任"中华学术院"研士；1969年起辅仁大学开设南怀瑾的易经、中国哲学史课程，他还在台湾师范大学讲"佛学概论"；1970年成立东西精华协会，在台北青田街开设禅学班；在辅仁大学兼任教授的同时，他还在成功大学讲授"廿一世纪的文明与禅学"。在1972年至1973年间，他被台湾各大学邀请讲演，还受台湾大陆工作会邀请，讲授《论语》。

那时候，听南老师讲课、跟随南老师一起出钱出力做事的人有很多，我了解的，台湾老前辈萧政之先生、杨管北先生一直鼎力资助南老师。南老师闭关时，杨管北先生生病住院，南老师就嘱咐李淑君每天上班之前先到医院探病，将杨管北先生每天在医院的情况详细跟他汇报。

他的关爱如父亲，既温和也严厉

记： 听说您第一次去找南怀瑾先生时，胡子都不刮。您真的是没钱理发刮胡子吗？还是有别的原因？

古： 呵呵呵呵（笑），我那个时候甩个性，表示很忧郁呗，也叫不修边幅。

南老师答应我可以去听他的佛学课。我就赶紧去莲云禅苑，找李姐（李淑君）办手续。我填好资料后，就去南老师办公室。当时，南老师抬眼看了看我，说："你去把胡子刮一刮。"我听了，内心的叛逆就上来了，嘴上虽然答应，可是并没有听他的话。后来他看我没刮胡子，再把我叫过去："哎，你胡子怎么没刮？"他就给了我50块钱，"你去买把剃胡刀，把胡子刮了"。

50块钱我拿了，可我还是没刮胡子。下一次上课，他看到我又没刮胡子，就问："叫你刮胡子怎么没刮？钱不是给你了吗？钱呢？"钱其实被我花掉了，我回答不出来，只好笑笑。他也没生气，再下一次上课，他对我说："过来，过来。"他从皮包里拿出一个刮胡刀给我。这下，我不得不把胡子刮掉。所以，我的胡子是被南老师刮掉的。从此以后我洗心革面，再也不敢留胡子了。

那时候我还喜欢穿黑上衣、黑长裤、黑布鞋，一身的黑。加上头发脏乱，还留着络腮胡子，整一个问题青年的形象。所以说老师的剃胡刀，刮掉的不仅是我的胡子，还有我自以为的落魄、自暴自弃。这把深具意义的刮胡刀，我至今还保存着。

余惠贞：（插了一句）古国治那时候是比较瘦的，他把胡子一刮，头发一剪，一收拾，就是一个翩翩少年！其实他还是很帅的！（听到太太夸赞，古国治有点不好意思地呵呵一笑）

记：您第一次去南怀瑾先生家里是什么时候？当时您是去干什么？南先生的家里都有什么人？

古：我开始上南老师的课是在大二，应该是 1971 年。上大三的时候，就是 1972 年，学校里的课少了。有一天，南老师问我，没课的时候，可不可以到他家帮忙整理书籍？我想都没想就答应了。

南老师当时住在台北市永康街的巷子里，日式平房，房子虽然不大，但摆饰整齐，收拾得纤尘不染。第一次去他家，感觉他家就像一个小型图书馆一样。客厅一踏进去，就能看到一排书架的书，从客厅至餐厅到卧室都是书。什么书都有！我发现南老师原来也喜欢武侠小说，尤其是金庸、古龙的著作！

那个时候，师母和南国熙已经去了美国。家里留下了南一鹏和大女儿南可孟、小女儿南圣茵。可孟年龄跟我差不多吧，一鹏比我小三四岁，还在念高中。我跟他们都相处得很好，尤其是一鹏，我们还经常在一起玩、一起睡觉，就像亲兄弟那样。我前面说了，我从小其实就是一个孤儿，到了南老师家里，我才真正体会到了家的温暖。正是遇到了南老师，我渐渐从消极、抑郁中走出来，自己开始重新认识人生的意义。

记：南怀瑾先生让您帮助整理书籍，您是怎样整理的？南先生有要求吗？除了整理书籍，南先生还让您做过其他的事情吗？您经常说，南怀瑾先生很重视做人，能不能具体举例，讲讲南先生如何重视做人？

古：那个时候，我一般是中午去南老师的家，可以在他那里吃饭。他是很照顾我的，他告诉我：里面有张床，吃了午饭，你可以在那里午休。

我当时学着学校图书馆新式的方式排列，给每本书分类做卡片，编书号。后来，我发现，他对我的整理是不满意的，我做的这些都没有什么用。因为南老师其实是有自己的排列方式的，他并不需要我的帮助和整理。他这样安排，完全是为了照顾和改善我的生活。

我的养父在我上初二时就去世了，大一时，养母也去世了。我孤单一个人，就像一个孤儿。我那个时候还不懂事，并不了解南老师的一片苦心。在他家里整理书籍持续了差不多有两年，我后来发现，我的整理工作对他并没有什么用，我就慢慢明白他的真实用意了！

除了整理书籍，我还陪南老师去学校上课，给老师拎包、打杂。老师外出讲课，我就负责给他叫出租车，他很爱干净，叫车也总是要叫新一点的车；上课前，他的讲桌要擦得干干净净；要准备擦手的毛巾，因为他用粉笔写板书，写完了手要擦干净；上课时，我还要负责把黑板擦干净。

办《人文世界》杂志的时候，每个星期天，还有其他学校的学生跑来听南老师的课，那么，听课地方的地板要全部拖一遍，桌子要擦干净，还有厕所也要洗得没有任何异味，马桶全部要擦干净。

我记得，有一次是在台北市莲云街的莲云禅院的三楼上课，他跑来检查我们清洗厕所是否洗干净。他一看，就说："洗厕所不是这样洗的。"然后他就拿了块抹布，直接将手伸进马桶用力擦了起来。我在旁边看着，就知道自己为什么擦不干净了。一般人洗马桶，谁愿意手直接伸进去擦洗啊！都是手离得远远地，直接用水冲。而他要求很严，马桶的边，都要洗得干干净净的。

洗杯子也一样。有一次，我们好几个学生在洗玻璃杯子，他跑来拿起杯子，放在强光下查看，"你们看，唇印还留在上面呢，那怎么行！"老师会亲自示范，教我们怎么洗才能洗得干干净净，一点痕迹都没有。

南老师很注意生活中的细节，时时处处都在教我要替别人着想。所以，我常说，南老师的教育不在课堂上，不在书本里，而是在点点滴滴的生活中。比如，有一次过马路，他对我说："哎，你要扶着我！"其实，老师是练过功夫的人，比我灵活多了，哪里需要我搀扶！他这是在教我哩。

去老师家里吃饭，他会交代，临走一定要跟保姆阿姨打招呼。老师那里来往客人很多，送客也是一门学问。刚开始，客人下楼梯，我出于礼貌，总是让客人先走。后来老师告诉我，应该自己先走在前面，尤其是送老人，一定要自己先下楼梯走在前面，然后回身半侧，搀着客人下楼。之所以走在前面，是因为万一客人滑跤，自己走在下面，更方便接扶住。

在外面吃饭，老师总是关照我把东西全部吃完，叫我不要浪费，要懂得惜福；坐出租车回家时，因当时老师的住所附近巷子比较窄小，倒车不方便，老师每次一到巷口，就跟出租车师傅说：就在巷子口下车，我走进去。

南老师的慈悲不是挂在口头上的，他讲授知识的同时，还要求他的学生谦恭有礼，尊重别人。比如，有一次，我忘了带讲义，老师并没有立马批评我，而是去提醒旁边的同学："哎，他忘了带，你要给他看嘛！同学之间要相互帮助！"

用养父母留下的房子贷款，办老古出版社

记：南怀瑾先生创办老古出版社，听说是用您的房子作抵押贷了款，您不是穷学生吗，那是什么样的房子？当时南怀瑾先生的经济状况是怎样的？出版社创办后，您具体负责哪些工作？出版社后来遇到过困难吗，资金都是怎么解决的？出版社股权是如何构成的？南先生是如何规划老古出版社的？后来是出于什么原因，您没有继续负责老古出版社的工作？

古： 在台湾，大学毕业都要服兵役。我大学毕业后，服了两年兵役，回来后，南老师就给我"安"了《人文世界》杂志经理的头衔。这是我第一份工作。那时候说是给我当经理，但我什么都干。跑印刷厂、校对，杂志印出来了要装订、送到邮局去寄。那时候看杂志的人不多，我和几个同学还站在马路上当推销员，推销杂志。可惜没有人买。

记：既然《人文世界》杂志没人买，怎么又会去办老古出版社呢？

古： 这里面是有个大前提的。南老师在台湾那些年，无论是办东西精华协会，

还是办《人文世界》杂志，都是很辛苦的。可以说是很穷，一直举债度日。可是，即使是没钱，他还是要做推广文化的事情。没有钱，怎么办？借钱呗。钱都是李淑君在借。那是1977年吧，李淑君算了一笔账，南老师总共欠了30万元台币，借钱是要付利息的，再借三年，本金加利息利滚利累计下来就是100万元，相当于今天的1000万元。问题是蛮严重的。

欠那么多钱，可怎么办呢？李淑君就想到了一个办法。那时候《人文世界》除了办杂志外，也可以出书，最好卖的是《静坐修道与长生不老》，那是一本小小的袖珍书，现在我家里还有。那时候很可怜哪，我们都是用剪剪贴贴的方式，剪贴后给印刷厂印刷，因为连排版、打印的钱都没有。后来《论语别裁》出版了，也卖得比较好。李淑君算了算仓库里的书，打个折，大概就是30万元，准备卖给我，由我办出版社承接下来。

我当时的想法是，把我的房子卖了算了，因为没人住，我当时吃、住都在南老师家和杂志社里。我的房子是怎么来的呢？那是因为我们是农家子弟，我的养父去世后，家里留下的那一点田地，就没人耕种了。荒芜了几年后，养母把那点田卖了，在台北买了一套房子，大概60多平方米的样子。养母去世后，我继承了这个房子，当时估算了一下，大概价值60万元吧。

南老师就说，房子不要卖，可以用房子抵押向银行借贷的方式，这样，就跟银行贷了30万元，还清了所有债务，我的房子也保留了下来。

清算了《人文世界》杂志社，库存的书就抵算给了我。1977年的时候，就申办了出版社。那时候，同学们都叫我"老古"，南老师就戏谑说："以后你就是古老板了，出版社就叫老古出版社吧！"就这样，我成了老古出版社的法人代表，同时《人文世界》还有过渡期，我就兼任杂志社社长。

没多久，南老师就闭关了。出版社经营的担子就全部落到了我和李淑君的身上，我还兼任了东西精华协会秘书长。等于南老师当时所有的对外职务都转到了我这里。《人文世界》本来是双月刊的，因为没钱，很可怜啊，双月刊就变成了季刊，再到后来办不下去了，最后停刊。

老古出版社的营收主要靠《论语别裁》，卖得挺不错的，主要是因为老前辈萧政之先生帮助销售了不少。那时候老古出版社还没有股权，我是法人代表啊，名义上是我一个人的，我们那几个年长的同学也戏称我为"古老板"。那个时候年轻不懂事，还以为自己真是古老板，呵呵。其实那个老板是假的，南老师才是真正的幕后老板。那时要出版什么书、怎么出，我是做不了决定的，做决定的人是南老师。而南老师也没有认为办出版社是为了他个人的利益，就是为了推广和传承中华文化。

至于后来，为什么会又成立老古文化公司呢？因为成立老古出版社后，1977年2月南老师闭关。到了1979年，我结婚了。

记：就是说，南怀瑾先生闭关这两年期间，您谈恋爱了？

古： 呵呵呵呵（笑），对啊对啊，我结婚，南老师很生气。

记：为什么？

古： 为什么？呵呵呵呵（一阵笑），南老师的想法是，我能一辈子跟着他，我要结婚，就不能跟着他了。

在南老师身边工作是24小时的，很辛苦，很累的。体力的累、精神的压力都是很重的。他是很严厉的人，经常会瞪起眼睛骂人，非常凶的，我感觉我怎么做都不能让他满意。那时候南老师闭关，由我负责出版社对外事宜。我累到什么程度呢？累得实在想睡觉了，但是又不能躺到床上去睡。怎么办呢？跑到厕所，把门一关，躺在厕所的洗澡池子里，偷偷睡一会儿。

那时候出版社是很穷的啊，我和李淑君用的桌子都是破破烂烂的，没有钱买啊。李淑君中午想休息，就把桌子上的稿子往边上挪一挪，在破旧的桌子上打坐休息。南老师在二楼闭关，李淑君还在三楼做饭，她照顾南老帅。

记：那时候，既然南怀瑾先生那么穷，你们为什么还会跟着南怀瑾先生？

古： 为什么？呵呵呵呵……（又笑开了），那个时候，我们根本不会想"为什么"。你要知道，李淑君是被父母宠爱的大小姐，她是台大经济系的高才生啊，可是，她就选择跟着南老师。我们就喜欢跟着他，呵呵呵呵（又是一阵开心的大笑）。

回来再说我为什么要结婚。（轻轻地甩了一下烟斗）我也很无奈啊！因为我是养子，养父养母领养我，我继承了养父母留下的房子，在中国，在过去，就是放在现在，也是有要传宗接代的观念的。所以，这是我对养父养母的责任，我是必须结婚的。

当然，南老师也希望我结婚后，还住在他那里。我知道，那是不行的，住在那里，老婆会受不了的。呵呵。那个时候，几乎是 24 小时待命状态，他有什么事，是会随时找我的，我绝没有夸张。有机会你问问当过秘书的马宏达就知道。南老师的作息跟我们不一样，年轻人早上总喜欢睡个懒觉，南老师经常早上五六点就已经把纸条和工作任务塞到你的房门底下了。反正，跟在南老师身边是没有休息天、没有节假日，甚至没有自己的时间的。所以，结婚之后，我就离开了。

两年后，也就是 1980 年，南老师出关，开办大乘学社。那一年，台湾的佛光山有一批出家师父跟着南老师修行。南老师虽然没什么钱，但还是租了个地方给他们修行。后来有个机会，刚好香港出家师父的洗尘法师支持南老师弘扬佛法，出资办了十方丛林书院，敦请南老师主持。就在当时办老古出版社的同一条街台北市信义路二段 271 号买了复青大厦的楼盘。当时，香港的师父出资买了两层楼，这个地方现在还保留在那里。然后，我们自己又凑钱用东西精华协会的名义买了一层楼，总共有三层楼。

现在，问题又来了。钱不够，怎么办呢？为了凑钱买复青大厦，我再次把自己的那套房子拿出来，这回是真的卖掉了。所以老古出版社就转成"老古文化事业股份有限公司"。真正的老板、董事长还是南老师。

我以前写的一篇回忆文章里有记载：当时依公司法规定必须有七位股东，设立登记时就按照南老师八十股、南一鹏七股、蔡运济（《论语别裁》记录整理者蔡策的女儿）十股、杜美霞八股、郑景松七股、李淑君八股、我十股。除了南老师外，我们六人都是股份代持人，挂名的股东而已，并不是真正的出资股东。

之后，老古文化事业股份有限公司就搬到了复青大厦九楼。

记：南怀瑾先生去了美国那几年，老古出版社境况如何？您和南先生的联系还那么密切吗？

古：我是在 1979 年年底结婚的。1980 年，老古出版社转成老古文化事业股份有限公司后，我辞掉了出版社的工作。前面说到我结婚这个事，南老师知道后是挺生气的（略带尴尬地笑笑）。他当然是希望我能跟着他继续修行，他是恨铁不成钢。

可是人各有志，这是我当时的选择。

我结婚后，不是没房子住吗？南老师就另外还了一套房子给我。那个时候，南老师也没钱啊，还是李淑君，也不知道她是怎么腾挪的，就转了一套房子给我当婚房。当然那套房子是没有原来那套大的，很小，大概……大概……

余惠贞：（在旁边轻声提示）只有 13 坪（平方米），比原来的房子要小。

古：折算平方米大概就是 30 平方米。一个卧室、一个厨房，其他什么都没有。刚开始，老古文化事业股份有限公司我有占股，后来就转给别人，没有了。

记：您太太当时就没有任何意见吗？

古：没有。她当时完全不知道。

1983 年，李慈雄的同学陈世志毕业服完兵役后来到老古文化公司工作。1984 年 9 月 24 日，我的代持股份转由陈世志代持。蔡运济赴美求学，她的代持股份则转给在公司任职会计的黄林秀龄，郑景松的代持股份转给了李素美。

1985 年 7 月 4 日，南老师离开中国台湾客居美国。他到美国之后，我们只是书信联络，一直是有保持联系的。老古公司暂交由陈世志管理。

从最底层的推销员干起，一直到区域总监

记：您辞了老古出版社的工作，去干保险，南怀瑾先生知道后当时是怎么说的？

古：1980 年，我到了美国商人在中国台湾创办的南山人寿保险公司从事销售工作。南老师其实并不希望我干保险，他还是希望我能回"老古"。他说："这个家伙干保险，干不了多久的，不出三个月，顶多半年，他会回来的吧！"我就硬着头皮不回去，结果，我一干就干了 30 年！

当时，人家是怎么看待我们保险业的呢？我们被称为"拉保险"的，另外有一行就是"拉皮条"。呵呵呵呵（自嘲地笑了笑），可见当时的保险业多不受待见！年轻时的我，就这样，做了两件很奇怪的事：一是选择了哲学，一个没人愿意报的专业；

古国治与南怀瑾先生 1990 年摄于中国台湾

二就是当保险推销员，一个当时令很多人讨厌的行业。

我结婚之前，还是老古出版社的社长嘛，总还是个年轻的老板。钱虽然不多，但在南老师那里工资拿的还是最高的，而且我从来不用担心吃饭问题，南老师那里是"人民公社"，我当时吃住都在出版社，不用花钱，自己的房子出租了还有租金收。可是，结了婚，做了保险，就什么都没有了，一下子就掉进了谷底。

这样的艰苦，扛了好几年后，才慢慢变好。我那时还很讲骨气，南老师那里的人际关系，我一个都没用，我就是从最底层的推销员干起，到陌生人家里拜访，到街上一家家去敲门。

这样过了三年，1988 年前后的样子，陈世志离开"老古"了，我又回到了"老古"接替陈世志。

记：当时为什么会回到"老古"？您是在保险公司干不下去了吗？

古： 呵呵，不是的。当时，我在保险公司已经小有成就了。在南老师身边工作过的人，都不怕吃苦。南老师曾经对我们有多严厉、要求有多高，对我们都是很好的历练。保险公司活动很多，我每次都能考虑周全，每一个细节都不忽略，这都得益于在南老师身边的历练。

你知道，保险公司是代理商制度，只要把业绩搞上去就可以，是不需要考勤打卡的，工作时间很自由。陈世志离开"老古"，我就每天花半天时间到"老古"帮忙，上午在保险公司上班，下午就到"老古"工作。这样大概持续了一年多时间吧！

那时候，刘雨虹老师有空就到公司义务帮忙，安排人事管理，健全了会计及仓储制度。南老师既是股东、董事长，也是著作者，我们另设立了南师的版税专户。此时，陈世志的代持股份又转由我来代持。其实，那个时候，南老师还是希望我把保险公司的工作辞了，但我没有辞。我两份工作都在做。

记：您当时为什么没有辞掉保险公司的工作？

古：（沉吟了一会儿）你知道，我当时在保险公司已经做得很不错了，收入很丰厚。不久，我和太太买了新房子，背负着银行贷款，保险公司不错的固定收入对我们很重要。毕竟，"老古"的收入不高嘛，这是很现实的问题。

南老师的意思是，做一件事情，要专心，不专心就做不好，既然我不能专心回"老古"，就让我专心地干保险。1991年初，我离开"老古"，改由闫修篆先生接下管理的职务。闫修篆现在已经过世了。

那段时间，刘雨虹也开始接受南师委托授权，到北京、上海等地接洽南师著作在大陆的出版事宜，《静坐修道与长生不老》《论语别裁》《孟子旁通》《老子他说（上）》《禅宗与道家》《历史的经验》等书相继在大陆出版。另外，这前后数年间，在大陆出现了许多南师的盗版书，早期的"南粉"买的很多是盗版书。

我就这样，在保险业一步一步做到了最高级别的区域总监。后来因为成绩好，我又被派到了上海友邦保险当业务一把手。

厦门南普陀寺举办南禅七日

组织"南禅七日",遵从南师召唤落户上海

记: 能否介绍一下1993年您在厦门南普陀寺筹备南怀瑾先生主持"禅七"的经过?这件事在当时有何特殊意义?

古: 1993年差不多快要过年的时候,南老师应厦门南普陀寺住持应妙湛老和尚敦请,次年春天到厦门举办"禅七",史称"南禅七日"。那时候,我已经是大区域的高级总监,在保险公司组织办过无数大小活动,几百人的活动都办过,比较有经验,南老师就吩咐我筹备"禅七"。

那次活动非常轰动,全国各地都有来人,整个禅堂挤了一二百人,楼下厅堂还有三百多人。楼下的人看不到南老师怎么办?就弄了台电视放在大厅,楼下的人就在电视里看南老师。楼上楼下加起来,大概有500多人,全部是慕名而来的南老师的崇拜者。南老师早年在成都的几个同学，健在的都来了。

那个时候不叫"禅七"，叫作"生命科学与禅修实践研究"课程。讲到这里，还有个插曲。以前在台湾的时候，大概是 1976 年吧，《论语别裁》出版校稿的时候，他就说："哎呀，以后我的书《论语别裁》在大陆发行的话，一本赚一块钱就很了不得了！"

那时候，两岸关系还很敌对，没有往来。我们都感到奇怪，老师怎么会讲这个话？！怎么敢讲？！我们就反驳他："老师怎么可能，你的书怎么可能会在大陆出版？！"南老师就笑了："你们看吧，看吧！很快就可以了！我告诉你们，不只我的书可以在大陆出版，你们也可以去大陆！"我就说："哎，即使可以去的话，大概也都七老八十了吧！"南老师就说："不用不用！很快的！"果然，没过几年，两岸就通了。所以，他的智慧真的很让我们佩服，在那个时候，他就敢说自己的书可以在大陆出版，就敢说"你们也可以去大陆！"。

类似于这样的事情，有很多。每次南老师都能准确预判，我们都很惊奇，认为老师有神通。南老师就回答："什么神通？靠智慧！"他就有这样的智慧，能判断出未来局势的发展。

记：您大概是什么时候开始知道南怀瑾先生要回到大陆的？您后来到上海工作是否受到南师的影响？

古：南老师到了香港后，我偶尔也会去看望他。1996 年，有一次在香港，南老师就半开玩笑问我："我将来要到内地工作，你要不要一起去？"我就隐隐知道了南老师要去大陆的打算。

上海友邦是 1992 年成立的吧，有一段时间业绩很好，好了一段时间，业绩又下滑。业绩下滑，高层就决定换业务的一把手。我就主动争取到上海来，因为那个时候，台湾的生活条件比大陆好，一般的高层人员是不愿意到大陆来的。我是因为南老师一句话，就自己主动要求到大陆去的。我因为业务成绩优异，就被派至美国友邦保险公司上海分公司任副总经理。

我是 1998 年到的上海，工作了三年。我记得 2000 年的时候，南老师还打电话来，让我帮他考察一下佘山，然后跟他汇报。大概是当时有人邀请他去佘山吧。约莫是在 2003 年或 2004 年吧，他就到上海来了。那时，我已经跑到北京工作。我们还准备在北京买房子，南老师知道后，就说："你不要在北京买，你回上海来吧！"于是，我们就改回到上海买房子落户了。

父母给了我生命，南师给了我慧命

记：外人都说南怀瑾先生武功高深莫测，那您认为南先生最厉害的是哪方面？

古：呵呵呵呵（有点骄傲地大笑），最厉害的，在佛法里面就是般若智慧。也就是开启别人的智慧的智慧。我前面讲道，我曾经是那样一个悲观的人，南老师能把我整个人生观都扭转过来。你现在看到的我，可以谈笑风生，可是，我以前是根本不会笑的。如果说父母给了我生命，那么，南老师是给了我慧命。

他的学问就不用说了，有人说他精通各家拳法，武功高深莫测，我虽然没见识过他的高深武功，但偶尔他也会给我们露一手。比如，他兴致来了会来一手猴拳，他明明跟我相隔了数米，"嗖"的一下子，他就闪到跟前了，速度非常快，比眨眼还快！还有人说他有神通，会预知未来。

我前面说过，南老师在台湾那几年，其实是很穷困的，他一直举债度日。他没钱，可他根本不当回事，一直这么乐呵呵地，照样坐出租车、带我下馆子。南老师家里永远都是流水席，后来人们戏称"人民公社"。穷困根本困不住南老师，不管是什么样的人，南老师都会一视同仁地招待好。

还有他筹建金温铁路这件事，这条历史上建了一百年都没建成的铁路，南老师决意要造，这是多么了不起的事啊！面临了多大的困难就更不用说了！大陆很多人都以为南老师很有钱呢！其实，南老师哪有钱啊，他发动学生捐筹一些，然后就跟银行借。借了银行那么多钱，他肯定有压力的啊！所以，铁路造好后，他就要求把股份尽快退出来，把钱还给银行。

没有钱，最后却把百年都没建成的铁路建成了！南老师神奇吧？他就是这么神奇！他对局势的判断非常敏感、准确。其实，这不是神通，这是大智慧！

他是个谜一样的人物，也是个很神奇的人物！

曾在上海给南师当了几个月秘书

记：南怀瑾先生常驻太湖期间，您多长时间去看望他一次？当时您具体负责什么工作？他的身体状况和生活常态是怎么样的？

古：这个问题，我儿子也问过我。他有一次问："爸，你什么时候去看南老师？"我就回答："等你结婚了，你会什么时候来看我？"我跟南老师报告这个事情，他说："嗯！讲得好！"

南老师在2003年至2004年到上海来时，我们正准备在北京买房子落户。南老师叫我还是到上海来吧！我们就都到了上海。2006年，我退休了。他把我叫去说："你没事，就过来吧，到我这里给我当秘书。"因为我在保险公司混得还不错嘛，当时我已经做到带领数千人的区域总监，南老师就安慰我："不要觉得当秘书不好啊！"我赶紧说："不会的啦，老师，我是不会计较这个的啦！"就这样，我在南老师上海办公室当秘书。

在上海当秘书当了几个月，后来太湖大学堂要开办了，他本来也是要我过去的，但是我没去成。

记：为什么没去成？

古：呵呵呵呵（尴尬地笑了笑），没去成的原因有点复杂，呵呵呵呵，就不要讲啦！有些人会有意见嘛！呵呵呵呵……

那时候南老师的身体都还是不错的。虽然上了年纪，但他一直都是自理的。

他似乎早已预知他身后会发生的事情

记：请您回忆一下，您最后见到南怀瑾先生是在什么时候？南怀瑾先生仙逝后，在治丧期间，您具体负责什么？您看到了什么？听到了什么？

古国治接受记者采访

古：2012年过年前的一个月，南老师叫我去他那里打坐专修。我就在太湖边上住了一个月，是遵南老师嘱，去专修的。他还让我把外头的课都停了跟他修行，他说："还跟以前一样，我给你零用钱。"

从大二到他家里整理书籍那天开始，跟在他身边，他都会不定期地给我零用钱，给我买衣服，给我家的温暖，他把我当成自己的孩子，一直如此。我也一直觉得很寻常，竟没能听出来，他即将要走的话外之音。

我还跟他说，那些要上的课，都是提前一年都排好的，我不好意思随便叫停。他听了，就不再说话。南老师就是这样，对你既有很严厉的时候，也有很慈祥、疼爱的时候。我很愧疚，是自己智慧不够，看不出来，也听不懂老师的话外之音。如果那个时候知道他要走，我一定把外面的课程都取消了。我们都以为南老师活一百多岁没问题。

南老师曾经跟我开玩笑："你结婚害了我啊！"我后来想想，就明白了，当时我不结婚，不离开"老古"，就不会有后面的官司。

南老师一直跟我讲："很后悔办了一个太湖大学堂！"他说："在太湖，我是挂单的。"可见，他似乎早已经预知了他身后会发生的事情。

南老师于2012年9月19日在医院打坐停止呼吸，到29日宣布死亡，整整九天，老师面颊如润，看起来像平常一样。要知道，当时是9月下旬，天气还很炎热。

南老师当年在台北闭关禅定，曾经经过医生测试，他可以几天不吃不喝，停止呼吸、停止心脏跳动，心电图上呈现一条直线。当时把医生吓坏了，以为老师休克死去。这是现代医学无法解释的神奇现象，只有修行功夫达到极高境界的人才做得到，也只有功夫深厚的智慧者才能作出判断，这不是死亡。

可是，怎样判断南老师当时的现象？是死亡？还是入定？他生病住院，对外却一直称"闭关"。从医院回到太湖大学堂，当时，他身边的学生分两种声音：一种是认为他已经去世，一种认为他是"入定"。而他的直系家属比较务实，认可"已经死亡"。

记：那您认为应该如何处置？

古： 当时，香港来的医生给南老师检查身体，也只是发现身体出现了一块小尸斑，作出结论："身体不可再用。"

我认为，在无法判断南老师到底是入定还是死亡时，可以当死亡论，但尸体不必急于火化。南老师万一"出定"呢？那不就是惊动全世界的奇迹吗！我一直说南老师是个奇人，谁说他就没有这个可能呢！因为南老师一生都在做东西方文化结合、探索生命奥秘的事。

记：南师仙逝后，2013年，大陆开始了南师的著作权纠纷的官司，在台湾则是老古公司股权的官司。您能谈一下吗？

古： 关于老古公司的股权，争议焦点出现在2004年。这一年9月9日，我的代持股份转由陈照凤代持，黄林秀龄的代持股份转由余金对代持。但是台湾官司发生后，发现这同一天却出现了将陈照凤、余金对、李淑君、李传洪、李素美名下的股份全部转让给郭姮晏的"股份转让通知书"，另外出现一份2004年9月21日上午10时老古公司"股东临时会议记录",内容除了将古国治持有的十股让与陈照凤,黄林秀龄持有的十股让与余金对之外,还将南怀瑾先生所持七十三股让给郭姮晏。此次临时会议主席署名郭姮晏,记录署名李淑君。但是后来据查证,这一天李淑君人在加拿大,并不在台湾。而这份会议记录报到台北市管理机构时,管理机构回函要求说明9月21日股东会何以由郭姮晏当主席。

"国学大师"的帽子对于南老师是不够的

记:在您心目中,应该如何评价南怀瑾先生?

古:若说评价,对不起,我们是没有资格评价南老师的。他自己在《狂言十二辞》中这样写道:"以亦仙亦佛之才,处半人半鬼之世。治不古不今之学,当谈玄实用之间。具侠义宿儒之行,入无赖学者之林。挟王霸纵横之术,居乞士隐沦之位。誉之则尊如菩萨,毁之则贬为蟊贼。书空咄咄悲人我,弭劫无方唤奈何。"这是南老师一生的写照。

很多人称南怀瑾先生是国学大师,当然他自己是不承认的。南老师一生都在弘扬中国文化,著述多达五十多种,包含儒释道三家,堪称"经纶三大教,出入百家言",他的书深入浅出,通俗易懂,普及社会各阶层。而我认为一顶"国学大师"的帽子对于南老师是不够的。

他是一代宗师。他可以用禅宗解释《论语》的"吾道一以贯之";用佛家的"明心见性"来解释《大学》的"明明德";用佛家的修定方法来诠释《大学》的"知止而后有定……";他大胆地推翻朱熹对《论语》的解释,替孔子申冤平反,这在中国文化史上是从来没有过的,一部《论语别裁》也许不是畅销书,但一定会是长销书;他更质疑王阳明的"四句教",指出其矛盾之处。这些都是发前人之所未发,也是他对国学独特的创新之见。

中国文化几千年来是文哲不分,文史不分,文政不分。在南老师的著述中,在讲述深奥的形而上哲学时,他引用诗词来解释;讲到人生道理时,除了引用诗词警语,他还引用了历史故事相互印证。现代教育受西方的影响,习惯性地把学习当成学知识。但是中国文化的"学"不只是学知识,中国文化的特色有两个:道德修养和静定修养。南老师有很高的道德修养，他有家国情怀和家国抱负，替国家做了很多事情。南老师刚到上海时，媒体称他"海外人士"，他不痛快，他说："我就是土生土长的中国人！"

说到静定修养，他用一辈子全身心投入实践，探索生命科学的奥秘。道家修身体，佛家修心灵，南老师是道佛兼修。试问，在中国历史上，有哪一位国学大师像南老师那样儒释道三学都精通？他的学说现在看起来似乎并不重要，但我相信往后看十年、二十年、五十年，南老师的重要性会越来越显现。

记：南怀瑾先生曾经说到，他对自己这一生做的事并不满意，那么，您觉得他最想做的是什么？

古： 南老师这一生很不容易。在台湾，他一直穷困，在大陆其实也不顺畅。但那些艰难困苦都没有困住他。

南老师是一个通才。不管是出世法或入世法，他都精通。他也懂谋略，他在台湾办学，高校、军政、社会名流云集门下，让蒋经国感到压力，南老师敏锐地察觉到政治风向后避走美国。回到香港后，他积极推进"九二会谈"，筹建金温铁路，他叫学生们都回到大陆创业、工作，他说报效国家正当时。

要说南老师这一生最想做的事，就是他希望自己的学识和智慧，能为国家民族文化提供更有价值的方向，还有就是生命科学和认知科学的研究，融合东方人文与西方科学之精华，为世界、为人类作贡献。

研究学问和修行以及济世利人，是很苦的事，要有毅力、要有恒心，南老师为此做出了极大的牺牲，包括舍家舍财，这些并不是一个普通人能做到的。追随南老师的人很多，人人都叫他南老师，可是南老师说，他没有学生。为什么？因为谁也没有像南老师那样肯用自己的一生去学习、研究、修行，从而真正领悟，学到他的精髓，所以，没有人有资格做他的学生。他曾说："生命的奥秘，只有我有，我死了就没有了！"

无论学问、智慧、道德修养、功夫境界，他都没有学生传承。他总是感叹，他身边无人才可用。

学习南师精神，做推广中国文化的小兵

记：您退休后，讲授一些课程，与南怀瑾先生融会贯通儒释道、经史合参的治学方式有着怎样的联系？

古： 南先生在《狂言十二辞》自述里说"治不古不今之学，当谈玄实用之间"，他很谦虚地说"治不古不今之学"，其实他治的是亦古亦今之学，古代的书以及现在的书他都看。"当谈玄实用之间"，"谈玄"就是探讨生命和宇宙形而上的道体，探索生命的来源，包括烦恼痛苦是怎么来的，怎么解决。而"实用"之学即是入世法，生活中如何做人做事，进而治国平天下，这是很实际的。

南先生的学问我是传承不了、联系不上的，我没有资格做他的学生，只能学习他的精神，做一个推广中国文化的小兵。我退休后所讲授的课程，就是通过学习博大精深的中华传统文化，融合西方心理学，解决工作、生活中的各种烦恼与问题。从 2008 年开始，我曾讲过"《圆觉经略说》导读"和"如何爱我们的孩子"。目前我和太太在上海讲课的主要方向，是家庭关系处理和儿童教育。我们把传统文化与西方心理学融合，指导众多夫妻如何关爱孩子、走出感情困境、得当处理家庭矛盾，让家庭变得和谐、幸福。

南老师生前有一个愿望，就是希望社会环境变得更美好，希望能够推广日行一善。2014 年，我发起"日行一善活动"，到今天还在继续，参加活动的人每天会在微信群里相互鼓励，影响更多的人一起做善事。

何为日行一善？行善不止于捐钱，生活里的点滴都可以行善：扶老人家过马路，是一种善举；考虑别人，替人着想，是一种善举；建立和谐的家庭，也是一种善举。可喜的是，很多人因日行一善，改变了亲子关系、夫妻关系、与父母的关系、与朋友的关系，增加了彼此的幸福感。

魏承思：南老师是中华传统文化的当代弘扬者

魏 承思

祖籍浙江余姚，1951年生于上海。华东师范大学和美国洛杉矶加州大学（UCLA）历史学硕士、香港中文大学社会学博士。20世纪80年代曾在上海市委宣传部任职，并在华东师大历史系任教。90年代起，先后担任香港《亚洲周刊》《明报》主笔、亚洲电视新闻总监、《成报》总编辑、台湾《商业周刊》专栏作家。现居香港，任香港佛学研究协会主席。

访谈时间：2021 年 12 月 23 日
访谈地点：温州南怀瑾书院连线香港
访谈记者：欧阳潇

魏承思的人生多番转折、跌宕浮沉，与南怀瑾先生有着极为深厚的师生情谊。他们有着弘扬中国传统文化的共同理想，并在太湖之畔，殚精竭虑地让理想"照进现实"。"回首向来萧瑟处，归去！也无风雨也无晴"。

人生浮沉间，他是我的引导者

记：魏老师您好，很高兴认识您！今天，我们特别选择位于温州生态园的南怀瑾书院与您连线。您以前到过温州吗？

魏：我到过温州，但已是 40 年前的事了，当时我还是上海华东师范大学的一名大学生。那时候，我潜心研究佛学。大二还是大三那年，我从杭州一路过来，来到温州江心寺考察学习。

记：我看过您的履历，曾在政府任职，也曾在高校任教，后又留洋学习，再返回香港从事媒体工作。然而无论人生怎么变动，您始终潜心研究佛学，而南怀瑾先生刚好是您佛学上的老师。您在佛学上的坚持，是否与南怀瑾先生有关？

魏： 其实是很偶然，我是先学习佛学，后才接触到南怀瑾老师。他在佛学上的研究，给我打开了一扇新的大门，我后来就一直跟随他学习了。我这一生中有很多很多的老师，而他是在佛学领域给了我最大影响的那位。我这一生也有很多转折之处，冥冥之中又与南怀瑾老师有着千丝万缕的联系。

我可以结合我自身的经历，谈一下我和南怀瑾老师的人生交集。

我 1951 年出生在上海一户中产阶级家庭。我祖上是浙江余姚人，一直是乡里望族，后因时代变迁，家道中落。但祖母和父母对我的言传身教非常好，我正直的人格与好学精神，在小时候就培养成了。

我 21 岁那年考上了上海师范大学中文系师资培训班，之后在一所中学任教。但我非常向往去读大学，于是在 1978 年考上了华东师范大学历史系，用 7 年的时间读完了本科和研究生。那是我人生的第一次转折点。当时我的志向是专心致志地走学术道路，梦想创立一个史学新学派。

1985 年，我研究生毕业，人生再次发生转折，我独立不羁的性格没办法忍受按部就班的人生轨迹。当时，上海市委宣传部向我招手，我遂弃文从政，供职于上海市委宣传部研究室。正逢改革开放的大好时机，我参与设计了上海文化发展蓝图，真是眼界大开，可大展宏图！我觉得自己正渐渐从书桌走向了社会，从政治的旁观者变成弄潮儿。

然而，谁都没办法料到之后的风云突变，仕途中止。重挫之下，我尝尽世态炎凉，内心受到了极大的震撼，价值观也开始瓦解和重构，下决心重回学术界。

重拾学术，需学贯中西。我在 40 岁那年，别妻离子，负笈异邦，进入了美国洛杉矶加大（UCLA）历史系攻读博士学位。在那所世界级大师云集的百年高校里，我真正接触到西方文明，思想上有了进一步突破。但是，那却是我的人生又一次的低谷，蹩脚的英文程度、窘迫的财务状况，把我逼进了前所未有的困境，几乎到了走投无路的地步。

山穷水尽疑无路，柳暗花明又一村。1994 年，在一次偶然的机会中，我投身香港传媒界。从此，十多年间，我先后在多家杂志、报纸、电视、新媒体和出版社工作。这段经历让我得以纵横海峡两岸暨香港，广交三教九流，追踪天下风云变幻。而我心心念念的仍是学术。我始终认为，传媒只是职业，而学术则是我毕生的事业。我在工作之余在香港中文大学攻读社会学，2001 年，已到知天命之年，终于拿下博士学位。

2008年，在财务相对自由之后，我结束了自己的职业生涯，到太湖之滨跟随南怀瑾老师进修，重新系统学习佛学和中华传统文化，也陪伴了南老师的人生最后阶段。

回望过去几十年，我下过乡、教过书、当过官、留过洋、办过报、学过佛，人生可谓丰富多彩。而南怀瑾老师是我人生中非常重要的一名引导者。

记：您还记得和南怀瑾先生第一次接触吗？您是在什么时候第一次见到他？

魏：当然记得。我第一次知道南怀瑾这个人，是在1980年，我在华东师范大学读大三的时候，刚刚开始接触佛学，四处搜罗佛学经典。那年，香港的何泽霖老居士给我寄过来一批书，其中一本就是南怀瑾老师所著。书中观点非常新颖，恰好解答了当时我对于佛学的一些疑惑。而且作者引经据典，思维广博，很让人佩服。我一看作者名字，是"南怀瑾"，还以为是位古人，因为从措辞、用典的风格上来看，都是古人的风格。极大的好奇心驱使我四方打听他，才了解到他是一名现代学者，便开始有意识地搜寻他的著作来学习。

第二次接触南怀瑾老师，是在20世纪90年代。有一位朋友向我介绍刘雨虹老师，说她代表南怀瑾与复旦大学出版社洽谈，计划出版南怀瑾著作。我这才知道南怀瑾老师在香港定居。我向他们建议先出版南怀瑾老师的文化类著作，例如《论语别裁》等。后来，他们采纳了我的意见，促使了南怀瑾老师著作的顺利出版。

第三次接触南怀瑾老师，是1995年左右，我第一次见到了他。1994年，我从洛杉矶返回香港工作，我四处寻南怀瑾老师而未遇。后来，在一个"海归"聚会的场合，偶遇赵海英博士，她说可以带我去见南怀瑾老师，我真是喜出望外！那是在一个周末的傍晚，我到了香港坚尼地道南怀瑾老师的会客处，一房间的人都在那儿等候了。六点左右，一位仙风道骨的长者拄着手杖飘然而至，一袭长衫，满面春风。他果然是我向往已久的南怀瑾。

那时候，我还有一点担心，不敢说出以往在政府工作的真实身份，怕引起误会，让海英介绍我是《世界经济导报》记者即可，哪知道那晚居然遇到了当年在上海相识的刘雨虹、陈定国夫妇，我的"真面目"马上被戳穿了。然而，老师并未对此介意，之后，他常常把这个插曲向台湾友人介绍。想来，这还真是佛家的不起分别心啊。

我至今还记得那晚在饭桌上的情景。当时，客人们出于对他的恭敬之心，谨言慎行，我因为生性豪放不拘，在酒酣之余放言高论。想必当晚海英是为我捏一把汗的。不料在我向南怀瑾老师告辞之时，他竟然说："你是个有匪气的文人，我喜欢你这样的年轻人，今后随时上来吃饭聊天！"从此我就登堂入室，成了他饭桌上的"常委"，每个周末都会准时去坚尼地道。

"人民公社"，是大千世界的缩影

记：这段经历听起来非常有趣。魏老师，那时候南怀瑾先生设在香港的"人民公社"有没有一些让您印象深刻的人与事？

魏： 那时候，"人民公社"主要由两拨人组成，一拨被称为"常委"，这是个"基本盘"，都是固定的一些人，大家经常碰面，我就是"常委"之一。另一拨则是不固定的访客，是来来往往于香港的社会名流，来拜访南怀瑾老师。

我是很受南怀瑾老师喜欢的一位"常委"。原因有三，一个是我跟他对话从不唯唯诺诺，我不把他当神，我想讲什么就讲什么，而他恰恰喜欢这一点；其二，我是浙江人，他讲话会带一点浙江口音，有些人可能会听不懂，而我都听得懂呀；其三，我学历史，很多历史的来龙去脉，我可以跟他畅所欲言、对答如自。

此外，南怀瑾老师滴酒不沾，大家在他那里很少饮酒，我却很喜欢把酒言欢，竟然被南怀瑾老师特许"酒权"，为饭桌增添生趣。

他知道我好酒，在后来的日子里，经常会藏那么一两瓶好酒，留着在与我见面时送给我。有时候遇到一些好酒的客人，他会给我打电话，乐呵呵地喊上我去作陪。

在我印象里，南怀瑾老师的"人民公社"，是完全不同于官场的另一个世界，这里没有职务的尊卑之分，也没有利益的冲突交集，充满着坦诚和融洽。南怀瑾老师以其超俗的风范、深刻的思想、机智的语言，以他的人格魅力凝聚着大家。

在"人民公社"里，我们这些"常委"和他互相熟稔了，亲热得就像一家人，往往在送走客人之后，还会陪他聊一阵儿天，大家听他讲故事，说笑话。老人家说得高兴了，还会离座手舞足蹈地即兴表演！他可是一个非常有趣的人，他跟我们模仿那些民国时期的名人，那叫一个惟妙惟肖！我们常乐得抚掌大笑。

那时候,"人民公社"门户很松,三教九流,只要有熟人带路,一般就能上得他的饭桌。有两岸的文武官员,有银行家、艺术家、企业家;有小商人、名教授、大学生;有国民党,也有共产党;有美国的外交官、法国的汉学家、印度的金融家和韩国的和尚,也有江湖上的兄弟大哥……他是有教无类,对来客不起分别心,除了不太愿意见媒体——主要是不愿被媒体打乱平静的生活。

在饭桌上,南怀瑾老师对来客提出的各种问题,是有问必答,不厌其烦。有时候会引用一段先哲的话,有时候会背古人的诗词,往往一句话,意思就全在其中了。他有着惊人的记忆力,有一次,我带文学家刘再复去做客。南怀瑾老师问他最近在做什么,再复说在研究《红楼梦》,老人家随即说自己喜欢书里的诗词,便一首首地背起了《红楼梦》里的诗词来,又说更喜欢太平天国石达开的诗,有豪气,居然一口气背诵了好几首冷僻的石达开诗词。

我还记得,当时宾客里有一名入境处官员林先生,他当时听了南怀瑾老师的话,为香港回归做了很大贡献,后来遇车祸成了残疾人。老师千方百计帮他寻医访药,每次林氏夫妇来做客,他都待之如上宾。南怀瑾老师就是这样一个人,从来不会忘记任何对民族、国家做过好事的人。

记:南怀瑾先生的"人民公社"是否也随着他后来的迁居一直保留下来?包括他后来在上海和江苏吴江时期?

魏: 是,"人民公社"就这么一直延续下来。2002 年以后,南怀瑾老师常住上海,饭桌也就随他搬到了上海番禺路长发公寓的住所。2006 年,当他定居吴江庙港之后,他的饭桌自然又成为太湖大学堂的中心。而在吴江时期的"人民公社"又与香港时期有了很大不同。现在想来,也很是感慨!

吴江时期,南怀瑾老师年纪越来越大,想见他的人也越来越多,不得不有人把关。一般人也就不容易成为他的座上客了。除却从前的老学生,此时的来客非富即贵,却也不如香港时期的纯粹。有党政官员,有富商大款,有官二代、富二代、秘书帮,还有过来表演特异功能的。他们很少有真来寻师问道的,都过来问神通、问官运、问财路、问婚姻、问长寿,真是什么人都有啊!还有人慕名而来,扯上他合个影,就拿出去炫耀自己是"南怀瑾的弟子",似乎精神境界就一下子能拔高好几个档次。

那时候，南老师很无奈，常说自己是"陪吃饭，陪聊天，陪笑脸"的"三陪老人"。但他总是以佛家的慈悲语、和善心、柔软语使来客生喜乐之心。

不过，南老师对客人也有非常严厉的时候。曾有几位银行的高层去见南老师，送他一套 18K 金雕刻的《心经》，然后说，准备以每套 3 万元人民币的价格上市发行。南老师非常严厉地说："你们既然送来了，我不好拒绝。这里是一张 3 万元的支票，就算我买下来了。但你们用佛经来赚钱，将来是要背因果的！"事后，他说，违背教理戒律的行为必须指出来，我们绝不能用佛法去做人情。

我常觉"人民公社"就是大千世界的一个缩影，是人生百态的一个舞台，我在这个舞台上见证了人事的流转、时代的变迁，也见识了喜乐嗔怒的庞杂人性。

唯有"经史合参"，才能掌握国学精义

记：魏老师，曾有新闻报道，您与南怀瑾先生在香港期间朝夕相处了两年。那时候，您应当是在香港新闻单位供职吧？怎么有时间与南怀瑾先生朝夕相处？您觉得他在佛学方面有哪些非同一般的造诣？

魏：首先，我要纠正一点，这个新闻报道有误。囿于现实原因，我未曾与南怀瑾老师朝夕相处，所以有时候媒体报道不可轻信。那时候，我在香港《明报》主笔，每天下午三点进报馆，次日凌晨一两点下班，睡五六个小时就要起床。那时候，我还在香港中文大学攻读博士，每个星期还要起一个大早赶赴沙田的中文大学去修博士课程。在这样的情况下，我怎么可能与南老师朝夕相处呢？我只是在每个周末准时去坚尼地道，去"人民公社"见老师。

但是，在香港工作的时候，我的确是在南老师的引领之下，真正走向了学佛的道路。我在大学期间就接触佛教，并潜心研究，也就是那时候接触到老师关于佛学的理论，这个你是知道的，但那时候我只是把佛学当作一门学问来研究。虽然早年就出版了几本佛学著作，充其量也不过是"口头禅"。后来，我是在老师的引导之下，才开始进行佛门实修。

我长期受科学主义的浸润，对禅坐一类的佛门实修不以为然。又因为工作非常繁忙和辛苦，我常筋疲力尽，面容憔悴。1996 年春节前，南老师要海英通知我，

大年初一去他的寓所"打禅七",这可是极个别人士才享有的待遇啊!我那时候却不识趣地拒绝:"家有高堂稚子,已订好机票要回家过年。"后来有一天,南老师见我面色疲惫,又一次劝说我:"尽管你不信佛,打坐对身体也是有好处的,不妨一试。"我那时就半信半疑地跟着大家学起禅坐来。坚持了大半年,果然有起色,虽然工作压力不减,但朋友再见面时都说我面色红润,判若两人。那时候,我就养成了打坐的习惯,每年春节也留在香港,跟随着南老师"打禅七"。但我那时候并未将此与学佛联系起来,只是纯粹当作一种养生之法。

1997年,南怀瑾老师又一次把我叫去谈话,他说,我是个可造之才,要传我"心地法门",说能把此法修成的人不多,望我持之以恒。他还说:"你十多年以后也许会出家。若如此,则必成一代大法师。"那时候,我没弄懂"心地法门"是怎么一回事,也没动过出家的念头。后来,在吴江期间,我将此事旧话重提,南老师听罢哈哈大笑。他说,当时见我仍将佛法当学问,想把我哄入佛门。且知道我功名心切,不这么忽悠我,我哪肯认真实修?所以,南老师实在是因材施教,根据个人不同的秉性根器,施以不同的诱导之法,真是煞费苦心!

2008年,我跟随南老师去往吴江,协助他兴办太湖大学堂。那时候,我已真正走向佛门实修之路,并协助老师开办了太湖大学堂大型"禅七"。回想起我这一路上心路历程的转变,从不相信到尝试,到真正成为其间的参与者,进而回想到在此期间,南老师循序渐进的引导和其中的良苦用心,我的感激之情实在不知如何表达。

在跟随南怀瑾老师学佛的过程中,我的思维打开了一扇新的大门。我认为只有用他所提倡的"经史合参"的方式,才能学通学精、融会贯通,真正学懂中华传统文化,掌握中华文化的精义。

什么叫"经史合参"呢?以《孟子》的授学为例,所谓"经",是《孟子》七篇的本经,所谓"史",是指孟子所处的时代,如齐梁等国当时约略可知的史料。我们除了《孟子》本经之外,还要配合战国时期相关的历史资料,来说明孟子存心济世的精神所在。所以说,教条式的死记硬背,总是让人存在着不是绝对信服的心理,的确是要知其然,还要知其所以然。

此外,西式教育是分门别类的,大多数是将人类文化知识硬生生分开,学某个专业,就等同于要成为专攻一门的专家。我们现在的分类也是如此,就算是学个历史专业,也有着古代史、现代史的区别,古代史还有着唐史、宋史、明史之类的划分,这样其实是不利于对中华传统文化的吸收和学习。用这种方式来学习传统文化,往往是支离破碎的。

什么是中国的传统文化呢?南怀瑾老师说,中国在秦汉以前,儒、墨、道三家几乎涵盖了全部的文学思想,到六朝以后,换了一家,儒、佛、道三家成为文化主流。这三家说到底有什么泾渭分明的区别吗?其实,它们之间是相互杂糅的,这才构成了庞大的、极具特色的中国传统文化。我以《史记》为例,这是一部史书,但又是一部不朽的文学作品,那些人物传记写得栩栩如生。它也可以看作一本哲学著作,内容上夹叙夹议,还有特别精到的作者观点与评论。而应用的观点,时而会偏向道家,时而又会是儒家思想,而儒、道之间又有交叉结合。

因此,一个人必须深入儒、佛、道三家学问,由博返约,融会贯通,才能掌握其中的精义。南怀瑾老师因为他特殊的人生经历和治学门径,他不同于一般学者,他能出入于儒、佛、道之间。

所以跟着老师学佛学,是以能"博""专"结合,这能给人极大的清醒感、透彻感,在学问上可谓是能举一反三,通一牵百。

他是中华传统文化的当代弘扬者

记:魏老师,我知道您是《南怀瑾全集》前言的写作者,还写了一本《两岸密使50年》,讲述了南怀瑾先生在为两岸交流方面的贡献,可以介绍一下此书的创作背景吗?是不是也为了更好地传承南怀瑾先生的思想?

魏: 2000年,我的老友来新国先生和陈知涯将军打算出版《南怀瑾全集》。南老师指定我来写前言,我义不容辞地接受了下来。动笔之前,最难的是如何给他定位。我最终定位老师为"中华传统文化的当代弘扬者"。我想,这是我所写前言最大的意义之所在。

南老师一生行迹奇特,常情莫测。年少时即广泛涉猎经史子集,礼义具备,诗文皆精,并习各门派武术,毕业于浙江国术馆。早年钻研道家,青年时代发心学佛,遁迹峨眉山,在大坪寺闭关三年,遍阅《大藏经》。出关下山后,深入康藏地区参访密宗上师。

因而，有人称他为国学大师、易学大师，有人称他为佛学大师、禅宗大师、密宗大师，也有人称他为当代道家，但每一种说法都只涉及他学问人生中的一个侧面，他也从未以此自居。我曾经在文章中称其为"当代大隐"，如鬼谷子、陶渊明、孙思邈等，他们虽然对世事洞若观火，却宁可选择闲云野鹤的人生，而不愿出将入相，食官家俸禄，可是南老师并不认同这样一种人生定位。

后来想想也确实不妥，南怀瑾老师一生为续中国文化的命脉而奔波，到了台湾以后，担任文化大学、辅仁大学、政治大学等校教授，后又创立东西文化精华协会、老古文化事业公司、十方书院等文化机构。1985 年，南老师离台赴美客居，直至 1988 年到香港定居。先后创办美国弗吉尼亚州东西文化学院、加拿大多伦多中国文化书院、香港国际文化基金会等。前些年，更是在世界各地华人社会推广儿童诵读东西方经典的文化运动。

他的人生岂能用一个"隐"字概括？于是，在写序言之前，我花了半年多时间，将南老师已出版的所有著作重温一遍。温故知新，所得甚丰，准确地说，他应当是中国传统文化的当代弘扬者。对于这样一个人生定位，老师是认可的。因此，当我据此写成上万字的《南怀瑾全集前言》送他审阅时，他一字未改地嘱咐送交付印。如今南老师仙逝，任何学生若将他定义为一个"文化学者"、"国学大师"，或搞出"现代造神"运动，将他曲解为一个"宗教人士"的话，我认为都是对他的不敬。

事实上，南怀瑾老师一直是一个争议比较大的人。他名声极大，真正精通他思想的人却非常少，这么多年以来，他的学术、思想没有被总结过。大家都是瞎子摸象一样，摸到一部分，就说自己理解的那一部分。所以，那时候我很想系统地整理他的思想与贡献，出一本传记。而《两岸密使 50 年》的写作，原本是为了做老师的传记所整理出来的资料。

那时候，大陆与台湾尝试着恢复往来，有了彼此之间试探性的接触。南怀瑾老师成了其中的纽带、桥梁，他从中斡旋，做出了很多贡献。写《两岸密使 50 年》时，我认认真真地听了他与两岸来使沟通交流的所有录音，他晚年兴建金温铁路，为促使两岸对话交流出谋划策，为家乡故土的发展殚精竭虑……老师为国为民的情怀多次让我感动不已。

如果说《南怀瑾全集》及其序言是为传播他的思想，《两岸密使 50 年》则是想向众人展示一个真实、全面的南怀瑾。

记：听说在太湖大学堂筹建期间及其运营过程中，您是重要的参与者。那时候开办了哪些课程？南怀瑾先生给您哪些具体的指导，您有哪些成长和收获？我们都很好奇，在太湖之畔，中国传统文化是通过怎样的模式，如同星星之火一般传承开来？

魏：进入新世纪之后，南怀瑾老师很想在大陆找一个清净之地叶落归根。他始终认为，大陆才是传播国学的根源之地。

那时候，我们几个学生在杭州、苏州东山、上海淀山湖等地都看过好几块地，都不是很满意。那时候，老师归心似箭，一次去吴江庙港镇参观一位台湾老学生的工厂，看到太湖边风景如画，当场就拍板买下 300 亩滩涂地，计划在此造屋归隐，这就是后来的太湖大学堂。事实上，庙港那块地并不太适合居住，它属于滩涂地，所以在建设过程中几经周折。直到 2006 年才初具规模。

大约在 2002 年至 2006 年那段时间，在太湖大学堂建成之前，南老师逐步迁居到上海。他一度邀请我去担任他的助手。2002 年年底，我正准备去香港《成报》出任总编辑。有一天，南老师把我叫了过去，他说，他打算回大陆定居，希望我与他一同回去。他还跟我讲："我知道你要养家糊口，人家现在给你多少待遇，我就给你多少待遇。"

但那时我已签约《成报》，一批旧同事因我而准备"跳槽"去《成报》，南老师见我面有难色，不等我分辩就说："你回去考虑三天，若不想回去，今后也就不必认我为师了。"回家后，我整整三天无法入睡，后来给老师写了一封传真，表示我确有难处。我说，师生名分既定，不想做专职秘书，变成雇佣关系。等将来有朝一日能卸下家庭负担，经济状况有所改善，一定前来侍奉左右，尽微薄之力。南老师见信后，让人转告我："那就依你的意思吧！"

此后，南老师往来于香港和上海两地，渐渐在上海的日子愈长，在香港的时间愈短。大概一个月左右，我就会奔赴上海去看他一次。每到上海，我就在他的寓所边上找个小酒店住下，晚饭时，依然像以前那样陪他聊天。有人送南老师好酒，他就密藏在床底下，知道我要去了，就叫人拿出好酒准备。他在饭桌上总是跟大家说："承思酒德酒品好，他可以畅饮，你们没资格像他那样喝酒的。"现在回想，那真是一生中最快乐最幸福的时刻。

2006 年前后，庙港那块地初具规模，南怀瑾老师决定从上海移居太湖之滨，创办太湖大学堂。老师洞察世事，很有智慧，明确表示，太湖大学堂不是宗教场所，也不是教育机构、社会团体，只是私人闲居讲学场所。

在大学堂创办不久后，老师就问过我，如何规划这一块地？我当时拟了个草案，其中包括研究所、南怀瑾著作编译所、大讲堂、网上传统文化教学中心、海外汉学家进修中心。老师不置可否，却问我："谁来做这些事呢？现在还有这么些能用的人才吗？"

这个问题触动了我，它迫使我去思考一些人才培养的方法。后来我跟他建议，我说我们这一代的国学都是半路出家，成不了气候，应该从小培养。不如效仿民国的无锡国专，在这里办一所国学专门学校，每年从贫困地区招收 20 名天资聪颖的失学儿童，学制 10 年，专教经史子集，10 年之后，这 200 名毕业生中，或许能有十多个成为真正的国学人才，传统文化自此薪火相传，不绝如缕。他们的生活费用，则可以由我们这些老学生认领。老师对这个慈善与教育相结合的倡议非常赞成，派我去和苏州负责教育的副市长朱永新商谈。朱市长听完整体设想后告诉我，想法不错，但不遵照教育部颁发的教学大纲，只教授国学的话，是违反九年制义务教育法规定的。于是这个设想也就放弃了。后来，办了吴江国际实验学校。该校在政府规定的教学大纲之外，又增加了一些国学内容。

2008 年夏天，我结束了在香港的工作，来到吴江，在南老师身边常住，履行我当年的承诺。那段日子，生活很是悠闲平静。早晨在禅堂，下午读书，晚上听他讲经。我跟你说过，南老师是一个非常有趣的人，真的像个老顽童，常进出很多新鲜有趣的念头。一会儿说，要养几头毛驴，和我各骑上一头，在湖堤上柳荫下溜达。一会儿又说，在湖边建个亭子，可以和我一起在亭子里赏月。他甚至在大学堂开了个咖啡馆，结果没多少顾客，都是他老人家掏钱请我们几个学生喝。

2008 年 9 月，吴江国际实验学校开学，首批接收了 29 名 5—9 岁的学童。南老师要我教他们《千字文》和《幼学琼林》，帮他们打好国学基础，他还亲自上了几堂示范课。学校教师的古文基础也不太好，我就又在放学后给教师和大学堂的员工们讲《古文观止》，大家都很有兴趣。没想到，后来慢慢促成了国学经典导读讲习班，以及后来在太湖边的"禅修"。

有一天晚饭之后，南老师说，现在很多人想读佛经，但起码的古文基础都没有，怎么读佛经呢？不如办一个国学经典导读讲习班。他让我领着大家学点古文，并当场指派斯米克老板李慈雄先生做班主任，负责办班的行政事务。

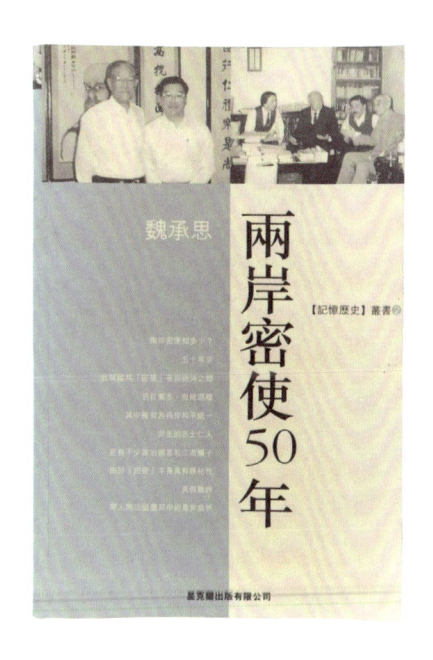

魏承思著《兩岸密使50年》

当年12月，讲习班在上海虹桥迎宾馆开学。南老师很是关切，怕我太学究气，学员们会听不下去，派了好几个大学堂的师兄弟来旁听。几乎每隔一个小时就打电话过来，询问课堂状况。直到我一口气讲了8个小时，学生们还不肯散场，老师才如释重负。

这个讲习班从此坚持了下来，每月一次，持续了一年。讲习班轰动一时，学员们从全国各地、四面八方赶过来，有深圳的、北京的，他们甚至坐飞机过来听课。这种对于国学的热忱让我很是感动。

我重回上海讲学的消息一下子传开了。到了2009年6月，复旦大学校友读书会和宗教研究所邀我去做一次讲演。那时候，我也很有一种"穿越感"，记忆一下子回到20年前的夏天。我告诉南老师，在1989年6月，我曾在复旦大学做过一次"禅与人生"的讲演，但那时候讲的是口头禅。如今有了一点实修的体会，还想以同样的题目再讲一次。南老师极力赞成，他还教了我一点讲课策略——他吟诵了唐人王播的诗："二十年前此院游，木兰花发院新修。而今再到经行处，树老无花僧白头。""上堂已了各西东，惭愧阇黎饭后钟。二十年来尘扑面，如今始得碧纱笼！"

让我以此作开场白。

那次演讲完毕,听众们久久不愿散去,他们说有一个"禅学会",还想来太湖大学堂跟着学禅修。我回去向南老师汇报,南老师说:"如果他们答应了三个条件:一、禅修七日每天坚持坐禅九枝香;二、七日内专心禅修,不准使用电脑手机和外界联系,不准脑子里还想着生意经;三、吃素七日,我就亲自带大家禅修。"我对复旦禅学会的负责人一说,他们当即表示愿意遵守。

9月13日到19日,一百多人齐聚太湖大学堂学禅修。南老师不辞辛劳亲自带领大家,打破日常起居时间,从早到晚在禅堂里。我们打坐时,他来回走动巡视,观察每个人的身体和神态变化,不断纠正大家的姿势;我们行香时,他手持香板在一旁注视,突然间一声香板站停,让大家体验刹那间的定境;我们休息时,他端坐于讲台上,给大家开示说法……一连七天,从无间断。这可是九十多岁的老人啊!

还记得禅修的头一天,南老师让大家先看了两段录像:一段是今日中国寺院里僧人禅修的画面:七扭八歪;另一段是现时日本寺院里僧人禅修画面:气宇轩昂。对比之下,南老师说:"禅宗本是中国传统文化的一部分。如今东瀛邻国还保留着,难道在中国到了我们这一代就要失传了吗?"说到痛处,南老师老泪纵横,在场学员无不为之动容。这是老师最后一次主持禅修。

2010年,国学导读班结束了。我和李慈雄兄建议再举办《管子》或《资治通鉴》的讲习班。最后,决定先讲《资治通鉴》,帮助学员们鉴古而知今。老师嘱我拟定办班计划,花三个月的时间,让学员读完六十六卷《秦汉纪》和八十一卷《唐纪》。为了推进课程,我们把100多名学员分为10组,大家分头在家预习。4月10日开班一天,5月和6月各有三天在大学堂集中。上午小组讨论,下午全体集中交流,晚上老师答疑解惑。原先说好由南老师教授,我当助教。然而,南老师执意要加上我的名字,并由我主持集体讨论。我知道,他是有意赶鸭子上架,想让我慢慢接下大学堂的教学任务。我也不敢有怠慢,免得辜负了南老师的信任。

那时候,我每天十多个小时阅读《资治通鉴》,把每一卷的要点和思考题写下来,用电子邮件发给所有学员。南老师见状,一次次叮咛我要注意休息,不必过于认真,以免累坏了身体。可是他老人家自己却不顾年迈,每逢集中讨论时就早早起身,在房间全程观看现场视频转播,及时补充阅读资料和思考题,晚上两个小时则亲自上台讲解。学生们怕他劳累,一遍遍地催他休息,南老师总是嫌讲话时间不够。那时的讲习班秉承南老师"经史合参"的学风,将儒释道的经典与历史记载比较、融会,来参究人生和社会的哲理。参与者曾用"震撼"两字形容此次学习历程。

人历长途倦老眼，事多失意怕深谈

记：南怀瑾先生是中华文化的弘扬者、传播者，在他的影响下，在你们这些学生的努力之下，国学日益兴盛，如今还影响着我们一代又一代的年轻人。2012 年南怀瑾先生的去世，让很多人悲痛不已。魏老师，您还记得与南怀瑾先生的最后一面吗？听说他在病中还在审阅您关于佛学的心得体会，给您留下过答复和批示。那时候，您在他身边吗？他给您留下的嘱托是什么？

魏：2010 年 5 月初，《资治通鉴》讲习班第二次集会前，我的右眼突然模糊起来。集会结束后，回到香港我就去眼科医院就诊。医生检查后告诉我是视网膜脱落，已严重到有失明危险，必须当天住院动手术。听到这个消息，我犹如五雷轰顶，眼睛对于一个读书人来说是最宝贵的呀！一旦失明就意味着后半生再也不能读书写作了。

当我在电话中把这个消息告诉南老师时，听说他老人家心急如焚。手术后的 3 个月里，我遵从医生的嘱咐，不能运动和搭乘飞机，更不能看书了。白天只能耷拉着脑袋呆坐，夜里只能趴着睡觉。到了 6 月初，南老师说要取消讲习班的集会。而我执意要坐火车回大学堂主持最后一次集中讨论，让讲习班善始善终。在那三天里，南老师尽量让自己多讲，让我多休息。讲习班结束后，我回到了香港。手术似乎还算成功，但是后来右眼视力不断下降，现在只有 0.02。

8 月，我给南老师写了一封长信，想离开大学堂，留在香港养病。他当即回信，极表赞成。9 月初，我回大学堂去搬家。临行前，南老师把我叫到寝室中深谈。他说："未来的两年里，你也许有一场大难。要躲过这场灾难，就在家一边养病，一边好好专修吧。想学佛要先学好做人，改善你自己的修为，尤其是要少造口业，再不要出口伤人。至于修行中遇到问题，今后可以和我书信问答。我的时日也无多了。在大陆学生中，你和我是感情最深的。我走后，大学堂也就散了。你就好自为之吧！今后出去弘法，不要学我。我年轻时曾经发愿，弘法不收供养。但这个时代的人对不花钱的都以为不是好东西，不会认真听进去的。我自己学佛的路，是从《大宝积经》开始，由《楞严经》深入的。希望你循着我走过的路踏踏实实地前行。"

我泪水忍不住直淌。朝夕相处整整两年，听着他语重心长的临别赠言，心里很不是滋味。那两年间，我觉得我学到最多的正是如何做人。老师常说，做人要佛为心，道为骨，儒为表。其实，佛心就是一颗善心，对任何人慈悲为怀，不起分别心；道骨就是无为而无不为的清高风骨；儒表就是温良恭俭让的言谈举止。这些做人标准写在纸上，但现实中有几人能做到？而在我身边，就看到南老师这么一位圣人！

回家后的两年里，我把学佛变为生活重心，坚持每天拜佛、禅坐、诵经、念咒。十天半月给老师写一份学佛报告，汇报每天的修行中的感悟，提出种种疑惑和问题。老师总是及时回复，给我答疑解惑、鼓励和鞭策。我每过一两个月也会去大学堂拜望他。

2012年6月7日到9日，那是我们的最后一次见面。那三天内，他每天下午都在办公室给我开示修行中遇到的问题。他拿出一本刚出版的新著《〈瑜伽师地论·声闻地〉讲录》，要我回去认真研读，说书内讲的都是实修道理，对我有用。他还鼓励我坚持修证佛法，将来可以直追欧阳竟无一班人："因为你有他们的学识，他们不肯像你一样实修。"我便回答他说："老师，你又在忽悠我了，是怕我放弃吗？无论如何，我还是会循着这条路走下去的。"晚饭后，我还是像往常那样坐在他旁边谈天说地。我原本以为，这样的情景可以一直延续下去，没想到竟是和恩师的最后一面……

8月13日，我打算去大学堂，南老师让马秘书转告我：老师感冒，我去了他就要招呼我，希望这次不要去。我顿时觉得他这次一定病得不轻，因为20年来他没有一次不想我去看他。

8月16日，我在报告中问他，读完了12遍《楞严经》，接下去应该读哪一部经。直到四天后，他在报告上最后一次批示："最近气运不对，我也在维摩病中，深深业力之感，不可说不可说啊，无法与不知者言也。你从那年开始学佛，凭我深切的记忆，你真正发心想修行学佛，散散漫漫的还不到两年。承蒙信任，你恳切读《大宝积经》后，我希望你先能做到精读《楞严经》100遍，希望在10年、20年中贯通事理、证得真如，此话早已有所说明，只是你并不留意。我从青葱学道，身心投入出世修证法门，至今95岁，经常自惭暗顿，对于《楞伽》《楞严》二经，我从数十年身心投入求证的功力，尚不敢说是望及涯际。你这个话已经问过我三次以上，我都有所答复，或微笑而轻答，实际上语重心长，都已说得明白了。你如果对此有疑，今后10年、20年中，希望你深入《华严经》《瑜伽师地论》二部大经论去吧。我老了，再没精力多说了，言尽于此，抱歉。"老师以前对我说话从未如此严厉过，最初我有点难受。我反复读了很多遍，才体会老师对我的拳拳之心，但只以为他是对我爱之深，责之切，没想到乃是最后遗言。

9月2日，我写报告回复老师的批评，回顾了专修两年来的历程。5日，老师请秘书回话："现在四大违和，这篇报告要严重答复的，所以不要着急。慢慢来。"但最后没有等来他老人家的片言只语。我的这一篇报告，老师会怎样答复？这真的是够我参一辈子的话头了。

还记得，老师走前最后吟诵的诗句是："人历长途倦老眼，事多失意怕深谈。"他是带着对世事的无奈和对中国文化复兴的失望而西去的。

愿在浮躁的时代，激荡出思想的回声

记：魏老师，谢谢您对我们的信任。在您讲述的往事浮沉之间，我们深深感受到您与南怀瑾先生的师生情谊，以及你们执着于传统文化传承的赤子情怀。在南怀瑾先生去世之后，您是不是还一直在传承南怀瑾老师的思想、文化与精神，一直在为我们中国传统文化的传承而努力？

魏： 2008年之后，我在太湖之滨跟随南怀瑾老师静修，以及兴办太湖大学堂的那段时光，其实是我思想上逐步沉淀的一个过程。那时候，我重拾佛学和旧学，稍稍磨去了身上的狂傲、浮躁之气，也对现实政治的兴趣日益淡漠。从此之后，可谓"笑声骂声口号声声声刺耳，港事国事天下事关我屁事"。（大笑）

2012年，在老师去世之后，我们依然坚持着国学经典导读讲习班的课程。2009年至2012年，我们的讲习班讲完了《资治通鉴》，从2012年起，我逐步与上海复旦大学、上海浦东干部学院、同济大学合作，讲授"管子""荀子""中庸"等课程。随着课程的推进、时间的流逝，讲习班也如同大浪淘沙，渐渐留下了真正的国学爱好者、研习者，最后基本维持着30—40人的精干力量。他们真正地愿意跟着我学习，我也感受到我对他们的影响，有好几个学生至今跟了我十几年了，他们在国学上的进步都非常大。

记：魏老师，后来还有关注吴江国际实验学校、太湖大学堂吗？不知道后来怎样了？

魏： 我没有再关注过，或许你们可以去走动打听一下。之后世事变化莫测，整个社会人心浮躁，其实也没有多少人真正感兴趣再去系统了解国学，去研究南怀瑾老师的思想。现在社会上以南怀瑾弟子之名招摇撞骗者甚多，他们打着南怀瑾的旗号，干着为己营私的勾当，我冷眼旁观，只觉可笑。你不如去看看，凡是叫得最响，喊得最欢的所谓"南学弟子"，开着天价对外招生的所谓的南怀瑾传人，无一例外是沽名钓誉之徒。他们大肆宣扬自己对国学的热爱，你要真问他们一些国学的经典，半点都答不出来。我不屑与他们为伍，也不想去掺和他们的事。

我作为南老师的学生，我只想真正地，踏踏实实地传承一下老师的文化与思想。在 2020 年疫情期间，我在"喜马拉雅"APP 上开辟了《南怀瑾大学问 100 讲》，系统整理了南怀瑾人生经历与思想脉络，梳理了南怀瑾对国学经典的理解，发掘儒、佛、道学说里的文化价值、现代意义。我也撰写了一部新的作品《人生大学问：南怀瑾著作解读》，最近即将出版。如果有兴趣，你们都可以阅读一下，可以帮助大家更深入地了解南怀瑾，去寻找到最适合自己的南怀瑾的著作。

人生七十古来稀。我已年逾七十，如今现代科技发达，物质生活富足，七十岁并不意味着生命已近终点。但恰似《新约·提摩太后书》所言——"那美好的仗，我已经打过了；该跑的路程，我已经跑尽了；当守的信仰，我已经持守了。"回望过往七十年，人生足够丰富多彩，已然无憾。接下来，我也想好好地享受一下生活，疫情过后，四处走走看看。尚有余力，再传承下中国传统文化，希望能在这个时代再碰撞出一些思想上的回声。

林 德深

中国香港大学医学博士、香港中文大学荣誉教授、香港医学专科学院院士、香港特区政府卫生署医学遗传科前主任、香港医学遗传学会创会会长，爱尔兰皇家内科医学院院士，英国皇家内科医学院院士，国际人类遗传学会联盟前会长。现任中国香港养和医院医学遗传科主任。

林德深：「教我如何不想他」

访谈时间：2021 年 12 月 16 日
访谈地点：温州南怀瑾书院与香港林德深家中 Zoom Meeting 视频连线
访谈记者：陈怡

从无神论者到天主教徒，再到沉迷佛学，从急诊室医生、内科医生、儿科医生，到世界遗传医学领域的领军人物，林德深的人生极富戏剧性和故事性，而在他眼中，自己人生最精彩的"奇遇"，莫过于在南师晚年追随左右，师从南师的那一段缘。

虽然南师对其传道授业解惑的时间不长，但教导颇多。在大学堂的同学眼中，林德深是南师最后几年最用功的学生之一。

南师学贯东西、博古通今、内外兼修，不仅是一位精通儒释道的经师，也是一位身传言教、循循善诱的人师。每每想起与南师的般若因缘、南师耳提面命的殷切教诲，林德深都会想起初识南师时唱的那首歌《教我如何不想他》。

斯人已逝，幽思长存。林德深说他将追随南师的脚步，好好研究，解答南师留下的"生与死"的大题。

由于疫情原因，身在香港的林德深通过 Zoom Meeting 接受记者视频在线采访。

般若因缘，从无神论者，天主教徒，到喜佛学

记：作为一名从医的专家学者，您最初是名无神论者，后又成了天主教徒，认为"佛教"是一种迷信的教，那您是从什么时候开始接触

佛法，因为什么机缘喜欢上佛学？

林： 要了解南师和我的这一段缘，要从介绍我自己开始。从无神论者，到天主教徒，再到喜佛学，这个过程其实很有意思。20世纪六七十年代，我读书的时候，还处在英国对香港实行殖民统治的时期。在这个东西文化交融的地方，要想混得好，英文要学好，进一个天主教或是基督教的学校，有了宗教的信仰，也是很有好处的。我就读的中学是英皇书院，不是一个宗教学校，我大部分的同学朋友读的是工科、医科，但他们中的很多人是天主教徒。

虽然平时大家会围绕着宗教话题展开讨论，但对于天主教我是完全不信的，我觉得这是一种迷信。不过如果你对某个宗教不了解的话就没有发言权。为了了解自己的朋友，和他们更好地沟通，我就跟他们一起去天主教教堂。

我在教会里学到了很多，包括教义、礼仪、崇拜的方法，就这样从开始的不信，到了解后信一点点，20岁左右，我信这个世界有一个主宰，有一个神，有一个最终能决定所有事情发生的一个"因"。大家在教堂里互帮互助、研学欢唱，感觉是一个大家庭，我很喜欢这种氛围，顺其自然信了天主教。天主教和基督教都有他们特别的教义，要深入了解要花大量时间，这对20来岁的我来说不容易。我大部分的时间要忙工作和医学研究，天主教对那时的我来说更像是业余时间和朋友相处的团体，大家一起做活动，做善事。

35岁可以说是我人生中很重要的一个时间节点，那时我已经有了自己的家庭和孩子，肩上责任大。我一方面开始关注自己的身体健康，一方面对佛学有所接触并开始感兴趣。我师从太极老师胡云卓，他是一个西医，同时也是杨氏太极拳第四代的传人，对中国武术很有研究。每个星期有3个晚上，胡老师教我太极拳和气功。每次跟随他学习推手、站桩的时候，他都会念经，念他喜欢的《金刚经》。刚开始我什么都不懂，后来听多了，我慢慢有些明白。跟胡老师学了5年，我相信从那时开始，佛学的根已经慢慢在我的认知中出现了。老师过世后，我自己练气功，再往后5年就没有什么进展。加上生活忙碌，这些根始终不能够生长起来。

记： 您曾提道，由于家庭的变故，好几年生活十分混乱，甚至有点迷失方向，无论在个人事业上还是心性的进修方面均停滞不前，方便说一说当时是遇到了什么变故和挫折吗？

林：真正开始关注佛学，是因为49岁左右家中发生了重大的变故，那时我的第一任太太在经历了长久的病痛之后过世了。我有两个孩子，老大19岁，老二15岁，作为单亲家庭的家长，我既要工作，又要照顾孩子，没有什么时间和空闲兼顾自己的身体。那时候开始感觉要多学一点，我希望从佛学中寻求一种释放和答案，给人生寻找一种途径去排解忧愁。

我学习的方法就是多读书。关于佛学入门，最开始读得比较杂，有关佛学的书都读，乱七八糟的并没有一个系统，也没有一个导师，不容易打好基础。加上那时遗传医学方面的工作挺忙，没有时间，完全是比较浅的自学。

55岁我才达到另一个台阶。我认识彭嘉恒先生很久了，1995年因参加香港扶轮社，共同做公益，结缘成为好朋友，差不多有30多年。不过之前我们没做太多的关于佛学的讨论，佛学的因缘是在我55岁的时候开始的。那时，为了从混沌人生的局面中走出来，在彭嘉恒先生的提议下，我去湾仔瑜伽中心学习打坐。虽然年轻的时候也做过瑜伽，但两个时期的心性和感受完全不同。

20多岁做瑜伽更多是身体方面的拉筋、大量的体力运动等；55岁做瑜伽主要是修证自己的心理情绪，在运动方面是比较轻松的。在湾仔瑜伽中心，每个星期六的下午，我们会跟着一个年轻的老师练习。其他时间，每次自己练完瑜伽，还会和彭嘉恒先生学打坐。

18岁练瑜伽，35岁练气功（动了很多气脉），到55岁和彭嘉恒先生一起打坐，那时候开始有点入门，有很多的感应，从这里开始进步就比较快了。

从初知、结缘，到追随

记：在认识南怀瑾先生，并未与他进行深入交流之前，您对南怀瑾先生都有哪些初印象与认知？

林： 2009年之前我没有见过南师，可以说我不认识南师，但也可以说有点认识。我的长子林敬生是精神科医生，他在大学生时期，对佛学、哲学都很感兴趣。他是一个勤于思考的年轻人，关于很多生命中的问题，他当时找不到答案，感到十分困扰，所以我介绍他认识彭先生这位老师。彭先生带敬生去了佛教图书馆，介绍了很多南老师的书给他阅读。很快地，我们家的书架上就放满了佛学方面的书籍，其中不少是南师的书。应该是2008年的一天，我心血来潮第一次拿起了书架上南师的书来读，读的第一本书是南师的《如何修证佛法》，就是随便翻翻，读得不深。

当时粗略地读完，说实话对作者没有什么特别的印象，但对书本里讲的一些内容和观点我很认同。另外这本书还颠覆了我过去对中国佛学类似书籍的印象，其他同类型的书比较晦涩难懂，而这本书虽然也不容易读，但它的语言是比较直白的，简单明了。南师的书要第二次、第三次比较深入地再读才能领会到书中的一些精粹。

我真正对南师有兴趣，并开始认真拜读南师的书应该是一年后。

记：2009年3月，南怀瑾先生最后一次回香港，其间，彭嘉恒先生组织了一个饭局让南怀瑾先生和香港的同学欢聚，当时晚宴您也在其中，您是主动想要参加这场聚会还是偶然被邀请的？当时都有哪些人参加？

林： 那时南老师已经去太湖住了，那次来香港是为办身份证。南师最后一次来香港也是我第一次见到南师。记得南师来的前一两个星期，彭先生向我发出邀请说："一个星期后有个聚会，有没有兴趣来见见我的老师？"这个聚会大部分的人我都不认识，他请了五六十个朋友，其中有几个和我们一起练瑜伽的朋友我是认识的。在香港，南师有很多的学生，他们是一个团体，每天差不多都会见面，经常聚会。南师在香港的寓所在一座建筑的四楼，所以这些学生被我们称为"四楼的同学"。那一次聚会我也认识了很多"四楼的同学"。

之所以受邀参加那次聚会是因为那时候我感觉时候到了。学习打坐一年多了，也已经读了南师的书，虽然那本《如何修证佛法》可能还没读完，但感觉自己不论是对南师还是对佛学，应该要有进一步的认识和了解。

记：那次是您第一次见到南怀瑾先生本人吗？南怀瑾先生当时的精神状态、身体情况如何？

林： 当时晚宴的气氛很好。每一个人都很有亲和力，虽然大部分人可能是第一次见，但感觉就像是认识很久的人，很熟悉，整个晚上我都是很享受很投入的。晚

2012年10月1日在太湖大学堂的咖啡厅里,林德深看到了第一次见南师时唱的那首《教我如何不想他》的歌词集,他最后一次为南老师唱了这首歌

宴大概五六桌,每桌十来人。当时我没有跟南师一桌,我在旁边一桌,和瑜伽班里的同学以及几个"四楼的同学"一起坐,其余桌多是"四楼的同学"。晚宴是从晚上六七点开始,最初大家聊聊,之后就是为南师做些表演,有人朗诵,有人念经,有人做瑜伽,表演环节是当天晚上一个轻松的聚会环节。

南师来的时候,我们大部分人已经在晚宴现场等了。那时候是3月,香港的春天早晚还是比较凉,但南师穿的并不多,他进来的时候身边围着几个学生,他就笑着挥手和我们打招呼。92岁的他笑容满面、身体挺拔,看起来身体、精神非常好。

我的第一印象是他没有什么官派作风,完全是一个亲和的长者形象。南师坐在主桌前,他说了几句话开场后,晚宴就直接开始了。他讲话带浙江温州口音,我听不太明白,记不太清楚说了什么。

记:当时晚宴气氛很活跃,聚会上每人都要做一个表演。当时您为什么选择表演唱歌?您还记得您唱了什么歌吗?为什么选择这首歌?

林： 整个晚宴大概是 6 点到 10 点。彭先生邀请我来参加这个晚宴，我觉得没有免费的晚餐，自己也该有点表示，于是差不多在宴会的尾声，我主动举手说我表演唱歌。当时选了一首歌，是《教我如何不想他》。

44 岁的时候，我曾跟着一个年轻的音乐老师学唱中国民歌。说到学习唱歌的契机，其实也和我之前提到的第一任太太有关。当时她病了很久，也病得比较重，在她过世的前几年，她提出想多学习，锻炼好身体，提议要学唱歌，因为唱歌练气，是一种很好的静态的运动。我就帮她找了个音乐老师，平时由我送她去学。为了不浪费时间，一个月以后，我就跟她一起学了。戏剧性的是，她身体越来越不好，没坚持下来，而我却喜欢上了唱歌，当成兴趣爱好，坚持了下来。

我对中国的歌曲都很喜欢，什么歌都唱，但特别喜欢唱的是《那就是我》《长江》《满江红》等这类表达细腻情感的、有情怀的民歌，我觉得这些歌曲很能表达我的一些心境和情感。《教我如何不想他》这首歌对我来说更是有特别的意义，我从小就很喜欢这首歌。这首歌原是刘半农作的新诗，音韵和谐，语言流畅，歌词表达出一种思念、尊重和敬意。我在不同的场合都唱过，在国际性的会议和老外朋友吃饭，当他们提出唱中国歌给他们听时，我就会唱这首歌。

当晚选这首歌，一是因为我自己喜欢，二也是因为比较拿手。当晚的表演，南师大多是会点评的。因为宴会的场地比较大，他点评的时候大多是在学生旁边的，他点评别人的时候，我基本没听到。当时我唱好之后，现在已记不得现场是什么反应，应该就是鼓掌，但我记得南师就站在我旁边，差不多 1 米的距离，老师问了一句："你学过唱歌吗？"我说："我学过。"当晚我和南师直接交流的就只有这句简短的话。

记： 现在再回想和南怀瑾先生初识的那一个晚上，还有什么细节让您印象深刻？

林： 整个晚宴还有几个表演令我印象比较深。一个是佛经朗诵，音调高低控制得非常好，一个是六七十岁的学生表演的瑜伽倒立，非常有趣，功夫很好。当晚是非常愉快、很难忘的聚会，就是感觉到一群志同道合的朋友一直都不认识，这次终于得以相识。

咖啡厅内，南师的第一课："生"

记：师从有着很高佛学研究造诣的南怀瑾先生的初衷是什么？您是什么时候第一次去大学堂跟从南怀瑾先生研习佛法？

林：第一次见过南师后，希望认识他的那种心情越来越迫切。那一年4、5月，有很多我香港瑜伽班的同学去过太湖大学堂，那时我工作太忙，没能成行。2009年11月，彭先生提议一起去太湖大学堂拜会南老师，我马上欣然答应，与太太李丹医生一起加入了这个行列。

我对自己的要求也是严格的，我是认真的，不只是想去太湖大学堂看看，而是想跟着南师一起学习，主要是学习佛学，因为我觉得光靠自己学习和领悟，没有老师的指引，很难真正入佛学的门。

为此，出发前我也做了一些准备"功课"。从彭先生和其他同学那里了解有关太湖大学堂、南师对学生的教导方法、南师的一些习惯和喜好等，所以等真正去到太湖的时候，感觉很好很顺利。

记：当时南怀瑾先生教授您的第一课是在哪里，讲的是什么主题？

林：2009年11月，我第一次去大学堂参观和学习。现在整个情景仍然历历在目。大学堂给我第一印象是震撼，这是个很大的地方，里面每一个地方都设计得很精致。记得那天我下午到达，放下行李后，就在里面逛了一圈，感觉那里很庄严，是一个很好的适合学习的地方。南师当时很喜欢在午后4点左右，去咖啡厅喝一杯新鲜磨泡的咖啡。我首次在大学堂里拜会南师，就是在咖啡厅里。

那天下午4点30分左右，在咖啡厅里我再次见到南师，当时南师的秘书马宏达、彭先生也在。老师给人的感觉像是相交甚笃的朋友，言语气氛都很轻松。南师对每一个学生都有他的要求，他教学生也是有"门槛"的。首先他要知道这个学生的基本情况，判断这个学生是否可教。在我们的交流中，我相信他对我也是提前有所了解的。

2011年4月，林德深、李丹夫妇在太湖大学堂补办婚礼，向南老师敬酒

那个时候并没有深入交流，南师随意问了我的工作是什么，工作的重点是什么。因为我是一名医生，做遗传医学方面的研究，涉及生老病死，那个时候南师只浅浅地问了我关于"生"的问题，对生命的看法，"老、病、死"还没有涉及。可以说"生"是南师教给我的第一课。

记：当时南怀瑾先生教授您第一课时有什么让您印象深刻的事？

林：当时聊了一会儿，他知道了我的兴趣是什么，马上和马宏达先生说，"去拿两本书，我要送给林医生"。老师送的两本书我都是没有的，一本书是《小言黄帝内经与生命科学》，另一本书是《人生的起点和终站》，这本书讲生命的开始，入胎后，精子、卵子结合成细胞，胚胎的发展过程。

第一课大概有 1 个多小时。除了聊关于"生"的问题，借着南师送的书，和自己之前一些浅薄的认识，还聊了《黄帝内经》里的经脉、气功等。通过交流，南师可以了解到我这个学生的水平怎样，在心里对我有个评定。

南师对我应该还是认可的，觉得这个学生可以教。并没有什么拜师仪式，我自然地叫他老师。南师一直以来就不是那种高高在上的老师，他很尊重我们学生，他知道我们每一个人有自己的性格和学养，每一个人都不一样，大家是一个平等的关系。他一直称呼我为"林医生"，他是一个很尊重他人的人。

记：跟随南怀瑾先生学习，每次会在大学堂待多久，每次是否会有一些固定的学习流程和项目？

林： 跟随南师学习，日程都是我们自己安排的，我每年会去大学堂三到四次，每次都会待上一个星期左右。大学堂里有个大禅堂，在大禅堂打坐是我每天的主要功课，大禅堂每日早上 6 点多就开始第一支香打坐。这个功课是按自己的需要安排的，没有强制规定。每天 6 点到晚上 9 点都可以来，每一支香是 45 分钟，最多可以打坐九支香。早上 8 点到下午 5 点半，我们学生基本都会在里面打坐。我通常早上吃完早餐，8 点开始第一支香，一般是会打坐六七支香。进去打坐，都能有很深的感悟。

大禅堂是老师的禅堂，里面有 3 个客房，平时很少有学生住在里面，有人说住在里面可以感受一些"特别"的事，比如见过一些幻象和一些诱惑。去大学堂一年半后，我就想住在里面感受一下。不是每一个人都能进去，也不是每一个人都想进去的，能进去住的都是经过南师配置，认为适合进去的学生。在大学堂学习期间，平常我们大部分人都是住在客楼。

我总共住过两次。当时我提出要住，彭先生和老师说后，老师就同意了。第一次进去住，住了两个晚上，又是过了一年多，第二次进去住也是住两个晚上，这两次的经验都很特别。每次出来的时候都有人问我，昨天晚上有没有看到什么幻象，我说："我睡得很好，什么幻象都没有。"

打坐的学习是自己安排，不过每天晚上的学习就主要是老师来安排。

言传身教，南师的课是"活"的

记：大学堂的学习生活是怎样的，南怀瑾先生是如何具体教授学生的？

林： 饭堂是南师教学的主要地方，差不多晚上6点左右，我们学生就在饭堂里等候南师来教学。晚饭的时候，教学方式是轻松地"聊"。其他人都在吃饭的时候，南师的习惯是不怎么吃的。他吃很少，也就一两筷，然后在旁边吸几口烟。大约每晚7点左右，大家吃好饭，饭堂收拾好后，就开始了当天最重要的讲课。主题是由南师定的，有二三十名学生，是小班教学，7点到9点是学习时间。

因为自己的工作也比较忙，每次去大学堂之前我都会问问最近在教什么，比如有段时间老师要讲"唯识"，去之前我就会多读一些"唯识"相关的书籍。因为老师知道我们每个学生的程度，他问一两句就知道你的认识够不够。比如他知道我对某一方面不了解，就会找别的空闲时间给我"补课"。

南师对每个学生都很关注，他知道你是用功的学生，也有进步，认为你还能再进一步的时候，他就会有他的方法来教导我们。

记得第一次上课，我坐在主桌前，就在南师的旁边。为让其他学生认识我，南师给我布置了一道题，让我做一个口头的报告，这也是我做的第一个报告。这个报告主要是自我介绍，介绍我的工作重点。我做报告的时候主要以我自己表达为主，南师会不时地在他认为重点的地方问我几句，提点一两句，跟佛法、中国文化连起来，比如他那天下午送我的《小言黄帝内经与生命科学》的内容、《人生的起点和终站》中跟遗传学相关的东西；另外了解我想从大学堂学什么。整个报告是由我的介绍和与南师的问答组成的。

记：南怀瑾先生的课堂是怎样的？

林： 第一堂主课给我的感觉是老师很尊重每一个学生，无论你是否是新生，这里没有论资排辈，你能感受到一种平等。所有学生对南师也很崇拜和尊敬。和平常的课堂不太一样，上课的时候围坐几排的桌子，姿态各异，有大半的人是以打坐的姿势上课的，课上也可以喝水喝茶，但大家上课都是比较认真的。

每个学生的阅历不同，理念也不一样，有自己学的一套既有的东西。但南师会因材施教，对不同的学生提不同的问题。老师的口音比较重，有时候听不懂，课上宏忍师会把大家没听懂的以及老师讲课的重点在小黑板上写下来。

南师的课是很"活"的，除了他定的专题课程、学生报告分析，还有一些是"随机"的课程。南师朋友很多，遍布世界各个领域，每次有朋友过来，他们用聊天、报告的形式交流各个问题，上课内容也是五花八门。对我们学生来说，听南师和朋友交流、讨论和做报告，都让大家受益匪浅。比如外国朋友报告中的外国的国情、国际关系，国际大事，金融行业的朋友介绍的金融知识……老师非常喜欢听不同的报告。每次这类报告在十几二十分钟，时间不长，但收获很多。有很重要的朋友来了，比如重要的政府官员，那晚上的课就是老师和官员的互动，我们也是听得津津有味。

记：在跟随南怀瑾先生学习的三年中，除了面对面交流，你们有过书信或电话等其他交往交流方式吗？

林：有的，到大学堂第二个晚上上课我就开始记笔记，我现在还保留着那时候的读书笔记。不在大学堂的日子我也会学习。每个月我都会做一个报告交给南师。这个做报告不是硬性的作业，我知道一些同学是没有做报告的。

每个月我会把自己整月的学习读书、发现的问题、如何修证、达到什么程度等心得体会整理写下，四五千字，通过电邮寄给南师。每次的报告，南师都十分仔细地看，然后做出批注，批好之后再发还给我。我觉得写报告是一个很好的学习方法，一方面自己能总结读书遇到的问题，有所思考。南师如果有一两句话批注给你，这是很宝贵的指导，这一两句的指点会使你茅塞顿开。另一方面南师也能通过报告了解我学习的情况，对我有更准确的指导。所以我非常喜欢写报告。在这三年中，我共写了近 30 篇报告。

记：您当时学习认真，经常有修学报告给老师，南怀瑾先生说您学得很有心得，可以分享一下自己比较满意的心得吗？

林：我的报告每次都会有一点点进步，在整个过程中，老师给了我很多鼓励。

还记得有一次做完一个报告后，老师说："很好，我奖你两个'水波蛋'。"（意思是在报告中画两个圆圈，听说最高是三个"水波蛋"，也就是三个圆圈。）老师就是用这些轻松和幽默的方式来教化学生。当然，如果报告一无是处或错误百出的时候，老师也会做出毫不客气、十分严厉的批注。

我每次去大学堂，有一两个晚上，南师会让一个普通话好的同学读近期我交给他的报告，把我的报告当作教材，和其他同学分享，虽然之前已经做过批注，但读好后他仍会发表一些他的看法和意见，碰撞出新的火花。

学习之道，最重要的是"通"

记：您有着丰富的科学知识，南怀瑾先生有着深厚的佛学积淀。南怀瑾先生是如何引导您从科学进入佛学研究领域的？

林： 南师对每一个人都很尊重，从来不以高高在上的姿态对待我们。他对很多学问融会贯通，包括佛学、哲学、儒学、文化、教育……作为学生，我就是耳濡目染，慢慢学。

比如佛学和科学，有一次他问我，林医生你搞基因的学问，你觉得基因背后还有没有什么？我马上说当然有啦，基因背后还有很多领域我们还没有研究触碰到，他说对。类似这样的互动很重要。他对我专业领域内的科学知识也有认识，如果他不清楚，他也会虚心请教。

他问我基因背后有什么这个问题，我明白他的意思。他对我的回答说很好，他知道我不会把医学、科学放在最重要的位置，凌驾于一切。这就是大学堂的学习态度——谦逊地去学习、去理解自己的专业以后，还要和其他的专业包容互动，不局限在自己的领域，故步自封，拒绝接受其他任何观点，要开阔眼界去接纳，是很活的一种教学方法。比如说2009年11月第一课，南师教我的就是有关"生"的一堂课，送我的两本书，涉及病、老，但没有死。他给我的最后一课是"死"，这个后续有机会再聊。

记：南怀瑾先生对您的教化，让您印象深刻、受益匪浅的有哪些？

林：南师对医理、药理、生理等研究均有很深的造诣。比如气脉、气候对身体的影响，什么时候该用什么药品，他一清二楚。在他的主楼有3间房间，第一间就是摆药品的，中间是摆书的，最后一间是他卧房。我去过他的药品房间，东西很多。一般同学如果有什么头疼脑热，南师就会让宏忍师或者其他的法师在房间里找药给学生用。

南师的教学不是照本宣科，他不是单纯按照书本来，比如按《黄帝内经》学习气脉，他是"通"的，综合食物、气候、个人的情绪、本人身体状况和神态来诊断病症，有哪些需要注意，介绍一些调节的方法。

记：南怀瑾先生擅长中医，您擅长西医，你们之间会不会有关于中西医的分歧？

林：没有矛盾。应该说对生命科学、疾病健康，中西医只是切入的方法不同，算是殊"途"同归。我自己在香港大学医学院读书的时候，也接触过中医，那时候我和同学跟一位中医师学习经络和针灸。所以我十八九岁对经脉、针灸就已经有所接触。

那时我对中医的看法是，跟西医理论不一样，治疗的方式方法不同，但方向是相同的，都是希望让疾病快一点治愈，最终保养我们的身体。现在我对中医的看法是，中医里有很多宝贵的经验，中医中药很重要，在国际上，越来越多国家的人，比如日本人和韩国人都很重视中医，包括针灸、中药。

南师的书中也有很多地方谈到西医，他知道西医跟中医在方法论上是有差别的。方法上面西医用的是比较"细"的方法，要看系统里某一个细胞、某一个基因、某一个蛋白质。中医就是从宏观来看身体的健康，是比较系统的，可以说中医和西医是两种方法，两个极端，两者相结合，对医学发展来说是最好的。南师深谙这个道理，他的著作里也常常提及这些问题，他从中医的角度看问题的同时，对西医很尊重。

记：跟着南怀瑾先生学佛学之后，对于在自己的专业领域中拓展研究，您觉得有帮助吗？

林：有几个方向可以讨论这个问题。第一，佛学可以帮我更深入地认识西医学。

比如说心理学，心理学里我们常常讲的意识、情绪，一个人的本性，表达出来的行为，这些西方研究得很多，佛学里其实也有这一套，不过是从另外一个角度来讲的，分析得很细，我开始接触的时候很赞叹，原来佛学把意识方面的概念整理得非常好，比如说唯识，如何去看"六识""八识"，这些在心理学里还没有这么深入，这些对我平时在用心理学方法跟病人去交往的时候，会有一些新的帮助。

比如道德伦理，在佛学里面也有很多道德伦理的研究。道德和伦理不一样，我认为道德是带有个人修养色彩的，是一个人内心关于对与错的判断；而伦理带有公共意志属性，是群体对一些意识形态、价值观的反应。我从事遗传医学，平常会接触到很多最新的技术，遇到很多伦理问题。比如说一个十四五周的胎儿，我们用最新的医学技术发现胎儿存在问题，发现问题后，怎样对待这个胎儿，就会涉及伦理问题。天主教徒是最容易的，什么事情都可以交给天主决定，什么都不用管，让这个孩子生出来；不是天主教徒的一些人会担忧这个孩子会不会有心脏问题、智力问题、发育不好，从而不要这个胎儿，选择堕胎……佛学中关于道德伦理的研究会让我用新的角度去看待问题。

再比如"三脉七轮""七支坐法"这些佛学里的内容。南师教学生打坐的时候，要求"七支坐法"，这是打坐最理想的坐姿，如果打坐姿势不正确，就会堵塞身体的经络，气脉就会不畅通，能量就上不来，所谓的"三脉七轮"就打不开，大脑就会缺氧，人会昏沉。我自己平时经常打坐，对"三脉七轮"认识几十年了，对《黄帝内经》里提到的气脉，南师讲授的"七支坐法"感触也很深。我认为这些从医学方面来讲，对身体是一种很好的休养，应该推广。这么多年我一有机会就会和其他人一起打坐、一起站桩，这个习惯一直有坚持。怎样把佛学中的这一套理论和其他医学理论相结合，这是一个很有意思的医学尝试。

循循善诱，基因背后一定还有什么

记：看您公开的讲座，有探索遗传学与佛法的关系。您具体做了哪些研究？都有哪些感受与体会？

林：我发表过很多遗传学方面的学术论文，但关于遗传学和佛学关系的研究目前还没有成果。我在公开场合做过一些遗传学和佛学关系的相关报告，在香港也有几次公开的演讲。往后我还要多做些研究，积累一些经验和素材。我认为佛学和遗传学两者之间的关系，和中医西医一样，都是两套方法论，但又相互关联，都是如何看待身体的某些表现。

接下来我研究的方向，第一是继续我刚才讲的几个领域，包括医学上的气脉，气脉的理论，打坐如何影响我们的身体，这个可能是未来十年我要研究的方向。还有就是道德伦理，我感到很多人对生命不尊重，往后也还是要多做一些研究。

记：南怀瑾先生在这方面对您有哪些指点吗？

林： 我和南师没有就遗传学和佛学的关系有过深入的探讨，但南师一直在用一种很尊重我的方法引导我。之前提道，南师曾问我关于"基因的背后还有什么"，这是一个很大的题目。他这个问题里有两个层次，第一，他要知道我是不是认为基因是最高的；第二，他提醒我在这后面还有一些东西要找出来。我现在其实还在努力寻找答案，解答他给我留的问题，寻找遗传学和佛学之间的联系。

这里面包含的东西太多，哲学、心理学、伦理道德、意识、生死……为什么要研究基因？基因在生死方面的作用，是主观的还是客观的，是中介还是有自己的动力？佛学和基因学都要面对生死这个哲学的大问题，南师这个看来简单的问题，是未来我要花很长时间努力去解答的。

记：和南怀瑾先生初识后，您觉得跟随南怀瑾先生学习佛法，学得怎么样？您翻读了哪些书，哪本书您印象最深刻？对您有哪些影响？

林： 从初识南师，一直到现在，每天都读南师的书。南师在佛学、儒学、道学方面都有很多著作，那时候我主要感兴趣的是佛学，买的也多是佛学的书，像《楞严大义今释》《圆觉经略说》等，差不多相关的书我都买了。

我读书有个习惯是买一本读一本，南师的书语言表述虽然通俗化，但也是不容易读的。我的专业是医学、遗传学，对读书的要求是要读透，我的治学态度就是要严谨。小到每一个用字，都很注意，写得好不好，意思准确不准确。

在我读书时期，我的老师写一篇论文，成稿后都要看几十次才会发表，在这种训练下，我读书的方法和别人也有所不同，我读书很慢，几个星期才读完一本，所以我每次都只买一两本书。在我家的书架上，由我儿子带回来的南师的书，之前就有五六本，我都是全部读完了以后再买。佛学里其实有很多细分的课题，对哪一科感兴趣，我就先买哪一类的书。比如某一时期对唯识感兴趣，就买这方面的书。

《楞伽大义今释》这本书是彭先生送给我的（林德深举着这本书展示），我读了三遍之后，才明白一些。我喜欢在重点的地方放上纸条，做笔记，书上的这些纸条，就是我读书做的笔记。家里南师的书籍目前应该有八九十本，我大部分都读过。从2009年到2019年，过去10年我读的大都是南师佛学方面相关的书籍，我觉得要先把佛学学得透彻些。我对做一种学问的要求比较高，如果要学好佛学是要下一点功夫的，十年的学习在我看来也还是初级。（哈哈大笑）最近几年才开始了解南师关于儒家方面的学问，我开始读《易经》了。

记：有很多人习惯说佛学是迷信，认为自然科学是其天然的对立面，您怎么看待科学和佛学两者之间的关系？

林： 佛学与自然科学肯定是殊途同归的，不过是从不同的角度来切入，方法论不同，但肯定是同一个方向，两者是密不可分的关系。

作为一个科学从业员，我希望明白这世界的真相和背后的真理。在这个过程中，我逐渐明白过去几十年中自己在思考上的一些盲点，在论据上的一些谬误，在生活上的一些可以大大改进的地方；我也越来越明白佛教、佛学和佛法的基本原理和它们的重点。

最后一课，南师留的"大题"还需慢慢解

记：您最后一次见到南怀瑾先生是什么时候？请问当时南怀瑾先生的状态如何？

林： 南师用自己的过世给我上了最后一课，留给我的关于"死亡"的这个课题太大，到现在我还在不断地研究。

南师的身体一直都挺好的，2011年的时候，我觉得他身体开始出现一些问题，老了一些，经常感冒。

2012年8月，我最后一次见到南师，他那个时候身体不是很好，感冒咳嗽非常厉害。那时候已经没有正常的晚上教学了，南师大多待在自己的房间里。那一次我在大学堂住了一个星期，只见了南师一次。那个晚上在餐厅吃饭的时候，几个同学围住老师，老师的身体已经非常差了，我看他的面容苍白，咳嗽不停。从南师的病症上看，我觉得南师的肺部应该感染了。那时候南师还是用中药治疗，我知道后来也有同学找了医生过来，希望南师可以做全面彻底的治疗。但那个时候我已经回到香港了，没办法知道后面具体发生了什么事情。不过南师9月14日去上海治疗的时候，有同学告知我了。

记：您是国际知名的遗传医学专家，过去您和南怀瑾先生探究过死亡的问题吗？

林： 9月28日我和我的太太李丹医生一起去大学堂。因为我和我太太的工作也很忙，每年我们都是提前定好去大学堂学习的行程，这个行程是8月回香港时就定好的。

老师给我留的最后一课是"死亡"，通过南师的死，我对死亡的认识到了另外一个层次。我刚开始工作的时候是急诊室的医生，每天会接触到很多死亡，见过各种死的方式。一直以来我对死亡的看法是西医的一套。老师给我上的"死"的最后一课，很深刻。

整个鉴定南师死亡的过程，是和我的太太一起参与的，这一部分的具体过程由我太太来讲述。南师给我的关于"死"的最后一课，教给我一种新的概念。一个人的神识或者他的元神在什么时候才是一个死亡状态？是不是人没有呼吸、没有心跳、没有感觉和反应的时候就是死了？或者是脑死亡就是死？这个是死亡吗？我学了唯识，又观察了南师的死亡后，有了新的思考。

记：当时在会议上宣布南怀瑾先生死亡消息时，您忍不住忽然大哭，这是得知南怀瑾先生去世消息后第一次情绪外泄的哭吗？

林： 我过去面对了很多的死亡，我的爷爷、太公、母亲，我的第一任妻子……无论是自己家庭成员的死亡，或者是病人的死亡，我从来没有哭泣过。那是我唯一一次面对死亡哭。

当时刘雨虹老师主持会议，这个会议很紧张。整个星期，所有人在一个高度紧张的情绪状态，南师究竟是死了还是入定了，这需要我和我的太太来做出鉴定。当时鉴定好了就由我来宣布，这个宣布的过程中，我感到自己的情绪波动，老师的离去让我有很大的感触。当我哭出来的时候，有很多人跟着我一起哭，可能当时是有一种群众的力量让我哭，当时他们给我的氛围是，他们希望我哭，就像一个大型的音乐会，我是一个指挥家，我哭了之后，大家就都跟着一起哭了。

记：在医学界，对死亡的认定是在不断修正的，在医学、佛法两个不同的范畴，您是怎么解读"死亡"的？

林： 我过去对佛法的修证，对自己也有要求，虽然跟着南师学习三年，但学习的机会很少，可以说还在初级班。为了更深入地了解生死，对佛学有更深的学习，2014年至2016年，我入读香港大学佛学研究所，研学了两年佛学。对佛学的历史、整个系统有了更全面的认识，其中的一项内容就是"死亡"。比如说，我比较了藏传佛法和南传佛法，看它们怎么看死亡，这是很大的学问，跟神识有关，要讲明白还需要很多时间。

对我来说，"死"这个课题是我要继续研究的任务。老师已经将这一课题的种子种在我的心里。我要通过不断的学习去认识它、论证它。所以我觉得老师一直在我身边，每天都会启发我新的课题，每一个课题都需要深入的研究。

南师其人，"教我如何不想他"

记：南怀瑾先生逝世后，请问您如何评价南怀瑾先生的一生以及他所取得的各类成就？

林： 他是一个伟大的人，有人说他是神，我认为他不是神，他是一个尊者，是一个值得我们尊重的人。他也是一个非常有天赋的人，他能把所有的学问学"通"，社会学、教育学、人类学，天文地理他都是通的。我过去见过很多出名的人，包括一些诺贝尔奖获得者、科学家，没有一个人像南师这样博学，对学问融会贯通。

他还能把所有这些学问应用在自己的生活中，进行论证，告诉你怎样能达到这门学问最高的层次，他会用自己的生活甚至生命，帮助其他人去了解这门学问。他的人生经历就是一本书，这本书很丰富也很复杂，他怎么看家人、看爱情、看教育，对下一代责任的灌输，都体现在他生活的细枝末节里。他在生命的末期提出要搞好妇女的教育、孩子的教育，他对教育的这种热爱，这方面有很多值得我学习。

记：您之前的讲演中分享过和南怀瑾先生相处的小故事，能再给我们分享一些其他的小故事吗？

林：有很多小故事。比如在大学堂，他晚上讲完课了，9点10分前南师是马上要走的，回主楼继续他的工作，留下我们自由活动。他知道我们这些学生，上完课都喜欢喝一点酒，每天都睡得很晚。课后我们就在餐厅里摆好多瓶酒，大家一起喝酒、畅聊，有些同学不喝酒，就喝茶、吃水果，差不多晚上11点结束，几乎每一晚上的学习后都是这样的聚会。老师知道这个时候是我们聚会的时间，会把空间留给我们。

老师有一句平时常常说的话，口头禅就是"很好玩"。他喜欢用好玩来形容某件事，唱歌是好玩，学佛也是好玩，我们整个人生都可以用"好玩"这个态度来度过。我也是这个样子的人，我对所有学问的态度也是好玩，只有自己感兴趣才能更深入地去了解，去学。"好玩"是第一步，"好玩"的里面包含很多内容，要"好玩"，可是不容易的，要付出很多的努力。所以这也是我觉得和老师亲近的原因之一。

南师走了以后，在荼毗后的次晚，我对着化生炉的熊熊烈火，唱了一首歌，还是那首《教我如何不想他》，那天唱完之后，那个晚上我睡得很好。荼毗结束后我们等待看舍利子。某天早上，我和太太又去到和南师第一次见面的咖啡厅，老师已经不在了，咖啡厅里空空荡荡，我看到咖啡厅桌子的后面有一排书放在架子上，我随手拿起其中一本比较厚的书，是近代中国歌曲的歌词集，我也不知道我为什么当时会拿起那本书。当时我拿出那本书，翻开一看，就是那首《教我如何不想他》的歌词，那是一种很微妙的感觉，当时我在咖啡厅内对着桌子，再次唱起了这首歌。这首歌见证了我们缘分的开始和结束。

夏大慰：先生之风影响深远

夏 大慰

曾任上海国家会计学院院长、党委书记。教授、博士生导师。兼任中国工业经济学会副会长，中国总会计师协会副会长，香港中文大学名誉教授，复旦大学管理学院兼职教授。享受国务院政府特殊津贴。夏大慰教授长期从事产业经济与企业管理的研究与教学工作，在产业分析、产业组织与规制、公司治理和战略决策等方面有比较深入的研究。曾撰写专著、教材和译著33部。发表学术论义40余篇，主持国家哲学社会科学、国家自然科学基金等省部级以上重要科研项目12项和多项企业委托咨询项目，先后获得省部级以上科研成果奖8项。1997年被列入财政部跨世纪学术带头人计划，1998年被列入教育部首批人文社科跨世纪学术带头人计划，入选1999年度国家"百千万人才工程"第一、二层次人选。

访谈时间：2021年12月至2022年元月
访谈地点：微信在线
访谈记者：戴江泓

夏大慰教授于2000年调任上海国家会计学院之后，开展了和香港中文大学的合作，并通过香港中文大学引进香港和台湾地区的优秀财务会计师资来教学，由此结识台湾淡江大学管理学院院长陈定国教授和纽约大学会计学博士吴毓武教授，他们都是南怀瑾先生身边的常客和学生，在两位教授的牵线搭桥下，夏大慰和南怀瑾开始了一段难忘的交往。他促成了南怀瑾两次进上海国家会计学院演讲；南怀瑾还向夏大慰推荐了自己的"洋学生"——被美国《商业周刊》推崇为"当代最杰出的新管理大师之一"的——彼得·圣吉到学院讲课，一度引发了"团队学习"的热潮；2010年上海国家会计学院专门举办了国学人文研修为主的后EMBA项目，南怀瑾再次向夏大慰举荐师资，受到精英校友热捧，影响深远。

因疫情反复，原定与夏大慰的面访改为微信在线交流。

招录体悟法师，让南师刮目相看

记：从您的文章中了解到，当时您是由香港中文大学的吴毓武教授和台湾淡江大学的陈定国教授和体悟法师牵线搭桥，结识南怀瑾先生。请您具体介绍一下当时的起源，这两位教授与南怀瑾先生都有怎样的交往，他们是如何向您介绍南怀瑾的？体悟师当时成为贵院学员有着

怎样的背景，您为此是否有破例之举？作为出家人，体悟师跟南怀瑾先生又是怎样的缘分和关系？财政部楼继伟部长为何会认识体悟师？

夏：上海国家会计学院成立于 2000 年，是朱镕基总理主导建立的。朱总理对国家会计学院寄予厚望。他说"国家会计学院应该说承担了一个非常光荣的历史使命，就是要为中国特色社会主义市场经济奠基，这样才能够建立起真正的中国特色社会主义市场经济"。

2001 年 4 月 16 号下午，朱总理视察上海国家会计学院，并题写了"不做假账"的校训。他勉励大家"一定要下大力量办好，要聘用世界最好的教学人员来讲学，努力办成国际一流会计学院"。为了落实总理的指示精神，我们在 2002 年与香港中文大学合作，在大陆第一次举办专业会计硕士班（MPAcc），并通过香港中文大学引进香港和台湾地区的优秀财务会计师资来教学。2003 年我们又和美国亚利桑那州立大学合作，在国内率先举办金融 EMBA，通过亚利桑那州立大学，整合引进北美顶尖的财务金融师资。

这两个项目都取得了巨大的成功。与香港中文大学合作的会计专业硕士(MPAcc) 的成功举办，直接促成了中国教育部也开始在中国各大学开展会计专业硕士（MPAcc）学位教育，今天很多上市公司的财务总监都毕业于这个项目。和亚利桑那州立大学合作的金融 EMBA 也连续多年在英国金融时报 EMBA 国际排名中名列前 20 位，2021 年更获国际排名第九的殊荣。

而陈定国教授和吴毓武教授就是合作项目的授课教师。

陈定国教授当时是台湾淡江大学管理学院院长。他是美国密歇根大学企业管理博士，是华人中第一个获得美国商学院博士学位的学者。吴毓武教授是纽约大学会计学博士，并曾经担任我们和香港中大合作项目的主任。陈、吴两位教授早年与南老师相识，南师在香港的时候，他们经常去南师家中拜访。

南师香港家中有个吃饭的地方，每到晚上通常会摆上两桌，都是些健康简单的家常菜，来的无论新老朋友，大家围坐一起，因而这个餐厅被大家戏称为"南氏人民公社"。陈定国教授只要在香港，晚上都会去南老师那里,所以就被南师指定为"南氏人民公社"餐厅厅长。

此外，吴毓武教授向我引荐了体悟师，并推荐她参加 EMP Acc 项目的学习。按照规定的入学遴选和面试环节，体悟师顺利成为项目学员。中国的寺庙现金流巨大，需要加强财务管理。体悟师有这个求知的需求，本身各方面条件又完全达到了入学要求，上海国家会计学院并没有破例招收，而是走了正常的招收流程。当然因为体悟师身份与其他学员的确迥异，所以给人感觉比较特别，迄今为止，她在学院中的确是唯一一例。但体悟师是全日制本科毕业，拥有学士学位，面试成绩很高，完全符合入校的全部要求。所以真的谈不上破例之举。

体悟师的到来，也让 EMPAcc 项目学员们收获满满。她和同学们打成一片，用通俗易懂的语言介绍佛法，很受同学们的欢迎。体悟师追随南老师多年，她在佛堂里还挂着南老师的大幅画像。南老师也给了她诸多的指引，南老师还帮她更名为"弘宗"，寄予了满满的期许。南老师最后的日子里，弘宗师一直陪伴左右。

我还真不知道体悟师后来到底学了多少财务会计知识，但她和同班的现任上海市人大常委会主任蒋卓庆两位倒是成了班里的核心人物，成为很多同学的精神导师。光我知道，就有三位熟悉的同学，家庭原来面临破裂危机，后来跟随体悟师学习佛法，现在家庭都很美满。

那年开学典礼，国家财政部楼继伟部长过来讲话，体悟师当时作为 EMPAcc 项目学员坐在台下聆听。楼继伟部长一眼就看到了体悟师，惊诧地问我："大慰，怎么还有比丘尼？"我就同楼部长讲，天主教的罗马教廷能正常运转那么多年，背后肯定有一支强有力的财务管理团队。中国的佛教要长盛不衰地弘扬下去，也需要财务人才。楼部长听后很赞同我的观点。

南老师后来碰到我，多次提到"夏院长真厉害，敢把体悟师招进来"，他在演讲的时候也提到了现代会计制度是从天主教开始的，所以体悟师应该学会计。

吴毓武教授、体悟法师、陈定国教授都隆重地向我介绍，南老师是中华优秀传统文化积极的传播者，几十年为了中国传统文化的传承做了大量力所能及的工作，尤其是著书立说，深入浅出地弘扬传统文化。随后，经过引荐，我得以去长发公寓拜访南老师。

多次拜访先生之后，想请南老师到学院讲一讲的念头越来越强烈，后面简直可以称作一种执念。因为通过面对面的交流，觉得实在是获益良多，所以很想让自己的学员们能感同身受。但我也听说，南老师几乎不出外演讲，所以只是怀着美好的期待。这个过程中，两位教授和体悟师都帮助我做工作，尤其是体悟师不断地穿针引线，推波助澜，做了不少的沟通工作，终于促成了先生 2004 年秋天来上海国家会计学院的首场演讲。

首次聆听教诲，兴奋得一夜未眠

记：第一次拜会南怀瑾先生，都有哪些人同行？您能详细描述一下，当时南先生身体和精神状态吗？除了风趣幽默点评上海国家会计学院外，你们的交流还涉及了哪些内容？在上海的长发公寓，有"人民公社"吗？您参加过吗？都碰到了哪些人？

夏：第一次拜会南老师是在 2003 年年末，和我一起拜访的还有上海国家会计学院市场部主任汤超义。

第一面就觉得南老师由容清癯，神采奕奕，风度翩翩，目光深邃，眉宇间隐现着智慧之光。一头白发整整齐齐，一丝不苟。他穿着玄色的长衫，手里夹着一支烟。面对我们侃侃而谈，思路清晰，反应极快，记性也甚佳。他对朱总理创办国家会计学院很是了解，提到了"不做假账"的不易，比如会计师既要不做假账，又要让老板满意，这需要很大的本事。这样的会计师，只有在国家会计学院才能找到。

他当时的点评真的非常风趣幽默。我又惊喜又荣幸，因为上海国家会计学院开办了才没几年，没想到南老师那么了解。虽已是耄耋之年，但他真是做到了"家事国事天下事，事事关心"。

在后面的多次拜会中，这样的感触更深。南老师还邀请我们共进晚餐。拜访结束，南师一直送我们到电梯口，先生的谦和与对后辈的关照可见一斑。汤超义那晚半夜电话我，说因为能亲耳聆听南师的教诲而兴奋得一夜未眠。

我们和南老师交流的话题非常广泛，古往今来，天文地理，都有涉猎。因为南老师学识渊博，见多识广，人生阅历丰富，为人宽和中正，虚怀若谷，和他每次交流都有"听君一席话胜读十年书"之感。他既通透，又宽和。"对今人，我不知是非"，我对这句话印象是最深的。我自己是搞经济研究的，南老师总说，一个学问，如果没有学过，不宜随便批评。否则妄下结论，就叫迷信。我深以为然。有时候他也会提到自己的一些人生经历，讲到中国文化传统中的"穷则独善其身，达则兼济天下"，我觉得南老师真的是身体力行做到这一点。

另外，因为我是搞教育的，我对他提到的三件事印象最深：文化断层、读书无用和儿童读经。这也和之后我邀请南老师到学院演讲两次的主题有点关联。南老师说要善于从历史中积累智慧，处理好现实的问题，这一点我也非常认同。包括他提到要"顺势而为"，为人做事要积极向上，不要逆势倒行，都是很有见地的。

因为对历史读得那么通，那么透，所以才有借古论今的睿智。因为对人性那么了解，对世情那么明白，所以才有对俗世人心的尽在掌握。对于人情既能享受"相濡以沫"的际会，又可以忍受"相忘于江湖"的离别。不以物喜不以己悲，这是与南老师十年交往，我最大受益之一。

南老师自己过得很简朴，一件衣服可以穿几十年，吃得也很健康。我记得大家有时候戏称是吃"南瓜饭"，谁来都有饭吃，大家团团而坐，吃饭时，不谈什么社会地位、工作职位，众生平等，所以才会被称作"人民公社"，社会大同在南老师的饭桌上得到了实现。还有一个暖心细节，去看望他，大家都会带点礼物，走的时候，必定会收到一份"随手回礼"。南老师在为人处世上，真的是将传统文化的"来而不往非礼也"践行到极致的。他不是口头说说的，而是实实在在在做的。言传身教给周围的人，这也是大家如此爱戴他、怀念他的缘故。包括我记得当时也对南老师的为人处世，当面表示过敬仰。南老师在人生低潮的时候，能固守本心，安之若素，尽心著述，名满天下之后又谦虚低调，恩泽世人，实在是堪称楷模。但他总是开玩笑说自己是"一无所长，一无成就"。

首次演讲洛阳纸贵，一票难求

记：当您提出请南怀瑾先生讲课，您的文章里说南先生怕您有顾虑，他说："你放心好了，说什么我心里有数。"您当时的顾虑是什么？您原来希望南先生讲些什么？南先生第一次到上海国家会计学院讲课，有做过宣传吗？能容纳600人的报告厅里挤了千余人，他们都是从什么渠道获得南先生的讲课信息的？南先生戏称自己被刷了油漆，"精光亮"，您当时又是怎样具体介绍他的？

夏：虽然上海国家会计学院的学员们都是财经界人士，但对传统文化和国学还是非常向往的。更何况南老师的名声之盛实在是有目共睹，所以我一开始设想，如

夏大慰与南怀瑾先生

果真的有幸邀请到南老师来学院演讲，肯定还是讲传统文化的。我也听说，南老师以往的演讲很少定题目，都是随兴所至，但的确言之有物。而且，每次拜访南老师，和他谈论最多的还是传统文化、国学传承，所以后来南老师把题目定为"大会计"，既是意外之喜，也在意料之中。意外是因为南老师不仅罕见地答应了我的来院演讲的请求，而且主题和上海国家会计学院主业相关，真所谓喜上加喜；意料之中是南老师一贯善于换位思考，所以他如此设身处地为我们学院考虑，我也并不是一点没有数的。

2004年10月23日，南老师第一次亲临上海国家会计学院演讲。学院没有特地做宣传，只是对内告诉了自己的高端班学员。这些学员都兴奋莫名，当时还没有微信这类社交媒介，大家真的完全是口耳相传，慢慢在南老师的仰慕者圈子中把这个好消息扩散开来的。结果现场，除了高端班学员，还有好几所友校的高端班学员，以及其他仰慕已久的各界人士，听说不少人都是远道而来，专程飞到上海来聆听。

学院的600人报告厅被1000余人塞得满满当当的。对于上海国家会计学院来说，这是第一次有那么多人簇拥在一起听课，座位放不下，站着也要听。而且那么多人，整个场地却是鸦雀无声，大家脸上都是虔诚与敬慕的神情，更是非常珍惜这次宝贵的机会，因为都明白，能得贤师口耳相传，是大不易的。

我记得当时是这样介绍南老师的：

南老师是集中华文化之大成，道德文章名闻天下。他是一位极富传奇色彩的人物，学问博大精深，著作等身。南老师深入浅出，把深奥的典籍，用通俗易懂的语言表达出来，使普通民众也能比较容易了解中华文化的精髓。他对中华传统文化的普及作出了巨大的贡献。

很多人乍闻我们居然邀请到南老师前来演讲，无不歆美仰慕，更以能身临现场，一睹大师风采，亲聆大师教诲为荣，以致一时之间洛阳纸贵，一票难求。南老师以望九高龄奔走四方，继续其复兴中华传统文化的大业。南老师的执着精神，感人至深；他的学术成就，举世称誉。而我们不仅敬佩南老师的精深学养，更景仰南老师的处世之道。

我自与南老师结缘之后，得以数次当面聆听教诲，无论是事业家庭，还是个人处事，都获益匪浅。在看似天南海北、海阔天空的漫谈闲聊中，大师的只言片语往往犹如当头棒喝，令听者顿觉灵光一闪，立生醍醐灌顶之感。南老师也用自己的身体力行，不断激励着后进。虽已年登耄耋，仍然每日手不释卷。

今时今地能请到南老师来院开讲，这既是我们上海国家会计学院的无上光荣，也是所有在座学员的莫大荣幸。

就是因为我在开场的时候，说了上述这些，先生便笑称我是"刷油漆"的，因为他的脸面被我"漆得很精彩"。南老师的低调幽默、风趣谦虚由此可见一斑，一下子也拉近了他和听众的距离，因为当时在场的都是非常仰慕南老师学问和为人的听众。南老师这样的开场，就让大家以更加轻松愉悦的心情聆听接下来的"大会计"内容，他真的是任何场合都能游刃有余的前辈。

记：从您的文章里，了解了当时南怀瑾先生讲课的精彩和盛况，您是否还有补充的内容和再回忆起来的细节？您文章中提到"十多年来

和他交往的细节，往往我早已淡忘，他却常常谈及，令我羞愧之余，深深折服于他惊人的记忆力"，是指哪些细节？

夏：南老师来上海国家会计学院演讲，是一分钱课酬都不收的。唯一要求是带一把自己的椅子过来坐着演讲。先生的演讲延续了诙谐风趣的风格，开口就戏称自己"著书多为稻粱谋"，现场的气氛马上被调动起来，大家都被引得忍俊不禁，笑声掌声不断。

南老师当日以"大会计"为题，旁征博引，举重若轻，把会计事业与中国传统文化的关系阐述得条理井然。同时，南老师的博闻多识，将古今中外的诸多奇闻异事信手拈来，使整场演讲深入浅出，妙趣横生。对于我们这些听众而言，真的是切理餍心，字字珠玑，既是一次精神之旅，也是一种美的享受。

印象很深的是，因为我姓夏，又恰好是绍兴人，南老师正好提及四千年前夏朝的大禹，在绍兴开创了"大会稽"（谐音"会计"），南老师演讲时便开玩笑说，今天姓"夏"的院长负责会计学院，这位院长恰恰又是绍兴人，《从大禹王到夏院长》也许可以作为一篇考据大会计历史的博士论文题目。

"旧学商量加邃密，新知培养转深沉"，正因为南老师不断地探求学问之道，所以他的演讲永远是精彩纷呈，发人深省，既有思辨深邃之美，又具文辞斐然之丽。更重要的是，在字里行间往往透露出大师悲天悯人、以天下苍生为己任的悠远情怀。南老师每次来演讲，都会有一句振聋发聩的金句出现。比如，先生引用的日本明治维新时期伊藤博文的"计利须计天下利，求名当求万世名"，实在是整场演讲的点睛之语，神来之笔。先生的意思是会计只是个技术，技术容易学，要能把胸襟放大，学问和思想提升，才是大会计的目标。他的演讲给人启迪，发人深省。

三个小时的演讲很快过去了，会场中不时爆发出阵阵热烈的掌声。学员们意犹未尽，恋恋不舍。

彼得·圣吉的演讲引发"团队学习"热潮

记：四年后，南怀瑾先生第二次到上海国家会计学院讲课，先生精神和身体状态有明显变化吗？

夏： 说起能第二次邀请到南老师授课，其中还有段缘由。回想南老师初次来学院演讲之后，又过了几年，我们又陆续招收了一大批优秀的高端学位项目学员。因为第一次演讲的盛况与辉煌，他们总是在各个场合对我说，有没有可能再把南老师请到学院来讲一讲。时隔四年，先生已经九十多了，再次惊动，真的是想都不敢想的。

后来有一次，南老师跟我说盛泽商会多次来邀请他给他们讲一次。我跟南老师说，盛泽是现在中国的纺织重镇，出了不少最初在市场上摆摊而发迹的民营企业家。盛泽商会会长盛友泉和我相识。有一次，我去盛泽，听他们说起当地一些企业家有了钱后，都不知道应该做什么。很多盛泽人赚了钱，到澳门去赌博。饭桌上一位企业家告诉我，他一次就输掉了几千万元。出赌场的时候，看天花板是白茫茫一片，脚都是软的，下楼梯时好像踩在棉花上，回到盛泽就大病一场。一个人没有建立良好的人生观，突然发财之后，往往会因为没有道德的约束而失控，一下子放肆地沉迷到快乐享受中去，最终证明这是一个无边苦海。南老师对此也是痛心疾首。

现在回想起来，正因为南老师那颗"矜育苍生"之心，才有了后面再次演讲的机缘。2008年6月15日，南老师第二次莅临上海国家会计学院演讲，主题是"商业道德"。

"贸易不欺三尺子，公平义取四方财。"这时，南老师已经90多岁高龄了，但是，精神和身体状态都非常好，还特别关照请盛泽商会和其他多次邀请老师的朋友们一起过来听。他和四年前一样地慈祥可亲，面带谦和有礼的微笑，然后开场同样自谦八字，"一无所长，一无成就"，还有那句"原来名士真才少"，两次讲课都提到的。

演讲时间超过了一个半小时。感觉四年的岁月没有在南老师身上留下太多的痕迹，他还是那么风趣幽默，睿智通达，风姿卓越。很多学员听闻我院居然第二次邀请到南老师前来演讲，简直仰慕到了极点，当天在现场的听众都以亲见大师风采、亲聆大师教诲为荣。在原本最多只能容纳八百多个座位的国际会议中心，数度从场外搬运椅子，即使如此，还是有很多学员站着听完全场。而在离国际会议中心不远的分会场150人的报告厅中，即使是看转播画面，也是人满为患，走道上站满了学员。预计两个会场中远超1200位学员、校友和慕名人士聆听了整场演讲。

记：南怀瑾先生让彼得·圣吉到学院讲课，是哪一年？主要讲哪方面的内容？反响如何？

夏：管理学大师彼得·圣吉博士在 2003 年和 2006 年之间，四次拜会了南老师，我在拜访南老师的过程中也得知了相关的讯息。比如他们双方就生命科学、认知科学都做了很有深度的交流。彼得·圣吉对中国的传统文化很向往，南老师曾经和我提过，一个是彼得·圣吉想把南老师的著述进一步传到西方世界，另一个是彼得·圣吉认为中国文化对西方乃至全世界都是大有裨益的。尤其是在这个多变、危机的时代和未来，非常需要从中国传统文化中汲取宝贵的思想和经验。

彼得·圣吉曾经被美国《商业周刊》推崇为当代最杰出的新管理大师之一，他的《第五项修炼》在 20 世纪 90 年代问世后，被翻译成二三十种文字风行世界，在全球引发了一场有关学习型组织的管理浪潮。但就是这样一位西方的管理学大师，曾对南老师提过，就管理学来说，如果只是寄托于规则和利益管理，不是从每个员工内心的观照和修养为立足组织之本，就算不上真正好的管理，这一点令我印象极其深刻。

彼得·圣吉拜访南老师过程中，南老师就向我建议，可以邀请彼得·圣吉到上海国家会计学院来演讲，这简直正中我下怀。因为我们的学员们尤其是高端班的学员们，来院就是来学习管理的。有了南老师的引荐，最终促成了 2005 年 11 月 13 日，彼得·圣吉主讲上海国家会计学院第十一届经济论坛。

因为南老师和彼得·圣吉情缘深厚，因此彼得·圣吉到院演讲仍然没有收取费用。题目是"组织学习与可持续发展"，彼得·圣吉主要阐述了系统思考、自我超越、心智模式等观点。他的演讲在师生当中引起了热烈的反应，并引发了"团队学习"的热潮。

当时作为学习理论主导教材的《第五项修炼》一书风靡全球，作为"学习型组织"的理论依据，力求通过一套行之有效的修炼办法提供给组织，以带动组织的整体动作能力，提高组织的学习能力和竞争能力。就企业而言，彼得·圣吉提出未来最成功的企业将是"学习型组织"企业，它像一个具有生命的有机体，任前所未有的复杂、混沌、变化扑面而来，它总能灵活伸展，轮转向前。彼得·圣吉的《第五项修炼》推动一股企事业单位的学习潮流，为学习型组织、学习型企业、学习型城市、学习型社会的建立提供强有力的理论依据和操作范例。

彼得·圣吉在上海国家会计学院的这次演讲主要内容如下：大企业的寿命很少超过人类寿命的一半，因为他们无法认清即将迫近的危机，缺乏转化学习的能力，以学习来适应新环境的变化。未来最成功的企业将是"学习型组织"——一种灵活、有弹性，不断以学习创造持久竞争优势的组织。彼得·圣吉认为团队的核心学习能力主要包括三个领域：

第一，热情或者说志向 Aspiration（包括个人的愿景 Personal Vision 和共同愿景 Shared Vision）。愿景，是人们想要创造的未来图像。建立共同愿景是逐步发展、永不止息的历程。共同愿景的整合，涉及发掘共有"未来景象"技术，帮助组织培养成员共同真诚地投入，而非被动遵从。

第二，思考性的讨论 Reflective Conversation（包括心智模式 Mental Models 和对话 Dialoge）。"心智模式"是深植于心灵之中，是关于我们自己、别人、组织以及世界每个层面的形象。有时它就好像一块玻璃微妙地扭曲我们的视野，无法理智地看清事实。改变心智模式，就是要学会不断地反思，让固有的心智模式浮出台面，借助开放的讨论，借着反思、对话，逐渐改善思维模式。

第三，全面理解 Understanding Complexity（系统思考 Systems Thinking）。不仅要看到眼前的影响，还要看到深层的影响或后果。他列举了世界卫生组织为在肯尼亚消除疟疾所采取的措施及其后果的例子，就说明了这个道理。系统是我们所感觉得到的整体，系统中的元素彼此纠结，并朝着共同的目标运作。系统思考是从广角镜看世界，它是一种思考模式，是一个架构，也是了解行为系统之间相互关系的方式。系统的思考能让我们看见渐渐变化的形态而非瞬间即逝的一幕。

彼得·圣吉还谈到了可持续发展。他认为不管是企业还是组织，与全球都是有关联的，并非局部的问题。人类是处在相互关联、都有影响的环境当中。这种互动是包括生态系统的互动，包括信息、思想、人种、资本、产品、服务都是有全球的互相关联，也包括和平、安全的问题。全球环境的可持续发展问题值得引起重视。他认为学习型组织是一个可持续发展的组织。学习对方的优点，你可以和对方一同进步；了解对方的不足并有效改之，才可以战胜对方，超越对方。

演讲结束后，彼得·圣吉博士回答了大家提出的问题，因为聆听论坛的高端学员都是负责相关管理工作的，觉得很有现实的观照意义，因此提问十分踊跃。此外，我记得在大家的要求下，几次延长了演讲时间。

"中华优秀文化研修班"受到热捧

记：听说学院针对毕业后的校友，办起了国学人文研修为主的后

EMBA 项目时，南怀瑾先生特别高兴，还推荐师资。他当时推荐了谁？

夏：上海国家会计学院为了更好地服务毕业的校友，2010 年起，专门举办了国学人文研修为主的后 EMBA 项目，后更名为"中华优秀文化研修班"。此项目是 2010 年 8 月 7 日拉开帷幕，旨在通过对国学人文的研修、经济热点的解读、前沿科技的介绍，使学员们纵览先哲智慧、洞悉当下风景、把握未来之路。课程一经推出，即受到众多校友热捧，六十多位精英校友加入到项目的学习中，超额完成了原定 50 人的招生计划。

为了回馈校友对母校一贯的关注与爱护，首期学员优先录取学位项目的校友，主要来自 EMBA 金融班、EMBA 服务班和 EMPAcc 班。南老师听说后非常高兴，也非常支持，还为该项目推荐了师资。陈定国教授和魏承思先生等都为该项目授课。学员开启了国学学习的路径，奠定了国学学习的基础。

"岂惟虑收获，亦以求颠沛"，大家从竞争激烈的市场中抽身，回到平静的课堂，与一帮志趣相投的校友共同探讨、寻回真我,在比较中理解差异,在分析中获得感悟,每位学员都在课堂中找到自己想要的答案。以陈定国教授的授课为例，为后 EMBA 学员讲授"《孙子兵法》与统帅之道"。我记得南老师和我提过，《孙子兵法》虽全书仅六千余字，但道理甚广、甚深、甚远，被奉为武经之首、兵学圣典。商场如战场，时势变化多端，机遇和挑战复杂并存，成功的领导者必须像优秀的将军一样，掌握卓越的取胜之道，带领企业竞争决胜。学习《孙子兵法》，有助于提升企业家的实战能力，真正做到运筹帷幄、决胜千里。

陈定国教授认为，企业将帅必须学会企业管理之道，因为世间最困难、最美妙、最慈善、最谦虚的工作，就是企业的有效经营和管理。他以美国钢铁大王卡耐基、日本电器大王松下幸之助和台湾石化大王王永庆为例，归纳了企业成功经营，将帅要具备"二有四能"六条件。若没有两个先决前提，而只有四个能力，根本不可能成为一个成功企业管理及公司治理的领袖；反之，只有两个先决前提，但没有四个能力，也不可能成为一个持久成功的领袖。"谁谓古今殊，异代可同调"，年逾七旬的陈教授在两天的时间内，以《孙子兵法》为中心，结合实际案例的讲解，详述了企业将帅有效经营之道，其声音铿锵，其言语生动，其内容历久弥新，学员们无一不觉得听课效果事半功倍，享受着浓香馥郁的精神大餐。

国学乃智慧之源泉，一朝掬饮，终生受用。通过课程，学员们深切领悟到儒学仁义敦厚、内圣外王之精髓，感叹中华传统文化的博大精深。这也达到了南老师推荐师资的目的。

山高水长有时尽，唯我师恩日月长

记：有一次南怀瑾先生看出您脸色不好，给您配了中药，您觉得有效果吗？对于打坐，您有何体会？

夏：对于静坐，我没有太深入的研究。我一直是将静坐看作传统文化中有益健康的一种养生方式。对我来说，静坐，顾名思义，可以让心安静下来。人生在世，琐事繁杂，有时候的确需要停下来，歇一歇，放空自己。静坐不失为一个非常好的放空方式。

记：您最后一次见南怀瑾先生是何时？还有印象特别深刻的事情吗？

夏：2012年4月，太湖大学堂小学举行毕业典礼，我因为公事无法前往参加。6月我和马宏达主任联络想去看望南老师，被告知他正在闭关。我想再等等，等南老师出关再去看望，遗憾的是，等来的是南老师入定的消息。最终还是没有见上南老师一面。

记：能否讲讲您参加南怀瑾先生的后事时看到和听到的情形？

夏：我参加了9月30日的告别仪式，一直对那天晚上的月亮印象深刻，因为特别明亮。大家安静地站在草地上，每个人眼中都流露出安宁和静谧光彩。此时无声胜有声，大家对南老师的怀念弥漫其间。山高水长有时尽，唯我师恩日月长。

郑宇民：他是一个『点灯』的人

郑 宇民

历任中共浙江省金华市婺城区委常委、宣传部部长，中共浙江省金华市委宣传部副部长，中共浙江省浦江县委书记，中共浙江省金华市委常委、兰溪市委书记，中共浙江省金华市委常委、常务副市长，浙江省人民政府副秘书长、省人民政府驻北京办事处主任，浙江省工商行政管理局党委书记、局长，第十二届浙江省纪律检查委员会委员。2013年1月，任浙江省人民政府党组成员。2015年10月24日，被聘为浙商总会第一届理事会首任秘书长。

访谈时间：根据 2014 年央视采访录音整理
访谈地点：杭州
访谈整理记者：戴江泓

20 世纪 90 年代，金温铁路建设时期，郑宇民在金华任职，因此与南怀瑾结缘。在他担任浙江省工商行政管理局党委书记、局长期间，及后来被聘为浙商总会第一届理事会秘书长后，曾组织 100 名企业家，请南怀瑾讲课，用南师精神来影响浙江的民营企业家。

金温铁路是一条心路和启迪之路

记：在您的回忆文章中，我们了解到，您是在 20 世纪 90 年代因金温铁路的建设而结识南怀瑾先生的。请您回忆一下当时的一些情况。您所了解的，在金温铁路的建设中，南怀瑾先生都面临和克服了哪些困难？今天看来，当年建设这样一条"根本不赚钱的铁路"，连通金温两地，在助力经济发展、造福百姓上有着深远的意义。您认为南怀瑾先生当时发起、参与金温铁路的投资、建设，初衷是什么？

郑：我跟南老认识是在 20 世纪 90 年代初，当时我还在金华任职，缘起于金温铁路（的建设）投资。南老是温州人，对家乡的建设很热心，他当时召集了一拨弟子来参与投资，弟子们对金温铁路的前景、经济效益不看好，都不愿意出资。南老当时就是师道尊严，叫那几个弟子面壁，所以我印象很深。

温州是以中国改革开放的一个摇篮，民营经济的发祥地，它最早宣示了市场经济的规则。温州人长期以来形成的是航海文化，四海为家。但温州人回去一趟很困难，因为温州是什么？浙东南地区的形势、地势、山势都很险要、很复杂，尽管温州人是以四海为家，但他们从四海回家的路却很难。

南老，我相信他也是一个以四海为家的温州人，他深知回家的这种家乡情结。所以当时他可能更多的是以缩短温州跟外界的物理空间距离为出发点，所以他要造一条金温铁路。这是我猜想的，是一个朴素的想法。

第二，中国市场经济一个很典型的标志是什么？民间资本、民营企业有可能参与国家大型的基本建设投资。如果民营经济能够进入铁路的投资，就意味着中国市场经济主体真正成长起来了，中国市场经济的这种格局就基本确立了，这是一个很重要的标志和信号。中国是否改革开放，是否真正确立市场经济的机制，中国的民营企业有无能力参与一些大型的投资，这是一个标志，所以南老要做一个标志性的事，这也是南老师的一个很重要的出发点。

第三，南老师在海外那么多年，他的学生中不乏一些有实力的企业家、投资者，有机会来参与国内一些大型的基础设施建设，形成一个新型条件下的开放的新格局，这也是他所思考的问题。当时他是作为一个促使者、促进者来做这件事，他个人没有任何的经济利益在里面。当然还有一个特殊的原因，当时金华的主要领导仇保兴，曾任建设部副部长，跟南老是同乡。所以当时到外面去给项目投资做招商引资的时候，南老当然也算是一个招引的对象。

后来投资的情况，比想象的要难，工程复杂，投资一再追加，工期延迟，还有一些其他原因，工期大大延长。但这件事的价值，绝不是用他做某一件事的最终结果，而是做某一件事的开端、出发点、启迪性来衡量的。做铁路是这样，办学校也是这样，有这一点就够了。

他是一个"点灯"的人，开启发端，这是他给我们所做的贡献，我们应该向南老师学习这一点。衡量南老师的社会贡献，绝不是看事情成功与否。南老师自己不在意结果，因为他的价值取向注定就是辅导人家。南老师曾说他的一生"做生意从来没成功过"，所以他也不会再做生意，他一生当中也不摸钱。南老师就是这样一个人，一个"点灯"的人。

记：金温铁路终于建成，也圆了浙江人民的百年之愿。令人不解的是，南怀瑾先生却始终没有踏上回乡之路。这个遗憾随着南怀瑾先生的仙逝，也成了千古之谜。您是怎么理解南怀瑾先生的"不回乡"的呢？

郑：南老师很想回浙江，而且有几次机会。南老师从温州刚出来的时候，先在浙江的一个武术学校；1947年离开大陆时，他在杭州灵峰下面的中印庵里闭关；晚年他选择在吴江，与浙江一路之隔办大学堂，其实就是回乡心切，也就是家乡情怀。

南老师在大学堂的楼上，经常朝浙江这个方向遥望，他很想回来。南老师有一次跟我讲，他说中印庵如果能够附加一个中印文化交流中心的话，他愿意到这里来开课，来做中印文化交流的顾问。浙江省里的领导去拜访过他，他也向省领导明确表示愿意回来讲学。但有好多原因，有一些是历史的原因，他最终没回来。这不等于他不想，他没回来，住在吴江，可能更反映了他想回来的这种特殊的情感。他经常念的一首元曲，"欲寄君衣君不还，不寄君衣君又寒。寄与不寄间，妾身千万难"。人生有许许多多"送与不送间，妾身千万难"的事，我们都说不明道不清，只有他自己能够感受，我们只能尽量多地去理解他，去读懂他，去体会他。

我每年都要去看看南老，一年去两三次，我给他带什么？带温州的盘菜，在海滩上长的这种类似于萝卜的茎块的植物。每一次去，我心里总带有一些纠结、烦闷，听南老师讲一讲，回来以后，就很清爽，过一段时间又不行了，再去听他讲讲又很清爽。

用人文精神调解生活和生存的方式

记：南怀瑾先生对家乡有着如此深厚的情感，他跟您透露过回到家乡的想法吗？或者说，他跟您透露过希望能在家乡达成他怎样的愿望吗？

郑：南老在往生的前年年初的时候，曾交给我们几件事：第一件是希望能够在浙江找一个地方，办一个书院，来传导人文精神，这事他生前没能实现。他是浙江人，后来客居他乡，再后来他就留在与我们只有一路之隔的江苏吴江了。有时候站在吴江,看着我们浙江——他的家乡,他希望在浙江办一个书院,弘扬人文精神,来传导、干预、调整现代市场经济的生活和生存的方式,这个宏愿没实现。

第二件是尽可能地让《列子》这本书能够为现今治理社会提供一些参考(南老师曾有一个讲稿《列子臆说》)。后来有一些专家学者对《列子》有一些不同的看法,他们纯粹当作一个学术的问题来研究。但对于南老,我们心里明白,他是想用古代的一些哲学思想,道家的、佛教的,甚至儒学的"三合一"的一些真知灼见,供现在的社会治理运用。2012 年年初,希望我们能够把《列子》这本书转换成类似《资治通鉴》之类的体例,把原来好像风马牛不相及的一些寓言故事,形成一些逻辑关系,把古代的哲学思想变成现代治理社会的资治工具。最近我们也在做这件事,希望能够把他的一些愿望变成现实。(《列子资治》一书已于 2015 年出版)

中国的市场经济总要有一个东西去调整,用什么东西去调整?中国的人文是可以调整的。我们一直把中国的人文和市场经济对立,其实市场经济要有人文来调节。西方的市场经济可能是通过宗教来调整,中国的市场经济也需要调整,就是中国的人文精神。

南老师一直在呼吁,浙江民营企业最发达,市场经济走在前列,需要安装两颗心,一颗是智慧的心,还有一颗是人文的心。这两颗心安装好了,才能有参与市场经济竞争的能力,没有人文心,市场经济就可能走向"邪恶"。南老主张儒表、道骨、佛心,主张人文,再去参与市场经济竞争,才能达到一个共同的平衡。没有人文心的市场经济,很容易走向"邪恶"。这是一件很难的事。但是,南老师认为它是必需的,再难也要走。南老师说:"拼一把老骨头,也要把这事闯出一条路子。"

他的国家责任和民族情怀令人敬佩

记:20 世纪 90 年代,南怀瑾先生在香港时为促进两岸关系的改善做了很多工作,您如何理解他所作出的这些努力?

郑:有人说他很关心政治,其实他关心的不是政治,而是国家责任、民族情怀。在改善两岸的关系方面,他其实做了许多工作,他始终用国家责任、民族情怀来感召方方面面。

有一次我跟他在一起交谈的时候，他说两岸关系，千万不能搞"鹬蚌相争，渔翁得利"。记得当时他引用了一首《休洗红》，"休洗红，洗多红在水。新红裁作衣，旧红翻作里。回黄转绿无定期，世事返复君所知"。意思就是一件红的衣裳，一件新的衣裳，翻来覆去，洗来洗去，最后伤害的是面子和里子。他曾经也说过"凭君莫射南来雁，恐有家书寄远人"。为什么不要去射南来雁呢？因为南来雁可能有家书寄远人。所以台湾就是不能搞独立。都是自己人，都是自家人。他一直秉持这样一种情怀。有些人简单把他理解为是一个两岸关系的密使，是政治使然，这些其实都不是太准确。他是一种民族、国家的使命和责任担当，这一点让人很敬佩。

用人生经历教化我们的"辅导员"

　　记：在不同人的心目中，对于南怀瑾先生有不同的解读。在更多人眼里，南师更是高深莫测，那么，您是怎么"认识"南师的？

　　郑：理解南老是不容易的。现在都认为南老是禅宗，是密宗，很神秘，其实他是一个非常普通的、和善的人。南老跟我们接触那么长时间，我们总在想他是想达到一个什么样的目的。其实他是在教化，他并不是我们想象的神秘的人，他有很多人生经历，也有自己的人生智慧，来教化年轻人和下一代。所以，与其说他是一个智者，还不如说他是一个贴心人，是一个有文化、有智慧、有丰富人生经历的贴心人。他不是教授，他是一个辅导员，用他的人生经历来教化。

　　他的经历很丰富，战争时代，他经历过；和平年代，他经历过；英国实行殖民统治时代，他经历过；美国等西方发达的资本主义国家，他也去过；晚年他主要在中国。他始终想传导一种声音，就是不管什么样的时代，不管什么样的年份，不管什么样的一种制度，人文是不能缺少的。所以人的生存方式需要用人文来调整，这可能是他毕生努力想告诉我们的——人类需要人文的一种生存方式。

　　现在市场经济这个时代，人很浮躁，碰到的问题也非常现实。当忠诚碰见欺诈，当真情碰上敷衍，当念经的碰上拜金的，当布施行善的碰上贩毒的，当晴朗的天气碰上雾霾，当绿野碰上沙尘暴，我们怎么办？

　　所以南老有一句话，就是要用人文来干预自己，调整自己的行为，要让自己成为一个人文修省的、人文干预的、在现代生活中能够有自主控制力的人，这可能是他给我们传递的很重要的一点，即如何调整我们在现代社会市场经济条件下的心态、生存方式。

我们对南老，确确实实他的整个人生经历及他演绎出来的一种人生哲理，我们没有很好地、完整地吸收，但我们尽量去理解他。他一生的奔波，到底为了什么？他晚年在江苏办一个大学堂，是为了调整人们的生存状态。他说生态主要还是在心态，心态调整好了，生态就会调整好，因为心态产生的行为就不会再损害生态。现在主要是要调整心态，主要难点在于教育的缺失。我们的教育过于商业化和产业化。所以人文对教育的新的一种充实或是传统的复归，对于当下社会生存方式的调整，还是很有必要的。

南老师用无私的、人文的、智慧的、深厚的人生底蕴来感知、教化、唤醒、点燃我们在市场经济条件下一些迷失的"羔羊"。市场经济如果再这样没有规则地走下去的话，生态、心态、业态都可能搞坏了，再不调整怎么来得及呢？对此，南老师是大声疾呼的，他在唤起我们在市场经济条件下和在改革开放条件下，如何做人，如何寻找人的生存方式，如何调整好心态，调整好业态，调整好社会生态的一些觉醒。他做的这些，实在是让人敬仰。

探索教育为中华文化的复兴奠基

记：讲到我们的教育过于商业化和产业化的现状，南怀瑾先生又有怎样的见地和建议？他的这些见地和建议是如何付诸实施的？

郑： 他对现行教育的产业化是有不同看法的。因为教育产业化后，教师会有一种市场化杠杆作用下的行为驱动，所以他一直在示范或者在试验一种新的教育方法：没有围墙的，没有学历压迫的，没有统一考试杠杆的，能够自主学习掌握学习方法的教育。

他经常说，要办一个书院，办一个大学堂。其实，办学堂也好，办书院也好，他是在探索一种教育制度的更新，或者一种教育理念的复兴，我们很敬佩。他八十几岁高龄还在太湖庙港办了一个小学校，他认为教育要从孩子开始，所以他一直在示范，在追求。有时候他对现行一些教育产业化的现象，可以用深恶痛绝来形容，所以他也想摸索和释放一种新的教育制度和教育方法。我觉得在目前这样一种社会条件，人心比较浮躁的情况下，应该有一种新的教育方法。所以他办学堂也好，办书院也好，尽管都是中国古代曾经有过，后来被废弃了的东西，但在现当代也应该可以做的一些东西。

南老的教育理念我很清楚。他跟我讲他有几个孩子，他都自己教。后来他也教了那么多孩子。有时候我在想，这些孩子按照传统的这些老办法，或者按照南老师独创的办法在教，尽可能让他们脱离考试的杠杆，脱离市场化的功利性，但是这些孩子怎样跟现行的教育体制接轨呢？我当时问他，他说，这些孩子能否跟教育体制接轨，关键在于父母亲的价值取向。招收这些孩子的时候，他跟我讲"我不对孩子进行面试和考试，我要对孩子的父母亲进行面试和考试"。如果孩子父母亲的价值取向符合南老师的要求，这孩子可以送进来；如果不符合，就拒绝孩子加入。所以南老师对教育，有一套独特的设想和运行机制。现在要走到南老师的教育实验中去，我认为不太现实。但是南老师这么大年纪来做这么大的实验，并不是在于南老师要提供这种教育成果，而是在于南老师的教育实践和教育示范，启示现在热衷于教育产业化的人有所警醒。南老师的目的我认为就在这里。

（南老师要求的）生源不一样，要符合南老师价值观的生源，一般孩子家长都不愿意。因为大家都已经被考试的机器绑架了，必须往这个体制中走。南老师的学校，开的是南老师自己设置的一些课程，像"弟子规""千字文"等不能少。南老师追求的是中华文化的复兴。他说孔子学校要全世界覆盖，但如果孔子学校所传播的中国儒学、人文等文化在中国都立不住，怎么可能去覆盖人家呢！所以他一直要证明，要用他这样一个年事已高的人的最后这段经历来警醒我们：要转变教育方式，要改变生存方式，自然科学发展到一定程度，最终还是要回归到人文上去。这是南老师坚信不疑的。

南老师现在办学堂，这种师生的关系是什么？根本不像我们现在用钱买来的、学费交过去的这种师生关系，完全是一种心灵沟通的、互相感染的教化关系。所以在我们现代的教育体制内，我觉得需要有这种东西做一点补充，哪怕是做一点润滑也很好。企业里、园区里有这样一种学堂、书院设起来，对目前的社会治理是有好处的。孔子学院遍布全球，如果在中国，自己的人文思想都不能扎根，你还能遍布全球吗？所以，南老师回到大陆来做这件事，来修补我们人文的缺失，这就是伟大复兴的一个基础点。他没有高喊口号，却默默地在做伟大复兴的一砖一瓦。

他是一个不在乎光源的"点灯"人

记：南怀瑾先生一生致力于中国传统文化的研究与传播，但文化传播是润物无声的，启迪人们心智更是一个漫长的过程。南老作为一个个体，能做的其实极为有限，但他仍然要穷尽一生去做这件事。您如何评价他所做的这些事？

郑：南老师做的活儿不是"放火"的活儿，而是"点灯"的活儿。他要点的也许是一盏油灯，也许是一个电灯，也许是现在很先进的半导体光源的灯。南老师不在乎光源，而在意点亮。

目前中国改革开放引入市场经济制度，必须补课。所谓复兴，就是要补一次课，补中国传统的人文的课，在这个基础上来进行市场经济和改革开放是有基础的，不然就是没有基础。所以南老师的贡献可能也在这里。他是一个"点灯人"，也许是一点灯光，也许是一缕月光，也许是一只萤火虫，但他始终能够让人们发现我们存在的问题，发现我们今后往何处去。这个贡献，我认为首先要很清醒，第二要很执着，第三要不怕牺牲，第四要不计较功利。

也许在南老师有限的生命中，根本一事无成，仅仅点亮了南老师身边的几个人，但他有个话说得很好。当时我们要把民营企业家请到江苏的太湖大学堂请南老师上课，他开始是拒绝的，他认为"民营企业家是市场经济赚钱的机器，怎么可以来跟人文精神同日而语呢？"。他说，现在是市场经济主体发展的阶段，就是发家的阶段，暴富的阶段，逐利的阶段，你没有办法去感化他，等他们到一定的时候，有自我需求的时候，我们可以去引导。后来我跟南老师探讨，我讲"我带100个民营企业家，南老师如果能够点化成功一个，就功德无量"。南老师赞成这个观点，就是从一个人开始，就是从点灯开始。

我记得南老师当时给我们讲的第一堂课就是财富观。财富归谁所有？"皇家所有、灾害所有、去病所有、恶子所有"。南老师就讲财富不是属于个人，总体是社会所有。大家拥有那么多的财富，其实是一个财富的保管员而已，这一站你管牢，一些财富你管牢，到一定时候钥匙都要交出去，所以追求财富人格化、私有化没有必要太执着，要社会化，共享。如果把财富观、财富去哪里搞清楚了，去追求财富的这种价值取向就会有所改变。

南老师真的很执着，他对中国现在发展阶段的这种忧虑，要调整关系的这种责任，对民族团结团圆的这种期盼是很真诚的，南老师被敬重的原因也就在于此。

仇 保兴

1953年11月生，浙江乐清人。杭州大学物理学专业、复旦大学经济学专业、同济大学城市规划专业毕业，获得经济学博士学位、工学博士学位。国际欧亚科学院院士，住房和城乡建设部原副部长，中国城市科学研究会理事长。

仇保兴：南师是中华文化基因的修补者

访谈时间：2022 年 6 月

访谈记者：戴江泓根据仇保兴"纪念南怀瑾先生诞辰一百周年"致辞整理并补充采访

20 世纪 80 年代，仇保兴在南怀瑾故里乐清县任县委书记，由此与南怀瑾结缘，走上读南著、聆面授、阅书信的学习道路。

本次访谈根据 2018 年在上海恒南书院举办的"纪念南怀瑾先生诞辰一百周年"系列活动上，仇保兴同志的致辞整理，并加以补充采访。

重注中华文化经典，修补中华文化基因

记：您是南怀瑾先生的温州同乡，又曾在南怀瑾先生的家乡乐清县担任过县委书记，请您介绍一下结识南怀瑾先生的经过。

仇：我和南师结缘是 1984 年，在南师的家乡浙江乐清县任县委书记时（当时本地人可以在本地任书记）。我上任不久就收到南师从台湾寄过来的《论语别裁》上、下册，从此走上读南著、聆面授、阅书信的学习道路。

记：从读南师从台湾寄来的《论语别裁》到后来的聆听面授、和他频繁的书信往来，请您谈谈学习南怀瑾先生著作及他言传身教的心得和感受。

2008年于太湖大学堂，仇保兴及时任浙江省粮食局相关领导与南怀瑾先生合影

仇：我尝试用自问自答题来介绍自己粗浅的学习心得。

一、为何南师著作的读者会越来越多？

众所周知，南师虽然著作等身，但数十年来并没有任何现代传媒广告宣传，没有任何两岸政府红头文件推介，没有任何社会文化基金项目赞助，没有任何国内外著名文化奖项掖奖鼓励，但读者却越来越多，读者中涉及的行业也越来越广，社会的影响更是越来越大。一般来说，谈论和阐释经史类著作是最基础（上下五千年之常识）、最熟知（千万人耕耘过）、最具争议（门派不同各述己见）和最无趣（不能如文艺小说那样可天马行空）的，但"读南师"却逐渐成为当今社会"文化现象"之一。人们不仅空闲时读南师，决策时读南师，无奈时读南师，困惑时读南师，抑郁时也读南师。由此可见，南师著作是以深入浅出又富情趣的笔调来阐述中华传统文化，它具有无上的力场，能解读民众的精神难题，能解惑全球化时代的激荡风云。

二、为何中华文化基因会产生缺陷？

南师常言："中华文化不能断，断了就会亡国亡族。"任何一个国家，文化不仅决定着民族前进的方向，而且还决定了前进的原动力。德国著名社会学家马克斯·韦伯曾断言："如果没有基督教的新教文化，就没有现代资本主义的兴起。"传统文化中最核心、最基础性的部分可谓"文化基因"。

我的一位朋友，加拿大皇后大学规划学院院长梁鹤年教授，最近出版了他的著作《西方文明的基因》。他认为，如果说西方文明文化基因源自两千年前的古希腊哲学家柏拉图、亚里士多德和阿基米德等文化巨匠，那么中华文明的基因则来自同时代的春秋战国时期的孔子、老子、孟子和庄子等诸子百家所留下的"四书五经"等。"基因"虽然是最基本的信息编码，是生物体中最坚韧的部分，但在外界的强力干扰下，也会发生变异，从而出现遗传缺陷。我国作为世界上封建历史最为悠久的文明古国，受历朝的"文字狱"洗炼、历代权威对经典的注释和始于隋唐的科举制度的三方夹击，对文化基因影响巨大。南师常常提道：中华传统文化在宋朝的转折最为明显。当时的大儒朱熹编辑的《四书章句集注》被以后的各个朝廷指定为科举文人的必读书，科举答题也不能超越朱熹划定的"雷池"范围。知识分子的批判精神越来越弱，与世界的隔离也越来越深，社会整体也越来越进入"超稳定结构"。民众思想从活泼转向僵化，从包容转向封闭，从创新转向守旧。在表层文化——艺术走向绚丽精彩的顶峰时，民族整体的积弱已暴露无遗。

三、南师如何修补"中华文化基因"？

以"挑战自然、征服自然的逻辑力量"见长的西方文化在把工业文明推向顶峰的同时，也制造了"气候变化""贫富分化"等顽固性积弊，这充分说明西方文化的局限性也已日益显露，也无疑为以中华文化为核心的东方文化的融合发展留出了空间。时代正在呼唤中华文化的复兴。但如果让带有明显遗传缺陷的文化基因进入快速复制进化的历史阶段，不仅对中华民族的崛起无益，而且也不利于"人类命运共同体"旗帜下的东西文明互补融合。南师从重新注解"四书五经"入手，着手修复中华传统文化基因，无疑是实现"中国梦"最基础的文化工程。南师历时数十年，一以贯之。先是《论语别裁》，对号称"半部论语治天下"的经典以"别的视角"进行重释；然后是《孟子旁通》，对问世最早的"人本文化"名著"另辟新径"进行解读；再是《老子他说》，对千古恒律——《道德经》以"第三者眼光新释"；而《原本大学微言》，则是对这本"四书五经"基础之砖"微琢微修"；《列子臆说》，更是对其进行"更富想象力的解说"……

四、南师如何能重注中华文化经典？

纵观历史，无数文人志士都希望在注释文化经典中留下"重墨厚彩"，但鲜有成功者。南师的成功或许源于三个方面。首先在于南师以天下为公，丝毫不为私名私利所累，以"出世精神"执"入世之伟业"；其次，南师从少年起"发宏愿，立恒心"，不为潮流、利禄等所移；最后，南师坚持包容并兼，学贯中西，博采正野。历代正史，都是统治者重新修订编辑的，充盈着"胜利者"的杜撰。南师本着史实研究"致真、致用"的原则，早已与"学院派、训诂派"分道扬镳。他认为正史可能"无中生有"，野史却可能"事出有因"。真正的史实真相或许储藏于那些躲过历代焚书灾难的民间野史孤本之中。因而南师历数年远渡重洋游历诸国收集散落海外的孤本、珍本文献。因世界之大，这些记载史实信息的"区块链"难以被全部毁坏。

二十年前他曾寄给我一份书目，共计十数万册书籍（含孤珍本），商议在杭州西湖边建一座藏书馆向公众开放（因种种原因未遂，后移师太湖湖畔）。坐拥如此丰厚的历史文献，南师重注的"四书五经"就可以"博采正野"了。难怪少数死守正史或学院派的学者对南师的著作颇有微词。众识民智读南师之书，习南师之教诲，以每个人的切身实践，体会重注后的"新四书五经"之真善美，这是不可遏制之"自组织式民智、众慧"。

今天，我在心中常忆起南师自嘲"三无老人"时的音容笑貌。南师之伟大在于：他不追求功名，而功名永彰；他不谋求私利，却精神财富日增；他从不坚持私见，才海纳百川，成就大业。"三无老人"，永远的南师，永远的楷模。

他教我要「高高山顶立，深深海底行」

彭嘉恒、马有慧夫妇：

彭 嘉恒

1955 年出生于中国香港，1976 年 10 月获得加拿大劳瑞尔大学（Wilfrid Laurier University）工商管理学士学位。加拿大注册会计师、中国香港上市公司董事、南怀瑾文教基金会理事、金温铁路外资财务经理、中国香港佛教图书馆理事。在香港佛教图书馆和怀师小学堂授课多年。

马 有慧

1955 年出生于中国澳门，1977 年获得加拿大劳瑞尔大学（Wilfrid Laurier University）工商管理学士学位。1981 年考取加拿大注册会计师。安徽省政协委员、著名爱国人士，杰出社会活动家，澳门工商界的翘楚，中国人民政治协商会议第八、九、十、十一届全国委员会副主席马万祺先生之女。

访谈时间：2021 年 12 月 5 日、12 月 8 日、12 月 12 日、12 月 15 日、12 月 28 日
访谈地点：温州晚报大厦与香港彭嘉恒办公室 ZOOM 视频连线、南怀瑾书院与香港彭嘉恒办公室 ZOOM 视频连线
访谈记者：徐斌斐

1992 年，彭嘉恒与太太马有慧在香港跟随南怀瑾先生。与南怀瑾先生相识不久之后，因为两人都是会计师，受南怀瑾先生邀请，帮助其处理财务方面工作，直至南怀瑾先生 2012 年离世。在此期间，彭嘉恒、马有慧还担任南怀瑾先生的翻译，译文成书包括《南怀瑾与彼得·圣吉》《与国际跨领域领导人谈话》。

彭嘉恒、马有慧与南怀瑾先生相识之后，彭嘉恒的岳父、马有慧的父亲马万祺先生，也与南怀瑾先生有了交集。马万祺先生是杰出的社会活动家，著名的爱国人士，澳门工商界知名人士，澳门中华总商会永远会长，澳门镜湖医院慈善会永远主席，澳门大华行投资有限公司董事长。二位长者虽然并未见过面，但生前有多次书信来往。

在南怀瑾先生的影响下，彭嘉恒、马有慧一直心系中国传统文化的传播。十几年来，彭嘉恒每周在香港佛教图书馆授课。即使在疫情期间，身在香港的彭嘉恒、马有慧每周都会通过 ZOOM 平台与同学开展交流会。

由于疫情原因，彭嘉恒、马有慧利用每周三、每周日例行的 ZOOM 分享会回复记者问题。每次访谈时间为三十分钟至一个小时。多数问题由彭嘉恒回复，马有慧补充回答。本篇口述稿根据多次分享会内容、采访整理而成。

结识南怀瑾先生的过程相当曲折

记：二位最初是如何知道南怀瑾先生的？

彭：1989年前后，气功在内地和香港都非常流行，当时很多人都认为气功有利于强身健体。那段时间，我也开始学气功。

我当时的气功老师推荐我去看南老师的书。最初，我买了《静坐修道与长生不老》。看完之后，我非常喜欢，就把当时市面上南老师的书都买了。

马：最初知道南老师，是彭嘉恒把南老师的书摆在我面前，我看了书之后才知道的。

记：通过书籍认识了南怀瑾先生后，二位又是如何与南怀瑾先生相识的？

彭：我除了自己学气功、打坐，也教我的太太马有慧打坐。有一天晚上，她在澳门葡京酒店的房间里打坐，周围一片黑暗，但她身上出现了一道闪亮的光。除此之外，她的身体还出现了一系列的反应。比如：有时，她身体会抖得很厉害，眼睛不停地眨等。当时，我们不知道这是怎么一回事，问了身边的人，他们都对这方面不太了解。所以，我就很想找南老师。我找了三年才找到南老师。

1989年，看完南老师的书，我得知他去了美国。那时候网络不发达，而且网上也没有南老师的照片。我也不知道南老师的模样，找他的难度很大。

后来，我听说南老师在台湾有一个出版社，叫老古出版社，之前叫老古文化出版公司，是南老师在台湾办的出版社。有一次，我去台北办事，中途去了老古出版社的门店。我问里面的员工："南老师还在美国吗？"对方听到我的国语，知道我是从香港来的，就说："你从香港来，还不知道南老师去了香港？"

我一听，原来南老师在香港，心想：那就一定能找到南老师了！因为香港比较小，而且我对香港很熟悉。

回到香港后，我买了南老师最新出版的书。书的后面附有出版社地址，在香港中环。这是南老师来香港之后成立的公司，叫香港经世学库发展有限公司。

由于香港很多资料都是公开的，找起来比较方便。通过资料的搜索，我还知道南老师住在坚尼地道。当然我没有去打扰他。

那时我经常去一家叫青年书局的书店买南老师的书。跟书店的老板熟悉之后，他常常带我去经世学库进书。可惜在这个过程中，我并没有接触到南老师。不过，我开始和经世学库门售店一位叫吕基的员工熟络起来。

1992年，我每个礼拜都会去经世学库的门售店，一到中环就进去逛逛，时不时请吕基吃饭，就是为了讨好他。

即使我与吕基熟了，我也接触不到南老师。但我非常有耐心，依旧每个礼拜去两三次。有一次，我在吕基的办公室看到一个老人家，他正要出来。我当时就觉得这个老人家大概就是南老师了。当这位老人出来后，我想跟上去。吕基一把抓住我，不让我跟着。那次机会就错过了。

几个礼拜之后，我再去书店，里面就只有一个老会计，吕基也不在。这位会计不知如何打发我，他唯一能做的就是进去报告南老师，说，"这个人又来了"。

然后，南老师出来了。第一句话就问，"你找我干什么？"我说，"是这样的，因为我太太看了您的书，出现了很多反应，实在是找不到人请教。"

老师说，好，那你进来吧。进了南老师的办公室后，我给马有慧打了电话，让她赶紧过来。那天，我们俩一块听了南老师的解答。

南老师对我们很满意，就说，过两天来上课，并且给了我们一个地址：坚尼地道36B四楼。

记：见到南怀瑾先生之后，与之前脑海中南怀瑾先生的形象有差别吗？听到南怀瑾先生让二位去上课，心情如何？

马：我在见到南老师之前，其实没有特别去想南老师的外表或者形象。南老师让我们去上课，我们当然很开心，很兴奋啦。

彭：在见到南老师之前，我没有听过他的声音，没有看过他的照片，只是对他的书很熟悉。见到南老师后，他一开口说话，我就觉得语气很熟悉。因为南老师很多书都是根据他讲课的录音整理而成的，语言很活泼。他讲话的语言跟他书的语言很相似。

听到南老师邀请我们去上课之后，我们俩都开心得不得了。不过，我们回家后一翻日历，发现那天是马有慧的生日。我们几天之前已经邀请她哥哥，还有几位好朋友来家中聚会了。但跟随南老师学习的机会又非常宝贵，如果这次不去的话，以后也就没有机会了。

经过一番考虑后，我们决定，生日当天，六点开饭，七点半就把客人们请回去。因为那时南老师还没有允许我们跟他一起吃饭，他让我们八点过去。七点半我们结束生日会，刚好可以赶上南老师上课。

从那之后，我们就开始跟随南老师了。

记：在认识南怀瑾先生之前，听说马女士看了南怀瑾先生的书，在打坐的过程中出现了一些"反应"。那跟随南怀瑾先生之后，他是如何指导您练功与打坐的，有没有效果？

马：这个比较复杂，因为当时我身体已经很敏感了，基本上不需要南老师教任何功夫。老师主要告诉我要避免什么。比如有时候我觉得自己可以飘出身体，南老师说这个就不要搞了，我特别感激老师这样教。因为那时候有些教气功的人会说："喔，可以飘出去哇，喔，那就飘出去玩玩！"这个是不好的。道家讲出阴神、出阳神，佛家也有这种说法。但老师很清楚不可以乱来。真修行的话，在一些关键时刻，身体会不舒服的。也就是所谓受阴，不舒服的时候身体想出去。我主要是修行过程中出了问题会告诉南老师。

南老师教我的过程中，我一直在进步。有一段时间，我打坐一下子出了很多汗，要不断地换衣服；有时候不停地拉肚子，拉得最后只有水。这其实是身体的气发动了，要把肠道里的东西排出去。有时候身体上的皮，一层一层地脱掉。女孩子最开心脱掉旧的皮，长出新的皮。我认识的人常夸我皮肤还是那么嫩。我相信修行是可以改变身体的。

帮南怀瑾先生做的第一件事是买楼

记：二位在 1992 年跟随南怀瑾先生之后，就开始帮南怀瑾先生做事情，能具体讲讲做了哪些事情吗？

南怀瑾先生与彭嘉恒（左二）、彼得·圣吉等人合影

彭：因为我和马有慧都是会计师。与南老师见过两次面后，南老师就说："彭嘉恒，你和马有慧有没有空？帮我处理一些财务方面的工作。"我们俩立刻就答应了。

没多久，我就替南老师办好了一件事——买新的办公楼。

他当时的办公室很小，面积在一百平方米左右，在钻石会大厦的九楼，做事的人有七八个。我们去上班的时候，基本上没有地方坐，只能坐在会议室，里面只有一张桌子，四张椅子。由于地方不够，南老师就跟我说："彭嘉恒，你是香港人，帮我找个地方，最好就在这一栋大厦。"

为了帮南老师买写字楼，我到处找房子。后来听说钻石会大厦的十楼刚刚被几位律师买走了。那几个律师想炒房，买到之后就想卖掉。我通过关系找到他们，以公司的名义，花了两千万港币把这层两百平方米的楼买了下来。

记：那时二位和南怀瑾先生认识并不久，南怀瑾先生当时知道二位分别是澳门马万祺先生的女儿、女婿吗？

彭：那时南老师对我们俩的身份并不是特别了解。我想他应该还不知道内子是马先生的女儿。

马：我没有特别去说明，之后才慢慢和南老师讲起。因为南老师非常关心人，后来问我，你是哪里人啊，家里爸爸妈妈做什么啊，可能这样南老师才知道我们的身份。

记：可见南怀瑾先生非常信任二位。您觉得，南怀瑾先生为什么这般信任二位？

彭：我想大概是因为南老师刚开始接手金温铁路，需要会计师帮忙管理财务。可以说是机缘巧合吧，他当时比较缺经济管理方面的人，我们刚好就在那时候认识了南老师。

老师确实很信任帮他做事的人。有几次，南老师要我们替他做事，签好了支票给我们，但金额都是空白的，由我们自己填上去。

记：二位帮南怀瑾先生做事情，会有报酬吗？

彭：我们从来没有拿过薪水，南老师大概也知道我们不需要。能够跟随南老师学习，就是无价的"报酬"。这不是金钱可以比拟的。

帮南怀瑾先生把两千万美元汇到温州

记：除了帮南怀瑾先生买办公楼，听说二位还参与了金温铁路的相关事情？

马：我主要参与了金温铁路财务工作。记得 1992 年在温州举行了一次会议。那时温州好像还没有直通香港的飞机，要到杭州坐飞机。我们吃了晚饭后，从温州开车回杭州，路上都是大雾，凌晨一两点才到杭州。我们那时候很节约经费，舍不得开房间休息，在酒店大堂稍作休息后，坐早上五六点的飞机回香港。1997年金温铁路开通剪彩的时候，我也参加了。

彭：是的，我也参与其中，我是金温铁路外资财务经理。

记：二位可以讲讲了解的情况和所做的事吗？

彭：1988年，温州政府来香港与南老师访谈修建金温铁路的事情。南老师一开始不想接手。温州政府与南老师多次沟通之后，南老师答应帮金温铁路筹集资金。1990年，南老师签订了金温铁路的书面协议。

刚好，老师的一位学生，是台湾知名的企业家。所以，老师就希望他能接手。这位学生带了团队去大陆考察。他是商人，经过研究后发现，从做生意的角度这件事情根本没办法弄。

这位学生拒绝参加这一项目后，南老师开始找人筹集资金。最后筹到的两千万美元，主要靠几个做生意的同学帮忙。

筹到这笔钱后，南老师让我把钱打到大陆，要求他的学生、子女都不可以参与其中。

记：这笔钱具体是从哪里汇到哪里？

彭：从香港汇到温州，差个多过了两三个礼拜，温州才收到钱。南老师为此还很生气。因为中途每一家银行都要故意把这笔钱在账户上拖一拖，好多赚一点利息。中港银行汇兑美元是很复杂的，中间需要通过各地各级银行，所以就花了比较长的时间。

记：南怀瑾先生不让学生、子女参与到金温铁路的项目中，是出于什么考虑？

彭：南老师太清楚了，他知道一旦子女、学生参与其中，就很有可能给"牵扯"进去，留下不好的名声。后来发生的事情也证明确实如此，一些参与过金温铁路项目的人，因为贪污而坐牢。

南老师看事情很透彻。他是想实实在在地为家乡做一些事。

在南怀瑾先生处认识了很多传奇人物

记：开始帮南怀瑾先生处理财务工作后，二位在南怀瑾先生的"人民公社"吃晚饭吗？

彭：1992年，自从我和马有慧帮南老师做事之后，我们在香港就每天与南老师一起吃晚饭。若没法去，是要请假的。

马：对，南老师说，以后你们就每天晚上来吃饭啊！不来吃饭的时候要请假。

记：在饭桌走动的宾客中，有印象特别深刻的人吗？

彭：我记得餐桌上经常有来自温州的同学。但我也不知道他们在谈什么事情。他们大多是温州市政府的人，有的是温州驻香港办事处的人。另外就是温州在香港做生意的人，还有温州市市委秘书长、浙江省副省长等官员。

记：除了来自温州的宾客，饭桌上还经常会有哪些人？

彭：我保留了一张南老师过生日的照片，上面人特别多，基本上都是南老师的学生。（在电脑屏幕上展示了一张照片）这张照片是1995年或者1996年拍的。那时候我们每天晚上都是在这张桌子上吃饭，南老师坐在桌子的正中间。多年来都是如此。

这张照片里有杨定一博士，他站在后面。1995年，杨定一经同学介绍后认识南老师。杨定一本身就是一个传奇，十三岁进入巴西利亚医学院，十八岁考取美国纽约洛克菲勒大学康奈尔医学院的博士。要知道，这所医学院的博士是美国最难读的博士之一。

他那时候大概三十多岁，专门来香港跟南老师学佛。有时他回美国后，会用英文给南老师写电子邮件。南老师就把邮件发给我，我翻译成中文，再由南老师进行答复。最后，由我把内容翻译成英文发给他。或者南老师会找人写一份答复给他。在跟随南老师期间，杨定一学佛进步很快。

侯承业那天也在，我们是通过南老师认识的。他是华盛顿大学土木工程系的教授，也是金温铁路的总顾问。他编著了一本书叫《南怀瑾与金温铁路》。他精力很充沛。我在南老师那里上班时，他常常美国、中国香港来回飞。每次到香港，他都要请我吃午饭，谈关于南老师的事。

陈定国也在里面，他是美国密歇根大学的博士，后来在中国台湾大学商学院任教。

这位是周勳男（指着照片中的一人说道），他当时还在台湾大学读哲学。他文笔很好，南老师讲课的文字稿，很多都是周勳男根据录音整理而成的。

台湾同学里还有李淑君。以前在台湾的时候，李淑君就是南老师的秘书。老师上课的板书，常常是李淑君写的。

这只是一部分，在南老师身边，我认识了很多很多同学。

在艰难的环境中传播中国文化

记： 1988 年，南怀瑾先生回到香港定居。据您了解，南怀瑾先生在香港期间都做了哪些事情？

彭： 除金温铁路以外，南老师在香港做的最重要的事情就是推动两岸统一。

其他的大部分时间里，南老师都在讲学，传播中国传统文化。我认识南老师之后，他就一直在坚尼地道讲学，几乎没有停过，中间只出去过一两次。

虽然在香港传播中国传统文化很难，但南老师一直都在身体力行地做着这件事。

记： 为什么说南怀瑾先生在香港传播中国传统文化很难？当时香港的文化氛围是怎样的？

彭： 当时的香港,英国文化太强了,基督教文化在香港是主流文化。那时是这样，现在基本上还是这样。英国人 1842 年侵占香港之后，除了带来军队，也对香港的文化产生了重要影响，其中最重要的就是教会。香港圣公会就是英国人建的，还有共济会。

英国人在香港建了教堂之后，很多香港人每礼拜都去一次教会，小孩一出生就要去教堂接受洗礼。结婚、生老病死都要通过教堂。医院、学校都是教会建的，因此就形成了很好的人际交流网络。

所以，在香港传播中国传统文化的难度可想而知。用什么来传播中国传统文化，传什么？我 1970 年在香港读中学的时候，还有内地来的老师，他们中文水平都很高。但现在香港人中文程度越来越低，一代不如一代，报纸中都有很多错误。

1992 年，我跟随南老师时，南老师就说："彭嘉恒的中文程度太差了。"他还买了一本中文字典给我。

记：我记得您在《千江有水千江月》的访谈中讲到"中文误我"，是不是与这个背景相关？

彭：是的，在当时的香港，英文太重要了。一个人毕业了以后，如果仅仅中文好，不懂英文，就不能获得比较体面的工作。很多时候为了生活就做警察或者其他比较基础的工作。当时的香港，警察待遇很差。

如果你英文好，就有机会进入香港大学。香港大学毕业后，如果在教会又有关系，升官就很容易。香港几任特首都信基督教，曾荫权、林郑月娥都是基督教徒。这就是所谓的"中文误我"。

记：我之前看您的访谈，您讲到南怀瑾先生一直在推广传统文化，却不愿意接受媒体采访，您知道背后的原因吗？

彭：南老师看事情看得很透。1985 年，南老师刚去美国的时候，就有人跟他说："你想不想红？我们可以很快把你捧红。"南老师问："要多少钱？"那个人伸了五个手指。南老师说："要五十万美金啊？"对方说："不是，不是，只要五万美金就可以把你捧红。"那怎样捧红？就需要去电视台做访问，报纸出文章，翻译出书籍。南老师就说："不干！"

为什么不干？南老师告诉对方："你们是基督教文化，我是佛教文化，佛教文化在美国是不行的。"最后，南老师把对方的提议推掉了。

南老师在香港的时候，我们有一个同学是亚洲电视的总裁，如果南老师要出名的话，太容易了，一个电话，电视台马上就过来了。《明报》主笔魏承思先生也跟南老师很熟。南老师如果想出名，太简单了。但他不想出名。

南怀瑾先生和马万祺先生之间的"神交"

记：南怀瑾先生和您岳父马万祺先生互相认识吗？

彭： 他们虽然没有见过面，但互相认识，彼此还给对方写过诗、信。因为我岳父很喜欢古诗。他小时候，读的是旧式小学，学了诗词，背了很多古文。南老师也精通古诗，两个人之间有书信往来。

记：南怀瑾先生和您岳父是如何相识的？是在您认识南怀瑾先生之前还是之后？

彭： 南老师和我岳父一开始互相并不认识。1992年，我认识南老师以后，我岳父才认识南老师。

我们俩认识南老师以后，介绍我岳父看南老师的书。我特地把《禅与道概论》中关于佛法的部分打印出来给他看。他看了以后，知道了佛教是怎么一回事，禅宗是怎么一回事。

刚开始，他不知道南老师是谁，还有点怀疑。他也不赞成我们学气功，因为那段时间很多所谓的"气功大师"打着"特异功能"的旗号行骗。后来，我岳父看了南老师的书，得知我们是跟南老师学静坐，他就放心了。

记：您刚才讲到南怀瑾先生和您岳父马万祺先生会互相写诗、写信。他们都给对方写过哪些诗和信？

彭： 南老师和我岳父马万祺给对方写了很多的书信。1993年，我岳父、岳母

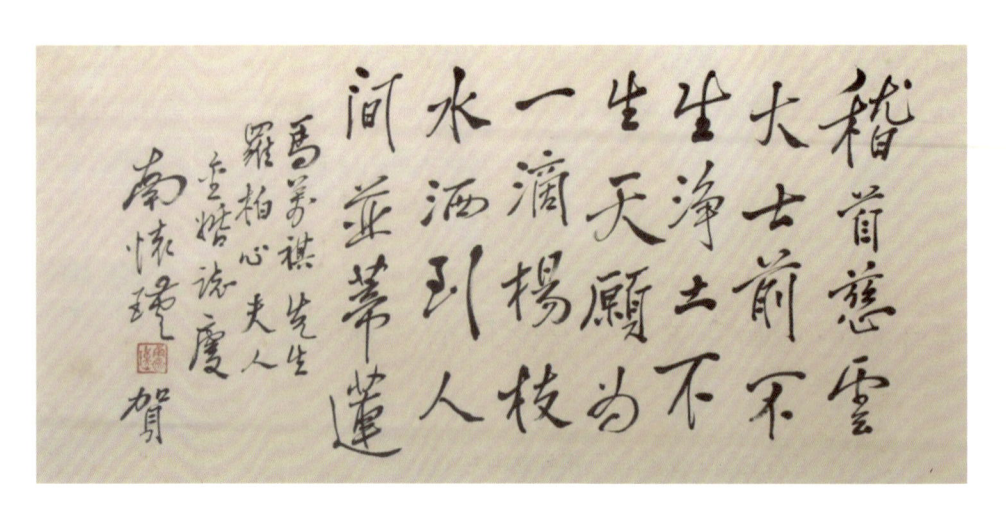

1993 年，南怀瑾先生题赠马万祺 50 周年金婚

结婚 50 周年，南老师写了一首诗给他们。

> 稽首慈云大士前，不生净土不生天。愿为一滴杨枝水，洒到人间并蒂莲。
> 马万祺先生、罗柏心夫人
> 金婚志庆
>
> 南怀瑾贺

我岳父是一个很爱国的人，他和我岳母 1943 年结婚时，把五万港币的礼金捐赠给广东省妇女会，作为战时抚育孤儿的经费。南老师写这首诗，是希望我岳父、岳母的感情可以一直好下去。在这之后，他们之间就有了诗词来往。

1994 年，我岳父写了一首诗给南老师。

> 一点禅心去住安，为民为国已披肝。平生著述珍中外，稳坐渔船放眼看。
> 读怀瑾南老师诗，谨按韵附奉，乙首候教并聊博南老师一笑。
>
> 马万祺
一九九四年七月十七日

收到我岳父的诗后，南老师就回复我岳父：

马老万祺先生左右

承宠赐和诗三章，读后感慨无已，每欲握管唱和，终因俗尘扰攘，未能下笔。歉甚，罪甚，偶诵放翁名句：江山起伏争供眼，风雨纵横乱入楼。尤多惆怅。顷知有慧即将返澳门，特托奉此意。先以报谢。余俟异日另书。即颂

文祺

南怀瑾

一九九四年十月十六日

南老师答复了我岳父之后，我岳父又写了几句，就有了这封信：

怀瑾南老师台鉴

来书拜读所诵放翁名句：江山起伏争供眼，风雨纵横乱入楼。足见忧国忧民之心，无时或已，适小女有慧回来特附续两句：世事无常仍有定，安如磐石复何惆。聊作解怀耳，内子喉部已日有好转，承多关注，深切感谢。

此上，并颂，安康

马万祺

一九九四年十一月五日

1994年，我岳母身体已经开始不好了，不是这里有问题，就是那里有问题。所以我岳父在信中感谢南老师关心我岳母的身体。

1995年他们又各写了一首给对方，那时"两岸密使"已经公开。南老师帮台湾和大陆"牵线搭桥"，促成了"九二共识"。我岳父也一直很关心和平统一的事情。因此，他写了一首诗给南老师。

南怀瑾南老师雅正

花尚含苞月待圆，中华各族盼相安。

千秋功业垂青史，几度恩仇过眼看。

大势所趋人所向，和平统一众皆欢。
真诚合作坚冰解，两岸齐心挽倒澜。
马万祺题
一九九五年五月五日

南老师收到诗后，写了一封答复信。那时候贾亦斌先生写了一本诗集，请南老师修改。南老师自己太忙，就请我岳父帮忙，于是写了这封信：

马老万祺先生左右

前因老友贾亦斌诗集，承蒙多次关注代劳修改，感你为之此事。在弟而言，实有推过之愆。而在先生则为爱屋及乌，始终不厌其烦，而忠人所托，且满他人所愿，求之古人亦不多觏。况当今之世谁肯为之。诚使吾辈惭惶不已，岂只言谢，可尽其意。有慧早将诗稿交下，近因事乱意杂，稽迟奉告，罪甚乞谅，专此致意。即颂。

俪安 尊夫人不另候

南怀瑾专此致意
一九九五年十月十一日

南老师在信中特别写到了我岳母。因为我岳母也很关心南老师，常常问我关于南老师的事。所以，南老师在信中会经常问候我岳母。

1996年，我岳父给南老师写了一首诗。诗的内容是这样的：

七绝南怀瑾南老师雅正
乙亥腊月二十三日
承南老师岁晚寄意启迪殊深，晨起谨奉感领，以祈赐教。
虚怀若谷音清响，大雁南来春日回。
无树非台皆偈语，世间微隐见兴衰。

1998年，南老师给我岳父写了一封比较长的信。正逢南老师的出版社重印了雍正皇帝编撰的《悦心集》，南老师特地送了一本给我岳父。

马老万祺先生左右

今年入秋以来，知贤伉俪赴京诊治，随时皆在念中。幸有慧相告得知平安，至为欣慰。复承远道关注，并劳惠书垂问，尤其感激。其实自秋转冬，我亦犹如尊况，常时处于病患之中，唯知修短如一，生死为梦，了不介怀而已，及今方得轻安，或者形报未尽，尚须再受苦果，然后方得乘化归休耶。一笑。老古近日重印，雍正案头自辑小品，特托有慧（转呈）一册可供闲时解颐之助，唯匆匆封印原文，颇多错字，正待改正。并乞留意。精力初愈，书写不顺，潦草希谅。

专此即颂

俪安。盼代叱名向尊夫人问好

南怀瑾

一九九八年十二月十八日

这里南老师就写自己经常生病，但他不当病为一回事。一生生死如梦，了不介怀。"轻安"是佛家的说法。平常我们生病了会觉得身体很笨重，轻安就是身体很轻盈，心理很安心的状态。信里还说到"形报未尽"，按照佛法，身体是因为受报而有的。

我岳父收到南老师送的书，很用心地看完之后，回复了一封长信给南老师。

南怀瑾南老师台鉴

惠书和畅，藉知尊体安康，至为欣慰。复承惠赠《悦心集》，内集前人诗词三百四十余首，内容皆曾经沧海，看破世情，多读之，足助心境怡然，集内雍正问一名僧曰：只有两个人。上曰：何谓？僧曰：一个为名，一个为利。上点头称善。此段颇中世情。然亦有陶潜之归去来辞。唐寅之：钓月樵云共白头，也无荣辱也无忧，相逢语到投机处，山自青青水自流。其中元稹之垂训诗，裴休之传心偈，及如陈继儒诸作，多勉人修身养性。雍正咏清闲：世间何处觅清闲，只在朝堂城市间，即此是非名利客，何殊野衲闭禅关。身为皇上能悟出清闲之可贵，诚属难得。我童年在理发室中，见一壁画内有"人骑骏马我骑驴，回头后有拉车汉"二句，从此我常怀知足常乐之义。今岁度八十，更觉知足二字弥珍，当然知足尤应进取，视努力为何及得失无介而矣。

释道林答白居易，佛法大意曰：诸恶莫作，众善奉行。词语虽浅，然足大众终身铭记，受益不浅。故如台端志尚，苟为国家富强、民族兴盛，自当鞠躬尽瘁，对弘扬中华文化导人向善，尤佩师台之不遗余力，竭尽肝胆。南老师曾讲课：原来一切法本自无为，而一起用，此自是有为。南老师这几句话，如相信者，一般人皆自明，否则博学之才，未易通悟。六祖慧能之所以悟出菩提本无树，全凭一点信心矣。我去岁罹疾，深知严重，并不介怀，亦不大意，幸获天时、地利、人和之助，得过难关。若形报未尽，再受苦果，亦只安然矣。而预防为主，敢建议台端作一次体检。司马相如说：智者避危于未形，未尝无理，希考虑之。书过长，有劳康泰，见谅。并祝安康。

马万祺写于
一九九九年元月六日

在这封信里，我岳父写到"从此我常怀知足常乐之义"。知足常乐是不是不做事？不是的。"知足尤应进取"，一方面要懂得知足，但另外一方面还是要进取。努力不一定会成功。但努力之后，得失就没那么重要了。这句话也深深地影响了我。现在很多学佛的人，都习惯逃避现实。由于没有能力，就开始"自我安慰"，奉行"知足常乐"，什么事情都不做了。

接着往下看，我岳父写到自己的身体也出现了问题，但他一点都不介怀，亦不大意。我岳父在这方面看得很开。他这里在引用南老师以前的书信："若形报未尽，再受苦果，亦只安然矣。"这是之前南老师写给我岳父的。

信的最后，我岳父写"而预防为主，敢建议台端作一次体检"这句话，其实是想劝南老师去做体检，因为南老师经常不舒服了也不去医院。这封信是1999年写的。

2000年，南老师想搬到内地，我们陪他去上海、杭州等城市找地方。我们去上海的时候，南老师见了一位同学。走之前，那位同学安排了江苏省苏州市吴江区七都镇的书记与南老师见面。对方带南老师在太湖边走了一段路。

回来以后，南老师就收到一个传真，对方说留了三百亩的田地给南老师，并且已经花了三百万元把地都买下来了。

南老师得知这一消息后，有些无可奈何。南老师从来没有说过他要那个地方。但对方已经把这块地买下来了。

后来，马有慧跟我岳父讲了这件事，所以，我岳父就写了一封信给当时的澳门特首，希望能为南老师办学提供一些方便。

厚铧特首：

昨天小女有慧回来，据说他南老师南怀瑾中西文字渊博，讲学几十年，著作数十种，多重版一二十次，现个人藏书有五十万册，现年已八十有二，桃李满门，遍布美港台星，国内亦不少教授前来交流，近他拟于最后余年，觅地建立一间东西方文化精华研究院（1970年在中国台湾、美国建立的名称）自行讲学，并由部分热心教育的博士学生教授协助，资金他已有美金壹仟余万。如成事还有不少有资产的学生愿出力增援。无须当地政府资助。据说国内表示欢迎，北京、四川、云南、江苏皆愿支持。近在太湖边愿援地三百亩给予办学。小儿及其学生则觉得澳门现已回归祖国，如在澳门地区创办，更为宁静与方便。如该"东西方文化精华研究院"，如能在澳门开办，不只对澳门在国际地位文化上有较大提高，而且对我国历史文化的弘扬发展，也有积极意义。且南老师准备将其平生所集存五十万运来澳门储存，亦一盛事。且特区政府无须给予特款，只是需在路凼给予办学土地约三百亩。此事对澳门地区的前景估计有深远的良好影响。特函请费神考虑一下，研究作出决定。

并致安好

马万祺

二〇〇〇年十二月

2001年的时候，同学替南老师出了一套《南怀瑾全集》，我向很多人推荐了这套书。我岳父看了这套书以后，也买了很多套送人。可见，他对南老师是多么尊崇。我岳父还特地写了一首诗给南老师，是辛弃疾的《鹧鸪天》。

出处从来自不齐。后车方载太公归。谁知孤竹夷齐子，正向空山赋采薇。黄菊嫩，晚香枝。一般同是采花时。蜂儿辛苦多官府，蝴蝶花间自在飞。

这就是南老师和我岳父之间的诗书唱和。

记：这些书信都是两位老者深厚情谊的"见证"。马女士，我记得您之前在《千江有水千江月》的访谈中讲道，您父亲和南怀瑾先生都对您产生了很大影响。您觉得两位长辈带给您最重要的影响是什么？

马：两位老人家教我最重要的事情是爱国。我爸爸是一个很爱国的人，他常常告诉我，有国才有家，国家是一个房子，先要把房子建好，有了安全的地方，才能一步步实现梦想。

还有要脚踏实地，不奢华，量入为出，根据自己的能力范围来做事。同时，不要妄语，答应别人的事尽量做到。不妄想，要事实求是，从实际出发。还要经常反省自己，否则自我膨胀之后，接下来就是粉身碎骨。

在跟随南老师的日子里，他教我要"高高山顶立，深深海底行"，个人的修养可以修得像山一般高，但也要有做事做人的精神，修身之后一定要回馈社会。总结起来，就是"劳而不伐，有功而不德"。

陪伴南怀瑾先生生命最后的日子

记：南怀瑾先生最后的日子都住在医院，二位当时在场吗？

彭：我和马有慧都守在南老师的病床旁。

记：二位是什么时间到医院的？在医院见到南怀瑾先生时，他状态如何？

彭：我9月17号到上海，本来想在上海住一两天，跟几位同学碰面后，再一起去太湖大学堂。后来我就接到秘书的电话，他得知我要去江苏，就说你们留在上海。南老师生病了，已经住在上海的中山医院。我知道这一消息后，就立刻续订了酒店房间。

一开始，南老师还可以勉勉强强讲几句话，后来就不太能讲话了。

马：我当时比彭嘉恒晚一天到医院，从北京赶到上海，是南老师的秘书特别通知我去的，因为我对身体比较敏感，知道南老师的身体状况。

记：陪南怀瑾先生住院期间，二位都做了哪些事情？总共陪护了多长时间？

马： 在陪护的两三天时间里，我时常陪南老师打坐。老师很喜欢我坐在旁边，可能我们的气特别通，我比较柔，南老师的气是很刚强的。打坐这个事情很奇怪的，很难解释。

彭： 我们大概陪了两三天，南老师就走了。我们除了睡觉和吃饭，基本上都在医院。

记：当时大家对南怀瑾先生的身体是抱有乐观态度，还是开始做思想准备了？

彭： 我们那时候已经有思想准备了。因为南老师也九十多岁了嘛。之前也拍了片，我们看那个片，南老师的肺部有很多黑点。

记：二位是什么时候得知南怀瑾先生走了？其他同学知道这个消息后都是什么反应？南怀瑾先生荼毗时，二位都在现场吗？能否讲讲您看到的情况？

马： 从上海回到太湖大学堂的那段时间里，我除了睡觉、吃饭以外，都在南老师身边打坐。当时也不知道老师情况怎么样，就一直陪着打坐。在那十天，直到荼毗，我都没有哭过，发生大事情的时候我反而是很镇定的。

彭： 2012年9月19日早上，医院说没办法再做任何事情了，让我们把南老师接走。听医生这么说后，我们就进来跪拜南老师，并商量如何安排南老师坐车回去。

荼毗的时候，我和马有慧都在现场。南老师的遗体在太湖大学堂停留了十天左右。十天里，大家在讨论南老师是真的走了，还是没有走。因为南老师的身体跟之前一样没有什么变化。马有慧一直陪在南老师身边，也觉得没有气味。

大家都不确定南老师是否已经离开人世了，一致决定再等一等。

十天后，林德深医生和他夫人李丹医生检查了好几次南老师的身体后，认为南老师的身体没办法再用了，所以我们就开始处理后事。

那一晚，我们都在拜祭南老师。我还记得那天是中秋节，月亮特别亮。

29号火化之后，要等七天，才能打开荼毗所，把骨灰盒拿出来。当时大家的心情都很沉重。事情处理完之后，过了几天我们就离开了。

记: 刘雨虹女士在《南怀瑾先生最后的时光》一文中提道,南怀瑾先生在 2012 年的春天,就跟她说过想要"走掉",并在几个月后又表达过类似的想法。南怀瑾先生在二位面前有表露过类似的想法吗?

彭: 我们听过南老师说类似的话。有一次,南老师提起这样的想法,我说:"普贤菩萨有'十大行愿'。要礼敬诸佛、称赞如来、广修供养、忏悔业障……其中一个要请佛住世。我想请南老师住世。"南老师说:"彭嘉恒,要住世,你住世好了。我现在身体那么痛苦,你还要我住世。"在场的其他同学也都听到了,后来同学们常常讲起这个笑话。南老师对世界没有太多留恋,把生死看得很淡。

记: 在与南怀瑾先生相处的时间里,您觉得从南怀瑾先生身上学到的最受益的教诲是什么?

彭: 南老师是大禅师,认为世界是无主的,缘起性空,性空缘起。这也是我跟南老师学到的最高道理。从南老师身上学到的就如同温州永嘉禅师说的:粉身碎骨未足酬,一句了然超百亿。

其次,南老师教我们要保养好身体。南老师在世时,经常强调避免风寒的重要性。很多人都说,你们都是修行的人,反而穿得那么多。因为我们跟随南老师打坐,身体很敏感,知道衣服穿得多,能有效避免感染风寒。

南老师经常鼓励我们做运动。在太湖大学堂的时候,南老师就请了一位少林寺的师父教我们健身和修行。另外也请了几位印度的瑜伽老师来教我们练习瑜伽。所以我现在的身体要比我同龄人好很多。

另外就是告诫我们男女关系不要乱来,这也是中国的养生之道。到了年纪差不多的时候,要减少男女关系。

还有就是饮食,不要吃过量,南老师真的教了很多保养身体的方法。

不过,修心是最重要的。南老师说:"修身的同时也要修心,要学会情绪管理。"南老师在很多书中都强调,生命就两样东西,一个是身,一个是心,心联系着情绪。

南老师的这些教诲,我一直都记得。

南怀瑾先生留下了宝贵的精神财富

记：南怀瑾先生确实为世人留下了宝贵的精神财富。二位觉得南怀瑾先生最主要的精神财富是什么？

马： 南老师留下太多东西了。尤其是儒释道的文化。我觉得这方面的文化可以应用起来，不是光谈谈而已。我在加拿大看落基山脉时，可以感受到大自然，能与山河大地沟通。我和身边的人说，很多人都不相信，觉得山是死物嘛。山河大地是不是真的是死物，其实科学家也讲不清楚。按照禅宗的说法，整个大地是有自己生命的。南老师走后，修行上的一些问题，真的无处问了。

彭： 那当然是南老师写的书《原本大学微言》《话说中庸》《孟子旁通》《我说参同契》……还有很多很多。

我想，如果没有南老师的话，很多人根本看不进去这些书。这本《禅海蠡测》是南老师在 1955 年写的。我之前经常开玩笑说，南老师是为了庆祝我出生才写了这本书。

南老师常说《楞严大义今释》《楞伽大义今释》《禅海蠡测》这三本书，是他最重要的书。这三本都是他亲自写的。

还有一本《金刚经说什么》，这是南老师最畅销的书，他说："这本书畅销不是因为我，是因为《金刚经》实在太伟大了。"这本书确实值得一看，里面关于宗教的内容很少，都是关于最高的哲学。

记：南怀瑾先生走后，二位和其学生、家人还有联系吗？通常会聊什么内容？

彭： 我们经常联系，疫情之前，我们每周三在香港佛教图书馆都有分享会，同学们常常聚在一起吃饭。现在因为疫情，我们就转到线上，聚会的次数相对变少了。

不过，就在十天前（2021 年 12 月初），我跟南老师的儿媳妇还有一些同学吃饭。那天我们聊了很多，聊到南老师，聊到大家的近况。

此外，我跟原美国驻中国成都领事馆总领事、美国国务院欧洲事务原副助理国务卿 Marshall P. Adair（中文名字叫艾德）、彼得·圣吉、纪雅云经常会彼此问候与联系。

马： 在香港，我们每年都要开展两次有关南老师的纪念活动。一次是诞辰，在每年的 3 月 18 日。另外一次是老师往生的纪念日，在每年的中秋节。这些年，我们没有停办过。

曾想打造香港"南怀瑾国际文化中心"

记： 这些年，您也一直在传播中国传统文化，可以具体讲讲都做了哪些事吗？

彭： 在疫情之前，我每星期都会在香港佛教图书馆讲课。现在基本上就在线上进行。

我在 2016 年申请了一个项目，本来想在香港打造"南怀瑾国际文化中心"，但最终失败了。

记： 可以详细讲述这段经历吗？

彭： 2016 年，香港政府启动第五期"活化历史建筑伙伴计划"。同年 11 月开始接受申请，当时涵盖五幢历史建筑，包括中环旧域多利军营罗拔时楼、粉岭联和市场、元朗前流浮山警署、屯门前哥顿军营 Watervale House，以及荃湾芳园书室。

我在报纸上看到这个消息后，非常开心，跟三个朋友做了一份申请方案，想把中环旧域多利军营罗拔时楼打造成"南怀瑾国际文化中心"。

这栋楼的地点非常非常好，就在南老师住处旁边，看看地图就知道了。老师住在香港坚尼地道 32 号，招待朋友、同学的地方是 36B，申请的这个地方是 42B，走路过去很方便。罗拔时楼离南老师的住处和办公的地点很近，方便带人参观南老师的办公楼，介绍相关的故事。而且这栋楼四面环山，周围的环境都非常好。

我之所以申请这个项目，一来是希望可以传播中国传统文化，二来是为了弘扬南老师在香港的事迹。

当时总共有十二支团队申请罗拔时楼项目，经过层层筛选，我们的方案入围四强，被要求去政府大楼见委员会。我们的阵容很强盛，有瑞银原副主席何迪先生、香港理工大学校长潘宗光、林德深医生、南国熙……我们还请了香港著名的建筑集团——王董建筑师事务有限公司替我们画图。

见委员会时，潘宗光校长一进去，很多委员和他打招呼。因为很多委员都是大学教授，跟他很熟悉。

我们团队的资金也很雄厚。潘校长本身有一个价值几千万元的基金，何先生也有一个几千万元的基金，我们几个人加起来差不多有一亿元。

由于参与投票的委员会，他们大多更推崇基督教文化，因此找各种理由来否定我们的申请。最终，我们输给了一个团契组织。那个团契组织申请资金只有100万元，我们两个团队实力相差很远，但委员会就做了这样的决定。

知道这一消息后，我找了一些媒体做了采访，开展演讲活动，希望可以让委员们回心转意。2018年，香港民政事务局前副局长许晓晖女士替我们安排了一个记者招待会，倡议成立"南怀瑾国际文化中心"。但都没有效果。

实际上，很多人都说，我们的阵营是最强的。

虽然有些遗憾，但我们都尽了自己最大的努力。南老师一直以来都希望我们可以好好修行。他觉得个人修行是最重要的。

现在我们通过网络开展分享会，在这个过程中，反倒认识了更多人。有美国、韩国，北京、深圳、杭州……各地的同学，接触面反而更广了。

记：相当于把线下的平台转移到了线上。

彭： 对，就是换了一个平台。

记：是什么力量推动着您做这些事？

彭： 因为中国传统文化对现代人类的贡献很大。现在很多人在精神方面很空虚，追求物质方面的快感。所以，要从精神方面着手。学习中国传统文化，修炼自己的心。

我从南老师身上获取了很多精神"养分"。现在我也要尽自己的绵薄之力，把这些"养分"传播出去。

赵乐强：先生望不见家乡，我却是他的『乡愁』

赵 乐强

1955年10月出生，浙江省乐清市人，中共党员，大学文化程度，兼任中国夏承焘研究会（筹）常务副会长、乐清市三禾文化俱乐部荣誉主席。曾任乐清市柳市镇党委书记、虹桥镇党委书记、乐清市委常委宣传部长、乐清市委副书记政法委书记、乐清市人大常委会主任。著有《走读运河》《家山杨梅红了：赵乐强诗词选》，主编《南怀瑾故园书》《西乡旧事》《蓉竹斋丛编：云谷书品（四卷）》，编著《历代诗人咏乐清》。

访谈时间：2021 年 9 月 9 日
访谈地点：温州乐清市三禾文化俱乐部
访谈记者：周蓓蓓
摄影摄像：余日迁

约访时，一听说采访是与南怀瑾有关，赵乐强很爽快地答应了。采访在温州乐清市三禾文化俱乐部里进行，俱乐部里至今挂着南怀瑾的亲笔题词"三禾读书"，格外醒目。赵乐强说，他和俱乐部成员始终记得南怀瑾先生生前的教诲，"为文化努力下去"。

2009 年，时任乐清市人大常委会主任的赵乐强首次去太湖大学堂，拜访家乡前辈南怀瑾。两人第一次见面，赵乐强不谈其他，只介绍了乐清"三禾文化俱乐部"和"三禾读书社"，一百多人坚持读经典，读《论语别裁》，这一下子对上了南怀瑾的心思。这一见，也从此牵起了南怀瑾与家乡新的联系。

此后多年，赵乐强说，他是南先生家乡来的人，带去了一些安慰和温暖，南怀瑾向别人介绍他时，总是亲昵地称他为"乡老弟"。"先生虽望不见家山，我却是他的乡愁。老人需要有人去懂他，也需要有他喜欢的认可"。

"古有王十朋，今有南怀瑾，于乐清这是两座高耸入云的丰碑。"赵乐强说道。

以家乡人名义拜访结缘

记：您与南怀瑾先生交往甚深，请问您是怎么和他结缘的？

赵： 我对他是仰慕已久，我一直认为他是伟大的乡贤。乐清出了这么一位名满天下的人，是乐清的地方之光。我经常说，在乐清，古有王十朋，今有南怀瑾。乐清史上最辉煌在南宋，南宋出了个王十朋。九百年之后，乐清由农业社会到工业社会，出了个南怀瑾。

他是乡贤，我是这个乡的人大常委会主任，理当去拜访他，当面向他表达尊敬和仰慕之情。于是我联系了他的长孙南品锋，经南品锋他们帮忙，得到南先生同意，就去了。

记：还记得你们第一次见面时的场景吗？

赵： 应该是在 2009 年吧。很多人一起去的，南先生的长孙南品锋、侄孙南品强，还有翁垟街道的书记等，我们是以家乡人的名义去看望南先生的。

第一次见面是在晚上，在"人民公社"大食堂里一起吃饭。可能因为平时客人多，吃饭的人多，所以南先生把大小餐厅戏称作"人民公社"大食堂。那晚，南先生坐在主位，让我坐在他的对面，方便说话。他不喝酒，但桌上有酒，一把锡打的酒壶，装着黄酒。南先生也劝酒，说大家多喝点多喝点，那么远来一趟不容易。

那时他已经 91 岁了。我向他报告了"三禾文化俱乐部"的筹建及其理念。我对南先生说，乐清这些年富起来了，从偏隅一角的一个沿海农业小县，经过几十年奋斗，已成一个闻名遐迩的工业城市，但我们注意到了，一个地方，富起来还要贵起来。我说富和贵是两个概念，由富到贵需要一个漫长的过程，但乐清已经觉悟了，已经在做了。"三禾文化俱乐部"的宗旨就是"由富而贵，以文化之"，而且俱乐部的组成人员也很有趣。

他问："怎么个有趣法？"我说："拉了一批不搞文化的企业家搞文化。"南先生说："这个好，古时候有个酸文人的说法，有钱了，就不会酸了。"我还说了一句话，"企业因文化而更有魅力，文化因企业而更有活力"，把南先生说笑了。他笑得很开心，说"这是个大进步"。

他问了我"三禾"的名字是怎么来的。我解释说原来是一班文化朋友的"三喝"，喝茶、喝酒、喝墨水，说着玩的。后来要成立俱乐部，便正儿八经起来，将"三喝"改成"三禾"，禾苗有灵性有活力又平常。这三禾，一呢扎根土地，从传统中来，不浮不躁；二乃承接时代的阳光雨露，日也长夜也长；三是取"和"之谐音，为和谐服务。

我还和南先生讲，现在乐清的后生子弟很上进，近两年来有一百多人坚持读经

赵乐强介绍"三禾文化俱乐部"

典,读他的著作。南先生听后很感动,说"替乐清人骄傲"。他说,乐清应该重文化,不能光向钱看,还希望我能认清楚一个方向,不管做不做官,都要为文化努力下去。

中间还有个很感动人的情节,我报告完"三禾"的情况后,南先生从座位上慢慢地站起来,作了个揖,抬起头时,眼角挂着泪花,说"想不到乐清还有这么好的事"。这一幕,我现在想起来还是诚惶诚恐得很,也羞愧得很。一个名满天下、满腹经纶,为中华文化奉献和努力毕生的老人,这头一低,我等可是无地自容。

我很少失眠,那天却几乎彻夜无眠。我踏着月光的清辉,在太湖大学堂转了好几个圈,以至保安都过来问长问短的。我和他们说,我在读南先生,读了还在悟。那一夜,我似乎懂了他。

记:您与南怀瑾先生交往的两三年里,你们共见过几面?

赵:你说的是去太湖大学堂吗?大概八九次吧,我一有空就去看他,最长住了一个礼拜。太湖大学堂有住宿有食堂，但访客需要自付房费。我去，南先生会另有一番安排，他会交代前台，不让我付费。我说，那我是白吃白喝了。他说，白吃白喝呢就白吃白喝，不多你一个人。稍顿，他回头说了一句，睡不好别怪我，那是你自己睡不好。老人顽皮起来很可爱。

  人真的很奇怪，离南先生近了，读他的书也"入肚"些。我也好几次去过他的私人图书馆，不少书是我没见过的。一次我跟他开玩笑说，"您这些书，我连书名都没听过。可您张口就来，后脑勺是不是有条管子连通图书馆的？"他说你好好打坐，有一天也会通的。我没有再问下去，各人禀赋不一样，反正这辈子想有南先生这般记性是不可能了，他的记忆力非凡，我只有钦羡的份儿。

  他是我生命中的燃灯塔，提高了我思想的维度。我从内心尊敬他，感激他。

记：刚开始您是慕名而去，也就是"追星"，后来再看南怀瑾先生是什么感受？

  赵：南先生是一个将儒释道打通并生活化了的人，阅历多、见识深、站位高、格局大，活得又通透，在他身上可以学到很多东西。能走近他，经常聆听他的教诲，是我的人生荣幸。

  在太湖大学堂，他有时候也会跟我说，都闲不下来，要给你带一些东西回去才是。我知道他说的一些东西是什么东西，偏同他打趣道："是金银吗？"他说："想得美，我哪里有金银哦。"记得有一天，宏忍法师送了几本书过来，重点段落都已画好，她说这是南老师叫送过来的，不明白的地方可以找他。那些天，我也就老老实实把书读完。对人尊敬，首先按他说的去做。我知道南先生身上有很多"功夫"好学，但我没有去想，能经常来走走，偶尔陪他说说话，我已知足。至今，我手上没有他写的字，但有几本他签名的书。这可能也是他认为我跟一些人不同的地方。

  他很幽默。有一次接待完客人，我陪他回办公室。他一坐下来便把假牙摘了，我笑他："南老师，您这个一摘，一下子老了 30 岁。"他也笑了："老了 30 岁，那我不就 120 多岁了？"通达的人多是生性有趣。

记：您提到在太湖大学堂最长时间住了一个星期，有没有遇到一些让您印象深刻的新朋友？能和我们说说有意思的故事吗？

2010年5月25日，赵乐强等乐清同乡赴太湖大学堂拜见南怀瑾先生

赵：那时的太湖大学堂还真是藏龙卧虎，名流云集，各类人物都有。他们晚饭后有个茶歇，这茶歇也是个读书会。某一人会摘出某书中的某段某句念一下，有人接，不懂或有疑义也会有人提出来，都顺得下去的。南先生眯着个眼在那里听。搁住了，顺不下去了，南先生点拨一二，说几句，等大家都没问了，就转到下一段或下一节、下一句。我这叫只能坐在那里傻听，南先生也看得出来，他叫我"蒙听"，其实我喜欢这个氛围。

谈南先生的故乡情

记：南怀瑾先生为家乡发展奔波，干成了筹建金温铁路等大事，但离开乐清七十多年就再也没有回到故乡。您是怎么看待这件事的？

赵：有人说南先生"得道不还乡，还乡道不香"。其实这仅仅只是一部分，很多人都好奇南先生离家数十年为何一次都没有回乐清。我也问过他，这是个重大问题，这事情我不能不问，因为我知道日后总会有人向我打听。

记得在太湖大学堂的一个午后，我问南先生，"南老师，您名满天下，乐清以您为荣。但您离家七十多年了都没回去过，今后若有人问我此事，我该如何回话比较好？"南先生反问我，"你说呢？"我说："前几十年是历史的原因，台海浪高，大陆难回。"先生没应我，我又说："也有人说，跟令尊的事有关，说您心里有气。"南先生看了我一眼说，"天倒大家扁，有什么想不通的？"口气有点不屑。"那就是到太湖大学堂后，先生已入耄耋之年，旅途多有不便。"我后来补充，现在不回乡是一种牵挂，回去后可能多一番孤独，同龄人差不多都走了，即使还健在的也有不少的疏远和距离，不一定能说得上话。家乡呀，或者是一个人，或者是一个池塘、一条小河，乃或是一段路、一棵树，当这些都没有了、变了的时候，乡情乡愁都无从寄托了。我只能讲到这里。南先生没有反对，也没有肯定。后来，我也慢慢地看明白，他是个学佛修道之人，到晚年对这个问题已经看得很淡了。故乡已是他放下的思念，没有那么多的纠结，也不执着了。第一次见面后，我觉得自己懂他了，其实，远着呢。

而到 2011 年的下半年，我去见南先生，看他的精神气色不如以往。我说我现在请您回家，别说请不动，即使请得起，我们也接待不起。他说，现在不能请了，身体吃不消。后来我提出，请他给乐清后生子弟们上堂课，他问："你怎么来？"我说："两三百人，坐大巴，浩浩荡荡来。"当时约定了次年即 2012 年的暑假。他说："等萝卜头们放假了，食堂有空儿了，我总要请大家吃个便当。"他说的萝卜头指的是太湖国际小学的孩子们。"那让你用大了"，乐清话中的破费叫"用大"。南先生此刻显然有些调皮的神色，他晚年给人题字落款都会写上九几顽童南某某的字样，他回我："用大些呢就用大些，都地方人呢！"可是到了 2012 年 7 月，我见南先生的精神明显已大不如前，知道给大家上课已是不可能了，但真没有想过他将会就此走了。这是我的一个大遗憾，为什么一定要上课呢？抽一个时间组织一下，去一些人，到太湖大学堂看看他，请他出来跟大家讲讲话，哪怕见个面也好。总归是我没想到他也会死，这事很遗憾。

记：作为与南怀瑾先生交往较为密切的家乡人，您认为南怀瑾先生对家乡是怎样的一种情感？

2012年，南怀瑾先生会见赵乐强等乐清同乡

赵：作为他老家的人，我给他带去的是乡情和亲情，他挺高兴的。我们最多一次的谈话进行了四个半小时。

平时有机会也聊天，南先生那个才叫天南地北、海阔天空，大事小事新事旧事，乃至科技、股票等等都有，很广很博也很杂。比如说"乐"，他说有六种念法。你赵乐强的乐念 lè，乐清的乐念 yuè，河北乐亭的乐念 lào，"有朋自远方来，不亦乐乎"，这个乐念 yào，还有两个我想不起来了。

跟他闲聊很兴奋也有点紧张，他思维很快，知识又渊博，我不是都能接得上的。有一次他问我："井虹寺你过去吗？"我说去过，"那里有副老的对子你注意了没有？"南先生问。还好这副对子我早有耳闻，挺有趣的，所以背得出，"得一日斋粮即食一日，有几天缘分便住几天"，南先生显然很高兴，也是那个晚上，他跟我说井虹寺的伽蓝神与其他地方的不一样，井虹寺的伽蓝神殿是修在寺外的。

哦，你问我南先生对家乡的情感。人老了，有些事都不会直接说，南先生也一样，包括你问的这个情感。我给你讲一件事。一次我给他带了一份乐清的航拍地图，老人招呼客人们都过来看，他当讲解员，柳市呀峡门呀万岙路廊呀，一路拿拐杖点过来，嘴里不断地念着变大了变大了，看到盐盘工业区那里，他说，啊，原来的咸卤之地都开工厂了，变成城市了，了不起！

我去拜访他的时候，会带点本地的特产，跳鱼松之类怀旧的食品给他，我也经常向他报告乐清的新闻和一些进步及变化。我知道我有这个义务，先生虽望不见家乡，我却要成为他的乡愁，老人需要有人去懂他，也需要有他喜欢的认可。

记：在南怀瑾故居有一幢建筑叫作金粟苑，和他写的《金粟轩纪年诗初集》是否有关联？

赵： 这是个故事。有一次我问他，您翁垟故居这个地方为什么叫乐清市老幼文康活动中心呀？他说，你问我，我问谁呀？当时的情势吧！我说我们有个想法，来之前我和市长商量过，这里总框架不动，房子布局也不动，做些改造和装修，同时起一个新名字。南先生问："你改个什么名字？"我说先生在台北有个金粟阁，在香港有个金粟轩，都金粟辈的，就叫金粟苑好不？他笑笑说，"还冒出个金粟辈的，你说金粟苑就金粟苑吧。"但又接着说，"只要不搞南某人纪念馆什么的就行。"

后来等搞到一半多的时候，南先生走了，为了缅怀和纪念他，这里就叫南怀瑾故居，其中有一幢房子做金粟苑。

记：当时建立乐清市老幼文康活动中心，南怀瑾先生有过哪些意见？据说老房子都捐出了？

赵： 建老幼文康中心大概是在 20 世纪 90 年代中期，具体情况我没有去了解。只是听说过南先生因这事讨了不少气。人啊，想捞点好处，少不了要听些难听的话。自己没好处，老房子也不要了，却要听闲话，挨人骂，这就看胸襟了。

南怀瑾故居里现在有一个碑，是南先生给老幼文康活动中心的赠言，我背几句你听，如果可能，也希望发表一下。"我生于此地长于此地而十七年后，即离乡别土，……此筑即以仰事父母之心转而以养世间父母，且兼以蓄后代子孙。等身著作还天地，拱手园林让后贤，以此而报生于此土长于此土之德，而无余无负，从今以后，

2010年5月25日，时任乐清市人大常委会主任赵乐强在太湖大学堂拜见南怀瑾先生

成败兴废，皆非所计，或嘱有言，则曰：人如无贪，天下太平，人如无嗔，天下安宁！愿天常生好人，愿人常做好事。"我想，领会一下南先生的这些话，离他也就近些了。

传承南师的精神

记：您对南怀瑾故居满意吗？

赵：挺好的呀，白墙青瓦，小桥流水，江南小园林，很美的。尤其是有南怀瑾三个字，山不在高，有仙则名。还有那么多的旧照片，有南先生的书信手稿，是个适合怀念的地方。不过，将来如果能多些南先生生前写的、用的东西就更完美了。

记：您主编了一本《南怀瑾故园书》，当时出于何缘由将南怀瑾先生写给家乡亲朋故旧的书信整理成册？

赵：这也是家乡人向南先生表达怀念的一种形式。在交通阻隔、往来不便的情况下，南先生始终保持着和家乡亲朋故旧的通信，书信都很珍贵，套句话说，是既有文化价值又有社会价值。

编印这书的另一层意思是堵堵某些人的口。不是有人说南先生跟家乡的关系不好吗？理由是终其一生都没有回归故里。他们只知其一，不知其二。南先生早年先在西南从军，后入山修炼，再后来走台湾去美国寓居香港，如骆宾王说的"且复飘飘类转蓬"，到他入住太湖大学堂，已年届九十了。叶落归根，谁不思念家乡呀？至于回不回，什么时候回，怎么回，却还有诸多外部条件的因素，并非仅仅就情感二字。

说到这里，还得提一件事。南先生去世那天，马宏达秘书给我打电话，说南先生下午4时走了，太湖大学堂还没发讣告，并特别交代说暂时不要对外讲。那晚，我心情很悲痛也很沉重，第二天一大早就坐飞机到上海，赶往太湖大学堂。在路上接到许多电话，都是媒体求证南先生去世的消息的。后来我告诉了《钱江晚报》。马秘书的交代，我也忘了。后来的网上新闻都是说从乐清市人大常委会主任赵乐强处获悉，南怀瑾先生于2012年9月29日下午4时去世。你说这是不是南先生在天上的安排，谁说他与乐清关系不好？他去世的消息原本应由太湖大学堂或者他的直系亲属发布，但这讣讯偏由他家乡的人大常委会主任口里说出。

记：如今乐清有南怀瑾故居，市区三垟湿地建有温州南怀瑾书院，每逢南先生诞辰会举办系列纪念活动，探讨如何传承和发扬南怀瑾的精神。对于温州更好地继承南怀瑾先生的文化遗产，您有什么建议吗？

赵：建故居，建书院，办活动，这些都是"硬继承"，"硬继承"要，而且还要多些才是，但"软继承"也要高看一眼。比如说南先生是一股清风、一脉清泉，要吹向心头，要流入心田，而不是高空上、荒郊野岭里。我们说做事难，而成一事并能带动风气向上尤难，文化有时就是一种风气。我们大家都要负起这个责任。

说到这里了，我干脆多说几句。南先生他和大家耳熟能详的王国维呀胡适之呀等国学大师不一样，文化到他这里是大融合，儒释道、古和今、中和外，交汇到他这里,而且他在不断地总结和运用,不断地实践。他不是从书斋里出来的,他带过兵,管理过农场,做过生意,教过书,倡议并筹划过金温铁路建设,还当过海峡两岸的特殊使者,所处的又是激剧变革的时代,个人有过颠倒困厄,也有过意气风发,见人经事无数,他有他的文化精神,但他并没有自己的思想或理论体系,比如董仲舒就有"推明孔氏,抑黜百家"即"罢黜百家,独尊儒术"的思想,朱熹有"程朱理学"。南先生则是提炼和传扬中华传统文化的精神和智慧,并以此出发,去观察世界认识世界,去解决问题,有很强的方法论的意义。这些我们都需要研究,他的方法论被大家学习了,接受了,或许也可叫"软继承"。

李慈雄：建造恒南书院，留下永恒纪念

李 慈雄

1956年出生于中国台湾。台湾大学电机系毕业，美国斯坦福大学总体经济系统工程学博士。斯米克集团创办人兼董事长、上海悦心健康集团股份有限公司董事长。恒南书院创办人、山长。

李慈雄先后在世界银行、AT&T公司、波士顿咨询公司任职，1988年由波士顿咨询公司派驻中国，担任世界银行委托贷款项目的国营企业工业改造项目经理。1989年，李慈雄创办斯米克有限公司，该公司是20世纪90年代上海第一家台资外资企业。1993年设立了悦心健康集团的前身上海斯米克建筑陶瓷有限公司并担任董事长至今。

2007年，斯米克在深交所上市，后更名为悦心健康。

访谈时间：2021年7月2日
访谈地点：上海恒南书院
访谈记者：戴江泓
摄影摄像：李立

作为南怀瑾先生身边重要的学生，李慈雄从大学开始就跟随南怀瑾先生学习、受教。从中国台湾到美国，再回国到香港、上海，南怀瑾后半生的各个重要时期的日子里，李慈雄常伴身边。

李慈雄也是南怀瑾一众学生中，践行积极入世、实业报国的代表之一。在南怀瑾的劝说和鼓励下，20世纪80年代末，李慈雄从美国回到祖国怀抱，在上海创办斯米克集团，这是中国改革开放政策实施以来，上海第一家台资外资企业。可以说，李慈雄和他的斯米克集团见证了中国改革开放的伟大历程，他是中国第一批沐浴着改革开放的春风成长和发展起来的企业家。

2021年的7月，恰逢中国共产党建党百年。在这个举国欢庆的日子里，在上海恒南书院、斯米克集团总部采访李慈雄，无疑有着特别重要的深刻意义。

在采访之前，书院同事马可带领记者参观了恒南书院。相信来过恒南书院的人，都会对这里独特的建筑设计及建筑内所包含的丰富的文化内涵，留下难以磨灭的印象。有别于传统书院的古色古香，恒南书院的整体风格更偏于西方哥特式建筑，高耸、直立。教堂式的高挑拱形门窗，有充足的阳光穿射进宽敞、悠长的回廊，显得庄严、贵气。而书院里面的装饰却是中西合璧的，融入了更多中华传统元素。

哥特式回廊尽头就是恒南书院大堂。大堂中央，有一幅巨大的"鱼藻图"令人叹为观止。这是明朝画家缪辅的传世之作，被烧制在斯米克瓷砖巨片之上，"鱼藻图"的两边是苏东坡的对联"斗酒纵观廿一史，炉香静对十三经"。文气、豪气、霸气占全了！

马可介绍说，当时恒南书院快建好了，大堂要有镇堂之宝，南怀瑾先生就让人送来这张"鱼藻图"，是一件故宫里的复制品。南怀瑾问李慈雄："能不能用你们斯米克瓷砖的工艺把它烧成很大的瓷画？"李慈雄就说："好，我们研究一下。"不久，瓷画烧制出来，效果出奇地好，南怀瑾先生又亲自为这幅"画"选配对联，从此，成就了恒南书院大堂的镇堂之作。

鱼者，余也。既是寓意"年年有余"，也是告诫凡事"留有余地"。在中国传统文化中，"留有余地"更是一种智慧：登上高台，得留梯子，转身才能下得了台；人情能够留一线，日后也才好再相见；树与树之间，留有间隔余地，才能长得更大；人与人之间也要保持距离，才能减少摩擦、纠纷……

李慈雄则在对《历史的经验》一书的导读中，结合了中国传统文化和南怀瑾先生生前所授，对这幅《鱼藻图》所包含的"留有余地"给出了详细的"含义解答"：

这幅《鱼藻图》是有很深内涵的，我们中国人看到一条鱼，往往就想到年年有余，其实没有那么简单，其中就包含了刚才我们讲的本分的哲学、"留有余"的哲学。

第一点，做人留有余地，厚道一点；第二点，做事留有余地，多考虑一点；第三点，南老师再三讲的，才能和学问要留有余。他说以前的大官，下朝之后，换下朝服，首先进书房去念书。一日不念书，怕自己面目可憎，只有不断学习，学问才能不断长进。所以他说，你有十分的才，做八分的事，恰如其分。假定你只有七分的才，要做十二分的事，那是力小而任重，自己会很辛苦，而且会害了事情。所以我们讲"留有余"很重要的是才能和学问要留有余。这个才能和学问不只是念书，包括像我们今天这样的研讨，包括大家彼此的交流，能够相互砥砺，都是学问。

第四点，钱财要留有余，有资金可以周转，不要因为一毛钱，压死英雄。

第五点，时间要留有余，这也是南老师生前经常讲的，一个领导假定太忙了，没有时间思考，那他绝对不是好领导，身为领导一定要留时间给自己思考全局。所以，我说这"条"鱼是南老师送给我们书院的镇院之宝，左右两边苏东坡的对联"斗酒纵观廿一史，炉香静对十三经"则代表经史合参的意思……

南怀瑾对恒南书院、对斯米克集团的期望和美好祝福尽在此"鱼"图之中。更为匠心精巧的是，巨型"鱼藻图"之下，大堂中央的吧台，被设计成一个巨大的"鱼篓"，似乎是为腾空跃起的"鱼儿"随时做好接应、保护。

上海恒南书院大厅悬挂着南怀瑾先生所选《鱼藻图》与对联

　　马可还带着我们参观了禅堂、南师墨宝馆。无论是设计构思还是布局布置，无不凝聚着李慈雄的良苦用心和对南怀瑾先生的景仰和追思之情。

　　终于见到了李慈雄。

　　眼前的李慈雄，中等身材。洁白的衬衫，略略挽起袖口。虽然戴着近视眼镜，但他一双眼睛深邃、炯炯有神。李慈雄看起来，更贴近一位儒雅、学识渊博的学者，而不是企业家。只有与他进入深层次的交流，他那双洞悉世事的眼睛，才会流露他纵横驰骋商海及资本市场的不凡气度和不留痕迹的果敢。

　　在上海生活了 30 多年，李慈雄乡音未改鬓毛衰，他讲话慢条斯理，语音语气依然带着比较容易识别的台湾腔。他带来了一本他在台湾出版的《生命升华的探索》，这本书收录了他对南怀瑾先生的怀念文章，以及他创建恒南书院以来在书院内外的部分演讲和随笔，作为我们本次采访的重要补充。

　　我们的访谈从他年少初识南怀瑾先生开始。

从热爱物理到潜心学习中华传统文化

记：听说您早年在台湾大学就读的是电机系，一个物理生为何会对南怀瑾先生的学说产生那么大的兴趣？

李：我从小就对物理科学很感兴趣，总想探索宇宙、大自然的奥秘。所以，我最初是从物理科学入手的。大一、大二期间，我很醉心于物理科学，看了很多很多这方面的书，可是，越到后来，我越发觉现代科学没有办法解决和回答我心中的关于宇宙奥秘的很多问题。尤其是当读到爱因斯坦晚年亦信宗教，我就开始反向思维，反过来去学习中华传统文化，希望能在传统文化中解开一切困惑。

去见南老师之前，我其实已经看了很多新儒家之类，还有各门各派的书。书虽然看了不少，但仍未能让我信服并解开我心中的诸多困惑。我有一些高中和大学的同学，跟我一样，也有这方面的追求，他们比我更早地慕名拜访了南老师，并拜在他的门下听课。听课后，同学们之间会相互交流，他们都说南老师很特别，很有智慧。

第一次去南老师那里，我其实是陪一位高中挚友去看病。我有一个很要好的高中同学，得了一种奇怪的重病，治疗过程很曲折，也很辛苦，看了很多医生，没什么效果。后来听说南老师可以治疗这样的怪病，所以我们就专程陪他去见南老师。

在看了那位同学的病后，南老师问了我的名字及情况，突然对我说："你可以学佛。"那个时候，我对佛学没有丝毫概念，就问他："为什么？"他说："因为你有慈悲心。"没说几句，老师又说了一句："那个能知道我在说的是什么吗？"我傻傻地愣了几秒，似有所悟，我点点头。老师看着我说："你没有真懂！"

那是第一次见南老师的情形。

南老师很慈悲，经过他的治疗，包括针灸、吃药，也包括单独谈话，同学的怪病竟然慢慢好了。我们都很佩服南老师，想到纯粹靠科学解答不了人生的疑惑和宇宙的困惑，我就下定决心要去南老师那里学习中华传统文化。

打工抵学费，洒扫应对原来蕴藏大学问

记：您在一些回忆南怀瑾先生的文章里说，大学时期，您跟着南怀瑾先生学习，一直是在南怀瑾先生那里打工抵学费，能详细介绍一下当时的情况吗？

李：因为陪着挚友到南老师那里看病，前前后后跟老师有了一些交往，加上我对自然科学有了新的认识和一点觉悟，我就下决心要跟南老师学习，当时就和同学陈世志跑去东西精华协会找南老师说明来意。

我记得那是一个周六的下午，南老师听我讲完，点了一根烟，怡然自得地吸了一口，深深地看着我，慢悠悠地、似带开玩笑地对我说："我这里是要交比较高的学费的。"

我父亲是一名公务员，我们就是一般的工薪家庭，家庭收入很有限。父母亲要照顾我们三个兄妹，把我们培养长大，供养我们上大学，也是很不容易的。所以，我就对南老师实话实说："我父亲只是一般的公务人员，我下面还有弟弟妹妹，我不忍心，也不可能再跟父母亲要钱支付额外的学费。"

南老师没有马上说话，他就坐在那里一直看着我，我们对视了足足有一分钟。他大概是看到我没有被他吓住，他吸了口烟，笑着说："你可以来打工抵学费。"说这话，他是很自然的，也很慈祥，并没有刻意强调学费。

记：那时候，对于其他学生南怀瑾先生有没有收学费呢？

李：南老师当时在他自己办公的地方开小班，讲"论语""孟子"等课程，是收一点学费的。像我这样全心投入跟在他身边的同学也有不少，但是，南老师对其他同学有没有收费，我真的不清楚。他跟我说"打工抵学费"，也不是很正式的，他其实也是半开玩笑，就看我诚心不诚心。

我当时就问："真的吗？打什么工呢？"他就说："你可以洗杯子，扫地啊，抹地板啊，扫厕所，帮忙接待倒茶。"我的家教比较严，这些家务事，我从小在家也

上海恒南书院全貌

经常做，所以我马上就回答："这些我可以做。"

南老师又问："你真的愿意做啊？"我说："愿意做。"他就问："你什么时候开始呢？"南老师的教育是很活泼、随机的，会在他的教育方法里测试一个人的诚意，并给予人机缘。我说："报告老师，今天就开始。"他就说："那好，让朱博士安排你们打扫卫生，扫完了跟我报告。我会来检查。"

那天下午，我和陈世志清扫了差不多两个小时，南老师果真戴着白手套来检查我们是不是打扫得很干净。他的态度既轻松，也严肃。那时候的南老师是穿长袍的，他就蹲下身去，检查马桶内侧，是不是都洗干净了。还有玻璃杯，他会拿起来放在太阳光底下照，检查上面还有没有留下唇印的痕迹。因为他那里客人多，玻璃杯也多，洗的次数也多。他一番检查下来，整体还算及格。但他说，你们还能做得更好。

结束的时候，他请我们喝茶、吃点心。走的时候，他还主动问我们："下一次，你们什么时候来？"我就说："我们下礼拜六再来。"就这样，我们就每个星期都会很固定地到他那里去。

记：这样打工持续了多久？您觉得有意义吗？

李：这样持续了很长时间。我们先是帮忙做事，老师那里客人很多，我们就帮忙接待、给客人倒茶。

老师那里的茶壶不像我们现在已经经过改良的小茶壶，倒茶很方便。当时他那里的茶壶是大的，很重，手不稳，茶水就会倒在外面。老师当着客人的面就会笑着批评："这些所谓的台大高才生连茶也不会倒！"

我们听了很惭愧。这实际上就是中国的传统教育，他就从最普通的洒扫应对这些小细节里面，看你们是否用心下功夫，看你们是否能虚心接受。可惜，这样的教育现在都没有了，现在的老师都没有这样的耐心去教学生，是不是？而学生也没有耐心和诚心跟老师这样地学。现在的很多学生，你如果叫他洗一次厕所，他很可能就跑掉了！

当然，现在的时代不一样，很多实际情况也不一样，但是我们应该认识到这样的过程是很受教的。就在这样的不经意之间，把事情做了，也学习到了。再比如，我们站在一旁，听他和客人的应答，很多学问就包含在里面，不需要正儿八经很严肃地上课。

达官贵人、贩夫走卒，南师有教无类

记：请您回忆一下，您在东西精华协会帮助做事时，当时，南怀瑾先生与国民党的哪些政要、文化界、宗教界人士交往密切？

李：我知道南老师有跟很多大人物有交往，但我当时只是一个学生，不怎么参与。

当年南老师办东西精华协会，有教无类，上至达官贵人，下至贩夫走卒。实际上很多人还有一些误解，感觉和南老师来往的都是达官贵人。其实，有些有权有势的人来，他见都不见的。南老师与人交往，他从来就不是看他们的名气和地位，和他们是否有钱也没有关系。

我记得那时有一位先生，天生听力失聪，讲不出话，就是一个聋哑人。每次他来，南老师可以放下所有事情，很有耐心地跟他沟通好几个小时，直到他满意而归。跟随南老师很久的人，包括以前的计程车司机，后来都变成很有成就的人。我说的"成就"不是说赚了很多钱，当了很大的官，而是说修行修养各方面有成就。这样的人，在南老师那里大有人在。社会上存在这样的误解，人们只看到南老师身边来了有钱的、有地位的、有名气的人，其实他身边更多的是幕后无私贡献、默默无闻地修行的人，这样的人其实更伟大。

从南老师交往的人讲到在他身边"供养"的人，"供养"其实不止是钱财，钱财只是很小的一方面，全身心投入，把自己所有的时间和心力贡献出来，那也是最难得的。有些人捐了钱，就觉得自己了不起，其实，捐钱真的没什么，贡献时间和心力才是真的了不起。

南老师在台湾早期的那几年，经济上是很紧的，但精神上，他是很自在的。他写《禅海蠡测》，是怎么完成的，你知道吧？当时，他在台湾有两个小孩，一个抱在手上，一个放在摇篮里，他一只脚在摇着摇篮，一只手拿着笔在写。你说他辛苦吗？是的，他是很辛苦，但他心里面是很坦荡、很自在的。南老师这样的修养和境界，他才不会在乎世俗的那些东西！

第一课《史记·货殖列传》受益终生

记：当时，南怀瑾先生是怎么给您排课的？您对南先生的排课满意吗？听说南先生开始教您的第一篇文章是《史记·货殖列传》，您觉得南先生讲课有什么特点吗？当时是如何理解的？

李：老师从来没有给我正式排过课，他的教诲，从来都是很自然的。我在他那里打扫了几个月后，有一天，他对我说："慈雄啊，下周给你讲讲《史记·货殖列传》。"他叫学长把《史记·货殖列传》印出来交给我们，说："你们先回去准备，下礼拜上课。"

我当时心里还在想，我是来跟您学习宇宙、人生大奥秘的啊，又不是来跟你学做生意的！当然了，既然老师要讲，我就听呗。这是做学生一个很基本的态度。作为学生，既然拜了老师，就一定要信任老师，因为老师一定有老师的道理！

后来通过学习就明白，一篇《史记·货殖列传》，司马迁其实把人生、出世、入世的道理都讲通了。里面有很多道家的处世哲学、很豁达的人生观。他不只是教你怎么样做生意，还教你人生道理。老师的课现在网络上也有很多，你们都可以去听听，要说他讲课有什么特点，那就是寓教于生活，寓教于谈笑风生，随机指点，很灵活、很生动，也很风趣。

那天打扫完卫生，南老师就开始讲《货殖列传》中陶朱公的故事。陶朱公范蠡可以说是中国的商圣，他帮助勾践复国，后来他感觉勾践只可共患难，不可同安乐，就溜掉了，身后留下很多美丽的传说。传说他和西施逃到太湖，事实上他是逃到山东陶地那一带做生意去了。他就靠预测大众商品的走势，赚了很多钱，又全部施舍掉了。从从政到从商，他三聚三散，都很有魄力。

老师特别讲过陶朱公儿子的事情。他有一个儿子在楚国犯了法，要被杀头。作为父亲，当然很难过，就准备派小儿子装上千金去营救。结果他的大儿子跑到陶朱公太太那边去哭诉，说：爸爸竟然不相信我，弟弟都要被杀头了，那么重要的事情，不派我去，竟然派小儿子去！陶朱公实在拗不过他的太太，只好改派大儿子去。

陶朱公的小儿子出生时，家里已经非常富裕，平常挥金如土习惯了。而大儿子从小跟着父亲创业，是能吃苦耐劳，但并不舍得花钱。陶朱公心里明白大儿子此次去事情会办砸，所以早就有了收尸的准备。

他的大儿子拿了陶朱公的名片去拜访楚国宰相庄生，送上千金。庄生收下后让大儿子尽快离开，可是大儿子不听反而住到一个贵人家听消息。过了几天，庄生说服楚王大赦天下。大儿子从贵人那里听到了这个消息，就想：我弟弟本来就可以出来嘛，这钱不是白送了嘛！他就跑去找庄生，无非是"您没有什么功劳，我送您的东西要还我"喽。这个大儿子，从小跟着陶朱公很辛苦地打江山，一点一滴累积出财富，自然就在乎钱财。其实人无好坏，无非经历不同而性格相异。

庄生大怒，第二天又去跟楚王讲：有人说我之所以建议大赦，是因为我跟陶朱公有交情，那就不好赦了，其他人照样大赦。结果陶朱公的儿子就被斩了。老大就带着钱和弟弟的尸体回来了。陶朱公太太很难过，可是陶朱公很平静。因为他早就料定是这个结果了。他说，小儿子去，他不会吝啬钱财，就能救下人，而老大惜财就害了弟弟！

《货殖列传》重点不是教你怎么做生意，而是有太多人生的智慧，包括人情世故。南老师讲课，不呆板，他就是通过这样生动的典故，教我们做人要懂人情世故，不管你出家也好、在家也好，做生意也好，从政也好，乃至做学问也好，都是一样的。不懂人情世故，绝无有大成就。这就是南老师给我们上的第一堂课。

后来，老师的《论语别裁》在台北出版了，当时老师成立老古出版社，由古国治担任第一任社长。我因为自己念《论语别裁》得益甚多，又看到老古需要销售收入，就和当时师大的杜忠诰帮忙推销。几个月下来，卖出了几千本！

我后来经常开玩笑说："我的第一份工作是推广南老师的书，恐怕最后一份工作也是推广南老师的书吧！"

与美国教授探讨人类发展与心灵福祉

记：您是何时去美国留学的？在斯坦福大学读博士期间，您攻读的是什么专业？这个选择跟南怀瑾先生有联系吗？

李： 1980 年，在父母亲的支持下，我到美国斯坦福大学攻读的专业叫作总体经济系统工程学。就是自己选的专业。说起这个系，学的东西挺多、挺杂，就像吃一顿中国菜，一下子上来七八道菜，吃饱了，你问我吃的什么菜？还真记不得了。

当时出国留学，南老师是很鼓励的，他跟我说："你应该到外面看一看。"我自己当时的动机很单纯，就想看看西方的社会与经济是如何运作的，想学习西方人文与思想的根本。

因为有心深入了解美国各方面，所以除了念书外，也到世界银行、美国国会所辖的东西方中心、美国电力研究院工作及实习。念书期间，我碰到两位很关心并照顾我的教授，一位叫哈门教授，一位叫邓恩教授。他们都在美国经济大萧条期间吃过苦头，对人很体谅也很厚道，且看得很远。其中哈门教授后来还写信给南老师，探讨人类经济发展与心灵福祉的问题。南老师当时回信给他，开宗明义地说："美国现代各种经济学说皆是站在一国的经济发展立场，没有根本站在全人类福祉的立场，来设计全人类经济社会发展的模式。"

在美国念书期间，因南老师的介绍，我认识了萧明瑾，后与她结为夫妻。岳父一家和南老师很早就认识，两家人有往来，所以，我太太很小的时候就认识南老师了。

岳父和南师亦师亦友，惺惺相惜

**记：您的岳父萧政之将军曾是十方丛林书院"特别班"的班长，您是否了解岳父和南怀瑾先生是怎样的一种交情？为何他会如此推崇南先生？在您岳父眼里，南怀瑾先生是怎样的人？

李： 岳父一直称呼南老师为"南先生"，跟南老师之间是亦师亦友。我岳父比南老师小两岁，他对南老师是很尊敬的。他在社会上确实有一定的影响力，给过南老师一些帮助，他跟南老师的关系就像古书里说的，是不言而喻，彼此惺惺相惜。他们这种交情呢，是真交情。

记： 台湾当年"十信案"发生时，南怀瑾先生是如何看待当时的形势的？他给过您岳父一些忠告或建议吗？有关记载说，您岳父后来潜心国学佛法，这跟南怀瑾先生是否有关联？

李： "十信案"一事，我不大了解，当时我已经出国读书了。岳父也从来没有跟我说过此事。这是上一辈人的故事，我不好随便问。两个老人既然有如此深的交情，当年肯定是有深入的交流的，至于他们之间讲过什么话，不足与外人道也。连我也不见得知道。

总之一点，我的岳父萧先生的家国情怀是很深刻、实在的，对南先生是很敬重敬仰的，对国家民族前途，也是很关心的。正因为共同的家国情怀，他们才会走到一起来，包括他们对人类身心、生命健康的探讨。南老师后来开的好几个大课，实际上就是我岳父想问南老师的问题。

早于"十信案"以前，岳父就已经在学国学和佛法，更早于在跟南老师办十方丛林书院之前，他就一直有这方面的学习和研究。

放弃美国优越生活回国创业，南师送上很多"钱"

记： 您在美国的那些年，刚好南怀瑾先生也到了美国，你们往来密切吗？

李： 1984年，我从斯坦福大学毕业，加入了美国电报及电话公司，工作地点在新泽西州。后来，南老师到达美国华盛顿了，他希望我迁到附近工作。1986 年，我特地调到华盛顿地区工作，后来在美国安家买房子，都离他很近。那段时间，我们几乎每天见面。

记：南怀瑾先生在 1987 年让您离开美国回中国做生意，他具体是如何说的？对于他的提议，您自己是怎么想的？听说您当时在美国有很好的工作、有自己的别墅，为何会放弃美国的优越生活，对南师的建议言听计从？

李：南老师当时就讲了一句话："中华民族要站起来，需要你们这些年轻人回去帮助建设，不要只知道躲在美国享受！"

我们从小在台湾受教育，学历史，自鸦片战争以后，中华民族因落后、贫穷所受的苦难，我们感同身受，这种家国情怀是深植在我们这一代心中的，当然后面也深受南老师的影响。报效国家的强烈愿望，是南老师一辈子的追求，对我而言，也是很自然的事情。

当我跟他汇报我的想法，准备回到国内怎么做时，他就建议我自己出来创业。当时我年纪轻，也没有多少积累，他就送了我很多"钱"。当然，这笔"钱"是带引号的。你想知道他送了我什么"钱"吗？（李慈雄的眼睛里突然绽放笑意，故意卖了个关子）

记：当然很想知道。

李：好，那今天我也转送你——是四个字："胆识"和"器量"。他讲："我没有钱送给你创业，我只送你这四个字，作为你创业的资本。"

他解释什么叫"胆识"，真正的"胆"是建立在"见识"的基础上，你有见识、有真知灼见，你作为决策人，你的行为才会坚定不挠地往前推进。没有见识的"胆"，是维持不久的，所以核心是要有胆识。另外就是"器量"，你看历史上多少故事，讲的就是没器量成不了大事。这四个字就是我当时创业的资本。今天，我就把它送给你！呵呵呵呵……（敞怀大笑）

为了回到中国，我加入了波士顿咨询公司（BCG），作为第一批亚洲业务开创小组成员。1988 年，我代表 BCG 负责一个世界银行援助上海工业改造的专案，于是，从 1988 年 6 月开始，我以上海为工作地点。南老师则搬到了香港定居、讲学。

在南老师的鼓励下，1989 年，我离开 BCG，在上海创办了斯米克集团，中文叫中国工业管理及投资公司。那一年我 33 岁。1990 年，我们全家从美国加州搬到了中国上海定居。

记：您能评价一下自己与南怀瑾先生的关系吗？是否可以说您跟南怀瑾先生的关系就如父子一般？

李：我从来没有说过自己"和南老师就像父子一样"这样的话。我就是南老师身边很一般的学生。他照顾我就像父亲对待孩子一样，但他也不是只对我这样，他对所有学生都是一样的，我也没有什么特别，就是和其他认真学习的学生是一样的。至于学生自己是怎么样的感受，怎样回报他，是个人因缘不同而已。

你要我表达对南老师的感情，我只能说，人世间的很多事情是描述不来的，能描述出来的话就不是那个味道了。

创办斯米克集团引发"斯米克现象"

记：您在创业的过程中，一定碰到了很多困难，能讲讲创业故事吗？

李：这个就说来话长。（若有所思）等到我正式退休之后，我可能就会坐下来好好回顾，那就是厚厚的一大本书了，不过这是以后的事情。

（注：1989 年 9 月，李慈雄创办斯米克集团。斯米克是英文 CIMIC 的翻译来的，全称是 China Industry Management & Investment Co.，中文叫中国工业管理及投资公司。后来因为名称太像国有企业，为了与之区分，所以取英文缩写 CIMIC，翻译成"斯米克"。初期业务主要是与国有企业合资，投资初期对所参股国有企业体制改革的显著绩效在当时引发了《解放日报》普遍关注讨论的"斯米克现象"。

1993 年初，美国的摩根士丹利出巨资投资斯米克。

2007 年，斯米克在深交所上市。

经过 30 多年的发展，今天的斯米克集团成为集建筑建材、大健康事业、生活用纸、文化教育、房地产五大板块的多元产业集团，旗下大健康板块"悦心健康"实现 A 股上市，生活用纸板块"洁云"也已经进入 IPO 上市辅导。

30 多年的创业历程，充满了艰辛和濒临绝境的风险，斯米克渡过了一次次融资危机、瓶颈困惑和大刀阔斧的转型。其间曲折、跌宕，正如李慈雄所说，那是一本"厚厚的"长篇故事。）

记：您还记不记得，南怀瑾先生是哪一年提出"四项理念"的？当时对你们这些回大陆的投资者产生了怎样的影响？您是如何理解并践行"四项理念"的？

李："四项理念"就是"共产主义的理想、社会主义的福利、资本主义的管理和中国文化的精神"，这是南老师早在 1987 年居住在美国华盛顿时，跟我们这些在美国留学深造的留学生讲述祖国未来前途时，结合当时中国的国情和自身的经商经验，提出的投资理念。

斯米克最早的业务主要是与国有企业合资，美国的摩根士丹利也看到了斯米克的潜力和经济利益，1993 年还出巨资投资斯米克。但是南老师在 1992 年年底就提醒我说：靠与别人合资，一旦蜜月期过后会有问题，应走独资靠自己的路子，才是长期之计。

他这话讲了三个月后，我去看他，他又问斯米克独资搞了没有，并很生气地警告："不搞独资，以后会有大问题！"南老师人不在我们企业中，却有如此的智慧及远见来关心和指导我们。幸亏当时南老师的坚持，否则我真不敢想象斯米克会变成什么样子！

记：作为外资企业，您在上海参与国企的改制改革是从哪一年开始？其中经历了哪些不容易的过程？您和您的企业收获了哪些国家政策红利？

李：斯米克当时和国有企业合资时，确实引进了比较好的体制和机制，把生产力解放了。这不能说是谁收获了谁的红利，是相互获利。我们帮助国企释放了生产

陈列在上海恒南书院的南怀瑾先生等身铜像

力,国家开放外资兴办企业,这是很大的政策,对国家、对企业、对外资都是红利。

斯米克是20世纪90年代上海第一家外资台资企业,假如不是有家国情怀,当时的情况之下,谁愿意并有决心和魄力做这样的事呢!

最有福气的十年,每日得南师教诲

记: 南怀瑾先生在香港生活期间,您去香港探望他的次数多吗?在香港时期,您参与了哪些事情?南怀瑾先生为家乡修建金温铁路,您协助做了哪些工作?

李: 在香港时,我也经常去看他,不过,那时候他也忙,说不上很多话。南老师建金温铁路的事，我没有参与，但是知道这回事。最后终于建成铁路，这是一件很了不起的事！

记：听说当时碰到资金困难时，您也助了一臂之力？

李： 这些都不足为外人道也！

记：2002 年，南怀瑾先生到上海定居时，哪些事情是您亲手料理的？听古国治、吕松涛两位先生介绍，您一直在资金上供养和支持南怀瑾先生的文化事业？

李： 从 2002 年开始，南老师移居上海，这是我最有福气的十年，能就近受教。每天晚饭的谈话及饭后的开示，就是最直接的受教。

古国治大哥、松涛讲的也没有错，但是我做的这些事，根本不值得宣扬，不足为外人道也。（谦逊地笑笑）对不起啊，真的，做什么都是举手之劳而已。

每个人都有不同的贡献。不要只看钱的捐助，南老师身边有很多默默工作的人，这些人也在支持南老师的文化事业，做着很大的贡献。包括刘雨虹老师、宏忍师，不管是在家的、出家的，都在无私奉献，他们才是最重要的捐献和供养者。

前天，我还去七都看望刘雨虹老师，刚好她过百岁生日，像她这样在南师身边工作了大半辈子的人，才是真正了不起的人！

系统研习"禅与生命科学的认知"

记：2003 年南怀瑾先生曾在义乌举办了一场禅七，您参加了吗？您一共参加了几次这样的活动？您觉得那时的南怀瑾先生状况如何？那次禅七有让您难忘的事情或情节吗？

李： 义乌举办禅七之前，2003 年开始，因古道法师及本如法师闭关专修，南老师也为他们亲自讲述《达摩禅经》。对任何想拿自己身心作为实验对象，解脱三界束缚的修行人来讲，《达摩禅经》都是一本很重要的实验法本，但一千多年来被淹没了。

它主要讲的是罗汉成就的二甘露门，那就是安那般那（出入息）与不净观（白骨观）。在第一次完整讲述安那般那后，南老师就考问我们，安那般那的两个要点是什么？我连续回答了三次，他皆不认可，也不说破，要我们继续参。后来经过一个月，我听了他讲其他的事时，才恍然大悟：第一个要点是"观出息"！南老师笑着说："对了！"这就是南老师的教育法，要我们自参自悟，才是属于自己的，否则还是属于老师的，属于书本的。

南老师举办的禅七活动，我没有福气每次都去参加，但是义乌那一次我在。有时候，身体发生的变化是很难预料的，他在上课时的情况都是很好的。义乌那次活动很有意义，是纪念历史上一位很有影响力的人物傅大士。他是中国维摩禅祖师、弥勒化身，他一生未曾出家，而以居士身份修行佛道。

2006 年，南老师 89 岁高龄，移居江苏吴江的庙港（现七都镇），创办太湖大学堂，随即马上举办"禅与生命科学的认知"研习班，这是我第一次深刻体会认识"知性"，并对安那般那法门的十六特胜有系统性的了解。研习班结束前，南老师再三强调"饮食男女"对修行的重要影响，尤其"饮食不调"是修行人很容易忽视的大忌。

"你那个地方建一栋楼，就叫南怀瑾研究院"

记： 当年，南怀瑾先生建造太湖大学堂，您回忆一下都遇到了哪些具体困难，都是怎么克服的？南怀瑾先生跟您具体是怎么说的？

李： 建造太湖大学堂碰到的困难和问题方方面面都有，就好比你做顿饭，要买菜、洗菜、要切肉等，有很多工序呢！有困难很正常，这些都过去了，不足为外人道也。

记： 2006 年，您提出在上海建造书院，当时是基于什么样的机遇？

李： 从传播文化来讲，上海当然会比江苏方便很多。当时的想法也很简单，南老师有各种朋友，想找他求教的人很多，上海有个地方会更方便。

讲到这里呢，有一个小插曲。那天，我跟他汇报完我准备在上海建个文化基地的想法之后，他说帮我想想。第二天，客人都走了之后，他特地把我留下，跟我说："你昨天讲的事，你就去办。"我就说："好，那我就去办了。"我们师徒间平常讲话是很简练的，直截了当。我呢，也是说干就干。然后，他指点我说："以后，你那个地方建一栋楼，就叫南怀瑾研究院。"这是他自己取的名字。我就说："好。"

太湖大学堂你去过了吗？那里都是低矮的平房，南老师希望我盖的研究院是高楼。

在建筑设计的时候，我的确按照他的想法准备盖一栋楼，找了几个很有名的建筑师，但我总觉得不大对劲。后来，我们在高楼两边加辅楼，就是目前恒南书院这个结构。他看了设计图后，说："蛮好啊！一边做讲课禅堂，一边是生活楼，中间用回廊串起来，蛮好蛮好！"

你想想看，一个人在世的时候，会把一个地方用自己的名字取，是什么意思，你想过吗？

记：这是他对您的信任和厚望，亦有所托付吧？

李：实际上，他已经把话都讲完了！可是，我当时还没想过。当时，恒南书院还只是找地方的阶段。就是找这么块地也很有故事！

我找了不少地方，都感觉不大对。后来浦江镇当地有人推荐我到那里看看，我就问："那条路叫什么路？"回答说："恒南路。"我又问："那旁边那条路叫什么？""江月路。"我心里突然就亮了！你知道，禅宗里面有一对联"千江有水千江月，万里无云万里天"，这是很美的意境，也是境界极高的佛家偈语。

我就赶紧去看，一看就很喜欢。当时这个地方刚完成拆迁，对面有两条河，一条是三友河，还有一条东西贯通的，叫友谊河。东边到东海，西边到黄浦江，这两条河，一条是疏浚河，一条是泄洪用的。南老师一辈子都在强调东西文化要融会贯通，这不正好是此寓意吗！

很多人尤其是南老师家乡温州人，叫南老师是国学大师，坦白地讲，这是低估他了！他不是国学大师，国学只是他的一部分。他一辈子最重要的事情就是弘扬东西文化的精华，在台湾，他就办过东西精华协会。

我当时看着面前的那片空地和远处的友谊河，就笑了！这地方好像就等着我来干这件大事的！你看，恒南路、江月路、三友河、友谊河，天下怎么会有这么巧的事？！呵呵呵呵，（欣慰地笑）这不会是巧合，就是冥冥中的安排，不然，你怎么解释呢，对吧？（一阵开心大笑）

记：建造恒南书院整个过程历经几年？有特殊而难忘的事情吗？南怀瑾先生对这个书院有怎样的要求和期待？

李： 从2006年开始到2012年，差不多六年时间。南老师关心得很细，包括怎么开大门、里面的布局啊。原来大门是开在西北角的。他有一次打电话给我说："慈雄，你过来。"像我们这种学生，从来不问他什么事就过去了。见到他，他就说："你那个地方啊，把门从西北角转到西南角去。"我就说："好！"讲完这事，他说："你可以回去了。"

你知道当时上海到江苏庙港可没现在这么方便，一趟过去开车要好几个小时，就讲了五分钟的话回来。呵呵，你觉得这是浪费时间吗？其实一点都不浪费时间。

还有，我们那位设计师在院子里设计了个喷水池，南老师一口就把他否决掉了！他说，你两边都是河，都那么多水了，还要水干吗？！是不是？南老师讲得有道理吧？（开心地大笑）

那个建筑设计师叫凯恩（中文名郑克耐），美国人，很可惜，两年前他已经过世了，我很怀念他。这个人很有情怀！他当时50岁出头吧，盖这个房子的时候，跟我们负责工程的汪总吵过好多次，都差一点"打"起来！

建筑师都有自己的设计和建筑理念，在建设过程中，他总觉得自己的方案是对的，比如这条回廊这么大，周围又没有其他建筑，他说要改，我很支持他就改了。但是，再比如像禅堂，原来设计有一块突出来的圆顶，就像歌剧院的看台那样。我们越看越觉得像剧院而不像禅堂，我就叫汪总把那块敲掉！

凯恩就很生气。刚开始，我还从中协调，可是协调了两天我就受不了了，我跟汪总说："你自己找人跟他说吧，我不管了！"结果这个凯恩呢，来了个"五步曲"。第一步，他先是跟汪总商量，柔声细语地，希望我妥协听从他的意见；第二步，拍桌子，脸涨得通红，表示很生气，说我不干啦！带着威胁；第三步呢，站起来，很客气地跟你鞠躬；再不行，第四步，是跪下来求你；软的硬的都不行，最后一步是

2007年南老师与设计师ken及李慈雄先生一起讨论恒南书院的设计规划方案

恒南书院

撞墙，你没有听说建筑师为建筑撞墙的吧？他是真的撞墙哦！

这个人很特别，他对待自己的建筑设计就像自己的孩子一样。像你之前在七都碰到的登琨艳，还有这个凯恩都是很奇特的建筑师，他们都很有情怀，是奇人！他哀求我们的汪总不要改动他的设计，如果不肯，他就下跪。汪总想这怎么可能呢，为了改动设计就下跪？！结果，他真的跪下来！见汪总不为所动，他就跪在工地里，用自己的额头敲地，当时地面还没浇上水泥，他把头磕得砰砰响，把大家吓坏了！

这里的建筑就是这样吵吵闹闹建起来的。总体来讲，还算满意。我们满意，凯恩自己也很满意，所以，最后他和汪总还成了好朋友。他们一个是从使用角度，一个是从建筑美感角度，各有道理，好的意见相互融合，就是为了建筑最后的完美呈现。现在，你可以在我们恒南书院的官网上查看到设计师的介绍。我们非常尊重原作者。凯恩后来还找了一张自己最帅的照片放在我们网站的介绍里。

2011年底，南老师对我说："慈雄啊，房子不重要，重要的是内容。赶快盖好，不要高速公路建好，车子却跑不动了！"后来楼盖好了，老师的房间、场所全部布置好了，没想到，老师却走了。我们一些同学就商量，这个地方就定名"恒南书院"，作为永恒纪念南老师、弘扬南老师及古今诸圣贤教化的场所。

不忘南师教诲，自己讲课也兴办教育

记：南怀瑾先生曾让您自己也出来讲课，您是从什么时候开始授课的？主要针对什么样的群体？

李：南老师在世的时候，恒南书院快要盖好了，他可能是怕我偷懒吧，他就说：慈雄，你不要总是提供平台给我们，你自己也要出来讲讲课。

他老人家的话要听，所以书院盖好后，我就陆续开班讲课。南老师在世的时候，大概是在2008年的时候，就要我出来办国学班了。没有主要针对什么群体，都是开放的，随缘的，人数不多，比较小众的。除了收取一点场地开支，基本上都是免费的。像现在的"《遇见南师》系列——南师著述导读"12期，都是公益的，导读了《原本大学微言》《论语别裁》《老子他说》《话说中庸》《金刚经说什么》等十几本南老师的书。另外书院还有"易筋经""呼吸与身心健康"等课，这些课会象征

南怀瑾先生与李慈雄合影

性地收一点场地费。

记：您后来创办武汉国际学校又是基于怎样的机遇？

李： 这也是南老师逼出来的，他一直想着要办教育。

武汉的项目是我太太的妹妹萧永瑞担任董事长，我这个小姨子也很有心。2005年斯米克美加集团就在武汉投资，与武汉外国语学校合作兴办了这所现代化寄宿学校。

这个学校有四个特点：第一个特点是素质教育跟学历教育结合。现在一般讲到国学教育，就以为会影响到学历，其实，国学教育就是一种素质教育。强调素质教育，但不影响学历教育。第二个特点是国学教育和国际教育相结合，既教学生打高尔夫球，也教学生跳芭蕾舞；既教学生怎么做绅士、淑女，也教学生怎么继承中国传统文化。你们去采访就会知道，那里的学生对古文、诗词，都是朗朗上口的。第三个特点是文武合一，对体育、武术都很重视。第四个特点就是知行合一。什么是知行合一呢？老师和同学每天都要写反省日记。一开始，家长很反感。可是后来他们发现，通过每天的自我反省，很多学生的行为有了改变，原来那些独生子女，在家里根本是不会做家务活儿的，经过学校的教育，回到家里，会自己叠被子、帮助爸爸妈妈洗碗干家务了。

我们按照这样的理念办这所学校，办得好、办得久，不是偶然的。学校的校名"武汉外国语学校美加分校"也是南老师写的，校训"敬业乐群"也是南老师定的，希望勉励学子，要以"中国文化的古老智慧引领现代科技途程"。

武汉外国语学校美加分校办得不错，得到了武汉各界和教育部的认可，"美加经验"被中央文明办点赞并向全国推广。这所学校还被评为"武汉市群众满意中小学""湖北省级文明校园"等。

办教育一直就是南老师的愿望。他老人家在离世之前还提倡办两件事：一是跟女性相关的，办女子大学。他说中国的前途是靠女性，这个我目前还没去涉及。另外一个就是办职业学校，为此，南老师还提前取了名字，叫"农工商科技职业学院"。

2019 年年底我们在武汉孝感临空经济区新建了湖北孝感美珈职业学院，规模也不小，占地 800 亩，规划为综合性高等职业学院，设立 7 个二级学院，30 个专业，学院将于今年 9 月份正式开学。

南师最后的嘱托和"六字真言"

记：南怀瑾先生生病期间，您去探望时，他都跟您讲过哪些事情？

李： 南老师住院前，和我有过一次正式谈话。当然，他对我的"正式谈话"，也还是很轻松的。那是 8 月底的时候，他跟我说以后要自己出来讲讲课，不要只提供场地，他说："慈雄啊，第一个，你要谦虚；第二个，你要不断反省。这样，以后你就不会有事。"他讲了这两句话，就咳嗽得很厉害。我就说："老师，您先好好休息，我过几天再来看您。"

我正准备离开，刚走到门口，就听到老师在里面放开嗓门，大声叫我："慈雄啊，你要用功！"他意思是我还不够用功。这是他最后交代我的六个字：谦虚，反省，

用功。很实在的交代，今天，我也交代给你啦！（意味深长地笑开了）

南老师"公天下"的精神非常值得我们去学习。他视天下人为子女，视子女为天下人。作为他的学生，就像你前面说的"如父子关系"，是的，没错。但是，你有没有想过，做他的子女，"他视子女为天下人"，是不好受的！

比如说，在一起吃饭，南老师是大公无私的，子女好不容易见到他，还坐不上主桌挨着他，因为旁边有很多人要挤到他身边。他的子女都很了不起，都很谦虚，每次都默默地退到隔壁桌去坐。这是什么家教啊！他整个家族都很了不起！

尤其是在老师走了之后，子女们成立南怀瑾文教基金会，把所有遗产，尤其是著作权、版权全部捐出来，包含音像内容等，作为发扬、推广老师教化的一个基金。这样的胸怀有几个人能做得到？！这就是南老师的家教，我认为，他的子女们比我们这些不成才的学生要成功！

（李慈雄拿出一本南怀瑾的《佛门楹联廿一副》）送一本《佛门楹联》给你们。我再讲讲这里面的故事。1978 年，我大学毕业还未服兵役当预备军官之前，南老师特地从台北到高雄佛光山，去看望一位闭关的法师，我就陪他上山。上山的时候，看到新建的寺院里，很多大殿圆柱，还没有楹联，当时的星云法师就请问南老师能否提供几副佛门楹联。回去之后，南老师就在一个晚上写了这么多。这些佛门楹联很有特色，有空你们可以看看、读读。

说到星云法师，他是个很了不起的人物。在台湾，他以一人之力，影响了好几百万人。我跟他有一点点小交集，就是因为陪在南老师身边，见过他几次。我也看过他的很多书。

南师留下两大未交卷的历史课题

记：您觉得还有什么事，是南怀瑾先生放不下的？

李： 老师从来没有承认有一个学生。有一次开会，我说要做南老师的学生要有三个条件。

第一个条件：他的学问，包括有形的、无形的皆通悟。以前我们在老师身边也常常看到，有些号称是念过老师书的，或者称南老师为"老师"的，南老师常常问他：

"你既然称我老师了，但你问的这个问题，某一本书中怎么讲说得出来吗？"有很多人没有真的念书，当然我也一样，没有真的通悟。

第二个条件，既然道理都通悟了，还要真的实践。不管是你个人的修养、生命的升华，或者是对社会做的贡献。南老师特别强调见贤思齐，空言无益啊！所以，实践到位，更难！

第三个条件，以前老师常常引用禅宗祖师的一段话，叫"见与师齐，减师半德；见过于师，方堪传授。"

我从二十岁跟他的时候，南老师就说，我们这个时代须向历史交卷的有两大课题：第一个，怎么整合科学、佛法、道家、儒家，包括哲学、各种不同宗教，不止是东方的，包括西方的基督教、天主教等各种学问，能够开创出来一条使人类摆脱唯心与唯物的迷惑的大道。当时，南老师创办东西精华协会，就开宗明义讲这个问题。

第二个大问题，是怎么样能够发明或创造一个更符合人性的、让人安心、让人有幸福感的、更持续的社会与经济发展模式，而不只是靠消费、靠 GDP 成长、靠掠夺、靠麻痹，追求所谓的经济发展。当然这也是这几十年来世界各地的、各国的政府、包括经济学家探讨的课题。

这两个摆在我们眼前的历史的大课题，我期待有人对这些现代的，也包括未来的，当然也是亘古的课题做回答，去对人类历史交卷。这两大课题，是南老师毕生追求的目标，也将一直是我人生的方向与目标。

叶旭艳:"我家乡的小老弟"

叶 旭艳

1956年12月18日出生，浙江省乐清市人，中共党员，大学文化。1973年6月执教于地团小学，1975年底应征入伍，1981年2月退伍。曾任翁垟镇文化站站长，科教文卫体办公室主任，负责乐清市中共二六支部、乐清老幼文康中心（系南怀瑾先生出资建设，现为南怀瑾故居）的管理工作。1993年10月赴北京参加由文化部主办的"中华炎黄文化研讨会"，同时加入中华炎黄文化研究会。2000年创办乐清市绍南古诗文导读中心，旨在推动全市的优秀传统文化教育，2009年创办乐清市旭阳寄宿小学，校名由南怀瑾先生题写。现为中国书法家协会会员，中国硬笔书法协会会员，中华炎黄文化研究会会员，中国将军部长书画院院士，意华控股集团党总支书记。

访谈时间：2020 年 12 月 17 日 10 点至 14 点、
2021 年 1 月 28 日 10 点至 12 点
访谈地点：温州意华接插件股份有限公司、南怀瑾故居
访谈记者：林娜
摄影摄像：朱保钢

初见叶旭艳先生是在 2020 年夏天，于温州南怀瑾书院。当日叶旭艳先生和叶文杰先生（曾就读于北大历史系，首届光华奖学金获得者）等一行来书院参观。交谈中，关于南老师，叶旭艳先生侃侃而谈，讲述了许多他与南老师相处的细节，有温馨的，也有充满妙趣的。

不久之后，书院一行去到叶旭艳先生的家里拜访。除了分享故事，叶旭艳先生向我们展示了他的"珍藏"。有南老师亲笔签名的书、题字、往来信件、摆件、照片等。

这样一位与南老师颇有渊源的家乡人，他与南老师的故事，以及他所知道的南老师，都是我们迫切想要记录下来，并且与大家分享的。

同是一乡人

记：您老家和南先生的老家在同一个地方？

叶：我老家在地团叶，地团叶现在是有五个行政村，实际上是一个自然村。所以南老师说地团都姓叶。"盐水慢煎茶"，是什么意思呢？过去，特别是地团这个地方，靠近东海，海水涨过来，河里的水有时候储存不了，都排到大海里，所以那个水都是咸的。没有像现在自来水这样的，吃的都是河里面的水。

我小时候一直在地团叶读书，在翁垟念了初中，高中当时没有上。

1973年通过考试成了地团民办教师。1975年应征入伍成了一名文化兵，到了大西北。1981年2月从大西北回来以后，一直在翁垟镇，现在改成了翁垟街道，做文化工作，当文化站站长，科教文卫体办公室主任。自己也比较喜欢文化，所以上级领导叫我变换岗位做行政类工作的时候，我说我还是喜欢翁垟本地，喜欢搞文化。

南老师实际上也很想念故乡。他原先住的房子，离我家大概有五六十米。我的年纪和他差三十多岁，他小时候，我当然是没见过的。但我以前听前辈的许多老人都提到他的名字。因为我外公也是地团叶的，过去是一个财主人家，家庭比较富裕。南老师以前小时候放学经常跑到我外婆家里去。他学校到我外婆家里也只有几十米远。我爷爷，是他父亲的好朋友。按照现在的话来讲，就是弟兄。因为我爷爷武术功底相当好，南老师的父亲开南北货商店。有些东西都是走海运过来，运到斗门那个地方。有十来个朋友，年富力强的，帮忙把东西搬到他家。南老师小时候，也认识我爷爷。因为这多重关系，后来我和南老师聊天的时候，他说"你外公分家的时候，还是我父亲替他分的。因为你外公比较老实，家里有三兄弟，田比较多。你的外公分到五十亩地，分了多少房子……"有这么一种亲情、乡情的关系。

一封意外来信的用心回复

记：您跟南先生是在您做文化站站长的时候认识的吗？

叶：我和南老师有联系是从接管"老幼文康活动中心"开始，更早的渊源，应该从1990年说起。当时有四个南师要好的小学同学，知道南老师在台湾的地址。那时地方上生活水平也提高了，老人想建一个安乐宫，现在讲就是老人的乐园，他们就写信给南老师。

南老师的第一封回信，是通过温州市计建委主任章华表交给地团的。信中写道："你们1990年1月28日的信，由我的小儿子国熙带过来给我。古人说，醉轻浮世事，老忆故乡人，确是名言。弟从小离开家乡，萍漂外露，对故乡童年旧友名字与相貌，一切均在依稀恍惚中，完全连不起来，敬请原谅。五六十年的岁月不算太短，这应当不能见怪的。在四位中，只有乾奶兄记得很真。"南老师后来跟我说,"乾奶这位兄弟,他自己文化水平不行,他写给我的信,都是叫别人写的,我都看出来的。"

南老师这封信写得很长,也很真诚。他说,我也是漂泊在外处,你们向我一个小老头儿要钱,这不是太苛求了,但我有一个建议,如果你们真正要建的话,不如建在地团最中心的桥头这个地方,也是我以前所住的房子,扩充到五邻四舍。建一个大一点的,老人们可以在那里抚育幼童,小朋友们、年轻人可以在这里陪伴老人,平时谈笑风生,讲讲人文、文化的东西,这不是很好吗?这封信就是这么一个结束语。也没有说自己出多少钱,怎么建也没有说。

当时,这几个老人把这封信拿过来给我看,说我是地团人,又是搞文化的,和我商量。有一个人说:"南老师,叫他出个两万块钱都不出,还说建这么大的一个乐园,还要牵动几十户人家,这不是大动真格吗?"有些人是相信南老师后面可能还有动作,有些就认为南老师是骗人的,糊弄几句就完事了。虽然南老师写这封信,没有说明出多少钱,怎么落实,但他心里都有想。当时呢,听说他打了200万美元在章华表主任的户头上。

就这样,没过多长时间,温州来人,在那里拍照、测量,地方上当时也不知道是干什么,测量的人也不知道,就是说把周围的地测量一下,他的任务就是这样。后来,大家就知道了,南老师要在这里建一个乐清市老幼文康活动中心,要拆迁这些房子。

记:四个老人是怎么想到找南先生去要这个钱?

叶:四个老人的信寄到台湾,又由南老师的儿子带到香港。当时地方上因改革开放,经济有所发展,老人也想做一把自己的事业,但他们也不知道南老师生活条件、经济条件怎么样,也就是蒙着写信给他。写封信嘛,花多少本钱啊,看看少年朋友的情谊,有就赞助一点,没有就算了,是这个意思。想不到南老师回信是这么写,心思是动了。如果说他出钱,他就打算把周围这些不规整的房子拆迁,建好新房,让他们搬迁过去,这里就腾出来,建一个活动中心。老师的父亲是在地团叶结婚,在地团叶生的南老师,南老师自己也是在地团结婚生子。所以说他想在这里建一个乐园,并不是为了自己,而是为了回报地方。

记：当时四个老人写信给南先生前，是已经有计划要建一个什么样子的场所，还是只是先把钱要过来再说？

叶：一开始老人不是想在这里建的，要在这里建是不可能的，要动几十户的人家，要多少的财力。老人们想的是在另外一个地方，南老师以前经常打拳的地方，在一个大殿门前，有一块空地，想在那里建一个老人的场所，开始应该就是这样。南老师被四个发小的这封信触动了。那时候他的故居也已经卖给别人了，但那里对他来说印象是很深很深的，在那里待了17年时间。所以他一想就想到了那里。那里是地团叶最中心的地方。所以后来建好以后，南老师的赠言就说，是为了纪念父母，报答社会。"愿天常生好人，愿人常做好事"，这是他的心愿，而建老幼文康中心，就是他想起到抛砖引玉的作用。

最早在收到这封信的时候，那些老人就觉得南老师骗人，两万块钱都不出，还说在自己故居那边，要把那些老的房子拆掉，这是不可能的。

后来南老师又回信，说要拆迁34户人家，不要别人出一分钱，都由他一个人出。另外，还需这些拆迁的人都不反对，如果有一个人反对，南老师则不愿意伤害别人，宁可不做这件事。他觉得，这是做一件对于大家有好处的事，如果有人出来反对，何必呢？他心里会觉得不安。

后来，在拆迁的过程中，确实出现了这样一些事情。有位女士，她的弟弟身体不好，在原来的房子开了一个烧面条的店，作为自己的营生。她就在信上写道，这个拆迁影响了她弟弟的生活。实际上她的上辈和南老师的父亲，原本也是一种朋友关系。但是这样，南老师就决断，不要做这个事情了。当时房子都已经拆掉了，因为这封信，就停了两年时间。后来地方上有人说了，都是因为你这户人家写信给南老师，南老师才决定不建了，这样影响太不好了。你这里虽然拆掉一间，但赔你两间，连房子都已建好了。觉得南怀瑾有钱，就提出不合理的要求，这样南老师当然也不高兴。

老师当时建这个乐园，就考虑到环保问题、交通问题等各方面，在信里都有说到。后来，这位女士就又写信给南老师，说以前自己对这种情况不了解，原来他是做这么一个大公益，他们家现在想通了，请南老师不要见怪。后来南老师的二儿子南小舜也跟他说，这里房子都拆掉了，就这样搁置着也不是办法。当然，当时拥护的人是大多数，反对的人是少数。最后就想，也不要弄那么浩大的工程了，就把拆掉的地方简单地建起来。

南老师最初的想法，是叫他的学生，也是他的好朋友，上海华东规划局的蔡金钰设计师来主持，南老师说给他 1.6 个亿，建五亩地。当时物价也比较便宜，南老师说要给这么多钱给他用。他到香港的时候，就跟老师说，建两幢 16 层楼的，也只要花到 2600 万元，根本用不了 1.6 亿元这么多。老师最初的设想是很宏伟的，但在出现了这些小插曲以后，最初的计划就作罢了。把拆迁赔偿的房子都建好，花了两百多万元；建文化场所，花了三百多万元，一共用了五百多万元。这个事情就结束了。

记：您刚才说到的 1.6 亿元这个事情，是南先生和您说的吗？

叶：是的，南老师当时对蔡金钰博士说："你这么大个设计师，我给你钱你都花不掉。"

记：当时南先生有了建设文康中心这个计划以后，温州这边是交给谁去执行？

叶：主要是交给计建委主任章华表，因为老师见过他，也知道他是乐清人。由他牵头，当地政府、五个村和地团当地的老人一起配合。建文康中心，并不是那些老房子拆掉了一建就行了，还要通过各种审批手续。拆迁是要动用政府的力量，要符合各种政策。南老师为了这个事情，来来往往的书信少不了几十封，文件少不了几十个。县人民政府发文，温州市计建委发文，动用了很多力量。后来终于在 1995 年建好。

1990 年写信，1991 年开始动工，首先是筹备一个建文康中心的委员会，五个村的干部和政府一起参与，和每家每户签订协议，怎么搬迁，搬到哪里去，怎么赔偿，都是根据政策合法合理地去安排，最后每个人都签字。1991 年开始拆迁。拆迁很方便，几个月下来就拆掉了。

中间停顿了两年，就是刚才提到的，有人写信给南老师，觉得赔偿不合理。有人赔得多一点，有人赔得少一点，因为有些是地基，有些是房子，这些都是政策处理的问题。还有些人觉得南老师有钱，就想要得到更多的赔偿。

那时房子已经全部都拆掉了，拆迁的人也搬到新房子了，而拆掉的地方却空着。南老师觉得自己有言在先，到现在还有人写信来，他有点不痛快。另外一个原因，是觉得自己做的这件事完全是为了地方，还有人来反对他，想来想去就决定不建了。后来地方上再写信给老师，通过各方面的努力，最后才把它建好。

原先南老师家的老房子门口正对着最热闹的老街，因为是做生意的。现在老幼文康中心的房子没有在原老屋的地基位置上重新还原，位置有些变化。

每次见面，都得南老师贴心安排

记：您是什么时候开始与南先生有直接的接触？

叶：老幼文康活动中心建好了以后，当时老师写信委托温州市人民政府管理。温州市发文给乐清市人民政府，乐清市人民政府发文给翁垟镇政府，翁垟镇政府又发了一个文件叫翁垟镇文化站管理使用。我当时任文化站站长，接受这个任务。所以之前和那些南老师来来往往的信，我都要看的。实际上交接给我的时候，我开始和南老师写信。

当时每个村派一个老人，总的是文化站来管，后来管理费用都要靠镇里和村里支出，管理上也产生了一些问题。就进行了协调，把人员减下来，管理的费用减下来。这段时间，我和老师通信来往比较多。而且老师也提了一些建议，可以参照国内的旅游收费的标准，每个人收取一两毛钱，以文养文，把文康中心管理好。老师当时把这个中心建好以后，是全面抛出来，他也不想再去管这件事情，不管它的兴衰。他当时想，他都这个年纪了，如果说以后房子老旧了，难道还要他来维修？他走了，还要他儿子来维护？所以南老师把这些事都吩咐得清清楚楚。

我们去管，把这个事情做好了，他当然很高兴；做不好，他当然不高兴。他心里肯定是这样想的。

到了2000年的时候，我就想，老师在家乡建设这么一个项目，没有一个真正的地方上的人，和他当面沟通汇报。政府也没有一个人去接触他。所以我决定，要去老师那里拜访一下。我又想，我和老师一直都是书信来往，他会不会见我呢？老师有个内侄，叫王伟国，在上海，也是翁垟地团人，老师对他比较信任，他是高级知识分子。另外，在金温铁路的建设过程中，他一直协助老师做一些工作。他又是我父亲的小学同学，我知道他的电话号码，而且我在上海交通大学进修的时候也接触过他。我觉得他人很好，就打电话给他，把自己想见老师的想法跟他说了。他这个人很热心，他说他刚好要去香港，找老师有点事情。他到香港后，跟老师说了，老师一口答应。问我几个人，具体什么时间到，叫我发传真给他。后来我让翁垟镇的镇长和我一起去，我代表家乡人，他代表政府。我们是 2000 年 10 月 2 日去的香港。

去香港之前，我就听说过，老师一般是在晚上会客。白天他一直在基金会上班，基本上是不见人、不会客的，下班的时间是五点多钟，要去见他，必须提前到。我和翁垟镇的镇长张忠强去的时候六点没到，老师住所对面刚好是香港公园，我们两个人就在公园旁边玩，买了小吃，怕万一太晚会肚子饿。快到六点的时候，就去到门口等。老师从公司下班回来就自己上楼了。保安就问我是否认识老师，我说不认识，但看气度，刚才那个人应该是老师。他说是老师，刚才已经上去了。我就按了门铃，是老师亲自来开门的。开门就问"有朋自家乡来，不亦乐乎。哪位是叶旭艳老弟"，我回答"我是叶旭艳"。老师接着说"那这一位就是张忠强镇长了"。因为已经给他发过传真了，所以他知道名字。

坐下来以后，一直聊天。老师家里一般是规定七点钟开饭，在这当中老师自己给我们倒茶，后来又递烟。当时递给我的是外国烟万宝路，我推脱说"老师我不抽烟"，老师说"我知道我知道，你抽这个烟"，拿出来一包软壳中华、一包熊猫香烟，放在前面，自己把香烟点起来。那时候我也有点烟瘾，但老师不抽的话，我也不可能自己在那里抽。老师点起来以后，我也点起来。然后就开始问长问短，问家乡这些老同学老朋友，哪些还健在，哪些不在了。他问的这些似乎他都已经知道，虽没有人告诉他这些，但他好像了如指掌。他还问了我家的一些情况，父母亲的身体。另外就是家乡地团叶的经济变化等各方面的情况。将近一个小时的时候，镇长就看看手表。看手表的时候，老师就看出来了，他用乐清话对我们说，"旭艳啊，今天你到了我香港这里来，就像到了地团叶我家里吃饭一样"。"好不容易来趟香港，到了吃饭时间你们要走，这里饭菜都准备好了"。就这样，我们两个就被老师留下来了。

当时，在老师那里当秘书的是香港大学的赵海英博士。赵海英就走过来问我："叶先生晚上要喝什么酒？"我想了想，如果大家都不喝酒，我一个人喝也不好看。如果说大家都喝酒，我一个人不喝酒，坐在桌子上也不舒服。我停了一下，赵海英老师说晚上有茅台酒、啤酒、红酒，你喝什么酒？我说就喝啤酒吧。那天晚上菜很丰盛，实际上大家都没有喝酒。我估计有些人是会喝酒，因为老师不喝酒，所以他们也不喝酒。我和张镇长一人喝一瓶啤酒。饭吃完了以后，那些经常在那里的学生，赶快起来收拾盘碗，有些负责整理，有些去洗碗，有的马上去端水果。我看这样，就也赶快起来，老师一把拉住我，"你今天是第一次来的，今天就不要你干。下次来，就要和他们一样，要动手了。"

那天侯承业博士也在。水果端上来以后，老师播放了一个影碟片，是关于自己怎么传播传统文化的，在天津、上海、武汉、温州、海南等好多地方，从幼儿园小朋友就已经开始诵读经典。当时像我这个年纪，也没有接触这些传统文化。看了以后，老师吩咐我们，"要想培养孩子继承中国的传统文化，那么从我们的家乡开始。你是镇长，你老弟是科教文卫体，搞文化，搞这些，能不能在家乡由你们开始，逐步带动其他的乡镇，进而带动全市，这样去做这些文化工作。"我看了以后，确实很感动，老师给我很多传统文化的资料和VCD。回来以后，我们就想，要开始这个工作。这是第一次接触。

因为是第一次去香港，第二天我们就去一些香港的景区，晚上去看太平山夜景，回来已经是十点多了。突然，床头的座机电话响了。电话接起来，对方就说"你是旭艳老弟吗？"是老师的声音，我说老师，你怎么知道我的电话。老师说："哎哟，在香港怎么还查不到你住的地方。问你个事情，你不是后天早上九点多钟走吗？你看看明天晚上，有没有机会到我这里再吃饭，再聊天。"实际上我心里也有这个想法。因为前一天和老师见面一直在谈话，快到十点了，还有几个外国人和老师的学生，来请教一些事情，没有机会和老师拍照。老师电话打过来，我就跟老师说明天晚上想提前到老师家，和老师拍个照。我说我们两个到香港见到你，回到家乡别人会说我是骗人的，照片都没有，没办法证明我们和老师真的见面了。实际上老师也领会这一点，他说你明天来了一切都好说，每个位置都可以拍一张。

第二天晚上，我们就又去了，各个角度都拍了照片。老师送给我一对手表、一份两岸之间九次密谈的资料、三本书，还有三千块钱的港币，这钱是老师背着我，装在信封里的。另外还有名片三张，手表盒里一张，资料里一张，钱里面一张。我一直想不通，名片放一张就可以了，这么多名片放在里面干什么用。后来，通过海关的检查时，我才明白，老师的名片就是起通行证作用。因为香港政府方面，都知道南老师在这边，一般去见他的人，都是要提前预约，要有朋友介绍，还要征求老师意见的。

实际上老师在香港，来找他的，三教九流的人都有。不管是政府机关的，还是普通人，只要到南老师这里，老师都是热情相待的。有些人是想要学到一些学问，有些人是碰到一些难题来请教老师。在香港，老师除了正式的开课以外，一般都是吃了饭以后，上来一桌的水果，然后老师开始讲课（聊天）。有什么问题，想了解什么事情，或者需要请教的什么事，都在桌面上提出来。我印象最深刻的，就是老师有这么一句："你想问的问题，提出你的看法，必须一口气讲完，把你的思路理清。别人讲话的时候，你不要插嘴，别人讲完了以后，你再提出你的问题。"还有一句："你不能说一个人坏，尽量不要把名字说出来，不要讲某某人怎么坏怎么坏。你就讲有这么一个事情，打一个比方。"

从香港回来以后，我们开始搞文化的诵读。当时我们是没有证件，也没有机构的，就从翁垟的幼儿园开始，一段时间后，发现小孩子朗诵的水平确实大大提高。后来，乐清也有几个老师，受温州的影响，也在推广传统文化。我们就一起做了这个活动。

2000年底，两个老师，加上我，三个人跑到乐清市委书记徐令义办公室。我们到了他办公室后，徐书记热情地问了我们一些情况，问了南老师的一些情况。因为在这之前，他已经在香港见过南老师。我把我的来意告诉他，他说这个事情很好，他说不能只在翁垟办，应该在乐清全市推广。马上就联系乐清市民政局。徐书记说必须注册登记，名正言顺地推广。当时民政局注册要三万块钱，经过沟通以后，民政局就批下了"乐清市绍南古诗文导读中心"，我担任主任。徐书记吩咐我说："注册不是要三万块钱吗，你明天到我办公室，我给你两万块。"第二天到他办公室，他私人给了我两万块现金。后来我写信给南老师，告诉他推广传统文化很顺利，市委书记很支持，而且他自己给我两万块钱的现金作为注册资金，注册资金总共是三万。我当时并没有要老师给我钱的意思，没过几天，这封信收到以后，老师叫他的儿子南小舜和另外一个学生刘煜瑞必须把一万块钱送到我手里。

在市委和政府的支持下，这个项目在乐清市推广很顺利，后来有好多的幼儿园、小学、初中，甚至高中，都建立了学习传统文化的基地。2004年，我带队参加香港"全球首届传统文化诵读大会"，一共有三千多人参加，乐清是其中一支代表队。其中《中庸》得了最高奖"孔子奖"。后来我和老师在传统文化推广这项工作上一直有交流。包括后来到太湖大学堂以后，老师也经常问起。

老师跟我说，搞文化要自己有钱，自己没有钱，是搞不起来的。后来，我和几个在教育事业上有一致想法的朋友，共同创办了旭阳寄宿小学，今年是第十一年

2008年，叶旭艳赴太湖大学堂拜访南怀瑾先生

了。另外一个是，只有这样去实践，才能了解这个到底有没有好处。我们是寄宿小学，两个礼拜回一次家，所以学习时间比较多，每天有半个小时时间专门学传统文化。我刚办学校的时候，就跑去找老师，老师见到我说："你这次来肯定是有什么事，电话都不打就跑过来了。"我跟老师说我办了个学校，学校的名字我都想好了，想叫老师写一幅校名的题字。老师跟我说，他最近因白内障刚做了手术，不能写，等他打坐打一段时间，恢复以后帮我写，一定让我赶上开课时间——现在学校的题字就是他写的。而且他很讲究，马上打电话给台湾，叫人把我这个学校的名字算一下，五行排一下，半个小时左右回了过来。

老师后来到太湖大学堂以后，也经常叫我去太湖大学堂看他。别人去看老师，都是要提前通报的，要经过老师同意。只有我，老师还给了我一个通行证，说我想来就来，不需要报告。通行证我现在还留着。

未实现的劝归计划

记：南先生在去太湖大学堂之前，在上海住过一段时间。南先生在上海期间，您和他的往来多吗？主要是因为哪些事情？

叶：我也经常去上海看南老师。

南老师小时候一直在地团。小时候在叶文斌的私塾里上学，私塾一共3个班级67名学生。因为场地和师资有限，三个班级是分时间授课的。叶公恕当时就是在我舅公的介绍下，暑假期间来到这个私塾兼职教书。

后来去浙江国术馆读书，还没毕业，战争爆发了。当时浙江省府主席鲁涤平兼任这个学校的校长，宣布学校解散。解散以后，大家回到原籍，等国家情势稳定以后再回来上课。当时温州包括南老师和高一届的，总共有七八个人，有一个是女同学。在瑞安人陈康（国术馆同学，比南怀瑾高一届）的回忆文章里说，南怀瑾看起来不太"合群"，和另外一个人都没有按照学校的指令回家。南老师先是去到重庆那边，后来去了大小凉山，还叫父亲把房子卖掉去大小凉山，说在那里开米行很有生意。老师的父亲不相信，找了两个亲戚去四川寻到了老师，看到他留着胡子在大小凉山自卫兵团天天练武。他们回去以后把情况告诉南老师的父亲。可是那时已经有人达成口头意向要买他们的房子了，没办法，只能卖给人家。南老师的父亲将房子卖掉以后就租到了象阳，在象阳住了几年以后，1948年，在现在的殿后买了房子。

1949年解放，1952年开始评定地主、富农、贫下中农。这个是有任务的，比如说五十亩地算地主，如果这个村里面，没有五十亩地的，有三亩地的，也是地主。南老师的父亲为人正直，一直好打抱不平。听说当时老师的父亲为这些人打抱不平，写了一首打油诗，被当时的工作队队长知道了，这就闯祸了，后来是被划为漏网地主还是其他的，这就不大清楚了。结果就判了六年，关在临平监狱。

南老师一直认为殿后是自己的旅居单位，和他在美国一样，不是他的故居。他是这样子跟我讲的。

当时卢声亮书记和周丕振夫妇一起到了地团故居，一看，南老师没有回家的原因，全部都写在赠言上了。也是通过卢书记指点出南老师不回来的原因。我后来就和地方上的一个朋友，在南老师的父亲住过的几个地方调查了一些资料。所有认识他的人或者村里面的干部，听老人说的，都认为他父亲是没有罪的，是很公正的，性格耿直。为了这个事情，盖了几十个章。我原先想着拿着资料到北京碰一下刘锡荣书记，给老师一个交代。

2005年的一天，我刚好在上海和一个战友在吃饭。老师突然电话打过来，他说："老弟啊，你在什么地方啊？"我回答我在上海，他说："我知道你在上海！"我听到这句话就很奇怪，我之前没有跟他说我来上海。我问老师在哪里，他说在长发公寓。他说："你现在到我这里来吃饭，要是赶不上，就自己吃点点心过来。不要坐出租车，坐地铁到我这里来方便一点。我叫一个学生给你打电话，他会告诉你到哪个出口来我这里最方便。"到了老师那里以后，他问我这次来上海干什么，我说我要到北京去。我说南师太的事情，我调查了一个多月，做了材料。老师把材料接过去，说："谢谢！谢谢！树大招风。本来这个事情，乐清市法院发个文件也就算了。因为像我这样，中央也很难决定这个事情。如果说我的亲人，或者我自己出面，虽然也很方便，上面发一个文件平反，那是一点意义都没有，况且我的父亲死了都这么多年了。共产党应该是有错必纠，有错必改，以我个人的名义写信要求，一点意义都没有。"结果就把我这份材料收走了。我记得我当时这个资料是有三份，寄了两份出去，还有一份怎么也找不到了。当时有一份是寄给柴松岳省长。我寄的是挂号信，并没有收到相关回信，不知道柴省长是不是没有收到。后来老师跟我说，这个事情柴省长是解决不了的。但老师心里是惦记的，虽然人是死了，但没有一个公正的评定。当时如果有一个文件，能给老师的父亲平反昭雪，我打算到老师那里，请老师回家乡。

最后，我和他聊天的时候，他说："老弟啊！我到地团去干吗啦！亲人也不在了，有些人还说我是骗子。为什么说我是骗子？我在台湾第一次做生意，那时大陆和台湾是通航的，第一次赚了一点钱，最后装了三条船，到舟山的时候，都被海盗抢走了。他们也知道，这个生意是做亏了。大家一块儿做生意，当然有赚钱也有亏本。至于我现在有没有钱，那是另外一回事。如果说我回到地团叶，还有人跪到我前面，说'南先生啊，你以前还欠我多少个银圆'，你叫我怎么收场。"

所以说南老师没有回家，这也是一方面原因。另外一个方面，老师也跟我讲，"过去的一个原则是'得道不还乡，还乡道不香'，他说他没有'得道'，应该是'学道不还乡，还乡道不香'。你说现在做官了，回家了，不是显示自己的威风吗，那有什么了不起。我得道了，到时候地方上的人说'这不是以前经常和我打架的南怀瑾吗，现在怎么样'"。各方面的原因综合起来，所以老师常跟我说起自己是"学道不还乡"。

但他心里还是想回家的，老师惦记着家乡，对于家乡的建设，包括金温铁路的建设，老师一直惦记着。

南老师在美国召集自己的学生，工商业巨子，有中国的，也有外国的，说自己有一个理想，在家乡投资一条金温铁路，这条铁路可以带动浙江半壁江山的经济发展。当时交通不方便，金华过来开汽车还要过渡轮的。当时老师对这些学生讲，他说投资铁路是傻瓜做的事情，建设要七八年十来年，收回成本可能要十几二十年，命长的人可能见到效益，命短的人，投资进去可能看不到效益，但这是为我们的国家，为了我们的民族。我们把地征过来，不能说十六万就按照十六万补偿，因为老百姓祖祖辈辈都是靠这块自留地为生的，应该加倍地发给他们，不能驱耕夫之牛，不能夺饥人之食。而且在金温铁路建设过程中，还讲到环保、经济。所有他自己的亲属，一个都不能参加，不能从中得到什么利益。当时老师还说过，想在家乡建海洋学院，把金温铁路的终点修到自己的家乡。而且吩咐侯承业博士，到乐清这段路另外要多少钱。因为这是一条合资铁路，国家和省里面认为建到地团叶不划算。桥梁两个亿，征地赔偿及其他工程造价九个亿，老师说都归他一个人。后来呢，地方上有些人写信，老师心都凉了，就改变主意了。千载难逢的机会，就这样错过了。

建金温铁路之前，老师也是没有钱的。他说钱从哪里来，是从脑子里来的，看你做什么事，得到多少人的支持。就是在南老师的推动之下，这条金温铁路才得以建成。省里面邀请老师参加竣工典礼，老师只写下"铁路已铺成，心忧意未平，世间须大道，何只羡车行"，说这条是人走的路，是运输工具，有什么了不起，我要建一条人心大道，人文大道。

铁路建成了，老师没有回来，没有坐上这趟列车。虽然省里发出邀请，但老师没有回来。老师曾笑说，他没回来，车没坐上，所以他手里一张金温铁路的火车票也没有。

另外，当初有签订协议，说金温铁路建好以后，旁边有五百亩地，给南师参与投资铁路的学生去开发，作为投资补偿，这个没有兑现。所以说，我们有时候做事情，一定要顾前顾后。老师并不看中这些，在他看来，人家帮助过我们，为我们付出的，我们不一定要金钱来还，在语言上，行动上，表示一种尊重和敬仰，这样也会使事情做得圆满。

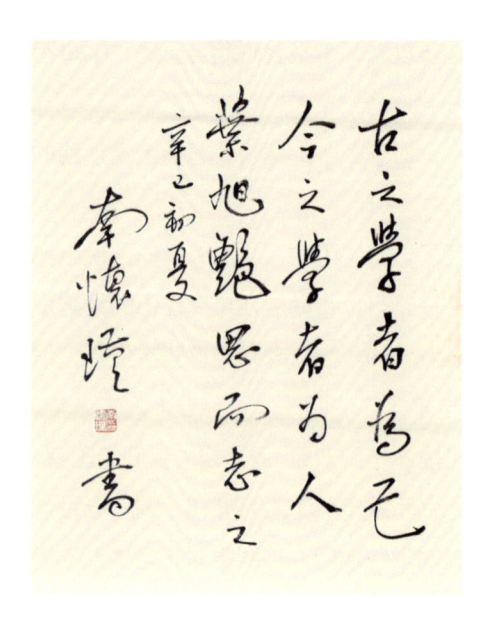

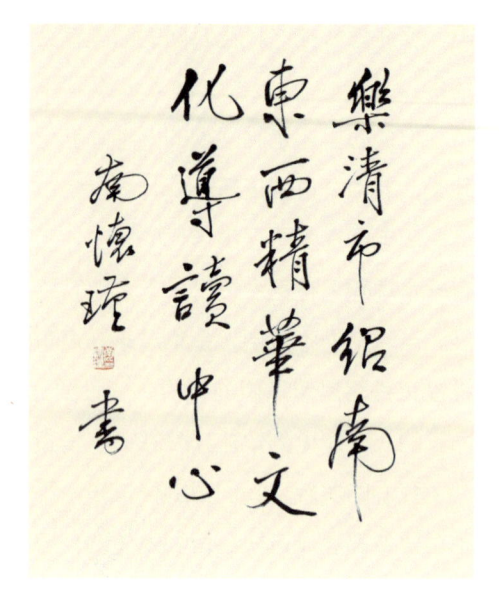

南怀瑾先生题赠叶旭艳　　　　　　　　南怀瑾先生给乐清市绍南东西精华文化导读中心的题字

老师已去，只剩追忆

记：南先生和您通信这么多年的信件有没有保存下来？

叶：信件有保存的，大部分都是文化上的交流、感情上的交流。所以说这些信件一直保留着。

记：之前听您说过和南先生有更深的渊源？

叶：是的。实际上你们都没有了解到，南老师为什么到中央军校读书。中央军校是什么？是一个国民党军官培训地。

南老师小时候，在我老舅爷家里读过私塾。我老舅爷叫郑空性，黄华人。1924入党，曾在潮汕当地委书记。长征的时候，他脱离党的队伍，后来一直在大学、中学、小学教书。

　　因为有这么一层关系，当时南老师在大小凉山，中途回来寻求自己的前程道路，想要进入学校，来找我老舅爷。我老舅爷和张冲曾是同桌，关系相当好。南老师回来找我老舅爷，说想去军校读书，我老舅爷就替他写信，联系张冲。这样，南老师才进入军官学校读书。

记：郑空性先生帮南先生写了介绍信后，后续两人还有没有接触？

叶： 后来就不清楚了，后来就没有谈过这个事情。

记：您印象中南先生还跟您讲过哪些印象深刻的事情？

叶： 最早在中央军校，南老师先是作为学生去读书的，第二年才当了政治教官。老师在中央军校上学的时候，有一天，讲中国地理和历史的老师在课堂上问中国为什么有龙的图腾，结果一节课四十五分钟，南怀瑾一个人讲了四十分钟，学生听呆了，老师也听呆了。后来那个老师向上面汇报说，这个学生我没法教了，好像他是老师我是学生。

　　之前很多地方写的南老师的出生日期都是1917年，后来是我把这个改过来的，改成1918年，现在大家才说是1918年。

　　我第一次去南老师那里的时候，以地方上老人的名义给南老师写了一封信，请他回家乡。我叫别人抄写的，一共五张，不是我的笔迹。老师拿过信以后，一页一页翻过去，没有特别仔细看，翻好了以后，老师对我说：叶旭艳，这封信，全部都是你的意思。看完以后，他讲了几个问题，第一点怎么样，第二点怎么样，一共讲了五个问题，我看南老师全部都看了，而且清清楚楚，不是随便看一下的。老师后来跟我说，看书啊，我教你一个方法。看小说，人物都是假的，内容基本上都是真的。看报告文学，人物都是真的，内容基本上是假的。

　　南老师说都是缘分，缘起缘聚。如果没有这个缘分，碰到都不认识。包括南老师的秘书赵海英女士，她也跟我说南老师怎么对我这么好，她说一般人第一次见面最多半个小时，你都见了一个多小时了，人家还有事情，肚子还饿着和你讲。有时候我到太湖大学堂，他就问我有什么东西带过来。然后会跟自己的秘书马宏达说今天的客人不去见行不行。就把菜烧起来端到里面，我们三个人，又把谢教授叫进来，谢教授能喝点酒，我们喝酒，南老师就用饮料代酒。这种关系，实际上就是人生当中的一种缘分。他也知道我这个人比较忠实，不耍滑头。南老师跟我讲，好多人来见面，是什么原因呢？有些人是抱着一种政治的关系，有些人是求些文化的东西，有些人在里面老老实实拍张照片，出门就张扬说南怀瑾是自己的老师。

　　本来我和老师约好了，2012 年的农历八月十五见面，后来 7 月份我打电话过去，是马宏达接的电话，老师说你要来就一个人来，不要带海鲜了，年纪大了，吃不动了，学校比较忙。我想想就还是等八月十五去。实际上过端午的时候，大家在太湖大学堂过节，老师那时有说了一句，"中秋节大家自己过自己的"。他好像已经预知了一样。

李丹：给不听话的学生的"最后一课"

李 丹

香港人，神经科专家。毕业于上海第二医学院，在澳门医院的小儿神经科工作了近30年，因疫情影响，现澳门的工作暂停，在香港生活。

访谈时间：2021 年 12 月 16 日
访谈地点：温州南怀瑾书院与香港林德深家中 Zoom Meeting 视频连线
访谈记者：陈怡

南师桃李满天下，在一众出类拔萃的学生中，李丹的资历很浅。用她自己的话来说："和各种医学头衔加身、专业名声在外的丈夫林德深医生相比，我是一个很普通的医生。欣慰的是，这么多年的行医经历，挽救了很多小朋友的生命。"

不同于那些争先恐后希求追随南师左右、亲炙其教诲的粉丝、学生，自嘲资质普通的李丹是被"逼"向南师求学。走神、开小差、干私事……对这样一名课堂上不听话的学生，南师极尽包容，因材施教，教其顺从己心。每每回想于此，李丹便深感南师的伟大。

本以为和南师缘浅的李丹，没想到自己有幸参与完成南师人生的"最后一课"。南师辞世时，李丹和丈夫林德深接受委托，给南师做最后的身体检查，做出死亡诊断。这是南师留给这名不听话学生的"最后一课"，也是李丹所珍视的、难以忘怀的重要一课。

由于疫情原因，身在香港的李丹通过 Zoom Meeting 接受记者视频在线采访。

被"逼"着去大学堂

记：在去大学堂之前，您认识或者说听过南怀瑾先生吗？

李：我之前完全不知道也不认识南老师，但后来因为彭嘉恒、马有慧等朋友，他们经常讲起南老师，通过他们的描述，知道南老师是一个知识渊博的学者。但是南老师到底是怎样的人，我是不知道的。

记：您是什么时候第一次见到南怀瑾先生的，是和您先生林德深一起见的吗？

李：说起来这是我很大的遗憾，2009年我碰到南老师的时候，正好是我筹备新科室——脑电图室正忙的时候。

2009年11月，我先生林医生让我和他一起去大学堂，这是我第一次见到南老师。从那以后，林医生就非常投入，特别想去大学堂向南师求学，觉得大学堂就是第二个家一样，每年都会去好几趟。一到假日，如复活节、五一、国庆、圣诞节、春节……有时间都要带我一起去。因为工作忙碌，我其实对去大学堂兴致缺缺，可以说每次都是被"逼"着跟去的。

记：第一次见南怀瑾先生前做了什么准备吗？初识南怀瑾先生，他的精神、身体状况如何？给你留下了哪些深刻印象？

李：去见南老师之前完全没准备，虽然从香港出发前就知道要去大学堂，但其实那次还有别的行程，就是参加慈善组织"扶轮社"在杭州的一场公益活动。这类外访我们每年都有几次，看望工厂里的困难职工、看望贫困儿童，力所能及地做些公益服务。在杭州参观完工厂后，因为离大学堂只有1个多小时的车程，彭嘉恒先生就提议去拜访南老师。当时我没想到会这么快就要和南老师结这个缘，以为杭州之行结束之后，只是随意去一下大学堂，再去上海玩一玩。

来到大学堂之后，我的直观感受是很震撼，建筑规模非常宏大，令人感叹太湖这里居然有这么典雅的地方。当时到大学堂的时候差不多是下午4点多，这一般也是南老师的会客时间。我们在咖啡馆见到南老师，简单的问候后，我没有和南老师交流，南老师也没有像点评林医生一样点评我。林医生当时对修证佛法已经是有些基础了，是好学生，而我什么也不懂。

见南师的第一眼，我就被他吸引了，老人家九十多岁了，但看上去像神仙一样，我对他的第一印象是慈祥亲和、非常健康、充满智慧，是一位学识渊博的学者。南师的记忆力非常强，逻辑清晰，你说什么话，前后说得不一致的，他都能指出来："你刚才说的内容不是这样表述的。"学生回答："是的是的，错了错了。"我对他这点非常敬佩。

记：您在大学堂的学习行程具体是怎样的？

李： 彭嘉恒先生这么热心地牵线介绍南老师，我想一定有他的道理，就抱着试一试的心态，在大学堂里跟随南老师学习。

这之后住在大学堂的几天时间里，彭嘉恒先生就带着我们打坐。之前在香港的时候我也有打坐的习惯，因为我和林医生参加过香港的一个瑜伽班，在瑜伽班里大家都会练习打坐。但不同于林医生每天打七炷香，我当时是每天上午打坐一炷香，下午一炷香。

不过我在大学堂打坐的时候常常会想：我在这里干什么？我是在浪费时间！当时内心是比较抗拒的，觉得是被林医生"逼"着来的，人在那里坐坐，脑子却天马行空，想自己的工作，完全不能静下心来。最初在大学堂学习的几天，几乎都是这种游离的状态。

说起来很惭愧，也很罪过，大学堂里的学生基本上都是用尽千方百计才能进来向南老师学习的，很多粉丝为了见南老师，托这个、托那个，想走关系都进不来，我大概是唯一一个被"逼"着来学的。

在大学堂学习的时候，每天晚上就听老师"开示"（讲课）。南老师会就一些问题发表见解，也会推荐一些书给我们读，读了书，我们学生再向南老师做报告。像林医生就做过很多报告，而我在跟南老师学习的三年时间里，只做过一次报告。

老师晚上"开示"的时候，大家非常珍惜，都很希望能坐主桌，和南老师距离近一些。主桌一般是给重要的宾客坐的，能坐主桌，学生们都感到很荣幸。我们每次来，同学们都很客气，让我们坐主桌，但我会带着我自己的笔记本电脑，偷偷地溜到后面的位置，做我自己的事情。

我知道南老师把这一切都看在眼里，知道我人在那里，脑子在想其他的事情，对我的溜号行为，老师也看得一清二楚，但南老师从来没有责备过我，非常宽容仁慈。有时候我也在想，是不是冥冥之中南老师预知我在他生命的最后时刻，会给他做出重要的决定，所以让我成了他的学生，而对我的学习却不强求。

记得有一次我偷偷溜到饭堂的后排座位时，第一次看见老师的表情里流露出"孺子不可教也"的神色，当时我就觉得这样的行为对南老师非常冒犯，很不好意思，但又不敢回去，只能在后排偷偷地做自己的事。课后，老师离开经过我旁边，笑着和我说："呀，你还没有走啊？"我马上起身道歉："南老师不好意思，对，我还没有走。"然后南老师笑嘻嘻地就离开了。那天我印象非常深，后来我还写了一篇文章，专门记述了和南师的这件事。

在跟随南师学习的日子里，南老师看到我这么多不尊重、不礼貌的行为，却从来没有发过脾气，没说过一句重的责备的话，总是面带笑容，和蔼慈祥的样子。

南师总说"我不是你们的老师"

记：南怀瑾先生对学生是怎样的教学方式？南怀瑾先生是因材施教，应人而教，您是神经科专家，南怀瑾先生对您的施教有什么特别的吗？

李：我们常自称是南老师的学生，但南老师从来都是说"我不是你们的老师"。这句话在同学当中很出名。

上至达官显贵，下至平民百姓，南师教诲启发了很多人，但从来不承认是大家的老师，我认为这是南老师伟大的地方。他从来不是高高在上的形象，他是用平等的身份跟大家交流，通过引导我们怎么样去看待一项事物，给予人很多启发，这个启发的过程就是教授的过程。

我是医生，但这个世界不光只有一个自然科学，除了科学还有很多其他的东西，科学只是宇宙的一小部分，还有很多我们无法论证的东西，无法论证不等于不存在。不论是关于做人还是做学问，南老师都引导我们去思考多种可能性，给我们很大的启发。

虽然上课开小差，干自己的活儿，但在上南老师的课中，我还是耳濡目染地接收到了很多信息和教诲。现在回想起来非常可惜，要是我那个时候意识到要好好学的话，可能会收获更多。

记：跟随南怀瑾先生学习，您做过哪方面的报告，得到过南怀瑾先生的什么点评和指教吗？

李： 因为新科室有很多繁杂的事情需要做，刚开始我很抗拒打坐。虽然在大学堂打坐很勉强，但后来我的打坐慢慢进步，感觉到"定"能生慧。这个"定"能产生很大的力量，帮你平静心情，解决很多事情。这是一个慢慢变化的过程，一个阶段一个境界。我是初级的"定"的阶段，在感觉到"定"带来的舒服、欢愉后，我就写了一篇报告给老师，讲述自己打坐的感受，这是我的第一份报告，也是给南老师做的唯一一份报告。

在报告中我也向南老师提出了自己的疑惑："打坐和学习佛学都要花很多的时间，会不会影响我现在正在做的工作？这是不是会浪费我的天分呢？我的工作是治病救人，因为打坐影响工作，是不是和佛法说的善行有冲突，我现在应该如何选择？"

南老师没有直接告诉我应该怎么选择，我记得他当时笑了笑说，"很多人问过这类问题"。他让我自己去体会，遵从己心。南老师的教学风格就是这样，不直接给结论，而是引导你，让你自己去体会，自己去找，每个人会有不同的答案。

那时，我就顺其自然，每年往来大学堂和香港。在香港的时候我也会看一点南老师的书，虽没有像林医生那么系统地拜读南老师的著作，但每当觉得生活工作中有困惑的时候，就翻一翻南老师的书。看南老师的书后再打坐，心就会特别地静。就是很可惜，跟随南老师的时间太短了。

慢慢地，我也不再觉得在大学堂里学习是浪费时间了。我很喜欢大学堂里的同学，大家都像兄弟姐妹一样。每年去大学堂，就像回自己的家一样，很亲切的感觉。

记：从 2009 年到 2012 年，在跟随南怀瑾先生学习的三年时间里，您每一次都是和林医生一起去大学堂吗？

李： 全都是一起去的，不过每次都是我先回香港，因为我的假期不长，一般是待三四天，林医生一般都会待一个星期。按照大多数同学的经验，其实一个星期才刚刚进入学习的状态，我是状态还没进入，就要离开了。所以我就没有得益太多。

"最后一课"印象深刻

记：南怀瑾先生 2012 年 9 月 14 日入院，他去上海住院的消息您知道吗？您是什么时候知道南老师病重的？

李： 在跟随南老师学习的三年中，南老师给我的"最后一课"最为深刻。我也想趁这次机会重点讲讲。

通常每年 10 月 1 日国庆长假，我们都会去大学堂。2012 年的 10 月 1 日，原本也想要去。大概是 9 月中旬的时候，彭嘉恒先生告诉我们，南老师病得很严重，到上海就医，暂时不能见任何人。因为南老师的身体状况接待不了任何访客，且入学堂给我们的反馈是让我们不要去。于是我们就打算取消原定行程，等南老师病情好转再去。我们以为南老师这病应该会好。

因为我们的机票都已经买了，我们就计划要不要到大学堂附近的杭州或苏州的一些寺庙，打坐修习一段时间。后来 9 月 25 日左右，林医生打电话给我，让我赶快准备一个清单，说大学堂邀请我们去看看南老师的身体情况，给老师做一个鉴定。

记：南怀瑾先生的学生很多，为什么找了您和林医生做鉴定？

李： 南老师的学生是非常多的，做医生的也有很多，但在南师最后这几年里，经常去大学堂跟随南师学习、接触比较深的医生就是我和林医生，所以他们当时第一个想到的是我和林医生，觉得我们比较合适。

记：当得知要为南怀瑾先生做死亡鉴定，在去之前您做了什么准备？您之前做死亡鉴定的经验丰富吗？

李： 在准备这个清单的过程中，我们按照最复杂的去准备，但是会按照最简单的去做。考虑到老师如果还有生命的话，从 9 月 19 日回到大学堂到 9 月 25 日，这么多天没有吃喝，身体的脱水情况会很严重，当务之急就是给南老师静脉补液，这些设备都是要事先准备的。好在我们同学中间什么人都有，当时吕松涛大哥的公司旗下就有医院，我们就将所有需要准备的东西尽量准备得齐一些，包括心电图仪器、脑电图仪器等，各种各样的检查仪器，清单上至少列了十几个类别，每个类别里还有不同的细分类，松涛大哥按照清单全都帮我们准备好了。

在医学界，对死亡的判定越来越复杂。死亡鉴定表里有很多的鉴定项，我们医生在临床实践中会碰到很多似是而非的死亡的情况。也不是所有的医生都能做死亡鉴定的，比如说一个病理科的医生是不能做死亡诊断的。神经科的医生是有权做死亡鉴定的医生之一，这就是我的专业了。

南老师可能一早就知道我会为他做这件事，所以对我当初的冒失行为这么容忍。（李丹笑着说道）

9月28日晚上，我们一到大学堂，走进会议室，就看到会议室的角落里面，堆得小山一样高的，都是我们清单上的物品。

记：南怀瑾先生的逝世时间在当时有比较大的争论，很多人认为2012年9月19日上午南师在上海中山医院就已死亡，也有人认为当时南师只是入定。您和林医生对此有争论吗？

李：当时我们对老师的状态是死亡还是入定没有争论过，因为那时我们得到的消息就是南老师入定了，所以我们准备的清单也是按照老师在入定的情况下列的。考虑到老师的状况是入定，可能会需要很长的时间慢慢恢复，我们待不了太久的时间，最多一个星期到十来天。接下来由谁来看护老师？我们当时还讨论了这个问题，打算从南师大学堂的学生中选一个合适的人，教他看护的方法。所以当时我们认为老师在入定，我们第一感觉也是老师在入定，一切都是以老师入定为前提思考准备的。

我们当时不知道，后来到了大学堂，才知道大家对于南老师到底是入定还是死亡争论得很厉害。

记：2012年9月28日，您是在具体什么时间到达大学堂？当时是第一时间先去看了南怀瑾先生的情况吗？

李：9月28日我们飞抵上海，南师的学生陈金霞派车把我们从上海接到大学堂。到大学堂已是下午4点多，我们第一时间就去开会了。因为大家很保护南老师，去看南老师之前，要做好充分的准备，不能贸贸然冲去看。比如我们要给南老师做详细检查，检查的设备就要准备齐全。要做什么检查，多少人进去检查，这些工作都要做在前，也要和护持小组报备。

当时南老师的七人护持小组成员有刘雨虹老师、马宏达兄、李慈雄董事长，素美姐等，他们都非常保护南老师，虽然我和林医生都是医生，但他们也很谨慎，怕我们做的一些事给南老师的身体带来不利的影响。

记：当时第一时间在大学堂的会议都讨论了什么？有哪些人参加，会上有什么争论吗？

李：当时的会议，南老师的七人护持小组成员都在，另外还有南老师的亲人南一鹏等，此外还有一些其他学生，总共有二三十人。大家争论的焦点是南老师到底是入定还是死亡。

我们到达之后，会上先听了七人护持小组以及那些在上海医院最后的时间里陪护南老师的人介绍，南老师最后在医院到底是什么情况，医生到底是怎么说的。听了他们的介绍之后，我觉得不能说南老师当时在上海医院就已经死亡了，感觉结论是不确定的。

我记得有一位最后陪在老师身边的人，具体不记得是哪位了，他说，老师最后的心电图虽是一条直线，但是过一段时间还会跳动一下，就是间隔一段比较长的时间跳一下，还有一个波，但跳得很少，不像正常人的心电图那么一下一下有规律地跳。依据这个说法，就不能说南老师的心脏完全停止跳动。而且南老师所在的上海医院也没有出具死亡报告，如果医院肯定一个病人死亡，应该出死亡报告，但我问过，从头至尾上海医院是没有为南老师出具过死亡报告的。

所以我就在会上说，要判断南老师现在的状态，我们明天要做一个彻底的检查。

死亡的定义是什么

记：您和丈夫林医生一起帮南怀瑾先生做了身体检查，做鉴定前都

做了哪些准备，当时您主要负责什么？

李：刘雨虹老师之前对外也有说过，南老师以前在台湾，有过禅定的时候气住脉停这个情况，这几年我也看过有关方面的书，当中有很多关于得道高僧气住脉停现象的阐述。对于南老师修行这么高的人，我们就得出结论，检查一是要看有没有生命的迹象，没有生命迹象就是气住脉停，心电图没有了，甚至脑电图也没有了；还有一个要检查的是有没有出现死亡的现象。

如果只是没有生命迹象，但还没出现死亡现象，那我们就不能下结论说南师已经死亡，他可能只是入定。死亡现象是指人死后会出现很多变化，比如尸斑、眼睛干、角膜穿孔、瞳孔散大，另外还会有皮肤的溃烂、臭味，不同的时间，会有不同的变化。人的身体每个部分随着时间变化的速度是不一样的，人体的内脏最先发生变化，但头发、指甲可能长时间都不会变。而每个人体质也是不一样的，所以我们只能依靠身体的变化判断某种情况出现是在某个时间区间内，不能给出确切的时间。这也为我们后面的检查留下了一个难题，我们只能依据这些变化，推理出大概的死亡时间范围。

当时很重要的一项检查是给老师做脑电图，因为对一个人来说，到底他有没有生命，有没有死亡，归根结底最后一步就是看脑电图，如果脑电图没有任何脑电波出现，是一条直线，那我们就判断这个人正式死亡，这是现代医学最后一步，也是最客观的诊断死亡的方法。如果老师真的是在入定的话，脑电图将会是很重要的一个标准。我们说要给老师做个脑电图，当时刘雨虹老师很不放心，问我们到底要对老师做什么，怎样做。为了消除他们的顾虑，我就提出说先找个人来示范一下脑电图检查如何操作。看示范过程，评判对南老师身体的危害性，七人护持小组再讨论是否通过我们做脑电图的建议。

当时脑电图仪器就在旁边，南一鹏自告奋勇说："我来。"最后就由他当模特儿来做脑电图检查示范。做脑电图检查时头上要粘很多电极，我们一边粘，一边解说，粘不同的区域各代表什么，能看出什么。因为脑电图检查比较复杂，而且不可避免地需要摆弄身体，当时刘雨虹老师在旁观看后就皱起了眉头，说："啊，你们还要做这个啊？"我也知道他们可能不会接受，我说："那么就不做了。"他们附和说："对对对，不要做了。"

就这样，七人护持小组认为脑电图检查对南师身体的打扰太多，决定不做，我

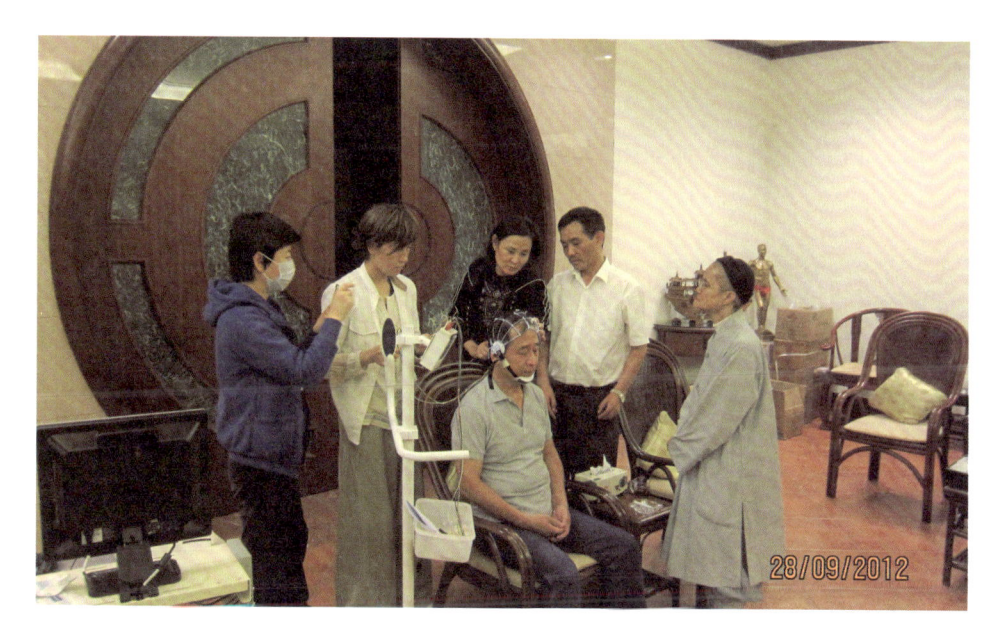

林医生夫妻给护持小组示范要做的项目，南一鹏自愿做脑电图的模特儿

们也就放弃了，决定第二天先给南老师做一些基础性的检查再说，但会带血压表、心电图仪器以及一些基础性的检查仪器，如听诊器、电筒。从讨论到最终决定给南老师做哪些检查，整个过程大概花费了3个多小时。

在当晚的讨论会上，我们还讲解了一些基本的医学常识，介绍了很多临床当中似是而非的死亡个案，每年被误判死亡的案例不在少数，我们想表达的是诊断死亡很复杂，死亡的诊断是一个很大的挑战。

记：您之前做过很多死亡鉴定，这次给南怀瑾先生做有什么不同？

李：我是神经科的医生，做过很多死亡鉴定的工作，有很多临床经验。平时其他科室碰到病人的情况不确定，也会找我们去会诊，因为我们的科室是最有诊断的权威性的。

医院里做死亡鉴定不会拖这么长时间的，要很快判断，一般你看到一个病人没有生命迹象就会宣布死亡。我们目前众多的诊断标准里，是以生命迹象作为诊断死亡的依据，这也是现代医学的标志，没有生命迹象就是死亡。

对一个医生来说，生命和死亡似乎是一些顺理成章、十分容易界定的现象。但是我们现在面对的是南老师，不是一个我们平时见到的普通病人。同学们对南老师究竟是禅定还是死亡的情况有一些争议，这使得我们要再重新审视：什么叫生命，什么叫死亡？我和林医生讨论后，强调对南老师的死亡鉴定一定要做到这两个标准：第一步，看究竟有没有生命现象。如果没生命迹象的时候，我们需要再做第二步的检查，看有无死亡现象。两者具备才可以下结论。

那为什么南老师的死亡鉴定要多一步看有无死亡的现象？就是为了保险起见，担心像老师这样禅定经验丰富的人，看上去没有生命迹象有可能是在入定，不想贸贸然下死亡诊断。

当时对南老师的检查就是这样定下来的，检查时间定在第二天下午。

理智与情感拉扯，给出专业判断

记：在给南怀瑾先生做检查的当天，您做了哪些准备？

李： 9月29日上午，我特地一早起来，去打坐头支香（头支香是6点开始），想让自己的心静一下，这也是我跟随南老师学习之后养成的一个习惯，每次在做重大事情之前，我都会打坐，平静自己的心情，祈求神明给予我力量，祈求所有的事情顺利。

那天的情况很奇妙。那段时间，不论是在香港还是大学堂，每天的天气都是阴沉沉的，看不见一丝阳光，而就在那天6点不到，我去打坐的路上一直想着给老师检查的事情。走到大长廊时，突然看到了太阳从东边升起，圆圆的，红红的。我当时看着那太阳，脑子跳出来一句粤语俚语"一天光晒（云开雾散）"！整个天都亮了，就是形容什么问题都顺利解决了。（这是南老师给我的提示吗？）

打完坐，7点至7点半是早饭时间，吃早饭的时候，七人护持小组通知我们要早些开始给老师做检查。而原定的检查时间是午饭后，下午开始。

李丹在南怀瑾先生荼毗炉前忏悔，后悔没有好好利用之前的学习时间

记：给南怀瑾先生做检查，您和林医生是如何分工的？当时卧房里的具体情况如何？

李：当天上午 10 点半左右我们去给南老师做检查，陪同的有南国熙、南小舜、宏忍师，共 5 人。进南老师房间前，我们就问宏忍师南老师当天最新的情况，我们 5 个人围在一起讨论，这个场景还被一旁的彭嘉恒先生拍了下来。那张很珍贵的照片，我到现在还珍藏着。

我和林医生是有分工的，我主要负责检查，林医生负责记录。其他人南国熙、南小舜、宏忍师则是负责监督整个过程。

老师的卧室外面是书房，书房内有几个人在守着南老师。在南老师卧房门口，就看到登琨艳先生手里拿着一本书，像门神一样，冷冷地瞥了我们一眼，那个眼神仿佛在说，要对老师做什么，先过他这一关。书房的另外一边有几个女法师在写字，其中有体悟师，我们进去前要先脱鞋，那时是 9 月底，大学堂里很冷，我脱鞋的时候体悟师马上把脚上的鞋给我，让我"穿这个、穿这个"。

卧室内，马有慧老师坐在离老师较远的角落里打坐，她已经在南老师房间里打坐了好几天，我进来的时候由于太专注，竟没有看到她，我们5人进去就围在了南老师的床前。

记：能讲讲给南怀瑾先生做检查的详细过程吗？其中有什么让您印象深刻的事？

李： 关于如何给南老师做检查这个问题，因为当时七人护持小组有要求，如果我们要发表这方面的文章或者讲述这方面的详情，要先得到他们的许可，所以我们这次暂时不展开讲这段内容，以后有机会再聊。只能说我们当时给南老师做了非常详细的检查，从头顶查到脚底心，从前面查到背面，检查得非常细，一点都没有漏。

做了这么多年医生了，我们当时一看到南老师的状况，其实心里已经大致有个结论了：老师已经走了。但我们需要证据来证实自己的想法，所以我们还是给南老师做了完整的检查，进行了详细的记录，这是对南老师负责，对所有同学负责。

所有能做的检查都做了，但之前想要做的脑电图检查是没必要做的。其他的检查足以证明我的结论。最后，我说我们还是照常规做下心电图吧，特地做了比较长的时间，做了5分钟，当时心电图显示和在上海医院最后的时候不同，已经完全是一条直线了。

检查结束差不多是下午1点多，整个过程大概经历了两个半小时。

我记得当时我们检查到一半的时候，突然马有慧老师出现在我旁边，说"我走了"。当时我正在以自己的专业知识，按照程序，心无旁骛给老师做一项项检查，也没有发现她的存在。

后来我们聊起南老师的事情时，就讲起了这件事。我那时才知道，她一直在老师身边打坐，她之所以突然离开，就是她知道老师走了，她没必要再待下去了。

记：当时检查完后，是您出具的南怀瑾先生死亡报告的吗？

李： 当时做完检查，虽然我和林医生当场都没有说话，但陪同检查的人，大家心里其实都有数，已经有结论了，特别是宏忍师。之前宏忍师是最坚定地认为南老师是在禅定的人，但她看完我们一整套细致的检查之后，有了另外的结论，特别是听了我们对南老师的死亡报告后，没有一点疑虑，是完全信服的。

检查完，出南老师房间后，我们就先去吃饭了。那些同学和护持小组的成员都非常好，大家其实很想知道结果，但没有追问我们，反而劝我们"先吃饭，先吃饭"。吃饭前，我去饭堂后面洗手，那时候南国熙先生过来说："医生，我看见你洗手了，我想你已经有结论了。"我回答："你放心，我会以我的专业、我的名誉来做这个结论。"

吃完饭后，我和林医生就马上回去整理资料了，我们要写个报告给七人护持小组。非常奇怪，我一直是一个很冷静的人，作为专业的医生也见惯了很多死亡，当我们按照程序做完了检查，在写报告的那一刻，我却变得很反常。其实我们做检查的时候，心里已经有结论了，但和林医生回到房间讨论写报告的时候，我们两个人争论了很长时间。林医生是很冷静的，反而是我当时突然产生一种不舍的情绪，一直对照着检查记录，鸡蛋里面挑骨头，"这种情况不光人死了有，活人也会有。""那种情况也不能说只有死亡才会出现……"诸如此类，和林医生进行争辩，反复辩驳，反复推翻自己做的检查结果，这个争论大概持续了一个多小时。

后来林医生就看着我说："你怎么回事，我们是医生啊，要从专业的角度来判断一个人有没有死亡。"那时我脑子突然"啪"一声，就"醒"了，之前我一直陷在南老师学生的身份里，怀着一种亲人的感情，现在一下又回到了自己医生的身份。林医生就是我的"定海神针"，他没有一点动摇慌乱过，把我也拉了回来。我们刚开始写报告，不久前打过电话来询问进展的彭嘉恒先生和马宏达兄，这时候就敲门进来了，问："到底怎么样？"他们觉得很奇怪，下一个结论应该是很快的，怎么这么长时间还没有出报告，怕我们碰到什么问题。

那时候已经下午 4 点多了，时间是非常紧张的。因为马上就要到十一国庆假期了，我们要赶在法医放假之前，让他来给南老师做个结论，如果赶不上，就得等到十一长假之后。所以马宏达兄听了我们的简单总结后，马上就去找法医。林医生对我们的检查结论进行总结，写了报告，交给七人护持小组。

记：当时宣布南怀瑾先生死亡报告时，具体是怎样的情况？

李： 当时七人护持小组把大家召集到主楼办公室开会，有二三十人在场。关于

2012年10月4日，林德深教授和彭嘉恒先生在南怀瑾先生荼毗炉前合影

会议的具体情况，刘雨虹老师曾有过不少详细的记述。虽然我是给南老师做检查的人，但南老师的死亡报告是由林医生写的，也是由他宣布的。

那时，林医生在会议上宣布："南老师已经没有生命的迹象，部分身体已出现死亡迹象，身体不可再用了。"

我们平时做一个死亡结论很简单，就是给一个结论，没有详细的记述检查看到的情况，但是，写南老师这个报告的时候，我们斟酌了很久。斟酌的点在于，既要传达明确的信息——老师走了，同时还要考虑很多其他东西，要顾及南师的尊严，顾及学生们的感情，在报告的措辞表述上要专业、严谨、婉转。

记：当时做完南怀瑾先生的死亡报告，其他人都没有异议吗？

李：有人提出疑问。我们当时做完检查之后，人人都很想知道，偷看我们的脸色，但老师的学生素质都很高，没有人直接问我们当时具体看到了什么。我估计，很多人也从我们的微表情、神态中读取了一些信息，他们对南老师的状况是有心理准备的。所以后来七人护持小组召集大家开会的时候，好多人都知道怎么回事。

当时会议的氛围很忧郁，林医生宣布完之后，大家商定于 9 月 30 日晚进行荼毗仪式。第一个开口的是南老师的年轻学生李想，他当时情绪比较激动，说："你们昨天还在说老师在禅定，明天就一把火把老师烧了？"后来我们也和李想进行了交流，他说："很抱歉，那个时候只是脱口而出，不是针对你们。"

其实荼毗的那个炉，一早就在大学堂里建了。当时一听上海医院的医生说老师已经走了，就有人马上回大学堂盖荼毗的火炉。当时大家对南老师的状态还有争论，为什么荼毗的火炉一早就建好了，这确实是很矛盾。一方面南老师所有的后事都在准备了，另一方面又在说老师还没有走。大家都有自己的道理，没法下结论。这也是刚开始不让我们来拜访大学堂，后来又紧急找我们来做鉴定的原因，就是来帮忙解决这件困扰大家的事情。

我们那天检查完后，第二天就是老师的荼毗仪式，很多资深的学生都没有机会再见老师最后一面，终身遗憾。因缘巧合，我和林医生因为要给老师做鉴定，成为最后见到老师的人。

我们一直说，那个荼毗的日子是南老师自己选的。那天正好是中秋月圆之夜。"桌面团团，人也团圆，也无聚散也无常。若心常相印，何处不周旋。但愿此情长久，哪里分地北天南。"南老师曾即兴作了这首富有禅意的小诗《聚散》，后被谱成了歌，在我们学生中传唱。南师其实早就向我们示现了无常之意义，在月圆的时候离开这个世界。

记：南怀瑾先生的死亡报告里，给出了南怀瑾先生具体的死亡时间推断吗？

李： 没有，死亡时间很难推断，我们没有办法从后面推断出确切的死亡时间。到底南老师是在哪一天过世的，这个问题后来很多人都问过我，包括南国熙先生，但无法确定。因为我们是 28 日才到的大学堂，只能说是在 9 月 19 日至 9 月 28 日之间，肯定不是 19 日，也不是 28 日，具体是哪一天，不能根据我们之后的检查得出结论，像上面提到过，根据身体出现的死亡现象以及身体的变化只可以得到一个大致的死亡时间范围。

当时的那份南师的死亡报告是交给了七人护持小组，不知道刘雨虹老师有没有留底，但我们自己后来做过一份更详细的死亡报告，里面详细地记录了具体的检查发现，这份报告是我们自己留存的。

记：当时在宣布南怀瑾先生死亡报告时，林医生是有大哭的，您当时是怎样的情绪状态？

李：我没有林医生反应这么大，林医生当时的反应非常大，他和老师的感情是非常深的，他哭了以后，很多同学也跟着一起哭了。我当时没有哭，很冷静。看看大家是否还有疑问需要解答。

不过后来碰到同学，我都觉得心里很惭愧，毕竟是我们把南老师还活着的希望给掐灭了，把这层窗户纸给捅破了，如果不是我们的报告，大家还是抱着一线希望。

在等南老师荼毗的那几天时间里，有一晚，我散步碰到宏忍师，我说："对不起呀，我们做了这样的结论。"宏忍师说："哎呀，没有啊，太感谢你们了，我是最保护老师，最坚持老师没有走的人，你们检查之后，我也信服了，你做得没有错。"听到她这么对我说，我的心舒服了很多，但还是非常难过，看到其他同学，像自己犯了错一样，不敢直视他们，觉得他们都在怪我。

不是说我做了不确定的诊断，而是我把这个消息捅破了，接着就进行老师的荼毗，老师彻底离开我们了。那时整天在大学堂里散步，心里不停地纠结这个事情，感觉有个石头压在心上。

后来有一天我在大禅堂里打坐的时候，突然一下就看到南老师了，他就站在我面前，笑嘻嘻地看着我，说了一句"我走啦"，带着温州的口音。当时我一听到，心里所有的结都解开了。那个压在心上的石头"嘭"一下就碎了。我在大禅堂里不停地哭，可能南老师看到了我内心的压力，所以来告诉我他准备好走了，让我不要难过。我知道南老师没有怨我，心里对老师充满感激，我由衷而发，说："感谢您，南老师！"

死亡之后还有什么？

记：9月29日下午，当地的法医给出了南怀瑾先生的死亡报告。为什么你们已经做了死亡鉴定的报告，还需要法医来？

李： 因为我们不是内地的医生，我们只能在自己的职业场所内，在自己的医院出具死亡证明，出了我们自己的医院，虽然能做诊断，但没有法律效力。南老师的死亡证明最终是由太湖七都镇的法医出的。

为什么刚开始不直接找法医做死亡鉴定，是因为大家担心法医不理解南老师禅定的状态，毕竟这超出了一般人可接受的认知范围，如果没有修行的经验，可能就不理解气住脉停的情况。像我们平时一样判断死亡，只看生命迹象，不会去看死亡现象。这是出于对老师的负责，不想轻易地下一个结论。所以七人护持小组就想到我们这些又有打坐的经验，又有医学知识的学生来先给南师做鉴定。

后来我也是听同学们说，那个法医来了之后没有再做一遍检查，也是我们怎么说，他怎么写，走个流程。

记：南怀瑾先生的最后一课，会让您对死亡有新的认识吗？

李： 以前我对死亡的认识比较简单，所有情况标准符合之后就是死亡。现在我会想，是不是死亡之后，还有什么其他东西，是不是有第八识？会去琢磨其他的可能性。现在还没有办法证明第八识，对于死亡是不是还需要用其他方式去诊断证明？目前我也还没有能力去解答这个问题。

南老师给我的最后一课，教会我以包容的态度，拓展思维，沿着更多的方向和角度去研究、去思考。

记：从大学堂回来之后，你们复盘讨论过南怀瑾先生的死亡鉴定吗？

李： 这个问题其实一直会讨论，和彭嘉恒先生、马有慧老师等，我们碰到了就会经常在一起讨论，到底老师是哪一天去世的，这是一个反复被提及，又难以解答的问题。南国熙先生后来还特地请我们吃饭讨论这个问题。也有很多人来问，老师死亡的后面有什么？因为外面有各种各样的消息，声音很杂。

记：在南怀瑾先生离开后，您还有去过大学堂，还有继续读南怀瑾先生的书吗？

李： 老师走了以后，我们曾短暂访问过太湖大学堂一次。我们前几年还有经常去太湖，所有纪念南老师的活动我们都尽量参加。每年我们都要来一两次内地，参加与南老师相关的活动。疫情开始以后就没有再去。

每年到南老师的纪念日，彭嘉恒先生都会在香港组织一些纪念活动。我们每年都参加，也有很多南老师的学生参加，大家会畅聊自己和南老师的因缘和故事。

南存辉：更好的修行是回馈社会

南 存辉

南存辉，1963年7月生，浙江省温州乐清市人。现任正泰集团股份有限公司董事长，全国政协常委、全国工商联副主席、中国电器工业协会会长。

陈 建克

正泰集团董事、副总裁，温州南怀瑾人文公益基金会理事长。

访谈时间：2022 年 3 月 24 日
访谈地点：正泰集团
访谈记者：张泊芸
文字整理：戴江泓

南存辉系南怀瑾先生同宗，南怀瑾先生称他为"我侄"。2009 年在南怀瑾先生的感召下，正逢企业上市过会紧要关头的南存辉，放下繁忙工作，跟随南怀瑾"闭关禅修"。南怀瑾先生仙逝后，南存辉发起成立南怀瑾人文公益基金会，也为温州南怀瑾书院落户三垟湿地作出了有力的支持。身为企业家，南存辉遵循南怀瑾先生教诲，知行合一，用实际行动践行"更好的修行是回馈社会"。

读《论语别裁》领悟知行合一

记：您在见到南怀瑾先生之前已经读过《论语别裁》，您觉得这本书给您最大的启发或收获是什么？

南：南老对中国传统文化有自己独到的见解，初读《论语别裁》时，我能从中真切感受到国学的力量。当时虽然还未见过南老，但品读他的著作，仿佛在与南老面对面交流。他深入浅出娓娓道来，用《论语》启迪生活，让人受益匪浅。阅读此书，我受启发最深的是，做人应当从做学问开始，而这个学问，不仅是指书本上的知识，也不仅是指把书本上的知识简单地装进脑子里，而是要禅悟做人的道理。南老教育我们，要树立"仁"之人生观，做到知行合一，这些也是指引我一直前行的重要精神食粮。

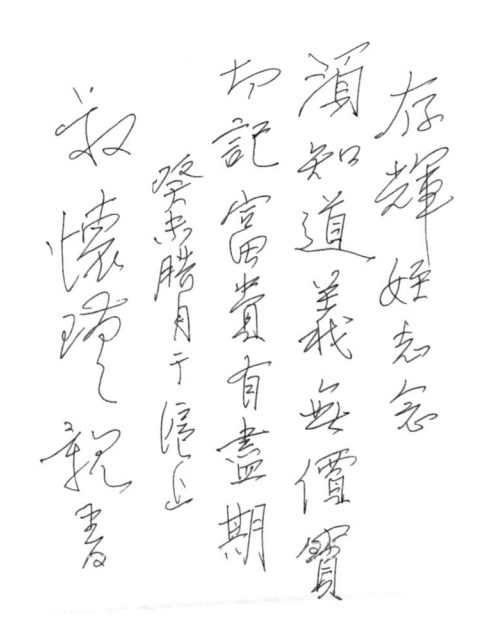

南怀瑾先生书赠南存辉

有人认为中华文化"原地踏步",南老谆谆告诫我们,旧邦有新命,要相信中华文化的力量,不可墨守成规,不光诵读经典,更要身体力行。他经常强调,世界强大民族之间的竞争,最终是文化力量的体现。

记:您还记得第一次去香港拜访南怀瑾先生的情形吗?哪些话题让您印象深刻?

南: 20多年前,友人从英国出差回来,邀我一起去香港拜访南老。机会难得,我怀着崇敬的心情,随同拜访了南老。南老虽已年高,但鹤发童颜、精神矍铄。见到家乡来人,又是本家后生,南老显得非常高兴。

谈话间,南老兴致勃勃地谈起南氏家族和家乡石碑等古迹旧事,怀乡之情溢于言表,他嘱咐我以后到香港,就来家里吃饭。当天,我们相谈甚欢,从香港回到温州的第二天,我意外收到南老让助手宏忍师发来的传真:"昨晚很高兴,把辈分搞错了。如果你父亲比我年长，你就叫我叔叔；如果我比你父亲年长，你就称我为伯父。"

私下里，我是排过辈分的，但是初次与南老见面不敢造次，没想到细心的南老却记得。南老还嘱咐，以后见面时，不能叫老师，只能称伯父。有时候，跟客人一起拜访，南老会说："客人来访，我要站起来相迎，但存辉是我侄，我就不用站起来了。"

记：听说您第二次去香港拜访南怀瑾先生，是与您父亲一起去的？

南：是的。第一次拜访南老后，我将来龙去脉告诉了父亲。南老与我们是同乡、同族、同宗，在我们家乡很有名气，不少事迹广为流传，是个传奇般的人物。父亲听说我见过南老很高兴，嘱咐我下次拜访时一定要带他一起去。

那次见面，南老拿出珍藏的一本南氏家谱送给我，叮嘱我趁着年轻多学习，言语之间满含殷殷期望。而我因工作繁忙，始终未能遵照南老的要求去做。

我的父亲虽然只是一位补鞋的农民，但受人尊敬，乡邻们称呼他"阿希老师"。他教导我做人要勤奋热情、做事要诚实守信等道理，让我终身受益。如果说社会是一所大学的话，那我的第一课就是父亲教我的。

南老大智慧启迪人生"修行"

记：南怀瑾先生为人处世的大智慧时时给人以启迪。在您与南老的接触中，有什么印象深刻的事情吗？

南：回忆相处的日子，时时能感受到他的高尚德行、宽广胸怀和善于教化的智慧。给你说一下重修南氏祖坟的事吧。

南宋建炎四年（1130年），南氏太祖南巘公护驾南下，到了温州后，便在山清水秀的乐清留了下来。南氏太祖的古墓或是温州地区最古老的墓地之一，具有文物价值。

家乡宗亲想修缮宗墓，但南氏太祖坟坛上有一些其他族人的祖坟不愿迁走。南老得知后对我说："祖坟是要修的！但我们的祖先是祖先，人家的祖先也是祖先。我们太祖入土800多年，人家太祖入土也有300年了，先人入土为安，不要惊扰了，有多大修多大。不要引起矛盾，如要修，也要把周边的无主坟一起修好。"

此番教导，令我受益终身。这是怎样的大智慧！"己所不欲，勿施于人"的忠恕之道，很多人耳熟能详，但少有人能有南老这样身体力行。"真正的修行不只在山里，也不只在庙堂，而是在生活中。要在修行中生活，在生活中修行。"

"佛为心，道为骨，儒为表，大度看世界；技在手，能在身，思在脑，从容过生活。"这是南老的悟道警世之言，也是他智慧通达与德行修为的真实写照。

人生三境界：刻意人生、随意人生、禅意人生。在人生的不同阶段，如何处事、怎样处世，南老在不同境界都给了我不同的启发和教益。

用出世的心态做入世的事，就会举重若轻，遇事就会放得下。只有把个人的成长、企业的发展融入国家的发展中去，融入社会的进步中，将自身的成长、企业的发展与社会责任感有机结合起来，我们的事业之路才会越走越宽广。如今，正泰在创业创新、做大做强的进程中，始终不忘肩上沉甸甸的社会责任，这是南老留给我的"智慧传承"，也是我处世的"修行"。

"要认真，别当真"是南老送我的处事箴言。做事要认真，要对得起帮助支持过你的人，所谓人在做天在看，要至真至诚。有一天在太湖大学堂吃晚饭时，南老问我，你知道我是谁？你是谁？从哪来？回哪去？他对我说，我们连身体都是借来的，还有什么事情值得那么当真？要放得下，要以利他原则多做利大众、利环境、利社会公益的事。

南老对我的教化和影响很大，遵照他的教导和要求，努力正确做事，引导更多人做更加正确的事，用出世的心态做入世的事，以平常心面对不平常。大道至简啊！

他还专门写了一幅字送给我："须知道义无价宝，切记富贵有尽期"。遵循南老的教导，我在经营实践中提出了"赚钱第一，不是唯一"的理念，要求我们的团队"量力而行，尽力而为""不贪心，不偷懒"。正泰之所以能在激烈的竞争中，特别是在全球性的金融危机、疫情挑战之下，依然保持稳健发展的态势，与我们内心的这种想法、接受的教育、经营的哲学有很大的关系。

良苦用心劝我放下回来修习

记：南怀瑾先生定居太湖畔后，听说您也多次去看望他。

南：是的。我每次去拜访老人家，他不论多忙多累，见到我都很高兴。坐在老人家身旁，亲耳聆听他谈今说古，每次都有一种茅塞顿开的感觉。

南老曾多次劝我"放下"并"赶紧回来学习"。但我终因公司一大摊子事，又有很多的社会事务要处理，实在放不下、脱不开，也就迟迟没能抽出身来。

2008年春节，我去太湖大学堂看望南老。南老见面第一句话就问："你为什么三年没来看我？"我答："没有三年，两年吧？"南老像个小孩子一样较真道："三年！"我只好解释，因为父亲过世，未满三年，怕老人家有避讳，所以其间未曾拜访。南老于是不再数落："噢，知道了，吃饭吃饭！"

吃饭时，南老问我："你几岁了？"我说："1963年生的。"南老说："别跟我说哪年生的，你不要叫我算，我最怕数数了，就说你几岁了？""今年45岁了。"

南老严肃地说："四十多岁了，你还不赶快给我回来学习？"

在我的印象中，那是老人家第一次用如此严厉的语气，当时有些不太理解，后来才明白南老的良苦用心。

差不多一年后，我与南老幼子国熙一起吃饭，国熙对我说，老师讲过，男的在六八四十八岁之前，女的在七七四十九岁之前，如果能坐下来学习打坐，效果会很好，过了这年龄段再修习就很吃力，要加倍努力才有效果。"家里有宝不知道。老师骂过你一次，也骂过我一次，说到了这个年龄还不知道坐下来修行！"

七天闭关禅修受益匪浅

记：2009年正泰电器准备在上交所上市，正逢过会审核的紧要关头，南怀瑾先生却让您参加七天禅修，请说说当时的想法和那七天禅修的经历。

南：2009年12月，南老在太湖大学堂开禅修课，为期七天。他吩咐助手给我发来通知，让我参加，但言明学习期间必须放下一切杂事，精心研修，不可接听手机、不可请假、不可会客，做不到，不要来。当时，正逢公司为上市冲刺，证监会已通知我第二天到北京过会答辩，因此那时内心也很矛盾，很纠结，但我知道，南老年岁已高，他的课一旦错过，今后很难再有机会，而公司若错过上市，今后还会

南存辉与南怀瑾先生合影

有机会。于是向董事会作了说明，并向证监部门申请推迟过会。

那七天里，我和其他学员一样，不接一个电话，心无旁骛，静心学习，南老教我们打坐，给我们讲禅理，讲中国文化。他很注重传统礼仪，第一天来授课，学生们集体起立鼓掌欢迎，南老赶紧叫停，并对大家说："我们这里不需要鼓掌，鞠躬就是最好的礼节了。"

开始的几天，南老教大家如何站桩、如何打坐、如何走路。南老对学生的要求十分严格，学生中有专家、学者、企业家等，一节课45分钟，要求大家盘腿静坐，发现有谁坐歪了，南老便用手里的香板"砰"地敲一下，提醒道："坐好！"我因为之前做过修鞋匠，对"坐"有"经验"。南老看到我的坐姿和耐心，非常惊讶，称赞我"坐得住"。

课间，他要求大家在大禅堂里学习走路（称"行香"）。老人背着手，拿着香板走在前面，身形清瘦，却似乎蕴含着无穷的力量，而他在佛学上的造诣让他看起来更具禅意。

学习中，南老带领大家重读中国古代儒、释、道各种典籍，结合现实世界，引导大家关注人性修养，关注人文教化，他用深入浅出、独树一帜的讲解风格让传统文化更具现实的指导意义和针对性。比如学到《资治通鉴》中的"秦纪"，我感受最深的是贾谊《过秦论》中一句话：亡秦者，秦也。这对我启发很大，不管是一个人还是一家企业，最大的竞争对手永远是自己。不管是做人还是做企业，最难的是自我否定和自我超越！所以，一定要保持谦虚好学的态度，不能忘记创业初期的艰苦奋斗，要时刻保持谦虚谨慎的态度。

在那七天的学习中，每个人都挂了一个"止语"牌，大家只听他讲。七天的静修，我领悟最深的是，最深刻的继承是精神的继承，最强大的力量是文化的力量。

学习结束时，大家都不想离开，觉得这样"闭关"学习很难得。但南老说，你们要回到社会中去，更好的修行是回馈社会，为社会作贡献。

在我圆满结束太湖学堂的学习后，我便带着公司董事会成员马不停蹄地飞赴北京。次日，证监会传来好消息，正泰顺利过会！

出差遇恙南师急召亲自调理

记：2010年您出国访问期间，身体出现不适，南先生叫您提前回来，还亲自给您治病，能否介绍一下具体经过？

南： 2010年，我随团出国赴欧洲参加活动，因着凉头痛，到了欧洲后头痛得更厉害了。去了卢森堡、德国两家著名医院问诊，医生都说没毛病，吃止痛药也没效果。我就给南老发信息请教怎么办，他回了四个字："要命，速回。"情况实在不妙，我不得不请了假，遵师命提早回国，直接去了太湖大学堂。

老人家见到我，连说："回来就好，回来就好……"他从长衫怀里掏出一包药，叫我赶紧服下，又叫人给我耳根放血。然后拿一件高领棉袄给我穿上，围好围巾，戴好帽子，叫我安心住下。"现在知道命要紧了吧，这次总可以老老实实留下来了吧。

哪里都别去了。"我连声答应:"好,好,好。留下,留下。"第二天早餐,大家用惊奇的眼光问我:"老师说,你这次回来不走了?"

过了几天,我还是放不下手头工作,向南老请辞。

南老问:"什么时候回来学习?"

我答:"等我回去把事情交代好就来。"

他很高兴:"交代好就来啊!"

一份"礼单"获特别"奖励"

记:听说2011年中秋,南怀瑾先生曾收到您送去的附有礼单的新鲜果蔬,他很高兴。

南:2011年中秋节,我去拜望南老,先给他发短信,说起在安吉山川九亩山上做有机农业,准备了一些有机果蔬给老师带过去,并写了一张清单。相见后,他很高兴,当着大家的面说:"存辉是我看到第一个会用礼单的人。礼单是中国文化,古人送礼一定有礼单的,你怎么知道用礼单?现在我遇到最烦心的事,就是不知道谁给我带来伴手礼,让我没法回人家礼节。"老人的喜悦溢于言表,命弟子取出一尊佛像相赠,说道:"今天特别高兴,要给存辉奖励。"

中华文化以诗礼传家,同学告诉我,老师每见文化复兴迹象,纵是细微之处,也必大喜过望。南老一生念兹在兹,唯恐我华夏文化绝学不续,行而不远。每逢有领导前去拜望,南老总是对他们强调,世界强大民族之间的竞争,最终是文化内核的展现。

一次,南老以好莱坞电影为例,说明西方文化是如何汲取借鉴中国文化内涵的,有人好奇地问:"老人家也喜欢看电影?"南老答道:"电影我很爱看。《盗梦空间》你们看了吗?看得懂吗?"随后,饶有兴致讲解了这部美国大片和《阿凡达》中所隐含的西方人认识世界的视角和方法,以及汲取的中华文化的精髓,比如"意识""空间"等。

纪念南师，留下几份"文化遗产"

记：南怀瑾先生仙逝后，据说，家乡人借用耕乐园搭建悼念场所，听说这是您父亲生前为家乡出资建造的。

南：我的祖辈和南老的祖辈都曾居住在乐清柳市南宅。耕乐园是村里老年活动中心，是父亲慷慨助人、回馈乡里的一件善事。当年父亲生病期间，老家的村支书来看他，说起村里的经济不太富裕，老人们连个活动场所都没有。父亲当场表态由他出资，支持村里建老人活动场所。最初预算50万元左右，结果整个工程花了200多万元，在我们几个子女的支持下，终于建起了这个老人乐园，遂了父亲的心愿。

记：南怀瑾先生仙逝以后，您发起创立南怀瑾人文公益基金会，温州市政府在三垟湿地建立南怀瑾书院也得到了您的大力支持，能否介绍一下？

南：南怀瑾人文公益基金会和南怀瑾书院的建设经过，还是由基金会和书院负责人陈建克来介绍吧！

"南怀瑾书院已成为温州新的文化地标"

陈：南怀瑾先生在海内外影响力很大，但温州市民不是特别了解，甚至有的还不知道他是咱们温州人。所以，一开始的时候，我们想建一个国学交流的平台，让更多仰慕南怀瑾先生的各界人士来学习和交流。南董就让我把这件事负责起来。

我就想，我们如果能在温州市区做个平台，那么，南怀瑾先生的著作就可以在温州有所展示，他海内外的学生也就可以到温州来交流。

有了这个设想之后，我们就给温州市领导写了一封信。那是2018年的3月上旬，恰逢南怀瑾先生100周年诞辰，当时南董正在北京参加全国"两会"，就把这封信

2021年9月26日，国际儒联在温州南怀瑾书院揭牌成立全国首家"和合书院"，国际儒联会长刘延东（右五），省委常委、市委书记刘小涛（右四）和南存辉（左四）出席揭牌仪式

转交市领导。市领导看到这份信后，非常重视，认为南怀瑾先生是从温州走出去的乡贤和一代大师，在他的家乡确实应该有一个纪念场馆，用来弘扬南怀瑾先生的精神、学术成就和影响力，借此开展海内外交流，带动温州文化提升。同时也可借助这个平台，形成连接海内外乡贤的纽带，联谊联情，传播和弘扬温州人的文化力量。

为此，市委市政府专门成立了温州南怀瑾书院建设领导小组，由时任市委副书记陈浩担任组长，时任市委统战部部长施艾珠担任副组长，这样就把"温州南怀瑾书院"的建设提上了日程。

书院就选在温州生态园的五福源景区内。这里建有几幢仿古建筑，市领导觉得南怀瑾书院如果落在此处，会成为温州新的文化地标，也与书院本身承载的文化内核更契合。对此，生态园管委会领导也很认同，将景区内的蹈和馆和居庸斋的原址作为书院一期建设之用。

经过讨论研究，市领导认为，应以社会力量带动书院建设。所以，就请正泰集团给予支持。南董决定，以我们正泰公益基金会作为发起方，成立南怀瑾人文公益基金会，以此驱动南怀瑾书院的运营。

我原来是正泰公益基金会的理事长，南董让我负责创建南怀瑾人文公益基金会并担任法人代表。根据公益慈善有关法律法规的要求，我只能担任一个公益组织的法人代表，所以，我就辞掉了正泰公益基金会的理事长。南怀瑾人文公益基金会在温州民政部门登记成立后，我们就开始与生态园协同推进书院一期建设的进程。

2018年11月，温州南怀瑾书院（一期）赶在世界温州人大会召开前正式开放，迎纳海内外温州人。借助并发挥南怀瑾文化品牌影响力，书院还举办了不少活动，取得较好的社会反响，如承办了第二届"桂馨·南怀瑾乡村教师论坛"；著名钢琴家孔祥东"致敬南师——乐来乐好"音乐分享会；邀请了《人民日报》前副总编辑周瑞金先生作"认识南怀瑾，学习南怀瑾"主旨演讲。

2020年11月7日，温州南怀瑾书院开放两周年，举办了"致敬南师·正泰之光·经典诗文吟诵音乐会"，采用直播的方式，线下线上同步呈现，当晚在线观看人数突破10万人次。

2020年4月，南怀瑾书院正式动工建设二期工程，进一步丰富书院的功能，实现了典藏、阅览、研究、培训、讲习等多元功能的完善，让温州市民学习、体验、感悟中国传统文化的博大精深的同时，也为温州城市发展、文化提升积极助力。

作为一家从温州走出来的上市民营企业，我们正泰集团已经走过了近四十年的发展历程，也应该回馈家乡各项事业的发展，特别是支持文化建设，更是我们正泰人公益情怀的体现。所以，对于在温州建设南怀瑾书院，我们集团董事会，正泰公益基金会等都很赞赏这个项目，推动起来非常顺利。

我们很高兴地看到，温州南怀瑾书院已经取得阶段性的成果。作为温州市区三垟湿地的文化地标，温州南怀瑾书院的影响力正在不断提升，各界知名人士和公众的参与度都比较高，国家领导人和省市领导人也经常来调研视察。我觉得，基本实现了我们建设的初衷。

刘宇瑞:从读《论语别裁》到一路追随

刘 宇瑞

原名刘煜瑞,1964年出生于温州永强。华东师范大学教育硕士、古典文献博士。温州市国土资源局退休干部。

访谈时间：2021 年 7 月 21 日至 8 月
访谈地点：温州晚报大厦 17 楼书吧
访谈记者：戴江泓
摄影摄像：魏一晓

在南怀瑾生前的一众弟子中，刘宇瑞是很特别的一个。刘宇瑞原是温州市计划委员会的一名公务员，为了亲近南怀瑾，刘宇瑞通过努力，考取国家经贸部的资格证，申请到温州市政府香港办事处工作。在香港工作期间，刘宇瑞深得南怀瑾教化和影响，南怀瑾还建议他改名，将原名刘煜瑞改为刘宇瑞。

香港工作期满，刘宇瑞回到家乡温州，和南小舜、吴震东积极推动南怀瑾倡导的儿童读经活动，在温州掀起了一波"读经热潮"，为营造温州传统文化学习氛围助力。后来，南怀瑾先生定居上海、吴江，刘宇瑞考入华东师范大学攻读教育硕士和古典文献博士。在华东师大硕博连读的十年，也是刘宇瑞追随南怀瑾继续学习的十年。对一代宗师的经历和成就的认识，以及一路追随在大师身边的学习心得，刘宇瑞都有独到见解。

采访刘宇瑞，正逢新冠肺炎疫情反复期间，刘宇瑞刚好避留温州，我们就约在温州晚报大厦 17 楼书吧长谈。

雁荡轮捎来从未有过的"好书"

记：听说您是一位公务员，在南怀瑾先生促造金温铁路时结识他，从而开始追随南怀瑾先生的文化之路，能详细讲讲这段不同寻常的人生经历吗？当时到底是什么样的机缘让您结识了南怀瑾先生？

刘：我结识南老师，可以说跟金温铁路有关系，也可以说没有关系。虽说我当时是在温州市计划委员会工作，但金温铁路建设的联系工作，主要还是由市里的领导和我们计划委员会的第一把手在做，在他们的层面上往省里报、往北京中央报。所以，具体的情况，在我们这个层面都还够不着的。

那么我是怎样接触到南老师的信息的呢？当时我在温州市计划委员会外资处工作，正好是在邓小平发表南方谈话后，温州也一样，步调跟国家是一致的，要进一步地扩大开放引进外资，加快推进各项建设。当时市人民政府就设立了一个多部门的联合办事机构——外国投资事务办公室，是一位常务副市长牵头，由市计划委员会、市外贸局、温州海关等十几个部门联合办公。外资处刚好是参加这个联合办公的一个机构，所以我当时跟温州海关等部门很熟，常常在一起办公嘛。

突然有一天，我们当时计委的一把手章华表主任跟我讲："有个事情，你去办一下。"他让我去趟温州海关，他跟海关的领导打过招呼了，有些书让我拿过来。我就去了温州海关，海关联合办公的同事就领着我去找具体管事的经办人拿书。

经办的人就跟我讲，他自己这半年的时间，管的这几本书，他都读过了，写得实在是太好了！海关领导非常重视，安排他专门管这几本书。那么，这几本书是送给谁的呢？是送给当时的温州市委书记。原来，当时的市委书记和我们计委的章主任半年以前曾到香港，和南老师谈了金温铁路的事。当时，温州的领导是很希望把这个项目搞下来的，他们和南老师谈完后，南老师就送了一套书给当时的市委书记。我记得那是 1992—1993 年那段时间。

那套书就是《论语别裁》《孟子旁通》《老子他说》，南老师都签了名字。同时，南老师也送给了其他一起去的市里的几位领导。

送几本书而已，为什么要费这么大的周折呢？那是因为当时刚刚改革开放，境外的书要进大陆来的话，我们国家海关的管理还是很严格的，尤其是港台版的书进来，还是送领导干部，在当时是需要严格走流程的。香港有个雁荡公司，也就是温州市政府在香港的官方办事处，雁荡公司有个"雁荡轮"，不知道你们有没有听说过？那是温州市政府开通的定期从香港到温州的轮船。这套书是由雁荡轮运送到温州的，雁荡轮开到了温州港，就成了海关的事了。

书到温州了，可是领导们的心里还是没有底，毕竟当时对境外的书籍管控很严。虽然，领导们都知道这套书非常好，可是这套书还是在海关放了半年时间。领导们对这套书非常重视，让海关安排了一位工作人员，其他的工作都先放下，专门负责

刘宇瑞接受记者采访

这套书的保管。海关的这位工作人员在这半年的时间里，就翻看了这套书。我去找他时，他就对我说，他到今天为止，没有看过一本比《论语别裁》更好的书！

这就是我第一次从《论语别裁》这本书接触到了南怀瑾先生的信息。

书拿回来以后，我就交给章主任了。那时候，我就问章主任："您有没有这套书？"因为这套书，在当时市场上是根本买不到的。他跟我说："有。"

这时，章主任就给我回忆了一个故事。几年前我们温州刚开放不久，负责外贸的方善足副市长，组了一个团，去美国招商引资，章主任也一起去了。那时候还是80年代，应该是1985年到1988年之间的事情。我们温州的这个代表团就是去美国看看，有没有温州老乡、华侨，可以招商引资的。

他们当时到了美国西海岸的加利福尼亚州，正在当地寻找温州华侨资源和信息的时候，突然接到了一个电话，就是南老师让人打来的。南老师当时在华盛顿。电话里这样传达南老师的心愿："听说你们来了，想请你们来谈谈。我是温州人，我也有给家乡做点投资和支持建设的打算。"我们温州代表团的领导一听,那真是踏破铁鞋无觅处,得来全不费工夫!高兴坏了!整个代表团立即临时改变行程,就飞到华盛顿去了!这是我们温州的代表团在美国第一次见到南老师。南老师就是那个时候送了他们一套《论语别裁》。我们的计委领导就是那个时候得到南老师的馈赠,他家里就收藏了那套书,他自己早已经看过了!我向他提出借书看,他就借给我看了。

我看了书以后,也觉得这书确实好,为什么呢?从我自己的角度来说,我是1979年上的大学,高考是1977年恢复的,我等于是"文革"之后恢复高考的第三届大学生。当时,在大学里甚至在社会上,都有这样一种观念:"学好数理化,走遍天下都不怕。"所以,我考大学读的是数学。但是,大学毕业出来工作后,发现工作中碰到的大多是人际关系和各种事务的处理。而我学生时代学的数学啊、化学啊、物理啊,包括哲学等一些学科,我花那么多时间去背、去记、去一遍遍演算的公式,这些在学校学到的东西,和社会上的很多"生存法则"实际上是完全脱钩的!尤其那句信奉了很久的"学好数理化,走遍天下都不怕",我们不能说不对,但放到我自己身上就是不协调,根本就用不起来。这就是我当时很深的体会。

而当我读到《论语别裁》,南老师是把孔子的话,和历史上已经发生过的事实,包括在当代社会上碰到的一些事情结合起来解说,就是:做人做事你能用一个什么样的原则,你自己也比较容易成功;你成功了以后,对别人好,对集体也好,对国家更好!所以,我一读到这书,只想扼腕赞叹:哎,这才是真正的大学问啊!

大约是在1992年至1993年之间,读完了《论语别裁》之后,又去找了南老师其他的书来看。看着看着,我心里就想:先不要说跟南老师学习,我如果能够见到他的面,那真是太好了!

考取资格证获派驻香港工作机会

记:您后来是如何去的香港并在香港见到了南怀瑾先生?20世纪90年代去香港也是挺不容易的,何况您还是一名公务员,请介绍一下当时的经过。

刘： 看了南老师的一些书后，从此，我心里就有了一个愿望：到底有没有这样的机会见到南老师呢？后来，我了解到，南老师从美国到了香港。当时，温州市人民政府不是刚好在香港有个办事处嘛，就是前面说的雁荡公司。我就想啊，如果我能到雁荡公司工作，不就可以去香港了吗，不就离南老师近一点了吗？！

有了这个想法后，我就要为自己创造条件。因为雁荡公司是温州对外的一个窗口，所以对外语是有特别的要求的；专业上，还要懂对外经济贸易。当时，刚好国家经贸部与人事部联合，有一个"国际商务师"资格证书的考试，是一种公开的资格考试，只要有大学文凭就可以报名。我一看报考的学习资料——喔！这么厚的十几本书！有国际金融、国际贸易、进出口业务等专业内容。我就把资料书都拿来，自己学习，然后去考。一考，竟然还通过了！

当时这个资格证还不大好考的，整个温州地区，包括那些外贸公司、经贸大学毕业的都有人去考，最后通过考试的大概只有十几个人，我是其中之一。考试通过了以后，等于就具备资格了。我当时已经是公务员，在外资处和投资处干过，又有了外贸方面的知识，外语也还可以，赶巧碰到市里需要往雁荡公司增派人员。因为雁荡公司的外派公职人员是轮换的，虽然是公开招聘的，但有条件限制，不是社会上所有人都可以去参加招聘的。我就试着去应聘雁荡公司的岗位，结果就成功了！当然这中间也得到了市政府章时趋副秘书长、刘周晰副秘书长的推荐，得到了蒋云峰常务副市长的肯定。1996年，我就从市计划委员会派驻到市人民政府在香港的办事处，也就是雁荡公司。

这样就与南老师近了一步了，但还差得比较远啊，对不对，那怎么办呢？刚好又来了一个机会！（刘宇瑞讲到这里有点兴奋）当时，我不是从温州海关拿到了雁荡公司托运过来的书嘛，这里面呢，南老师还有一部分资料是要交给南小舜先生的。南小舜，就是南老师在温州的第二个儿子。

那些书和资料从温州海关拿到以后，我们计委章主任就立即打电话给南小舜先生。南小舜先生就过来了，我就在章主任的办公室和南小舜先生见面了。南小舜先生当时也有跑金温铁路的一些事务，他有时候也会到计委来坐坐。因为有了这样的机缘，我就跟南小舜先生处得比较熟了，同时，我还请老同学谢少乐帮忙找一找接近南老师的线索，他也帮我请求小舜先生的支持，这样，我就找到小舜哥，跟他说："我接下来要到香港工作了，南老师那边，您能不能帮我介绍一下？"结果小舜哥满口答应了！这也很有缘分。他还给我写了一张纸条，他说："我另外再给爸爸写封信，跟他说你要去。但是，成不成我不知道。"因为想见南老师的人实在太多了，南老师是非常忙的。所以小舜哥说："剩下的就要靠你的造化了。我呢，该做的都做了。"他还说："我一般对别人也很难做到这种程度。"

因为有小舜哥的帮助，这样一来，我到香港以后，很快就见到了南老师。

为我改名，也为雁荡公司支过"招"

记：在香港，您终于如愿见到了南怀瑾先生。第一次去见南老师，他都跟您聊什么？

刘：南老师一看见我就笑着说："人家都说温州人的头发都是空心的，你这个小伙儿看看也不像啊，蛮老实的嘛。行行行！你有空就到我这里来！来我这里吃饭什么的，都可以！"那是 1996 年。

第一次去南老师那里，他那里的人很多。南老师问了我一些情况，比如是温州哪里人，有些什么经历，到了香港后都怎么样，等等这些。当时也很凑巧，我们雁荡公司驻地离南老师的住所是很近的，我走路过去的话，也就三四十分钟。我们在香港上班事情也不多，加上我对其他人和事也不熟，所以，我几乎每天晚上都会去南老师那里。

实际上，南老师也就是到了晚上才和大家见面的。很多客人也都是晚上去拜访他，他就在晚上见见客人，招待客人一起吃饭。后来，他到了上海，又到了江苏吴江，差不多都是这样子的。他都是晚上出来见客人，基本上白天的时间就是他自己个人的时间。他平常的习惯大概就是这样。

因为南老师已经开了口，"你可以来！"就是说我可以经常去他那里，不然，我可不敢去哦！所以，我几乎每天都会去，呵呵呵呵。（刘宇瑞有点开心地笑了）

记：据说南怀瑾先生那里的"人民公社"，对很多人"免费开放"，您也每天在他那里吃饭吗？

刘：啊呵呵呵……（刘宇瑞有点尴尬地呵呵一笑）刚开始的时候，在他那里吃饭，觉得特别不好意思。所以我吃饭的时间去得比较少,都是吃了饭后去他那里。在他那里又吃点心、吃水果,又吃饭,那可就真的是不好意思了!南老师就说:"哎呀!都是老乡嘛,你不要客气!你以后就经常来吃,我这里反正是'人民公社'。呵呵,没关系的,就是食堂!"后来到了上海,南老师的"人民公社"我就吃得比较多了,还有吴江的"人民公社"我也吃得比较多。但当时在香港时,其实是不多的。

我在香港待了差不多三年时间,1999年回到温州。南老师那里来往的客人非常多,在南老师那里最大的收获就是,有机会听到他与客人们的交流、他给大家上的课。基本上都是晚上吃完饭后,大家就聚在客厅,来访的客人会提出很多的问题,南老师就给他们讲解,我们就有机会聆听。他那里的客人很多很多,各种身份的都有。

记:您在香港那几年,在南怀瑾先生处走动的宾客中,有您印象特别深刻的人吗?

刘:印象特别深刻的话(刘宇瑞略略一沉思),比如说,当时刚好是香港回归,有一位客人叫陈佐洱,当时他是中方谈判的主要代表人之一,他就经常来南老师住所。他找南老师主要就是请教跟英方谈判时碰到的一些问题以及这些问题的取舍和抉择。南老师就会一一跟他讲,这都是公开的,我们都能听。他们谈的就是一般的原则问题,所以我们都能听,如果是涉及一些不能公开的问题,南老师就会个别找他谈,那我们就听不到了。

比如说,谈到当时一些国际影响,南老师就跟他讲:孟子说,一个国家的政权,主要是这样三方面,一是人民,也就是民众;二是土地;三是政权。所以说,你看啊,钱财还排不到这三者里面的。南老师向陈佐洱表达的意思就是,跟英国方面谈判,有些时候,涉及财务的东西很多,这些是可以尽可能调整的,那就比较容易谈得下来。

我记得有一次,又看到陈佐洱,那时候我们碰到多次,已经很熟了,那天,他非常高兴。他的一个问题受到南老师启发以后,他一下子就打开思路,找到了解决方法。南老师不会很具体地给他讲,怎么解决问题,而是举例或者是给予智慧性的启发。陈佐洱就向北京方面汇报,这个事情我准备做怎样的调整,北京就同意了,谈判因此没有被卡住,很快地推进了。这是我看到的印象比较深的事情。

当时,我还有看到印象比较深的,就是香港立法会的会长。那是位女士,她也很喜欢南老师的学说，也会经常来。她是香港人，看上去就是一位谦谦君子。当时，她的女儿生病，要换肾，她就把自己的肾换给了女儿。无论对待家庭、子女还是对待事业，这都是相当全面的一个人！因为换肾手术要过渡，她就会来南老师这里坐坐，聊聊。我记得，当时南老师就会跟她谈一点历史故事，鼓励她、启发她。南老师在香港期间，其实也是在不断地帮助各方面的人成就他们的事。

南老师不是决策者，但是，他在他的高度，结合历史的、现实的以及国际的经验去帮助很多人。南老师经历过的事情很多很多，无论是在中国台湾，还是在美国，他都是在帮助别人，他在美国也住了三四年，所以，他的眼光和见解是具有国际高度的。事实上，这一百年来，老师都在关照帮助这个国家和民众。

跟南老师见面后不久，有一次与南老师闲谈，南老师建议我改名字。我原名叫"煜瑞"，南老师改动一字后，为"宇瑞"。从此，我就用"宇瑞"作为自己的通用名。

记：南怀瑾先生说改"煜"为"宇"的原因了吗？

刘： 没有。我也不问。相信南老师就是了！老师肯定的结论，我是不做怀疑思辨的。

记：那时，南怀瑾先生给你们雁荡公司提一些建议吗？

刘： 我当时在雁荡公司，只是一般的员工，如果他有教言的话，到我这里也没有用。所以，他也不太会谈这方面的话题。但是呢，南老师有一次提道："你们叫雁荡，雁荡雁荡，这个'荡'字，就不稳定啊！你们应该叫'雁湖'！"南老师说，雁荡山的顶上有个湖，不就是叫"雁湖"吗？湖水的"湖"，湖中有水；雁湖的话，有水就能积得住啊！而且是在高山上，这"水"是干净的啊！

可惜，那时我们公司的人没有读南老师的书，没有这方面的领悟，只知道南老师的声望很高，尤其是他投资修建金温铁路，知道他是个很厉害的人，可是对南老师的学问，对他从最基础的做人的本分所发挥出的做事的原则和风范，是不了解的。所以，这件事也就不了了之了。

从1992年到1996年，我是一直期盼见到南老师并跟他学习的。1996年那会儿，《论语别裁》《金刚经说什么》等这些书已经开始流行了，在内地也已经可以买到南老师的少部分书了。在香港，我实现了当初想要见到南老师的愿望。之前只是读他的书，在近距离接触到南老师后，看到他对现实局势局面的判断、对人对事的看法和做法，那又是完全不一样的感受，是一种更直观的学习！

放弃公务员升迁，潜心学习

记：离开计委，当时您是辞职了吗？

刘： 不是辞职。

当我将去香港工作的那段时间，计委章华表主任已调离，来了新的屠锡清主任，他和我也比较有缘分。屠主任提拔我为投资处副处长，还兼任浙江省经济建设规划院温州分院院长助理，作为第三梯队的挂职锻炼。他叫我不要再去香港了，接下来还会考虑进一步的提拔。但是，我觉得仕途不是我的目标，向南老师求学问比仕途更重要。我就这么跟他讲，讲了很多次，可是屠主任始终不能理解我的选择，这是一个遗憾。

南老师的书里面，其实讲述了很多方面，除了做人处世的原则，也讲了人生的价值、人生的真谛、人生的终极目标等问题。我学习了之后，就觉得他的这些学问，和单位的职位升迁比起来更重要。因为我知道，随着职位一步步地升上去，就会更加地忙，根本就不可能坐下来静心做学问了。所以，我当时毅然决定：我是一定要离开计委！

我去了香港以后大概一年，温州传来消息要提拔我为雁荡公司的副手，我推辞了。雁荡公司是一个正处级单位，我不愿意领导岗位的"忙"，影响到自己学问的修习。

接触到南老师以后，我认识到学问这个系统，包括对生命的探究这一领域，那真的是很复杂的，真正要深入学习是需要大量时间的。我就想，我一旦被提拔为副手，事情就多了，接着晋升如果再当一把手，事情就更多！这么一想，我就把组织对我的提拔也回绝了。我只要求有一份生活的基本来源，然后，我就应该把自己的精力放在对学问的探索之中。所以，香港三年工作期满，我回到了温州，默默地继续当着公务员。开始是在温州市地矿局，后来地矿局和土地局合并，叫国土资源局。

2001 年至 2002 年的时候，市里出台了一个政策，只要是公务员，去读硕士、读博士，都是鼓励的，可以带薪去读，还有奖励，学费也可以报销。因为有这样的政策，我就去读书了，这就到了上海。当然，我读书这件事也得到了温州许多领导的支持和理解，包括市委陈艾华副书记、国土资源局朱铭源局长、刘永南局长、徐增培副局长等。在此，也向我一路走来，对我理解、帮助和支持的领导、同事和朋友们，致以衷心的感谢！

我到上海读书前后，刚好南老师也从香港移居上海。这也是一种机缘巧合吧。其实，南老师在香港、在上海时，都曾鼓励我去读书，去读一个学位。

作为我来说，我是从来不会打听老师的事的。只是，我回温州的时候，他是有交代的。

记：南怀瑾先生是怎么交代的？他不建议您在仕途上积极进取吗？

刘：南老师说："你回去就好好当一个公务员，或者当个学校的公职人员，这样就很好。"对于我仕途上的进步，他倒是不置可否。南老师的意思是，一个人对国家、对社会有情怀，多做点事情，是可以的；但是，你的学养、能力，要有相应的配套。所以，我去读硕士、博士。一路读下来的时候，南老师说："你可要好好读。读好了以后，有机会，你就报答这个国家和社会；没有机会，你就充实自己。"

2002 年到 2012 年，差不多十年时间，我就在上海华东师范大学读硕士、博士。两个学位是分开读的，硕士是在职的，读了四年。在读硕士的过程中，南老师先是到了上海，后来去了吴江，我就有机会又可以见南老师了！就在他那里继续跟着学习、听课。学校里学的，我觉得还是其次的，在南老师那里学来的东西和听到的更多、更有价值。

硕士读好了以后，博士也是要重新考过的。我本科读的是数学，硕士读的是教育管理，读博士的时候，是古典文献。专业全变了，所以，考试的时候还是挺不容易的。等我一路读完，已经是 2012 年了。2012 年，南老师也过世了。

回头再一看，世人对职位的竞争还是很激烈的，而且我这么多年离开温州，那些领导对我本人来讲，也已经不熟悉了，老师、同学也走动不多了。我就知道，这机遇对我来说已经不大对了！我干脆就退休了。

记：那您觉得可惜吗？

刘：我其实也没觉得特别可惜。你看哦，我要是真的在一个岗位上，真的要实现自己的一种想法，然后再去改造自己理想中的事情，其实也是很困难的。大部分情况，都是随波逐流的，也不一定就能发挥什么样的作用。只不过，走仕途，说实在的，很多时候，应酬还多点，官场的现实就是有这样的现象存在的，对不对？（刘宇瑞诙谐而略带调侃地笑笑）你真正有理想，或者说，你想要塑造自己的理想状态，第一，你要有决策人的职位，最好是一把手，或者你是副手，你的第一把手很信任你的主张、能接受并支持你的见地，你才有机会，对不对？不然的话，你是根本没有机会的。所以，我觉得自己的状态，也是挺好的。

记：刘老师，您都已经是博士了，怎么也没去高校呢？

刘：高校其实也是一样的，我这么多年，从看南老师的书，到一直跟着南老师学习，以我自己的认识，我有一个观点，就是，现在高校里的社会科学或自然科学，都有自身生存发展规律的，要按它的模式走。我如果去高校，无非就是从讲师开始，到副教授，到教授，要写论文、发表文章，也还要花很多时间在应酬上面的。我们写很多东西，其实比较难有高质量实质性的内容，大都是为了评职称的一种需要，对社会也不一定有实际的作用。可是，既然进了高校，就要花很多时间去做那些东西。我觉得那些对自己的身心，是不大有用处的。我自己这一路走来那么多年，就再也不愿去浪费时间了。

跟随南师参加禅修体悟"生命科学"

记：我采访过古国治老师、李慈雄先生，包括吕松涛先生，他们一直讲，跟着南怀瑾先生不仅仅是学文化、做学问，还有对生命科学的探究。您跟着南怀瑾先生那么多年，是否也进行过生命科学的探究？除您之外，追随南怀瑾先生的还有什么人？他们又给了您怎样的文化认同？

刘： 我在 1996 年到香港以后，就一直跟着南老师，中间有一段时间就是 1999 年我回到了温州。也就是在我回到温州后，我了解到，南老师已经正式计划要返回大陆了！他曾考虑过好几个落脚的地方，包括他曾看过杭州的一个地方，2000 年最后定下来，他要留在江苏吴江。讲到这里，先插一个小故事，当时，南老师还在美国华盛顿的时候，有一年中秋写过一首诗："江山今古一轮元，海外中秋月在门。百万龙天齐问讯，何时回首照中原。"这是南老师的愿力，希望中华传统文化能在中华大地上发扬光大，也强烈表达了南老师的回归之心。

1997 年香港回归之后，南老师即在香港中环的一幢大楼租了一层，举办了"生命科学实践"活动，也叫"禅修"活动，因为是七天时间，所以也叫"禅七"。

那时，有一位美国的知名教授叫彼得·圣吉，还有一些北京的朋友跟着南老师学习禅修。还有一些人，是做生意做得很好的一批人。那次我是第一次参加禅修。后来老师在义乌办禅七，我也去参加；南老师在太湖大学堂也办过，我也在；太湖大学堂建成之前，有一次是在吴江的君庐别墅举办，我也参加了。

但在这方面，我经常说自己就像块冥顽不灵的石头，怎么也不开窍，呵呵呵呵呵，怎么也打不开窍门啊！

记：好像能在这方面开悟的并不多吧！难怪大家都说自己不配做南怀瑾先生的学生，呵呵呵呵，对吧？

刘： 呵呵呵呵，是啊，这也是南老师的一个心愿吧！他也希望自己对于生命科学方面的探究得以传承。根据老师的说法，这是有实质内容的，是需要功力和修为到达一定的境界才具有的一种能力！而且急也急不来的，一般说来需要很长时间的修炼，也需要一定的智慧来开悟。南老师举办的每一次禅修，来参加的人中，出家的、在家的，都有。我自己的心得还是很浅薄的。我认为每个人都有各自的收获，大家比我更有成就。

在上海那个时候，周瑞金老师也来得比较多，经常碰到。当然，南老师在香港的时候，周瑞金老师就与南老师有交往。南老师到了上海，那时候就住在番禺路的长发公寓 16 楼，周瑞金老师家就在附近，他常常会带着他的太太一起到南老师那里。我记得南老师也非常喜欢周瑞金老师，他常常称赞周老师为"忠厚的长者"。南老师还说，中共有"两支笔"，周瑞金老师是其中的"一支笔"。

记：那还有"一支笔"是指谁？

刘：还有"一支笔"讲谁，我一下子想不起来！南老师讲，特别是邓小平南方谈话之前，周老师在上海以"皇甫平"为笔名撰写的《改革开放要有新思路》等评论文章，很有影响力，对我们国家的开放发展是有贡献的！南老师很喜欢他！

南老师在上海和吴江的时候，我基本每天都会去。相比于在香港，那个时候就更熟了嘛，所以我就会经常在他那里吃饭。差不多每天吧，我真的是吃了南老师很多饭！（刘宇瑞有点不好意思地大笑）当时上海和吴江之间，大学堂每天是安排班车的，有些人要拜访南老师，上海也有一些东西要捎到吴江，每天会有往返班车，捎人带物。

太湖大学堂不收费，"红包"全转送

记：那些年在太湖大学堂学习，都有哪些让您难忘的事情？大学堂往来宾客那么多，南怀瑾先生又是如何经营大学堂，使之正常运转的？

刘：南老师从美国到香港，从香港到上海，后来到吴江的七都庙港，他所有的安排都是他自己谋划，自己做主的，但他表现出来的形式，可能会是另外一码事，或者就是他等一个机缘的到来。比如对于一些财产之类的东西，他并不在意是不是他的，只在乎是当下他可以用，手头可以支配的。

他真的是超越世俗的，首要的是他的智慧！当时在桌上所有的人，南老师会针对他们提的问题，用智慧帮助化解，即使没有提问题的人，听了南老师的开示，自己也就思维开放找到了化解方法。

南老师讲过一句话，他说："我这方面的事情，都没让你们这些学生接触，我面临的困难和问题，我不讲，你们也不懂。呵呵！我不跟你们讲！"还有一句话，南老师说："吴江这边的资金哪里来，怎么做，我还没讲。"

记：南怀瑾先生是说在吴江建太湖大学堂等需要的资金吗？我在原七都镇委书记查旭东那里了解到，台湾"大润发"地产创始人给予了

一定的资助。

刘：老师每次讲话受众不同，各人听到的话不同是很有可能很自然的，并且各人对听到的信息所作进一步的推断，都可能不一样。包括我现在跟您讲的，也会有我自己的推断因素在里面。但是，有一点是肯定的，南老师不是随便接受供养的。有许多大老板要供养老师都被老师拒绝了。所以，无论是弟子或是社会上的一般人，要得到老师的允许，得以供养老师建大学堂还是一件不容易的事。至于日常的开支都是老师供养大家的，就是老师常讲的双手布施，一手财布施，一手法布施（即讲课及平时说话对大家的智慧启导）。

根据我自己的观察，他每天的用度就有两项，一项是在太湖大学堂，那时候每天吃饭就两桌人，有时候是三桌，都是南老师买单！另一项，南老师自己邀请的客人，或老师认为需要招待的客人，住宿费都是老师自己付的。另外的事情是这样的，为了方便大家来学习，大学堂建了许多宿舍，那么多人来学习访问，住在太湖大学堂，那房间要请人打扫吧，洗洗刷刷，要换四季被服，人工服务费用应该也不少吧，于是建立了管理制度，学人及来客每人每天要付一定的住宿费，老师就率先执行这个制度，客人自己付自己的住宿费。

记：您刚才说南怀瑾先生只注重财产的使用价值，能讲讲这方面您的认识吗？

刘：2006 年太湖大学堂初步建成，南老师即举办了禅七讲课。老师除了讲课不收费外，还招待大家吃住，还花钱请印度的瑜伽大师教大家运动身体。七天下来大家被老师的教育精神深深感动，其中有人倡议为大学堂做供养，大家也都踊跃响应，因为这里面有许多大老板啊。可是老师不同意，谢绝了大家。那么老师真的有许多钱吗？其实老师的钱既没有从天上掉下来，也没有从地上长出来，是他老人家版税的累积，是一个中国传统的读书人用精神生命换来的辛苦钱。这个辛苦钱他老人家都拿出来供养大家了。

南老师在大学堂举办一次次禅修，一次次讲课，国内、国外那么多人来学习，太湖大学堂场地的使用价值就体现出来了！

作为金温铁路的"催生者"，老师在 1998 年浙江省政府召开的铁路通车典礼上，请人代读感言说，"铁路已铺成，心忧意未平。世间须大道，何只羡车行"。老师所致力的教育教化，是他老人家所要修的世间大道乎？！我们要深思，我们要珍惜。

老师在晚年常说，"我是在太湖大学堂挂单的。"挂单就是暂时借以容身的意思。这个老师亲自选址，亲自筹措，亲自规划，亲自指导组织建设的大学堂，老师认为不是属于自己的，老师这是隐含了什么意思呢？大家都知道，老师在去世前曾用毛笔写下了浑厚有力的四个大字"天下为公"，"天下为公"其为答案乎？！

记：听说南国熙来，还都是自己买单？

刘：是的，南国熙来，当然自己买单。南国熙不仅自己买单，每到过年还给他爸爸送红包。有好几次都是叫我给带过去的。他每次都是把现金包好，都有几十万元，让我送过去给南老师。南老师一看，也挺开心的，哈哈哈哈地就笑，拿过来一转手就全转发给大家了！

记：都发给谁了？

刘：发给他身边的工作人员啊，学生啊，一些走动的宾客啊，过年过节的时候，他就全发了。

在温州推行儿童读经也有很多故事

记：您后来怎么会跟南小舜、吴震东发起创立"温州市绍南中西文化导读中心"呢？能具体介绍一下当时的情况吗？

刘：导读这个事是许多人共同努力做出来的。回想起来，轨迹是这样的。

1998年的时候，南老师在香港期间，在吃晚饭的时候，他已经有和我们讲到这个事了。他说中国的文化要复兴，一定要从儿童抓起。1999年，我回到温州以后，我自己的孩子也还小，才十来岁，我就把他和另外几个朋友的孩子一起组织起来诵读古典经文，我自己也尝试着去教孩子们。这里，我也讲一点经验，小朋友一定要跟小朋友一起学习,才会有兴致和效果。关于经文内容也是不解释的,就是大声朗读。

我在香港工作三年期满回温州以后,跟小舜哥接触就很多了。对于公职上班一族来说,在一个比较小的位置上的好处就是不会太忙。一个小的位置,又是一个小的单位,相对来说就比较自由。到了 2000 年的时候,温州电视台方面也想做些文化道德方面的节目,电视台有个编导是位女士,叫管红艳,还有一位也是女士,叫邵碧,她们拟请台湾的王财贵教授来演讲关于儿童读经方面的理念,与我们商量共同推动儿童中国文化导读。

因为大家理念接近,当他们主动来找小舜哥说明来意时,小舜哥也非常高兴。当时找来的还有吴震东医师,是 118 医院的,这个人知见很正,人又豪爽。大家有共同的目标,就聚到一起了,一起推动儿童经典导读。王财贵是台湾的教授、博士,我们请王教授来温州,安排住在龟湖饭店。王教授的几场演讲,以及与温州文化教育学术界的研讨会,就是打开温州儿童经典导读局面的起点。他第一场演讲就是在温州图书馆的报告厅。

记:请教授啊,找场地啊,都是需要经费的吧,你们的经费怎么来的?

刘: 王教授不收讲课费,是位义务的中国优秀传统文化传播者。请王财贵教授的交通费住宿费好像都是管红艳解决的,听说是她爸爸帮的忙,龟湖饭店免费招待。图书馆也是一个公益平台,也是免费用的。剩下的无非是接待费用,大家一起吃个饭,好像也花不了多少钱,大家积极性很高,都自己出钱。

这个事情当时在温州办得挺成功的,我自己的体会就是:舆论宣传的配合非常重要。包括报界有位叫祖欣的记者,一直帮我们宣传,我记得当时日报、晚报都有记者一直免费刊登新闻。我们那时候的儿童导读班办起来,也是免费的,招生正好是在暑假,报名参加学习的孩子挺多的,小学老师、幼儿园老师志愿来义务帮忙教学。有的热心人还把自己单位的会议室无偿提供给孩子们读书,西角的阿东就腾出自家的客厅,还叫上当幼儿园老师的女儿带孩子们读书,并自备糖果奖励孩子们读书。为了使优秀传统文化在孩子们的心灵生根发芽,大家自发所做的好事真是不胜枚举。这样,一下子就在社会上产生了很大的影响力。

为了使导读活动有一个法人团体作为门面支撑,当时,小舜哥、吴震东医师和我，一起在车站大道注册了温州绍南中西文化导读中心。

王财贵教授来了后，除了演讲外，我们还举办了场座谈会。当时温州教育界啊，文化界啊，对古典文学有研究或感兴趣的以及一些权威人士，我们都请过来。包括老诗人吴军部长，曾当过市委常委宣传部长的一位老干部，他对儿童读经这个事也很感兴趣；还有温州大学的党委书记张桂生先生，也是位老革命、诗人，现在他们都已经过世了。他们对这个事情，都很支持。这个座谈会，当时报纸也有宣传的，传播得很快，一下子就形成了一股受重视的热流。

在做这些事情当中，我自己也有很深的体会，什么叫"无为而无不为"。我讲两个背后的小故事。我们曾经也请来了一个人，他的观点呢，历来就是偏"左"的，他就是戈悟觉教授。他当时是温州东方道德学会会长，也是温州的名人嘛，我们请嘉宾，也是开放性的，请的都是有分量的名人，对于他们的观点，也是开放包容的。戈教授对这个事情当时内心可能是不大赞成的。可是，他还是给了我们相当的面子，亮出了总体赞成的态度。原因是南老师也从中做了一些工作。（迟疑了一下，讲完后就笑）

那么，为什么会这样给我们面子呢？这里有个小故事。几个月之前，南老师就给戈悟觉教授写了一幅字，当时南老师正在香港，戈教授通过个人的关系，向南老师要墨宝。南老师给他写了。写完以后，南老师还特别地交代小舜哥："你和刘宇瑞一起把这幅字送到他家里。"那个时候，离我们举办大规模儿童导读活动大概还有几个月吧，那时我们也根本没有这次活动的计划。小舜哥和我两个人一讨论呢，这还得了啊！南老师很少给人家写东西的，何况还要亲自送上门。我们两人合议，怎么办才更妥当呢？最后决定：还是邮寄过去！（不好意思地大笑）

还有另外一件事情，像吴军、张桂生这两位老先生为什么这样支持呢？除了他们本身自己也喜欢，他们也写诗，是诗人，还有就是，温州诗词学会这批老人家都知道南老师，他们给南老师写信，南老师回他们的信。而且，南老师连续好几年都有给诗词学会一些资金支持，诗词学会嘛，能坚持下来不容易，一万元、两万元，南老师都会支持一下。对这批老先生而言，也是一份尊重，也很有面子啊，支持文化事业，都是相互的嘛！所以，我们在温州开始推广儿童读经活动，他们就非常支持。

温州市区儿童导读做起来以后，我们觉得，经济欠发达的地方更需要儿童导读，我们就请来了余一彦和潘峰伉俪，他们都是留学法国的博士，武汉大学的副教授，也是南老师的学生，他们都是义务中国文化导读理念的宣讲者。我们把他们请过来，通过我们计委的老同事以及发动各方面的关系，给各个县的教育局长打电话，推荐举办儿童中国文化导读公益免费讲座。并且还另有助缘，那时温州市文化局长刚从香港拜访了南老师回到温州，他打电话给我们说，儿童文化导读的事尽管找他商量帮忙。我们即向局长汇报了请留法博士各县演讲的打算，局长大为赞成，指示各县文化局配合县教育局办好导读讲座，还派出面包车作为交通工具，方便职能处长和我们一起巡回各县演讲。结果，温州几乎所有各县教育局文化局都邀请余一彦、潘峰伉俪举办报告会，组织干部、学校领导、教师、学生、家长来听讲座。这个活动举办了许多天，挺轰动，影响力也很大。

我们还给泰顺、文成等当时的贫困县愿意开展导读活动的小学、幼儿园赠送了录音机、录音带、导读书，帮助他们开展导读活动。经费都源于志愿者的公益捐助，哪个地方需要什么，要花多少钱，让热心者认捐，并共同把东西送到学校手中。既办成了事，也账目清楚。这个世界还是有许多热心善心之人，至今回想起来仍令我感动不已。

在这期间，受南老师点拨的叶旭艳主任，连同他志趣相同的好友，创办了乐清儿童文化导读中心，做了大量的工作，开展了乐清的导读活动。

再后来，我到上海攻读学位，就顾不及了，所以，主要还是小舜哥和吴震东医师在坚持，还有老师的孙女南荣荣也加入其中。小舜哥坐镇导读中心，吴医师每到晚上都会去一个个办导读班的点上送书，哪里书不够，就及时补上，看见一些家长还没有书的，就免费送。很不容易。小舜哥和吴震东医师他们做了很多工作，就这样在温州坚持了差不多有十年。

开始的时候，书都是免费送的，后来就按照书的成本价格买。主要是当时读经的面已经铺开了，大家花点钱买书会更珍惜，若是都免费送下去，很多人便不珍惜，出现随手扔的现象。这样累积下来，我听小舜哥说，他统计的数据是达到了40万册！还是蛮厉害的，这也说明这个活动在当时的影响力足够大。

小舜哥是自学成才的中医师，在治疗家长和孩子的过程中，兼带劝读经典文化，正是身体康健与精神文明互动推进，十年之间取得了春风化雨、润物无形的效果。吴医师善于学习，善于总结经验，不久就成为导读理念演讲的好手，北至丽水，南至福建邻近各县，义务演讲导读理念，点燃了温州南北儿童文化导读的星星之火。您如果有机会，可以找吴医师聊聊，他应该比我会有更深刻的经验和体会，他做这个事情，真的是很投入，很执着的。小舜哥后来写书，也将这个事情写到了他的书里面。

读经的那批孩子，到今天应该也有 30 多岁了，我后来听到一些传递过来的信息，参加读经的那批孩子，语文都非常好。这个非常明显，对写作文很有帮助。当然，对其他学科，比如数学之类的，也有一定的辅助作用。

百年世事兼身事，樽酒何人与细论

记：后来，您到上海以后还做了哪些事情呢？

刘： 到上海以后，我就没参与了，在上海主要就是读书、听老师讲点点滴滴。南老师从香港到上海、到吴江，这些经历大家知道得比较多了。但南老师前期做的事情，知道的人却不多。我在他身边，陆陆续续听了一些，我把这些都累积起来，今天可以先跟你多聊聊这方面我知道的情况，他早期的一些经历和我对他的认识。当然这里面也有我的主观观点。

我认为南老师早年一直是有志于天下和国家的。南老师当年在杭州的国术馆，在学武术的同时，他接触到了中国文化的各个方面。后来到了四川，在大小凉山，就是跟贵州、云南山水交接的地方，就在那个地方，南老师降服了两支土匪部队。他进行整编后，有两个师的规模，部队士气高昂。

我曾听南老师说，我们这个民族的历史很奇怪的，兄弟们打架很厉害，一旦遇到外敌入侵，就会团结起来一致对外了。南老师自主带兵的时候，国家已经面临日本人的大规模侵略，有亡国的威胁，当时全国各方面的力量就弥合嫌隙，停止内斗，一致对外，全面抗战。因此，南老师就把自己这两个师的兵力统统交给了国民政府，去参加抗日战争。后来这两个师的师长和大部分官兵，都牺牲在了抗日战场。有一次，南老师在太湖大学堂跟我们轻松聊天的时候，风趣地说："你们这些人啊，很多都是大小凉山的兵转世过来的！哈哈哈哈哈哈！"（大笑）

南老师把部队交出去后，一个人到了成都。抗战的时候，黄埔军校迁移到了成都，也叫中央军校。你想，南老师当时交出了两支精锐部队啊，而且他什么也不要。蒋介石怎么能不知道呢，怎么能无动于衷呢？！所以，就请南老师当中央军校的政治教官。

南老师那时才二十几岁，可是他学问非常好，智慧也非常高，又是浙江人，蒋介石是很喜欢他的，等于是重点培养对象啊！南老师也在观察蒋，他看到蒋用人喜欢用自己的学生，用学生的意思就是：重大的主意都是我出，你们听话就行！南老师有自己的方略，当然蒋也有自己的方略，但蒋介石的方略，从抗日到解放战争，再到台湾，他的方略行吗？站在历史的角度去观察，抗日战争的胜利，本来蒋介石是占有优势的，但他的军事战略、政治战略、财经战略都输了。蒋的方略是有问题的，南老师当时就看出来了。南老师还发现蒋不是一个能采纳别人意见的人。

举几个历史上的例子，很喜欢别人提意见的，一个是刘备。刘备找诸葛亮，当时诸葛亮只是隆中的一闲散读书人，还没有出来做事的声望，但经过徐庶的推荐，刘备三顾茅庐，把诸葛亮请出山，委以重任。刘备很多计策都是跟诸葛亮商量的，私下他们是朋友，事业上刘备尊诸葛亮为军师。而南老师，当时已经跑到蒋介石身边了，蒋却还"不认识"南老师。这就没有办法，就帮不上忙。

历史上还有一个人，张良——刘邦的智囊。张良原来还不是刘邦身边的人，是其他诸侯的人。张良到了刘邦身边后，刘邦一观察，发现这个人很有智慧啊，刘邦就千方百计地把张良留下来。并且，对张良的话，刘邦有一听一，有二听二！刘邦还尊张良为老师，他们的关系是亦师亦友的。刘邦取得天下之后，感叹"运筹于帷幄之中，决胜于千里之外，吾不及子房"。子房就是张良。

还有建立周朝的周文王，他的学问也是很高的。旧传《周易》为其所演。就是这么有学问的人，他把姜子牙请过来当老师。这样一比较，一个个比下来，南老师就觉得这蒋介石就没办法扶持了，在当时的政治现实前，南老师根本就帮不上忙。

南老师经过观察，发现蒋介石不是统一中国的料，他就"离职"去峨眉山闭关了！闭关这个事，南老师有亲口跟我讲过的，他说自己一辈子唯一一次去找的一个长官，就是蒋某人，他是校长，又是军事委员会的委员长，南老师就去找他请假。蒋介石很快就见了南老师。南老师就跟他说，自己想请假半年。蒋问他：请这么长的假，干什么呢？南老师回答：准备去读书。蒋一听，心里一惊，就坐在椅子上一时不说话。因为在蒋心目中，南老师的学问已经很好了，为什么还要读书呢？可是，蒋这个人自己也是个理学家，打坐、修行方面也很精通，他有心得的，他知道学无止境。所以，他就对南老师讲："好吧。半年以后，赶快回来啊！国家需要用人啊！"

其实，南老师心里早就想开溜了，就溜到峨眉山中峰大坪寺闭关。闭关以后，半年过去，人没回来，蒋差人去找南老师，也找不到。找了很久，听说南老师在大坪寺闭关"出家"了！蒋就派了林森去找他，林森当时是国民政府主席。他跑到南老师闭关所在的山腰，在一个寺庙中借住下来。南老师在山顶上，林森让人带话，想上山见南老师。南老师就下山见他了，因为林森当时已经是年届七十的老人了，爬山不方便。两人一见面，林森就引用了一个历史故事：唐朝的时候，有个神仙叫吕洞宾，他刚开始在唐朝末年是准备去考功名的。在赴考途中遇到了一个神仙钟离权，吕洞宾就不想去考功名了，跟着神仙学道，后来就做了神仙。后人就写诗，说吕洞宾心里还是装着社稷、国家的，只不过，因为修道把功名给耽误了！林森讲这个典故时，就念了这首古诗："十年橐笔走神京，一遇钟离盖便倾。未必无心唐社稷，金丹一粒误先生。"来打趣南老师。这首诗哪里有呢？南老师的《话说中庸》这本书里有引用。林森又借客厅中所挂的画发挥意见说，挂在我这里的画，无论正品或赝品，人家不敢评论，大家都是以正品对待而没有异议的。林森讲这两件事，就是婉转地请南老师下山入世，并且国家将排除异议，以特殊人才对待南老师、重用南老师。

这是南老师当年跟我讲过的故事。在和林森谈话告一段落后，南老师就以太阳已经西斜，返回山路尚远为由，匆匆告别。林森坚持送到山门，并反复致意说，"山中一晤大不易啊"，就是再次婉转地邀请。可是老师毅然回去坚持闭关了。那么事情的关键在哪里呢？林森引用的是吕洞宾考功名的事，代表了在政府规则的范围以内，为政府所用的意思。林也代表了蒋，蒋林终究不是周文王、刘邦、刘备，虚心地请老师、请朋友谋划天下。这就没有办法了，老师即使下山也是帮不上他们的忙的。

如果蒋是一个扶得起的人，又能言听计从，随着政治的力量，把中国文化推广开来，那是比较容易的。可是，南老师只能选择一切靠自己的这条道路，从峨眉山闭关之后，到中国台湾、到美国、到中国香港，再到中国大陆，完全凭借自己的力量推行中国文化，那是很辛苦的。南老师这辈子选择的这条路线，是极其辛苦的一条路线。很多人还会误解他，现在可能好一点，尤其是在台湾那些年，蒋介石有自己的一套，而他的太太宋美龄是信基督教的，所以南老师在台湾实际上是在夹缝中求生存，极其困难的。

怎样推动文化，让中国文化重新绽放光芒，真的是需要一百年的努力。

曾经身体力行"南水北调"宏伟工程

记： 您在南怀瑾先生身边那么久，回忆一下，您了解的南怀瑾先生还做过哪些利国利民的事？

刘： 这个很多。我们能够知道的仅仅是一点点。以我自己所知道的，还有两件事印象特别深刻，并且这两件事也是相互有关联的。一是，老师倡导以大西线南水北调为基础，惠及全国的全面国土整治。二是，老师亲自践行科学性的向天要水，改善西北的气候环境。

回忆起来，我看到的情况是这样了的。大概是 1998 年吧，那是在香港的时候。有一天晚上，我吃了晚饭以后就到老师的四楼，我看到，老师正针对一张中国的地形图讲南水北调的事情。那个地形图，是有中国地理形态的，高矮有标志的。老师说，"你看啊，中国的这个地理形势：青藏高原是西南高，东北低，这样子呢，就在这个地理的自然形势，可以造成引水青藏高原西南到青藏高原东北。大家看啊，这个西藏的雅鲁藏布江从西往东流，流到东边，这里大拐弯，就往南走了，大拐弯的这个地方，水量是相当丰富的。再往东北是横断山脉，这里有怒江、澜沧江、金沙江、雅砻江等，水量也是很丰富的，引这些江的部分流量到青藏高原的东北，可以考虑在青海湖蓄水和调节，建造恰当的引水渠道，这样就可以灌溉新疆、甘肃、宁夏、内蒙古、陕西的黄土高原，解决这些地方的缺水问题。有了水，也可以使这些地方沙漠成绿洲，如果这些沙漠成了绿洲，就可使我国的可耕种土地翻一番。"

"这个引水西南的事啊，功效不仅如此，进一步延伸还可以解决华中、华北、东北的缺水问题。"老师说，"你们看啊，大禹治水的黄河古道是走北道的，就是从河套地区一直向东，向呼和浩特、张家口、北京方向入渤海，我们要设法恢复这个古道，然后在这个恢复的黄河东段，开渠南引，接上海河水系有关源头，这样就可以灌溉整个河北平原了，解决这个地区的缺水问题。"

老师说，"我们一般认为，黄河在河南省、山东省这一段，隐患大，特别是河床高出地面，洪水一来一旦决堤祸患一大片。平时的水只是流入东海没什么用处。所以这一段的黄河只有水患没有水利。如果经过上述黄河中游分流东走，青藏高原大引水又使黄土高原的水土流失得到整治,这一段黄河的径流量可以得到有效控制,那么反而可以利用河床高的优势,开渠南引,接上淮河水系的有关源流,就可以灌溉淮河流域,解决河南省、山东省、安徽省、江苏省平原的缺水问题。"

"以上这些事情的关键在水源,就是西线大引水。时代发展到现在,开山洞,建水渠的工程设计和施工已经具备能力。在大山中,即使尝试打了几个用不上的洞,也是无关紧要的,所以这个工程是可以做的,是非做不可的,对中华民族生存发展的意义非常重大。"

老师说,"这个事情啊要大胆设想,科学求证,广泛征询,集思广益。你们要实地考察,多方征询,把考察征询所得记录下来,深入研究下去,这个需要用钱,第一笔钱我来资助,也会发动大家来共同资助。"

后来,老师还请几位老学长出钱,大家凑拢来共同推进这件事。

我后来了解到这件事情的起因。一位是邓英淘学长,是中共中央书记处原书记邓力群之子。他是北京大学毕业的,后来在中国社科院工作,一直有志于国家的经济和基础设施发展的研究。另一位呢,王小强学长,也是大学毕业后,开始在国家体改委工作的,他跟邓英淘两个人是好朋友,后来王小强走自己的路线,到英国去留学,好像是拿到了剑桥大学或是牛津大学的博士。他一直研究经济和社会的各个方面,是一位很好的学者。他们两人在做社会经济的综合研究时,发现有人提出了引西藏的水入新疆的思路,就在研究综述里面,把这个内容写进去了,还在一个专业杂志上发表了。他们就把那本杂志送给南老师看。老师看了以后,大为赞成。所以,南老师就把他们从北京请到香港讨论。

老师说,"在中国历史上,真正对这个国家的水利有基本重要贡献的,也就是两件事。第一件大事就是大禹治水,疏通了中国的江河水系,改变了全国到处洪水淹没的状况,奠定了四千多年以来,国家以农立国的基础。第二件做成功的,就是四川的都江堰工程,把四川西面岷江上游,从雪山来的水,在都江堰这个地方分流来灌溉成都平原。这是秦朝的事情,中国还没有统一,李冰父子作为当时秦朝派在四川的官员,他们建成了这个都江堰工程,所以成都就成为天府之国,成为一个真正富裕的地方。后来秦始皇能够统一中国,四川平原所提供的粮食和经济的基础,是秦朝有力的保障。"

老师说,"我们这个时代,南水北调引青藏高原的水入西北,如果成功的话,那是历史上的第三件大事。也可以说是第二件大事,因为都江堰工程还是地区性的,就全国的范围，过去的成功只有大禹治水。"

老师说，"人不分男女老幼，地不分东西南北，大家动员起来，是有能力把西线大引水做成功的。"邓、王两位学长介绍说，如20世纪60年代的"红旗渠"，在县委县政府的坚定领导下，仅仅凭林县一县之力，克服遭遇三年经济困难，在当时落后的工程技术能力条件下，排除万难，修建引漳入林工程，开山建渠，改变了祖祖辈辈缺水的历史，至今成为美谈。老师说，"对对，有这样的精神就可以把事情做成功！"

邓、王两位学长回到大陆，组织了广泛的考察，多方面地请教和座谈，深入思考和研究，做了大量的工作。我记得在1999年的时候，他们还将考察研究所得，写了一本书，叫作《南水北调再造中国》，南老师还为此书作了序言。

老师观察全国上下的反应，考虑到当时的国际局面，知道这个工程一时难以推开。为什么呢？雅鲁藏布江、怒江、澜沧江我国是上游，分流引水会牵涉到下游国家水量的分配，需要协调。而南海问题已与相关国家有潜在的纷争。所以，老师说，实现这个工程，需要大仁、大智、大勇的领导力量，也许一百年时间能实践这个工程就不错了。

全面的根本性的国土整治计划一时推不开，南老师就以自己的力量，设法对局部性水资源缺乏有所贡献，就是向天要水。

记得1998年下半年的一天，在老师香港寓所的四楼，大家都在看电视，老师就放一个纪录片给大家看，是讲美国对于人工造雨方面的研究和探索。我们从这个纪录片看到，美国的一艘船在太平洋上面，有个风扇一样的设备在转啊转，还有个光束射到太空，还有发出一些特殊的声音，这些综合起来，一会儿，天上就起了云朵，慢慢就变成乌云，再接着就下雨了。老师说，"天一生水，这个水是可以从天上借来用的。"老师就制作了一个录音，也制作了一个反光镜坛，也有一个风扇一样转动的东西，然后派几个同学把这些东西安装在宁夏银川附近的那个地方，就让它在那边运转。老师说，随着时间的累积，会改善西北的气候，增加降水量。

老师说，从根本的源头来说，水从哪里来？"性水真空，性空真水"，这是关于水的最根本的科学原理。真正有见地的科学家应该探索开发这个原理,向天要水。国家也应该奖励科学家的发明。这个科技如果成功了，可以解决中国的缺水问题，也可以帮助世界上其他国家解决缺水问题。这是一个题目，这是一个话头。

到如今二十余年过去了，最近，我从一些公开的统计资料看到，宁夏、甘肃，一直到新疆那边，年平均降雨量比二十年前增加了许多，有统计数字说差不多是增加了 50%。还有蒙古与黄土高原接界的毛乌素沙漠，现在都长出草了，有些差不多变成绿洲了。特别是陕北的黄土高原，随着降水量的增加，气候湿润，普遍长出了草、树木。陕北黄土高原有些县市还进入了全国森林县市的行列。

这个降雨量的增加，或是老师科学实践的结果，或是气候环境的自然变化，虽然难以下一定论，但是，这是老师的心愿，那是确定无疑的。记得也是在香港的四楼，有一天，有内地来客谈起陕北农民的艰难。客人说，到处是光秃秃的黄土地，人们养羊，羊吃那个夹缝的枯草，吃光了，仅剩一点点草根，而羊的口水有毒，草根会烂掉，三年长不出新草。这个生态就这样一年年在退化啊！老师说："这怎么办啊，这怎么办啊！农民又不能不养羊，他们没有其他的生活来源啊！"今天黄土高原的绿草遍地，乃至森林成片，真的也是老师所馨香祷祝的愿望啊！

深刻体会南师"生于忧患，死于忧患"

记：您最后一次见南怀瑾先生是什么时候？您还记得他对您讲过什么吗？

刘：2012 年，我博士毕业，当时也谋划着接下来该怎么安排工作的事情，刚好回到了温州国土资源局。有一天，小舜哥和我讲，南老师在上海住院了，感觉挺危险的。小舜哥，还有大哥和我就开着车去了上海。

我们一起去医院病房看老师时，他没有再讲话。那时，老师呼吸有点困难了，一直是往外呼气，吸进来的很少。那一次看望他，就是最后一面了。当时南老师是坐在那里，就像这样靠在椅子上（刘宇瑞一边回忆，一边用身体仰靠着椅背示范）。在病房看望老师后的第二天，医院打电话来，和小舜哥讲：南老师好像呼吸停止了。那天稍迟一些，差不多傍晚的时候，大家就把南老师迎回了太湖大学堂。

当时，大家也在判断，说白一点就是：南老师死了吗？还是说，南老师入定了？大家的意见不一致。所以就把南老师迎回他自己的卧室里。

南老师再也没有醒来过。又过了几天，大家都觉得，南老师应该已经走了。应该是过了七天吧，大家再讨论的时候，我听小舜哥说，南老师身体的颜色就已经有点变化了。再加上医生专业测量，大家就判定，老师已经走了。然后，大家就以判断的那天，作为老师去世的时间。这其中的一些细节呢，之前大家都讲过。

南老师显示出来的生命的"走"，就是一个平常人的现象。平平常常的生病，也住院，呼吸停止了，人就死了。南老师显示的，就是跟一般人一样的状态。历史上，佛道儒三家中，也有一些真正有成就的得道高人，不愿意自己离开人世时表现出与平常人不一样的状态，所以显示了和平常人一样状态的生死。

南老师经常讲的，他自己对自己生命的定义，在他的书上也有，八个字："生于忧患，死于忧患"。

"生于忧患"，南老师出生的年代，先是五四运动，接着北伐战争，接着军阀内战，紧接着是抗日战争，解放战争……南老师经历过的历史和他的人生岁月里，时局动荡，战乱频仍，又如何能保全父母，保护家人呢？！他真的是生于忧患。在改革开放之前，跟美国、跟西方国家相比，我们国家当时还是很落后的，直到改革开放，才慢慢变得强大起来。

老师说自己"死于忧患"，我曾经一度也感到困惑，有疑问。

2012年，南老师要走的那段时间，就有钓鱼岛事件，还有后来的南海仲裁问题等，和平年代并非风平浪静，还有贸易战、科技战、金融战，硝烟弥漫。与此同时，普通大众的文化自信心、民族自信心都还有待提高，而文化是民族的根和魂啊，这就理解了忧国忧民的南老师为什么说自己"死于忧患"了。

当然，这些年，我们中国自己的军事实力、科技实力和经济实力都一直在增长，我们的国家正逐渐变得更强大更安全。

记：南怀瑾先生荼毗时，您在现场吗？能否讲讲您听到的或看到的情况？

刘： 对，我在现场。那时的情况很多人都讲过，大家应该都已经知道了。

真正有成就的人走了，就会留点东西，给这个世界作个纪念。舍利子只是一方面，最最重要的是，他留下的书，他精神的结晶都融化在他的书里面了。还有他的录音录像，他很多讲课都是有录音的。他亲证生命的究竟境界，他融会贯通了各家传统文化，他把中国几千年的传统文化用现代人的思维习惯、知识面，重新解读出来。因为时代在变迁，有些表达方式已经发生了巨大的变化，南老师的伟大和高明之处就在于，他打通了中国远古与现代人的交流，让儒家的、道家的、佛家的，其他诸子百家的文化，以通俗易懂的形式向当代人普及。

修学无止境，有待继续努力

记：听说南怀瑾先生仙逝后，您自己一直在修行，能否介绍一下您的近况？从您的角度来回顾跟随南怀瑾先生学习，经过那么多年的沉淀和积累，您最大的收获是什么？

刘：关于修行，最高的境界是探究生命的本谛，这是很难的。所以，我也没什么心得。但对于一般人的修行来说，打打坐啊，盘盘腿啊，每个人都是可以做的，这对自己的身体健康也是有帮助的。我觉得缅怀和学习南老师的重点，应该是看他一生做了什么事，他做的这些事，又是在怎样的时代背景下做的。

南老师在时，我听他讲过，他当时在杭州读了书，就到四川去了。从四川再回到家里，已经十年了。十年时间，刚好又经历了抗日战争，音信全无的，家里父母啊妻子啊，都以为他已经不在人世了。1945 年，抗日战争胜利，当地政府还送来了蒋中正亲自签字的"少将南怀瑾"的纪念奖章。这个事也听小舜哥讲过，所以，我推测，南老师在中央军校的时候就已经是少将军衔了。家里人看到这枚奖章，还以为南老师已经牺牲了，不然怎么会送奖章来呢，还有蒋中正亲自签字。后来，老师突然回来了，把家里人高兴坏了！

老师回家后，在家里待了一两年，在那段时间里，他对父母和家人就非常非常孝顺和珍惜，他知道讲什么话、做什么事能让父母舒服，让家人舒心。有一天，他父亲就对他讲："听说你已经开悟得道了，给我们讲讲佛经好不好？"——这是我听南老师说的。然后，南老师就说，我们这一辈人受到的教育，虽然也在外头经历了这么大的世面，可是在父母亲面前也还是心里会紧张的。他就对父亲说："真要讲的话，我就给大家讲讲《孝经》。这是儒家的经典。"后来，我把《孝经》打开看，它所谓的孝，始于孝顺父母，到最后真正的孝是大孝于社会。不是说一定要做天下的皇帝或领袖，而是你要对这个国家和社会有贡献。这才是孝的职责内涵。南老师对家人及乡亲就讲这个。

我们再回过头来看，大约1948年，南老师离开温州去了台湾，从此再也没能见到父母亲。那他就只能"大孝于天下"了。从本土文化来说，他就是一个真正的大孝子。有机会和父母亲在一起，他会把父母亲侍奉得非常好，但整个局面不允许的时候，他就选择对国家和天下的大孝。我想，南老师留给我们的，需要思考的历史、文化、学问等方面的东西很多，要说自修，这也都是具体内容之一。

我们应该学习南老师悟道、修道、行愿的榜样。至于大家表现出来的学习形式，可以是各有不同的。南老师是鼓励大家入世的，我曾经也是有机会出来当官的，呵呵呵呵呵（刘宇瑞半开玩笑地大笑），但机遇不对啊。所以，仕途无所谓好坏，如果到了那个位子，就好好干，能干的尽量干好。不到那个位子，也应该有属于自己的人生内容。所以，人对自己的本位有认识，这个很重要！在南老师那里学习，最大的收获就是教会我们对自己的价值观的保持，无论在什么样的环境下面，都能保持自己的价值观。

孔子说自己"四十而不惑，五十而知天命，六十而耳顺"，耳顺才是真正步入成熟的一种境界，无论听到好话坏话，都是顺耳的，没有抗拒或拒绝。七十古来稀，孔子只活到七十多岁，"七十而从心所欲不逾矩"，孔子说自己到了七十岁才真正得到"大解脱""大自在"，这些圣人很实在地衡量自己。我虽然跟随南老师那么久，但学无止境，我觉得自己都还没找到答案呢！很多时候心情还会有波动。真正有成就的人，比如南老师，他看得很清楚，但却看得很淡。所以，我觉得自己还差得很远，真正应该继续努力。

记：您认为南怀瑾先生后来为什么一直没有回过家乡呢？

刘： 为什么不回家乡？这里面有很多历史的原因吧。从我的观点来看，我们需要从历史的维度来分析。南老师去了台湾以后，蒋介石之前虽然没有真正认识南老师，但他自己毕竟还是个理学家，所以，他赶紧让部下找到南老师，请他在台湾重树中国传统文化，所以才有南老师给军方的巡回演讲，当时讲的就是《论语》——《论语别裁》就是这么来的。传说蒋介石还亲自到现场，在后面拉上帘子听讲。

后来蒋介石还找过南老师，要成立中国文化复兴的一个机构，请老师去主持。老师推掉了。为什么？因为南老师心里清楚，他们对文化的认识还是有差距的。你看啊，南老师大多数的书，都是蒋走了以后才出的。1975年，蒋介石逝世，1976

年才出版《论语别裁》。所以，南老师常说自己"在夹缝里生存"，他在台湾的生活其实也是很艰难的。

尤其到了蒋经国上台以后，南老师不是到美国去了嘛，他这是迫不得已而为之啊。南老师这样曲折的人生经历，《金粟轩纪年诗》这本书里，都有记录，读这本诗集里的诗，就能了解南老师极高的文学艺术成就。南老师一生著述很多，大多是讲课的记录，但《金粟轩纪年诗》这本书，是南老师自己写的，同时也能从这些诗中感受到各个时期的局势变化等，认真读一读，就能读出很多味道和"门道"来。也可以说，这本书其实就是他的"传记"纲要。我想，关于南老师的一些疑问，在这本书里会找到一些答案。

记：现在，大学堂的同学们都在做什么？你们还有经常会面吗？

刘：在太湖大学堂的时候，每天都有两桌人，有时候是三桌，大家几乎每天会碰到。现在也有碰到，但少了。现在大家各有各的事情，各有各的生活方式，应该说大家也都在各自的岗位上、各自的事业中，弘扬南老师的文化。大师已经去了，这是没办法的，而我们这些人的力量虽然微小，但大家都还能够在自己生活的点点滴滴中，延续南老师的精神，这也可以说，大家遵循了老师晚年提倡的"平凡"嘱咐，这也是好的。

纪雅云：南怀瑾先生帮我打开中国文化大门

纪 雅云

英文名 Pia Giammasi，1964 年出生于意大利，成长于美国，是南师著述《金刚经说什么》的英文版译者，《论语别裁》英文版的首席译者，亦是至善社会福利基金会的创办人之一及长期参与工作者。

访谈时间：2021 年 12 月 22 日
访谈地点：温州南怀瑾书院与台湾 Zoom Meeting 连线
访谈记者：李庭

作为南怀瑾先生的一名美籍意大利裔弟子，纪雅云能讲一口流利的中国话。20 世纪 80 年代，她从美国麻省理工学院法律系毕业后，前往亚洲寻觅东方智慧，游历的国家包括中国、印度、尼泊尔、斯里兰卡、越南等，于 1989 年在香港初遇南师，成为南怀瑾先生的一名"洋学生"。

除深研佛学外，纪雅云还致力于教育、翻译、项目管理等方面的工作，在厦门大学中医系获得过中医专业本科及针灸专业本科文凭，在斯里兰卡凯拉尼亚大学的巴利语与佛学研究院获得过硕士学位。

她还醉心于研究茶道、瑜伽、八卦掌、太极、古琴等中国传统文化，希望继续翻译好南师的部分著作及若干佛学经典。

她感叹，南怀瑾先生就像一把钥匙，帮她打开了中国文化的大门。

由于疫情，身在台湾高雄的纪雅云通过 Zoom Meeting 接受了记者视频采访。

曾在睡前打坐中寻觅东方智慧

记： 您的生活阅历丰富，涉足世界多地，能否先给我们讲讲您早年的生活故事？

纪： 我 1964 年出生在欧洲的意大利，后来我被来自美国的养父母收养，快两岁的时候我到了美国，那个时候我还不记事儿。

后来我一直在美国生活，直到过了 20 岁大学毕业后，才离开美国游历世界。

记：在美期间，接触到哪些东方文化，对您后来的亚洲之行产生了哪些影响？

纪：我在美国读小学二年级的时候，有一个电视节目让我印象非常深刻，那个节目叫《功夫》，讲述了一个出家人为了救一个女孩子，误杀了另一个人，然后他就被追杀，一路逃到了美国。后来他在美国也遇到很多有困难的人，他就去帮忙，用他的武术来打击一些不好的事情。其间，他在面对很多事情的时候，总会回想他的师父最初是怎么教他的，因为是他的师父开启了他的智慧。他的师父是中国人。

从那个时候开始，我就决定存钱，等自己以后长大有钱了，也去亚洲寻找一位能够为自己开启人生智慧的老师。

另外，我读大学时，在美国的城市图书馆里读到了两本书，对我的影响也很重大，一本是《悉达多》，一本是《道德经》，让我对东方文化有了更多向往。

我还喜欢打坐，从小学就开始了，对东方的佛学文化也一直很想深入了解。

记：能说说您在打坐过程中的心理感悟吗，那是一种怎样的状态，有哪些收获？

纪：我打坐一般都会选在晚上睡前进行，时间会持续一个钟头，我会扫描自己的身体。

一般来说，我们平时触碰我们的身体，会觉得自己的身体是很结实、很硬的，手指头伸不进去。但在打坐的过程中，人的内心会静下来，你就知道这个物质的世界其实没有那么硬，分子跟分子中间还有很多空隙，有点像进入了一个个人的宇宙。然后慢慢身体会变得有些不实际，甚至有点像虚拟的。但意识是很清醒的。

在此过程中，我知道了生命的维度不止一个。

打坐的习惯我现在还在坚持，随着人生阅历增加，还可吸收到更高深的智慧。

记：什么时候正式动身开启亚洲之行的，出发前后的心态和情况是怎样的？

纪：20世纪80年代，我从美国麻省理工学院法律系毕业后，感觉自己终于自

1993年或1994年的南怀瑾先生生日，大家在香港一起为他庆祝

由了，便决定动身前往亚洲，寻觅我一直向往的东方智慧。

当时我的养父母还想我继续留在美国生活，我虽然非常尊敬他们，但还是决定要去亚洲，就像是有种使命感非去不可一样。

最直接的想法是去亚洲找人，找能够帮自己解惑的老师。其实找人也是找智慧，因为只有智慧在人身上，我才可以真正得到，书本上的智慧它不是"活"的。

我坚信可以找到想要找的人，所以出发前未做攻略，就和两个同学启程了。

初遇"高人"是次神奇的经历

记：您亚洲之行的路线图是怎样的，先后去了哪些地方，有哪些收获？

纪： 我和两个同学到访亚洲的第一站是香港，那是 1986 年。之所以选择先到香港，是因为香港是亚洲的一个中心，我们在香港停留了两个礼拜，在那边调适了一下温度、时间和饮食。

然后我们从香港去了台湾，在台湾待了大概半年后，我们又一起离开中国，去了菲律宾、泰国和尼泊尔等地。到了尼泊尔后，我开始有机会直接接触佛教文化，我就和同学分开了，我一个人留在尼泊尔学习佛法。学习了三个月后，我去了印度，开始在印度跟随不同的老师进行学习。

在印度，我还剃了头发，感觉非常清爽，后来穿上圣服就成了一个修行人了。

记： 您是在什么样的机缘巧合下知道南怀瑾先生的，能说说当时的情况吗？

纪： 1989 年，我在印度经历了一个阶段的密集学习后，被邀请到中国香港的一个小道场里担任讲师，很多人会来道场学习，我能教的都教了。当时我还完全不知道南老师这个人。

工作了几个礼拜之后，我去了香港佛教图书馆，在那里认识了宏忍法师，她在图书馆里教五禽戏，向人讲解如何调适身体能量。于是我就报了名去学习，并认识了宏忍法师，一段时间后她对我说，一定要带我去看她的老师，她的老师就是南老师。

后来宏忍法师给了我地址，让我自己先过去。有趣的是，我讲课的那个道场跟南老师住的地方竟在同一条路上，过了好像四个大楼，南老师就住第五个大楼，我走路五分钟就到了。

我当时就觉得，哇，怎么会这么巧，非常非常近。（脸上露出惊讶的表情）

记： 说说您和南怀瑾先生第一次见面时的情形吧，那是一次怎样的特殊经历？

纪： 那一次见面真的好精彩，是一个非常神奇的过程。我记得那是一个下午，我上去的时候，楼上有一位学生和一位跟着南老师学习的美国人。

她们先接待我，跟我在客厅聊了一段时间。我们是坐着聊的，她们两个人面对着我坐，她们问了我很多关于我个人的问题，包括我的个人背景及为什么要学佛，等等。

其间，她们也会不时地跟我提到南老师，还会一直指着旁边的一个椅子说"老师""我们的老师"，那个椅子实际就是南老师平时坐的椅子，但当时椅子上面是空的，说明她们平时非常非常尊敬南老师。当时我觉得，是不是有一点神话了，南老师真的有那么厉害吗？

大约半小时后，她们两个对我说，她们还有事情要先去忙，等一下南老师会来，我会有机会跟他交流。她们两人闪身离开后，后面是一个饭桌，隔着饭桌，在我的面前，就在我的正前方，南老师就已经坐在那里了。我根本没有看到他开门，也没有看到他走过去坐在那里，但他就坐在那里静静地看着我。我根本不知道他是什么时候过来的。

虽然是第一次见到这个人，但当时我很确认这个人就是南老师，非常明显。那个刹那，我注视他眼睛的时候，有一种被电到的感觉，让我有一种"啊"的感觉。我当时有深吸一口气，因为那种能量撞到我了，对我的身体有着强烈的影响，让我很肯定，哇，这是一个高人。

他当天穿着一身白色的唐装。我印象中很少看见他穿全白的衣服，质地不像丝绸，应该是棉麻的唐装。他就静静地坐在那里吸烟。

当时他的烟已经抽得差不多了，我知道他一定坐在那里有一段时间了。

记：接下来你们都具体聊了些什么？

纪： 我看到南老师后，他走过来坐到之前我提到过的椅子上。当时我的感觉很奇妙，就觉得周围的空气很清静，很舒服。

面对南老师，我先进行了自我介绍，那个时候我的中文还不是很好，但是他跟我讲的话，我能够听懂。他最开始问了我一些问题，包括在哪里学习佛法、跟谁出的家、平常修行是怎么样的，等等。

我用英文和中文穿插着来回答他，他听得懂我在说什么，我们彼此能够深入地沟通。因为南老师问的几个问题都很细，所以当时我不觉得紧张，反而非常轻松。虽说当时他在我的世界里还是一个完全不熟悉的人，但我知道他是一个老师、一个长者、一个修行者，所以我有一颗尊重的心。就是很摊开地讲，然后听听看老师的解答。

南老师讲话有口音，但对我来说不是个障碍。另外，他人看起来并不强壮，但声音很洪亮，就像从一个巨大的身体里发出来的一样。他说话的时候，脸上带着微笑，不是很严肃，听我讲话的时候脸上也带着可爱的笑，有点像自家爷爷的感觉，让人没有距离感。

当然，我也知道他内在的威严是很厉害的，但他已经达到了收放自如的状态。

记：南怀瑾先生有为您解答一些修行上的困惑吗？

纪：交谈中，我跟他说，自己在打坐时，念头会打扰到自己。然后他就说，那你先闭上眼睛，慢慢开始观照你的呼吸，如果一个念头出来了，你就表示一下，然后让自己进入静坐的状态。他在一旁指导我，继续说如果有念头出来，你去观察一下，这个念头是从哪里来的。

我就说，没有什么地方，它自己来的。南老师说，自己来的，那如果你不理他，会发生什么事情？我再继续观察，那个念头它自己就消失了。我就说，没有什么地方，回到它原本的没有地方的地方。

然后南老师就笑了笑，我睁开眼睛，他静静地在看着我，然后说，那些念头，一点问题都没有，对吗？那你担心这些问题干什么，让我豁然顿悟。

我们一直聊了有四五十分钟，他讲话很风趣，甚至有一点调皮，带有他自己的幽默感。他现场给我讲了好几个故事，其中有济公活佛的故事。他觉得我有点儿像济公活佛，跟我说"你拿这个扇子扇一扇"，然后拿他的帽子给我，说，"对对对，就是这样子，就像济公活佛。"

后来，他自己也去帮我订济公活佛的帽子，他说这个是一定要给我的。

记：第一次的见面结束后，后面您又是如何进一步接受南怀瑾先生教导的？

纪：因为第一次见面的那天晚上我在道场还有课，所以交谈后就先离开了。临走时，南老师介绍几个人给我认识，其中有一些是跟随他比较早的、亲近的学生。他还邀请我以后每天下午到他那里去报到，跟着他学习。

这次见面，让我觉得南老师是个干脆的人。特别是他在讲任何故事或事情的时候，始终有一个教学的重点，他和我聊天，实际是想教会我一些东西。他提出让我跟着他学习，我觉得这是蛮好的机会，很难得，所以后来差不多每天下午四点半左右都会去南老师那里报到，晚上七点左右再离开，每天学习两个半小时。

其间，南老师身边也有会讲英文的学生，他们会帮我翻译，这大大提升了我与南老师沟通的速度和对知识理解的精准度，甚至细节我也可以抓得到。

他的一些学生和我说，我实在太幸运了，这么年轻就可以跟着南老师学习。

厦大求学，曾遇南师直接"批评"

记：这样的学习状态维持了多久，后来又去其他地方继续学习吗？

纪：我在南老师身边学习了差不多四个月，四个月下来，我更加觉得南老师不是一般的老师，他非常注意培养我的个性和人格，告诉我佛学是很长远的。所以他建议我暂时不要当老师，因为我对佛法的认识跟深度还不够，让我趁着年轻多学习。

后来我就离开了香港的道场，去了南老师在台湾成立的十方丛林书院继续学习。在台学习期间，我也陆陆续续地多次回过香港，在南老师身边再请教一些问题，学习一些智慧。

之后，南老师又鼓励我去厦门大学学中医。他说，任何修行都是非常科学的，不要搞迷信，他希望我通过学习中医，能够对自己的身体不迷信。另外，他告诉我学中医不仅对我的修行有很大帮助，还可令我提升中文水平。

记：在厦大求学期间，听说南怀瑾先生曾训诫过您一次，那是怎么回事？

纪：是我在厦大求学的第一个学期，学中医让我觉得压力真的好大，我头发都白了。因为那个时候看不懂简体字，也看不懂老师的板书，心态真的非常爆炸。所以每天下午，我都会跑出去跟那些年轻人去操场上踢足球。

但当时，我和南老师另一个出家的学生住在同一个房间，她就觉得我是一个修行人，我这样出去踢球不行。所以她可能和南老师讲过，这个纪雅云她没有很认

1997年，一周课程结束后，南怀瑾先生与学生们于香港太古广场合影留念。右四为美国著名管理学家彼得·圣吉，右五为纪雅云（当时作为口译者）

真学习。

南老师知道后，写信给我，信不长，大概也就一张纸。但他当时的语气是比较直接的。他在信中讲了很多，其中提到做一些事情不要优哉游哉的，要认真。

记：读到南怀瑾先生给您的信后，您内心是什么想法？后面有了哪些变化？

纪：我读到信后，最初内心还是蛮别扭的，但南老师的话直接打到我的心，让我有被别人揍了一拳的感觉。之后我的室友就说，接下来我们就安排下午四点到六点打坐，但那个时候刚好是踢足球的时间。

我就说，好吧。本来我们平时是晚上打坐的，她说既然你下午精神这么旺盛，那我们就在你精神旺盛的时候打坐，让你的打坐能够突破。

我记忆里南老师直接训诫我，只有这一次。所以后面的生活还是有改变的。但我知道南老师完全是出于关心才写信给我的，他不希望我读书是个半吊子的状态。

南老师平时对我很好，基本上都是鼓励。但他对某些人，有时也会用比较重一点的语气和他们讲一些话，如"我告诉你，你不小心的话会……"他其实还是在分析问题，用重一点的口气是因为他知道那些人需要说重些，他们才能听进去，但是对我不需要那样子，他会根据我的性格跟我说话。

翻译南师著述，受益匪浅

记：您是什么时候决定翻译南怀瑾先生的著作的，为何会选择先译《金刚经说什么》？

纪： 我在厦门大学读了两年专科毕业后，先做了三个月的闭关，闭关结束后我正式决定开始翻译南老师的书。

因为当时南老师身边有一个西方人，我们常常一起讨论佛法，但讨论到一些关键的经书或者经文时，里面的一些观念在英文里找不到一个很好的翻译，我就动了一个念头，南老师讲解《金刚经》，我觉得自己应该把南老师的书翻译成英文，让那些看不懂中文的人，也有机会更能够理解经典里面的内涵，也算是我为世界做的一个贡献。

另外，先译南老师的《金刚经说什么》还有一个原因，《金刚经》作为佛学里很重要的一部经，也是很多人读南老师著作的一本入门书。

很多人就是因为这本书，才认识南老师或认识佛法的，我也想让更多人了解到。

记：译书的过程不轻松吧，前后花了多长时间，中间可有遇到难解的问题？

纪： 翻译《金刚经说什么》是个很慢的过程，因为那本书有些厚，中文版有五六百页。

另外，1992年至1996年这个阶段，我还住在台湾的十方丛林书院里，因为我会中医，所以我住在那里的时候，很多人来找我看病，我帮他们针灸、看病，每天都很忙，没有多少时间，翻译书的进度就很慢。

而且我翻译南老师的书，不仅是从书本上进行翻译，还会听他讲课时的卡带录音，听南老师是怎么讲课的，他的语气是怎样的，他什么时候是在开玩笑，什么时候是认真地说，领悟了他故事里的感觉，我才能把南老师的风格、感觉等在英文里表达得很清楚。

为了加快翻译进度，我把在台湾的所有事情都安排好后，搬去了香港，住在大屿山那里，在类似半闭关的安静状态下，一心想把南老师的书翻译好。《金刚经》一共有三十二品，南老师对这三十二品都分别作了一首诗。这些诗是最难翻译的，因为这是南老师根据他自己的体会编成的，诠释的意境真的是很难翻，我就会每天白天翻译，晚上坐船去南老师那边，去请他解释，以便有更多机会向南老师学习。

之后的译书过程又花了差不多一年时间，到1997年时整本书才算正式译完。

记：书翻译完成后，后续的印刷、出版顺利吗？正式出刊后反响如何？

纪：英文版的书翻译完成后，我拿给南老师和他身边会讲英文的人先看，南老师不会看英文，但我的问题他会很上心地回答。他身边的人觉得书中哪里翻译得有问题，我们也会及时对一些细微的东西进行调整。

在后续出版上，我的运气非常好，南老师有个学生叫杨定一，他在美国有出版社，他主动提出说可以帮忙出版我翻译的书。2000年，书稿的排版设计完成后就正式出版了。不仅面向美国读者，网络上也都有售，还被寄到了各国大学的图书馆。

这个书出版以后，反响特别好，许多不同国家的人会想尽办法跟我联络，通过E-mail等方式找到我，有的问我修行的问题，有的问我后面还会有什么新书译出来。当时我很惊讶，联系我的人有南美洲的，也有欧洲的，还有中东等地方的。

目前，我还翻译了南老师的《论语别裁》、南老师解读的《心经》，这些书也将陆续出版。

1990年至1997年间,南怀瑾先生在香港接待客人及学生

记：当在译书中的难题被解答后，您自己又有哪些新的收获？

纪： 译书的收获还是很大的。因为我在南老师跟前学习过很长一段时间，所以我在看书、译书的同时，就好像是在听南老师的声音在跟我说书本里的内容，所以在听他说的时候，对文字的感觉是很直接的，受益也很大。

南师帮我打开中国文化的大门

记：您最后一次见南怀瑾先生是什么时候，在哪里，发生了哪些事？

纪： 大概是 2009 年、2010 年前后，在太湖大学堂最后一次见到了南老师。当时是联合国派不同国家不同领域的年轻人，来中国不同的地方考察交流和学习，以他们不同的专业来研究中国。

最后这五十几个人全部到了太湖大学堂，去倾听南老师关于中国文化等方面的讲课。因为这些人全部都是国外的年轻人，南老师希望可以借助中国传统文化里的智慧，给他们一些启发。那个过程中，我是扮演翻译的角色。

那个时候南老师的身体状况还是不错的，但也显出了憔悴，人比较老，比较瘦。虽然他很开心有这些年轻人来，但晚上他一般会比较早结束讲课，这跟他在香港的时候不同。在香港时，他到晚上十点多还会跟客人聊天，但到太湖大学堂的时候，大概到晚上八九点钟的时候他就退场了。

这个会前后开了有一个礼拜左右，我没想到那会是我最后一次见到南老师。

记：得知南怀瑾先生离世时，您当时身处何地，在忙些什么，是什么感受？

纪： 南老师离开的时候，我在中国台湾，那段时间我的生活也有一点变动，我需要经常跑去德国处理一些事情，还有去美国看望我的父母，事情比较多。

后来南老师在香港的朋友发邮件告诉我，南老师是在静坐的状态下离开的。这让我很欣慰。

在我看来，南老师的离开，是一种很吉祥的离开。还有一件很奇怪的事，我身边的一些人都是通过我的介绍知道的南老师，但没有真正见过他。可他们在南老师离开那个阶段写信告诉我说，自己梦到了南老师，南老师好像在告别。

这让我有一点惊讶，怎么我身边的人都梦到了南老师，我自己却没有梦到。

记：回顾您与南怀瑾先生的相识、相交，您觉得他是一个怎样的人？

纪： 对一个中国人来说，如果你有机会遇到孔子，你会有什么感觉呢？我跟着南老师很久一段时间，后来才慢慢发现，哇，这个人是现代的孔子。他把所有古人的智慧变成了现代语，这是我慢慢地，经过很多年才认识到的。南老师就像一把钥匙，帮我打开了中国文化的大门。

他在我生命中扮演了很多角色。首先，他像爷爷一样，很照顾我。其次，他更是我的老师，他教了我很多东西，指引了我许多方向，他的身上有一大堆宝，他就是会把它们散出去，让我们接到。

而且南老师这个人，对华人世界的影响太大了。你想想看，现在有多少学者研究过孔子，图书馆里面有一大堆关于孔子的书，但很少有人会把这些书放在家里。

但南老师的书不一样，像《论语别裁》，不管是在中国台湾还是大陆，不论是在中国香港还是新加坡，有华人的地方，很多人的家里都放有《论语别裁》，这是件不得了的事情，这个影响太大，太广。

《金刚经》也是，不是每家都有经书。但南老师他是以中国文化来表现的，所以不少人家里放《金刚经说什么》，就会了解到佛教修行的一些东西。

另外，南老师讲的很多系列的书，都把古代文化还有修行跟现代科学进行链接，有些书还没有出版，后续他的学生整理完会出版。

中国文化是一个非常特殊的文化，这些书对理解整个中国文化，都是宝贝。

终得东方智慧，成为文化传播者

记：如今，回望自己这么多年的寻觅之旅，您觉得自己真正找到东方智慧了吗？

纪： 我觉得我找到了，而且现在还在继续学习的路上。比如说前段时间，我把英文版的《论语别裁》修正完了，我就在一个寺院里住了一段时间。那里有个老师在教《易经》的课程，他在台湾讲《易经》还是很不错的，我就去旁听。

我以前也有听过一些《易经》的课程，但当时我的中文水平不够，再一次听有种更进一层的深入。就好比一台电脑，孔子、老子他们像是电脑里的应用，而电脑背后最基本的那个"0"和"1"，就是阴和阳，它们叠起来就变成我们所看到的、听到的，等于《易经》里描述的，是和地球上所有的现象相通的。

在寻觅之旅中，有机会跟一些很棒的老师学习，那我就会去学。我不是在找，但是如果正好遇到，那我当然会继续学习。

现在，我也在学习古琴，古琴也有让我了解到更深的中国文化理念。

记：您现在已经由一名中国文化的学习者转为了传播者，各方面有哪些变化？

纪： 和刚从美国出发到亚洲那会儿不同，我现在已经是一名老师了，如果我还是躲在一边只顾自己学习、自己修行是不够的。我觉得，在这世界上你生命的可能性其实是无限的，不要小看自己，不要限制自己，不要说觉得不可能。你打开你的生命，打开你的心，你就可能影响整个世界。

所以我现在在台湾，不单单给学生们上佛学课、禅修课，我还开有一些工作坊。我教的学生，不单是西方人，也有自己对自己的文化不了解的人，他们很多人从来没有接触过佛学，我会用中文和英文分别给他们讲，和他们交流一些修行话题。

而且，我在讲课过程中，也在学习南老师的精神，将一些修行的知识用现代的东西重新再包装，让学生更好地从中吸收到东方的智慧。

在这一过程中，更多人可以通过我了解中国文化、佛法智慧，也让我受益。

"说不尽的南怀瑾"，未完待续……

查旭东：

查 旭东

1970年出生。现任江苏省吴江经济技术开发区党工委委员、管委会副主任。做过警察、秘书，当过交通局局长、乡镇书记。2010年8月开始在太湖畔的七都镇担任党委书记，其间与南怀瑾结缘。南怀瑾去世后，查旭东向组织申请继续留任七都，直到2017年6月调任吴江开发区工作。

访谈时间：2021 年 6 月 28 日
访谈地点：苏州市吴江区吴江宾馆
访谈记者：戴江泓
摄影摄像：李立

  查旭东是南怀瑾晚年定居的太湖大学堂所在地——江苏省吴江市七都镇在任时间最长、和南怀瑾关系最密切的镇党委书记。查旭东在任期间，为七都镇留驻南怀瑾及一批文化大家做出了不懈的努力，也为七都镇的文化建设倾注了汗水、心血。

  2016 年，查旭东将自己在七都镇任职期间与南怀瑾交往的点点滴滴，结集成书，书名为《说不尽的南怀瑾》，由东方出版社出版。南怀瑾的"总编辑"、时年 95 岁高龄的刘雨虹先生亲自为该书写出版说明，她在文章中这样写道：

  "查书记一行离去后，南师说，这是一个正直而且有见解的人，不落俗套。地方有这样的官员，我们有福了，这也是国家之福。在南师生前走后六七年中，查书记亲历了一切，他的正派守法又通情的处理和作为，在他所写的这本书中，随处可见……"

  2021 年 6 月底，中国共产党建党百年盛典前夕，记者前往江苏拜访已调任吴江经济技术开发区工作的查旭东。

  查旭东，中等个子，挺拔的腰板、干练的气质，隐隐透露出他曾经的从警经历。而他的言谈举止既有文人的书卷气，也有从政者的沉稳。

  此时，距离南怀瑾在太湖大学堂茶毗已经过去将近十年，对众多"南粉"以及广大读者而言，太湖大学堂是否还在正常运转、自南怀瑾去后有了哪些改变、到太湖寻访南怀瑾踪迹的访客是否可以参观瞻仰大学堂等都是大家十分关注和关心的问题。

  我们的访谈，从太湖大学堂的现状切入。

南师走后太湖大学堂状况

记：南怀瑾先生辞世到明年9月刚好十周年，这十年里，南怀瑾先生一手缔造的太湖大学堂有哪些变化？目前的太湖大学堂状况如何，请您介绍一下。

查：2012年9月30日举办南老师荼毗仪式后不久，经当时的吴江市人民政府批准，太湖大学堂被整体设立为"吴江市文物保护单位"，后变更为"苏州市文物保护单位"，这既是表达对南老师的恭敬和纪念，也有利于保护南师身后文物的完整性。太湖大学堂，是南老师生前所创立的具有特殊文化价值的一个建筑群落，无论从外观到内涵，都是弥足珍贵的历史见证。

太湖大学堂从创办至今，都没有完全对外开放过，访客都是需要提前预约，实行通报制度的。南老师在时，我得他老人家首肯，享受"免通报"的待遇。南老师走后，我也很少去大学堂了。偶尔我到七都看望刘雨虹老师，会经过太湖大学堂，也只是远远地眺望一下。总体感觉，与南老师在时相比，的确是清冷了不少。

2007年夏天，南老师在太湖大学堂的基础上，创办了一所小学，也就是吴江太湖国际实验学校，办学主体是南老师个人独资的吴江太湖文化事业有限公司。据我所知，目前，这所小学仍正常在开办，或者说是维持原状这样一个状态。

南老师一直在海内外提倡儿童中英文经典诵读，还加上珠心算，利用孩子12岁以前如种子汲取营养般的强大记忆力，给孩子们的记忆银行"存款"，供他们毕生受用，南老师希望孩子们从小打下人文文化与自然科学的基础。南老师生前曾形象地比喻它是"一亩实验田"。这所小学原是归属在南老师名下的。南老师去世以后，因为种种原因，相关的变更手续至今仍未完成，不能不说是一种遗憾。

至于太湖大学堂何时才能真正敞开大门，可能还需要时间和机缘。

对"中国文化的太庙"情有独钟

记：南怀瑾先生当年亲临七都现场勘察、建造太湖大学堂背后都有

查旭东与南怀瑾先生合影

哪些不为人知的故事？南怀瑾先生为何对太湖七都情有独钟？请您具体回忆一下当时的情况。

查：这些事情我并非亲历者，但也陆续听南师和他身边的学生说及过一些。南老师第一次回到大陆是1994年，是应妙湛老和尚的邀请在厦门南普陀寺举办禅修活动，史称"南禅七日"。我曾经寻访过南老师在大陆的踪迹，特地去了趟厦门南普陀。其实在"南禅七日"之前，南老师就和他的学生们给南普陀捐建了大讲堂，讲堂落成时，妙湛老和尚就说："讲堂既然建好了，就请您来开讲吧！"南老师欣然应允。听说那次禅修活动，非常轰动，也等于宣告了南老师回归大陆的决心。

回大陆，就面临在哪里定居的问题。南老师应该是考虑了很多地方，后来有南老师的学生推荐了太湖边的庙港小镇（后与七都镇合并）。大概在1999年前后，时任吴江市委书记的汝留根先生是将南老师作为招商引资（智）的对象，吸引来吴江落户的第一人。汝留根书记当年在吴江宾馆以真诚的态度、隆重的礼仪，会见了南老师一行。南老师接过汝书记递过来的名片，笑道："汝——留——根，看来你是要我到你那儿去呀！"

南老师下决心回到大陆，还有一个很重要的原因是南老师认为，大陆比台湾、香港更需要传统文化的复兴和弘扬。好多人不理解南老师的选择，尤其是南老师台湾和香港的学生，认为庙港这地方又小又落后，当时连高速路都还不通，交通和生活配套也都有诸多不便。但南老师可能更喜欢这里的"不方便"，他决心一下，旁人便劝阻不了。

2000年，南老师来到庙港实地考察时，过桑园，沿着太湖南岸大堤走了一圈，他说："这个地方曾经见过。"很有《红楼梦》中宝黛初会的意思。见堤上杉木参天，他又说："将来在这里骑驴看书、看风景，倒是件有趣的事。"

当时的吴江、庙港地方政府，表达了欢迎南老师前来发展文化教育事业的真诚愿望，以比较优惠的条件和价格，将太湖南岸300亩土地的使用权提供给南老师办学授业。当时该土地属性为农科综合用地，故南老师指派他的学生注册了东西精华农科（苏州）有限公司并取得该地块的使用权。

其实，当地政府对南老师的支持不只在地价上，更是在面积上。当然，这块土地当时是一片滩涂，需要基础回填等技术处理，建设费用也是挺高的。记得当时，因为南老师在修建金温铁路上的特殊贡献，浙江省政府授予了他"荣誉市民"的称号。温州市又给他办理了身份证，所以，南老师是以温州人的身份来庙港投资办教育。因为按照当时的法律规定，像台湾、港澳人士到大陆全日制办学是不允许的，是受限的。

正是因为南老师的特殊身份，南老师做事严谨，考虑到办学、讲学的敏感性、严肃性，也希望师出有名，避免引起不必要的麻烦，南老师申办注册了他个人独资的"吴江太湖文化事业有限公司"，并以此公司为母体，先后设立"吴江太湖大学堂教育培训中心"和"吴江太湖国际实验学校"两个文化单位，分别展开对成人和小孩的教育实践。而东西精华农科（苏州）有限公司是土地、建筑等物理资产的所有方，这些文化公司、培训中心和后来的实验小学本身都是轻资产的机构，它们都是租用东西精华农科（苏州）有限公司这个载体。

太湖大学堂在建期间，也就是2004年，南老师还在太湖之滨的七都君庐别墅举办了主题为"中华传统文化与生命科学、认知科学、行为科学"的研讨课。这是我第一次认识南老师，那时的我，只是一名普通的机关干部。南老师讲课抑扬顿挫、生动活泼，旁征博引、深入浅出，让人印象深刻。

2006年，太湖大学堂主体建筑群投入使用，从此，太湖大学堂正式挂牌，南老师也正式定居于此，开始了他人生最后六年的传道、授业和解惑。

后来在太湖大学堂的餐桌上，南老师对时任苏州市副市长的朱永新先生回答自己落户七都的原因时，曾这样笑言："我住的地方叫庙港，太湖边的庙港，不就是'太庙'吗？这个地方，历史上佛教儒学兴盛，是一个文化中心，苏州府、湖州府、嘉兴府每年庙会时节都是要向当地进贡祭品的。可以说，这里是'中国文化的太庙'，是有文化渊源的地方。"

捐18亩修建老太庙留佳话

记：说到老太庙，听说还是您到任七都镇党委书记、在接受了南怀瑾先生捐赠的18亩土地后修建而成的，请您讲讲这段佳话。

查： 南老师决定在庙港修建太湖大学堂，政府以很优惠的条件和南老师签了协议出让湖畔土地300亩。南老师以东西精华农科（苏州）有限公司的名义付清了全部土地款。后来政府以大明河为界，在大明河以西建造水厂，占用了其中的18亩土地，却无合适的地块可补偿，此事就被搁置了下来。

南老师拿地的时候，还属于庙港镇，后来吴江经历了两轮区划调整，庙港在第一轮的调整中就和七都两镇合并，其间，地方政府官员数任交替仍未能解决此事。我到七都镇就任时已经是第五任镇委书记，也是庙港和七都合并之后的第三任书记。我来了以后，南老师也少不得提醒我："政府要讲诚信啊。"我虽然在上级领导和相关部门的支持下，提出过若干解决方案，但始终不能让南老师满意。

捉摸不透南老师的本意，我有时也纳闷：已有的282亩土地，太湖大学堂已经足够用了，还有不少空间可以发展，南老师为何却念念不忘这18亩！难道仅仅是为了提醒政府要守信、要作为吗？我思来想去，把南老师对老太庙一事的反复开示联系了起来……

2011年9月的一天，南老师又跟我提及老太庙。我刚到任拜访他时，他就给

老太庙大门口

  我讲了不少七都庙港的历史和典故，建议我多看看本地的镇志、地方志，了解挖掘历史。所以，我就向他表态："南老师，我们准备重建老太庙了。地址选在太湖大学堂的南面，就在老庙原址边上。"南老师听了非常高兴，连声说好！随即招呼几位大学堂同人聚拢过来，说："你们几个过来，马上现场办公，我有事要宣布。"

  大家坐定后，南师说："查书记刚才告诉我，七都镇政府决定重建老太庙，我宣布几个事。一个是政府欠的 18 亩土地，我们不要了，以后谁也不许再提；再一个，登大师（他指登琨艳，台湾著名建筑设计师）要帮助做好老太庙的义务设计工作。"说到这里，南老师还回头问我："你看，还需要我做什么？"我是听说南老师做事一向雷厉风行，可还是完全没料到他这么干脆利落。

  可见，南老师内心早有定夺，就等着我表态了！于是，我"得寸进尺"地问："南老师，这 18 亩土地，能不能说捐给老太庙了？"南老师笑答："对，就是这个意思！"他还当即表态个人捐出 100 万元稿费，还跟其他同学说："你们每个人都有份，不论多少，都要给老太庙做功德。"

就这样，老太庙的第一份功德是南老师捐出的 18 亩土地使用权和 100 万元，随后，吕松涛、刘梅英夫妇捐 91 万元，李慈雄、萧明瑾夫妇捐 90 万元，刘雁平、李想母子捐 50 万元，还有其他各学长捐款数额不等，一下子就筹措了 350 多万元。

南老师也提醒我："你也要带头的。不在多少而在有心，一元、五元也是功德。"后来，我和我的同事们都捐了一个月工资，本地企业家和群众也纷纷响应，很快老太庙的启动资金就全部到位。

登琨艳的建筑设计方案也很快出炉。巧妙的是，庙院主体建筑正好夹在两河之间，港中有庙，庙中有港，正呼应了"庙港"的地名。更加巧合的是，地形图纸一测量，庙基、庙前广场和配属的四合院加在一起，面积正好是 18 亩！

这个建筑群在体现儒释道三家合一精髓的同时，不仅满足民众的信仰需求，更成为教化民众、寓教于乐的义化场所，与弘扬吴越文化、太湖文化相融合，后来得到南师首肯，冠名为"老太庙文化广场"。

墨宝和人文景观相映成趣

记：除了老太庙，听说在您和南怀瑾先生的共同努力下，七都还留下了不少南老师的墨宝，以及与南老师有着密切关联的人文景观，也请您一一介绍经过和来历。

查：老太庙还在设计阶段，南老师就托人捎来他为老太庙题的两幅字："老太庙"和"吴泰伯"。南老师那时候，眼睛已经看不太清楚了，他几乎是"盲写"而成。他详细讲解了其中的含义，并说："字，我留给你们了，将来能不能用，你们看着办。"老太庙落成后，南老师虽然不在了，但是南老师的这两幅墨宝就成为老太庙两个主体建筑的匾额。

2011 年 3 月的一个晚上，南老师对我说："太湖大堤上的垂柳很漂亮，如果能在柳树中间种上一些桃树，桃红柳绿会更漂亮。"我马上抓落实，一周之后，300 多棵桃树移栽到位，并很快开花，确实比原来的景观更有亮色！我拍了一组照片在去大学堂看望南老师时呈给他看，他很开心，连连夸我办事认真、有效率，能够将他的信口一说马上落实。

2011年秋天，七都镇与水利部太湖局苏州局联合申报的浦江源水利风景区，通过了国家水利部专家评审，即将获颁"国家水利风景区"称号，我就去大学堂请南老师赐墨宝。南老师问明了原因、用途之后，答应说："这是利国利民的好事。你给我几天时间，我写好了交给你。"我又高兴又难为情，因为南老师眼睛有恙，已经很长时间没题字了。

只过了一周，南老师就让人送来了他写的"太湖浦江源国家水利风景区"这12个字，用了12张裁切成六寸的宣纸分别写成！这又是南老师一个字一个字"盲写"而成！

佛教界有"南南北赵"之说，南指南师，北指中国佛教协会原会长赵朴初先生。朴老1993年给当时的庙港镇题写了"太湖禅林"，我们将它用在通过太湖大学堂的道路分岔口的中式牌楼上，南老师题写的这12字就立南面，两幅墨宝成南北呼应之势，成为当地又一人文景观。

基于七都特殊的地理条件和文化优势，政府在保护好环境、生态、水源的前提下，因地制宜发展特色文化、餐饮、休闲服务业。对于这个定位，南老师表示认可。为了便于对外宣传，我们受北京奥运"京"字变形的中国印启发，设计出了"太湖七都"的文化符号："太湖"是全太湖流域共有的，使用标准宋体；"七都"二字则用吴昌硕后人吴民先生书写的石鼓文体，体现七都一带的人文历史底蕴。南老师看后连连说好！他认为汉字是世界上最美的文字，无论发音、书写还是表意。

2013年9月，地方政府为纪念南老师逝世一周年，将太湖南岸七都庙港段、南老师初到太湖走过的6.8公里长的大堤，命名为"南公堤"，并立碑文。大堤步道两侧，间隔布置了数十块具有普世教育意义的"南师语录"铭牌，使之增加文化内涵和教化世人的作用。此举也得到了水利部门的支持和认可，一条普通的防汛大堤与南师结缘，从此成为一条文化大堤。

"就在太湖挂单，哪儿也不去了！"

记：作为地方官员，您曾经怕大学堂留不住南师，是出于怎样的考虑？南怀瑾先生说自己在太湖"挂单"，他具体是如何说的？您在七都

任职期间，又是如何听南怀瑾先生讲课解惑的？

查：南老师说自己在太湖"挂单"，这句话是讲得很完整的。当时，拜访求见南老师的人很多很多，也有南老师出生、旅居过的地方党政官员前来，希望能把南老师请回当地去。其中，最积极的当数浙江各级政府的官员，上至省、市主要领导、分管领导，下到乐清当地的官员，或直接或婉转地表达了这层意思。南老师却并不言明。

从我的角度，南老师在大学堂倾注了那么多心血和精力，形成了相对稳定的教学局面，我真不愿看到南老师丢下这里，再去从头辛苦。我总担心，在我任职期间，南老师离开了七都到别的地方常住，我作为地方官留不住南老师，是我工作的失职。所以，有一天我忍不住向南老师表达了自己的担忧。

南老师当时就跟我说："跟我有关系的地方很多，我都想去，不过哪儿也不去了！我是来太湖挂单的！我既不是吴江的，也不是浙江的，我是中国的南怀瑾！"南老师这话，我听了深感惭愧，他讲得很平静，却透着大格局！

那时候，我差不多每周都会跑去大学堂看望南老师，有时工作上遇上烦心的事，也会向他求教一二，只要他肯定和赞许的，我都会不遗余力去做好。更多时候是躲应酬去蹭饭的。大学堂的餐桌就是南老师的课堂。除了少数大课在大教室举行，南老师日常的讲授就放在饭后的餐桌。

寒来暑往，流动的是访客和听众，不变的是南师的传道和解惑。南师有点评指导，也会讲好玩的故事给大家听，让我受益良多，他其实是一个生动有趣、可亲可近的人。

"最后一堂公开课"耐人寻味

记：您最后一次见南怀瑾先生是何时？他的精神状态有何异样？南怀瑾先生荼毗仪式您都在现场吗？能说说您看到的、听到的情形吗？您书中说道，南怀瑾先生辞世是"留下最后一课"，您对这"最后一课"如何理解？

查： 最后一次见南老师是 2012 年的 7 月中旬吧，当时我正在江苏省委党校参加为期两个月的培训，培训之前我去看望南老师，培训结束后又去了一次。那一次，我还把自己写的一篇心得作为"作业"交给南老师，这是我第一次交作业，一不小心竟然变成最后一次。

当时，南老师精神状态还是很不错的，他还一直给大家上课，晚上吃饭还一起聊天，一切如常。

9 月 14 日中午，大学堂来了个电话，希望地方政府帮助协调当地医院，给安排一辆医用救护车送南老师去上海的医院做一次身体检查。当时，我还以为，南老师只是普通的伤风感冒，并无大碍。

印象中，南老师身体一直很好，大家经常说，南老师活一百岁是很轻松的。他自己也开玩笑："我就只能活一百岁啊。"所以，大家都觉得南老师活到一百岁是没有任何障碍的。我们常说，像南老师这样有修行的人，他不能决定不走，但可以决定什么时候走。

包括他跟学生讲的一些话也包含这个意思："你们现在不好好听课，以后想问也问不到了！"我当时的理解还是：南老师是不是要离开这里？因为当时古道师的江西洞山禅寺已经修好了，李慈雄的上海恒南书院也已经盖好了，他是不是要搬过去住了？当时李慈雄的想法也是，接南老师过去先住半年，结个法缘。包括浙江省，也一直邀请南老师回去。所以，我当时的担心以为南老师想离开七都镇。

可能不同的人，对南老师的暗示有不同的理解吧。

南老师是 19 日从上海出院回太湖大学堂，29 日宣布死亡。当时是由在上海、香港的和南老师比较亲近的三位医生会诊后，共同宣布死亡的。南老师去世时确实出现了一些所谓的异象，比如他除了没有脉象和心跳，面色红润，体温不下降，瞳孔没有放大，按照佛教的说法，是可以将肉身留下来的。之所以举行荼毗，是担心日后其肉身的保管难度太大，会有很大风险。这些是南老师的常随学生及家属一致决定的。当然，我们就不过问了，我们只管做好分内的服务工作。

荼毗仪式我在场，不能说全程，因为整个荼毗过程持续了四天五夜。

南老师的离世确实可以看作他的"最后一堂公开课"，他的离世本身可以说在华人圈掀起了一股新的国学热，因为很多人是在南老师走后才对国学开始感兴趣的，甚至才意识到传统文化的重要性。有些人是早就知道南怀瑾，也有很大一批人是在南老师离世的消息中知道有南老师这个人，才去关注他的书，读他的文章的。

我印象很深，当时设了一个吊唁网站，从很多网友的留言看得出来，好多人虽然跟南老师素昧平生，从来没见过面，但他们却能从南老师的书中得到一些真知真见，他们的理解反而比一些常随学生理解得更深刻、透彻，看问题更准。可能南老师教化的目的恰恰也在于此，你不一定要跟他面对面交流，只要入门得当，也是能够得到南老师教诲的。

以前，南老师总是责备身边学生："只要老师在，你们都有依赖性，以后我不在了，你们找谁问？"南老师也正是用自己的离开考验每一个人的智慧！包括他不留遗嘱就是遗嘱啊！就看你们怎么领悟，怎么理解。

"做好自己的事情就是最好的怀念"

记：南怀瑾先生走后，发生了"遗产纠纷"，官司先后打到了大陆和台湾，听说您为平息这场诉讼先后做了很多协调工作，能否讲讲其间的曲折经历？

查：以我的观察和理解，南老师既需要颜回这样的学生，也需要子贡这样的学生。南老师一直是劝人积极入世，而不是消极避世。他也很强调要做事。他对不同的学生，会给他们安排不同的工作。比如李慈雄，南老师在美国时就劝他回国创业，而且要把企业办在大陆，放在上海。他一直认为，办好一个企业能解决多少人就业啊！这就是对社会的贡献。李慈雄的企业最高峰的时候，员工达到五六万人，那就是帮助了五六万个家庭啊！这才是最大的功德！

再如古道师父，他的出家或还俗，都是为了方便做事。南老师交代他去江西洞山，把洞山普利禅寺给恢复起来。还有像登琨艳，是个建筑设计师，南老师派他去河南，给河南嵩山的佛教场地做设计，还有刚才说到的太湖老太庙也是登琨艳设计的。南老师希望这些学生都结合自己的专长，做好各自的工作，这是南老师教育理念最大的特色，而不是单单看重你学问做得有多好！当然，就学问这块，也有人做得很好，比如刘雨虹老师、宏忍师，南老师给他们的任务就是整理好书稿，做好编辑出版工作，把南老师的学问、思想传播开去，这也是大功德。

所以南老师不但在讲学，也在强调入世，积极地做事。恰恰是这一点，很多人忽略了。

像南老师这样大智慧的人，其实很清楚、很了解自己的学生，他所做的安排都是为了把事情做成、做好。

我跟南老师交往也就两年左右，关于南师的身后事特别是遗产诉讼纠纷等，有些仍在过程当中，我现在也不方便说太多。当然，站在地方政府的立场和维护南师声誉的角度，我们肯定是不希望出现这种局面的，所以我当时首先想到的是做"劝和促谈"的工作。当时，我也提出：在南老师的后事处理上，应遵从南师遗愿、子女意愿、学生心愿的"三愿原则"。为此，我也做了一些力所能及的工作，走到目前这个局面，令人唏嘘。只能说"力小任重，无功而返"。但我仍希望有朝一日，情况会发生好转，回归一个理想的状态。

2012年末，在产权方配合、同意下，我们将太湖大学堂整体申报为吴江市文物保护单位（后转为苏州市文物保护单位），目的就是要实现南师遗物的原物、原样、原址保存，否则，若文物离开了这个地方，它的价值就弱化了。

南老师走后，刘雨虹老师说，现在围绕南老师的各种机构、刊物、公众号林林总总，要么是私人，要么是企业，没有官方权威的，很不规范。她建议我们可以以地方政府的名义，发起成立一个机构，来开展与南师相关的学术研究，也便于像她这样身份的人参加。所以，2016年，也就是南老师走后第四年，我们以七都镇政府和吴江区社科联的名义联合发起成立了非营利的南怀瑾学术研究会，并聘请刘老师担任名誉会长，朱清时院士是首任会长。为什么请朱清时院士来担任这个会长呢？一是他当时已经办理退休并有大陆身份，二是他在学术界有足够的声望，三是他与南师有交集并得到大家认同。

这个研究会虽然是官办的，为了保证其学术独立性，我们还专门"约法三章"：所有政府在职人员都不得兼任职务，政府提供必要的支持保障，并提供办公场所。当然研究会最理想的场所应该是太湖大学堂，在大学堂没有打开这道门之前，就先放在老太庙文化广场的"怀轩"。而且老太庙这块地，还是南老师捐的，所以我说也算是有渊源的，对吧。

对南老师最好的怀念、最好的纪念，就是做好自己的事情！按照南老师的思想，也就是我前面讲的，要积极入世，而不是消极避世，不要自己圈个小圈子自得其乐，不要搞什么南门南派，号称什么"关门弟子""衣钵传人"，搞这些我觉得都不好，南老师生前一直反对门户之见。但是大家可以结合各自的专长，结合各自的岗位，办企业的好好实业兴邦，当老师的好好教书育人，在这个过程中，吸收和发扬南老师的观点和精神，这样可能更有意义。

至于南老师身后官司涉及的所谓"遗产"，我相信终有一天会重见天日的。只是现在机缘未到吧！与其把时间和精力花在口水战和官司上，不如各自做好自己的主业。当然，我也不是说这场诉讼没有任何意义，有时正能量也是需要通过诉讼来传递的。

"庐墓六年"，寻访南师踪迹

记：特别感动您在南怀瑾先生辞世后"庐墓三年"的决定，能讲讲这三年里，您的体会和感受，以及难忘的经历吗？您还寻访南怀瑾先生踪迹到了温州，对于温州之行，您有何深刻的感受？

查：还不止三年呢！实际上将近六年了！作为政府公职人员，工作去留由不得自己做主。我当时确实专门向上级领导报告了自己的想法，既是考虑任内工作的延续，也确有要在自己任内举办好南师辞世三周年纪念活动的想法在里面。庆幸的是，我的想法得到了领导的理解和支持，也满足了我的愿望。特别值得一提的是，包括南师子女、刘雨虹老师等一众南师学生都表达了希望我可以在七都多留些日子的想法。这或许也是我与南师因缘未尽吧。后来刘老师开我玩笑说："你这是子贡庐墓呢！"

举办完南老师逝世两周年纪念活动之后，我也给自己定下一个目标：寻访、重走一遍南师路，感受大师的成长历程和博大胸怀。我也去了温州，看望了南老师留在大陆的两个儿子：年届八旬的南宋钏和南小舜，以及其他南氏后人。看得出，他们秉持优良的家教、家风，过着质朴而充实的平静生活。

第一次到了南老师的故乡乐清翁垟，也谈及南老师晚年一直没能回到家乡的话题。

其实，之前，也有不少人问过南老师。有一次，就在大学堂的餐厅，我们一边看着电视，一边聊天，电视里面正好在播放美国旱灾的新闻，南老师说："你们现在知道我为什么要住太湖边了吧？现在全世界都在缺水，就我们这个地方不会缺水！"我还提醒他，"南老师，我们也缺水的，我们每年光太湖周边几个水厂的取水，一年就喝掉二至三个太湖的水，还要供上海的部分用水"。

关于南老师不还乡，刘雨虹老师也有个观点，她说古人讲究"得道不还乡，还乡道不香"。我到了温州，还跟乐清翁垟的书记交流过。其实，南老师之前给家乡写过一封信，他的用意都在这封信里面了。尤其是，他把祖屋捐出来，希望用作"老幼文康活动中心"。后来被改为故居，这不是南老师本意，南老师一直强调把这个地方用好，肯定不是希望去纪念他。把故居恢复成老幼文康活动中心，子女也好，他的学生也好，去了才不会有心理障碍。否则就变成大家支持你搞个人崇拜。他们还在院子里塑了南老师的等身像，很多学生意见很大，这不是让南老师天天在这里招客，站在院子里日晒雨淋，对吧？（查旭东诙谐地笑开了）

南老师的那封写给家乡的信，也没用好。其实可以刻成碑文，放在故居的墙面上，一是把来龙去脉交代清楚，场地也应该用起来，不能只是放些南老师的书信、图片，变成了文物展示。

"说不尽的故事"，未完待续

记：作为基层干部这一角色，您从南怀瑾先生身上学到了哪些？或者说南怀瑾先生给您带来了哪些改变？您认为在干部工作当中，应该学习南怀瑾先生的哪些言行？

查：跟南老师交往短短两年里，我学到的东西非常多。尤其是他的家国情怀和强烈的社会责任感，对我的影响非常大。南老师强调入世，积极地做事，对于我也有很大的指导、帮助。

我前面说了，南老师的教育、教化最大的指导意义在于，他希望每个人能结合自己的专长，干一番事业，为社会做点贡献。在一次南师纪念活动中，我也说过，目前来看，这方面做得最好的是刘雨虹老师，刘老师在南老师走后短短两三年里，编辑出版了好几本书。她以及她的工作团队，还在继续走南老师的路。刘老师在她满百岁时，宣布退休，但编辑团队的工作依旧没有停。

包括我自己，我跟刘老师开玩笑，我前面那本书《说不尽的南怀瑾》，写的是和南老师交往的点点滴滴，如果写下一部书，我要跟刘老师学习，就写在南老师走

查旭东接受记者采访

了之后，在南老师的精神影响下，怎么改造自己，怎么改造自己所能影响的这个环境，在自己力所能及的范围内又做了哪些事情。我现在分管人事、人才工作，经常会与各级各类高校、党校联系，偶尔也会走上讲台。这个时候，就可以把南老师的思想、传统文化的理念融入进去，这也是在传播和弘扬南老师的文化精神。去年疫情期间，我也注册了个公众号，断断续续写了一些文章，这些文章到时候也可以结集成书。这本书，也许就是我在南老师的精神的影响和感召下的所作所为、所思所想。

说起南老师的事情，真的是"说不尽的"，所以用了这个书名，后来很多人办讲座，也都用了我这个书名。呵呵呵呵。（查旭东笑得很开心）

南公堤岸已呈文化风景线

记：太湖大学堂之后，一批文化单位在此聚集，如绿谷集团的"江

村市隐"、刘老师和宏忍师的"净名兰若"、登琨艳的"时习堂",都是以怎样的形式落地的?如今,这些文化单位在当地发挥了怎样的作用和影响力?

查: 这些都可以说是南老师在世时撒下的一些文化种子吧!像刘雨虹老师和宏忍师的"净名兰若",一直承担着跟南老师有关的图书的编辑出版工作,为继续弘扬中华传统文化和南师精神发挥着自己的光和热。

登琨艳是建筑设计师,他的特长就是老房子改造。他现在的"时习堂",是原来镇上闲置的一个老的茧站,当时我们做了特殊处理,土地是出让给他的,地面上的残存建筑作为赠送部分。事实上,有效地保留和修复老建筑比推倒重建新建筑的成本不知高了多少。很欣慰的是,通过登琨艳的设计和改造,时习堂成了很有味道的文化道场,我偶尔也会去他那里坐坐、喝杯茶。

除了时习堂,登琨艳另外还做了一个项目,也是把一些老房子进行改造,包括他的学生有做贸易、做餐饮、做农副产品的,都给当地带来了经济实惠。他还拉来了其中一个学生,就在时习堂旁边盖了个禅修酒店,由他做的方案、画的图纸,这个酒店盖好就跟他的时习堂形成了配套。因为他在七都做活动,一下子来那么多人,住宿也是个问题。这样,对内,他可以自我消化;对外,对七都当地也是完善接待配套。

江村市隐由吕松涛的绿谷集团承建、装修,现在主要用于企业培训,吕松涛的绿谷集团自己也有培训公司,同时,绿谷和一些科研单位也会有短期的会议和培训、交流。吕松涛还和政府合作,就在老太庙旁边、也就是江村市隐的南面,建了个太湖大讲堂。由政府出地、绿谷集团出资二千多万元(产权归政府),建成后由绿谷管理,与政府共同使用。就这样,围绕老太庙,就形成了一系列的文化产业建筑群。

当年,老太庙奠基开工,联系起南老师一贯的教化主旨,七都镇发起举办首届"七都孝贤"评选活动,并邀请"孝贤"代表为老太庙开工培土。2013年、2014年,结合老太庙文化广场二期、三期开工,我们连续评选了第二届、第三届"七都孝贤"。除媒体宣传外,这些"孝贤"人物事迹还编入了"太湖国学讲坛书系"之中。举办"太湖国学讲坛"是纪念南师系列文化活动之一,已经连续举办了好几届,举办地就是前面说到的吕松涛支持建造的太湖大讲堂。

依托太湖大学堂这个"龙头",在南老师走过的6.8公里的太湖"南公堤"内侧,重点做与文化有关的产业，这既是按照南师精神有力地支持传统文化，又为地方产业的发展开拓一条新路子。就是希望把"南公堤"建成一条文化大堤，也许将来某一天，南师所希望看到的传统文化的繁荣局面，将率先在太湖边的"南公堤"呈现。

2018年是南老师的百年诞辰，我当时跟刘老师商量：想写篇文章，将自己亲历的、南老师离世后发生的事写出来，也算解答大家多年困扰的问题。文章写好了，交给刘老师审核，刘老师认为现在还不是时候，她说："你今天看到的不代表将来一定是这样的。"这位百岁老人的胸怀和智慧真的令人佩服！

附录：七都之行小记

在查旭东的提议和帮助下，次日，采访小组前往离吴江主城区30多公里外的七都（庙港），蜻蜓点水寻访南师踪迹。

在七都镇，有太多得近水楼台之宜、受南怀瑾先生影响从而成为"忠实南粉"的百姓，乐在当地做弘扬传统文化的义工。

我们的第一站是老太庙广场。史料记载，吴江境内曾经有三座老太庙，分别在原七都镇、震泽镇和原庙港镇，现原七都镇和震泽镇的两座老太庙已经不存在了，仅存庙港的一座。这一座始建于元代至正四年即公元1344年，距今已有676年。

庙中原来供奉的是邱老太，邱老太是庙港人，绰号"邱癞痢"，在镇江做官，传说逝世以后做了神。以前庙港人的主要交通工具是船，相传船进了太湖以后，如果碰到大风大浪，只要喊几声"邱癞痢"，就会平安无事，因为颇为灵验，所以邱老太被尊为"老太菩萨"。老太庙原建筑于1958年被拆除，只留下了一棵古银杏。2011年南师捐地捐款发起重建，2015年全面完工。老太庙首任住持是四川文殊院方丈宗性大和尚。

到达老太庙广场时，已经有工作人员在老太庙大门外迎候。

抬头，门梁上，红底匾额描金大字"老太庙"就是当年南师手迹。大门厅外，是问过心来亭，这是一座跨水凉亭，登琨艳"庙中有港，港中有庙"设计的奇巧和古朴风格，在迈入老太庙大门之后扑面而来。这也是一座省心亭，佛家和道家的"禅""悟"精髓通过这样一座凉亭，铺接起外界和老太庙园林主体，不得不让我等步履匆匆的红尘过客，放慢脚步，暂时静下心来。

下亭桥，右侧院落就是南怀瑾学术研究会所在的"怀轩"。老太庙常驻出家师父告诉我们：自南怀瑾先生辞世后，怀轩承担了接待南怀瑾先生家属后人、专家学者的任务，也因为这些人的走动，倒是更增加了老太庙的人气和浓浓的学术味。当地群众这样调侃："在庙港七都，老百姓不一定知道省长和市长是谁，但都知道南怀瑾其人。"

老太庙一共三进，还有一座戏台，这是原庙的格局。登琨艳利用三条河流环水将庙、三进殿、配属院落、广场奇思构造，巧妙连接。

三进殿，第一进是德泽殿，供奉的是邱老太及其子孙的神像，邱老太救人于危难，象征道家文化；第二进大雄宝殿供奉的是释迦牟尼，象征佛教思想；第三进是善贤殿，供奉的是吴文化的鼻祖吴泰伯为代表的先贤人物，属于儒家文化。儒释道统一，这正是南师兼容并包的内涵体现。而当年南师另一幅"盲书"手迹"吴泰伯"匾额就悬挂在善贤殿前。

我们穿行水上曲桥回廊，碧绿的水域的西面，是群学书苑，南怀瑾先生的学生古国治经常会到这里讲学，已经有了比较固定的听众群；往东赫然在目的就是南怀瑾另一学生吕松涛和政府合作建造的太湖大讲堂。如今，太湖大讲堂除持续举办"太湖国学讲坛"外，还是南京大学乃至全国社会学界实地研讨、调研并开展各类学术活动的基地。

与太湖大讲堂紧挨着的就是吕松涛绿谷集团的江村市隐。在创业路上几经起落的吕松涛一度长依南怀瑾膝下，听教修行，南怀瑾亲书"江村市隐"意在让在商海闯荡一路狂奔的吕松涛适时摒除执念，以平常心沉下心来。吕松涛在太湖修行自省后再度上路，带领"绿谷"走出低谷。

江村市隐不远处是净名兰若。这是刘雨虹和宏忍师的常住院落。南怀瑾去后，大学堂的编辑部就搬到了这里，刘雨虹和她的编辑团队，就在这里继续着南师未竟的书籍出版事业。记者到访之日，恰逢刘雨虹先生101岁生日（6月30日）之际，因先生有言在先，"不过生日"亦"不接受采访"，记者也就不去惊扰，只是轻叩门扉，在门前留了个影，然后鞠躬离开。

此行还有一站就是登琨艳的时习堂。大上海几处原本要被一拆了之、变为残砖废瓦的老厂房，在登琨艳颠覆性的手笔下，以一种时尚的方式，探索着时空穿越的可能，惊艳一时。其中，他以一己之力，保护下苏州河边的老仓库，联合国教科文组织授予他"联合国亚太文化遗产保护奖"，从此，登琨艳在上海滩一举成名。

时习堂的入口是一面圆形的哑光玻璃镜,折射门口绿化带种植的一排绿竹,就形成了一道幽然而独特的景观。大门推开,是一条青石檐廊,廊外的天井种了很多竹子,已经形成一个小竹林,竹秆参差不齐向周围倾斜冲向高空,倒成了夏日怡然自得的、巨型的遮阳伞。

回廊的尽头就是登琨艳的讲坛道场,挂满了大幅经文,有《妙法莲华经》《黄帝内经》《道德经》等节选的经文。地面是不过漆的檀木地板,登琨艳开始讲解,并允许我们不用脱鞋入内。

二楼是休息厅、咖啡区和阅读区,登琨艳利用建筑本身高空挑梁的特点,做了很多露台区,依旧利用爬藤植物形成巨大的遮阴纳凉处。到冬天,这些露台一定是肆意沐浴阳光的好地方!尤其巧思妙构的是,台阶和回廊又将露台和厅堂接连起来,各种花草点缀其中,幽深中充满了盎然生机,有移步换景的绝妙。

翻查资料,登琨艳最后一次接受官方媒体采访的时间停留在了20年前,后10年里,也有不少自媒体稀稀拉拉地记载了一些他的行踪。南师学生魏承思曾在《南方人物周刊》写过一篇《追随南怀瑾老师的"独行客"登琨艳》称:"他那颗游荡的心并没有安定下来,只是想要亲近南怀瑾罢了。如今没有了怀师,他肯定又将风尘仆仆地上路了……"然而,此行,我们了解到登琨艳不仅很用心地经营着他的时习堂,还积极地指导他的学生将文化项目落地在七都庙港,进一步完善南师身后已经逐渐兴起的文化事业。

如今,南师离去近十年,登琨艳褪下上海滩时期的光环,似隐非隐。在南怀瑾文教基金会的名录里,可以看到登琨艳在 2019 年 4 月,还倡领时习堂同学捐款 100 多万元,用于灵岩寺、袁焕仙故居保护重建。

"曾经在幽幽暗暗反反复复中追问,才知道平平淡淡从从容容才是真",这句歌词是登琨艳的写照,或许也是南师膝前诸多才华横溢、红尘中不倦奔走过的不同个性的个体的写照。

南品仁：
南老师留给家族最大的财富是『坚持』和『无私』

南 品仁

男，汉族，1970年10月出生，浙江乐清人，南怀瑾嫡孙，南怀瑾次子南小舜的次子。现为温州市政协常委，民革温州市委会副主委，温州市交通发展集团有限公司总经理、副董事长。

南品仁从小在乐清殿后村长大，在殿后村小学、翁垟中学上学，高中先后在七里港高中、温州二高读书，考上温州商校财务会计专业（现为温州职业技术学院）。1992年毕业后，来到温州国际信托公司工作，任温州国际信托温信经贸公司总经理助理。

后曾任温州机场路综合管理处副处长兼温州机场路建设有限公司副总经理、温州市交通投资集团有限公司财务审计部副经理兼温州绕城高速有限公司副总经理、温州沈海高速有限公司副总经理、温州市交通投资集团有限公司融资拓展部经理、温州市现代服务业投资集团有限公司副总经理等职务，当了半辈子的"交通人"。

作为南家后人代表以及南怀瑾著作的法定继承人，南品仁秉持公心，为家族和公益事业的发展暂为代持南师著作权及遗产。

访谈时间：2021年9月、10月
访谈地点：温州市交发集团
访谈记者：王乐乐
摄影摄像：魏一晓

    南品仁从小在太婆（南怀瑾母亲）、奶奶（南怀瑾在温州的妻子王翠凤）身边长大，20世纪80年代，充当着南怀瑾与大陆家人的"信使"。

    从拆阅南老师的第一封家书开始，年幼的南品仁不会想到，这是他福报的开始。这一封封家书，春风化雨般滋润着少年的心灵，也让传统文化的种子在他心底播种。南品仁更不会想到，在南师精神的引导下，时隔30多年后投身交通事业，成为一名和爷爷一样为民修路的筑路者，延续着一家三代同修"路"的缘分。

    第一次的采访约在周五下午，在瓢泼大雨中开始，在雨后彩虹中结束。三个小时的采访里，南品仁始终端坐，面带浅浅的笑意，娓娓讲述着自己的童年与成长的故事，分享人生的各种感悟，更让我们了解到家人眼中的南老师。恍惚间，似乎来到了"百家讲坛"的现场，我们也接受了一次传统文化的熏陶与洗礼。

    让我们颇感意外的是，南老师热心于社会公益，慷慨解囊为家乡建铁路、设基金、造老人活动中心，南家孙辈却过着非常平凡、甚至是"比较辛苦"的生活。但是在处置南老师遗产方面，南家人的态度也非常统一，那就是捐赠给社会。

    南怀瑾是怎样一位尊者？他一生留给家人最大的财富是什么？从南品仁的口述

中走近一代"国学巨匠"的家文化，感受一个"时代智者"的平凡魅力，以及家风家教于潜移默化中贯穿岁月的传承力量。

忆童年往昔，家风家教森严

记： 您小时候是在乐清，由太婆和奶奶抚养长大。从小和奶奶朝夕相处，在您心目中，奶奶是怎样的一个人？

南： 我的太婆和奶奶是我们家族的顶梁柱，她们给予我们这些后辈莫大的关怀，躬身力行地践行着南家的家族精神。爷爷因客观原因常年离家，父亲和伯父为贴补家用常年在外工作，母亲和伯母身体状况欠佳，南家上有太婆，下有年幼小辈，主持家庭、照顾全家老少的担子落到了奶奶的肩上。柔弱的奶奶展现出了南家女性独有的顽强毅力。

解放后，南家头顶"地主"（太公被误评为地主）、"海外关系"两顶帽子，在改革开放前，太婆、奶奶和家中的长辈们也因此承担着时常被批斗和在异常狭小的生活空间维持家庭生计的双重压力。20世纪五六十年代兴修水利，乐清县在修建"四板桥水库"时，家族里的女性也被要求和男丁一起参与修筑水库，奶奶忧虑母亲和伯母身体瘦弱，唯恐她们扛不住繁重的工作，毅然决定替代儿媳修筑水库。修筑工程如此浩大，当时的劳作条件尤为艰苦，奶奶柔弱的身子骨却承担着与男丁相同的作业任务和工程量，其中辛劳可想而知。

爷爷在大陆育有两个儿子，南舜铨（大伯，即南宋钏）、南小舜（我的父亲）；大伯膝下有两儿一女，南品锋、南品荣、南荣荣（女）；我的父亲膝下有两个儿子，我哥哥南品乐和我，我们兄妹五人都是在奶奶精心呵护下长大的。老人家对我们五个小辈一视同仁，从不对谁偏心，就拿一日三餐来说，我们每人都有专属颜色的碗筷，一到饭点，奶奶就会在五个小碗里放上相同分量的餐食，小孩贪嘴想多吃是绝不被允许的。直到现在，我依然清楚记得，我的小碗是黄色的，黄色也成为我最喜欢的颜色。

若让我评价我的奶奶，我认为她是我们中华民族典型的传统女性，任劳任怨、坚强勇敢。爷爷从1949年离开温州，直到1988年回到香港后，奶奶才得以再次与爷爷相见。爷爷自始至终都知道，若不是奶奶这位家族的"顶梁柱"在背后默默支持，自己在外也难以安心干事创业。爷爷曾在不同的场合多次提到奶奶，称她就是一位"活菩萨"。两位老人久别重逢，一见面后爷爷对奶奶说的第一句话就是："我对不起你。"

奶奶只是宽慰爷爷道："什么事情都过去了，今后不要再提起。"

看似云淡风轻的话里满是沉甸甸的爱，奶奶 37 年来甘之如饴地负重前行着，对我们施以母教，给予关爱，却从未让小辈们分担生活的苦难与压力，自强自立，几十年如一日地孝敬长辈、教化子孙。奶奶虽然是个普通人，但她的形象在我心里却十分高大，她的精神也一直激励着我们后辈。这种从小耳濡目染的教化也正是我们当下家庭教育中最缺乏的元素。

记：您的父亲在《人生路漫漫》这本书中回忆道："自童年到青年，一直在一种指令性的压抑状态中生活，一直很盲目忧郁。"您自己的童年生活，能否和我们分享一下？

南： 在太婆和奶奶的关怀庇护下，我的童年虽略有苦涩却也知足常乐。奶奶对我们慈爱，太婆也是如此。少年读书时，太婆总担忧我们在村外读书的安全，临近学校放学时间，她总会雷打不动地在家门口等待着我们五个小辈平安归来，若有一个迟回家，她便心急如焚地出门寻找，直至个个"归巢"才安下心来。

在太婆眼里，我们五个孩子胜过她自己的生命。印象最深的一次，是我堂哥和玩伴们蒙着眼睛在河边捉迷藏，堂哥突然失足栽进河里，快八十岁的太婆奋不顾身扎入冰冷的河水中把堂哥救上来，当时她完全忘记自己不谙水性。

五个小辈中，数我与太婆关系最好，因为我最听太婆的话。农村房间少，我自小和太婆睡同间房，农村没有自来水，我几乎每天都给太婆接洗漱用的水，太婆上了年纪后眼花不方便，每次都是我替太婆剪指甲。1988 年下半年我到鹿城上高三后，每次周末回家（一般一个月一次），这都成为我最重要的任务。

在我记忆里，太婆从不和我讲爷爷的事情，我曾经因为好奇问过太婆："别人都有爷爷，我的爷爷在哪里？"太婆斩钉截铁地告诉我"爷爷不在了"。

回想起来，其实当时爷爷与家里是有联系的，只是那个时候，南家头顶两顶"大帽子"，情况复杂，太婆为了避免不必要的麻烦，撒了善意的谎。

一顶是"地主"的帽子。太公本并不是什么地主，据我父亲回忆，当时家中只有三亩田。由于时任乡长的推荐，且太公热心公益，处事公道，办事秉持公心，在乡里百姓心中威望极高，太公也只好顺应民意，成为我们村最后一任乡长（解放前最后一任长岐乡乡长）。太公善于从商，本不喜官职，他接任乡长后也只妥善保管资料，未曾开封动用乡长的印章及村民的户籍资料。在解放后，太公却还是因此被误评为"地主"，被押入牢中审问、批斗，最后冤死于牢狱之中。

另外一顶帽子是"台湾家属"，台湾也是我们家不能触碰的红线。在改革开放前，这"两顶帽子"带给家族无形而沉重的压力。这些压力，家中长辈替我们默默扛下，他们隐瞒爷爷尚存于世的消息，担忧我们因童言无忌而遭受上代人的苦楚。奶奶曾经历过批斗，我们却在长辈的保护下从未经历过这种煎熬。

整个成长过程中，即使父母亲时常不在身边，兄妹五个人在长辈们给予的大爱中健康快乐成长，虽偶有阴霾，内心仍是富足的。

记：因为特定的历史背景，台湾和大陆一直到 20 世纪 80 年代才实现"三通"。"三通之后"与南老师往来的书信，哪一封是您觉得最有意义或者说印象最为深刻的？

南： 70 年代以前，信件往来需要"过关斩将"才能辗转寄到家中，中国大陆、中国香港、中国台湾、美国来回往返，寄信时间往往与收信时间隔了许多光景，因此，两边人常忧心彼此当下的状况。80 年代"三通"后，大概是 1983 至 1988 年期间，我们和爷爷书信往来较之从前变得频繁，直至 1988 年爷爷回到香港，我们学习、工作日渐忙碌，与爷爷的联系也随着通信方式的更新而变迁，从单一的信件往来到后来的书信、电话、传真等多种方式沟通联系。

当时哥哥们学业重，奶奶不识字，妹妹尚小，在此期间爷爷的一封封家书基本都是我代为收拆、朗读，回信由太婆、奶奶口述，我代为执笔。这是冥冥之中的缘分，也是我宝贵的成长经历，既是学习，更是福报。

这所有的信件中，有一封信件是爷爷专门署名给我的，这封信我印象最深，也影响我最大。

时间已过去近 30 多年，但我依然清晰记得，信中第一句就是鼓励我的，说我信写得好。而下一句话则话锋一转，指出我信件中存在的缺点，字写得太小，容易伤眼睛，年纪大了更会影响视力。再指点我，家书需写得明白，把事情讲清楚，而

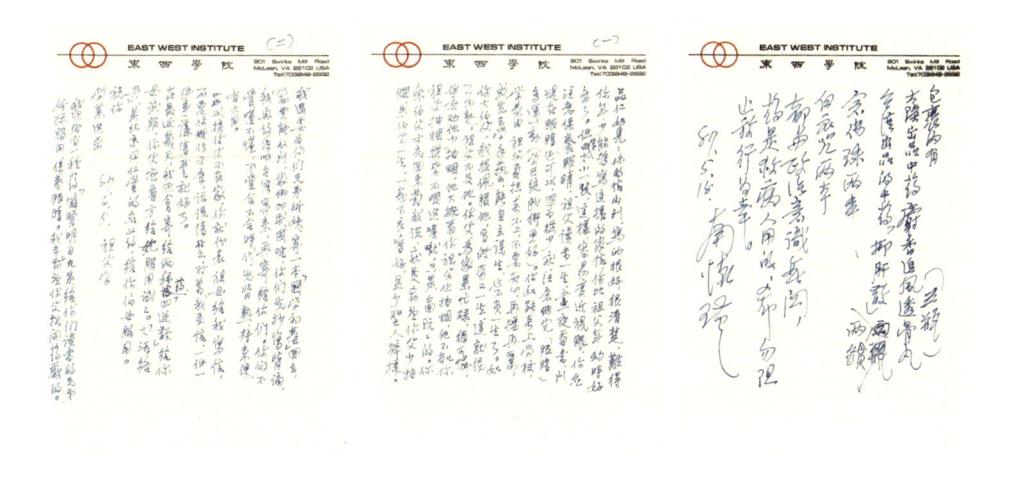

南怀瑾先生写给亲人的家书

不是太长、太烦琐。在此之后，爷爷又提点我非常重要的一点，对我的人生目标和方向产生了深远影响。

他劝解我，人生在世，不一定要建大功、立伟业，但一定要有一技之长，并以伯父为例。当时我的伯父从事建筑行业，是名普通的工人。爷爷让我向伯父学习，专注于某个职业，即便只是行业里的"无名小卒"，没有拖累社会，也不枉费此生。这就是他一直以来对后辈们的教化，"平凡"两字看似简单，却非常深刻，值得我领悟、践行一生。

爷爷的所有信件我都读过，很遗憾只留下了这封信件。多年前的一次搬家，由于我格外珍惜爷爷的信件，为了避免和其他家居用品混杂在一起，将所有的信件整理好放在抽屉里。可是万万没想到，搬家时放信件的家具被别人拿走了，那些信件最终也无迹可寻，虽是惋惜，但爷爷信件中的教化精神我早已了然于胸，铭记于心，潜移默化地影响着我，陪伴着我，也算释然。

会计小伙逆袭国企负责人

记：大家对于"南三代"都很好奇，能跟我们分享下您的成长轨迹吗？

南：我小时候一直住在乐清殿后村，在殿后村小学上学，初中在翁垟中学，每天上学放学都是步行，也就是温州人说的"打路走"，因为都是农田，弯弯绕绕，走路过去要半个小时。高中原先在七里港，后来转校到温州二高借读了一年。

转校的原因是那时候我们搬家了，在温州市区黎明侨村买了新房子。那是1988年，房子是爷爷出资买的。

当时太婆年纪大了，太婆、奶奶、大伯、父亲，五个小孩，一大家子"蜗居"在乐清黄华殿后村，生活很是不便。后来奶奶和爷爷提出想搬家，改善下生活条件。

爷爷建议，既然要搬就搬到杭州去。但对我们来说，从乐清搬到温州市区已经是质的飞跃，心满意足了。况且那时候太婆还在世，亲戚朋友大部分都在乐清，家乡情结比较重，不想离家太远，最终选择迁居到温州市区。

黎明侨村在当年已经是非常好的住宅，每平方米两千元左右，每套有一百多平方米，爷爷一共买了四套，花了八十多万元。奶奶、"南二代"、"南三代"后来都搬过来住。很惋惜，太婆在交付的前两年去世了。房子我大伯和父亲各两套，五个"南三代"都住在黎明侨村，楼上楼下平时都有走动，关系很融洽。直到现在，我还住在这里，爷爷当时说过，"只是给你们住，不是你们的"。儿孙自有儿孙福，我觉得爷爷是对的。

记：您的工作经历是怎样的？作为"南家三代"，是否沾了爷爷的光？

南： 高中毕业后，考上了温州商校（温州职业技术学院的前身）。商校是高中专，后来就读了财务会计专业。1992年毕业，然后去了温州国际信托公司工作。

我是一个念旧的人，毕业到现在，与商校每一任校长都还保持联系。我认为无论校长还是班主任，学生的每一次喜讯，都是令他们开心的。作为学生要主动和老师联络感情，当然，自身也要有所成就，才不负曾经的教诲。

我1992年参加工作，1993年就晋升股级干部，1996年提任副科，当时只有27岁，可以说是最年轻的副科干部。1999年3月，我的前任领导到了市交发集团，正好财务的岗位有空缺，我就在市交发集团机场管理处工作，一直到2011年，通过国企领导考试，考进了市现代集团。2018年，根据组织安排，我机缘巧合又回到熟悉的市交发集团，再次成为一名筑路人。

记：据说您考试的时候，是笔试、面试双第一？

南： 我一直觉得凡事要顺其自然，这也是爷爷教导的。当时考试通知发出来的时候，我对自己的能力不自信，所以也没去报名。到最后一天报名的时候，因为报名人员不多，组织部便鼓动符合条件的都去报名。我原来的领导黄董就来到我家里鼓励我参加考试，于是我抱着试试看的心态报名了。

当时也算是超常发挥，因为考的是平时积累的人生经验，是"裸考"，同时也可以说是时时刻刻备考的结果。既在意料之外，也是意料之中。

当然，这些事情的过程我都没有告诉爷爷。在最后成绩出来的时候，才向爷爷报告了这份喜讯。

记：南老师堂堂一位文化大家，如若子孙后辈没有相应成就，世俗的眼光可能会觉得与文化大家身份不相匹配，您怎么想？

南： 回望来时路，当年我从温州商校财会专业毕业后，一直从事会计工作。我当时是温州最早一批从事债券、股票交易的金融工作人员。1992年，我到温州国际信托公司工作当会计。像爷爷说的，人要有一技之长。会计就是我的一"技"之长，是我从业的根本，我一辈子都不能丢。

只要有工作我就很开心，有工资，可以养家糊口，坐柜台我也觉得开心。也有人说，南老师这么一个文化大家，后人却没有相应成就，感觉不匹配。爷爷、爸爸怎么样，你一定也要怎么样，其实是不现实的。尤其出生在南家，爷爷的成就需要家人很多的配合，做到平凡有时更难。

举个例子，大成至圣先师孔子的儿子叫孔鲤，是孔子唯一的儿子。孔鲤一生虽无建树，但他尊礼守纪，胸襟豁达，留下了"孔鲤过庭"的典故，"伯鱼"一词也被后世用作对别人儿子的美称。

孔子的孙子子思在儒家学派的发展史上占有重要的地位，他上承孔子中庸之学，下开孟子心性之论，并由此对宋代理学产生了重要而积极的影响。因此，北宋徽宗年间，子思被追封为"沂水侯"；元文宗至顺元年，又被追封为"述圣公"，后人由此而尊他为"述圣"，受儒教祭祀。

头顶光环，我觉得要学会放下，但不能放弃，要追求极致、卓越，但不能陷入物质。

我们兄妹五人，除了我在体制内工作外，他们都是自由职业。大家过得都很平凡，但也很快乐，没有给社会增加负担，尽到力所能及的职责。

人生没有两次选择的机会，我曾是一个小会计，不仅把会计当作工作来做，更是当成毕生事业来践行。努力了不一定成功，但坚持一定会离成功更近。年轻人这山望着那山高，容易好高骛远，看的是表面，回过头来又觉得还是这山高。所以我总是强调"坚持"，只有坚持一"技"，才能获得之"长"的机会。

我从基层的小会计到如今交发集团的总经理，其中必定少不了我的坚持努力，同时也有冥冥之中顺应自然的巧合。爷爷无形地指导、教化着我要学会坚持。如果我不坚持从小会计做起，怎么会到如今的位置，即便现在我也没有放弃学习更新会计知识与技能，越发舍不得放弃。

记：您有这样的一位德高望重的爷爷，是否会在人生重要节点上寻求爷爷的帮助呢？

南： 爷爷一直说："人贵自立，路是要你们自己走出来的，我不会帮忙。"年轻的时候，有这样的一位爷爷，在工作、就学方面，也确实几次想让爷爷帮忙。但我知道，求他帮我，爷爷是不会同意的。

当年金温铁路建设时，很需要会计。我也动了这番心思，很想去工作。一方面能发挥自己的专业，另一方面也想助爷爷一臂之力，何况这也符合常理与人情世故。但爷爷不让我们去，他书信有交代，撂下狠话："南家的人和他的学生，谁都不许去"，这就是"公天下"的精神。说实话，当时的我年轻气盛，不太理解爷爷的想法，但我还是遵从了爷爷的教诲。

很多年后我才真正理解爷爷的想法，他是对的。如果当时我勉强去了金温铁路上班，别人碍于爷爷的颜面会很为难，倘若我做不好，还会拖累爷爷。

而且事实上，我的能力、水平也不够。如果自身的能力很强，不需要找爷爷帮忙，别人也会来邀请你，那就是水到渠成的事情。

记：假如能够穿越时光，现在的您回到那时候会怎么做？

南：（笑）去不去，那是市政府考虑的事情，也不是爷爷考虑的事情。但如果征求我的意见，我也不去，要学会避嫌。一件事如果能做到极致，到哪儿都会发光的，为什么非得到爷爷投资的金温铁路工作呢？如果说只有到金温铁路才会有工作，那只能说明我的能力有问题。

回到之前找爷爷帮忙的话题，爷爷其实也会帮我，只是他觉得"授人以鱼不如授人以渔"，比起单纯地帮助我解决一些事情，帮我树立正确的人生观、价值观、世界观从而获得谋生的能力显得更为重要，这些无形教化的力量才是最大的，是我此生受用不尽的财富。

客观地说，爷爷确实也帮到我很多，我沾到爷爷很多福报。比如别人会说，南品仁是国学大师南怀瑾的孙子，无形之中的名人效应，一定程度上让我做起事来更加方便，但如果一个人一辈子碌碌无为，没事可做，只想着"背靠大树好乘凉"，那么到头来自己还是不会处世做事，一切也就成了空谈。

所以说，如果自身不努力、没能力，勉强被推上无法胜任的位置，到底是爱人还是害人？我觉得只有自身能力获得认可后再去"锦上添花"，才能获得更多的机遇，站上更大的平台。

力小任重、智小谋大、德薄位尊，这不是福报，是恶缘。

小叔相助，"笔友"20多年后首碰面

记：您是在什么时候第一次见到南老师？既是笔友又是敬仰的长辈，当时是怎样的心情？

南： 初次在现实中与爷爷的"真人"见面是在2001年除夕，前往香港和爷爷过除夕。我见到爷爷时，当时的感觉就像我们已经相识了很久。

因为在往来书信中也有爷爷的照片，并不苛求一定要在现实中相见。我认为，更重要的是爷爷在字里行间对我潜移默化的教化，慢慢地知晓、领悟爷爷的理念、智慧。与爷爷成为"笔友"的经历令我和爷爷慢慢相熟，也可以说我与爷爷神交已久，我觉得不必在乎形式，非要去见一面，爷孙间都默契地等待一个水到渠成的机缘。

80年代"三通"时期，虽心有好奇，同时也担心血缘羁绊会打扰到爷爷的事业，所以并没有前去和爷爷见面。在2001年的除夕之前，由于我的兄妹们都比我先行

一步来到香港与爷爷见面，让我心有动念，产生要不要也和爷爷见上一面的念头。我儿子南烨比我更耐不住好奇心，鼓动我去见见传闻中的太公。

爷孙的第一次相聚，还多亏了小叔南国熙（南怀瑾在台湾的幼子）的帮助。80年代末期，小叔来到乐清，看望奶奶、太婆。那时候我们就认识了，聊得很投缘。小叔没有生育小孩，跟我相差13岁，我们的关系更像哥们儿。

那个时候，必须香港方面的家人发邀请书才能去香港。因为爷爷没有发邀请书，所以最后邀请书是小叔出具的。

记：那不是很奇怪？自己的爷爷为什么不发邀请函呢？

南： 确实很多人会不理解，觉得爷爷不近人情，甚至嫁进南家的人，也不理解。

爷爷曾说，儿孙自有儿孙福，不要刻意，要顺"道"。他会给想去跟他会面的人发，但是，他不会发给我们。他没有需要你见他，他就不会发给你。你自己创造条件，见到爷爷，不是更好？

记：子孙还比不上"外人"，会不会有"自生自灭"的感觉？

南： 爷爷的行为就是潜移默化地教化你，要随缘，不攀缘，讲究水到渠成。也是教育我们，靠他也靠不住，要靠自己。

记：香港之行的安排是怎样的？

南： 香港之行的酒店住宿、餐饮、面见爷爷，都是小叔安排的，费用也是他帮忙结算的。我们住在英皇骏景酒店，一住就住了7天。到香港的第一天，正好也是除夕夜，那天以及大年初一是去爷爷的"人民公社"吃晚饭。

爷爷说自己是"三陪老人"，陪吃陪聊陪照相。其实他也不想吃，他为了陪别人吃，让别人开心。爷爷不忌口，都吃。有人说他是吃素，其实是误传。不过他每天都只吃一餐，每天早餐、中餐都不吃。而且只尝味道，浅尝辄止。

一直以来，爷爷的"人民公社"每天晚上至少有两桌客人，从晚上6点一直吃到8点，吃流水席，8点后就摆上点心，开始讲课，一直讲到10点半。天天如此，

南品仁第一次见到了爷爷

周末也是这样，所以爷爷真的很辛苦。

除夕当天，我终于见到了"笔友"爷爷，当时高朋满座，环绕着爷爷。见面的时候我们按照传统礼仪，行了跪拜之礼。

这倒不是有意为之，而是源于早年长辈们的教育，要求我们过年过节一定要对老人、长辈行跪拜之礼，这也是我们家的家风。后来我听说，兄弟姐妹们去看爷爷的时候，也都是行跪拜之礼。

爷爷慈祥地摸了摸我的头，让我起来，给了我一个红包，里面有1000元的港币。后来我得知，爷爷身边有个"包"是专门用来放红包的，当天的每个来宾都有红包。我给爷爷送了礼物，一副篆刻的章，是拜托挚友（宗叔南剑锋——首届"兰亭奖"得主）篆刻的，爷爷很开心。

然后我坐在了爷爷身边。这个位置是爷爷的贴身"宝座"，很多人都想坐在这里，作为家里人的"照顾"，可以坐一次，也只有一次机会。因为客人太多，我们并没有特别长的时间和爷爷聊家常。

到了初一的晚餐时间，我就远远地坐在桌角。

作为南烨的太公，爷爷用钢笔书写了一副墨宝赠予他，"老老实实读书，规规矩矩做人"，这是作为太公的南老师对南烨的教化与期许，这赠言看似平凡，却是教化我们年青一代为人处世的真理大道。

同时爷爷亲书苏东坡《赤壁怀古》的墨宝赠予我，平时爷爷的字都是很端正、工整，一笔一画。这篇书法有点草书的风格，很洒脱，很有气势。说明当时他的心态很轻松自如。

后来偶然的机会，爷爷告诉我，这篇书法是夜深的时候，打开我送给他的礼物，有感而发，一气呵成写就。

在香港期间，小叔和婶婶带着我们去海洋公园、购物广场等地走马观花玩了一趟。

记：爷俩回来路上聊天吗？

南：当时的南烨才7岁多，回来路上很开心，见到了传说中很厉害的太公，太公还送给他礼物，小孩子的虚荣心得到了满足，这也是他那个阶段很正常的心理。

回到温州后，我常与南烨讲述南老师对我的教化，并想让南烨延续南老师的教化精神，可惜南烨经历较少，体会不多，领悟也不深，我能理解同时也相信，随着岁月的沉淀，阅历的丰富，经验的积累，自己总会慢慢"悟"出来。就像我一样，如果早几年来采访我，我也不一定能讲出这么多的体会来，包括对爷爷的理解和感悟，也是随着年岁的增长而愈发深刻。

于我而言，这是岁月的馈赠，也是修行的善果。

2005年前后爷爷回到大陆，之后我每年都会去看望爷爷，基本上是春节的时候，和父亲、小叔一起相聚。

记：后来去看爷爷，有哪些有趣的故事吗？

南：见爷爷既兴奋激动，也诚惶诚恐，总觉得自己做得不好，中国人讲究礼节，见面不能"空着手"，见爷爷更不能例外，虽然他并没有要求我们做什么，对他来说，子孙后辈生活如意，不拖累社会、大众就是最好的"礼"。

我内心里琢磨，爷爷地位崇高，什么都不缺，思来想去，爷爷和众多离家在外的人一样，也会有"乡愁"，太公太婆曾说过，爷爷喜欢温州的海鲜、干货，于是用心准备了家乡美食作为伴手礼带给爷爷，出发前委托别人制作了水潺干，水潺是指定的最好的水潺。

这里有个插曲，我去看爷爷的时候，带了温州的水潺干、盘菜、黄鱼、鱼生给他，盘菜是温州人街知巷闻的蔬菜，在外地却比较少见，厨师不知如何烹饪，于是我就亲自下厨做给他吃。

爷爷的脸上洋溢着幸福的微笑，他说："这就是家乡的味道，是最地道、最好吃的。"我的心里油然升起一丝暖意，那一刻，他只是我最慈祥可亲的爷爷。平凡的亲情，对于聚少离多的我们来说，弥足珍贵。

孜孜不倦地接续传统文化根脉的"可怜人"

记：南老师笑称自己是"三无老人""三陪老人"，据说当时家人问南老师做什么事情时，南老师回复说"为天地立心，为生民立命，为往圣继绝学，为万世开太平"。回望南老师的生平，您现在是如何理解的？

南： 当时听到这个回答时，年纪尚小、涉世不深，人生经历也较少的我不明白爷爷的事业，甚至觉得"虚"。

如今自己来到了"知天命"的年纪，有了一定阅历后回望爷爷当时说的话、践行的事、修筑的大道，终于明白个中的道理。我认为爷爷是以继承、弘扬中国优秀传统文化作为毕生的使命追求、接续中华优秀文脉而燃灯至尽，是当之无愧的文化大家，也是我们南家唯一的"南老师"。

爷爷年轻时曾游历四川成都，结识了一位患难之交钱吉先生。钱吉曾赠诗给爷爷，"侠骨柔情天付予，临风玉树立中衢。知君两件关心事，世上苍生架上书"。爷爷一生的人生轨迹都没有逃离这首诗的方向，他也常以关怀"世上苍生架上书"自许。

1970 年爷爷当时在台湾时，遥思祖国与亲人，面对时局思绪万千，其忧国忧民之心可鉴，曾写下"忧患千千结，山河寸寸心，谋身与谋国，谁解此时情；忧患千千结，慈悲片片云。空王观自在，相对不眠人"的诗句。

爷爷说过，只要民族文化不亡，那么民族精神就不会亡。古文明中延续五千年至今的只有我们的中华文明，换言之，中华优秀传统文化是延续中华民族的文化根脉，根脉不断，民族不亡，中国才能在世界上屹立不倒。爷爷是深以为然的，当时的中国面临文化根脉断裂的状况，让他十分忧心，也促使他决心以一人之力肩负起接续民族文脉的大任。

1955年，《禅海蠡测》面世了，这是爷爷出版的第一本著作，封底赫然印有一行醒目的文字——"为保卫民族文化而战"。这本书当时销量并不多，反观爷爷今天的地位，可想而知其中付出多少不为人知的努力。

世人多崇拜爷爷的大智大慧，而作为与爷爷血脉相连的亲人，我更心疼他，觉得他是个"可怜人"。大业至伟，却非坦途，爷爷一生舍家离亲，亲情于他不过数面之缘，视天下人为子女易，视子女为天下人难，但是，他都做到了。他也是千千万万华夏儿女中平凡的一员，却化小爱为大爱，以一己之力，夙兴夜寐挽救五千年中华文明的"断层"，这是一件成就历史的丰功伟业，也是一条布满荆棘的雄关漫道。人的一生不过百年光景，爷爷他倾尽毕生心血，为接续中华传统文化呕心沥血。可以说，他毕生的所求所愿、所作所为都是"为天地立心，为生民立命，为往圣继绝学，为万世开太平"的实证实修。

什么是事业？爷爷穷尽毕生，为文化而生，为文化而活，为文化而鞠躬尽瘁，留给后人数之不尽的文化财富，这就是他的事业，同时他也告诫后人，事业是责任、担当及不断坚守的过程，三者缺一不可。

爷爷发现年轻人很容易接受新鲜事物，但他们却不爱读传统文化书籍，为此他选择以解读传统文化的新方式，吸引年轻人阅读。他在《论语别裁》中解注《论语》相关内容，希望通过通俗易懂的话语启发更多人真正理解《论语》中的伟大智慧，从而找寻原著阅读、研究。这也就是爷爷大部分著作"述而不著"的初衷，他希望让读史读传统文化的人能够追本溯源，回到原本古书之中。

很多人把爷爷"神"化，他其实很反对这样做。爷爷希望大家不要狭隘地理解他的书，更不要一味迷信，最终要从读原著中悟出真理。

记：中国父母总是望子成龙、望女成凤。您曾说南老师对您影响一辈子的教化是"存平常心、行平常事、做平常人"。跟传统家庭的父母期望有所不同，为什么你会这样认为？

南："存平常心、行平常事、做平常人"这句话与爷爷的教化有莫大的关系。

每个孩子都有自身独有的特性，不是所有孩子都具备"成龙""成凤"的特性。希望孩子成龙成凤，其实也是虚荣心作祟，自己难以成龙凤，便将自己的理想寄托在孩子身上，这是"贪"的表现。

可是回过头来细想，为什么就非得成龙成凤？

如果所有人是龙凤，是领导，那基层工作谁来做？"龙凤"的标准又是什么，是就职领导岗位，就读名门学府，还是身家财富无穷尽？教育是不能功利的，若是价值观偏离，就犯了本末倒置的错误。

若我们急功近利、拔苗助长，反而事不入心，难以成才。我认为现代大环境让人人"拔苗助长"，令不拔苗者反倒陷入"自危""被卷"的境地，让教育的"初心"偏离。

网络上流传的一副对联"佛为心，道为骨，儒为表，大度看世界；技在手，能在身，思在脑，从容过生活"，是他人对爷爷的评价，虽不全面，倒也与爷爷的观点有几分相像。

爷爷告诉我的"做一辈子苦力也不枉费此生"就是劝诫我，基于实际能力，切勿好高骛远，坚定地选择某条道路，坚持到底，若难出成就，我们便做好本职，不拖累社会，也是好的。

爷爷曾在专署名给我的信札中推荐我学习中医，若我愿意学习，他将资助我学习费用。父亲是自学中医，家中医书甚多，我便找来中医书阅读，但中医医理过于深奥，我实在愚钝，难以参透，便算与中医无缘。

爷爷在书信间对我的教化贯穿于我的成长过程，随着人生阅历的增加，领悟也更加深刻，至始至终，我都不忘爷爷的教化，并践行爷爷的思想。最终选择从事会计行业，因我从小便有记录家中收支明细的习惯。家里人做事条理清晰，我也是如此，每次家中进账我便自己拿出纸笔记录，年幼时错字很多，但记账思路却是清晰无误的。"行行出状元"，于是我坚持选择并喜欢上了会计行业。

南师最后岁月：未报答父母之恩数度流泪

记：听说南老师讲课的时候流泪？

南：讲课的时候，他谈到对父母的恩情，谈到自己忠孝难两全时曾潸然泪下。

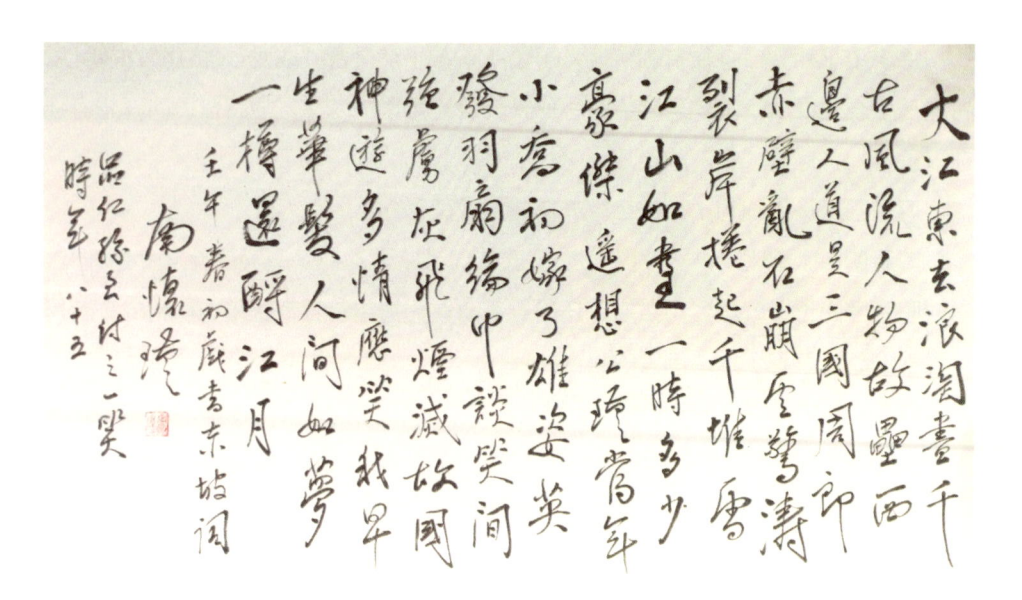

南怀瑾先生题赠南品仁

2012年9月，他感觉自己的身体不太好，父亲就去看望他，当时在太湖大学堂的房间，小叔和我父亲跪在他的床头，婶婶在旁边。父亲转述了爷爷的话，他说"对不起"，向大家表达了歉疚，因为有家庭的付出，才能没有束缚。他的所有成就，一方面源于自己的努力，另一方面也离不开家里人的鼎力支持。

爷爷叮嘱他们："孩子啊，我记忆力很好，过目不忘。我讲课都不用课件，但是我每天都读书，你们也要好好读书。"

他也透露了自己隐约的不安，他身边的人不一定都能参透他"公天下"的想法，但他希望我们可以。

那次会面，父亲还给爷爷开了药，爷爷喝了之后还幽默地说，"喝了你的药，我觉得你没有害人"。没想到，20多天后，爷爷溘然长逝，这次会面成了爷爷对后人最后一次的交代。

记：作为后人代表，您参加了南师的荼毗仪式，能与我们回忆下吗？

南： 2012年9月30日晚，在爷爷亲手创办的太湖大学堂，亲友学生们一起为爷爷举行荼毗仪式。

大伯、父亲、小叔、几位哥哥和我，还有爷爷的学生代表，我们一起，平稳安放爷爷的"肉身"，我扶着爷爷的头，这也是我和爷爷的缘分。

当爷爷的灵柩在一声声"南无本师释迦牟尼佛！"的诵念声中由亲人护送出来时，在场所有人无不悲从中来，情难自已。特别是播音器中传来了爷爷原声唱的佛号时，音容笑貌，直逼眼前，更是令所有的人涕泪悲泣。

时任国务院总理温家宝在唁电中说："先生一生为弘扬中华文化不遗余力，令人景仰，切盼先生学术事业在中华大地继续传承。"数语片言，却是极为崇敬，对爷爷为弘扬中华民族传统文化的厥功甚伟给予了极高的评价。周瑞金说到"我们最敬爱、最亲切的南老师"时引来四周泣声一片。南一鹏的致谢，更令众人感动："父亲以天下人为子女，以子女为天下人。"

举火仪式由成都文殊院的宗性大和尚主持。众人诵七遍《般若波罗蜜多心经》后，按佛教仪轨，进行荼毗。众人纷纷跪拜，口诵佛号，向火中的南师遗体行礼。

夜空如洗，明月朗朗，主持人说："南老的一生如今夜之明月，如此圆满！南老的愿望是希望所有的人都如此圆满。"再一次深深感动了在场众人。

水落石出，南怀瑾著作权归南家后人所有

记：南师去世后，您是如何成为继承人的？

南： 爷爷作为崇奉儒释道的学者，曾告诉我们，他生不带来，死也不带走世上遗留的事物，他平日里的一言一行都在身体力行地给我们子孙后代做好示范和榜样。生前他也交代过，后人不得占有或交给其他私人占有，要将所有"财富"全部捐献给社会。我父辈的六个兄弟姐妹，受爷爷的教化，将爷爷有形、无形的遗产交给社会，将文化传承于世间。"公天下"凝聚着爷爷一心为公的宝贵精神。

爷爷热衷于支持公益事业，不愿将遗产私人化、家族化，我们子孙后代也遵循他的遗愿，将其所有遗产贡献给社会人民。爷爷走后，南家六个子女都很统一，一致表示遵照爷爷的指示，放弃继承，且全部捐赠给社会。2012年，南家在台湾、温州等多家媒体上发表声明，将属于子女的权益全部捐献给拟成立的非营利性公益机构，继续弘扬南师之精神与教化，回馈国家社会，做到不占不贪。

南怀瑾先生子女捐献遗产声明

然而，事与愿违，没想到一些别有用心之人想要占有，为维护爷爷的遗志，最终无奈对簿公堂。

（记者注：南怀瑾遗产之争发生在南怀瑾子女和跟随者李传洪一家之间：南家子女希望合法继承南怀瑾的遗产，然后捐献成立怀师基金会传承先父事业、弘扬中华文化；李氏家族则伪造法律文书妄称，南怀瑾已将著作权、遗物、创办的实业之股权等转移给李素美之女、李传洪的外甥女郭姮晏，属于己有。）

爷爷在台湾的子女一致同意放弃南怀瑾"在大陆所遗留之遗产包括于大陆出版之被继承人著作权等权益"，该权益由大伯、父亲共同继承。大伯出具《放弃继承权声明书》，声明其自愿放弃上述财产权益的继承权。由此，父亲成为唯一一位南怀瑾在大陆相关著作财产权的继承人，父亲去世后，由我替南家人代持。

继承人的法律符号，让别人误以为财产到了我的头上，其实不是的，以后一定是要捐掉的。南家人都不想占有，如果没有与李家的纠纷，早就捐出去了。

我也不想诉诸法庭，毕竟打官司会占用时间和精力，几次法庭调解的时候，我就提出既然李家也说做文化，干脆大家都捐给国家，这样官司也不用再打，无奈李家不肯，还是想占有，所以只能无奈应诉。

2021年4月，最高法院驳回老古公司全部申诉请求。老古文化事业股份有限公司及其关联公司上海老古文化教育有限公司均无权享有南怀瑾先生著作权，也无权对南怀瑾先生著作权之财产权以任何方式进行占有、使用或处分。历经多年诉讼，二审判决最终认定，南怀瑾著作权并无赠予他人，归南家后人所有。目前遗物、遗产等诉讼仍在继续。

遗物是爷爷精神的一部分，是一笔"大财富"，有爷爷的亲笔批阅、笔记等内容。

法律意义上，虽然我是唯一继承人，但我经常跟南家人商量，怎样更好完成爷爷的教导和遗志。他们也会对我进行监督，监督有没有捐赠，这也是爷爷的家风流传。

爷爷的使命就是弘扬传统文化，到了我这一代，作为南师著作的大陆法定继承人，我将延续南师"公天下"的思想，为家族、为社会暂时代持南师著作，重担既已交到我的肩上，就要完成我的历史使命和责任。

开发南怀瑾文化IP，吸引年轻人对传统文化的关注

记：传统文化在如今社会，到底有什么用？

南：爷爷在台湾给我寄来的《国学初基入门》，当时的我还在读小学，基本上算是半知半解，只是死记硬背。

这本《国学初基入门》我常诵读，记忆深刻。中国传统文化里蕴藏着取之无尽、用之不竭的大智慧，这么好的宝贝，不能丢掉。年轻人若愿意读书、读经便能学到很多东西，常言"开卷有益"，意思是读书的时候能记住并领悟两三句便足够了，说的也是这个道理。

传统文化对我有着深刻的影响，它让我看待问题、消除烦恼、解决困惑的眼光变得长远。其中"舍""得"二者关系影响我最深，遇见难题时我们要学会"舍"，面对责任时，要承担，努力克服困难，才能"得"。这也与"出世""入世"二者同样有关，在世间生活、做事，要以"入世"的心态处理问题，但面对世界荣华富贵等执念，我们要以"出世"的心理化解执念，无须占有。

当下在社会立足，无论生活还是工作都会有压力，这就要我们正确处理好"舍"与"得"、"出世"与"入世"的关系，要学会放下，不能放弃。"出世"和"入世"是不矛盾的，现在很多人搞混了，或者片面地理解了传统文化。

到了南烨这一代，我也会督促他去学习传统文化。但他可能没有这么大的福报，

在他的成长过程中太公没有给他写信、耳提面命，算是与太公擦肩而过了。

其实小时候他也是读传统经典的，但现在长大了，最终修行要靠自己。所以我在反思，像南烨这样的年青一代，对于传统文化的认知是模糊的。这让我也很着急。生活虽难以结缘，也期盼年青一代能与传统文化深深结缘。

记：作为南家后人，将如何继续薪火相传，将南师"为中国人修一条文化大道"的毕生梦想发扬光大？

南：爷爷生前支持的桂馨基金会也专门设置了"南师乡村教师奖"，我也持续关注、践行公益活动。桂馨南师乡村教师奖着重于扶持乡村教育发展，乡村教育由于基础设施欠缺、福利差，以致优秀教师向外流失严重。因此，自2011年首次基金会活动到现在，我们与爷爷一部分热衷公益的学生均以个人财产出资为乡村学校购置书籍，资助基金会的公益项目。单凭我个人的力量是有限的，爷爷生前崇尚教育的好友也纷纷帮助我出资做公益。今年，桂馨南师乡村教师奖将第二次在温州举办颁奖典礼。

另外，我们在香港注册成立了南怀瑾文教基金会，抖音、微博也都在做传统文化宣传。

但是，传统文化的传承，不能仅依靠我们这一代，还需要更新鲜的血液与更年轻的力量，舞台是属于"00后""10后"的，如果年青一代无法接下传承的接力棒，中华民族优秀的传统文化未来将何去何从？

如今，年青一代接受知识的方式越来越碎片化。传统文化的传播载体也要因时而变，做出创新，要更加贴合年轻人的口味，只有让年轻人真正了解并喜欢上传统文化，才能发自内心地去传承好传统文化。

我和小叔及爷爷的学生正在研究、摸索，尝试与出版社合作，或将传统文化做成卡通动漫，以视频或者其他年轻人喜闻乐见的传播方式进行推广，年轻人有了兴趣后，自然会想要去深入阅读例如《论语别裁》或者是《论语》等著作，这是一个由浅入深的过程，就像很多年轻人看了小说翻拍的电视剧后迫不及待想要去看小说原著一样。

我们的目的不是卖书、赚钱，初衷始终都是为了普及和弘扬中国传统文化。南家正准备成立南怀瑾基金会，传播中华优秀传统文化，其中成立资金就来源于书籍稿费。

南家其实是不富裕的，可能很多人都不太相信，但这是事实。那为什么我们还愿意把爷爷的遗产捐赠给社会？这是南家的家风家教对我们的影响，也是南老师一直以来的坚持，我们子孙后辈遵从爷爷的教化做认为对的事。

记：您一方面很入世、很务实，另外一方面，由于深受南老师的教化，相较于普通人而言，一定也有您的"出世观"，能否分享您的生活哲学，与大家共勉？

南： 爷爷有70多本著述，很惭愧，有些我还没看懂，还在不断学习。我的水平不及爷爷万分之一，谈不上哲学，只能分享自己50多年来对人生的些许感悟。

俗话说，无欲则刚，但欲望总是无穷尽，活得通透是很难的。人是凡胎肉体，离开物质谈精神是伪命题，那我们能不能试着把欲望减得少一点，活得轻松一点？回过头来看，很多的痛苦都是自身造成的。我自己30多年一直住在黎明侨村。去年为了给儿子买婚房，才成了"房奴"。

所以人要有"空杯"心态，时时清空自己的私欲杂念。无论是否功成名就，在浩渺的宇宙中，我们如沧海之粟，就像石子扔在大海，仅有那么一点点的涟漪而已。就连爷爷这样的文化大家也追求平凡，大道至简，平凡才是人生常态，是一门了不起的人生艺术，值得一生钻研。

但"空杯"不等于"躺平"。现在有一些年轻人工作几年还在"原地踏步"，于是就对工作失去信心，选择"躺平"。其实不应该这样想，每个人到一个岗位和一个阶段，是自然而然的过程。如果你想要一个位置，天天想，不停地想，不仅自己心情不好，还可能会想歪，更有甚者采取过激的手段。其实冷静下来想想，首先要有位置空出来，其次领导要看到你的能力，同时你的能力要比别人强，最后才是那个机遇，几个条件缺一不可。俗话说，谋事在人，成事在天。成事要讲究天时地利人和，年轻人不要急躁，得一步一个脚印，慢慢来。

把工作当作事业来做，不怕没有成就。年轻人对工作缺乏热爱，才会心甘情愿"躺平"，越"躺平"就越失去机会。"空杯"和"躺平"的区别在于，一个是付出不求结果，一个是无果不愿付出。

有人的地方就有江湖，工作中要和同事打交道，碰到和同事意见不一致的时候怎么办？哪怕自己是对的，同事也不服，要怎么以理服人，这些都属于修行。

职场也是修罗场，如何掌握出世与入世的度，还需年轻人亲身修行领会。

陈晴：南园练『心法』，小女子干大事

陈 晴

联合国儿童基金香港委员会（简称UNICEF HK）主席，香港特区行政长官选举委员会委员，香港海洋公园保育基金主席，香港华菁会永远荣誉主席，香港太平绅士。中国管理科学研究院客座教授，上海市第十三届政协委员。曾任联合国发展合作论坛咨询小组常任委员，是担任此职务的第一位中国人；还曾任香港公民教育委员会委员及香港特区政府中央政策组顾问。

访谈时间：2021 年 11 月 2 日
访谈地点：温州南怀瑾书院与香港陈晴办公室 Zoom Meeting 视频连线
访谈记者：戴江泓

"70 后"的陈晴系"香港回归第一谈判手"陈佐洱之女。1992 年，陈晴从北京航空航天大学管理专业毕业后赴美留学，先后就读于美国蒙特罗大学国际商业专业和哈佛商学院，曾就职于美国加州硅谷惠普公司，位至公司总部网络市场亚太区总监，兼网络客户服务中心总监。2001 年定居香港，先后担任香港盈科集团副主席、美林银行亚太分部私人银行总裁。2004 年后专责海洋保育、社会慈善公益工作至今。

陈晴多才多艺，社会身份很多。在香港特区复杂的社会政治生活中，她始终心系祖国，担当作为，团结多种光谱的力量一道前行。2021 年 9 月，在全国人大完善香港选举制度后的首场选举中，陈晴以清晰的新港人身份参选，在社会福利界别实现高票当选，同时助推了整个爱国爱港竞选团队夺取前所未有的胜利，成功践行了南怀瑾对她"小女子大担当干大事"的期许。

由于疫情，身在香港的陈晴通过 Zoom Meeting 接受记者视频在线采访。

南师鼓励我坚持"和自己对话"

记：您的经历很丰富，您从美国留学回来后，是怎样的机缘让您选择定居香港的？

陈：当时我已经离开中国到美国读书、工作十年了。之后母亲病重，我就怕子欲孝而亲不在。刚好李泽楷先生收购了香港电讯，成立了香港"电讯盈科"，他希望我回来，帮他做这个品牌的重造及marketing（市场）方面的事。

香港是一个中西方交融的经济大都会，而且离内地也很近，方便我回去看望妈妈，妈妈也可以来香港看我，所以就告别了美国硅谷。

记：您在美国期间接触过南怀瑾先生吗？还是到香港之后才跟他有接触？

陈：对他景仰已久，但是在美国的时候没有机会见到。我一直在读他的书。

记：您大概是从什么时候开始读南怀瑾先生的书？

陈：还在留学期间就开始读他的书了。因为父亲的推荐，我到香港不久就去拜见了他。

第一次见到南老师，感觉非常好。他是一个非常非常慈祥、非常有智慧的长者，风趣，有活力，看起来一点也不像他那个岁数。

记：那您第一次去见他，是跟父亲陈佐洱先生一起去的吗？

陈：不是的。那时家父已经调回北京工作，而我刚好出了一本记叙自己在外生活、学习十年的散文集《蝴蝶飞》，就一个人带着那本书去见他。老师一见到我就问："你是不是有书要送给我啊？"我说："是的，是有一本拙作。"南老师说："我今天晚上就看。"第二次见他时，他说起我的家世，鼓励我："你一定要坚持写下去！"

我那本书里有一章节叫《和自己说》。南老师说，这是个非常好的习惯，其实，人最难的，不是怎样与别人相处，而是怎样与自己相处。他说："无论是工作还是生活，还是你想要做的修行，包括写作，都要懂得自己跟自己对话，人最难的就是自己跟自己对话。"

记：您的父亲希望您跟南怀瑾先生多多学习，那您跟他学习主要涉及了哪些方面？

陈：家父并没有说一定要学习哪些方面，我只是对南老师非常敬仰，人总是希望有一些长辈或者大德可以成为自己的一盏明灯。记得我刚开始是在美国读他的《论语别裁》，后来读《原本大学微言》，再后来开始读他的《金刚经说什么》，尤其是讲经的书，慢慢地越读越多。

记：很多人都说《金刚经》是比较难懂的，您大学毕业就到美国深造，接受了西方教育和生活方式，那么您觉得这些经书好读吗？

陈：我也是到后来才觉得好读。南老师的书并不是在教条地告诉我们应该怎么做，他和他的书总是用很轻松的口吻，给我讲一些深奥的道理，甚至把他自己的一些经验和想法分享给我。如果一个人的心思和心态在读书的时候是纯粹、单纯的，那就比较容易读懂书里的内容了。

忘年之交，独一无二的告别方式

记：那时候，您多长时间会去拜访南怀瑾先生一次？

陈：我刚刚来香港的时候朋友也不多，几乎每天都在他那儿蹭饭。老师那边有几位师兄很会做饭。

南老师的寓所在坚尼地道，他戏称自家的饭桌是"人民公社"。我们也戏称他那里是"南（难）办"或"南园公社"。南是南怀瑾的"南"，也是东南的"南"，但是他说他那儿的事儿都挺难办的，是困难的"难"，所以他那儿也是"难办"的地方。"南园"能上饭桌的人并不是很多，也就一张圆桌。因为能来此地的人本就不多，不管地位多高、多有名气，有些人南老师就是不见。欲来访者必须先跟他的秘书联系。

我记得，家父在的时候，就坐在他右手边的第一个位置，家父不在，我就坐父亲的位置。我觉得非常荣幸，同时非常庆幸，可以就近给他布菜。刚开始我不懂，觉得什么好，就都布给老师；而他总是照顾着所有人，确保所有的人都有东西吃；但他自己其实只吃那么一两口菜、几颗花生米、一小碟咸菜酱瓜，偶尔会吃一点四川的麻辣的东西。他饭量很小，饭后就叼着烟斗吸一两口，烟瘾也不是很重，只觉得有味道，他开玩笑说是"俗世的味道太重"。

我每次去都会带上一些小点心，因为老师有时候会爱吃一些甜食和像香脆的南乳花生这类的小吃。铜锣湾有一家很出名的零食小吃店叫"幺凤"，我常去那儿给他买南乳花生，还去杏花楼买豆腐花。那时候，我们吃完饭，同一些没来吃饭和过来拜访老师的人一起叙谈个把小时，此时备上的茶点，是很受欢迎的。事前我就跟几位师兄说，南乳花生是专门给老师的，而其他的可以分给客人吃。

记：那您在香港，工作上、生活中碰到一些问题也会跟南怀瑾先生聊吗？

陈：会，我们什么都聊，真的是忘年之交！我不知道别人跟他有没有特别讲究的礼仪，反正我跟他有一个保持多年直到最后的"动作"：我们每次说再见时都会头顶头，我的额头轻轻顶一下他的额头，这也成了我俩之间就像父女一样独一无二的亲切的"告别仪式"。这样的"告别仪式"应该是从我们第一次见面就开始的，每次我临走时，老师会说"过来过来"，然后他的额头顶一下我的额头。这个动作我们就一直保留"传承"了下来。

记：头顶头的这个"动作"有什么含义吗？

陈：我的解释就是，老师要给我一点智慧，呵呵呵呵呵……（开心地笑）老师曾说："我们都是旧相识，可能以前就是吧！"也许，老师指的是前世或再前世。

老师说的是一口带温州乡音的普通话，所以看到我就开玩笑："哦，陈晴（陈诚）陈诚啊，你是我的同学，老朋友！"他指的是民国时期国民党将领陈诚，"陈诚"和"陈晴"在温州话里的发音很相近。

在"南园"，所有的人，包括他的儿子、儿媳妇，还有学生、朋友，他几乎都当作自己的孩子。所以难怪连国熙兄都不是叫他"爸爸"，而是同我们一样叫他"老师"。我觉得老师对我们所有的人是一样的。

传授《心经》与心法，从一呼一吸开始

记：我们知道，南怀瑾先生是一直非常鼓励女性独立与成长的。而您，就是我们女性一个方面的代表，尤其是在香港社会政治生活中。能谈谈南怀瑾先生在这方面对您的影响和指导吗？

陈：哦，有好多啊，一天一夜都说不完的。除了老师的书，老师的话之外，还有老师给我写的小纸条。我每次在他身边，都随时准备好小纸条的，因为他有时候跟我一讲起故事来，里面就有一首诗，一段警句。那么，我的纸条就递过去给他写了！我很爱收集他写的那些小纸条。

记：您的父亲在采访中也介绍过，他也收了南怀瑾先生很多这样的纸条。

陈：对！我们俩有共同的爱好，呵呵呵。(开心地笑)老师对我们每个人都很了解。我刚回到祖国的时候，因为中西文化上的差别，加上家庭背景的原因，就显得比较特殊，有时候被人非议或误解。现在当然觉得无所谓，但是当时就不服气，觉得我是自己打拼出来的，为什么还被误解？

老师就跟我说："你将来要做响当当的事情的，怎么会在乎谁说你什么呢？就好像外面的车水马龙，这种声音有什么值得去在意的？"他还逗我说，"你要是消化不了，那很简单，你不是爱收集纸条吗？你这会儿就去把纸条拿来，把那些不高兴的、被冤枉、受委屈的什么事儿都写下来！写完了就到洗手间去把它冲掉！一边冲，那烦恼就一边没了，都被马桶水冲走了！"

记：除了这些以外，南怀瑾先生还有怎么教育鼓励您？

陈：他是希望我"心"的力量能最大化。他常说，"心"的力量够大，才能承受得住够大的责任。"心"要大，同时够柔软、够厚重，才能承担起自己和你要帮

助的人。当然，这不是一天两天就能炼成的，也不是许个愿"佛祖菩萨保佑啊"就能获得的，而是要不断地训练，要不断地磨炼自己的"心"。

回到前面说的，老师一直鼓励我要"懂得跟自己对话"，老师也很赞赏我有写日记的习惯。我是从小写到现在的，我的父亲从我五六岁起就训练我写日记了。我十六岁以前的日记，还都交他批改，当然后来我就不给他改了，但是高兴的时候某天就跟他分享一下！

老师也常对我说，"你父亲把你教得很好"。为了助我保持住"与自己对话"，提高"对话"的能力，他让我再读《心经》和《心经》解读。老师有一篇关于《心经》解读的文章，他却鼓励我不要执着于他的解读，"还有很多大家也有解读的，你都可以去看看，觉得哪个方法哪个方式更适合你，你就用哪个。因为，智慧和知识是属于全人类的，不是说只有我南家的就是最好的，总之你要找到最合适的"。他还说，"既然你那么敏感，'自我修炼'这方面的书就多去看一看，培养自己的心态和对于自己心的把握。"

也是从那时候开始，他请宏忍师教我打坐。

宏忍师也是位非常令人敬重的人。她从教我一些呼吸的心法开始，除了国内常见的修行方法，还有源于古印度的瑜伽的心法。她告诉我的就是一种注意吸气呼气的修定方法，一口气顺溜不顺溜，运行得好不好，那是很有讲究的。

我就用宏忍师教的这些呼吸法打坐，然后慢慢进入冥想，每天做这样的一些功课。一直到今天，对我都非常有用。因为当我每天梳理自己的内心，好的能量消化吸收，不好的排出去，我觉得这是我一生都可以受用的。

那时候，老师总是不动声色地看着我，每当我进去一跟他打个照面，他其实就知道我那天的状况和状态是什么样的。就好像一个人的能量场，有什么样的波动，他都了如指掌，包括我哪里不舒服了，比如说有一天我闹肚子了，哪怕不是太厉害的那种，他都能一眼看出来。所以，我老是惊叹："老师您这眼睛是天眼啊！"他就说："我不是用眼睛看的。"

有很多人都说老师有"神通"，可他才不屑于讲神通，但我相信他确实有！呵呵……（大笑）

我小时候学过芭蕾，后来练过舞蹈，再后来手痒痒也学过一点太极拳，所以，我落脚已经算是很轻了！但是老师身轻如燕，老师走路，尤其在木地板上走路，以及上下楼梯是听不到他的脚步声的。我不禁感叹，自己上下楼梯都是脚尖着地提着气的，一点都不费劲；可是老师走路却像飘过去了的感觉，我惊讶他老人家是怎么做到的。也问过他，他只笑一笑，从来不拿这"功夫"出来说事儿。

当他知道我有那么几天特别累的时候，他就会说："过来，调一调呼吸。"因为一个人的状态如何，从一呼一吸中，老师能感觉得出来。

我记得老师的客厅旁边有间书房，但是我们叫它"药房"，因为这个房间有一面墙，从地板到天花板都是中医药店里的那种格子抽屉。老师他自己会开药，有时候会说："过来，给你抓一点，教你回去怎么用。"他正方、偏方都很多。

香港比较潮湿，有时候湿气重，人容易受寒——不是说很冷的那种"寒"。我有个坏毛病可能是在国外养成的，就是不爱穿袜子，练完功、打完坐或者练完一套拳，出汗了还不戴帽子，所以经常被他骂。他会故意激我："你不是很要优雅端庄吗？不穿袜子怎么能优雅端庄？"其实，他的意思是说保暖和保养，阳气上升是从脚底起，特别是小孩子更要注意，要穿好袜子戴好帽子。所以，老师就责备我："你练完功，你怎么能够不戴帽子！这不是白练了吗？！"而且，头顶受寒会很"贼风"。

记：对于人生，您的事业，包括您的婚姻，做重大选择的时候，您会跟南怀瑾先生商量吗？

陈： 当然。他会跟我直接说："这个人不用带来见我了！你要是跟那个人继续交往的话，有苦头吃哦！可不要怪我没告诉你哦！"他会很具体地给我"参谋"，有的时候，他就说："嗯，那个人可以带过来见一见。"呵呵……（笑得很开心），这样的故事太多了！我得挑着讲。

二十年前的我，比较善感。他就对我说："你太放不下，我还是要特别告诉你，不要为不值得的人流泪。"他不单是指男生，还有生活中一些人与事，他说"没必要流眼泪"。因为我的眼泪比较多，高兴的时候会流眼泪，伤心的时候更会流眼泪，包括写文章、画画的时候，进入了某个状态，或者我听到一段很好的音乐，也会禁不住流眼泪。我觉得这是一种力量的撞击嘛。

老师就调侃我："哎哟，我的常啼菩萨！这一次就不要哭了，这个不值得。"他老是叫我"常啼菩萨"，他说，我们的眼泪很宝贵的，只留给值得的事物和值得的人。他还说："你们也不知道自己的眼泪有多宝贵，那是甘露啊！你知道吗？"

用"心"的力量面对"爱离别"

记：您回忆一下，还有哪些人生重要的时刻及选择，南怀瑾先生给过您比较有用的建议？有没有印象特别深刻的？

陈： 有很多。但是，我觉得，他训练我最多的，就是对于自己心态的把握。他说，将来你会遇到很多事情，你父亲和我都不会在你身边，你要自己做出决断。

记：那么，南怀瑾先生具体是怎么训练您的？

陈： 有些是从理论上的，比如说，他让我从打坐开始。怎么把你一些不愉快的或者负面的情绪给消化掉。外界有很多事情是无法改变的，但我们可以通过改变自己的内心去把握，只有你的心变得很柔软了，够包容了，你才能吸收消化。

我记得有一次，我和国熙兄正跟客人们聊天，讲到波罗蜜，几大波罗蜜，再讲到忍辱波罗蜜。老师听了问国熙兄："你以为的忍辱是什么？"国熙兄回答："就是碰到那些不能忍受的耻辱，我就得忍受下来。"老师笑笑，不置可否。等到没有客人了，只有几个师兄弟或者家里人在饭后聊天，老师就开始讲了："你那个不叫忍辱波罗蜜。真正的忍辱波罗蜜，不是说你能容忍下那些耻辱和委屈，而是懂得用你的心去化解那些耻辱和委屈。"

每每说到类似这样的时候，他会看看我们，然后棒喝一声："扎！你听到没有？用'心'的力量！"

其实，我们日常最容易忽略的，最不了解、最容易小看的，就是我们本身"心"的力量。我母亲去世时，他教我学会使用"心"的力量，怎么面对"离别"。

记：母亲去世的时候，您多大？

陈： 我那时候二十多岁吧。讲到生老病死的时候，老师就说："就好像我们迎接一个新的生命来到这个世界一样，作为人类，最终也要跟我们身边的人说再见。你来这一世，有过一个丰富的、值得你来这么一趟的人生，那就很好了，无怨无悔。"他说，人的灵魂其实是不灭的，肉体就只是我们暂时"住"的一个房子而已。

重丧在身，一般是不到别人家去的，可老师不介意。我母亲去世那段时间，他让我赶快去！他把摆放在佛堂前用大悲咒加持过的一瓶水递给我喝，然后就让我在那里打坐。现在回想起来，那时候真的很幸福，一有什么事，不开心了就可以随时去找老师。

做"精神的贵族"，投身公益慈善

记：您先后担任过香港盈科集团副主席、美林银行亚太分部私人银行总裁，那么，是一个什么样的机缘让您转身做慈善事业的？

陈： 是从母亲去世，还有我生了孩子自己做母亲后开始的。一个离别，一个迎接，都是生命的过程，对我来说，是人生中的大转折点。

因为母亲去世，我就去做义工，越做越多，一发不可收拾，也受到不少嘉奖。做慈善做公益，一天两天、一个月一年，都还容易；但说真的，要坚持快二十年，那是要有信仰和情怀的。我想，那时候，老师应该知道我会走这条路，所以他总对我说，"别人怎么想怎么说，你不用理会太多"。

我说："我要做精神上的'贵族'。"因为，我觉得我继续坐在那个高位上就是做一个数字游戏罢了，灵魂还是不够饱满的。当我去帮助别人的时候，我觉得心里的悲痛就会缩小再缩小；当别人因为我的帮助，能够生活改善，乃至走上正途，我的快乐和喜悦就会放大再放大。在这个过程中，就是一个很好的新的"功课"训练，渐渐圆满着"自利利他"。我感受到了一种快乐和光，是古今中外有益的榜样，是因为度他而度了自己。

这种光是什么？不是我们每天看到的"光"，而是那种你燃烧了自己而看到的光。

给在工作中突然降临的孩子取名

记：听说您孩子的名字是南怀瑾先生给取的？

陈：是的。说起这个孩子，也是有很多故事的！那时候我还在香港，老师已经回到内地，住在太湖大学堂。他一直提醒我别太累，后来他也不提了，说："反正你也不听！"因为我预备到临产前一个月再正式休息，想赶快结束手头的很多工作。

那天，我正在香港海洋公园开董事会。会议到一半，我的羊水破了！这个孩子比预产期刚好提早了一个月到来。当时，我们几个开会的人还在争论不休，我说："Gentlemen（先生们），你们不要吵了，我三分钟之内要离开，我们表决吧，就像古希腊人一样表决，A 还是 B？"

然后，我回头对会议秘书说："你帮我打电话。"当时我早已经准备好了一张纸条。"这是我医生的电话；这是我司机的电话，他人和车就在外面；这个是我先生的电话。这三个电话马上帮我打一下！"然后，我跟参加会议的人说："我们现在就表决，因为我马上要去生孩子了！"他们听了，还觉得我在跟他们开玩笑，说："这不可能！"我说："这是真的，刚刚我羊水已经破了，我的走楼包（要去医院住院的包）已经在我车上了。"

董事们一听，一分钟就有了决定。

我一上车就给老师打电话。接通电话，我还没开口，老师就问："是要生了吧？"我乖乖回答："对。"然后，他就说："说你呢，你都不听！行了，这个孩子很有主张，是他自己选了日期要来。"接着，他建议"最好别开刀、别打针，要自己生"。

我忍着痛，不断地念经，念《心经》，念菩提萨埵，念百字明咒。

我坐月子的时候，穿了平常穿的 T 恤，抱着孩子拍了张照片发给老师。老师看到了，又批评我："你当了妈了，我还要骂你！露胳膊露腿，又不戴帽子！"我听了，心里是暖烘烘的。

记：那孩子知道南怀瑾先生吗？他见过南怀瑾先生吗？他见南怀瑾先生时是多大？

陈：知道！不过，他见到老师的时候，已经是在照片里了。老师没有见着他，但曾经亲笔给他写了一封信。而且不是用微信发来的，是用毛笔写了后从太湖大学堂寄到香港的。

我是全母乳喂养孩子的，哺乳期2年9个月。老师知道了，挺赞赏的，要我把孩子的生辰告诉他。他就给孩子起了名，叫"长佑"，还给批了个命格。《易经》里面有一句话，"天人共佑之"，意思就是不断有贵人相佑，我觉得老师对这个孩子也是寄予了期望的。

记：南怀瑾先生定居太湖大学堂后，您去得多吗？您最后一次到大学堂见他是什么时候？有印象特别深刻的故事吗？

陈：老师常住大学堂后，我每年都会过去两三次吧。有时候是中秋去看望他，有时候是因为老师开班讲课。每次跟他告别说"再见"的时候，仍然都是"头顶头"。

老师很慈祥，很风趣，很爱护人，但他骂起来也是噼里啪啦的，我有了孩子后也是一样。可能就是爱之深，就会骂之切。现在想起来，都很感恩，很感恩。这是一种亲情啊！

最后一次去见他，应该是他乘鹤而去之前的一年。那时候，公益事业我已经越做越多了，他是给予肯定的，而且相信我一定会越做越好。同时，他还说："这过程中也会碰到很多的挫折，一个人除了心灵要强大外，还要有善用各方资源的智慧。因为，这个社会不会因为你一个人许了愿发了心，就都能做成事。"我牢牢地铭记在心。

记：每次去看望南怀瑾先生，您是一个人去的吗？还是有谁一起同行？

陈：我有时候是一个人去，有时候也带过个别朋友一起去过，都是他认可能带的。他说，"你自己随时都可以来"，就像自己家人一样。但是要带别人，一定要他觉得这个人可以才能带。

为香港的稳定和发展继续贡献力量

记：我知道您最近几年在香港为"一国两制"行稳致远保驾护航，做了很多工作，您觉得在这样的历史大背景下，推行南怀瑾先生一直奉行的中国传统文化有着什么样的现实意义？当年南怀瑾先生对于国家的未来有过怎样的评价和预言？另外，也请您讲讲对香港未来的展望。

陈：老师的心愿一直就是继承和弘扬中华传统文化。他是以一颗非常无私的心去宣扬去推广，希望更多的华夏子孙能够受益。他经常说，智慧不属于任何一个人，是属于众生全人类的。独乐乐不如众乐乐，独受益不如众受益，我们感同身受，中国传统文化每时每刻都在对全社会，对每一个个体的人，产生着巨大的影响；我们责无旁贷在不同的位置上一如既往地去吸收和发扬它的正能量。

现在，世界正面临百年未有之大变局，我们的国家已经进入一个新的时代。传统的中华文化必然要、也必然会与时俱进，发扬光大。南老师的格局很开阔，他一生走南闯北，学贯中西，一直像一个少年人一样不断地吸收新鲜的事物，他经常跟一些国外的修行者、学生谈论，最新的技术、科学发明和社会现象，他都很有兴趣去了解，并且很快就融入他新的讲演和著作里。一个人必须具备能够终身学习的能力，老师就是这样的典范榜样。有了这种能力，无论遇到顺境还是逆境，都能够 survive，能生存和发展。

南老师当年说过，我们国家大运和跨越在上升之中，"还有 200 年大运"。香港 2019 年的暴力事件只是大运中的一个波折，我对香港的未来是充满希望的，但充满希望不等于我们可以躺赢！

香港已经错失了很多机会，走过了弯路，在经历了一些伤害后，不分男女老少——750 万香港人都要树立一个牢固的"国家"观念，还要有一个广阔的世界观，共同推动香港重新出发，融入国家发展的宏伟蓝图。

陈晴接受记者在线采访

南老师从来就没有"离开"过我们

记：您现在还常想念南怀瑾先生吗？

陈： 是的，我觉得老师从来就没离开过我们，只不过现在他活在了我的书架上、老师的书里面，老师的智慧在哪里，老师就在哪里。

以前老师总问我："我这本书，你看过没有？"我说："看过了。"老师却说："我看你没看过。"我说："我真的看过了。"他又说："我看是书看了你了，你没看好书。你就跟它打个照面，说精华，你都不知道。嗯，再看看！"

我现在经常想起当时老师教导的许多场景，历历在目，字字在耳。

还有，南老师教给了我一种面对困难时应有的心态。他反复跟我讲的"心"的力量，是对我触动最大的。

看，身后这尊文殊菩萨就是老师赠送我的。我们今天就聊这么多。（微笑）

马宏达：在南怀瑾先生身边的日子

马 宏达

中国政法大学法律系毕业，在行政机关任职十年，2004—2012年随侍南怀瑾先生，2016年任南怀瑾学术研究会副会长、秘书长。

访谈时间：2021年6月24日、6月25日
访谈地点：北京西藏大厦
访谈记者：潘振恺、张啸龙

　　马宏达先生曾在西藏自治区驻京办事处从事行政工作，后赴西藏担任自治区领导秘书。2004年5月来到南怀瑾先生身边担任秘书工作，直至南怀瑾先生仙逝，陪伴南怀瑾先生逾八年（100个月），是接近他、了解他、深知他的大陆人士之一。

　　约好晤面时间，马宏达先生如期而至。颀长的身材，清爽的着装，随和的神态，不凡的骨格，给人一种谦顺、儒雅、睿智、勤勉的印象。交谈时，他不徐不疾侃侃而谈，纵横捭阖，机锋犀利，条理清晰，时而迸发思想的火花，时而又陷入熟虑的深思，让人深切感受其渊博的学识、敏捷的思维和厚积的修为。

　　这种玉树临风的器宇，探其渊源，应该既有自身的修炼和颖悟，更得益于南怀瑾先生的熏染和教诲。言谈间，马宏达先生虽已痛辞南怀瑾先生多个年头，依然无限缅怀和追思，感激、虔诚和敬佩总是萦绕心间。怀师之情，溢于言表。

为了文化

记：首先，请马先生谈谈担任南怀瑾先生秘书的经历和感想？

　　马：不应该谈我，应着重谈谈南老师，特别是南老师对传承和弘扬中华传统文化方面的事。

　　我不过是有幸有缘来到南老师身边，在他老人家旁边打打杂的一个普通人，并

不代表我有什么长处。因为南老师是随缘利他，有教无类，好人要度，坏人更要度。所以，我不过是前缘所致，在他老人家身边勉强做一点事，也做不好，而且还冥顽不化。（笑）因此，在我身上看不到南老师的影子。我不算是他老人家的学生，我没有那个资格。

记：马先生太谦虚了。那么，您认为南怀瑾先生是如何弘扬中华传统文化的？

马： 南老师所讲的文化，是广义的大文化，包括人类的一切，从衣食住行到世界观、人生观、价值观、思维方式、礼仪规则、社会组织、伦理道德、生活方式、风俗习惯、文学艺术，从政治、经济、军事、金融到历史、宗教、哲学、科学、技术……而这一切，从世界到中国，皆在空前的巨变未定中。一个国家、一个民族，别的可以丢弃，但优秀文化绝不能丢弃，唯有弘扬和传承优秀文化，在此基础上与时俱进，开创新文化局面，才能支撑和推动国家和民族朝前蓬勃发展，才能使我们这个文明古国根深叶茂，充满生机活力，继续屹立在世界的东方。

鸦片战争以来，中华民族历经动荡和战乱，国人失去文化自信，传统文化面临断层，没有得到很好的传承与发扬。南老师于1948年前往台湾考察，之后回到大陆，翌年2月再赴台湾，一住就是36年。1985年前往美国，客居了三年，于1988年初来到香港。在这辗转的几十年里，南老师给台湾、香港、大陆的学生，还有来自世界多国的学生，讲授中华传统文化。南老师的课深入浅出、生动有趣，能把生涩深奥的中华传统文化，通俗易懂地娓娓道来，令人获益匪浅，以至于学生们越聚越多，更有不少人慕名想前来聆教。南老师从峨眉发愿到辞世，70年间为文化的救亡、清理和重建殚精竭虑、倾尽心力，使无数华人重建文化自信。与他同期弘扬中国文化的还有一些了不起的先生，各自付出了很多辛苦和努力，各有了不起的贡献。其中，南老师的影响力是最为广泛而巨大的，长期影响朝野各界，不夸张地说，在中国文化命如悬丝的关键历史时期，起到了中流砥柱的作用。他对国家和民族的伟大贡献，对历史文化的深远影响，相信未来的人们会有更深刻的认识。

但南老师深知，我国的台湾和香港加起来仅区区两千几百万人口，弘扬中华传统文化的主阵地还是在大陆，于是一直等待机会回大陆弘扬文化。在美国和我国香港时期，南老师与许多来自内地的有关高层人士接触时，也流露出这种殷切之情。

其间，南老师经常和内地登门造访的相关人士交流，为我国的改革开放和国家建设出谋划策，提了不少弥足珍贵的意见，也积极鼓励学生和朋友们到内地投资。

南老师如此身体力行，是他心中永远怀抱家国天下情怀的自然行为。

记：那么，您认为南怀瑾先生的家国情怀缘于什么？

马：这种强烈的家国天下情怀，缘于南老师对优秀传统文化的深厚修养与知行合一。他学识精深、见地独到、思想深邃、行愿笃实。南老师文武兼修，从小就打下扎实的底子，深谙中华传统文化，因有这底子，加上数十年的累积，他所达到的境界，那种博学、睿智、颖悟、襟怀、愿力、笃行，真可谓高山仰止。

南老师认为，一个国家民族，如果亡国还可以复国，但文化若是亡了，这个文化意义下的国家民族就不复存在了。

以我个人的浅见，一个人的精神世界、人格、自我，是由他的记忆构成的，包括表层记忆和潜藏记忆，包括他所有经历、阅历以及相应的精神活动，包括他的世界观、人生观、价值观，包括他的思维方式、情绪习惯、做人行事、言行习惯、得失荣辱、是非对错，乃至健康娱乐等，人生的一切感知、思考、情绪与记忆。一个人的精神世界的构成，除了天生的禀赋，还有从娘胎里开始直至毕生，随时随地熏染、培养、积累出来的那部分。

同理，一个民族的精神世界构成，包括了其所经历的历史记忆，包括对历史的看法，包括所有的经历、阅历、文化行为的记忆，一切的一切，形成民族的共同记忆、共同精神世界，形成民族人格、民族自我的内容。

个人的精神世界、人格、自我的构成，与民族的精神世界、人格、自我的构成，是你中有我、我中有你的连带交织关系，彼此互动成就，血脉相连。

不论是个人，还是国家民族，其精神世界如果不断被打击，不断被否定，这个人，这个国家民族，会陷入深深的自卑与精神混乱，甚至崩溃。所以龚自珍说："灭人之国，必先去其史。"文化与历史不可分割，与个人和国家民族的精神世界不可分割，与个人和国民的思维与行为方式不可分割。

用求全责备的高标准，要求任何一个人、任何国家民族、任何历史文化，都可以找出很多毛病。用成王败寇的思维去衡量任何人、任何国家民族或历史文化，在失败期、低谷期，必然会得出否定的结论。但用同样的逻辑，在其他历史时期——

马宏达接受记者采访

比如高峰期——去衡量比较，你会得出不同甚至截然相反的结论。但是这一百年，我国知识分子很多还未跳出求全责备、成败论英雄的思维习惯，实际已变成潜意识的思维定式了，这是一种自我催眠。

后人容易用现在的经验或理想化想法去要求前人，这是一种不自觉的时空错位。譬如，我们到一个陌生地方，若没有正确的向导，走哪条路完全是靠摸索的，走对走错的概率各占一半，走过之后回顾起来才可以做"事后诸葛亮"。任何人面对当下和未来，都要面对未知数和变数，都是在摸索中尝试前行，每个选择都有50%的概率犯错。个人、团体、国家民族的历史、现在与未来，是这样形成的，而不是由"事后诸葛亮们"用理想化想象创造的。出错是正常的、经常的，没有永远正确的。我们每天说话做事，有多少的错误或不妥？为何却要求别人或前人处处完美正确？人很容易持双重标准，责人严，待己宽。其实，不论用完美正确的高标准去想象人、要求人、要求事、要求历史与当下，还是要求自己，既过分，也脱离实际，也可以说幼稚。

我们现在认为正确的决定，几年、几十年、几百年后，会产生什么连锁影响与结果，谁都无法准确预见和掌控。一代管一代，前人或今人，不可能管到子子孙孙世世代代的事。任何人都会犯错或疏忽，任何人都是在各种条件制约下勉强做点事，绝非想如何便如何。

有时候，自然地理与气候的变化，会导致历史的大变化。有时候，偶然的因素，影响了事情走向，演变下去，变成差之毫厘谬以千里的后果。有时候上面的主张是对的，到下面执行却走了样。有时候，你想做或已做了正确的事，却被其他力量化解或对冲掉了。这都是历史与当下太常见的事。

推己及人，更能理解、同情、谅解他人、前人与历史。当然，对那些故意作恶者，另当别论。

当代遇到的问题，当代人努力去解决就好，不要一味地埋怨前人，归罪于历史文化——那不是成熟理性的态度。前人没想到、没做到或没做好的事，后人努力做好便是。将来我们也是"前人"，我们都曾有、也将有很多的"没想到、没做到、没做好"。对历史文化，对祖先，要保持应有的尊重与体谅，那也是尊重我们自己，也是保卫我们精神的家园。

对国家民族历史文化持续不断的自我贬损与否定，必定导致国民精神世界乱套，丧失文化自信、民族自信、个人自信，哪里会生发自信蓬勃的创造力呢！有的只是"逢人矮三分"，是文化自卑、民族自卑、个人自卑，会陷入邯郸学步等迷茫困惑与痛苦，付出长期的巨大的代价。

我们普通所说的文化，似乎是个空洞的词，但文化就是这么重要，决定着每个国民和国家民族的灵魂和精神世界。物质文化也是文化的内容，但不能替代精神文化的巨大作用。每个国民都有责任保护、尊重历史文化，那是尊重和保护我们的精神血脉与家园。有责任学习、践行、发扬光大优秀传统文化，也都有责任与时偕行，面对现实与未来的挑战，随机应变，勇于变通，创造适应时代的优秀新文化。

我也是跟随南老师后，随着接触的深入，看的、听的、思考的也更多了，在原来的认知基础上，深入理解南老师的情怀，也深知他老人家的艰辛和不容易。其实，每个人，不论权力多大，地位多高，财富多少，都会受各种内部外部条件的制约与局限，不如意事常八九，可与人言无二三，不是想怎样便怎样的。从此角度看，对前人，对历史，对现实，对他人，会多一些体谅与同情。

事非经过不知难。很多人，包括很多知识分子，容易从本本出发，把事情想得简单，认为"应该如何如何"，把假设和理念当作现实，实际缺乏实践经验，未深入了解人情世故，想问题就简单化，而且容易自以为是。

南老师告诉过我，几十年来，他是在各种夹缝中勉勉强强做一点点事而已。所谓"夹缝"，包括战乱、政治、人与事的各种逆境、障碍、掣肘及其他种种条件制约，很不容易。

换言之，南老师在那么艰难的条件下，在众多的逆境中，能够自强不息做了那么多了不起的贡献，与其天纵英才和传统文化深厚修养、家国天下情怀是分不开的。

因缘修筑太湖大学堂

记：现在谈谈太湖大学堂。听说，您曾参与太湖大学堂的建设，具体经过能否谈谈？

马：其实，真正负责这项工程的是谢福枝先生，他做事认真，负责这项工程建设很辛苦，功劳苦劳都不小，他每天写工程报告给南老师，南老师一直在操心指挥这个工程建设。谢先生现在 70 多岁了，在台北种种树，自己修行。

太湖大学堂选址在太湖之畔的吴江市，现在是苏州市吴江区。这里是著名社会学家费孝通当年"江村调查"系列社会学调查的地方，历史上文化积淀深厚。当地政府很欢迎南老师来，知道他影响力很大，希望带动当地的发展，带动更多的外商前来投资兴业，于是非常支持，给南老师很优惠的地价，这在吴江党委政府都有会议决定等文件可查。

南老师 2000 年决定在太湖买地办学。2001 年，南老师作为法人代表、董事长，注册成立了东西精华农科（苏州）有限公司，买了 300 亩土地指标。为何注册农科公司呢？因为那块地的性质是农业综合用地，所以只能用农业科技公司的名义拿地，而不能直接用办学的名义拿地，算是"曲线救国"，当然实际目的还是办学。政府给付了 282 亩，还欠 18 亩。南老师临终前几个月，将那 18 亩土地指标捐给了当地用于建设老太庙文化广场，还捐了个人的稿费一百万，又做了一件公益的事。

记:南怀瑾先生为何同意将大学堂建在太湖?

马:南老师一直想在内地弘扬文化。出版是一个重头,书就是他的百千万化身,可以与无数读者交流。另外就是亲自讲学,建座学堂作为讲学、交流的场所。

其实,开始并未着眼太湖之畔。南老师在香港期间,就派人到内地选址准备办学,第一愿望是到杭州的灵峰,现在杭州植物园灵峰探梅(半山上)那里,是武林佛学院的原址。南老师与那里曾有一段因缘,他喜欢那个地方。

1947 年,巨赞法师在那里办起武林佛学院。巨赞法师是一代高僧大德,曾邀南老师给佛学院的学生授过课。那期间,南老师和巨赞法师有过一次密室对话。

巨赞法师告诉南老师,有特务要害他性命,因为他选择与共产党合作。他的目的是在新中国保留佛教种子,继续弘扬佛法。南老师于是亲往南京,为巨赞法师求了情,要求一份保护巨赞法师的文书,保了巨赞法师一命。

可是因缘不凑,南老师想到杭州灵峰办学的事没能如愿。后来又考察了其他很多地方,也是各种因缘不凑。后来,杨管北先生的儿子杨麟先生提议到太湖找个地方。南老师也等不及了,年龄也越来越大了嘛,后来就定了太湖边。

记:在内地开办大学堂,学生们都很支持吗?

马: 也不尽然。内地的学生们当然非常支持,但一些台湾和香港的学生们意见就不同了,不少劝阻的意见。南老师最后发脾气了,拍桌子说,我自己回内地,你们都不要跟着我!他力排众议,于是内地办学的项目快速上马。

记:请讲述一下南怀瑾先生在太湖大学堂开课的经历好吗?

马:太湖大学堂 2006 年正式开课时,南老师已 89 岁高龄,前后共上了六年的课。实际开课时,还没有注册太湖大学堂。前面讲过,因为那块地是农业综合用地,所以"曲线救国",注册了东西精华农科(苏州)有限公司来拿地,盖房子。南老师是法人董事长。最初开课只是以公司内部名义的净名学舍或太湖大学堂,内部朋友们来学习,不对社会招生。开课后不久,我向南老师建议还是要注册合法教育机构,保护他合法讲学,否则他讲学得不到法律保护。南老师担心官方不给注册学校,他说他这一生，不论在哪里，官方都不放心，很难给注册，算了吧。我坚持再三，因为要保护他合法讲学，否则将来有人捣乱，说他非法办学，那就无法保护他。而且若有合法机构，他讲学也正大光明嘛。后来南老师说，那你去试试看吧。我就去办，经过就不细说了，结果注册了吴江太湖大学堂教育培训中心，简称太湖大学堂，是成年人非学历教育机构，不是小学。因为内地不允许以个人名义办学校，只能由机构来办。为注册学校，只好先注册了吴江太湖文化事业有限公司，由南老师个人独资。由该公司作为办学主体，注册了太湖大学堂。太湖大学堂的法人代表、校长，当然也是南老师，始终是他，没有变更过。所有其他自称太湖大学堂校长或董事、理事的，都是自欺欺人。

太湖大学堂有两个层面：一是以南老师为核心，等于传统书院的山长——导师，他老人家身教言传，讲学不辍，把心得分享给大家，然后通过记录变成图书，分享给社会上更多的人。另一个层面，就是大家来学习的同时，也分享各自的经验心得，然后回到生活工作中，各自努力，提升自己，影响社会。

传统的书院是以山长——导师为主，导师和学生们朝夕相处，随时都是身教。而太湖大学堂兼具传统书院的特点，山长与导师就是南老师，他老人家的身教言传做到了极致，他人极难企及。可是学生却不是传统书院的学生，因为这个时代的因缘，几乎每个学生都事务缠身，身不由己，文化底子又很薄，而且各有动机，各有因缘，很难做到诚恳专精用功。所以，学生不大可能重复古代书院的状态，但也可以走分享、互动、成长的路线。太湖大学堂不叫太湖书院，就是不止于传统书院的方式；也不叫大学，因为与现代大学又不同，是希望探索新的路线，希望有相应的人才来配合，着眼于社会、国家、民族乃至人类未来的福祉，融合并传播古今中外文化的精华，为消弭人类未来的部分忧患而贡献一点力量，这是理想。但实际上，那些年来往的朋友、各行各业的精英很多，真能够配合南老师实现远大理想的人才很少见，所以实际还是以南老师个人讲学为主。

记：据说南怀瑾先生创办大学堂，秉承一贯的法与财双手布施的行愿，那么，请问他是如何做的？

马：法与财双手布施，是南老师数十年的行愿之一。

他老人家独资创办太湖大学堂，并非做投资。注册这个机构，是我办理的，从法律上说，就是获得在内地长期私人讲学的合法地位，受法律保护，这是外形。内容呢？是以他老人家为主体，为主导，回归教育的本质。老人家那些年在内地办学，我跟在旁边亲眼看到的，老人家随时在布施。譬如他讲课，素来不收费，大学堂还免费请大家吃课间餐。不仅如此，我们连同往来的客人和同学们，多年以来吃的都是他老人家的饭，可是他从来不说。这对他老人家而言，只是天天在布施的一件小事。其实，岂止是财与法双手布施，他老人家是用十波罗蜜的修养来行大布施（十波罗蜜：布施、持戒、忍辱、精进、禅定、般若、方便、愿、力、智），无时无刻不在布施。这些看之容易做之难，换位思考，几个人能做到？我们是做不到的。

记：除了太湖大学堂之外，南怀瑾先生在内地还有哪些教育善举？

马：太湖大学堂注册的是成年人非学历教育机构，不是小学，小学是南老师后来创办的。外界流传很多说法，想了解真实情况的，可以去吴江教育局查询。

2007年夏天，南老师创办了一所小学，也就是吴江太湖国际实验学校，办学主体是南老师个人独资的吴江太湖文化事业有限公司。为什么要创办这个小学呢？因为多年以来，南老师在海内外提倡儿童中英文经典诵读，还加上珠心算，利用孩子13岁以前如种子汲取营养般的强大记忆力，给孩子们的记忆银行，储东西方文化经典的财富，供他们毕生受用。这是希望孩子们从小打下这个人文文化与自然科学的基础，是希望将来出现很多大学问家、大科学家、大政治家、大企业家，涌现应对这个古今中外碰撞时代的栋梁之材。后来发现这批孩子因为记诵经典多了，有些人骄傲起来。同时，受现代所谓"爱"的教育，实际是溺爱教育，动手解决问题的能力、生活能力、与人相处的能力都很弱，所以想亲自办学来探索一些经验。

当然，在南老师去世以后，太湖大学堂和小学，都物是人非了。诸行无常，也是自然规律吧。

太湖大学堂本来就是我为保护南老师私人合法讲学而争取注册的机构，南老师去世了，这个机构的历史使命就已经完成了，应该谢幕了，不应被人利用来欺世盗名。

若问教育善举，出版图书与读者沟通本身就是做社会教育，不受常规学校的局限。南老师提倡并大力支持内地儿童中英文经典诵读和数学教育，还提议并资助北京大学成立传统文化研究中心（后来改名叫北京大学国学研究院），支持内地几十所著名大学的师生教育，支持国防教育与科学技术发展，支持乡村教师工作。

有缘初识南老师

记：您是何时知悉并逐步了解南怀瑾先生的？读过哪些著作？起始感触如何？

马： 初次知悉南老师，记得是 1994 年，我读大四的时候。我先是读了《楞严经》，之后从一个书摊上买了一本南老师的著作《楞严大义今释》，读后觉得作者很了不起，于是又买了他的其他书来读。

我在中国政法大学法律系学的是法学。法学不仅给了我法学知识，也提高了思辨能力，我在校时也读了不少其他领域的书，我觉得自己的性情不太适合法律工作，所以毕业没有选择法律部门，而是想留在北京继续学习文化。于是，我给出版南老师著作的北京师范大学出版社的责任编辑写了一封信，编辑李音祚先生很快给我回信约见。他对文化工作很有想法，我们成了朋友。出版社没有工作机会，他介绍我到西藏驻京办工作，后来我跟着领导又进西藏工作。

记：您是何时跟南怀瑾先生接触的，通过什么途径、什么人接触？

马： 李音祚先生向我介绍了南老师著述的总编辑刘雨虹老师。那是在 1994 年，刘雨虹老师来北师大出版社，续签出版南老师著述的合约。刘老师后来每次来北京，会找我帮忙办点小事。有一次，刘老师把我送给她的小礼物转送给了南老师，南老师回了一封信给我，并寄赠了他的诗集《金粟轩纪年诗初集》。

此后我和南老师有了直接通信，有时南老师也委托我办点小事。但我也没去香港看望他，因为我知道南老师一定很忙，我素来不喜欢打扰人，不愿给人家添麻烦，不想去占用南老师的时间。

我 1998 年进藏工作前，征求了刘老师的意见，刘老师问了南老师的意见，南老师支持我去磨炼磨炼。我到西藏后，和南老师常有通信。2000 年初，南老师在电话里跟我说，在西藏锻炼得差不多了，可以回北京了。我在藏两年，连续被评为自治区优秀公务员，大家都看好我的前途。但我听从了南老师的意见，当年 6 月回到了北京。

几年后我才知道，2000年初，南老师决定到太湖办学。

记：能谈谈当南怀瑾先生秘书的过程吗？

马： 2001年夏天，南老师来到上海。刘雨虹老师当时在北京袁晓园家里借住看医生，她给我打电话，说南老师打电话给她，让她问我，能否到上海见个面，我马上答应，并请假到了上海。

第一次见南老师，南老师与我谈了话，指导我，并留我在他那里住了一周。当时南老师住在上海一座公寓楼里，有两套居室，对门的，我就住在他对门接待客人那套房子里。那一周内，南老师安排我去太湖，看了正在平整土地的校址。南老师问我观感如何，我当然很赞成了。当时还没有为学校取好名字，南老师征求大家意见，我建议用"太湖大学堂"，当然应该在不同时间很多人给了多种建议，或许其他人也有和我同样建议的。当时，我提出我可以来帮忙。南老师说，时候还不到，最好先调到上海来工作，一边听课，一边帮忙。后来因缘不凑，我没能调到上海来。

这之后，我一直与南老师保持着联系。2004年春天，我和领导出差到苏州，顺路去看宏忍师和在建的学校，南老师电话约我到上海碰面，跟我的领导说希望我过来帮忙做事。5月份，南老师打电话要我到沪帮忙做事，希望我最好请假一年，若不适应再回去，免得丢了工作。当时我的考虑是，首先，南老师八十多岁了，还回内地弘扬文化办教育，不是为名为利，他不缺名利，他这是为了国家民族，老人家既然开口叫我去帮忙，如果我不去，今后一定会很内疚很抱歉。其次，读过南老师这么多的书，启发和帮助很多，这是个报恩的机会。再次，跟随南老师可学习的很多。所以就决定去了。当然，南老师叫我去帮忙，并非因为我优秀，我只是个很普通的人，不过是机缘所致，试试而已。

就这样，2004年5月下旬，我有幸到南老师身边做事。

一年期满后，我本想回北京的。我问南老师的意见，他希望我留下来。南老师为了国家民族的文化事业在努力，他开口了，我不能不留下来。于是，我就把北京的公务员工作辞掉了，跟着南老师做事，直至他老人家辞世。这八年多的阅历与经验很丰富，是书本上体会不到的，对我来说很重要。我人生中有几个很重要的阶段，和南老师在一起的八年是其中很特别很珍贵的一段，非常感谢南老师给我这个机会。

难忘八年的昼夜相随

记：马先生，能否谈谈您担任南怀瑾先生秘书时最记忆犹新的一些事？

马：2004年5月下旬，我就开始和南老师一起工作了。我原来是做秘书出身，那时做省级领导秘书，其实也蛮辛苦的。但我发现，到了南老师身边之后，更累。南老师没有节假日，每天讲课、教育、接待客人、处理事，差不多每天要忙12个小时。我们在上海的时候，客人大概都是晚上10点半、11点，甚至更晚才走。然后南老师还要处理一些工程报告、回信、读书，然后进入禅定，休息。他的禅定功夫很好，精气神恢复得快，我们跟不上。

记：能否谈谈南怀瑾先生的工作习惯？他老人家平时都是如何度过每一天的？

马：每天凌晨的时候我去睡觉。我住南老师对门那套待客的房子里。早晨起来的时候经常发现，我房间门缝底下塞了一些纸条，就是南老师写的，告诉我白天要做一些什么事情，我就拿着纸条照办。他老人家上午就休息。中午11点、12点左右，他就起来了，起来了他还是打坐禅定，梳洗之后喝口茶。他喝茶喝得不多，我们每天给他泡三杯茶，中午起床之后泡一杯茶，晚饭后一杯，夜里客人都走了再换一杯，所以一天是三杯茶，每一杯都没有喝完的时候，都是喝一点点，再续点热水。

南老师中午起来之后，下午开始处理事情，比如批阅学生的报告，处理一些工程的事情，然后外面社会上的一些事情找他，官方的、民间的，三教九流都来找他，他就处理这些事务。当然时间有限，绝大部分都推掉了。除了个别情况，他一般只有晚餐的时候才会客。会客的时候，也是一谈谈到刚才说的那么晚，之后他还要接着处理事情。

南老师是随机应变的，条件变了、情况变了或者人变了，他会很快改变原来的决定。这和我原来在政府工作按部就班不同，开始并不适应。后来发现，当前这个时代,由于技术革新和竞争的推动,时代特别变化无常,培养随机应变的能力很重要。

记：刚才说南怀瑾先生都是晚上会客，能具体谈谈吗？

马：晚上吃饭的时候是待客，这个时候他基本上都是在招呼客人，我们在旁边看着每天来的这么多客人，觉得南老师真的蛮累的。我们跟着在旁边招呼也很累，所以一旦客人落座了，聊起天来之后，我们都躲到旁边去了。有一天晚上客人走了，老师跟我们几个在那儿说话，他说客人来了，很多人自己都不讲话，都要我来讲，他说，哎呀，你们没有一个在旁边帮我的，这样真的很累。

南老师讲了这话之后，我就在晚上待客的时候坐在旁边帮他。所谓帮也就是偶尔支应一下，谈话中涉及一些我所知道的，参与一下。

记：您和南怀瑾先生身边的其他人，平时还能帮他做些什么？

马：南老师会客时经常会引用一些比如诗词啊或者是历史典故啊等等，对方如果不知道的话，我们马上就写，在旁边写下来，然后给人家看。南老师要是临时想到推荐人家看什么书时，我们就马上去找。

谢锦炀、宏忍师、欧阳哲他们，对南老师的书非常熟悉。南老师的藏书是一个小图书馆，平时是谢锦炀和欧阳哲两人打理的，他们很熟悉这图书馆，老师想找什么书，他们马上就给找出来。宏忍师都是写黑板，老师讲什么内容，因为他讲的内容，涉及得非常广泛，不熟悉他的著作或者不熟悉他平常讲课的习惯，很多时候没办法记录，但宏忍师都能很快写出来，字也写得漂亮。再就是回答问题，问的问题千奇百怪，修行的也有，社会上的事情也有，政治的也有，经济的也有，还有个人的家庭问题，反正无所不包。只要客人提问，南老师都有答复，当然是应机设教，随机应变。不同的人问相似的问题，南老师的答案往往是不同的。

基本上每天都是这么度过的，所以蛮辛苦的。我从跟随南老师那天开始，手机是24小时不关机的，连续八年多，100多个月，就是这样随时处于伺服状态。睡觉了，万一临时有什么事儿，南老师必须叫我起来当面说清楚，免得字条交代不清，那我就马上起来处理事情。

南老师的精进，他的努力，他的勤奋，远超过我们所有人，我们没法比，确实没法比。

记：您跟随南怀瑾先生这些年，感触最深、教益最大的有哪些方面？

马：感触和教益是许多方面的，无法用寥寥几句就能概括。有一点可以肯定，那就是跟随南老师的阅历和经验，以及引发的思考，是受用终生的。

要说具体的，我可以略举几个方面：

一是南老师自律很严。南老师毕竟高龄了，平时我们要帮他提东西，提个包啊什么的，他都不干，都自己拿的，拐杖也是经常提着走，偶尔才拄一下。

南老师从来不让人伺候。他说年轻的时候，带土匪部队的时候，士兵给他添饭，他都不干。他说我有手脚，我为什么要你服务啊，我现在还健康着呢，就是这样。

他非常自立自强，不依靠别人，也不倚老卖老，不像一般老人那样需要别人照顾生活，基本都是他照顾大家。宏忍师会照顾一下南老师的生活，但不是对普通老人那样照顾，例如帮忙热个馒头啦，帮忙配药啦，一些辅助帮忙的事。永会师来的时候也会照顾一下，比如做点吃的，整理房间卫生。网上有人说是南老师的保健医、营养师，或者说照料南老师的老年生活，都是自欺欺人。南老师生活很简单，很朴素，他吃的很少，人和房间非常整洁，一切井井有条，房间都是他自己安排布置的，气象清贵高华。请阿姨打扫卫生也是他自己付薪水。太湖大学堂买家具、日常开支，包括客人吃饭，都是用南老师的版税支付的，挂的字画也都是南老师收藏和购买的。

太湖大学堂的工程建设，除了用南老师的钱，一些同学的捐资之外，还有很多人出力帮忙，因为是文化教育公益事业嘛。小学主要是用了大学堂建设项下的楼房，小学的日常开支，是用学费支付。

二是南老师觉照力极强。晚上招待客人谈话的时候，他是眼观六路、耳听八方。我们在旁边，常常是他坐在这里，我就坐在旁边处理事情、招待客人。他能将整个餐厅里面都照顾到，哪儿有什么事情、有什么问题，包括温度、空调啊什么的，所有的事情他都照见了，然后说哪儿有问题，告诉我马上去做。

他可以同时一心多用，这个是修养的功夫，不是一个人读读书、讲讲课所能做得到的。这个不是神话，南老师确实可以做到。我们有的同学禅定功夫好，也能做到一点，但远没有老师那么好。

三是南老师一贯的布施。人家要供养他也很难。供养红包啊什么的，基本上都不接受,因为大部分人做供养是做生意的心理,想一本万利。对方如果没有诚意的话,他心里很清楚,是一概不收的。如果真的是很诚意的话,比如捐助教育啊等等,那他马上就会让我、宏忍师或者其他同学去拿红包来,然后把那个钱换一个红包,换到我们的红包,他把原来的那个红包拿过来,他说我收啦、收到了。这个我送给你的,他就马上当场还回去。

别人送他礼物也是,他一定要还礼。看对方的需求,没有别的礼物的时候,常常他就是送书啦,送他自己的书,题字还礼。还礼时往往说一句:秀才人情纸一张。

四是南老师的谦冲自牧。他毕生不肯自居师位,素来以学人自居,他常引用孟子的话"人之患,在好为人师",他是真的发自内心平等待人的。要是有人来给他磕头的话,他也是会马上同时磕下去的。所以我们就防着,先告诉人家你千万别磕头。话是说在前头了,但有时还是不行,来人一进来就磕头,拦不住。于是,我们马上就得两边搀,这边搀客人,那边搀南老师。

五是南老师的愿力。南老师一辈子走的是大乘菩萨道的路线,牺牲自己去为他人、为社会、为国家民族、为人类未来着想,是这么一个自我严格要求,同时兼备儒、道、墨、纵横家的深厚修养,融汇于他的救世愿力中。他青年时发愿接续民族文化断层,纵然逆风而行,历经千辛万苦,仍旧矢志不渝,为之奋斗终身。没有伟大的愿力,没有伟大的力行,没有伟大的品格,没有伟大的才华,是绝对做不到的。

他不会局限在宗教概念里面,他说自己不信宗教,他重视的是身心性命智慧的实证之学。一切学问他都愿意去学习,都愿意去分享。他的愿力真大,办法也多,不管是修行的办法,还是处理问题的办法,他的善巧方法非常多,人情世故非常通达,体现在很多小小的事情上。比如说他讲我们不要去做那种口惠而实不至的事情,很多人嘴里说的帮忙啊什么的,其实都没有实质行动,甚至相反;他希望他的学生能够落实到行动上。再比如说很多人习惯托人带东西,他也会讲,你们不要做这样的事情,现在邮递业、快递业那么发达,为什么要麻烦别人?此其一;第二,那个人帮你带东西,中间再发生其他一些曲折,那又发生很多变数。所以他做事做人,处处都注重因果,不是宗教概念上的,而是说凡事都有前因后果,细节上每件事情怎么落实,他很注意,从原因上照顾到这些问题。

当然,人世间太多的人和事,不是你想避就能避开的。用南老师的话说,天下事,有时候,无可奈何,只好如此,只能如此。他一生遇到很多的逆缘,即便是做利益天下的种种好事,比如从金温铁路到太湖大学堂,都是好事多磨,各种人与事的障碍，人事魔最麻烦了，但他都会坦然面对，有时候也要做牺牲。

六是南老师常讲，英雄征服天下，圣人征服自己。可见自己是最难搞的。早期的时候，在我的眼里边，好像什么都可以改变，后来发现，其实人最难改变的是自己。所以南老师的学问里边，很重要的一块就是说，怎样去启发引导人，去改变自己，但做起来真的很困难。他晚年常说"教育无用论"，慨叹："自己几十年来，改变了谁啊？！"教育无用论，不是指知识技能教育，而是指改变人性的顽固弱点，是教育鞭长莫及的。不要以为近朱者赤，圣贤身边必定是圣贤，不是的，江山易改禀性难移。南老师常对客人半开玩笑说："我这里是恶人谷。"其实就是说，不要想当然地认为南老师身边都是贤者。人和社会从来就是复杂的，南老师既然入世做那么多事，当然就要与各种人打交道，身边也是各种人围绕，各有动机。

改变自己必须自己下决心自觉，而且是从一点一滴地去改。首先要诚实观察内心，知道自己动什么念头，擦亮自知之明，不要自欺，不要骗自己，先做到诚恳面对自己这一步。进而才是如何改善。再比如把南老师的书读一段，然后体会进去，然后怎样变成行动。例如《论语》里边讲，"敬其事"，要敬业，尊敬你所做的这个事情，工作呀等等任何一件事情，包括帮助朋友办事啊，包括为自己做事情，都一样，要有一个恭敬心，诚恳恭敬做事，也要知道春秋大义，知道原则底线。这个其实大家平常很难做到，大部分时候，人的心思都是漂浮不定的，既不自知，也没有恭敬心，多是傲慢自以为是的。这个时代的人，逐利者多，坚守原则底线的不多，知道春秋大义的更少，口言善、心身行恶、自欺欺人的却不少。

倾力搜集散佚史料

记：南怀瑾先生仙逝后，听说您担任南怀瑾研究会秘书长。请问，具体都做哪些事？

马：南老师人虽去世了，但散佚国内和世界各地的相关珍贵资料，必须最大努力地搜集和整理，否则将会是文化方面的一大憾事。

江苏省和苏州市有关领导看望年迈的刘雨虹老师时，提议成立一个南怀瑾学术研究会，刘老师也赞成。2016年，苏州市的地方政府注册成立了南怀瑾学术研究会。

邀请中科院院士、中科大原校长、南科大创校校长朱清时先生任会长，要我来担任副会长兼秘书长，负责日常工作。同学们也很支持。可是我才疏学浅，德薄力小，无法胜任那么重要的工作，我推辞再三，推不掉，只好暂时滥竽充数，随时等待更合适的人来替换我。

记：那么，这个研究会具体都做些什么事情？

马：首先是要搜集史料，把信实的史料留给现在和未来研究南老师的人。南老师在 20 世纪到 21 世纪初的历史阶段，是深入影响文化等领域的一个重要历史人物，对中华民族文化的继往开来有重大贡献。未来的人们研究这段历史，在文化领域，南老师是无法忽视的。

这几年我们主要做一些抢救性的史料搜集工作。南老师没有自传留下来，他本来想写，后来又不愿写了，为何？他说他一生经历的人与事太多了，回忆起来，真话不能全说，假话不愿说。而且记忆也会有差错。再者，自传是以自己主观记忆和认知为中心的，未必客观。而且世人的自传难免自我隐恶扬善，他也不愿做这样的事。

可是对于想了解研究南老师的人，没有自传是很遗憾的事。所以我们只好尽量做有关史料搜集工作，希望有助于社会了解他。他少小离家，在那战乱、动荡的年代，辗转各地，许多时候的资料几乎是空白，并且当年的见证人大都已经作古，能搜寻到的史料非常有限。这项工作难度非常大，但我们不得不做。我们除了定向搜集史料外，还向全社会公开征集史料。

然后是对南老师的生平和学问，组织开展研究工作。前面说的史料工作，也是为这个工作做基础铺垫的。书本和录音录像，是展示南老师学问的一类载体。其实他身体力行做人做事的学问更精彩，那是活的一部大书，是实践的学问，是真学问。所谓研究，自然是百花齐放、见仁见智了。我们网站上（nanss.org）已经公布了一些成果，包括史料、人物访谈、回忆和纪念的文章等，有兴趣可以看看。

记：能否透露一下这项工作的进展？

马：成绩还是可喜的。目前已搜集积累几万份史料。这些都非常珍贵，会逐步公布在南怀瑾学术研究会的网站上，网站是个资料库，要做到信实，免费提供给社会研究南老师用。这项工作非常有意义。

记：您对南怀瑾先生的家乡有何希冀和期待？

马： 不敢。记得南老师去世前几个月，温州方面有关领导曾登门拜望。他们告诉南老师，家乡已成立一个读书会带领子弟们读书，南老师听后站起来含泪合掌说："谢谢你们！"从这个举动可以看出，南老师非常希望家乡的子弟们好好读书，学习做人做事，不要眼里只盯着钱。希望温州在注重发展经济的同时，补强文化建设，让文化软实力与经济实力相称，相辅相成。

搜集和整理南老师的史料，不光是我们研究会的事，更是温州的事，温州乃至浙江，肯定还有很多史料在官方和民间，希望温州南怀瑾书院的同人，肩负起这项有历史意义的工作。

记：请问，您最希望发扬南怀瑾先生哪种精神？

马： 南老师虽走了，但他的学问和精神是应该继承和发扬的，他留下的精神财富很多，要社会来发掘、研究、继承、发扬。尤其是温州同乡子弟，更应珍惜。

首先要研究他是如何做人做事的，如何利益他人、造福社会与国家民族的。他是极好的做人做事的榜样。普通人若能学到他做人做事的百分之一，我们的社会和国家民族就更有希望、更有力量了。

要研究和学习他力行"自强不息、厚德载物"的精神。他的一生，经历了大时代的文化变乱、战乱、动荡，饱尝颠沛流离和种种逆境之苦，还有各种人事魔的障碍，但他逆风而行，自强不息，厚德载物，为社会和国家民族乃至人类文化，做出了那么多方面的贡献，这种精神多么伟大！太值得后辈们继承发扬了！

要研究和学习他的家国天下情怀，他的担当精神。今天这个时代，人们普遍在为小我而奋斗，胸襟气度很小，遇到挫折就很容易气馁、消沉。如果具备了深厚的家国天下情怀和担当精神，胸襟、境界和力量就会完全不同，人生也将更富有意义和价值。

要研究和学习他为有意义的理想而奋斗的精神。今天这个时代,为钱奋斗者多，为意义和理想奋斗者寡，很多人根本就找不到意义和理想，找不到人生价值的寄托，所以感觉活得没有重量，没有意义和价值，很容易陷入灰色和脆弱的心境。

要研究他追求真理、勇于实验、勤于实践的精神。他探索真理，是真的用自己的一生在做实验，用生命做实验。他不是庸庸碌碌混日子过一生的，他每天都不会空过。

要研究南老师是如何做学问的，不要只盯着书本看他如何说的，更要看他是如何做的，他是实行者，不是空谈者，这是非常稀有的。他不是脱离实际的书呆子，更不是不合时宜的老古董，而是融汇诸子百家、古今中外、经世致用、知行合一、与时俱进的。

要研究他是如何尊师重道的，包括他是如何对待自己老师的亲人后代的。自称是南老师学生的人，先不问其学问、品格如何，先看其对南老师及家人是何态度。是像南老师对自己老师及家人一样尊重善待，还是把南老师当作唐僧肉或广告招牌，甚至与南老师家人争利，伤害南老师家人？这样就知道其是否真的尊重南老师了。

要研究他是如何用钱的。普通人只想赚钱，怎么用钱就很马虎了。用钱是大学问，南老师很会用钱，用得其所。

南老师留下来的精神遗产很多，应该学习、发扬光大。温州的乡亲们、子弟们，更应该好好珍惜、研习、继承、发扬光大这位伟大乡贤的精神，绝对有益于自己的成长，当然也绝对有益于家乡建设，有益于社会和国家民族。

温州人很聪明，很会经商，只要温州重视文化建设，将来出现的人才是不可限量的，发展也是不可限量的。

孙涵：一份尊重赢得信任和托付

孙 涵

1970年出生。现任人民东方出版传媒有限公司总编辑。2008年，孙涵和时任人民出版社社长黄书元前往太湖大学堂拜望南怀瑾先生，并签下第一份图书出版协议，开始以东方出版社名义出版南怀瑾作品。之后深得南怀瑾及其著作权继承者信任，遵嘱在大陆地区出版和发行南怀瑾系列著作至今，东方出版社亦成为大陆地区出版南怀瑾著作品种最多、数量最大、最成规模体系的出版社。从此，南怀瑾作品和"东方出版社"也成为密不可分的完整品牌。

访谈时间：2021年9月23日
访谈地点：北京人民东方出版社传媒有限公司
访谈记者：戴江泓
摄影摄像：李立

  人民东方出版传媒有限公司，是由国家新闻出版署主管、人民出版社主办的独立的综合性全媒体出版集团，多年来为弘扬中华优秀传统文化、传播南怀瑾的思想和精神作出了卓越贡献，有目共睹。孙涵总编辑从与南怀瑾初识时的编辑部负责人，到人民东方出版传媒有限公司总编辑，在处理南怀瑾著述书稿时，严格遵循"恭敬、尊重"的原则，赢得了南怀瑾的信任和赞许，将其新整理的作品及其旧作陆续委托东方出版社出版。南怀瑾去世后，其子女方鉴于与东方出版社良好的合作与不离不弃的信任，依然坚定选择与东方出版社牵手。

从"人民"到"东方"，定位更吻合

  记：作为出版社的领导，你们是怎样结识南怀瑾先生的？在此之前，对他的作品了解吗？此前，都有哪些出版社在出版南怀瑾先生的书？请您回忆一下，东方出版社是如何开始和南怀瑾先生合作的？你们第一次合作出版的是南怀瑾先生的哪部作品？合作下来，您觉得南怀瑾先生有何特点？

  孙：（略作沉思）认识南师的时候，我当时还在人民出版社工作。那时候应该是2008年吧。当时的"东方出版社"还是"人民出版社"的副牌社。

这个开始其实挺偶然的。我不知道你们有没有采访史原朋先生？就是现在的宗教文化出版社的总编辑，是他更早认识的南师。

最早的时候，大概是20世纪八九十年代，南师的图书来大陆出版，都是刘雨虹老师全面负责的。刘雨虹老师找到史原朋，是史原朋向刘老师介绍推荐的一些出版社，同时他也向一些出版社引荐南师的书。

印象中，大陆最早出版的南师著述是《静坐修道与长生不老》，由海南三环出版社引进。此后，复旦大学出版社、国际文化出版公司、北京师范大学出版社、中国世界语出版社、上海人民出版社等，都陆续推出过南师著述。其中，复旦大学出版社出版得更多一些。

2008年的一天，史原朋突然问我："你们出不出南怀瑾的书？"那时候，我是知道一些南师的书的，虽然不是很多，也就限于《论语别裁》《孟子旁通》等，但我知道，仅南怀瑾的名字在读者中就有号召力。我便对史原朋说："当然可以啊，我们愿意出，没有任何问题！"

史原朋告诉我，其实南师一直想找一家出版社，把他的书系统地再出一下。他和我说："如果你们愿意出，南老师的意思是，那就等合适的时候，你们的一把手要一起去和南老师见面聊聊。"我那时候还只是个部门负责人，他说，"要你们一把手，能说话算数的人去"。

我说没问题，并马上把这个事情向我们当时的社长黄书元进行了汇报。黄社长一听，当即表示："没问题，这是好事情！出版南师的书，肯定可以！咱们什么时候去见南师都行。"

就这样，我们在2008年3月份，第一次去了太湖大学堂，见到了南师。

虽然那是我们第一次见面，但双方谈得非常好。因为黄社长也特别希望能和南师合作，让南师的书在我们出版社出版。开始的时候，南师还是希望用人民出版社的名义出版，因为人民出版社在国内所有出版社中排名第一，规格最高。但是后来，我们觉得东方出版社的名义其实更适合南老师的书，文化味和学术气更突出。再一个，我觉得南师一直倡扬传承和保护中国传统文化并推而广之，其实中国传统文化就是东方文化的一大组成嘛。

黄社长当时就聊道："南师之前就创办了东西精华协会，东方文化的主要代表就是南师书里讲的中国传统文化，中国文化的渊源、流传、影响等方面，更与东方文化水乳交融。所以，用东方出版社更切题，空间也更大，也符合南师包融'两岸三地'及八方来宾的身份。"

于是我们就建议南师还是用东方出版社的名义,这样的话,出版内容涉及的范畴会更宽泛,也更符合南师的总体定位,南师欣然接受了我们的提议,这样才有了和"东方"的合作。我们也就这样开始了和南师的缘分。

出版的事其实双方第一次见面就基本上拍板了。南师当时很高兴,说:"很好,可以了!"到我们第二次会面,中间大概相隔了一个月。他来了个电话,说:"可以了,你们来,我们就可以签协议了。"

当时的情况是这样的,南师之前的那些书,"复旦"已经出版了一部分,后面他其实是有一些新的书,是新整理出来的。

我们第一次谈要出版的两本书,一本是《小言黄帝内经与生命科学》,还有一本是《漫谈中国文化》,这两本都是他新整理出来的。他说:"我们先从这两本开始做。"因为毕竟是第一次合作,也颇有先"试试看"的意思。我们说:"好的,没关系,就从这两本书开始。"我印象中,当时还签了两本英文版的,所以总共是四本书。

说到签约呢,这里面还有个小插曲。我们第二次准备过去签约的时候,作为出版方,当然希望能更多地签下南师的作品。当时刚好市面上有一套某出版社出版的书,是选编的"南师讲XXX",我记得其中有一本好像是《南师谈心兵难防》,挺热门的。我就提出:"那我们是不是连这一套一起签了?"南师没有同意,说:"你就先做这几本。"按照我们当时的理解,因为是第一次合作嘛,南师肯定还是要先看一看"东方"到底是怎样的水平,合作起来是不是愉快,或者还有其他方面的磨合。但后来我们之间熟悉了之后,包括和他本人以及他周围的人聊起来,我才知道,南师对那套别人选编的书其实是不太满意的,所以他不愿意让"东方"出。但这些原因他是不会直接马上说出来的。

所以,通过接触我发现了南师的一个特点,他很多时候其实是挺顾及他人面子的,他不会特别直白地讲出来,让人感到不太好意思或者有不好的感受,他会用另外的方式。比如,有些书,他觉得不合适或者不愿意给你出,他可能就会说"你先做别的",当时不会和你直接说是什么原因,过一段时间,他可能会不经意地这么提一句,"那本书还不够好"。他觉得可以做的,他就会对我说:"小孙,你做吧,这本书没有问题了。"

哦,还有,我想起来,我们签合同的时候,有一个细节很特别,那天还有美国来的大律师吴研雷,由他经手我们的第一批合同。所以我们的合同就与别人家的不一样,签得很隆重,除了甲方、乙方,还有个美国来的大律师做见证人。南师也说:

时任人民出版社社长黄书元与南怀瑾先生合影

"你看,我们这个合同是最有法律效力的,还是请美国的吴大律师来作为见证人的!"所以后来国熙他们打著作权官司的时候,我们的合同很重要。

专门定制,南师对纸张排版有讲究

记:在最初的合作出版中,南怀瑾先生提出了哪些期待和具体要求?第一批书出来后,反响如何?

孙:两本中文版的书是先后出来的,整个反响非常好。《小言黄帝内经与生命科学》是先整理完的,先出版;《漫谈中国文化》那个时候还没有完全整理出来,但提前与我们签了协议。

我记得我们签合同的时候，中医养生一类的书在当时是卖得相当火热的。大家都很喜欢看。而南师刚好讲《黄帝内经》，我们就觉得应该会是一个比较热门的话题。果然，《小言黄帝内经与生命科学》首次印刷 10 万册，刚推向市场就卖得很快，但同时盗版书出来得也很快，呵呵呵呵（笑）。我记得这本书我们出版没过多久，大概也就是在两三个月后吧，有一天，我在大马路上小贩拉的卖盗版书的板车中，看到了它的盗版。

　　当时我们给这本书的定价其实也不高，大概是 24 元，人家盗版的居然才卖 5 元。我有些好奇，就想问问卖书人，他这些书是从哪儿来的。结果，我拿起板车上的书一看，实在是太不一样了！封面纸和内文纸的质量与正版相比，差别太大了！我们东方版的还是比较讲究的，选用的纸张、版式、字号等，所有这些都是在和南师不断沟通后才定样、定稿的。南师对这些都是有一定的要求的。比如选用的纸张，南师不要特别白的，他要选有点泛黄的那种。这是有科学依据的。南师说，太白的纸张容易让眼睛疲劳，而淡黄的纸张色度弱一些，能缓解眼睛的阅读疲劳。再有，南师要求字号要大一点，间距也要大一点。他说，过去的人看书，都是要在书上做批注的。他特别提道："我们现在有些书，看起来很花哨，字小小的，排得密密麻麻，我搞不懂，也不知道为什么要这么排版。"他认为这种排版方式，对真正的读书人是不好用的。而长时间读这样的书，也不利于保护视力。

　　所以，我们从出版南师的第一本书开始，所用的纸张，全部都是特别定制的，虽然出版成本会高一些。我们当时对每一本书的封面都做了大概有十几个方案，我们自己先从中选出三个满意的方案，再拿给南师定夺，由南师选定他最满意的那个封面。

参观南书房，颇有些绝版的"文物"书籍

　　记：在和南怀瑾先生接洽出版事宜的过程中，你们和南怀瑾先生之间有了更多交往，这期间还发生了哪些令你们难忘的事情？听说你们还参观过南怀瑾先生的藏书，有什么特别的印象吗？

　　孙：我们第二次去太湖大学堂见南师的时候，南师兴致勃勃地与我们交谈了很

长时间。那天，我们差不多是中午到达的，在那儿和南师谈了整整一个下午，晚餐后接着又谈，一直到晚上十点多钟。我们离开时，能看出南师还仍有些意犹未尽。

第二天，南师说带我们去看看他的藏书。

我们进入南师书房，里面的藏书非常丰富。南师说当时他回大陆的时候，这些书是用集装箱通过海关运回来的。

记：对于那些书，您有什么特别深刻的印象？

孙：我记得进去参观的时候，好像是南师的秘书马宏达给我们做的介绍。当时听说上海古籍出版社的一个老编辑也进去看过，认为南老师这里面的藏书，有一些是非常珍贵的典籍和绝版图书，也有一些大陆基本见不到的版本。

我为什么对这一点印象这么深呢？一是，我们在编辑的过程中了解到，有人对南老师的书提出质疑，主要是说他不太重考据，书里引用的经典跟原典有差异。比如他引用的原文被人家质疑，说是"错了""不对"。但是，从南师那些藏书丰富的版本来看，这些差别，其实有的是版本差异。南师一直沿用他收藏的版本，有些和通用的、常见的版本是有差异的。不能因为这一部分的差异，就简单地判定"应该是他记错了"或者是"你们就是编辑错了"。对于阅读和学习的版本差异，真的不能一概而论。南师那里的藏书，很多的版本可能与我们现在用的还真的就是不太一样。这里面有些是台湾早年间出版的，有些则年代久远可能是民国以前的老版本，可能是他早年从民间得来收藏的。这一点给我的印象比较深刻。

所以我们后来在处理书稿的时候，就要求编辑对书稿中出现的与现有说法不一致的内容，先想办法查阅能查到的版本，再去讨论对错。

记：您能否再回忆一下，南怀瑾先生的藏书房大概有多大？

孙：我觉得至少有我这里（孙涵指了指自己的办公室，她的办公室加上会客区看起来约有 20 平方米）三间左右的样子，里面都是一排一排的书架。

我就进去过那一次，后来就没机会了。

孙涵对待书稿的严谨和认真，赢得了南怀瑾先生的信任

尊重赢得信任，拟设"东方"编辑部

记： 孙总，你们平常在北京，南怀瑾先生的团队是在苏州吴江，你们平常是怎样沟通的？合作下来，您觉得"东方"是因为具备哪些独到的优势，从而获得南怀瑾先生的信任和赞许的呢？他是如何评价"东方"的？

孙： 我们平常基本都是通过电话沟通。因为经常保持沟通，对接起来就还比较顺畅，但每年我会专程去几趟大学堂。

"东方"能和南老师合作下来，而且还比较受他认可，我觉得主要是我们对他的作品很尊重。他曾经和我讲过，当时之所以要重新再找一家出版，是因为之前有出版社未经许可，随意改他的东西。他说："文字的事情是文责自负，你改，可以，但是你至少要跟我说一声，因为署名是署的我南某人的名字。如果不提前沟通好就随便改，那还是南某人著的吗？"

所以，我们"东方"和南师合作，从一开始就坚持这样一个原则：我们在编辑与校对时，如果发现某些地方有比较大的出入，一定随时与南师的团队联系，这个过程中，主要是与刘雨虹刘老师先沟通，她起了很大的作用。一般我们与刘老师沟通后，她会第一时间向南师汇报。等书稿正式下厂前，我会让编辑团队给南师寄一份清样，在这份清样里我们会将改动全部标出来，先给刘老师审核，再经刘老师取得南师认可，才最终定稿出版。所以，南师就觉得"'东方'出的书，是我南某人的书"。（讲到这里，孙涵欣慰地笑了笑）就这一点而言，南老师确实感受到了出版社对作者的尊重和信任。

就这样，经过几次编辑出版的合作，南师看出我们对待书稿的严谨与"较真"、对作者的尊重，所以，他对"东方"便越来越信任。

记：那么后来，南怀瑾先生是不是将所有的著作都交给"东方"出版？对于和"东方"的合作，他还有进一步的规划吗？您最后一次见南怀瑾先生是什么时候？

孙：是这样的。南老师与"复旦"的出版合作其实是之前的延续。他后来一直有意向全部在"东方"出版。

2012年7月，我和黄社长还去太湖大学堂看望过南老师。他那阵子好像身体有恙。知道他老人家不舒服，我当时还想不叨扰老人家。但是，得知我们去了，他特别高兴，不但一定要见我们，还陪着我们聊到晚上九十点钟。后来我一看时间赶紧跟他说："您快回去休息，您身体最要紧！"反复说了几次，他才回去休息。他当时的状态确实比以往虚弱。

就在那次，南师还问黄社长："你们能不能在我这儿也做一个编辑部？就是你找几个编辑到我这儿来，我就可以做更多的书了。"他说："我想和'东方'合作的，不光是我自己的书，我认为还有很多书是应该出的，比如中国的一些典籍，现在很多都难以看到了！我特别希望能把这些书也整理出来。那么这就需要人手，你们是不是能够在我这里做一个'东方'编辑部？"最后一次，南老师向我们提出了这么一个建议和要求。

黄社长和我在回去的路上商量这事，一致认为这件事情可以做。我们出版社里每年都有很多新的硕士生、博士生需要实习、实践，正好可以轮流到南师这边来锻炼！这样其实就相当于南老师帮我们带新人了！当时我们已经准备要这样做了，但没有想到的就是，那竟然是最后一次见南师！

谈到在他那里做一个"东方"编辑部时，他很开心很开心，一直说他还想做什么做什么……记得临走时，我还跟他说过几个月再来看他，当时我想，反正我每年总要去几次的……没想到，9月份他走得那么突然。

记：他当时看起来很明显地虚弱，是吧？

孙：嗯，看起来明显比以往见的时候虚弱，说话的语气也不似往常。当时，马宏达告诉我们，南师一段时间以来肠胃一直不太好，宏达说："如果不是因为你们来，南师这一段时间是不怎么出来，也不太见外人了。"

记：那最后一次见南怀瑾先生，有什么特别的事情让您记忆深刻吗？

孙：就是那次临走时的"最后的告别"，南师特别嘱咐我和黄社长，一定一定从上海浦东机场走，这样就可以顺道去看看李慈雄建造的书院，也就是现在的恒南书院。他说："你们去看看，慈雄那里都快建好了，我会搬过去住的。"那次，他让我们一定去那里看一下。我们就去了。那是我们唯一一次从浦东机场走，之前都是从上海虹桥机场回北京。

当时是李慈雄带着我们去参观的。据他介绍，书院是按照南老师的意愿和指点建的，整个建筑，基本上就是按照南师所希望的那样来呈现，对将来南师住在哪，禅房在哪儿，等等，李总一一向我们进行了介绍。

记：那一次，你们在恒南书院参观了多久？

孙：那天我们是吃过早饭以后就出发去浦东了，直到晚上才离开恒南书院。那时是7月份，当时李慈雄对我们说："到10月份就差不多可以搬过来住了。"我们那时看到的恒南书院外部内部已经全部弄好了，只剩一些装饰还没有完成。

慈雄还带着我们去看了给南老师留的房间和会客的地方，包括一些挂到墙上的书法，都已经准备好了。可惜南老师自己没有看到。

记：请问孙总，南怀瑾先生去世后，"东方"的南怀瑾图书出版合作受到影响了吗？你们与刘雨虹老师的合作怎样？

孙：我觉得这个没有受到什么影响。刘老师我们就更熟悉。最初我编辑书稿的时候，主要是和她在沟通，后来两边的编辑团队沟通也很顺畅。尤其南师过世以后，书稿的整理都是以刘老师为中心的。她组建了一个整理小组，专门整理南师书稿，南师所有的手稿和资料信息，整理出来后交给我们东方出版社。同时我们出版社也成立了一个南怀瑾项目部，专门出版南怀瑾的图书。两边的团队一直沟通得很好，操作起来也很顺畅方便。刘雨虹老师自己做过编辑，所以她对图书的文字编辑、出版、发行等业务很熟悉，与出版社也很能彼此相互理解、协同。而且，南师的书最早到大陆出版，就是刘老师带着书稿过来寻找出版社的，所以她对大陆的出版情况也非常了解，分寸掌握得比较好，所以我觉得，刘雨虹老师对南怀瑾图书的整理和推广，起到了非常重要的作用，而且某种程度上，可以说是无可替代的关键性作用。

我们在看南老师的书时，会看到一个个小标题。我们都知道，南师大部分作品都是"著述"，也就是"讲"出来的。他讲的时候，可能有讲课提纲，但并没有小标题。那些书稿中的小标题，就是刘老师在南师讲课的录音稿整理的基础上，再提炼添加上的。可以说，刘老师对南师著述的整体风格十分清楚、熟悉，对他到底想说什么、说的重点在哪里，都把握得非常到位、准确。所以南师也觉得，刘老师是最了解他的人，也是在这方面做得最准确的人。

记：那刘老师走后，你们后续的出版合作又是怎样延续的呢？现在有关南怀瑾先生的图书出版工作是与谁对接呢？

孙：刘老师走了以后，现在主要是与彭敬对接。因为南师现存的著述我们出版得也差不多了，大概有 40 多种吧，这 40 多种是指单品种，而这些单品还有其他出版的方式，比如说，有些我们做了袖珍版；还将《话说中庸》《孟子旁通》《原本大学微言》《论语别裁》等放在一起，做成了"南怀瑾四书精讲"这样一个品种。此外，我们还做过精选集、定制版、日历等等，所以，那样算下来大概就有八九十种。

这几年，南老师的书新整理出来的已经很少，可能隔段时间会有一本。印象中还有一本在做，是别人写南师的。

记：那么，到今天为止，有没有做过一个统计，南怀瑾先生的书在东方出版社的整个发行量大概有多少？

孙：整个发行量还真没有统计过，我们版税支费应该可以查到基本数据，我记不住了。但知道有几本卖得很好，比如《小言黄帝内经与生命科学》《漫谈中国文化》《我说参同契》《论语别裁》《易经杂说》《老子他说续集》等，发行量比较大，这么多年了，一直在重复印刷。

说到南师的《老子他说》，其实当时是在"复旦"先出版的，只有《老子》一半的内容，后来新整理出的后一半南师想给"东方"出，怎么办呢？他说："那我就换一下书名，叫《老子他说续集》吧。"（孙涵讲到这里，想起南师的幽默，忍不住笑了）就这样，我们出版了《老子他说续》，也就是南师讲《老子》的下半部分内容。还有《孟子旁通》，这本著述其实也只讲了《孟子》第一篇，后面他新整理出来的讲稿将书名改成了《孟子与公孙丑》《孟子与离娄》，各篇自成一书，交给我们"东方"出版。他还是比较认可和"东方"的合作。

版权争议，"东方"立场客观公允

记：南怀瑾先生和刘雨虹老师都去世了，那么和"东方"的延续合作中碰到过版权方面的困难和曲折吗？

孙：南老师去世之后，发生了一些关于版权的争议。当时国熙他们子女方发了一封信函过来，大意是说南老师子女是南师著作权的顺位继承者。我们是充分尊重的，因为南老师没有留下遗嘱，按照我国的相关法律，著作权理所应当归子女方继承。我们当时就回复可以。国熙当时并没有要求说"你这个钱就要打到我的账号上"，他没有，他只是要求我们暂时停止支付，不要向原来的账号支付版税了。我们也遵从他的意见，暂时先停止了支付，等待后续。

在这期间，太湖大学堂那边也委托了一个律师过来，他仅仅是给我看了一个存于电脑里 word 文件，这个文件的意思是说，南老师把所有的著作权都赠给了老古出版公司。

我当时便答复说，第一，南师从一开始与东方出版社合作出版第一本书起就强调，他的这些书稿不是从"老古"来的，是他新整理出来的，"东方"是最早的出版者，老古是根据东方版出的，南老师过世后，"东方"出版的书稿，既不是用"复旦"的版本，也不用"老古"的版本，全部都是刘雨虹老师带领着她的编辑团队重新整理校勘出来的。不得不说，刘老师那时真的很辛苦！她当时年龄也很大了，还亲自带领团队工作，整理、校勘完之后，先出简体字版的，再出繁体字版的，就是这样的一个情况。第二，作为律师，你不能光给我一个电脑里面的 word 文档，就让我接受所谓著作权赠予老古的说法，法律效力在哪里？如果你这个文件是有法律效力的，我们当然认；但是如果你确认不了法律效力，我只能认可著作权是顺位归属于子女方的。

所以那边后面也就没有进一步的动作和下文了。而我们"东方"也根据现有的证据和资料，认为按照著作权法，南师的子女方才是拥有著作权的一方。现在的最高法院判决也明确了这一点。

说起来，在这件事情之前，我们甚至都不认识南国熙。

记：你们几次去太湖大学堂都没碰到过南国熙，是吗？

孙：是的，没有碰到过。我们那时都不认识他。只知道南师的儿子国熙在香港，还有一个儿子一鹏是在美国，女儿圣茵也在美国，再就是小舜哥他们在温州。

说到小舜哥，我当时是见过一次的。有一次我们去大学堂看望南师时，正好小舜哥从温州过来，但我就见过小舜哥一次。至于国熙，南师在世的时候，还真没见过，是到后来出现著作权问题才开始有了接触。

南老师是在 2012 年的中秋也就是 9 月底去世的。我印象中，国熙应该是在 11

月底给我们发的律师函，让我们暂停向原账号支付版税。南老师去世前，版税一直是汇到南师上海的一个账号上，是南师自己的名字，据说之前谢锦炀在帮他处理一些相关事宜。

后来，国熙他们办完了所有关于南师遗产声明的事情之后，我们大概是从第二年（即 2013 年）开始，定期将版税支付给南师子女了。而在这之前，南师后人并没有向我们提什么要求。

记：南怀瑾先生的子女方后来成立了一个基金会，他们公开声明好像是把南怀瑾先生的版税都捐献了。那么，到今天为止，这个版税是不是也打给了那个基金会呢？

孙：我知道有这件事情。但是，这里面有一个很现实的问题就是，我们只能和著作权持有人签合同。这样一来，按照相关规定，版税便只能汇给著作权持有人。我们的版税若要支付给基金会，必须是"东方"与基金会签合同；而基金会签合同前提是他必须是著作权持有者，这意味着要有各种完备的法律授权。作为国家正式的出版单位，我们的流程审核是非常严格的。所以，包括当时太湖大学堂那边说"你要往我这边提供的账号打版税"什么的，我们是做不到的，要有明确、严格的法律依据。出版社必须，也只能与著作权持有人发生版税支付关系。

近距离更感动，南师待人细致贴心

记：那些年，您个人在和南怀瑾先生的接触过程中，还发生了哪些令您难忘的事情？或者说您对南怀瑾先生还有哪些更新、更深入的认识？

孙：其实很多人知道我很早就认识南师，与南师也比较熟悉。但其实对南师，我遵循一个原则：他没有让我说，我就什么都不说。这一次温州南怀瑾书院做的这个"口述工程"，如果不是因为包括国熙、品仁，还有华许都说过可以讲，我大概也不会接受采访的。之前，其实也有一些媒体找过我，问我关于南师，能不能说一点什么，我一般都是礼貌性回绝。我也很少写文章提到南师，很少很少。

记：我采访您之前也在网上搜索了一下，想找一点您的资料，但是没找到什么。

孙：呵呵，我们是为他人做嫁衣裳的人呀。我个人觉得，南师是不愿意大张旗鼓地宣传的，他其实很低调的。

记得当年有人想采访他，也有找到我们这里的，问我们是不是可以安排采访一下，其中还有一些知名的媒体，但南师都是不愿意的。所以我们也就不安排了。

其实我们"东方"出了南老师的新书，当然也希望做宣传啊，卖得更好一些。但是，南老师不愿意做这些，我们尊重他的意愿。

记：新书出来，都没开过新书发布会，是吗？

孙：是的，南老师在世时从未开过。南师说："没事的，南怀瑾的名字就是招牌。"所以，当时我们从来没开过发布会，没做过宣传和推广。不是我们不愿意做，而是因为南师不让做。

记：听说有一年，在你们的安排下，长江商学院还组班到太湖大学堂听南怀瑾先生讲课了？

孙：说到长江商学院那次，主要是黄社长的安排。他当时是在长江商学院的一个总裁班学习，刚好他们那一届快要结业了，结业一般都会举办仪式，可能就有人向他提议：你们"东方"不正好在出版南怀瑾的书吗，能不能带我们一起去听听他的课？

黄社长也知道南老师一向低调，而且当时南师的年纪又那么大了，他觉得这个事情有些困难。所以，在犹豫了很久之后，才向南师提了那么一下，结果没想到南师一口就答应了！他说："没问题，你们来吧！"于是就有了那一次讲课。当时有很多人去听课，见到了南老师，大家很兴奋，这样的机会还是很少的。

一直以来，我都遵循这样的原则：我是出版南师的书，我要充分尊重他作为图书作者的主观上的想法和愿望。在出版的过程中，我可以提出我的建议，但是否采纳在南师。

所以，我一直都没有接受过任何采访，基本上也没有写过这方面的文章。只是在南师去世之后，有一次，刘老师嘱咐我说："孙涵，你是可以写一下的。"我便写了一篇文章，发表在《中华读书报》上。我还是不怎么想讲太多个人的事情，虽然这里也有很多挺感人的故事。

我记得，当时南师的第一本书出版之后，刘老师就给我打电话，问："小孙啊，这段编者的话是你写的吗？"我说："是啊。"她就问："你是学什么的啊？"我说："我是学中文的。"我当时其实挺忐忑不安地想：难道说那段编者的话有什么不合适的吗？结果，电话那头的刘老师又说："南老师要我表扬一下你，你写得非常好！"我一听，提着的心落了地。南老师不仅专门让刘老师打电话来"表扬"，后来他为了表示感谢和认可，还专门给我寄来了一床浙江的蚕丝被！（讲到这里，孙涵欢乐地笑出声来）南老师说："这是奖励你的！"那床被子，我到现在还一直用着。

2009 年，我坐月子的时候，突然有一天，马宏达的爱人小代过来看我，她说："我来给你送红包来了。"她告诉我说，"南师说了，必须来给你送红包，是送给孩子的红包。"哎呀，我很感动，真的很感动！南师做的这些事情，让人觉得特别特别温暖。

2010 年，我产假期满去大学堂看南老师，正赶上他给长江商学院讲课，课差不多结束的时候，大家都在和南老师拍照留念，宏忍师偷偷地跟我说："小孙，你过来一下，老师让我给你两个东西，是给小孩保平安的。"当时我一下子又被感动了，南师就是为别人想得很周到，他是真的真的非常细致和体贴！

后来有几次闲聊的时候，南师又说："小孙，你的那个编者的话写得很好！我让刘老师问你，你是学中文的啊？"我赶紧回答："是，是。"他就说："你要不是人在北京，孩子还那么小，我就让你来大学堂了！"（笑）这也算是有缘吧，我与南老师有这么一层缘分。

记：您听过南怀瑾先生的课吗？那您对他的讲课有比较深刻的印象吗？

孙：有的。比方说那次给长江商学院的讲课，我就有很深的印象。南师讲课是非常从容的，旁征博引，信手拈来，让人佩服。他得读了多少书，才有那样丰富的知识储备；他的记性得有多好才能将那么多的历史典故和诗词篇章随口说出来，真的让人惊叹！我那个时候才明白，为什么说南师是打通儒释道的，儒家、佛家和道家，他真的可以自由跳脱。我是很佩服他的，90多岁的人了，还能讲那么多东西，还讲得那么好！

南先生讲课，一般旁边得有一个人给他写板书。因为他的温州口音比较重，说话声音也不是很大，怕我们听得吃力。他的那些书就是他这么"讲"出来的。

深感意外，冷门《我说参同契》竟热卖

记：现在请您谈谈，在您的心目中，南怀瑾先生的哪一本书最值得给读者推荐？

孙：（略作沉思）从中国传统文化的普及来讲，也是现在大家看得比较多的，应该是《南怀瑾四书精讲》系列。中国传统文化里"四书"的内容，南老师全讲了，讲得也非常好。我觉得，要说作为入门的普及类图书，让大家尽快了解中国传统文化，《南怀瑾四书精讲》是最好的选择。其中最有口碑、最耳熟能详的，应该就是《论语别裁》。其实，整个"四书"中的《原本大学微言》《孟子》系列，不光是《孟子旁通》，后来南老师将整部《孟子》都讲完了并整理出版，以及《话说中庸》这些都是后来刘雨虹带着整理小组整理出来的，都非常值得一读再读。

就我个人而言，我想讲讲《我说参同契》。说句老实话，当时做这本书的时候，我看得好费劲！我们都知道，看典籍是需要很扎实的功底的，而且《参同契》本身就是很难懂的一部书，一个百科全书式的作品，从古至今，很少有人讲它。要想看明白它，实在是不太容易。

当时老师提到《我说参同契》，说这个书应该很有市场。我看了书稿以后，觉得实在难懂，一度不太敢签合同，就跟南师说，我先和我们任社长（当时我们主管发行的副社长）商量一下。后来我和任社商量："我们要是首印10万册，能卖掉吗？这《参同契》挺冷门的。"任社说："要不你和南师商量商量，版税率高一点，看起印数能不能低一点？"我说，我去试试吧。于是我对南师讲："老师，这个书稿我

都看得很吃力啊,《参同契》也比较小众,我怕我们卖不了那么多。"南师回复说:"小孙,你放心,你就签合同吧!你们要是卖不掉,我就全给你买回来。"(说到这儿,孙涵害羞地笑了)话都说到这里了,我只有签合同了。结果,真的是没有想到,这本书竟然卖得非常非常好!

记:这本书当时印了多少册?

孙: 南师一开始和我说一定能卖得好,我对此一直有疑虑。像《小言黄帝内经与生命科学》,我们开机就10万册,而这本《我说参同契》,我真没敢印那么多,当时只印了5万册。但很快就卖光了,需要加印了!这本书的大卖实在是太出乎我的意料,但南老师从一开始就很笃定。

记:你们在出版南师系列图书的过程当中,碰到的最大困难是什么?还是说都比较顺利呢?

孙: 我觉得没有太大的困难吧,我们的合作能够延续下来,就是因为一直以来都合作得比较顺畅,彼此之间的磨合也很快。包括为什么刘雨虹老师在南老师去世后也愿意选择与我们合作,就是大家都觉得互相之间很容易沟通理解,能很快懂得对方的意思,也很尊重彼此的要求和想法。

为保证勘校质量,我们专门组建了一支高水平的编辑队伍,有五六位成员,都是具有文史专业背景和较丰富编辑经验的同志。我们都深知,南老师绝大多数著述都是先由他"讲"出来,再从记录稿整理成文的,所以,行文口语化、通俗易懂是南老师书稿最显著的特色。比如南师使用的一些语言,其实并没有什么本质上的错误,只是一个表达习惯的问题,我觉得就没有必要非改成某种"合乎规范"的表述方式,毕竟每个作者都有属于自己的语言特点,应该保留他这个特点。所以,我觉得书稿中可改可不改的,就不要改,改了就不是南怀瑾的风格了,而变成改的人的风格了。我们的要求就是,以纠正硬伤错误为原则,保持南老师讲述语原有的生动。一直以来,我们都严格遵照尊重南师、尊重作者的原则,所以,南师比较认可我们,对我们提出来的一些修改要求,只要他认为说得有道理,也是可以改的。

记：孙总，您再从出版人的角度，谈谈南怀瑾先生的贡献，他的作品对当代读者有何特殊的意义？

孙：我觉得像南师这样一个能够打通儒释道的人，在当今是难得一见的。我刚才也讲了，他读书非常广泛，而且记忆力惊人。可以说，他是把书都读通了！通在哪里呢？我的理解是他不是单一地从书本到书本，因为南师的经历是非常丰富的，所以他是在他的生活之中，悟出了很多，又践行着他读到的这些东西。读他的书能发现，他是不太注重咱们经常说的考据的，比如训诂、疏释、疏证，他更注重的是义理的阐述和发挥。这一点，他觉得才是文化传承和教化最主要的。

除了注重义理外，南老师还有一个特点就是重视践行。他讲的内容一定是能和实际生活挂上钩的，能够帮助你解决实际困难和问题的。他的书就是有这样的务实作用，这也是我觉得大家喜欢看南老师书的原因之一。看了他的书以后，经常有人会这样"恍然大悟"：原来南老师说到的事情和咱们碰到的事情这么像啊！那么我现在应该怎样看待这个事情，怎么处理眼下这个状况，好像就有了答案了。

另外，南老师的语言非常通俗，就是大白话。他正是用这样通俗易懂的大白话为我们讲出了很多的历史故事和人生哲理，因为他看的书很多、很杂，他的经历也很丰富，所以他就有很多从民间老百姓那里吸收来的"经验"以及一些民间的传说啊、谚语啊，等等，他将这些内容时不时地穿插在书稿里，让人特别地容易懂。他还会经常打一些比方，让人会"哦——"地一下子就全明白了！从书到书，有的时候还是会有门槛的，但在南老师这里，他一打比方，大家就都明白是怎么回事了。所以说，南师讲"课"很幽默，很风趣，也很生动。

所以当我在听到别人质疑南怀瑾的书的严谨性和所谓的学术性时，我总会忍不住要讲：南怀瑾先生是中国传统文化的一个普及者、推广者和践行者，他让优秀的传统文化走进了寻常百姓家，让更多的人能够明事理、辨是非，从而真正能够在生活中遵循中华传统文化的美德、良方。所以我一直觉得，中华传统文化的倡扬、推广者，身体力行者，可能是对他更准确的评价。

记：也有人评价南怀瑾先生是一代宗师，您怎么看？

孙：人师也是宗师啊！是吧？宗师不一定就是一个高高在上的、端坐着讲道的高人。南师的"讲道",是那种即使站在田间地头,我都可以和你说一说,讲点小道理,我觉得这很管用的!不是说只有进了课堂的人才能学习中国传统文化,在田间地头,任何一个人,只要坐下来,南师就能和他讲:中国传统文化在哪儿,哪些是咱们老祖宗留下来的好东西,哪些东西在今天依然好使……我觉得这个非常重要。

中国传统文化的传承,不只是依靠某些精英,也不仅仅只存在于课堂里,而应是在每一个中国人自己的身上。如果每一个中国人都有这样一个"基因"的影响,能够在我们的日常生活里践行,能够根深蒂固地流传下来,中华文化就能一直传承下去。南老师就是这么一直践行着他"为保卫中华文化而战"的誓愿。

记:孙总,我刚又冒出来一个问题,很多人说南怀瑾先生精通《易经》,也有人说他有"神通",您在和他接触的过程中,有过这方面的交流和体会吗?

孙: 没有这方面的交流和体会,但他有过一些预测。比如大概是2009年吧,他曾预测中国的大好运,他说得特别斩钉截铁,坚信中国的现在和将来一定是越来越好的!

至于说到他精通《易经》,那是当然。在我们销量很好的书里面,就有他的《易经杂说》和《易经系传别讲》,很多人对《易经》的入门知识就来源于这两本书。

我一直觉得,在南师那么多的书里面,有一套书是被忽略了的,那就是《列子臆说》。中国人讲列子的书非常少,南师的《列子臆说》我觉得讲得很系统了,很有意思,里面收录了各种各样的古代神魔故事。《山海经》现在很热,年轻人喜欢玄幻、神魔、穿越,其实《列子》这些都有啊,南老师讲《列子》用了"臆说"两字,非常准确、形象啊。

记:孙总,接下来会计划与南怀瑾先生的家乡温州有怎样的合作吗?

孙: 我非常希望有合作。但是,我现在和温州书院那边还不是特别熟悉。他们那边有几本书,好像是浙江人民出版社出的,或者是浙江文艺出版社?我后来也向国熙和品仁表示过,如果可以,我希望温州书院也能和"东方"合作。

最近国熙和我说南老师的书,有一些英文都译出来了,原本是找的外文出版社,后来也没有做出来。他问我"东方"能不能出？他说，可能做出来不好卖的话，就会赔钱或者不挣钱。

我当时就和国熙讲，我们是把南老师当作最重要的战略作者和品牌在做，我们希望是全品类的开发。我们最初和老师签合同的时候也有两本英文版。英文版的书可能在国内是卖不了多少，但是没关系，"东方"都会出的。因为对我们来说，"东方"和南师已经是一个完整的品牌了。并且这么多年下来，我们之间也已经超出了作者和出版者这样一个简单的商业关系，它融入了很多像家人一般的情感在里面，所以，我们义不容辞。

后记

2022年9月29日，是一代宗师南怀瑾先生圆寂十周年的纪念日。为追思缅怀先生对中华文化弘扬传承、祖国改革开放和两岸和平统一事业的贡献，温州南怀瑾人文公益基金会和温州南怀瑾书院会同温州晚报社，于2021年6月30日启动《万里无云万里天——口述南怀瑾》编写工作。我们组织了22名《温州晚报》的编辑、记者及温州大学新闻与传播专业研究生，历时年余，采访了30多位南师的亲属、学生、挚友，记录了他们受南师教诲、与南师交往的点点滴滴，展现了诸多以往的人和事，其史料价值和人文意义弥足珍贵。

南怀瑾先生桃李满天下，友朋及四海。他们或受南师教诲而终身受益，或见证南师为国家民族文化复兴殚精竭虑而感怀万千，或与南师情同父子，或与南师亦师亦友，情深意笃……我们以当事人口述的形式，原汁原味地描述历史的真实，是对南师最好的追思和缅怀。

在成书过程中，我们不仅得到口述者的积极响应和大力支持，也得到有关领导和人士的高度重视、热情帮助。中共温州市委统战部为本书采访编辑创造了良好的工作环境；中共温州市委宣传部将本书列入2022年度温州市文艺精品扶持项目；中共中央统战部原副部长、全国工商联党组原书记胡德平先生为本书作序，国务院学位委员会学科评议组原成员、著名学者楼宇烈先生挥墨题写书名；南国熙先生搭桥牵线，为联系受访人做了大量沟通协调工作；戴江泓女士等采写人员克服了新冠肺炎疫情带来的困难，通过线上线下相结合的方式，高质量地完成了任务；方韶毅先生和金丹霞女士两位编辑认真细致地做好书稿的订正编辑工作；叶日者、项宇先生为本书的编辑出版做了很多工作；特别要感谢的是东方出版社对本书出版的高度重视，在时间紧，审稿、编辑要求高的情况下，加班加点，确保顺利付梓。还有许多人为本书的采写、编辑、出版默默地做了大量工作，其中不乏令人感动之处，限于篇幅，不再一一列举。于此，本书编委会向所有关心、支持本书出版的人们表示衷心的感谢！此书难免存在疏漏之处，敬祈读者批评指正。

  本书稿件的先后依长者为尊的原则，按照口述者年龄从大到小的顺序排列，无涉辈分、学识、社会地位。

本书编委会
二〇二二年九月

图书在版编目（CIP）数据

万里无云万里天：口述南怀瑾 /《口述南怀瑾》编委会 编著 . —北京：东方出版社，2023.1
ISBN 978-7-5207-2848-5

Ⅰ.①万⋯ Ⅱ.①口⋯ Ⅲ.①南怀瑾（1917—2012）—生平事迹 Ⅳ.① K825.46

中国版本图书馆 CIP 数据核字 (2022) 第 112998 号

万里无云万里天——口述南怀瑾

编　　著：《口述南怀瑾》编委会
责任编辑：杨　灿
出　　版：东方出版社
发　　行：人民东方出版传媒有限公司
地　　址：北京市东城区朝阳门内大街 166 号
邮　　编：100010
印　　刷：温州市北大方印务有限公司
版　　次：2023 年 1 月第 1 版
印　　次：2023 年 1 月第 1 次印刷
开　　本：787 毫米 ×1092 毫米 1/16
印　　张：36.5
字　　数：440 千字
书　　号：ISBN 978-7-5207-2848-5
定　　价：158.00 元
发行电话：（010）85924663　85924644　85924641

版权所有，违者必究
如有印装质量问题，我社负责调换，请拨打电话：（010）85924602　85924603